陈士强 著

大藏經總目提要

文史藏 下

上海古籍出版社

目　录

五、纂集部

总　叙 …………………………………………………… 3
第一门　事类 …………………………………………… 20
　　第一品　梁宝唱等《经律异相》五十卷 …………… 20
　　第二品　唐道世《诸经要集》二十卷 ……………… 31
　　第三品　唐道世《法苑珠林》一百卷 ……………… 38
　　第四品　南宋陈实《大藏一览集》十卷 …………… 50
第二门　文汇 …………………………………………… 55
　　第一品　隋灌顶《国清百录》四卷 ………………… 55
　　第二品　唐佚名《□□寺沙门玄奘上表记》一卷 … 59
　　第三品　唐圆照《代宗朝赠司空大辨正广智
　　　　　　三藏和上表制集》六卷 ………………… 64
　　第四品　南宋宗晓《乐邦文类》五卷
　　　　　　附：南宋宗晓《乐邦遗稿》二卷 ………… 70
　　第五品　南宋宗晓《四明尊者教行录》七卷 ……… 79
　　第六品　明如巹《缁门警训》十卷 ………………… 85
第三门　语录 …………………………………………… 91
　　第一品　惠能语录：唐法海《南宗顿教最上大乘

　　　　　　　摩诃般若波罗蜜经六祖惠能大师于韶州
　　　　　　　大梵寺施法坛经》一卷
　　　　　　　　附：元宗宝《六祖大师法宝坛经》一卷 ………… 91
　　第二品　语录总集：南宋赜藏主《古尊宿语录》
　　　　　　　四十八卷
　　　　　　　　附：南宋师明《续古尊宿语要》六卷 ………… 105
　　第三品　颂古总集：南宋法应、元普会《禅宗颂古
　　　　　　　联珠通集》四十卷 ……………………………… 117
　　第四品　拈古总集：清净符《宗门拈古汇集》
　　　　　　　四十五卷 ………………………………………… 123
　　第五品　拈颂别集：南宋慧开《无门关》一卷 ………… 129
　　第六品　评唱别集：北宋克勤《佛果圆悟禅师
　　　　　　　碧岩录》十卷
　　　　　　　　附：元行秀《万松老人评唱天童觉和尚颂古
　　　　　　　　　从容庵录》六卷
　　　　　　　　元行秀《万松老人评唱天童觉和尚拈古
　　　　　　　　　请益录》二卷
　　　　　　　　元从伦《林泉老人评唱投子青和尚颂古
　　　　　　　　　空谷集》六卷
　　　　　　　　元从伦《林泉老人评唱丹霞淳禅师颂古
　　　　　　　　　虚堂集》六卷 ………………………………… 133

第四门　掌故 ……………………………………………… 157
　　第一品　唐义净《南海寄归内法传》四卷 ……………… 157
　　第二品　五代义楚《释氏六帖》二十四卷 ……………… 166
　　第三品　北宋赞宁《大宋僧史略》三卷 ………………… 176
　　第四品　北宋道诚《释氏要览》三卷 …………………… 190
　　第五品　北宋灵操《释氏蒙求》二卷 …………………… 196

目　录

　　第六品　　北宋善卿《祖庭事苑》八卷 …………………… 199
　　第七品　　金志明《禅苑蒙求瑶林》三卷
　　　　　　　附：清佚名《禅苑蒙求拾遗》一卷 …………… 205
第五门　规制：元德辉《敕修百丈清规》八卷 ……………… 212
第六门　法数 ………………………………………………… 222
　　第一品　　唐李师政《法门名义集》一卷 ………………… 222
　　第二品　　明一如等《大明三藏法数》五十卷 …………… 225
　　第三品　　明圆瀞《教乘法数》十二卷 …………………… 235
第七门　音义 ………………………………………………… 242
　　第一品　　唐玄应《一切经音义》二十五卷 ……………… 242
　　第二品　　唐慧苑《新译大方广佛华严经音义》二卷 …… 249
　　第三品　　唐慧琳《一切经音义》一百卷
　　　　　　　附：辽希麟《续一切经音义》十卷 …………… 253
　　第四品　　后晋可洪《新集藏经音义随函录》三十卷 …… 263
　　第五品　　辽行均《龙龛手镜》四卷 ……………………… 266
　　第六品　　北宋处观《绍兴重雕大藏音》三卷 …………… 269
第八门　习梵 ………………………………………………… 272
　　第一品　　梁宝唱《翻梵语》十卷 ………………………… 272
　　第二品　　唐义净《梵语千字文》一卷
　　　　　　　附：唐全真《唐梵文字》一卷
　　　　　　　　　唐礼言《梵语杂名》一卷
　　　　　　　　　唐僧怛多蘖多等《唐梵两语双对
　　　　　　　　　　集》一卷 ………………………………… 277
　　第三品　　唐智广《悉昙字记》一卷 ……………………… 283
　　第四品　　北宋惟净等《景祐天竺字源》七卷 …………… 287
　　第五品　　南宋法云《翻译名义集》七卷 ………………… 290

六、护 法 部

- 总　叙 …………………………………………………………… 301
- 第一门　文献 …………………………………………………… 312
  - 第一品　梁僧祐《弘明集》十四卷 ………………………… 312
  - 第二品　唐道宣《广弘明集》三十卷 ……………………… 321
- 第二门　纪事 …………………………………………………… 333
  - 第一品　唐彦悰《集沙门不应拜俗等事》六卷 …………… 333
  - 第二品　唐道宣《集古今佛道论衡》四卷 ………………… 339
  - 第三品　唐智升《续集古今佛道论衡》一卷 ……………… 346
  - 第四品　元祥迈《辩伪录》五卷 …………………………… 347
- 第三门　论辩 …………………………………………………… 353
  - 第一品　唐法琳《破邪论》二卷 …………………………… 353
  - 第二品　唐法琳《辩正论》八卷 …………………………… 356
  - 第三品　唐复礼《十门辩惑论》三卷 ……………………… 364
  - 第四品　唐玄嶷《甄正论》三卷 …………………………… 366
  - 第五品　唐神清《北山录》十卷 …………………………… 369
  - 第六品　北宋契嵩《镡津文集》十九卷 …………………… 373
  - 第七品　北宋张商英《护法论》一卷 ……………………… 383
  - 第八品　元刘谧《三教平心论》二卷 ……………………… 388
  - 第九品　元子成《折疑论》五卷 …………………………… 392
- 第四门　人物：明心泰《佛法金汤编》十六卷 ……………… 396

七、地 志 部

- 总　叙 …………………………………………………………… 407
- 第一门　游记 …………………………………………………… 419
  - 第一品　东晋法显《法显传》一卷 ………………………… 419

第二品　唐玄奘《大唐西域记》十二卷 …………… 424
　　第三品　新罗慧超《往五天竺国传》一卷 …………… 433
　　第四品　日本元开《唐大和上东征传》一卷 …………… 435
　　第五品　唐圆照《悟空入竺记》一卷 …………… 439
　　第六品　日本圆仁《入唐求法巡礼行记》四卷 …………… 441
　　第七品　南宋范成大《继业西域行程》一卷 …………… 447
第二门　方志 …………………………………………………… 449
　　第一品　唐道宣《释迦方志》二卷 …………………… 449
　　第二品　唐佚名《敦煌录》一卷 …………………… 452
第三门　寺塔记 ………………………………………………… 454
　　第一品　北魏杨衒之《洛阳伽蓝记》五卷 …………… 454
　　第二品　唐段成式《寺塔记》二卷 …………………… 462
第四门　名山记 ………………………………………………… 465
　　第一品　唐慧祥《古清凉传》二卷
　　　　　　附：北宋延一《广清凉传》三卷
　　　　　　　　北宋张商英《续清凉传》二卷 …………… 465
　　第二品　北宋陈舜俞《庐山记》五卷 …………………… 475
　　第三品　南宋陈田夫《南岳总胜集》三卷 …………… 480
　　第四品　元盛熙明《补陀洛迦山传》一卷 …………… 485

八、杂 记 部

总　叙 ……………………………………………………………… 493
第一门　因果感应 ……………………………………………… 502
　　第一品　唐道宣《集神州三宝感通录》三卷
　　　　　　附：唐唐临《冥报记》三卷 …………………… 502
　　第二品　唐道宣《道宣律师感通录》一卷 …………… 508
　　第三品　唐怀信《释门自镜录》二卷 …………………… 511

第四品　辽非浊《三宝感应要略录》三卷 …………… 517
　　第五品　明智旭《见闻录》一卷 …………………… 520
　　第六品　清戒显《现果随录》四卷 ………………… 522
　　第七品　清弘赞《六道集》五卷 …………………… 526
第二门　经典传习 ……………………………………… 532
　　第一品　法华经类之一：唐慧祥《弘赞法华传》
　　　　　　十卷 ……………………………………… 532
　　第二品　法华经类之二：唐僧祥《法华经传记》
　　　　　　十卷 ……………………………………… 538
　　第三品　华严经类之一：唐法藏《华严经传记》
　　　　　　五卷 ……………………………………… 546
　　第四品　华严经类之二：唐惠英、胡幽贞《大方
　　　　　　广佛华严经感应传》一卷 …………………… 553
　　第五品　金刚经类之一：唐孟献忠《金刚般若经
　　　　　　集验记》三卷 …………………………… 556
　　第六品　金刚经类之二：唐段成式《金刚经鸠异》
　　　　　　一卷 ……………………………………… 559
第三门　丛林见闻 ……………………………………… 561
　　第一品　北宋惠洪《林间录》二卷
　　　　　　附：北宋惠洪《林间录后集》一卷 ………… 561
　　第二品　南宋道谦《大慧普觉禅师宗门武库》一卷 … 566
　　第三品　南宋宗杲《正法眼藏》三卷 ……………… 570
　　第四品　南宋晓莹《罗湖野录》二卷 ……………… 575
　　第五品　南宋晓莹《云卧纪谈》二卷 ……………… 580
　　第六品　南宋道融《丛林盛事》二卷 ……………… 584
　　第七品　南宋昙秀《人天宝鉴》一卷 ……………… 590
　　第八品　南宋圆悟《枯崖漫录》三卷 ……………… 593

第九品　明无愠《山庵杂录》二卷
　　　　　　附：明善灿《正宗心印后续联芳》一卷 ……… 598
第四门　四众别录 …………………………………………… 605
　第一品　明袾宏《缁门崇行录》一卷 …………………… 605
　第二品　明袾宏《皇明高僧辑略》一卷 ………………… 608
　第三品　明夏树芳《名公法喜志》四卷 ………………… 610
　第四品　明元贤《建州弘释录》二卷 …………………… 614
　第五品　明朱时恩《居士分灯录》二卷 ………………… 618
　第六品　明圆信、郭凝之《先觉宗乘》五卷
　　　　　　附：明圆信、郭凝之《优婆夷志》一卷 ……… 621

五、纂集部

总　　叙

　　纂集,全称"佛教纂集",指的是用采录、整理、分类、述解等方式,将各种佛教资料按一定的主题,井然有序地编集起来,以供研读和保存的一类佛教典籍。这类典籍往往具有广采博搜、知识密集的特点。它们包罗万象,不仅涵盖佛教知识的各个领域,而且泛涉人文掌故、自然知识、伦理道德、语言文字等众多的方面。诸如佛教的时空观念、宇宙图式、善恶说教、修持法门、称谓仪礼、名物制度、纲科职事、斋节活动、文翰史迹、故事传说、名词术语、译梵法式,乃至君臣忠孝、贫富贵贱、智愚勤惰、交友志学、商贾工巧、医药术数、天文地理、音乐图像、飞禽走兽、物产珍宝等,莫不毕集。它们综括大藏经籍,旁撷世间典坟,辑存了许多今已失传的坠简遗文,是一批深受内外学者重视的资料集和工具书。在佛教文史类典籍中,纂集的数量是最多的。

　　佛教纂集的门类很多,而且有些门类又具有相对的独立性,既可以自成一统,构成与纂集部并行的别的大部(如语录部、音义部),也可以根据所述的主题合入别部(如诸宗部、护法部)。大体说来,有摘录汉译经律论和僧俗撰述中的事理或史实,分类排纂的类书,如《诸经要集》、《释氏六帖》等是;有对佛教术语(包括梵文义译名词和音译名词)以及佛经中使用的古汉语词汇(主要是复合词)进行训释的辞书,如《法门名义集》、《翻译名义集》、

《一切经音义》等是;有搜集佛经中常用的汉字加以解析的字书,如《龙龛手镜》等是;有荟萃不同时期、不同人物的佛教撰述的总集(按不同的主题编集),如《乐邦文类》、《古尊宿语录》等是;有汇载某一位佛教人物的各种文述的别集,如《四明尊者教行录》等是;有叙录佛教史上重要事件和制度的起源、沿革的典故集,如《大宋僧史略》等是;有汇编某一类事项的专集,如《敕修百丈清规》等是;此外还有一些杂集,如《禅苑蒙求瑶林》等。

一、佛教纂集的源流

历来被佛经目录学家视为"东土贤圣集传"的重要组成部分的佛教纂集,是从东晋中叶汇集个别高僧的佛教文述的别集发展起来的。及至南北朝,全面开花,形成了以收录范围更广和实用性更强的总集、类书、辞书为主干,其他体裁和内容的纂集齐兴的新局面。这种情况一直延续到隋唐以及后世。兹择若干大类,分述如下。

(一) 僧人别集

这里指的是广义上的别集。也就是说,它不仅是指搜集一个人的全部文述的全集,而且也包括收录一个人的部分(或某一类)文述的选集、文集、诗集、诗文集、碑表集等。在佛教纂集的众多门类中,别集是最早问世的一个门类。

从今存的佛教史传上的记载来看,僧家之有别集,自东晋中叶剡县(今浙江嵊州)石城山沙门支遁的《支遁集》十卷为始(见梁慧皎《高僧传》卷四)。支遁卒于太和元年(366),他才藻俊拔,文翰盖世,生前曾撰有《释矇论》、《即色游玄论》、《圣不辩知论》、《道行指归》、《学道诫》、《切悟章》(以上见《高僧传》卷四本传)、《大小品对比要钞序》、《辩著论》、《释即色本无义》、《辩三乘论》、《本业略例》(以上见梁僧祐《出三藏记集》卷八、卷十二所载陆澄《法论目录》)、《与桓太尉论州符(府)求沙门名籍书》(见梁僧祐《弘明集》卷十二)、《释迦文佛像赞》、《赞佛诗》(以上见唐道宣《广弘明集》三十卷本中的卷十五、卷三十)等。《支遁集》就是这数十篇序、论、赞、诗、注、诫、铭的汇编。此集今存二卷,篇什亡佚者甚多,《四库全书总目提要·附录》称有"毛扆汲古阁旧钞本"。自此以后问世的僧人别集,主要有:

东晋庐山东林寺沙门慧远《慧远集》十卷(见《高僧传》卷六)。慧远卒于义熙十二年(416)。他善属文章,辞气清雅,卜居庐山三十余年,影不出山,迹不入俗。在那里撰写了《沙门不敬王者论》、《沙门袒服论》、《明报应论》、《三报论》、《答桓太尉书》(以上见《弘明集》卷五、卷十二)、《庐山出修行方便禅经统序》、《阿毗昙心序》、《三法度序》、《大智度抄序》(以上见《出三藏记集》卷九、卷十)、《佛影铭》(见三十卷本《广弘明集》卷十五)等。《慧远集》将它们统而收之,总计五十余篇,今已散佚。

刘宋建业(今南京)冶城寺沙门慧琳《慧琳集》十卷(见《高僧传》卷七,已佚)。慧琳是名僧道渊的弟子,学兼内外,长于制作,深得宋文帝的赏识。他设白学先生(代表儒家)与黑学道士(代表佛教)之问答而撰的《白黑论》(又名《均善论》),以及《婚农无伤论》、《问难》(以上见《出三藏记集》卷十二),曾在当时的佛教界引起轩然大波。同代,尚有吴虎丘山沙门昙谛(又作"支昙谛")《昙谛集》(又名《支昙谛集》)六卷和山阴天柱山沙门慧静《慧静集》十卷(均见《高僧传》卷七,已佚)。昙谛卒于元嘉(424—453)末年,曾撰有《会通论》、《神本论》(见《出三藏记集》卷十二);慧静卒于泰始(465—471)年间,偏善《涅槃》。他与卒于元嘉年间、著有《涅槃略记》、《大品旨归》、《达命论》等的东阿沙门慧静(见《高僧传》卷七)非为同一人。

齐竟陵王萧子良《法集》十六帙一百一十六卷和巴陵王（萧子良之子）《杂集》（又名《法集》）二卷（均见《出三藏记集》卷十二）。此二集由与萧子良有过交往的梁建初寺沙门僧祐编集。前集主要收录萧子良的《净住子》、《注优婆塞戒》、《注遗教经》、《维摩义略》、《杂义记》、《僧制》、《清信士女法制》、《施药记》、《舍身记》、《发愿疏》、《梵呗序》、《宝塔颂并石像记》等众经注义、法塔赞颂、僧制药记、导文愿疏；后集主要收录巴陵王的《造千佛愿》、《释迦赞》、《为会稽西方寺作禅图九相咏》、《经声赋》、《会稽宝林寺禅房闲居颂》等。二集的目录尚存，而原集已佚。

梁钟山开善寺沙门智藏《智藏集》五卷（见《隋书》卷三十五《经籍四》，已佚）。智藏卒于普通三年（522），另撰有经论义疏多种（见唐道宣《续高僧传》卷五）。

陈扬都（指建康，今南京）宣武寺沙门洪偃《洪偃集》二十余卷（见《续高僧传》卷七，已佚）和光宅寺沙门昙瑗《昙瑗集》八卷（见同书卷二十一，已佚）。洪偃卒于陈天嘉五年（564），另撰有《成实论疏》数十卷；昙瑗卒于太建（569—582）年间，另撰有《十诵律疏》十卷，《戒本》、《羯磨》各二卷，《僧家书仪》四卷。

北周渭滨沙门释亡名《释亡名集》十卷（见隋费长房《历代三宝纪》卷十一、《续高僧传》卷七，已佚）。释亡名，俗姓宗（一说"宋"），南郡（一说"南阳"）人。生于衣冠望族之家。梁亡，投岷蜀兑禅师出家。著有《法界宝人铭》、《息心赞》、《至道论》、《淳德论》、《遣执论》、《去是非论》、《影喻论》、《修空论》、《不杀论》、《厌食想文》等。文多清素，语恒劝善，存质去华，不存粉墨。此集或是这些文述的汇编。

隋代西京（长安）净住道场法纯《法纯集》十卷（见《续高僧传》卷十八，已佚）；东都（洛阳）慧日道场法论《法论集》八卷（见同书卷九，已佚）；相州（治所在今河南安阳）演空寺（初住大慈寺)灵裕《灵裕集》四卷(见《隋书》卷三十五《经籍四》,已佚);杭州灵隐山天竺寺真观《诗赋碑集》三十余卷(见《续高僧传》卷三十,已佚)。

唐代,在僧人文集方面,有:蒲州仁寿寺海顺《海顺集》数卷(见《续高僧传》卷十三,已佚);京师清禅寺慧赜《慧赜集》八卷(见同书卷三,已佚);虎丘山僧瑗《文集》三卷(见北宋赞宁《宋高僧传》卷四,已佚);唐贞元(785—804)年间,西明寺圆照编集《翻经大德翰林待诏光宅寺沙门利言集》二卷和《翻经大德西明寺上座赐紫沙门良秀集》二卷(均见圆照《大唐贞元续开元释教录》卷下,已佚);南岳七宝台玄泰《玄泰集》若干卷(见《宋高僧传》卷十七,已佚);会稽郡大善寺虚受(入五代)《文集》数卷(见同书卷七,已佚)。

在僧人碑表集方面,有:圆照编集《大唐再修隋故传法高僧信行禅师塔碑表集》五卷和《翻经临坛大德西明安国两寺上座乘如表状集》三卷(均见《大唐贞元续开元释教录》卷下,已佚)。

在僧人诗集方面,有:天台山国清寺寒山子《寒山子诗集》一卷(附同寺沙门丰干、拾得的《丰干拾得诗》一卷);皎然《杼山集》十卷(以上见《四库全书总目提要》卷一四九,今存);齐己《白莲集》十卷;贯休《禅月集》二十五卷(附《补遗》一卷,见同书卷一五一,今存);灵澈《灵澈诗》一卷;灵一《灵一诗》二卷;清塞《清塞诗》二卷;常达《常达诗》一卷(以上合为《唐四僧诗》六卷,见同书卷一八六,今存)。此外,还有无可(贾岛之弟)《无可集》一卷;虚中《碧云诗》一卷;修睦《东林集》一卷;尚颜《供奉集》一卷(以上见《文献通考·经籍考》卷七十,存佚不详);可止(入五代)《三山集》(见《宋高僧传》卷七,已佚),等等。

(二)撰述总集

佛教撰述中的总集,一般是按专题编集的。如护法类总集、碑记类总集、语录类总集、净土类总集、诗总集等等。也有统收各种佛教撰述,于集内别立子类加以编录的。总集所收的一般是整篇的原文,与类书所收大多是原作的片段,存在着明显的区别。别集是个别佛教人物的资料集,而总集则是众多佛教人物的资料集。因此,总集保存的佛教史料比别集更多,而且更为系统、全面,它是佛教史资料的宝库。

佛教撰述总集是在各种佛教文述大量涌现的刘宋出现的。宋明帝时,中书郎陆澄将东汉至刘宋的二百六十余篇佛教文述(主要是论、书、序),分为法性、觉性、般若、法身、解脱、教门、戒藏、定藏、慧藏、杂行、业报、色心、物理、缘序、杂论、邪论等十六集,每一集为一帙,编成《法论》十六帙一百零三卷(原集已佚,有目录见存于《出三藏记集》卷十二之中)。汉地之有佛教撰述总集自它而始。此后问世的佛教撰述总集(护法类总集《弘明集》、《广弘明集》等另文介绍),主要有:

梁庄严寺沙门宝唱奉敕编纂《续法论》(一作《续法轮论》)七十余卷(一作"一百八十卷")和《法集》一百四十卷(一作"一百三十卷",均见《续高僧传》卷一,已佚),前者为陆澄的续作,后者所收不详;建初寺沙门僧祐编《法苑杂缘原始集》(略称《法苑集》)十四卷(原集已佚,有目录见存于《出三藏记集》卷十二之中)和《诸寺碑文》四十卷(见《隋书》卷三十五《经籍四》,已佚)。《法苑杂缘原始集》内分佛宝、法宝、僧宝、经呗导师、龙华像会、杂图像、经藏正斋、受菩萨戒、止恶兴善、大梁功德等十集。其中,《佛宝集》至《经呗导师集》的前部分为经律论中有关事缘的摘抄,自《经呗导师集》的后部分以下至全书终均为汉地佛教撰述,基本上都是"记"一类的作品,记载宋、齐、梁三代皇帝和皇室的奉佛行事颇详。《诸寺碑文》为汉地最早的寺碑总集。僧祐初撰《法集杂记传铭》七卷(见《出三藏记集》卷十二,已佚），内收《钟山定林上寺碑铭》、《建初寺初创碑铭》、《献统上碑铭》、《僧柔法师碑铭》四卷，以后加以增广，撰成了《诸寺碑文》一书。梁元帝萧绎于江陵编《内典碑铭集林》三十一卷（原集已佚，有序见存于三十卷本《广弘明集》卷二十之中），其性质与僧祐之书相同。

隋大兴善寺僧琨"采摭先圣后贤所撰诸论"而编集《论场》三十一卷（见《历代三宝纪》卷十二，已佚）；东都上林园翻经馆彦琮，与陆彦师等人编集《内典文会集》（见《续高僧传》卷二，已佚）。

唐京师纪国寺慧净编《诗英华》十卷（见《续高僧传》卷三，已佚，《旧唐书》卷四十七《经籍下》作"续古今诗苑英华"二十卷"），此为诗总集；会稽山妙喜寺印宗编《心要集》（见《宋高僧传》卷四，已佚），此为梁代至唐初，"天下诸达者语言总录"；圆照编《唐朝传法三学大德沙门碑记集》十五卷（见《大唐贞元续开元释教录》卷下，已佚），此为碑记总集。圆照还编有高宗、睿宗、玄宗、肃宗、代宗、德宗朝制令碑表的合集和专集多部；圭峰草堂寺宗密编《禅源诸诠集》（又名《禅那理行诸诠集》，原集已佚，宗密写的书序《禅源诸诠集都序》今存），此集为禅宗各家"诠表禅门根源道理"的文述的总集。

（三）经论纂要

又称"经论会要"、"众经要钞"、"诸经要集"等。这是一类带有钞集性质的典籍，由作者一个人或组织许多人翻阅大藏经典，将汉译经律论以及东土集传中的精义、要点和适合修持需要的各种论述，一一摘出，然后类聚成书。由于钞集的目的是为了省却他人翻检浩瀚的原著之劳苦，便于使用，因此，它们中的绝大多数都是分类排纂的，就性质而言，属于佛教类书。以原书为单位的逐部排列式的摘抄是比较少见的。虽说经论纂要一般都是佛教类书,但佛教类书并不局限于经论纂要。有些以记叙中国佛教史迹为主的类书,其资料主要来源于佛教内外的史乘。

经论纂要大致上可以分为单一性抄集和综合性抄集二大类。

(1)单一性抄集

指单录众经某一类事项的抄集,如事数(又称"名数"、"法数",指带有数字的佛教术语)、僧制、律仪等。事数类抄集,有:刘宋京师庄严寺沙门昙宗《数林》若干卷(见《高僧传》卷七,已佚,下同);南齐沙门王宗(与"昙宗"或是同一人)《佛所制名数经》五卷(见《出三藏记集》卷五),此书托名佛经,实是王宗抄集众经,依事类编录的,"有似《数林》";北齐僧统法上《增一法数》(略称《增一数》,或作《增一数法》)四十卷(见《历代三宝纪》卷十二等),此书"略诸经论所有数法(一作"法数"),从一至十,从十至百,乃至千万,有似《数林》"。

僧制、律仪类抄集,有:刘宋京师庄严寺僧璩《僧尼要事》二卷(见《高僧传》卷十一,已佚,下同);南齐钟山瓦官寺超度《律例》七卷(同上);南齐萧子良《僧制》一卷(见《出三藏记集》卷十二);梁扬都天竺寺法超《出要律仪》十四卷(见《续高僧传》卷二十一);北齐慧光《僧制》十八条(同上);隋灵裕《僧尼制》一卷(见《历代三宝纪》卷十二)等,均是依律部撰出的。

其他专题的抄集,则有:梁僧祐《世界记》五卷(见《出三藏记集》卷十二,已佚,下同);梁扬都庄严寺宝唱《众经饭供圣僧法》五卷、《众经护国鬼神名录》、《众经诸佛名》、《众经拥护国土诸龙王名录》、《众经忏悔灭罪方法》各三卷(见《历代三宝纪》卷十一);隋代沙门贤明《真言要集》十卷(见《旧唐书》卷四十七《经籍下》)等。

（2）综合性抄集

指综录众经中各类事项的抄集。这是一类经籍幅凑、学术影响极大的抄集，始于齐代，而盛于梁代。齐萧子良撰的《三宝记》十卷（见《历代三宝纪》卷十一，已佚），可以视为此类抄集之最早者。及至梁代，则有：天监七年（508）十一月，武帝萧衍"以法海浩博，浅识窥寻，卒难该究"，敕庄严寺僧旻等编纂《众经要钞》八十八卷（其中的八卷可能是目录，见上书，已佚）；天监十五年（516），宝唱等奉敕编《经律异相》五十卷（今存，后详）；普通（520—526）年间，开善寺智藏等二十人奉敕编《义林》八十卷（见《历代三宝纪》卷十一，已佚），此书因对"诸经论有义例处，悉录相从，以类聚之，譬同世林无事不植"而得名；简文帝萧纲为太子时，主持编纂《法宝联璧》（又名《法宝集》）二百卷（同上，原书已佚，有梁元帝作的《法宝联璧序》保存在三十卷本《广弘明集》卷二十之中），此书由简文帝"躬览内经，指挥科域，令诸学士编写结连"，犹如《华林遍略》；湘东王萧绎（后为梁元帝）记室虞孝敬编《内典博要》三十卷（同上，已佚），此书"该罗经论所有要事，备皆收录，颇同《皇览》、《类苑》之流"。

此外，有：西魏文帝时，沙门昙显等奉丞相宇文泰之命，依大乘经撰出《菩萨藏众经要》二十二卷和《一百二十法门》一卷（见《历代三宝纪》卷十一，已佚），北齐天保（550—559）年间，邺下沙门道纪依经论撰出《金藏论》七卷（见《续高僧传》卷三十，已佚），此书以类相从，"寺塔幡灯之由，经像归戒之本，具罗一化"，是佛教的典故集；北周武帝时，终南山静霭依经论撰出《三宝集》十一卷（见《历代三宝纪》卷十一，已佚）。

隋开皇十五年（595），文帝杨坚敕有司编撰《众经法式》十卷（见同书卷十二，已佚）；隋慧日道场智果等奉敕撰《香城甘露》五百卷（见唐道世《法苑珠林》卷一百，已佚）；唐麟德元年

(664)五月,京兆西明寺玄则编《禅林妙记集》二十卷(分前集和后集,各十卷,原集已佚,有序见存于三十卷本《广弘明集》卷二十之中);麟德二年(665),京兆广福寺会隐等十人,"于一切经中略出精义玄文"而编成《禅林要钞》三十卷(见《宋高僧传》卷四,已佚);唐开元(713—741)中,中岳嵩阳寺沙门一行编《释氏系录》一卷(见《大唐贞元续开元释教录》卷下,已佚),"总有四条:一纲维塔寺,二说法旨归,三坐禅修证,四三法服衣。于中斋法附",为佛教典故集;唐骆子义编《经论纂要》十卷(见《旧唐书》卷四十七《经籍下》,已佚);五代后梁贞明元年(915),东塔院归序编《经论会要》若干卷(见南宋志磐《佛祖统纪》卷四十二,已佚),等等。

(四)语言文字

由佛家编撰的语言文字类典籍,其性质如同儒家经典中的小学类著作,为内外学所通用。根据小学类著作的传统分类法(见《四库全书总目提要》卷四十),它们也可以分为字书、韵书和训诂书。这中间,有些典籍的收词和释文,与佛教没有直接的联系,可以视为世典,而不是佛典,只是编撰者是僧人罢了;而另一些典籍则与佛教有联系。与佛教没有直接联系的字书有:梁代沙门正度《杂体书》九卷(见《隋书》卷三十二《经籍一》,已佚,下同);隋代智骞《苍雅字苑》(见《续高僧传》卷三十);唐代慧力《像文玉篇》二十卷(见《文献通考·经籍考》卷十六)等。韵书有:梁代僧旻《四声指归》(见《续高僧传》卷五);静洪(疑是隋人)《韵英》三卷(见《隋书》卷三十二《经籍一》);唐代猷智《辨体补修加字切韵》五卷(见《新唐书》卷五十七《艺文一》)等。训诂书有:托名梁代宝志的《文字释训》三十卷(见《旧唐书》卷四十六《经籍上》);隋代道骞(疑即是"智骞")《楚辞音》一卷(见《隋书》卷三十五《经籍四》);唐代道淹《文选音义》(见

《旧唐书》卷四十七《经籍下》)等。

与佛教有直接联系的语言文字类典籍,主要是藏经音义(又称"佛经音义",略称"音义")和悉昙(梵文字母的译音,泛指梵语)。

(1)藏经音义

此类典籍中的多数是以佛经的部卷和行文为序,依次摘录其中的语词,然后加以训释的。内容包括:所录汉字的形体(如偏旁、古字、异体字、通假字和讹写等)、读音(一般用反切法注出)和含义(有引经据典的,也有直释的)。这中间有单经音义,也有众经音义,它们都属于训诂书,也可以看作为佛教纂集中的语词类辞典;也有少数是按部首分类收录单字,然后进行解释的,属于字书。由于藏经音义具有直接帮助学人阅读佛典的作用,因此,自明末高僧智旭撰《阅藏知津》,别立"音义"一门,收录藏经音义三种以来,"音义"往往成了佛教纂集中语言文字类典籍的代称。

藏经之有音义,确凿可考的,自北齐沙门道慧的《一切经音》为始(见唐道宣《大唐内典录》卷五"玄应"条,已佚)。继之者有:

隋代智骞《众经音》若干卷(见《续高僧传》卷三十,已佚)。

唐代翻经沙门玄应《一切经音义》二十五卷(今存);道宣《趣要赞经音义》一卷(见日本永超《东域传灯目录》,已佚);窥基《妙法莲华经音训》一卷(见日本藏俊《注进法相宗章疏》,今存于慧琳《一切经音义》卷二十七之中);法藏《华严梵语及音义》一卷(见日本圆超《华严宗章疏并因明录》,已佚);慧苑《新译大方广佛华严经音义》二卷(今存);唐开元二十一年(733)终南山智炬寺云公(全名不详)《大般涅槃经音义》二卷(今存于慧琳《一切经音义》卷二十五和卷二十六之中);法宣《大般涅槃经音义》一卷

（见日本最澄《传教大师将来台州录》，已佚）；佚名《四分律音训》（又名《四分律东塔疏音训》）一卷（见日本圆珍《开元寺求得经疏记等目录》，已佚）；慧琳《一切经音义》一百卷（今存）；河东居士郭逡《新定一切经类音》八卷（见日本圆珍《智证大师请来目录》，已佚）；江西谦法师《经音》（见可洪《新集藏经音义随函录后序》，已佚）；蜀国西川厚法师《经音》（同上，已佚）。

五代时，有后唐可周《法华音训》五帖（即五卷，见《宋高僧传》卷七，已佚）；后晋可洪《新集藏经音义随函录》三十卷（今存）；后周行瑫《大藏经音疏》五百多卷（见《宋高僧传》卷二十五，已佚）；辽希麟《续一切经音义》（续慧琳之书）十卷（今存）；辽行均《龙龛手镜》四卷（今存）；北宋处观《精严新集大藏音》（南宋初重刻时改名《绍兴重雕大藏音》）三卷（今存）等。

（2）梵语知识

包括悉昙（指梵文字母）和梵语译名（主要指音译）两大类。前者主要介绍梵文字母的书写、分类、发音和拼合规则（不包括句法）；后者主要介绍梵语名词的正确音译及词义，或者叙列常用汉字以及与之相对应的梵语等。

悉昙类典籍，以刘宋时京师乌衣寺慧睿的《十四音训叙》为最早，此书为解答名士谢灵运的咨问而作，"条列梵汉，昭然可了"（见《高僧传》卷七，已佚）。继之者有：唐代慧明《天台悉昙章》一卷（见日本圆珍《智证大师请来目录》，已佚）；佚名《大涅槃经文字品悉昙章》一卷（同上，已佚）；唐代智玄《十四音辨》一卷（见日本圆仁《入唐新求圣教目录》，已佚）等。

梵语译名类典籍，有：梁代宝唱《翻梵语》十卷（今存）；陈代真谛《翻外国语》（又名《俱舍论因缘事》）七卷（见《大唐内典录》卷五，已佚）等。

这中间，悉昙类典籍对中国音韵学的发展产生过重大的影响。

二、本部大略

本部上起梁代,下迄清代,共收录佛教纂集类典籍五十部七百零九卷。分为八门:

(一) 事类

共有四部一百八十卷,均为佛教类书。其中,梁宝唱等《经律异相》五十卷,下分三十九部,始《天部》,终《地狱部》,以辑录佛教的各种因缘故事为主;唐道世《诸经要集》二十卷,下分三十部,始《三宝部》,终《杂要部》,以辑录教法修行仪规和善恶业报事缘为主;唐道世《法苑珠林》一百卷,分为一百篇,始《劫量篇》,终《传记篇》,不仅分门别类地介绍了佛教的各项教理和一般知识,而且广泛地讨论了人世间的各种社会现象和伦理是非,是一部事理淹博的巨著;南宋陈实《大藏一览集》十卷(有的版本无"集"字),分为八门,以集录藏乘(大小乘三藏)义理为主。

(二) 文汇

共有七部三十五卷,均为佛教文集。其中,隋灌顶《国清百录》四卷,为天台宗创始人智颛撰作的以及与他有关的各种文述的汇编;南宋宗晓《四明尊者教行录》七卷,为被称为"中兴教主"的天台宗东土十七祖知礼撰作的以及与他有关的各种文述的汇编;唐佚名《□□寺沙门玄奘上表记》一卷,为法相宗创始人玄奘的表启集;唐圆照《代宗朝赠司空大辨正广智三藏和上表制集》六卷,为密宗大师不空的表制集;南宋宗晓《乐邦文类》五卷,分为经、咒、论、序跋、文、赞、记碑、传、杂文、赋铭、偈、颂、诗、词十四门,为净土宗文述的总集。宗晓的《乐邦遗稿》二卷则是《乐邦文类》的补遗;明如卺《缁门警训》十卷,为佛门训诫类文述的汇编,所收以禅宗的警策、法语、规箴等为主,兼及其他。

(三) 语录

共有十二部一百七十二卷。其中,唐法海《南宋顿教最上大乘摩诃衍般若波罗蜜经六祖惠能大师于韶州大梵寺施法坛经》一卷,为见存年代最早(但不是成书最早)的敦煌本《坛经》。元宗宝《六祖大师法宝坛经》一卷,为流传最广的宗宝本《坛经》。两书虽然均以记录禅宗六祖惠能(又作"慧能")在韶州大梵寺讲堂说法的内容为主,兼及惠能的其他言行,但前书不分品目,后书分为行由、般若、疑问、定慧、坐禅、忏悔、机缘、顿渐、宣诏(一作"护法")、付嘱十品,在语句和内容上存在着一定的差异;南宋赜藏主《古尊宿语录》(原名《古尊宿语要》)四十八卷,收录慧能以下的禅师语录三十六家。南宋师明《续古尊宿语要》六卷,续收唐宋禅师语录八十一家(附出二家);南宋法应、元普会《禅宗颂古联珠通集》四十卷,为宋元时期禅宗颂古类作品的总集;清净符《宗门拈古汇集》四十五卷,为五代至清代禅宗拈古类作品的总集;南宋慧开《无门关》一卷,收录禅宗公案四十八则,并附以作者的拈语(拈古)和颂语(颂古)。

北宋克勤(临济宗人)《佛果圆悟禅师碧岩录》十卷,是对雪窦重显《颂古百则》的评唱,由于它是禅宗评唱体著作的开创者,故被禅界誉为"宗门第一书";元行秀(曹洞宗人)《万松老人评唱天童觉和尚颂古从容庵录》六卷和《万松老人评唱天童觉和尚拈古请益录》二卷,是对天童正觉《颂古百则》和《拈古百则》的评唱;元从伦(行秀的弟子)《林泉老人评唱投子青和尚颂古空谷集》六卷和《林泉老人评唱丹霞淳禅师颂古虚堂集》六卷,是对投子义青《颂古百则》和丹霞子淳《颂古百则》的评唱。

(四) 掌故

共有八部四十八卷。其中,唐义净《南海寄归内法传》四卷,为公元前六、七世纪印度和南海诸国佛教寺院律仪规式的纪实；五代义楚《释氏六帖》二十四卷，下分五十部，始《法王利见部》，终《师子兽类部》，以辑录佛教的掌故和术语为主，兼收各种各样的人文掌故和自然知识；北宋赞宁《大宋僧史略》三卷，分为五十九门，详尽地记叙并考订了中国佛教史上六十多项重要的事件和制度的起源及沿革；北宋道诚《释氏要览》三卷，分为二十七篇，始《姓氏》，终《送终》，对佛教的各项名物制度和修行知识作了颇为详细的介绍。它与南宋法云《翻译名义集》、明圆瀞《教乘法数》被称为"佛学三书"，为初学者所广泛使用；北宋灵操《释氏蒙求》二卷，为启蒙性的教门（禅宗以外的其他教派）故事集；北宋善卿《祖庭事苑》八卷，既叙录了唐宋禅录中的各种典故，也训释了一些语词的读音与含义；金代志明《禅苑蒙求瑶林》三卷和清佚名《禅苑蒙求拾遗》一卷，为启蒙性的禅门（禅宗）故事集。

（五）规制

有一部八卷。它就是元德辉《敕修百丈清规》八卷。此为唐代百丈怀海创制的《禅门规式》（又名《百丈清规》）的修订本。分祝厘、报恩、报本、尊祖、住持、两序、大众、节腊、法器九章，对丛林（禅林）制度和应用文书作出了细致的规定。

（六）法数

共有三部六十三卷，均为解释带有数字的佛教名词术语的辞书。其中，唐李师政《法门名义集》一卷，分身心、过患、功德、理教、贤圣、因果、世界七品，收词一百二十条；明一如等《大明三藏法数》五十卷和明圆瀞《教乘法数》十二卷，均按词目所含数字的大小编次，始"一心"，终"八万四千法门"。前书收词一千五百五十五条，释文通畅，义理完备，并用夹注的方式，对释文中提到的其他佛教术语一一加以诠解，是同类著作中的佼佼者；后书收词二千九百八十条左右，释文大多采用图表式，文字简约。

（七）音义

共有七部一百七十四卷，均为佛教的语词类辞典或字书。分为四类：

（1）众经音义。有唐玄应《一切经音义》二十五卷，收录佛经（广义上的"佛经"，泛指佛教经典）四百五十六部，以经典的卷次和行文为序，摘录词汇（古汉语中的复合词和梵文翻译名词），然后辨字形、注读音、释词义和定正讹；唐慧琳《一切经音义》一百卷，训释一千三百部佛经的音义，释文详密，其中辑存了大量经史子集古本的佚文，为唐代藏经音义的集大成者；辽希麟《续一切经音义》十卷，训释一百十部佛经的音义，为慧琳之书的续作；后晋可洪《新集藏经音义随函录》三十卷，训释一千七十六部佛经的音义，以释音为主，释义为次，文字简略。

（2）单经音义。有唐慧苑《新译大方广佛华严经音义》二卷，为唐实叉难陀翻译的《华严经》八十卷的音义。

（3）藏经单字音训。有北宋处观《绍兴重雕大藏音》三卷，分为一百七十四个部首，始"人"部，终"杂"部，收藏经单字约五千个，只释它们的形体（规范的和非规范的字体）和读音，不释字义。

（4）藏经单字音义。有辽行均《龙龛手镜》四卷，分为二百四十二个部首，始"金"部，终"杂"部，收藏经单字二万六千四百三十余字（包括同一个汉字的不同字体在内），先列字体，后注音义。

（八）习梵

共有八部二十九卷，均为与梵语汉译习学有关的辞书或读本。分为三类：

（1）以解释佛经中梵语音译名词为主的辞书。有梁宝唱《翻梵语》十卷，分为七十三篇，始《佛号篇》，终《数名篇》，收词约四千七百条，释文简略；南宋法云《翻译名义集》七卷，分为六十四篇,始《十种通号篇》,终《通论二谛篇》,收词约二千余条,释文详悉。

（2）梵汉对照读本。有唐义净《梵语千字文》一卷,收汉字一千个;唐全真《唐梵文字》一卷,收汉字约一千一百个;唐礼言《梵语杂名》一卷,收汉字约一千七百余个;唐僧怛多蘖多等《唐梵两语双对集》一卷,收汉字约七百个。

（3）介绍梵文字母（"悉昙"）及其拼音（组合生字）规则的读本。有唐智广《悉昙字记》一卷,分为十八章;北宋惟净等《景祐天竺字源》七卷,分为四篇。两书在内容上各有侧重。

三、备考书目

近代以来编撰的佛教辞典、资料集、丛刊、丛书等著作,主要有:丁福保编《佛学大辞典》(文物出版社1984年1月新1版)、慈怡主编《佛光大辞典》(台湾佛光出版社1988年10月版)、杜继文等主编《佛教小辞典》(上海辞书出版社2001年12月版)、任继愈主编《佛教大辞典》(江苏古籍出版社2002年12月版)、中国佛教协会编《中国佛教》(知识出版社1980年4月起出版)、石峻等编《中国佛教思想资料选编》(中华书局1981年6月起出版)、张曼涛主编《现代佛教学术丛刊》(台湾大乘文化出版社1976年10月版)、蓝吉富主编《现代佛学大系》(台湾弥勒出版社1983年3月版)、黄夏年主编《近现代著名学者佛学文集》(中国社会科学出版社1995年12月版)、方广锠主编《藏外佛教文献》(宗教文化出版社1995年12月起出版)、赖永海主编《中国佛教百科全书》(上海古籍出版社2000年12月版)、黄夏年主编《民国佛教期刊文献集成》(全国图书馆文献微缩复制中心2006年9月版)等。

第一门 事 类

第一品 梁宝唱等《经律异相》五十卷

《经律异相》，五十卷。梁天监十五年(516)，庄严寺沙门宝唱等集。载于《丽藏》"仙"至"傍"函、《宋藏》"灵"至"启"函、《金藏》"仙"至"傍"函、《元藏》"灵"至"启"函、《明南藏》"路"至"户"函、《明北藏》"经"至"相"函、《清藏》"经"至"相"函、《频伽藏》"雨"帙，收入《大正藏》第五十三卷。

《经律异相》书首有宝唱等撰的《序》。说：

> 皇帝(指梁武帝)同契等觉，比德遍知，大弘经教，并利法俗，广延博古，旁采遗文。于是散偈流章往往而出，今之所获，盖亦多矣。圣旨以为像正浸末，信乐弥衰，文句浩漫，鲜能该洽，以天监七年敕释僧旻等备钞众典，显证深文，控会神宗。辞略意晓，于钻求者已有大半之益，但希有异相，犹散众篇，难闻秘说，未加标显。又以十五年末(宋元明本无"末"字)敕宝唱钞经律要事，皆使以类相从，令览者易了。又敕新安寺释僧豪、兴皇寺法生等，相助检读。于是博综经籍，择采秘要，上询神虑，取则成规，凡为五十卷，又目录五卷，分为五帙，名《经律异相》。将来学者可不劳而博矣。(《大正藏》第五十三卷，第1页上)

《序》中说的"以天监七年敕释僧旻等备抄众典,显证深文",指的是天监七年(508)十一月,梁武帝"以法海浩博,浅识窥寻,卒难该究"(见隋费长房《历代三宝纪》卷十一),因而敕庄严寺沙门僧旻和僧智、僧晃、刘勰等三十人,同集上定林寺,抄一切经论,以类相从而成的《众经要钞》(见唐道宣《续高僧传》卷五《僧旻传》)。《众经要钞》正文八十卷,目录八卷,由于有些不常见的经律要事未予收录,故梁武帝又在天监十五年(516)敕宝唱领衔,新安寺僧豪、兴皇寺法生等参加,别撰《经律异相》一部。由于《经律异相》实际上是以《众经要钞》为基础删补而成的,两书之间存在着渊源关系,故丽藏本《经律异相》在各卷之首题有"梁沙门僧旻、宝唱等集"的字样。以后《众经要钞》绝传,唯有《经律异相》见行。

《经律异相》是一部采录汉译经、律、论中的佛教故实,分类排纂,以供研读的现存最古的大型佛教类书,也是一部重要的佛教故事总集。全书以天、地、佛、菩萨、僧、国王、国王夫人、太子、国王女、长者、优婆塞、优婆夷、外道仙人、梵志、婆罗门、居士、贾客、庶人、鬼神、畜生、地狱为序,分为三十九部。每部下面又分子类和细项,层层剖分,最细的分类自"部"算起达四级(如天部、地部)。共收佛教"四圣"(佛、菩萨、缘觉、声闻)、"六凡"(天、人、阿修罗、畜生、饿鬼、地狱)和"境"(境界、处所)、"行"(修行)、"果"(修行所获的果报)方面的故事(统称子目)七百六十五则(笔者统计,以下各项统计数均同)。每则事相(即"事例")之末均注有出自某经某卷的出处,有些行文中间有考校诸经所云异同或释梵名的夹注。由于所分的三十九部中,有些部的性质相近,相当于某一大部下的小部,故大而统之,可依次归纳为十二大类,根据习惯,乃称十二部。

一、天地部(卷一至卷三)。辑录佛教对空间、时间、自然现象、地理区域的看法和有关事例,凡七十四则(或称七十四事)。

下分二部:(一)天部(卷一、卷二)。天部上(卷一),分三界诸天(下分欲界六天、色界二十三天、无色界四天)、二界成坏(下分三小灾、三大灾)、劫之修短、日、月、星、雷、电、云、风、雨十一类。共收事相四十一则。天部下(卷二),收帝释从野干(狐类)受戒、天人手出甘水济五百贾人、天女闻鹿牛弹琴下悉歌舞等十一则。(二)地部(卷三),分阎浮提(须弥山南方的大洲)和郁单曰(或作"郁单越",须弥山北方的大洲)二类,其中阎浮提又分国封所产、精舍、山、树、河海、宝珠(以上各项均再分细目)、阎浮提人饮乳多少及形寿不同七项,共收事相二十二则。

二、佛部(卷四至卷七)。辑录有关佛的因缘故事,凡六十一则。下分四部:(一)应始终佛部(卷四),收得道师宗、现迹成道、现般涅槃等六则。(二)应身益物佛部(卷五),收三种密、化作沙门度五比丘、济五百贼出家得道等十八则。(三)现涅槃后事佛部(卷六),收天人龙分舍利起塔、阿育王造八万四千塔、法灭尽等二十三则。(四)诸释部(卷七,宋明本题作"外缘佛部"),收释氏缘起、大爱道出家、琉璃王灭释种等十四则。

三、菩萨部(卷八至卷十一)。辑录有关菩萨的因缘故事,凡四十七则。下分三部:(一)自行菩萨部(卷八),收萨陀波仑为欲闻法卖心血髓、药王今生舍臂先世烧形、久修忍辱割截不忧等二十则。(二)外化菩萨部(卷九),收文殊现身诸刹取钵弘教、普贤誓护五种法师、大萨他婆渡海船坏杀身济众等十三则。(三)随机现身菩萨部(卷十、卷十一)[案:此部分上、下部,各一卷。《丽藏》本和《明藏》本称下部为"随机见身菩萨部",《大正藏》因之],收释迦为萨婆达多王割肉贸鹰、为国王身舍国城妻子、为大理家身济鳖及蛇狐、为熊身济迷路、为九色鹿身以救溺人、为大鱼身以济饥渴等三十则。

四、僧部(卷十二至卷二十三)。辑录修菩萨道(以菩萨为修行目标)和修声闻道(以罗汉为修行目标)的僧尼的因缘故事,凡一百九十四则。下分七部:(一)出家菩萨僧部(卷十二)[案:《大正藏》将此部划入"菩萨部",而将此下六部划为"声闻部",这不符合原书的部名称谓规则,显然失当],收慧王以百味饭化人入道、女人高楼见佛成男身出家利益等九则。(二)声闻无学僧部(卷十三至卷十八),收迦叶身黄金色妇亦同姿出家得道、舍利弗请佛制戒、目连为母造盆、优波离为佛剃发得入第四禅、优波笈多付嘱法藏入于涅槃、兄弟争财请佛解竟为说往事便得四果、比丘自恣受腊得道等一百一十四则。(三)声闻不测浅深僧部(卷十九),收比丘遇劫被生革缚不敢挽断、比丘夜不相识各言是鬼、沙门遇鬼变身乍有乍无等二十四则。(四)声闻学人僧部(卷二十),收比丘受禅为毒蛇所害生天见佛成道、比丘修不净观得须陀洹道等十则。(五)声闻现行恶行僧部(卷二十一),收调达欲害佛及佛弟子、提婆达多昔为猕猴取井中月、善星比丘违反如来谤无因果等十二则。(六)声闻无学沙弥僧部(卷二十二),收沙弥救蚁延寿得道、沙弥爱酪即受虫身等十一则。(七)声闻无学尼僧部(卷二十三),收跋陀罗自识宿命遇佛成道、暴志谤佛等十四则。

五、国王部(卷二十四至卷三十四)。辑录修菩萨道和修声闻道的国王、国王夫人、太子、国王女的因缘故事,凡一百零八则。下分七部:(一)转轮圣王诸国王部(卷二十四),收劫初人王始原、转轮王为半偈剜身然(燃)千灯、摩调金轮王舍国学道等十二则。(二)行菩萨道诸国王部(卷二十五、卷二十六),收毗楞竭梨王为请一偈以钉钉身、大光明王舍头施婆罗门、慧灯王好施舍身血肉、二王以袈裟上佛得立不退地等二十则。(三)行声闻道诸国王部(卷二十七至卷二十九),收月支王造三十二塔成罗汉道、横兴费调为奸臣所害复为王、多智王佯狂免祸、有王遇伐不拒等三十八则。(四)诸国王夫人部(卷三十),收阿育王夫人受八岁沙弥化、王后生肉弃水遂生二儿为毗舍离人种等六则。(五)行菩萨道诸国太子部(卷三十一、卷三十二),收乾陀尸利国王太子投身饿虎遗骨起塔、月光破身出血髓以救病人、须阐提割肉供父母命、萨埵王子舍身等十七则。(六)学声闻道诸国太子部(卷三十三),收帝须出家得罗汉道、鸠摩罗太子失肉眼得慧眼等六则。(七)诸国王女部(卷三十四),收波斯匿王女金刚形丑以念佛力立改姝颜、王女见水上泡起无常想等九则。

六、长者部(卷三十五、卷三十六)。辑录长者(指年高德劭的男子或富豪)的因缘故事,凡三十四则。下分二部:(一)得道长者部(卷三十五),收中申为佛作毒饭火坑自皆变灭、毗罗陀请佛僧食而库藏自满等十五则。(二)杂行长者部(卷三十六),收日难财富巨亿悭惜不施后世贫盲、须达三子事穷方信等十九则。

七、优婆塞优婆夷部(卷三十七、卷三十八)。辑录在家奉持佛教"五戒"(不杀、不盗、不邪淫、不妄语、不饮酒)的男女佛教徒(男子称"优婆塞",女子称"优婆夷")的因缘故事,凡二十三则。下分二部:(一)优婆塞部(卷三十七),收优婆塞持戒鬼代取华、优婆塞为王厨吏被逼杀害指现师子(即"狮子",佛经中"狮"字均写作"师"字)等十四则。(二)优婆夷部(卷三十八),收优波斯那割肉救病比丘、善信女少悟无常秉志清白为天帝所试等九则。

八、外道仙人部(卷三十九至卷四十一)。辑录佛教以外的其他修行者(佛教称之为"外道"),如入山修道而得"五神通"(天眼通、天耳通、他心通、宿命通、如意通)的仙人、信奉梵天的梵志[案:"梵志"一词在佛典中解释不一,如《大毗婆沙论》卷三十四释为"婆罗门",《大智度论》卷五十六释为"一切出家外道",《法华文句记》卷九谓"家事梵天,名为梵志",认为"梵志"

是指在家的婆罗门。本书所说的"梵志",基本上是指在家的婆罗门]、以祭司为职业的婆罗门的因缘故事,凡四十四则。下分三部:(一)外道仙人部(卷三十九),收外道立异见原由、六师与佛弟子角道力等十六则。(二)梵志部(卷四十),收摩因提梵志将女妻佛、梵志夫妇采花失命佛为说其往事等十二则。(三)婆罗门部(卷四十一),收婆罗门以饼奉佛闻法得道、婆罗门生美女佛言不好等十六则。

九、居士贾客庶人部(卷四十二至卷四十五)。辑录居士(又译"长者",原指吠舍种姓中的富豪,后来也指在家的佛弟子)、商人("贾客")、平民百姓("庶人")的因缘故事,凡七十六则。下分四部:(一)居士部(卷四十二),收郁迦见佛其醉自醒受戒以妻施人、阇利兄弟以法获财终不散失等五则。(二)贾客部(卷四十三),收商人驱牛以赎龙女得金奉亲、二贾客采宝贪者没命廉者安全等十六则。(三)男庶人部(卷四十四),收木巧师与画师相诳、夫妇约不先语见偷取物夫能不言、妇人鼻丑夫割他好者以易之、有人张鬼免害等三十八则。(四)女庶人部(卷四十五),收女人心缘丈夫误系儿入井、丑婢临水见他影谓其端正等十七则。

十、鬼神部(卷四十六)。辑录"天龙八部"中的阿修罗(丑相好战的神)、乾闼婆(乐神)、紧那罗(歌神)和其他鬼神的因缘故事,凡二十二则。下分阿修罗(有子目)、乾闼婆(无子目)、紧那罗(无子目)、杂鬼神(有子目)四类,收往昔阿修罗与天战见帝释回车而散、鬼神皆依所止为名、毗沙恶鬼食啖人民遇佛悟解、鬼还鞭其故尸等。

十一、畜生部(卷四十七、卷四十八)。辑录兽、禽、虫的因缘故事,凡六十六则。下分三部:(一)杂兽畜生部(卷四十七),下分师子、象、马、牛、驴、狗、鹿、铭陀(兽名)、野狐、狼、猕猴、兔、猫、鼠十四类,收师子虎为善友野干两舌分身丧命、驴效群牛为牛所杀、野狐从师子乞食得肥后为师子所食、猫狸吞鼠鼠食其藏（脏）等三十七则。（二）禽畜生部（卷四十八），下分金翅（鸟名）、千秋（鸟名）、雁、鹤、鸽、雉、乌等七类，收鸽舍命施饥穷人、雉救林火等十四则。（三）虫畜生部（卷四十八），下分龙、蛇、龟、鱼、蛤、谷贼、虫、虱八类，收一蛇首尾两诤从尾则亡、三鱼随涛流入小泾二强得反一羸被萦等十五则。

十二、地狱部（卷四十九、卷五十）。辑录作为佛教"六道轮回"最底下一道的地狱世界的各种故事，凡十则。主要有：阎罗王问罪人、十八地狱及狱主名字、八王使者于六斋日简阅善恶、金刚山间八大地狱各有十六狱、阿鼻地狱受诸苦相等。

《经律异相》的主要特点是：一般不采录名相（即名词术语）纷繁、内容艰涩的纯理论的论述，只采录有一定故事情节的叙事性的佛典原文。这些故事大致可分为三类：

第一类：为说明佛教信仰对象和佛教教理而编集的神话、寓言和譬喻。这在书中的数量是最多的。如书中辑录了许多佛、菩萨的本生故事，这些故事突出地颂扬了佛、菩萨在布施、持戒、忍辱、精进、禅定和智慧方面的德行，特别是以慈悲之心，自行化他，利乐有情（即"众生"）的自我牺牲精神。如说佛的前身（佛教继承了印度婆罗门教的传统学说，主张轮回转世之说）为萨婆达王割肉贸鹰以救鸽命（卷十）；为日月明王以眼施盲者（同上）；为王太子刺身出血以疗病人（同上）；为鹿王身代怀妊母鹿供厨受死（卷十一）；为贫人自投大海以充鱼食（同上）；为大光明王将头施与婆罗门（卷二十五）；为萨和檀王以身施婆罗门作奴（同上）；为忍辱太子为父杀身（卷三十一）；为智止太子以血肉施病比丘（同上）；为须阐提太子割肉供父母命（同上），等等。为乾陀尸利国王太子投身饿虎便是其中的典型例子：

乾陀尸利国王太子，不好荣华，栖遁山泽。时深谷底有一饿虎,新产七子,遇天降雪,虎母抱子,已经三日不得求食。惧子冻死,守饿护子。雪落不息,母子饥困,丧命不久。母既饥逼,还欲啖子。时诸仙曰:谁能舍身救济此者?太子曰:善哉!吾愿果矣。……太子即解鹿皮以缠头目,投身虎前。虎母得食菩萨(指太子),母子俱活。(卷三十一《乾陀尸利国王太子投身饿虎遗骨起塔》,第162页上、中)

第二类:以真实人物为依托敷述的历史传说或寓言故事。如书中记叙的释迦牟尼、大爱道、罗睺罗、憍陈如、迦叶、舍利弗、目连、须菩提、迦旃延、阿那律、优波离、阿难、摩揭陀国的频婆娑罗王、迦兰陀长者、憍萨罗国的波斯匿王、须达多长者等,都是原始佛教的重要人物。在这类故事中,既有佛教各界信众精进修行的善人善事,也有俗人或背弃佛陀言教的僧尼在贪欲、瞋恚、愚痴(佛教称为"三毒")方面反映出来的恶人恶事。以僧尼为例,提婆达多(又译"调达")和暴志就是书中屡加抨击的人物。

提婆达多是释迦牟尼的堂弟,在释迦牟尼成道回故乡时,出家为僧。后来,他为了实现取代释迦牟尼而自任教主的野心,曾多次谋害释迦牟尼。如勾结摩揭陀国阿阇世王企图用醉象踩死释迦牟尼和他的弟子,从山坡上往下推巨石想压死路过的释迦牟尼等。在暴力企图失败以后,他以自己的"五法"(五条戒规)为纲,另组僧团,据说人数达五百人之多。卷二十《声闻现行恶行僧部》辑录的十二则故事中,有九则是关于他的。在我国民间广为流传的九色鹿救溺人(卷十一)和猴子井中捞月亮故事(卷二十一)中的反面角色,都是佛经中用来抨击提婆达多而说的。

至于暴志,她本是比丘尼(俗称"尼姑"),也是佛陀在世时的弟子。但她后来不知怎的反怀恶念,谤毁佛陀。她用盎系腹,装出怀妊的样子,然后跑到佛陀那里,拉住佛陀的衣服说:"汝为我夫,从得有娠,不给衣食,此事云何?"(卷二十三《暴志谤佛》,第128页中)为此,卷二十三专门讲了一则鳖妇想吃鳖的知友猕猴心肝的故事,指责暴志的背恩行为(见《暴志前世为鳖妇》一则)。

第三类:自古以来就在印度各地流传,从不同的侧面反映印度各阶层人物的善恶是非、智愚情趣和日常生活的民间故事。如:

山中有一佛图(指寺庙),有一别房,中有恶鬼,喜来恼人,诸僧舍去。有客僧来,维那(僧众的头领)处分(指分配)令住此房,而语之言:此房有鬼,喜来恼人。客僧自以持戒力故,答言:小鬼何所能为?我能伏之。即入房住。日将欲暮,更有僧来求觅住处,维那亦令在此房住,亦语有鬼。其人亦言:我当伏之。时先入者闭户端坐,待鬼不来。后来者夜打门求入。先入者谓为是鬼,不为开户。后来者极力打门,在内道人以力拒之。外者得胜,排门得入,内者打之,外者亦极力熟打。至明旦相见,乃是故旧同学。道人各相愧谢,众人云集,笑而怪之。(出《大智度论》第九十一卷。——原注)(卷十九《比丘夜不相识各言是鬼》,第106页上、中)

昔有夫妇,共食三饼,人各一枚,余一欲破分。妇言:莫分,与君共赌,各自不语,先语者失,后语者得。于是闭口。至于中夜,窦土(宋元明本作"土攻")偷入,见其二人坐而不语,谓是大怖不敢作声,收敛其物,担将出户。妇大唤曰:汝是丈夫,那置物去。夫言:我胜!我胜!今得大饼。众人责笑,谓是大颠痴。(出《百句譬喻经》第二卷——原注)(卷四十四《夫妇约不先语见偷取物夫能不言》,第231页上)

昔有一蛇,头尾相诤。头语尾曰:我应为大。尾语头曰:我应为大。头曰:我有耳能听,有目能视,有口能食,行时在前,故可为大,汝无此术。尾曰:我令汝去,故得去耳。若(宋元明本作"今")我以身绕木三匝。三日不已,不得求食,饥饿垂死。头语尾曰:汝可放之,听汝为大。尾闻其言,即时放之。(头)复语尾曰:汝既为大,听汝前行。尾在前行,未经数步,坠火坑而死。(卷四十八《一蛇首尾两诤从尾则亡》,第256页下——第257页上)

《经律异相》收载的这些佛教故事,构思奇特,文采茂美,含蓄深邃,曾在我国古代广泛流传。有的成为小说、传奇、话本、戏曲的重要素材,有的演化为家喻户晓的民间故事和文学典故,是我国古典文学中的瑰宝。

《经律异相》的资料主要出自"经"和"律"这两类翻译著作,数量约在二百种上下,作者以经律中各类事相之意,题作书名,原因也在这里。除此之外,还采录了属"论"一类的翻译著作两部:《大智度论》(约有二十多卷征引,见卷一、卷三、卷六、卷十三、卷三十二、卷四十六、卷四十八等)和《毗婆沙论》(见卷三);汉地僧人的撰作两部:梁僧祐的《释迦谱》(见卷四)和未详作者的《诸经中要事》(见卷十一、卷三十七、卷四十、卷四十一、卷四十四、卷四十五)。由于后两部著作是抄集众经而成的,故总的说来,仍不出汉译经律论的范围。这也是《经律异相》在取材方面的一大特色。

《经律异相》引用的"经"一类的著作中,有许多是当时见行而后世散落绝传的珍本或孤本。尽管书中摘录的仅是经本的片段,而不是全部,但这些片段对于推知全经大意,具有他书无法替代的史料价值。

在《经律异相》辑存的佚经中,属于"大乘经单译阙本"的,有《善信磨祝经》(又名《善信摩足经》、《善信经》,有上下卷,见本书卷三和卷三十八,疑即是姚秦鸠摩罗什译的《善信摩诃神咒经》)。

属于"小乘经单译阙本"的,有《三乘名数经》(见卷一,疑即是东晋道安所辑"凉土异经"中的《三乘经》)、《众生未然三界经》(见卷三,西晋法矩译)、《贫女为国王夫人经》(见卷二十三,西晋竺法护译)、《蓝达王经》(见卷二十七,吴国支谦译)、《请般特比丘经》(见卷二十八,刘宋求那跋陀罗译)、《阿质国王经》(见卷二十九,支谦译)、《问地狱经》(见卷四十九,疑即是后汉康巨译的《问地狱事经》)。

属于"疑伪经"的,有《净度三昧经》(见卷四十九)、《现佛胸万字经》(又名《胸有万字经》、《胸现万字经》,见卷五,"万"指的是"卍")。

另有《折伏罗汉经》(见卷二)、《跋陀罗比丘尼经》(见卷二十三)、《功德庄严王请佛供养出家得道经》(见卷二十七)、《摩那祇全身入地狱经》(见卷四十五)、《野干两舌经》等似未曾见载于佛经目录,或许是佚经,或许是某部见存佛经的别生经或异名[案:日本《大藏经索引·收录典籍解题》说,在《经律异相》引用经典中,"在经录作为失译、抄经或疑伪经者亦被发现很多,又现在已散佚不传者达一一四经以上。引用经典中,亦有任何经录均无记载其名者一一部。即:《七耀经》、《宿愿果报经》、《旋陀罗儿经》、《跋陀罗比丘经》、《譬喻经》十卷、《旧譬喻经》八卷、《百句譬喻经》三卷以上本、《菩萨决定要行》、《明句命终作国王女自识宿命经》、《野干两舌经》、《野狐求法事》"。笔者曾将《经律异相》中征引的不常见的经名逐一摘出,与《开元释教录》卷十一至卷十八等记载作对勘,发现这些不常见的经名大多是大乘别生经、小乘别生经和见存经典的异名(如上面提到的《宿愿果报经》是《杂譬喻经》的别生经),因此,《经律异相》保存的佚经约在三十种左右,并没有一百一十四种以上这么多。由于别生经是根据一部或几部佛经的部分内容编集的，本身无独立的内容，即使它们作为单行本佚散了，但母本仍在，因而实际内容并没有失传。根据佛经目录的体例，一般并不认为它们是佚经("阙本")]。

《经律异相》的不足之处是分科布局不尽得当。如书中立"长者"、"优婆塞优婆夷"、"居士"三部，内容上是有些重合的。

第二品　唐道世《诸经要集》二十卷

《诸经要集》，又名《善恶业报论》(见宋元明本《法苑珠林》卷一百)，二十卷。唐显庆(656—660)年间，西明寺沙门道世集。载于《丽藏》"甲"至"对"函、《宋藏》"帐"至"楹"函、《金藏》"甲"至"对"函、《元藏》"帐"至"楹"函、《明南藏》"八"至"给"函、《明北藏》"路"至"槐"函(作"三十"卷)、《清藏》"回"至"惠"函(作"三十"卷)、《频伽藏》"雨"帙，收入《大正藏》第五十四卷。

道世(？—683)，字玄恽。时人为避唐太宗名讳，以字相称。俗姓韩，原籍伊阙(治所在今河南伊川西南)，祖代因官徙居长安。十二岁于青龙寺出家，研核律部，钻寻书籍，有誉三辅。显庆(656—661)年间，应诏参与玄奘译经。后入西明寺，与道宣同敷律宗(后人称道世是道宣的弟弟，讹也)。著书十一部五十四卷(据《法苑珠林》卷一百)，其中已佚的有：《大小乘禅门观》十卷、《受戒仪式》四卷、《礼佛仪式》二卷、《大乘略止观》(宋元明本作《大乘十观》)一卷、《辩伪显真论》一卷、《敬福论》三卷、《四分律尼钞》五卷、《金刚般若集注》三卷；见存的除《诸经要集》以外，还有《毗尼讨要》六卷(原名《四分律讨要》，作五卷)、《法苑珠林》一百卷[案：日本编《大藏经索引·收录典籍解题》因《诸经要集》卷三《入寺缘》有"具在《法苑珠林》百卷之内士女篇述"一语,认为《诸经要集》可能成于《法苑珠林》之后。但从两书的内容来判别,《诸经要集》既不及《法苑珠林》浩富,又非《法苑珠林》的节本,若《法苑珠林》先成,断无必要再撰《诸经要集》。再从两书序言提到的年份来看,《诸经要集》也比《法苑珠林》为早。故《诸经要集》卷三提到的《法苑珠林》一语,很可能是作者后来添加的]。北宋赞宁《宋高僧传》卷四有传。

《诸经要集》书首有道世自序。说:

> 原夫法身一相,瞻仰异容,正教无偏,说听殊旨。故师有等雨之况,弟子有异闻之说。良以随机授与,逐器浅深。……慨正像寖移,沿流末代,凡情暗短,器识昏迷,日有浇醨,教沈(沉)道丧,所以彝章讹替,教迹沦滑,文句浩汗,卒难寻览。故于显庆年中读一切经,随情逐要,人堪行者,善恶业报,录出一千,述篇三十,勒成两帙。冀道俗依行,传灯有据。(《大正藏》第五十四卷,第1页上)

《诸经要集》是一部采摘佛典中有关教法修行仪轨和善恶业报事缘方面的论述,分类编次的佛教类书。全书分为三宝、敬塔、摄念、入道、呗赞、香灯、受请、受斋、破斋、富贵、贫贱、奖导、报恩、放生、兴福、择交、思慎、六度、业因、欲盖、四生、受报、十恶、诈伪、惰慢、酒肉、占相、地狱、送终、杂要三十部。除三宝部、六度部下面分"篇",篇下再分若干"缘"以外,其余二十八部均是部下直接分成若干缘。共计立缘一百八十五目(笔者统计)。每一缘统辖若干条佛典原文,先列经名,如"《宝性论》云"、"《观佛三昧经》云"、"《迦叶经》云"等(不署卷次),后出经文。与《经律异相》摘引佛典原文时先出经文,后注经名的次序正好相反。据作者在自序中所说,汇编的原文凡有一千条(见"录出一千"语)。

一、三宝部(卷一、卷二)。下分三篇:(一)敬佛篇(卷一),分普敬述意、念十方佛、念释迦佛、念弥陀佛、念弥勒佛、念佛三昧六缘。(二)敬法篇(卷二),分述意、说法、听法、渐顿、求法、感福、报恩、谤法八缘。(三)敬僧篇(卷二),分述意、顺益、违损三缘。

二、敬塔部(卷三)。分述意、引证、兴福、感报、旋塔、入寺、修故七缘。

三、摄念部(卷三)。分述意、十念、六念、发愿四缘。

四、入道部(卷四)。分述意、欣厌、出家、引证四缘。

五、呗赞部(卷四)。分述意、引证、叹德三缘。

六、香灯部(卷四)。分述意、华香、然(燃)灯、悬幡四缘。

七、受请部(卷五)。分述意、供养、简伪、圣僧、施食、食时、食法、食讫八缘。

八、受斋部(卷六)。分述意、引证二缘。

九、破斋部(卷六)。分述意、引证二缘。

十、富贵部(卷六)。分述意、引证二缘。

十一、贫贱部(卷六)。分述意、引证、须达、贫儿、贫女五缘。

十二、奖导部(卷七)。分述意、诫男、诫女、劝导、眷属、离著、教诫七缘。

十三、报恩部(卷八)。分述意、报恩、背恩三缘。

十四、放生部(卷八)。分述意、兴害、放生、救厄四缘。

十五、兴福部(卷八)。分述意、修富、应法、赙施、洗僧、杂福六缘。

十六、择交部(卷九)。分述意、善友、恶友、债负、惩过五缘。

十七、思慎部(卷九)。分述意、慎过、慎祸、慎境、慎用五缘。

十八、六度部(卷十)。下分六篇：(一)布施篇，分述意、悭伪、财施、法施、量施、福田、相对七缘。(二)持戒篇，分述意、劝持二缘。(三)忍辱篇，分述意、劝忍、忍益三缘。(四)精进篇，分述意、怠惰、策修三缘。(五)禅定篇，分述意、定相二缘。(六)智慧篇，分述意、求法二缘。

十九、业因部(卷十一)。分述意、发业、罪行、福行、杂业五缘。

二十、欲盖部(卷十二)。分述意、五欲、三盖三缘。

二十一、四生部(卷十二)。分述意、会名、相摄、五生、中阴、受胎六缘。

二十二、受报部(卷十三)。分述意、报类、现报、生报、后报、定报、不定、善报、恶报九缘。

二十三、十恶部(卷十四、卷十五)。分杀生、偷盗、邪淫、妄语、恶口、两舌、绮语、悭贪、瞋恚、邪见十缘。

二十四、诈伪部(卷十六)。分述意、诈亲、诈毒、诈贵、诈怖、诈畜六缘。

二十五、惰慢部(卷十六)。分述意、引证、立志三缘。

二十六、酒肉部(卷十七)。分述意、饮酒、食肉三缘。

二十七、占相部(卷十七)。分述意、观相、归信三缘。

二十八、地狱部(卷十八)。分述意、会名、受报、时量、典主、王都、业因、诫勖八缘。

二十九、送终部(卷十九)。分述意、瞻病、医疗、安置、敛念、舍命、遣送、受生、祭祠九缘。

三十、杂要部(卷二十)。分述意、怨苦、八苦、虫寓、五辛、嚏气、便利、护净、鸣钟、入众、衰相、眠梦、杂行十三缘。

《诸经要集》的显著特点是理论性和述作性并重。

就理论性而言，书中采录的佛典原文，大多是关于在家和出家修行的意义、内容、要求、方法（也包括佛事活动和僧人日常生活的一些细则）的。虽然其中不乏譬喻、寓言和故事，但它们都从属于教法教规的理论阐述，并不自成系统，也不占有主导地位。所涉及的理论十分广泛，有敬重佛、法、僧的含义；旋塔、入寺的规则；制欲摄念的方法；烧香、供佛、受斋、放生的功德；身犯十恶的恶趣；富贵贫贱的业因；大乘六度的要旨；有情众生的"四生"（卵生、胎生、湿生、化生）；业报的原理和种类；地狱的设置；僧人的起居饮食，等等。如卷八《报恩部·报恩缘》论父母之恩大于师僧（师父）之恩说：

  《舍利弗问经》云：佛言：夫受戒随其力办可以为施，不限多少。文殊师利白佛言：云何如来说父母恩大，不可不报，又言师僧之恩不可称量，其谁为最？佛言：夫在家者，孝事父母在于膝下，莫以报生长与之等，以生育之恩深，故言大也。若从师学，开发知见，次恩大也。夫出家者，舍于父母生死之家，入法门中受征妙法，师之力也。生长法身，出功德财，养智慧命，功莫大也，追其所生，乃次之耳。（第68页上）

卷十五《十恶部·邪见缘》说，犯害母、害父、害罗汉、分裂僧团、伤害佛身五种大罪（"五逆罪"）的人，另外还有一种"五逆罪"：

  《小五浊经》云：五逆罪人，别有五逆罪。第一慢二亲而事鬼神，第二嫉妒国君，第三复生轻薄，第四贱其身命而贵其财，第五去福就祸。（第147页中）

就述作性而言，先前的《经律异相》的卷文基本上都是由各部佛经上移录的原文构成的，很少有作者撰写的文字，而《诸经要集》的卷文虽然以辑录经文为主体，但有许多地方的内容是作者撰写的，有作者本人的思想见解在内。这些述作性的内容首先反映在各部的首缘。书中除十恶部以外,其余二十九部的第一缘(三宝部、六度部则是每篇的第一缘)均是"述意缘",概述一部(或一篇)的旨趣大意,起提纲挈领的作用。如卷六《贫贱部·述意缘》说:

> 夫贫富贵贱,并因往业,得失有无,皆由昔行。故经言:欲知过去因,当观现在果;欲知未来果,当观现在因。所以原宪之家,黔娄之室,绳极瓮牖,无掩风尘,席户蓬扉,不遮霜露。或舒稻藁以为荐,或裁荷叶以充衣,敛肘即两袖皆穿,纳缕则双襟同缺,口腹乃资于安邑,宿止则寄在于灵堂。头戴十年之冠,身被百结之缕,乡里既无田宅,洛阳又阙主人,浪宕随时,巘岘度日。既惭灵辄,而有翳桑之弊,乃愧伯夷,便致首阳之苦。裘裳顿乏,岂见阳春?升斗并无,何以卒岁?所以如此者,皆由曩日不行惠施,常蕴悭贪,致今果报,一朝顿尽。是故行者宜当布施也。(第53页下—第54页上)

卷十《六度部·忍辱篇·述意缘》说:

> 盖闻忍之为德,最为尊上,持戒苦行所不能及。是以羼提比丘,被形残而不恨;忍辱仙主,受割截而无瞋。且慈悲之道,救拔为先,菩萨之怀,愍恻为用。常应遍游地狱,代其受苦,广度众生,施心安乐。岂容微有触恼,大生瞋恨,乃至角眼相看,恶声厉色,遂加杖木,结恨成怨。或父子兄弟自相损害,朋友眷属反更侵伤,恶逆甚于鸱鸮,含毒逾于蜂虿,所以历劫怨仇生生不绝也。(第96页上、中)

其次,在"述意缘"以外的依据经文的内容编定的各缘中,也有作者撰写的文字。这些文字一般冠有"述曰"的字样,有的置于一缘摘录的数条原文之首,如卷三《敬塔部》中的《兴福缘》

和《入寺缘》；有的附于某条经文之后，如卷二《三宝部·敬法篇·求法缘》和卷四《呗赞部·叹德缘》；有的放在一缘摘录的数条原文之末，如卷五《受请部·食讫缘》和卷十《六度部·禅定篇·定相缘》。而且一缘之中也有出现两次"述曰"的。有些文字虽然没有冠有"述曰"，但从文句上辨析，并非经文，也是作者的话，如卷二《三宝部·敬法篇·说法缘》的第一段、卷三《摄念部·发愿缘》的第一段等。

再次，《诸经要集》中各部之末（三宝部各篇之末、十恶部各缘之末）均有"颂曰"（十恶部各缘之末分作"正报颂曰"和"习报颂曰"），这些或四言一句，或五言一句，或七言一句，每首字数不等的"颂"，也出自作者的手笔。

《诸经要集》的资料来源于汉译经律论。由于作者偏重于教理的敷扬，故采择的"论"一类著作要较《经律异相》为多。如有《宝性论》（见卷一）、《智度论》（同上）、《十住毗婆沙论》（见卷二）、《大庄严论》（见卷四）、《瑜伽论》（见卷五）、《金刚仙论》（见卷九）、《成实论》（同上）、《俱舍论》（见卷十二）、《地持论》（同上）、《施设论》（同上）、《解脱道论》（见卷十三）、《新婆沙论》（即唐玄奘译《大毗婆沙论》，见卷十八等处）等。在采录的佛经中，属"疑伪经"的有《阿难请戒律论》（见卷二）、《像法决疑经》（同上）、《提谓经》（见卷三）、《金棺敬福经》（即《如来在金棺嘱累清净庄严敬福经》，见卷八）、《罪福决疑经》（同上）、《小五浊经》（见卷十五）、《净度三昧经》（见卷十九）、《五辛应报经》（见卷二十）；未见经录记载的有《舍利弗处胎经》（见卷二）、《大乘莲华藏经》（同上）、《日云经》（见卷四）等。

在经律论之外，《诸经要集》还采录了唐王玄策《西国行传》（原书已佚，见卷一）、梁慧皎《高僧传》（见卷二）、唐道宣《西域祇洹寺图》（见卷十九）、儒家《尚书》（见卷十）等。在"述曰"中征引的还有《礼记》、《左传》、《淮南子》(见卷十九《送终部·遗送缘》)。

《诸经要集》的不足之处是,部类的编次缺乏内在的密切联系;摘录的经文有的并非是完整的原话,而是作者对原话的撮述或改述;没有详细的总目录,不易查检等。

第三品　唐道世《法苑珠林》一百卷

《法苑珠林》,简称《珠林》,一百卷(《嘉兴藏》作"一百二十卷",《四库全书总目》因之)。唐总章元年(668),西明寺沙门道世撰成。载于《丽藏》"霸"至"何"函、《宋藏》"杜"至"罗"函、《金藏》"起"至"威"函、《元藏》"杜"至"罗"函、《明南藏》"勒"至"时"函、《明北藏》"高"至"禄"函、《清藏》"营"至"绮"函、《频伽藏》"雨"帙,收入《大正藏》第五十三卷。

《法苑珠林》书首有唐朝散大夫兰台侍郎李俨《序》。说:

> 西明寺大德道世法师,字玄恽,是释门之领袖也。幼龀聚沙,落饰彩衣之岁;慈殿接蚁,资成具受之坛。戒品圆明,与吞珠而等护;律义精晓,随照镜而同欣。爱慕大乘,洞明实相。爰以英博,召居西明,遂以五部之余闲,三藏遍览。以为古今绵代,制作多人,虽雅趣佳词,无足于博(宋元明本作"传")记,所以搴文囿之菁华,嗅大义之瞻(宋元明本作"蒼")蔔,以类编录,号曰《法苑珠林》,总一百篇,勒成十帙。义丰文约,纽虞氏之《博要》;迹宣道镜,晞祐上之《弘明》。(《大正藏》第五十三卷,第269页上、中)

《法苑珠林》是一部总括大藏经典,旁摭世间坟籍,卷帙繁多而事理淹博的大型佛教类书。全书约一百多万字,分为一百篇,始自劫量篇,终于传记篇。其编纂体例是:

一、劫量、三界、六道、千佛、敬佛、士女、欲盖、十恶、六度、受戒等十篇采用三级分类。即"篇"以下设"部"(类似大部),"部"以下又分"部"(类似小部)。如劫量篇下分小三灾部和大三灾部(二大部)。小三灾部又分述意部、疫病部、刀兵部、饥馑部、相生部和对除部(六小部);大三灾部又分时量部、时节部、坏劫部和成劫部(四小部)。其余九十篇则采用二级分类,即"篇"以下设"部","部"以下不再分目。全书共计有六百六十八目(据日本《大藏经索引·收录典籍解题》)。

二、凡采用二级分类的篇目,它们的第一部均是"述意部",用来对一篇义旨作归纳和提示。凡采用三级分类的篇目,则有三种区别:

(一)第一大部立为"述意部",用来概述一篇义旨,在其余的大部中又选择性地设立属于小部性质的"述意部",用来概述大部义旨。如敬佛篇下分述意部、念佛部、观佛部、弥陀部和弥勒部(五大部),而弥陀部又分六小部,弥勒部又分五小部,它们的第一小部均是"述意部"。属于此例的还有十恶篇和受戒篇。

(二)第一大部下的第一小部立为"述意部",其余的大部则不立。处于这种位置上的"述意部"乃是用来概述一篇义旨的。如三界篇分为四洲部和诸天部(二大部),四洲部又分十小部,它的第一小部是"述意部",而诸天部虽然分为二十二小部,但其中不设"述意部"。属于此例的还有劫量篇和欲盖篇。

(三)各大部的第一小部均立为"述意部",用来分述各部大旨。如士女篇分为俗男部和俗女部(二大部),俗男部又下分三小部,俗女部又下分二小部,它们的第一小部均是"述意部"。属于此例的还有六道篇、千佛篇和六度篇。

三、除劫量、三界、日月、福田、士女、惭愧、感通、住持、摄念、发愿、供养、轮王、纳谏、和顺、背恩、善友、恶友、校量、愚戆、诈伪、谋谤、业因、欲盖、十使、法灭、杂要、传记等二十七篇以外，其余六十三篇的篇末均设有"感应缘"，广引感应故事以为证验（其中六道、敬佛、十恶和六度篇还在各大部之末设立"感应缘"），共计有六百五十九则（笔者统计），其中引《冥祥记》的为最多。

四、凡摘录的佛典或俗书原文均标明出处。各篇大部或小部摘列的原文，则标书名于前，录原文于后。如"依《立世阿毗昙》云：……"、"依《业报差别经》中说：……"、"如《佛本行经》云：……"、"《善见律》云：……"等；"感应缘"摘列的原文，一般是原文在前，书名注后（用比正文小的字体刊出），如"出梁朝《高僧传》"、"出《冥祥记》"、"出《搜神记》"等。也有少数例外，采用书名在前、原文在后的表述方式。

五、抄录与述作并举，不只"述意部"全是作者的论述，即使是通过抄录经籍原文编成的大部或小部中，也有许多作者用"述曰""颂曰"、问答、对经文进行糅述或串讲等方式表达的思想观点。

《法苑珠林》的内容基本上涵盖《经律异相》和《诸经要集》，并有大幅度的增广。它不仅分门别类地介绍了佛教的各项教理和一般知识，如佛教的时空观念、宇宙图式、善恶说教、圣凡分类、戒律禅观、神通咒语、史迹经典、法数名相（即名词术语）、寺塔器物、音乐图像、仪礼行止、卫生保健，等等，而且根据大乘佛教"世间与出世间不二"、住世证得涅槃的精神，广泛地讨论了人世间的各种社会现象和伦理是非，集出世与入世于一书。各篇大意如下：

第一篇至第十篇：

（1）劫量篇（卷一），说"劫者，盖是纪时之名，犹年号耳"，一小劫名"一劫"（时间之长无法用世间的年月日折算），八十小劫名"一大劫"。一大劫分成劫、住劫、坏劫、空劫四个阶段,各含二十小劫。其中住劫要经历"小三灾"(疾疫、刀兵、饥馑),坏劫要经历"大三灾"(火、水、风)。此为佛教的历史周期说;(2)三界篇(卷二、卷三),说世界由欲界、色界和无色界("三界")构成,中心是须弥山,四周为大海,海中有"四大部洲",自须弥山山腰依次向上为诸天。此为佛教的宇宙结构图式;(3)日月篇(卷四),说日月星宿的运行,雷电云雨的发生;(4)六道篇(卷五至卷七),说三界众生因善恶行为的不同而有天、人、阿修罗、饿鬼、畜生、地狱六种归宿;(5)千佛篇(卷八至卷十二),说释迦牟尼以前的诸佛,释迦牟尼成佛始末,释迦牟尼涅槃后弟子对经律论"三藏"的结集;(6)敬佛篇(卷十三至卷十七),说念诵阿弥陀佛名号能生西方极乐净土,信敬弥勒佛能生兜率天宫;(7)敬法篇(卷十七、卷十八),说诵经解义,弘扬教法的功德;(8)敬僧篇(卷十九),说礼敬僧人的功德;(9)致敬篇(卷二十),说礼拜十方诸佛的功能和仪式;(10)福田篇(卷二十一),说施福于众生的利益。

第十一篇至第二十篇:

(11)归信篇(卷二十一),说归信佛法的重要;(12)士女篇(卷二十一),说俗男俗女的种种放逸行为;(13)入道篇(卷二十二),说出家学道的意义和落发仪式;(14)惭愧篇(卷二十三),说惭愧乃是善性的表现,"惭者自不作恶,愧者不教他造";(15)奖导篇(卷二十三),说"居家如牢狱,妻子如枷锁,财物如重担,亲戚如怨家",勇猛修行,其福最大;(16)说听篇(卷二十三、卷二十四),说佛教讲经说法的仪式与意义;(17)见解篇(卷二十五),说释迦牟尼众弟子的不同专长;(18)宿命篇(卷二十六),说众生有追忆前世行为的本性;(19)至诚篇(卷二十七),说精诚求道,必获果报;(20)神异篇(卷二十八),说神异灵迹在佛教传教过程中的重要作用。

第二十一篇至第三十篇：

(21)感通篇(卷二十九),说唐代玄奘法师、王玄策西行印度时,所见到的佛教圣迹;(22)住持篇(卷三十),说佛教护持者应充备的德行;(23)潜遁篇(卷三十一),说隐遁高行之事;(24)妖怪篇(卷三十一)说妖魅鬼怪之事;(25)变化篇(卷三十二),说神变诡化之事;(26)眠梦篇(卷三十二),说睡梦皆由心识发动,究其内容可分为四大不和梦、先见梦、天人梦、想梦四种,究其性质有善心发动的善梦、恶心发动的不善梦、重现日常事物的无记梦(既非善亦非恶的梦)三类;(27)兴福篇(卷三十三),说兴福的种类(营造寺塔、图写佛像、供养僧人、种植树木、造渡船、架桥梁、施药救病、挖井、造浴池和厕所等),洗浴的用物和好处;(28)摄念篇(卷三十四),说制驭乱念的方法;(29)发愿篇(卷三十四),说佛教修行者发誓立愿的内容;(30)法服篇(卷三十五),说僧人穿着袈裟的缘由。

第三十一篇至第四十篇：

(31)然(燃)灯篇(卷三十五),说佛像前为何要燃灯;(32)悬幡篇(卷三十六),说寺塔里为何要悬幡;(33)华香篇(卷三十六),说为何要在佛像前供花烧香;(34)呗赞篇(卷三十六),说佛教音乐"呗赞";(35)敬塔篇(卷三十七、卷三十八),说佛塔的由来、建塔的规制,绕塔三匝的敬意,故塔的修治与管理;(36)伽蓝篇(卷三十九),说佛寺("伽蓝")的由来,士女入寺礼拜的仪式;(37)舍利篇(卷四十),说释迦牟尼逝世后,八国起塔供养佛舍利(遗体火化后结成的珠状物)的情况;(38)供养篇(卷四十一),说佛教的供养对象(佛、菩萨、僧人、父母、师长等)及要求;(39)受请篇(卷四十一、卷四十二),说施主设食请僧的冥福利益,和僧人受食的具体规则;(40)轮王篇(卷四十三),说阿育王等转轮圣王(古印度对能以勇武统一天下,以仁慈教化臣民的国王的尊称)的德行。

第四十一篇至第五十篇:

(41)君臣篇(卷四十四),说国王在护持佛法方面所起的举足轻重的作用,及应有的德行;(42)纳谏篇(卷四十五),说君主须纳正谏之言,"直言者,德之本;纳受者,行之原";(43)审察篇(卷四十五),说君子须审察是非,增长慧力;(44)思慎篇(卷四十六),说君子须思慎防过,缄口息虑;(45)俭约篇(卷四十六),说君子须俭约知足;(46)惩过篇(卷四十七),说"意为业本,身口由发",要防止身犯恶行,口出恶言,须先净意念;(47)和顺篇(卷四十七),说性情和柔,贤愚同附,性情贪戾,众叛亲离;(48)诫勖篇(卷四十八),说佛教有关"诸恶莫作,诸善奉行"的各条教诫;(49)忠孝篇(卷四十九),说"入朝辅主,立志存忠;居家事亲,敬诚孝终"的意义;(50)不孝篇(卷四十九),说对父母不养不孝、行逆行乖的人,必将堕入地狱,累劫受苦。

第五十一篇至第六十篇:

(51)报恩篇(卷五十),说知恩报恩的必要;(52)背恩篇(卷五十),说背恩弃义的可耻;(53)善友篇(卷五十一),说结交有德之友会熏染成哲;(54)恶友篇(卷五十一),说结交无德之友会自损损人;(55)择交篇(卷五十一),说"善知识者,不得暂离;恶知识者,不得暂近";(56)眷属篇(卷五十二),说恩爱眷情的空幻;(57)校量篇(卷五十二),说"德有隐显,行有浅深","若不校量,罕知优劣";(58)机辩篇(卷五十三),说马鸣、龙树、舍利弗、阿难等与外道机巧对辩的故事;(59)愚戆篇(卷五十三),说愚痴者打蚊、打蝇、救月、妒影、分衣、造楼、磨刀、卖香、赌饼、畏妇、捋米、效眴、怖树等寓言故事;(60)诈伪篇(卷五十四),说狡诈者外亲内奸、欺诳诈骗的种种故事。

第六十一篇至第七十篇：

（61）惰慢篇（卷五十四），说人之所以不得道，是由于心神昏惑，而心神昏惑，是由于三事侵扰："一则势利荣名，二则妖妍靡曼，三则甘脂肥浓"；（62）破邪篇（卷五十五），前部分（"述意部"和"引证部"）说佛经中有关挫外道、杜异见的故事，后部分（"感应缘"）分为辩圣真伪、邪正相翻、妄传邪教、妖惑乱众、道教敬佛、舍邪归正六节，全面抨击道教，是护教专论；（63）富贵篇（卷五十六），说富贵是往昔行善，特别是慷慨施舍所致；（64）贫贱篇（卷五十六），说贫贱是往昔作恶，特别是悭贪不肯施舍所致；（65）债负篇（卷五十七），说因果报应犹如负债与还债，"或有现负现报，或有现负后报"；（66）诤讼篇（卷五十七），说"慈言一发，则人天含笑；鄙语一彰，则幽显皆瞋"，以诤止诤，诤辩不止，以忍止诤，是法最尊；（67）谋谤篇（卷五十八、卷五十九），说咒诅或诽谤凡圣，特别是毁谤佛陀（如孙陀利谤佛、奢弥跋谤佛、佛被提婆达多掷石出血、佛被婆罗门女旃沙舞杵谤毁等）的因缘故事；（68）咒术篇（卷六十、卷六十一），说佛经中几十种神咒的咒语、念诵方法和注意事项，以及对于灭罪召福、移病灭疴、兴云布雨、役使鬼神、护生延命、碎石拔木等所能产生的神奇作用；（69）祭祠篇（卷六十二），说以花果百味供奉佛僧和祭祀鬼神的福祚；（70）占相篇（卷六十二），说地狱、畜生、饿鬼、阿修罗、人、天各有相状，占候观察，能知先业。

第七十一篇至第八十篇：

（71）祈雨篇（卷六十三），说请天龙降雨或止雨的方法；（72）园果篇（卷六十三），说王舍城迦兰陀长者献与佛陀的竹园，阎浮提（又译"赡部洲"）的树木果子，佛经中有关不许砍伐、应当种植、可以受用的树木的规定，世间种子的来由；（73）渔猎篇（卷六十四），说渔猎杀生的殃咎；（74）慈悲篇（卷六十四），说佛菩萨以救济众生为先,怜悯万物为本;(75)放生篇(卷六十五),说"六道众生皆是我父母,而杀食者,即杀我父母,亦即杀我故身",放生戒杀,才是仁慈之行;(76)救厄篇(卷六十五),说舍身救难的意义;(77)怨苦篇(卷六十六、卷六十七),说众生所受的各种痛苦;(78)业因篇(卷六十八),说众生的善恶意念和行为;(79)受报篇(卷六十九、卷七十),说众生因身、口、意的活动而招致的善恶报应,有现报("今身作极善恶业,即身受之")、生报("今身造业,次后身受")、后报("今身造业,次后未受,更第二、第三生已受者")等;(80)罪福篇(卷七十一),说造罪行为("罪行",又名"黑业"、"不善业")和修福行为("福行",又名"白业"、"善业")的区别。

第八十一篇至第九十篇:

(81)欲盖篇(卷七十一),说色、声、香、味、触"五欲",和贪欲、瞋恚、睡眠、掉悔、疑"五盖"的危害;(82)四生篇(卷七十二),说有情众生的诞生有四种不同,人和象马牛羊等是"胎生",蛇蚓鹅鸭雉鸟等是"卵生",虫蛾蚤虱等是"湿生",天和地狱等是"化生";(83)十使篇(卷七十二),说身见、边见、邪见、戒禁取见、见取见、贪、瞋、痴、慢、疑,是缠缚众生的十种烦恼("十使");(84)十恶篇(卷七十三至卷七十九),说杀生、偷盗、邪淫、妄语、恶口、两舌、绮语、悭贪、瞋恚、邪见,是众生自取恶报、沉沦苦海的十种罪行("十恶");(85)六度篇(卷八十至卷八十五),说大乘佛教主张的布施、持戒、忍辱、精进、禅定、智慧,是众生超脱生死轮回,进入涅槃境界的六种修行方法;(86)忏悔篇(卷八十六),说忏悔除罪的内容与仪式;(87)受戒篇(卷八十七至卷八十九),说佛弟子如何受持三归戒(又称"三归依",即归依佛、归依法、归依僧)、五戒(不杀生、不偷盗、不邪淫、不妄语、不饮酒)、八戒(又称"八斋戒",在五戒的基础上,增加不眠坐高广大床、不装饰打扮及歌舞作乐、不过中午而食三条而成)、十善(与"十恶"相对,指不杀生、不偷盗、不邪淫、不妄语、不两舌、不恶口、不绮语、不贪欲、不瞋恚、不邪见)、三聚戒(又称"三聚净戒",指受持一切戒律的"摄律仪戒"、修持一切善法的"摄善法戒"、饶益一切众生的"摄众生戒");(88)破戒篇(卷九十),说佛弟子犯戒破戒将自堕恶道;(89)受斋篇(卷九十一),说中午以后不再进食("受斋")是为佛制;(90)破斋篇(卷九十一),说中午以后进食是为"破斋"。

第九十一篇至第一百篇:

(91)赏罚篇(卷九十一),说赏善罚恶,勿得枉滥;(92)利害篇(卷九十二),说名利财色皆尽空幻;(93)酒肉篇(卷九十三、卷九十四),说饮酒食肉的危害;(94)秽浊篇(卷九十四),说佛经中关于佛弟子不得食用酒肉葱韭蒜薤等荤辛之物,不得放恣打喷嚏,不得随地大小便等日常生活卫生的规定;(95)病苦篇(卷九十五),说疾病的起因,探望、照料和医治病人是佛弟子的义务;(96)舍身篇(卷九十六),说形体空幻无常,总归磨灭,舍身济物(施饥、拔苦、济厄、救人、护教、供佛等),福德无量;(97)送终篇(卷九十七),说人死以后的葬法、慰吊仪礼和魂灵的转世再生;(98)法灭篇(卷九十八),说佛法将灭时社会和僧团的种种颓败景情;(99)杂要篇(卷九十九),说佛经中关于依法不依人、依义不依语、依智不依识、依了义经不依不了义经的"四依"教法,声闻乘(听闻佛说苦集灭道"四谛"的觉悟者)的四种果位,维系有情众生身命的四种食粮(物质的和精神的),净口(漱口、嚼杨枝等)的方法和利益,鸣钟息苦的来历,僧人在公众场合的言谈举止,处置蛇鼠蜈蚣蚰蜒虫虱等方法;(100)传记篇(卷一百),说后汉至唐各代的译经人数和译出的大小乘经律论部卷,西晋至唐的佛教撰述,《大般若经》十六会的梵本偈颂数目和汉译以后的卷品,西晋至隋各代皇帝的崇佛事迹和寺庙、译经、僧尼数目,唐高祖、太宗的佛教因缘,佛的生卒年等。

《法苑珠林》引用的内外经籍约有四五百种。其中三分之二是佛教经典,如大小乘经律论和汉地佛教集传,三分之一是佛教以外的诸子百家的各种著作,如志怪小说、笔记、野史、杂传等。每一种著作少则见引数次,多则见引一百几十次。

特别值得注意的是,书中引用了十多种由汉地佛教徒托名伪造的佛经。这些著作虽然并非"佛说"真经,但由于它们善于将佛教教义中国化和通俗化,故一度广泛流布,在社会上产生过不小的影响。它们是:《高王观世音经》(见卷十七)、《像法决疑经》(见卷十九、卷四十一、卷四十四、卷九十等)、《提谓经》(见卷二十三、卷三十七、卷八十八等)、《善信经》(见卷二十八)、《佛在金棺敬福经》(见卷三十三)、《罪福决疑经》(见卷三十三,卷三十八)、《惟无(务)三昧经》(见卷三十四)、《小法灭尽经》(见卷三十八)、《净度三昧经》(见卷六十二)、《小五浊经》(见卷七十九)、《最妙初教经》(见卷八十六)、《最妙胜定经》(见卷九十)、《五辛报应经》(见卷九十四)、《优钵祇王经》(见卷九十四)、《大五浊经》(见卷九十八)等。

由于这些疑伪经自中唐以后渐渐湮没不传,它们究竟说了些什么,后人很少知晓。从《法苑珠林》辑录的佚文来看,它们的内容宽泛多歧。其中,有劝人礼敬三宝,平等对待奴婢的:

《像法决疑经》云:乃至一切俗人,不问贵贱,不得挝打三宝、奴婢、畜生,及受三宝、奴婢礼拜,皆得咎殃。(卷十九,第426页下)

有议论坐断秽念的:

《惟无(务)三昧经》云:佛告阿难:善男子,人求道安禅,先当断念。人生世间,所以不得道者,但坐思想秽念多故,一念来一念去,一日一宿有八亿四千万念,念念不息。一善念者亦得善果报,一恶念者亦得恶果报,如响应声,如影随形,是故善恶各别。(卷三十四,第512页上)

有阐述八王日、六斋日持斋的意义的:

《提谓经》云:……何等八王日?谓立春、春分、立夏、夏至、立秋、秋分、立冬、冬至,是为八王日。天地诸神,阴阳交代,故名八王日。月八日、十四日、十五日、二十三日、二十九日、三十日(即六斋日),皆是天地用事之日,上下弦望朔晦,皆录命上计之日,故使于此日自守持斋,以还自校,使不犯禁,自致生善处。(卷八十八,第932页下—第933页上)

《净度三昧经》云:八王日,诸天帝释镇臣三十二人、四镇大王、司命、司录、五罗大王、八王使者,尽出四布覆行,复值四王(指四天王)十五日、三十日所奏,案校人民立行善恶,地狱王亦遣辅臣、小王同时俱出,有罪即记。前斋八王日犯过,福强有救,安隐无他,用福原赦。到后斋日重犯,罪数多者减寿,条名克死,岁月日时关下地狱。地狱承文书,即遣狱鬼持名录名。狱鬼无慈,死日未到,强催作恶令命促尽。福多者增寿益算,天遣善神,营护其身,移下地狱,拔除罪名,除死定生,后生天上。(卷六十二,第754页下—第755页上)

有描绘佛教进入末法阶段的情景的:

《最妙胜定经》云:千年之后三百年中,浩浩乱哉。逃奴走婢,亡失破国,多不存活,入吾法中,犹如群贼劫夺良善。当尔之时,十二部经沈没于地,不复读诵经典。设有头陀者,多不如法,常游聚落,不在山林,乃至法师解说佛语,万不著一。(卷九十,第949页下—第950页上)

《大五浊经》云：佛涅槃后，当有五乱。一者当来比丘，从白衣受法，世之一乱；二者白衣上坐，比丘处下，世之二乱；三者比丘说法，不行承受，白衣说法，以为无上，世之三乱；四者魔家比丘，自生现在，于世间以为真道谛，佛法正典，自为不明，诈伪为信，世之四乱；五者当来比丘，畜养妻子，奴仆治生，但共诤讼，不承佛法，世之五乱。（卷九十八，第1005页下）

也有论述其他教法的，如观世音信仰（《高王观世音经》）、造像布施的福德（《佛在金棺敬福经》）、荤辛禁忌（《五辛报应经》）、卫生禁忌（《优钵祇王经》）等。

除上述疑伪经以外，《法苑珠林》还保存了未见佛经目录记载的一些佚经，如《舍利弗处胎经》（见卷十七）、《大乘莲华藏经》（同上）、《日云经》（见卷三十六）、《敬师经》（见卷四十九）、《小盆报恩经》（见卷六十二）、《大盆净土经》（同上）、《五道受生经》（见卷六十九）、《遗教三昧经》（见卷七十七）、《尼罗浮陀地狱经》（见卷九十三）等［案：日本《大藏经索引·收录典籍解题》说："在《法苑珠林》与《诸经要集》两书中，至少引用了五十部逸存经典。其中，哪一经录亦不见其名者有十八部。这就是《敬师经》、《五道经》、《五道苦经》、《五道受生经》、《五百问事》、《五百问口诀》、《十方譬喻经》、《舍利弗处胎经》、《受胎经》、《叔迦经》、《正见经》、《大缘经》、《大乘莲华经》、《大遗教经》、《日云经》、《夜问经》、《要用最经》、《日明菩萨经》。"其中提到的《五百问事》、《叔迦经》、《日明菩萨经》等实际上是有记载的］。因此，《法苑珠林》作为佛教百科知识的宝库，为深入进行佛教文化的研究，提供了许许多多珍贵的资料。

《法苑珠林》的不足之处是：有些篇目的性质相近，内容交叉，似应省并。如归信篇与敬佛、敬法、敬僧篇，兴福、供养篇与福田篇、放生、救厄篇与慈悲篇、受报篇与债负篇等；有些重要的佛教学说没有专章加以系统的介绍，如四谛、十二因缘、三十七道品、五位百法、因明等。

本书的校注本，有：周叔迦、苏晋仁《法苑珠林校注》（中华书局2003年12月版）。

第四品　南宋陈实《大藏一览集》十卷

《大藏一览集》，又作《大藏一览》，十卷。南宋宁德优婆塞（即男居士）陈实编。日本据朝鲜海印寺藏本将它编入《法宝总目录》第三册。

《大藏一览集》最初由明末清初雕刻的私版藏经《嘉兴藏》（又名"径山藏"）收编入藏，编在"正藏"之外的"续藏"内，题为"宁德陈实原编，秀水姚舜温重辑"。这里说的"原编"是相对"重辑"而言的（见陈垣《中国佛教史籍概论》）。由于陈实是个无名望的人，他的生平事迹于世无闻，所以后来《四库全书总目提要》在著录此书时，误将"原编"的"原"当作作者名字中的后一个字，称作者是"陈实原"（见卷一四五子部"释家类"）。

考中国佛教史传中征引或介绍《大藏一览集》的凡有四书：一、南宋本觉《释氏通鉴》（见书首刊载的"采撼经传录"中的"佛书"目录）。二、明一如等《大明三藏法数》（见"律有三名"、"沙门受食五观"、"大劫五喻"条所注的出典）。上二书仅录《大藏一览》"（无"集"字）的书名，未注作者。三、明寂晓《大明释教汇目义门》（见卷三十五）。四、明寂晓《大明释教汇门标目》（见卷四）。上二书不仅著录书名，而且介绍它的内容。其中《义门》还明确肯定它为"宋宁德优婆塞陈实编"。以此推断，《大藏一览集》的作者陈实当是南宋时人。只是由于传今的刻本是明代姚舜温重辑的,故后人误以为陈实也是明人。

《大藏一览集》是一部摘录藏乘(藏经)义理,分类汇编的小型佛教类书。全书分为八门六十品,共收录如来教兴、善恶二途、报应因缘、三乘修证、教相宗眼等方面的事理一千一百八十一则。书首有《门目总类》和《目录》,无序跋题记。

第一门,"首标大觉先容,俯为众生作则"(《大藏一览集目录》,《法宝总目录》第三册,第1253页下)。叙释迦牟尼生平。分先王、因地、示生、出家、成道、度生、入灭、常住八品,凡十三则。

第二门,"次辨教门究竟,庶使学者知归"(同上)。论佛教的地位。分原道、教兴、优劣、究竟、释疑、证验六品,凡二十则。

第三门,"果于此道可入,岂离自己本来"(第1254页中)。论"无我"。分托胎、五蕴、烦恼三品,凡六十二则(以上三门为卷一)。

第四门,"良由善恶二途,故使升沉六道"(第1254页下)。论"善恶"。分三归、十善、布施(以上卷二)、持戒、忍辱、精进、禅定、般若(以上卷三)、方便、造像、事亲、杂缘、十恶(以上卷四)、忏悔、临终、报应(以上卷五)十六品,凡四百一十九则。是八门中分量最大的一门。

第五门,"天堂延以少欢,地狱待其剧苦"(第1261页中)。论"天堂"、"地狱"。分贤劫、诸天、四洲、有情、地狱、三灾、劫量、大千八品,凡九十七则(以上卷六)。

第六门,"欲超三界轮回,是假三乘修证"(第1262页上)。论"修证"。分四众、入道、声闻、缘觉、菩萨、等觉六品,凡一百五十三则(以上卷七)。

第七门,"功成果登正觉,相好妙用神通"(第1264页上)。论"佛果"。分法身、相好、神足、十号四品,凡四十八则(以上卷八）。

第八门,"四十九年苦口,末后一切收功"(第1264页下)。叙释迦牟尼教相和禅宗谱系。分教相、持诵、唐梵(以上卷九)、宗眼、正传、旁出、分派、散圣、流通(以上卷十)九品,凡三百五十九则。

《大藏一览集》除卷一叙释迦牟尼生平和卷十叙禅宗谱系人物带有史实性以外,其余的都是有关佛教义理的分类编述。"门"用六字二句标题;"品"只用三字标题;"品"以下又有以七字二句为形式的小标题,属于细目,有韵味节律,犹如诗句歌诀,用来统摄一则或数则经文。有的品下面只有一个小标题,如第一门中的《出家品》下的小标题是"四门游观忽警悟,中夜逾城骤出家";《成道品》下的小标题是"六载雪山修苦行,一朝道树悟明星";《度生品》下的小标题是"初自鹿苑转法轮,后止娑罗遗后嘱"。有的品下面则有几个以至几十个小标题。如第二门《原道品》下有两小标题:一是"道无彼此元来一,教有权渐方设三",二是"三归宛尔同三畏,五戒何曾异五常";《优劣品》下有三小标题:一是"释梵咸称三界父,仲尼曾指大圣人",二是"孔老比佛安可对,贤僚辩法为宣明",三是"教分优劣人何信,经爇存亡事可知"。第四门的《布施品》下列五十六个小标题,为诸品中分支最多的一品。每一则经文,前出书名,末注所在《宋藏》的函帙。征引的经律论及此方集传约在二百种上下。

《大藏一览集》第四门《持戒品》下有"持戒远佛乃常亲,破戒亲佛而反远"一节,极言持戒的重要:

《诸经要集》云:婆罗脂国有二比丘,来舍卫国问讯世尊。中路渴乏,前到一井,一比丘汲水便饮,一比丘看水见虫不饮。饮水比丘问伴比丘言:汝何不饮?答曰:世尊制戒,不得饮于虫水。饮水比丘劝言:汝但饮水,勿令渴死不得见佛。答言:宁丧身不毁佛戒。遂即渴死。饮水比丘往到佛所,佛知故问:汝自何来? 答言:我从波罗脂国而来。复问:汝有伴不? 答曰:二人为伴,道中渴乏,井水有虫,我即饮之,因水气力得见世尊。彼坚守戒,不饮渴死。佛言:痴人! 汝不见我,谓得见我。彼死比丘已先见我。若有比丘放逸懈怠,不摄诸根,虽共我住,彼离我远。彼虽见我,我不见彼。若有比丘,在海彼岸,能不放逸,精进不懈,敛摄诸根,虽去我远,我常见彼,彼常近我。(帐字函第二卷——原注)(卷三,第1300页中)

同门《禅定品》下有"坐禅仪式要须知,净观摄心亦当习"一节,叙坐禅仪式颇为详悉:

《坐禅仪》[案:据明如卺《缁门警训》卷一,此文为北宋长芦宗赜禅师所作]云:学般若菩萨,当起大悲心,发弘誓愿,精修三昧,广度众生。不为一身独求解脱,尔乃放舍诸缘,休息万事,身心一如,动静无间。量其饮食,不多不少,调其睡眠,不节不恣。结跏趺坐,先以左足安右䏶(髀)上,右足安左䏶(髀)上,或半跏趺,或以左足压右足,皆可。次以左掌安右掌上,以两大拇指面相拄,徐徐举身良久。复左右摇振,乃正身端坐,不得左倾右侧、前躬后仰。令腰背头项骨节相拄,状如浮图。令耳与肩对,鼻与脐对,舌拄上腭,唇齿相著。目须微开,免致昏睡。身相既定,气息既调,宽放脐腹。一切善恶都莫思量,念起即觉,觉之即无,久久忘缘,自成一片。若得此意,自然四大轻爽,所谓安乐法门也。(卷三,第1305页上、中)

同品,又有"定中兀坐真枯木,顶上容巢得产雏"一节,叙说有关禅定的一则典故:

《智度论》云：释迦昔为螺髻仙人，名尚阇梨，常行第四禅，出入息断。在一树下兀坐不动，鸟以谓木，即于髻中生卵。是菩萨从禅觉，知顶有鸟卵，即自思惟：若我起动，鸟不复来，卵必尽坏。即还入定，至鸟生子飞去乃起（德字函第七卷——原注）。（卷三，第1305页下）

　　卷四，第四门《事亲品》有"荷担父母难酬德，敬事天龙曷若亲"一节，备叙孝亲之道。其引《四十二章经》云："凡人事天地鬼神，不如孝其亲，二亲最神也。"（第1319页上）又引《弥勒劝孝偈》（此偈可能是后人的伪托之作）云："只看现世爷娘，便是释迦弥勒。若能供养得他，何用别作功德。"（同上）体现了融合世间法与出世间法的编集意图。

　　《大藏一览集》虽然卷帙较少，但品门齐整，简约易读，故另有一番特色。

第二门　文　　汇

第一品　隋灌顶《国清百录》四卷

《国清百录》，又名《国清道场百录》，四卷。隋大业元年（605），天台山国清寺沙门灌顶纂。载于《宋藏》"军"函、《金藏》"俶"函，《明南藏》"起"函、《明北藏》"弊"函、《频伽藏》"阳"帙，收入《大正藏》第四十六卷。

《国清百录》书首有灌顶《国清百录序》；北宋丹丘沙门有严《国清百录序》。

灌顶在《序》中说：

先师（智顗）以陈太建七年岁次乙未，初隐天台，所止之峰旧名佛陇。询访土人云，游其山者多见佛像，故相传因而成称。至太建十年岁在戊戌，降陈宣帝敕，名修禅寺，吏部尚书毛喜题篆榜送安寺门。到大隋开皇十八年，其岁戊午，太尉晋王（指杨广）于山下为先师创寺，因山为称，是曰天台。王登尊极，以大业元年龙集乙丑敕江阳名僧云：昔为智者创寺，权因山称，今须立名，经论之内有何胜目，可各述所怀，朕自详择。诸僧表两名：一云禅门，一云五净居。其表未奏，而僧使智璪启国清之瑞。敕云：此是我先师之灵瑞，即用即用。敕取江都宫大牙殿榜填以雌黄，书以大篆，遣兼内史通事舍人卢政力送安寺门,国清之称从而为始。先师神光而生,结跏而灭,处证妙法,出作帝师,备是诸官法论、会稽智果、国清灌顶等三传所载。又沙门智寂,编集先师遣迎信命,搜访未周,而智寂身故,笔墨之功,与气俱弃。余览其草本,续更撰次诸经方法等,合得一百条,呼为《国清百录》,贻示后昆,知盛德之在兹。(《大正藏》第四十六卷,第793页上)

书末有《智者大禅师年谱事迹》(从末句"自入灭至宋淳熙十二年乙巳,得五百九十二岁矣"推断,作者当是南宋白莲山沙门戒应);北宋苏州北禅无量寿院沙门净梵《题百录后序》;南宋淳熙十二年(1185)戒应的题记。

净梵在《后序》中说:

> 智者道传三观,存乎一家之书,而德化两朝(指陈、隋),章安(灌顶)纪诸《百录》。观其始,立制法以肃内众;中形书疏,以劝王臣;后论放生,以安昆虫之类。昭昭乎广大之化,粲(灿)如日星,所谓光宅天下者也。章安序云:贻示后昆,知盛德之在兹。固可信矣。镂板虽已印行,而未经校勘,因将古本对证,且讹误非一,遂改证(正),前后凡十余处。庶披览之际,无壅厥意,见此题(指净梵《后序》)可别讹正。(第823页下)

《国清百录》是天台宗早期文献的汇编。内容包括:天台宗创始人智𫖮所撰的制法、礼法、训示、书答、发愿文和遗书;陈、隋两朝皇室以及臣僚僧众致智𫖮(包括他的弟子)的敕文书疏;为智𫖮和他所建的玉泉寺撰写的碑文等。

从灌顶的自序中可以获悉,先是有灌顶的同学智寂,"编集先师遣迎信命",即智𫖮与社会各界人士往返的书信而为一书,但搜访未周而人亡故。灌顶取智寂的草本增广诠次，特别是在书信之外，增收了智𫖮撰作的几篇"诸经方法"，如《请观世音忏法》、《金光明忏法》、《方等忏法》等，总计一百条（即一百件），以寺名为题，取名为《国清百录》。这里所说的"条"（或件），既指单篇的文书，也指一束文书，如若干道敕令或若干封书信的总称。如卷一的《至德三年陈少主敕迎》内含五敕、《至开阳门舍人陈建宗等宣少主口敕》内含十二敕、卷二的《陈永阳王手自书》内含三书、《陈左仆射徐陵书》内含四书、《陈吏部尚书毛喜书》内含五书、《王（晋王）入朝遣使参书》内含六书等。因此，它不是指文书的细项。

传今的《国清百录》所收的文书为一百零四件，始《立制法》，终《智者遗书与临海镇将解拔国述放生池》。这比灌顶和有严在序言中提到的"合得一百条"、"凡一百条"多四件，很可能是南宋戒应在重刻时增入的。因为如卷四的《敕报百司上表贺口敕》和《口敕施幡》，从时间上推论，似不应排在《国清寺众谢启》之后，可能是后来增入中的二篇。各卷收录的情况是：

卷一：收《立制法》、《敬礼法》、《普礼法》、《请观世音忏法》、《金光明忏法》、《方等忏法》、《训知事人》（上七件均为智𫖮所撰）、《（陈）太建九年宣帝敕施物》、《太建十年宣帝敕给寺名》等十二件。

卷二：收《（陈）少主皇太子请戒疏》、《永阳王解讲疏》、《陈左仆射徐陵书》、《陈吏部尚书毛喜书》、《天台山修禅寺智𫖮禅师放生碑文》（陈国子祭酒徐孝克撰）、《隋高祖文皇帝敕书》、《王（晋王）受菩萨戒疏》、《蒋州僧论毁寺书》、《述蒋州僧书》、《述匡山寺书》（上二件为智𫖮所撰）等三十八件。

卷三：收《重述还天台书》、《答度人出家书》、《发愿疏文》、《遗书与晋王》（上四件均为智𫖮所撰）、《王（晋王）答遗旨文》、《王遣使入天台建功德愿文》、《天台山众谢启》(智𫖮的弟子智越等撰)、《仁寿四年皇太子登极天台众贺至尊》(同上)等三十八件。

卷四：收《敕度四十九人法名》、《天台山国清寺智者禅师碑文》(隋秘书监柳顾言撰)、《玉泉寺碑》(当阳县令皇甫毗撰)、《道因寺惠𦗈等致书》、《蒋山栖霞寺保恭请疏》、《吉藏法师请讲法华经疏》等十六件。

上述一百零四件文书资料中,以初为晋王、皇太子,后为隋炀帝的杨广所撰的书疏和敕令的数量为最多,有四十八件;智𫖮自己撰作的制法、忏法、训示、书答等居次,有十七件。但就文书的理论价值而言,智𫖮撰的仍远远高于杨广撰的。《国清百录》收录的这些文书,对于研究智𫖮的生平行业、制仪教说、社会活动与影响,以及朝野与天台宗的关系,提供了第一手的史料。

如智𫖮为约束徒众,曾制定了十条制规。这些制规对于维系天台宗僧团的洁整产生过一定的作用。其中有对四时坐禅、六时礼佛、僧众和合等的具体要求和处罚办法：

依堂之僧,本以四时坐禅,六时礼佛,此为恒务。禅礼十时,一不可缺,其别行僧行法竟,三日外即应依众十时。若礼佛不及一时,罚三礼对众忏;若全失一时,罚十礼对众忏。若全失六时,罚一次维那。四时坐禅亦如是。除疾碍,先白知事(寺院中的僧职)则不罚。(卷一《立制法》,第793页下)

僧名和合,柔忍故和,义让故合。不得诤计高声,丑言动色。两竞者各罚三十拜对众忏,不应对者不罚。身手互相加者,不问轻重,皆不同止。不动手者不罚。(第794页上)

又如陈代宣帝、少主(即后主)都与智𫖮有很深的交情。宣帝曾于太建九年(五七七)二月六日下敕,拨始丰县(今浙江天

台县)的赋税("调")来资助智𫖮及其弟子。敕云:

> 智𫖮禅师,佛法雄杰,时匠所宗,训兼道俗,国之望也。宜割始丰县调,以充众费。蠲两户民,用供薪水。主者施行。(卷一《太建九年宣帝敕施物》,第799页上)

再如隋代有僧五十余万,名僧大德遍及寰内。但就皇帝与僧人的关系而言,数晋王杨广与天台宗智𫖮最为亲近。杨广早在开皇十一年(591)十一月就从智𫖮受菩萨戒,以后一直与智𫖮书信往来,成为天台宗的最大护法者。他为何要受菩萨戒,这在卷二《王受菩萨戒疏》中作了以下的表露:

> 弟子基承积善,生在皇家,庭训早趋,贻教凤渐,福理攸钟,妙机须悟。耻崎岖于小径,希优游于大乘,笑止息于化城,誓舟航于彼岸。但开士万行,戒善为先;菩萨十受,专持最上。喻造宫室,必因基址,徒架虚空,终不能成,弗揆庸懵。抑又闻之,孔老释门,咸资熔铸,不有轨仪,吾将安仰?……谨以今开皇十一年十一月二十三日,总管金城,设千僧蔬饭,敬屈禅师(指智𫖮)授菩萨戒。戒名为孝,亦名制止,方便智度,归亲奉极。以此胜福,奉资至尊皇后。作大庄严,同如来慈普。诸佛爱等,视四生犹如一子,弟子即日种罗睺业,生生世世还生佛家。(第803页中)

类似这样的资料于中还有不少。另外,《国清百录》书末刊载的《智者大禅师年谱事迹》,以年谱的形式,记载了智𫖮自梁武帝大同四年(538)出生,至隋开皇十七年(597)十一月入灭的主要行历,也是研究智𫖮生平事迹的一份有价值的资料。

第二品 唐佚名《□□寺沙门玄奘上表记》一卷

《□□寺沙门玄奘上表记》,简称《玄奘上表记》,一卷。唐佚名编集。收入《大正藏》第五十二卷。

《玄奘上表记》的原本是"唐时代写小泉策太郎氏藏本"(见《大正藏》校勘记),这是日本收藏的唐代手抄本,在中国已经失传。它的全称首脱寺名。从本书收载的最后一篇奏表《请御制大般若经序表》所署的"龙朔三年十一月廿二日坊州宣(宜)君悬(县)玉华寺沙门玄奘上表"来看,脱落的寺名应为"玉华",原名是《玉华寺沙门玄奘上表记》。由于书中所载的奏表与敕答的名称,凡涉及李世民的,一般称"太宗文皇帝",而涉及李治的,则直称"皇帝",不称庙号"高宗"。以此推断,编集的时间大致上在高宗麟德元年(664)二月五日玄奘去世以后不久,编集者很可能是玄奘的弟子。

《玄奘上表记》是法相宗创始人玄奘自去印度取经回归长安以后,到临终前所上的各种奏表以及皇帝的敕答的汇编。全书共收录表敕四十一篇(也可称"件"),其中玄奘在唐太宗朝的上表十一篇,在高宗朝的上表二十三篇,太宗的敕书四篇,高宗的敕书三篇(内有诗一首)。

《玄奘上表记》的前部分,即玄奘于唐太宗朝的上表及唐太宗的敕答,与一部题名为《大唐三藏玄奘法师表启》(一卷)的日本"奈良时代写京都知恩院藏本"大致相同。有异的是两点:一、《大唐三藏玄奘法师表启》的首篇是贞观二十年(646)七月十三日的《进经论等表》,而《玄奘上表记》则缺此篇;二、《大唐三藏玄奘法师表启》所收的各篇表启(即奏表)都署有贞观某年某月某日上表的具体日期,而《玄奘上表记》则无。《大正藏》将《大唐三藏玄奘法师表启》中的《进经论等表》一篇,补入《玄奘上表记》,作为首篇,而将《玄奘上表记》原本的首篇《进西域记表》列为第二。这样,收入《大正藏》中的《玄奘上表记》收录的表诏增至四十二篇。

《玄奘上表记》对于研究玄奘从印度学成回国后的主要活动,特别是自贞观二十二年(646)至龙朔三年(663)十八年间的译经、交往以及他晚年的思想,具有一定的参考价值。虽然这些表启大多同载于唐慧立著、彦悰笺的《大唐大慈恩寺三藏法师传》,而且由于慧立撰写的是玄奘的传记,叙事委详,对一篇奏表的前因后果及进上的时间,交代较为细致,但由于两书之间并无承袭关系,所以有些奏表的内容,叙录不一,可资参比。有的奏表则为《玄奘上表记》独家所有,可补慧立之作的阙遗。

玄奘于贞观十九年(645)正月从印度回到长安,同月去洛阳朝见唐太宗,三月回到长安,于弘福寺筹备译场,将事翻译。六月,召得灵润、文备、慧贵、明琰、法祥、普贤、神昉、道琛、玄忠、神泰、敬明、道因等十二人为"证义大德",栖玄、明璿、辩机、道宣、靖迈、行友、道卓、慧立、玄则等九人为"缀文大德",玄应为"字学大德",玄模为"证梵语梵文大德",以及其余笔受、书手。七月起正式开始译经。最初翻译的佛经是《菩萨藏经》、《佛地经》、《六门陀罗尼经》、《显扬圣教论》和《大乘阿毗达磨杂集论》。至次年七月,玄奘上表,进呈新译的经论,这篇奏表便是《进经论等表》。

《进经论等表》见载于《玄奘上表记》的,与见载于《大唐大慈恩寺三藏法师传》的,除新译的五部经论的名称卷数是一致的以外,其余的前言后语全异。《大唐大慈恩寺三藏法师传》卷六在新译经论名目前的文字是:

> 窃闻八正(八正道)之旨,实出苦海之津梁,一乘(佛乘)之宗,诚升涅槃之梯蹬。但以物机未熟,致蕴葱山(葱岭)之西,经胥庭而莫闻,历周、秦而靡至。暨乎摩腾入洛,方被三川,僧会游吴,始沾荆楚,从是已来,遂得人修解脱之

因,家树菩提之业。固知传法之益,其利博哉。次复严(智严)、显(法显)求经,澄(似指僧伽跋澄)、什(鸠摩罗什)继译,虽则玄风日扇,而并处伪朝。唯玄奘轻生,独逢明圣,所将经论,咸得奏闻。(《大正藏》第五十卷,第254页上)

而《玄奘上表记》则作:

> 玄奘闻,义(羲)画既陈,肇有书契。……玄奘行业无纪,空符曲城,谬齿缁徒,有惭光替。慨然怀愤,誓以弘宣,凭持国威,远寻灵迹。往在西域,躬习梵言,览毗尼(律)之奥旨,窥多罗(经)之密藏,所获梵本经论总一千帙六百五十七部,佛像七躯,佛肉舍利一百五十粒,并骨舍利等一函。既而治奘(装)金地,旋轫玉门,祗奉纶(纶)言,载合翻译。(《大正藏》第五十二卷,第818页上)

两者对比,基本上没有一句是相同的。

又,先前唐太宗在洛阳召见玄奘时,就要求玄奘将所见所闻修成一传,以便使没有到过西域的人也能知道那里的风土人情。玄奘在译经的同时,通过自己的口述和弟子辩机的笔录,撰成了有名的《大唐西域记》,在进新译经论后的第四天上表进呈[案:《大唐三藏玄奘法师表启》谓与《进经论等表》同日上表,而《大唐大慈恩寺三藏法师传》卷六则谓在七月"乙未",即七月十七日],奏表的名称是《进西域记表》。这篇奏表,两书的叙录大体相同,有些地方稍有出入。如《大唐大慈恩寺三藏法师传》卷六说:

> 寻求历览,时序推迁,言返帝京,淹逾一纪。所闻所履,百有二十八国。窃以章亥之所践藉,空陈广袤,夸父之所陵厉,无述土风。班超侯而未远,张骞望而非博。今所记述,有异见闻。虽未极大千之疆,颇穷葱外之境,皆存实录,匪

敢雕华。谨具编载,称为《大唐西域记》,凡一十二卷。(《大正藏》第五十卷,第254页中、下)

而此段文字,在《玄奘上表记》中则为:

寻求历览,时序推迁,言返帝京,忽将二纪。所闻所履,百有卅八国。窃以章亥之所践藉,空陈广袤,夸父之所凌厉,无述风土。班超侯而未远,张骞望而非博。至于玄奘所记,微为详尽。其迂辞玮说,多从剪叶,缀为《大唐西域记》一十二卷。(《大正藏》第五十二卷,第818页中、下)

两下比较,似《玄奘上表记》的陈述更符合玄奘的风格。

玄奘晚年思慕禅定。他的出生地洛州缑氏县(今河南偃师县缑氏镇)东南的陈村(又名陈堡),离嵩山不远。嵩山岭嶂重叠,峰涧多奇,松萝共筼筜交葛,桂柏与杞梓萧森,又有跨枕岩壑,萦带林泉,佛事尊严,房宇闲邃的少林寺,是理想的修禅胜地。显庆二年(657)九月二十日,玄奘上《请入嵩岳表》,请求到少林寺修习禅观,兼事翻译。《玄奘上表记》收录了这篇奏表,文云:

名(窃)闻菩提路远,趣之者必假资粮;生死河深,渡之者须凭船筏。资粮者,三学三智之妙行,非宿舂之类也;船筏者,八忍八观之净业,非方舟之徒也。是以诸佛具而升彼岸,凡夫阙而沈(沉)生死。……但断伏烦恼,必定慧相资,如车二轮,阙一不可。至如研味经论,慧学也;依林宴坐,定学也。玄奘少来颇得专精教义,唯于四禅九定未暇安心。今愿托虑禅门,澄心定水,制情猿之逸躁,挚意象之奔驰,若不敛迹山中,不可成就。(第825页上、下)

但玄奘的请求,没有获得诏许。显庆四年(659),玄奘鉴于自己的身体状况,上《重请入山表》,要求停废译场。文云:

　　　　自奉诏翻译一十五年来,夙夜匪遑,思力疲尽,行年六十,又婴风疹(风湿病),心绪迷谬,非复平常,朽疾相仍,前途讵几。今诏既不任专译,岂宜滥窃鸿恩。见在翻经等僧,并乞停废。请将一二弟子移住玉华,时翻小经,兼得念诵。(第826页中)

　　唐高宗同意玄奘及弟子移住玉华宫,但不同意停废译场。于是玄奘又作《谢得入山表》谢恩。玄奘本意是想翻译一些卷数较小的佛经("小经"),但由于众人的委请,从显庆五年(660)正月一日起,又着手翻译卷帙空前的《大般若经》,这部经有六百卷,历时四年,至龙朔三年(663)十月二十三日才告终,自此以后,玄奘专精行道,遂绝翻译。经出之后,他上《请御制大般若经序表》,请唐高宗作经序。这《重请入山表》、《谢得入山表》和《请御制大般若经序表》,是玄奘一生最后的三篇奏表,对研究玄奘晚年的活动和思想很有价值,而它们均不见于《大唐大慈恩寺三藏法师传》,只存于《玄奘上表记》之中。从这三篇奏表中,至少可以获得这样的信息:玄奘晚年的活动往往受制于人,不能完全依照自己的心愿去办事。这也是名僧的难处。

　　《玄奘上表记》在编集上的不足之处是,省略了各篇奏表的上表时间(最后一篇除外),故必须借助于《大唐大慈恩寺三藏法师传》等的记载,方能考定时间;另外,它只是收录了玄奘奏表的一部分,而非全部。

第三品　唐圆照《代宗朝赠司空大辨正广智三藏和上表制集》六卷

　　《代宗朝赠司空大辨正广智三藏和上表制集》,又名《赠司空大辩正广智不空三藏碑表集》,简称《不空表制集》,六卷。唐长安西明寺沙门圆照集。收入《大正藏》第五十二卷。

《不空表制集》未署撰时。从它见录于圆照的另一部著作《大唐贞元续开元释教录》卷中来推定,约撰于唐贞元十年(794)或之前。书名中的"司空"和"大辨"(一作"辩正")分别是不空死后,唐代宗追赠的官衔和谥号,"广智"是不空活着的时候加封的尊号。

《不空表制集》书首有圆照的自序(无标题)。说:

> 大唐大兴善寺三藏者,讳智藏,号不空金刚,梵曰阿目佉跋折罗,本西域人也。昔事大弘教金刚(金刚智)三藏,禀受真言,二十四年抠衣请益。大师殁后,还诣五天(五印度),梵本瑜伽皆披阅,周游遍览,旋赴帝京,或化河西,或归关西。属天宝末岁胡马入关,至德二年克复洛京,和上亲承圣旨,精建坛场,为灌顶师。三朝宠遇,表谢答制,师弟相承,大凡而言一百四十四首,乃分成六卷(《续开元录》作"七卷")。庶流布将来,好学之徒知其志也。(《大正藏》第五十二卷,第826页下)

《不空表制集》是密宗创始人不空和他的弟子在唐肃宗、代宗两朝所上的奏表,以及皇帝的制令、答批的汇编。全书共收录表制一百三十三首(也可称为"篇"、"件"),附出皇帝对奏表的答批五十三首。卷一的前部分,收录唐肃宗朝的表制十一首,附答批六首。卷一的后部分至卷六终,收录代宗朝的表制一百二十二首,附答批四十七首。其中,卷一后部分收表制九首,附答批二首;卷二收表制二十四首,附答批六首;卷三收表制十八首,附答批九首;卷四收表制十九首,附答批三首;卷五收表制三十首,附答批十六首;卷六收表制二十二首,附答批十一首。

这里的表制统计数一百三十三首,比圆照在自序中说的"大凡而言一百四十四首"少了十一首。这有两种可能:一是圆照当初计算有误,因为圆照在统计每一卷所收表制的正项时也曾出现过差错。如将卷二的二十四首,计作"二十二首",将卷三的十八首,计作"十六首",将卷五的三十首,计作"二十九首"。二是原有一百四十四首,在流传的过程中失落了一些,剩下一百三十三首。

《不空表制集》与《玄奘上表记》虽然同属奏表汇编一类,但在类例上颇有差异:第一,《玄奘上表记》只收玄奘本人的奏表,不收弟子的奏表,而《不空表制集》既收不空的奏表,也收他死后弟子的奏表,从卷四的后部分起至卷六终,均是不空死后,他的弟子的奏表以及其他各种文书(诏制、祭文、碑文、歌、颂等),篇幅几近全书的一半。第二,《玄奘上表记》收皇帝的诏制很少,而《不空表制集》则收得很多。第三,《玄奘上表记》收录的表诏除一篇以外,其余的都不署日期,而《不空表制集》收录的表诏基本上都署有年月日。第四,《玄奘上表记》不载反映玄奘一生事迹的碑铭,而《不空表制集》卷四收载不空的弟子飞锡撰的《大兴善寺大广智三藏和上之碑》,卷六又收载御史大夫上柱国冯翊县开国公严郢撰的《唐大兴善寺故大德大辨正广智三藏和尚碑铭》,均为记叙不空一生事迹的碑铭。故它不是纯粹的《表制集》,严格说来是《碑表集》。

圆照的《不空表制集》与赵迁的《大唐故大德赠司空大辨正广智不空三藏行状》(见本书传记部),虽然同为研究不空事迹的今存的两部著作,但从史料的丰富性而言,圆照编的《表制集》远远超过赵迁撰的《行状》。因为《表制集》收载了一大批出于不空本人手笔的奏表,以及与不空有关的历史文书,这些稀贵的资料是综述性的《行状》不可能具有的。

古印度,太子绍嗣王位时要举行一种名叫"灌顶"的仪式:取四海之水,盛于四瓶,用种种珍宝装饰大象,太子坐于象前的坛中，婆罗门国师持瓶坐于象背上，然后让水通过象牙流注到太子的头顶，以此作为国王即位的标志。佛教中的密教效仿这种仪式，在僧人绍嗣阿阇梨（导师）之位时，也采用灌顶法，这叫做"传教灌顶"，又称"授职灌顶"。俗人皈信密教，也要举行一定的仪式，这种仪式虽然不是泻水淋顶，而是在投花之后，由阿阇梨授与真言（咒语）契印，但在名义上也称为灌顶，这便是"结缘灌顶"。而要施行灌顶法，就需要设置一种专门的坛场，这叫"灌顶坛"、"灌顶道场"，也称"密坛"，梵语称为"曼荼罗"。所以，一个"灌顶"，一个"曼荼罗"，是密教特别重视的两件东西。不空一生的重要活动之一，就是在大兴善寺开设国家的灌顶道场，从而使大兴善寺成为密宗的传教中心。他在乾元三年（760）闰四月十四日，上肃宗的《请于兴善寺置灌顶道场状》中说：

  臣窃观度灾御难之法，不过秘密大乘，大乘之门灌顶为最。今属闰夏之月，百花皆荣，伏望命三藏不空，于前件事为国修一灌顶道场。其道场有息灾增益之教（效），有降伏欢喜之能，奉此功力以灭群凶，上滋圣寿无疆，承此兆人清泰。（卷一，第829页中）

广德元年（763）十一月十四日，不空又上奏即位不久的代宗，极言灌顶坛法的意义，要求在每年夏中以及三长斋月，都设置相应的灌顶道场。他在《请每载置灌顶道场状》中写道：

  毗卢遮那（佛名）包括万界，密印真言吞纳众经。准其教，宜有顿有渐，渐谓声闻小乘登坛学处，顿谓菩萨大士灌顶法门，是诣极之夷途，为入佛之正位。顶谓头顶，表大行之尊高，灌谓灌持，明诸佛之护念。超升出离，何莫由斯。（同上，第830页上）

北宋赞宁认为,这是中国佛教史上的一桩大事,故特地将它写入《大宋僧史略》卷上"传密藏"一条,说:

> 不空三藏,于京大兴善寺广译总持教(密教),多设曼荼罗,神术莫可知也。灌顶坛法始于不空。(《大正藏》第五十四卷,第240页下)

说不空是密宗灌顶坛法的始创者,这不一定确切。因为不空的老师金刚智也设置过灌顶道场。但就所设道场的规模与影响、所制坛场规式的系统完善而言,则不空位居第一是当之无愧的。

大历九年(774)五月,不空自知死期将临,曾口授了一篇遗书,在这篇《三藏和上遗书》中,不空追述了自己的生涯行历,确定了自己死后的传法之人,特别关照要保护寺院的产业,他最后的思想活动于中得到了真实的表述:

> 吾自髫龀出家,依师学业,讨寻梵夹二十余年,昼夜精勤,伏膺谘禀,方授瑜伽四千颂法。奈何积衅深重,先师(金刚智)寿终,栖托无依,凭何进业,是以远游天竺,涉海乘危,遍学瑜伽,亲礼圣迹,得十万颂法藏,印可相传,来归帝乡福地弘化。然一朝供奉,为三代帝师,人主尽授瑜伽密传法契,爰自今圣(指代宗)弘教最深,十八会瑜伽,尽皆建立,三十七圣众,一一修行。每入道场,依时念诵,九重万乘(指皇帝)恒观五智之心,阙庭百寮(指朝臣)尽持三密之印。吾当代灌顶三十余年,入坛授法弟子颇多,五部琢磨,成立八个,沦亡相次,唯有六人。其谁得之?则有金阁含光、新罗慧超、青龙慧果、崇福慧朗、保寿元皎、觉超。后学有疑,汝等开示。法灯不绝,以报吾恩。(卷三,第844页上、中)

东京(洛阳)和上塔所师僧(金刚智)院舍庄园,汝亦为吾匀当成立。其车牛、鄠县淡南庄并新买地、及御宿川贴得稻地、街南菜园,吾并舍留当院文殊阁下道场,转念师僧,永充粮用、香油、炭火等供养,并不得出院破用。外人一切不得遮兰(拦)及有侵夺。其祥谷紫庄将倍(备)常住,其庄文契,并付寺家。(同上,第844页下—第845页上)

另外,不空一生究竟翻译了多少部佛经,史书上记载不一,而据飞锡奉敕撰作的《大兴善寺大广智三藏和上之碑》,则为:"前后奉诏所译诸经,总八十三部计一百二十卷,并已颁行入藏目录。"(卷四,第849页上)飞锡的碑文作于不空死后二十来天,而且所记的这个数字与赵迁《行状》中说的"大师自开元至今大历,翻译经法凡一百二十余卷"(《大正藏》第五十卷,第294页中)是基本吻合的,因而是比较可信的。又据《不空表制集》卷三《三朝所翻经论请入目录流行表》和《请京城两街各置一寺讲制》的记载,不空曾撰有《仁王经疏》三卷和《大虚空藏经疏》,现已失传。

《不空表制集》不只对研究不空及其弟子的活动情况有用,而且对考稽唐肃宗、代宗两代佛教的一般史实也有用。据清王昶《金石萃编》记载,唐代有关《佛顶尊胜陀罗尼经》(唐佛陀波利译,一卷)的石刻很多,为何此经在唐代如此流行,史家作过种种猜测。《不空表制集》卷五收载的唐代宗于大历十一年(776)二月八日发布的《敕天下僧尼诵尊胜真言制》,为解开这个疑团提供了重要的线索。敕云:

> 天下僧尼令诵《佛顶尊胜陀罗尼》,限一月日诵令精熟,仍仰每日诵二十一遍,每年至正月一日遣贺正使,具所诵遍数进来。(卷五,第850页下)

原来推尊《佛顶尊胜陀罗尼经》的风气,发源于唐代皇帝。

皇帝下令每个僧人每日必须背诵多少遍,而且派专人督促检查,所以,此经才如此盛传。

第四品　南宋宗晓《乐邦文类》五卷
附:南宋宗晓《乐邦遗稿》二卷

《乐邦文类》,五卷。南宋庆元庚申(六年,公元1200年),四明石芝沙门宗晓编。收入《大正藏》第四十七卷。

宗晓(1151—1214),字达先,自号石芝,四明(今浙江宁波)人,俗姓王。为宋代天台宗知礼系广智(尚贤)下第七世、月堂慧询的弟子。著述甚丰。见存的尚有《金光明照解》、《宝云振祖集》、《三教出兴颂注》、《施食通览》、《法华经显应录》等;已佚的有《诸祖赞》、《儒释孝纪》、《明良崇释志》、《明教编》、《修忏要旨笺注》等。事见南宋志磐《佛祖统纪》卷十八。

《乐邦文类》书首有明吏部尚书海虞严讷《乐邦文类序》;南宋庆元庚申(1200)敷文阁学士汪大猷《乐邦文类序》;宗晓《序》。书末有庆元庚申(1200)南湖柏庭善月的《后序》。

汪大猷在《序》中说:

> 比丘宗晓,留心教典,类成此书。其大藏经论,古今儒释所著,无非西方净土教门。或阐扬奥义,以警未达;或明示显应,以诱方来,至于长行短偈、片言只语,无一不备。其善用身心可尚矣。(《大正藏》第四十七卷,第148页下)

宗晓在《序》中说:

> 兹社(指白莲社,即净土宗)之兴,专以弥陀为宗主,诸经为司南。自晋唐以来,高僧巨儒咸有著述,赞美斯事。虽其间说义有浅深,属辞有工拙,譬如万派东流,同归沧海,使

夫饮用者咸沾一味焉。宗晓侵寻晚景,悟世非坚深,仰高宗皇帝(指赵构)道参天地,德迈羲轩,犹乃宣扬圣教,启迪群蒙。况愚忝箧僧伦,敢怠思修之路乎?由是囊括诸经,网罗众制,伏而读之。……遂于假日,即其所得,次而编之。始于经咒,终乎诗词,凡十有四门,终二百二十余首,析为五卷,目曰《乐邦文类》。盖仿儒家柳宗直《西汉文类》之作也。其有集之不尽,当有与吾同志者续焉。(第149页中、下)

《乐邦文类》是宗晓依仿儒家柳宗直《西汉文类》的体例,而编集的净土宗文述的总集。书名中的"乐邦",指的是西方极乐世界,是净土信仰者平日口念阿弥陀佛的名号("南无阿弥陀佛"),以冀死后往生的净土。"文类",意指文献的类编。全书共分经、咒、论、序跋、文、赞、记碑、传、杂文、赋铭、偈、颂、诗、词十四门,收各种文述二百四十七篇(也称"首",此据卷目统计,作者自序称"总二百二十余首",未尽全数)。有些文述的末尾还有宗晓的附语。各卷收录的情况是:

卷一:三门。(一)经。摘录《法华经》、《悲华经》、《无量寿经》、《首楞严经》、《鼓音王经》、《阿弥陀经》、《观无量寿经》等经中有关净土的论述四十六处。(二)咒。摘录《无量寿修观行供养仪轨》、《乌瑟腻沙最胜总持经》、《不空罥索神变真言经》、《弥陀不思议神力传》中有关净土的咒语十道。(三)论。摘录《无量寿论》、《毗婆沙论》、《大智度论》、《大乘起信论》、《思惟要略法》中关于净土的论述六处。此卷的起首有专谈净土的十六种经论传集(始《佛说无量清净平等觉经》,终《集诸经礼忏仪》)的介绍;卷末有"阿弥陀佛尊号"。

卷二:三门。(一)序跋。凡三十二家(即"篇")。主要有:庐山慧远《念佛三昧诗序》、天台智𫖮《观无量寿佛经疏序》、慈恩窥基《阿弥陀经通赞疏序》、慈云遵式《往生西方略传序》、飞山戒珠《净土往生传叙》、草堂飞锡《念佛三昧宝王论序》、圆澄义和《华严念佛三昧无尽灯序》、大智元照《净业礼忏仪序》、提刑杨杰《直指净土决疑集序》、侍郎王古《净土宝珠集序》、吴兴元颖《净土警策序》、无功叟王阒《净土自信录序》、独醒居士林镐《明师胜地论跋》、待制陈瓘《宝城易记录序》、府判方棨《称赞净土海众诗序》等。（二）文。凡十三家。主要有：礼部柳子厚（柳宗元）《东海若》、僧录赞宁《结社法集文》、慈觉宗赜《莲华胜会录文》、证通师友《西资社同誓文》等。（三）赞。凡十七首。主要有：翰林李白《金银泥画浮土变相赞》、侍郎白居易《绣阿弥陀佛赞》、苏轼《画阿弥陀像赞》、杨杰《安乐国赞三十章》等。

卷三：二门。（一）记碑。凡十九首（即"篇"）。主要有：柳子厚《龙兴寺修净土院记》、朴庵清哲《延庆重修净土院记》、给事程俱《灵山安养庵记》、总管张抡《高宗皇帝御书莲社记》、牧庵法忠《南岳山弥陀塔记》、法真守一《澄江净土道场记》、司封钟离松《宝积院莲社画壁记》等。（二）传。凡十四传。主要有：《东晋莲社始祖远（慧远）法师传》、《历代莲社继祖五大法师（善导、法照、少康、省常、宗赜）传》、《后魏壁谷神鸾（昙鸾）法师传》、《大宋永明智觉（延寿）禅师传》、《大宋无为子杨提刑（杨杰）传》、《大宋龙舒居士王虚中（王日休）传》等。

卷四：一门。收杂文三十三首。主要有：智颉《维摩疏示四种佛国》、延寿《万善同归集拣示西方》、孤山智圆《西资钞拣示偏赞西方》、净觉仁岳《义学编论席解纷》、圆辩道琛《唯心净土说》、桐江择瑛《辨横竖二出》、遵式《晨朝十念法》、《念佛方法》、山堂彦伦《念佛修心术》、司谏江公望《念佛方便文》、京师比丘善导《临济正念诀》等。

卷五：五门。（一）赋铭。各一家。有延寿《神栖安养赋》

(附吴越王钱俶《进安养赋奉制文》)、遵式《日观铭》。(二)偈。凡六家。主要有：苏轼《画阿弥陀佛像偈》、遵式《释华严贤首赞佛偈》、妙行法怡《姚行婆日轮见佛偈》等。(三)颂。凡二十家。主要有：擅庵有严《十六观颂》、元照《劝修净业颂》、草庵道因《念佛心要颂》、法镜若愚《颂净土并辞世》等。(四)诗。凡二十二家。主要有：晋琅琊王乔之《念佛三昧诗》、白居易《东林寺临水坐》、东溪祖可《庐山十八贤》、祠部张景脩《湖州觉海弥陀阁》、西湖居士李济《净土咏史》等。(五)词。凡七家。主要有：幻住居士任彪《拟渊明归去来》、北山可旻《赞净土渔家傲》、白云净圆《望江南》等。

《乐邦文类》为研究自晋至宋净土宗的历史、人物、述作、教说、仪式和文化，提供了极为丰富的资料。

如净土宗和天台、华严、禅等宗派不同，它所尊立的历代祖师，是根据其人在弘扬净土法门中的业绩确定的，互相之间并没有师资传授关系(晚近的祖师才有)。因此，净土宗的祖统说一直到宋代才出现，而最早的提出者当推宗晓。宗晓在《乐邦文类》卷三收录了他自己撰作的《莲社始祖庐山远法师传》和《莲社继祖五大法师传》，推庐山慧远为莲社(净土宗)始祖，善导、法照、少康、省常、宗赜为五位继祖，这便是最初的净土宗六祖之说。这中间省常、宗赜都是北宋人，他们的事迹主要有：

> 省常师者。大宋淳化中，师住钱唐(塘)南昭庆院，专修净业，结净行社。王文公旦为社首，翰林承旨宋白撰碑，翰林学士苏易简作《净行品序》，状元孙何题社客于碑阴，亦系以记。士夫预会，皆称净行社弟子。社友八十比丘、一千大众。孤山圆公(智圆)作《师(省常)行业记》并《莲社碑》。(第193页中、下)

> 宗赜师者。师赐号慈觉。元祐中，住真州长芦寺。宗

说俱通，笃勤化物，有《苇江集》行于世，内列种种佛事，靡不运其慈念。盖师自他俱利，愿力洪深，故能运绍佛化也如此。人或不知，返（反）嫌忉怛，悲夫！师居长芦，海众云臻。爱念无常之火，四面俱焚，岂可安然坐而待尽，乃遵庐阜（庐山）之规，建立莲华胜会，普劝修行念佛三昧。其法，日念阿弥陀佛，或百千声，乃至万声，回愿往生西方净土，各于日下，以十字记之。（第193页下）

以后，志磐于南宋末年撰《佛祖统纪》，立慧远、善导、承远、法照、少康、延寿、省常为莲社七祖（内增承远、延寿，删宗赜）；悟开于清道光（1821—1850）年间，撰《莲宗正传》，在《佛祖统纪》的基础上，增立袾宏、智旭、实贤、际醒为八祖至十一祖，都是《乐邦文类》所立净土宗祖统的变异和补续。

又如宋代，净土信仰深入到社会各个阶层，王公名儒和天台、华严、律、禅各宗弟子都同修净业，结社念佛之风盛行，净土类著述颇多。《乐邦文类》卷二和卷四在序跋和杂文中对其中的一批著述作了介绍或摘录，包括今已不见传本的北宋元照《净业礼忏仪》、王古《直指净土决疑集》、《净土宝珠集》（与他的《新修往生传》或是同一书）、元颖《净土警策》、陈瓘《宝城易记录》、南宋义和《华严念佛三昧无尽灯》、王阒《净土自信录》、子光《明师胜地论》等，至于赖它而得保存的文章则更是层出不穷。这对于推考佛教佚作的内容提供了重要的依据。

关于《华严念佛三昧无尽灯》，义和说：

义和晚年退席平江能仁（院），遍搜净土传录和诸论赞，未尝有华严圆融念佛法门。盖巴歌和众，雪曲应稀，无足道者。呜呼！不思议法门散乎大经与疏记之中，无闻于世。离此别求，何异北辕而之楚耶？于是备录法门，著为一

编,使见闻者不动步而归净土,安俟阶梯?非思量而证弥陀,岂存言念?(卷二《华严念佛三昧无尽灯序》,第170页上)

关于《直指净土决疑集》,杨杰说:

《直指净土决疑集》者,吾友王古敏中之所编也,博采教典,该括古今,开释疑情,径超信地。其载圣贤之旨,在净土诸书最为详要。盖安养国之乡(向)导也。(同卷《直指净土决疑集序》,第172页中)

关于子光《明师胜地论》,宗晓在林镐《明师胜地论跋》的附语中说:

乾道中,婺之兰溪释子光,道号云水,少习台教,厥后南询,得法于大慧果公(宗杲),晚住莆田福清,作依托《明师胜地论》三卷,行于世。其大概谓佛法高妙,若增上胜缘,唯明师胜地为堪依托。盖凡学道者贵见性,见性贵修习。见性未明,必务求师;修习未成,必务于地。得其师则模范正,得其地则心迹安。一曰人间中国圣贤所居,二曰兜率陀天弥勒说法,三曰西方净土弥陀阐化,是三化皆名胜地,并得依托修行。至中下两卷,则专明西方法门,劝人修习。(同卷,第174页中、下)

再如《乐邦文类》辑录的各种净土文,有不少是当时的名作,对当世与后世、本国与海外产生过重大的影响。卷四收载的桐江择瑛《辨横竖二出》和遵式《晨朝十念法》就是其中的二篇。前者以"横出"比喻修持净土法门,以"竖出"比喻修持其他法门,被认为是日本净土真宗创始人亲鸾在《教行信证文类》中提出的"二双四重"教判的基础(见日本《大藏经索引·收录典籍解题》);后者创导清晨十念法,被认为与唐飞锡《念佛三昧宝王论》、北宋江公望《念佛方便文》等齐名,是有代表性的念佛方法(见宗晓在卷四《念佛方便文》之后加的附语)。

《辨横竖二出》说:

> 竖出者,声闻修四谛,缘觉修十二因缘,菩萨修六度万行。此涉地位,譬如及第,须自有才学,又如历任转官,须有功效。横出者,念佛求生净土。譬如荫叙,功由祖父他力,不问学业有无,又如覃恩普转,功由国王,不论历任浅深。于横出中,有定散二善,故善导和尚立专杂二修。杂修者,谓散漫修诸善业,回向庄严也。专修者,身须专礼阿弥陀佛,不杂余礼。口须专称阿弥陀佛,不称余号,不诵余经咒。意须专想阿弥陀佛,不修余观。若专修者,十即十生,百即百生。若杂修者,百中或得一两人生,千中或得三五人生。(卷四,第210页上、中)

《晨朝十念法》说:

> 修净业者,须每日清晨服饰已后,面西正立合掌,连声称阿弥陀佛。尽气为一念,如是十气名为十念,但随气长短,不限佛数。惟长惟久,气极为度。其佛声不高不低,不缓不急,调停得中。如此十气,连属不断,意在令心不散,专精为功故。名此为十念者,显是藉气束心也。尽此一生,不得一日暂废。唯将不废,自要其心,必生彼国。(同卷,第210页中)

此外,《乐邦文类》卷三在记碑门中,对净土院、弥陀阁、弥陀塔、弥陀像、莲社画壁等的记述;卷五在赋铭、偈、颂、诗、词诸门中,对众家作品的辑录,也是研究净土宗建筑、雕塑、艺术、美学和文学的瑰宝。

南宋宗晓《乐邦遗稿》二卷

《乐邦遗稿》，二卷。南宋嘉泰四年（1204），四明石芝沙门宗晓编。收入《大正藏》第四十七卷。

《乐邦遗稿》书首有宗晓《序》（凡两段，一段为原序，另一段为后来的题记）。说：

愚挺志于净业，誓欲均被有情，同归实界，故缵集《乐邦文类》行于世。外余片文只义，暨随所见闻可益扶净业者，续又纪为《乐邦遗稿》。盖仿儒家典籍拾遗之说也。或辞之繁冗，则略举纲要，虽曰未备，庶少暨见焉。甲子春旦振笔故序。

宗晓编次《乐邦》前后两书，随事标题尽之矣。静而思之，此书（指《乐邦遗稿》）专导群生，归于净土，亦可目为《乐邦归志》。盖惟人人本有唯心乐国，何藉劬劳，肯綮修证？嗟乎！枉入诸趣，久而忘返，昔人兴叹。请看路傍埋朽骨，其中多有未归人是此也。兹幸佛祖开辟，横截要津，故今得以掊撠毗赞，助发人之信心。俾夫踊跃其修者，则明了归途，不踌躇于生死两岐之间，诚要道也。又名《归志》，良在斯矣。（《大正藏》第四十七卷，第231页中、下）

《乐邦遗稿》是宗晓于《乐邦文类》编成后四年，将自己搜集到的未编入前书的一些资料汇编在一起的著作，是前书的续编或拾遗。书名中的"遗稿"，不是像人们通常使用的那样，指某人死后遗留下来的文稿，而是指散逸于《乐邦文类》之外的，或《乐邦文类》收之未尽的文稿。由于本书"专导群生，归于净土"，即偏重于劝诱众生皈信净土法门，故作者认为也可以称为《乐邦归志》。全书共收文一百二十六篇，其中大多数是净土类文述中的片段，也有的是全文。为提示内容，作者随事立题，对所录的文段一一加了标题,而将原来的书名或篇名置于所录文字的起首;也有些文段仍以原来的篇名为标题。所录文述的末尾间有作者加的附语。

卷上:始《净饭王与七万释种皆生净土》(摘自《大宝积经》第七十六卷),终《道门成仙不出轮回》(摘自寿禅师《安养赋注》),凡六十篇。主要有:《念佛名者必成三昧》(摘自《宝王论》)、《文法师净行法门序》、《杨无为(杨杰)题净土忏法》、《陈了翁(陈瓘)谈唯心净土》、《庐山莲社图纪》、《净土有三十种利益》(摘自《群疑论》)、《净土十疑论叙》(飞山戒珠述)、《评龙牙禅师颂》(宗晓撰)、《评晁太傅(晁迥)以净土为小乘》(宗晓撰)、《辨心净则国土净》(宗晓撰)等。

卷下:始《释不可以少善根得生彼国》(摘自慈恩窥基《弥陀通赞抄》),终《龙门莲社诗并序》(吴克己撰),凡六十六篇。主要有:《海慧禅师示心净土净》(摘自《传灯录》)、《大智(元照)律师示事理不二》(摘自《净土集序》)、《生死本无随妄而有》(摘自孤山智圆《闲居编》)、《王朝散劝修西方文》(摘自王古《净土宝珠集》)、《衲僧愿为崔氏作子》(摘自《玉堂闲话》)、《岐王得爱敬寺僧为子》(摘自《广异志》)、《通纪诸公前人后报》(摘自李昌龄《乐善集》)、《一念在净土必定得生》(摘自《龙舒净土文》)等。

《乐邦遗稿》所录的文述,既有劝修净业的论述和事例,也有作者对不信净土之教的议论的评析。其例如下:

> 评龙牙(据居遁)禅师颂 《传灯录》纪龙牙遁禅师颂曰:成佛人稀念佛多,念来岁久却成魔。君今欲得自成佛,无念之心不校多。
>
> 多见禅人常举此颂,以障念佛之人。盖彼专以空寂为宗,遂将念佛为著相者。殊不知《胜天王般若》有所谓"以

无所念而修念佛",是岂有著相之病乎?谨和一颂,以破其惑云:念佛人多成佛多,谁云岁久却成魔?清珠浊水喻亲切,唤不回头争奈何。(卷上,第237页下)

上文中的"评龙牙禅师颂"是作者宗晓加的标题;"《传灯录》纪龙牙遁禅师颂曰"一段摘自《传灯录》;"多见禅人常举此颂,以障念佛之人"一段为宗晓的评语。

  修一切善法回向西方　龙舒(指王日休《龙舒净土文》)曰:供佛斋僧,造塔建寺,念诵礼忏,孝养父母,兄友弟恭,宗族之间无不和睦,乡党邻里恩礼相与。事君则赤心为国,为官则仁慈利民,为长则善以安众,为下则勤以事上。或指教愚迷,或扶助孤弱,或救人急难,或惠施贫穷,或造桥砌井,或施食散药,或减己奉养以利人,或临财饶人以自省,或教人为善,或护善止恶。但随所作世(间)、出世间一切善事,不拘小大多少,止以一钱与人,或以一水止渴,至于毫芒之善,并须起念云:愿此善缘,回向西方,念心不断,必生上品也。(卷下,第248页下)

上文中的"修一切善法回向西方",是宗晓据事添立的标题;"龙舒曰"以下均为转录文字。

《乐邦遗稿》也保存了今已散逸的一些著作的片段或序记,如文法师《净行法门序》等,有些资料还可补《乐邦文类》之不足,故虽然它门类不分,内容较杂,但仍不失为研究净土宗的有价值的资料书。

第五品　南宋宗晓《四明尊者教行录》七卷

《四明尊者教行录》,略称《四明教行录》、《教行录》,七卷。

南宋嘉泰二年(1202),四明石芝沙门宗晓编。收入《大正藏》第四十六卷。

《四明尊者教行录》书首有嘉泰二年(1202)宗晓《序》。说:

> 法智(指知礼)生建隆改元,终天圣六祀,距今已一百七十有五年矣。所撰记抄三十余万言,学者共宗。复有教门义章、问答释妨(访)、巨儒高释往返书启等,断简残篇,存者流逸。……宗晓末学,无似叨预教庠,窃睹师之垂言,虽片文只字,咸为释氏之法,岂得以任其芜没哉。于是剧意访求,仅得一百余篇,以类诠次,析为七卷,目之曰《四明尊者教行录》。(《大正藏》第四十六卷,第856页中)

《四明尊者教行录》是天台宗东土十七祖四明知礼的文集。内容包括知礼自己撰作的,以及他人撰作的与知礼有关的各种疏文、辞跋、讲解、问答、书启、谕旨、省牒、使帖、公据、诗颂、记赞、碑铭、实录、年谱等。据宗晓在《序》中介绍,由智𫖮开创的天台宗,化被六十州,盛于隋唐,而衰于五代。五代石晋天福(936—942)年间,高丽僧人义通(天台宗十六祖)渡海来华,参义寂(十五祖)于天台山螺溪院,尽得天台一宗之道。义通本想回国弘化,行至四明,为郡守钱惟治挽留而辟为戒师(此据宗晓《宝云振祖集序》),福州漕运使顾承徽又舍宅造寺,请他居住,此寺便是明州宝云院。义通在宝云院演法,门下有两大高足("二神足"),一名知礼,一名遵式。遵式主持天竺寺,死后由五世法孙慧观衷集遗文,编成《金园集》和《天竺别集》;知礼主持延庆院(南宋绍兴十四年改称延庆寺),除撰《金光明经玄义拾遗记》等多卷本抄记刊行于世之外,还有"教门义章、问答释妨(访)、巨儒高释往返书启等"散传于社会。为使这些著述不至于芜没,宗晓辑编了这部书。"今录以'教行'为名,亦尊者(知礼)之志焉。"(第856页中)全书共收各种文述一百零二篇,始

《尊者年谱》（宗晓编），终《重修法智尊者像志铭》（柏庭善月撰）。

卷一：收《尊者年谱》（宗晓编）、《授菩萨戒仪》（知礼撰，下同）、《结念佛会疏》、《放生文》、《跋梦鱼记》等九篇。

卷二：收《观经融心解》（知礼撰，下同）、《修忏要旨》、《释辅行传弘决题下注文》、《止观义例境智互照》、《天台教与起信论融会章》、《释请观音疏中消伏三用》、《对阐义钞辨三用一十九问》七篇。

卷三：收《别理随缘二十问》（知礼撰，下同）、《光明玄当体章问答偈》、《绛帏问答三十章》、《开帏试问四十二章》、《教门杂问答七章》、《四种四谛问答》六篇。

卷四：收《答日本国师二十七问》、《再答日本国十问》、《答泰（清泰）禅师佛法十问》、《天童凝禅师上四明法师第一书》（北宋天童山景德禅寺住持子凝撰）、《忠法师天童四明往复书后叙》（北宋永嘉法明院继忠撰）等十二篇。

卷五：收《真宗皇帝谕旨留四明住世》、《法智复杨文公（杨亿）书》、《法智谢李驸马（李遵勖）启》、《草庵教苑余（遗）事纪往复书中事》、《四明付门矩（崇矩）法师书》（凡十书）、《天竺忏主（遵式）上四明法师书》（凡二书）等三十三篇。

卷六：收《延庆寺二师（知礼、异闻）立十方住持传天台教观戒誓辞》、《四明图经纪延庆寺迹》、《晁待制（晁说之）作纪赠法智大师诗序》、《四明传持正法为二十九代祖师》、《四明门人雪川净觉法师》等二十一篇。

卷七：收《宋故明州延庆寺法智大师行业碑》（资政殿大学士赵抃撰）、《明州延庆寺传天台教观故法智大师塔铭》（秘书省校书郎胡昉撰）、《四明法智尊者实录》（门人则全编）、《十不二门指要钞序》（遵式撰）、《重修法智尊者像志铭》（柏庭善月撰）

等十四篇。

《大正藏》本在《四明尊者教行录》卷七之末,还刊有天台传教院住持元悟于南宋绍定辛卯(四年,公元1231年)编的《螺溪振祖集》,和宗晓于南宋嘉泰癸亥(三年,公元1203年)编的《宝云振祖集》。前者是有关螺溪羲寂的文集,收文十三篇,主要有:《吴越钱忠懿王赐净光(羲寂)法师制》、《建传教院碑铭》、《净光法师行业碑》、《传教院建育王石塔记》、《净光法师塔铭》、《通慧(赞宁)僧统诗》、《柏庭法师赞》等;后者是有关宝云义通的文集,收文二十四篇,主要有:《请敕额奏文》、《巨宋明州宝云通公(义通)法师石塔记》、《纪通法师著述遗迹》、《四明(知礼)法师禀学宝云尊者》、《慈云忏主(遵式)禀学宝云住持》、《宝云院利益长生库记》、《法雨堂题名》等。这两部文集在《续藏经》第一〇〇册中都是与《四明尊者教行录》并列的著作,并不存在依附关系,而且所记述的人物也不是四明知礼,因此,《大正藏》将它们也编在《四明尊者教行录》卷七似为不妥。

《四明尊者教行录》为研究知礼的生平和教说,提供了大量翔实的史料。从它们的记载中可以获悉:

知礼,字约言,真宗赐号"法智大师",时称"四明尊者",四明(今浙江宁波)人,俗姓金。生于宋太祖建隆元年(960),卒于宋仁宗天圣六年(1208),世寿六十九岁。七岁丧母,投太平兴国寺僧洪选出家。十五岁受具足戒,专探律部。二十岁,从本郡宝云院义通法师学习天台教观。淳化二年(991),受请主持乾符寺(后改名"承天寺"、"能仁寺"),后迁保恩院(后改名"延庆院"、"延庆寺"),四方学徒闻风而至,户外之屦常满(以上见卷一《尊者年谱》、卷六《四明图经纪延庆寺迹》、卷七《宋故明州延庆寺法智大师行业碑》、《法智大师塔铭》、《四明法智尊者实录》等)。咸平六年(1003),日本僧人寂照等携带本国天台宗源信禅师有关天台教义的疑问二十七条,请教于知礼,知礼一一作了解答(见卷四《答日本国师二十七问》等)。

知礼于大中祥符五年(1012)十月制《结念佛会疏》,发起建立"明州延庆院念佛净社",普结僧俗一万人,毕世称念阿弥陀佛,以冀往生净土,并于每年二月十五日在延庆院启建念佛大法会。疏云:

> 当社普结僧俗男女一万人,毕世称念阿弥陀佛,发菩提心,求生净土。每年二月五日,于院启建道场,供养三宝,斋设僧田功德,祝延帝寿,福利军民。其建会之法,劝请会首二百一十人,各募四十八人,逐人请念佛忏愿历子一道,每日称念佛名一千声,忏障道重罪,发菩提愿,为度众生,取于净土,请画佛数于历子上。至建会日,预赍历子,并备净财四十八文,到院攒录上疏,至日表宣。或入社弟子倾逝者,请劝首继将姓名并其人历子,到院相报,即当告示。在社九百九十九人,各念佛一千声,为彼忏罪,资其愿行,念生净土。又至建会日,令社众念佛荐其往生,仍请劝首速募人填补。所冀常结万人,同修净业者。(卷一,第862页上、中)

据宗晓说,"此会抵今(指嘉泰二年)凡一百九十载不废,往古来今,其彼化者不知几何人哉!"(卷一《尊者年谱》,第857页下)一个念佛净社能一直延续一百九十年而不废,这充分反映了它在民间的根底是很深的。

知礼自咸平二年(999)以后,"专务讲忏,常坐不卧,足无外涉,修谒尽遣"(卷七《四明法智尊者实录》,第919页中)。天禧五年(1021),知礼奉敕修法华忏法。应殿头中丞俞源清的劝请,他撰写了《修忏要旨》。文云:

夫诸大乘经所诠行法,约身仪判,不出四种,摄一切行,罄无不尽。一曰常坐,即一行三昧;二曰常行,即般舟三昧,并九十日为一期;三曰半行半坐,即方等三昧,七日为一期,又法华三昧,三七日为一期;四曰非行非坐,即请观音三昧,四十九日为一期,又大悲三昧,三七日为一期。但诸经中有不专行坐及相半者,一切行法并属此三昧所摄。然限定日数者,盖令行者克时破障域,意修真决(诀),取功成理显也。若欲长修,如法华安乐行,毕世行之;或宜时促,如《观无量寿经》一日至七日;或如《普门品》,一时礼拜等。然但用心,不必定日也。今所修法华三昧者,若能精至进功,岂不破障显理。然须预识标心之处、进行之门,所谓圆常正信也。……次示忏悔之法,乃有三种:一作法忏,谓身口所作,一依法度;二取相忏,谓定心运想,相起为期;三无生忏,谓了我心自空,罪福无主,观业实相,见罪本源,法界圆融,真如清净。法虽三种,行在一时,宁可阙于前,不得亏于后。无相最要,取相尚宽。(卷二,第868页上、中)

知礼一生讲智颉的《法华玄义》、《法华文句》、《摩诃止观》以及其他论疏多遍。据《四明法智尊者实录》记载,他的著述如下:

著述《光明玄续(拾)遗记》三卷、《金光明文句记》六卷、《观经妙宗钞》三卷、《观音玄疏记》四卷、《十不二门指要钞》二卷、《观经融心解》一卷、《辅行传弘决题下注文》一卷、《义例境观互照》一卷、《天台教与起信论融会章》一卷、《别理随缘二十问》一卷、《释请观音疏消伏三用》一卷、《对阐义钞辨三用一十九问》一卷、《光明玄当体章问答偈》一卷、《释难扶宗记》二卷、《观心二百问》一卷、《十义书》三卷、《解谤书》三卷、《答日本国源信禅师二十七问》一卷、

《答杨文公三问并书》一卷、《绛帏三十问答》一卷、《开帏试问四十二章》一卷、《金光明三昧仪》一卷、《千手千眼大悲心咒行法》一卷、《授菩萨戒仪》一卷、《放生文》一卷、为俞殿头作《修忏要旨》一卷、为司法祝坦作《发愿文》一卷。（卷七，第919页下）

上述著作中，有十多种单卷的著作见录于《四明尊者教行录》之中，如卷二《天台教与起信论融会章》和卷三《别理随缘二十问》都是论述知礼的主要思想"别理随缘"的重要论著（或称论文），凡研究知礼思想的人不可不读。

第六品　明如卺《缁门警训》十卷

《缁门警训》，十卷。明成化六年（1470），嘉禾沙门如卺续集。载于《明北藏》"陛"函（《明南藏》缺）、《清藏》"我"函、《频伽藏》"腾"帙，收入《大正藏》第四十八卷。

《缁门警训》书首有明成化六年（1470）三月武林清平山空谷景隆的《重刊缁门警训序》。说：

> 一性圆明，人人具足，瞥然妄念，遽尔轮回。大哀旷济，拔滞溺之沈（沉）流，方便多门，俾修为以复厥性。然必志至焉，气次焉，弗能以志帅气者，往往陷于过差之地而不反（返）。由是而有具大根器，乘本愿轮，灭却正法眼藏者，出而为恶辣钳锤，嗔拳热喝，若迅雷疾霆之弗及掩耳。以烹炼之，以钩陶之，以欣翻而扩彻之。以至或为法语，为小参，为示众，为警策，为训诫，为箴铭，以激厉（励）之，以鞭辟之，以奖拔之，以化导而诱引之。噫！弘法愿重，愍物情深，《缁门警训》一书之所以会萃成编者，岂徒然哉。……嘉禾卺（如卺）禅人刊行是书，将使人人因言以见事，因事以见

理,因理以见心,因心以见性,而复厥本有自然之天。(《大正藏》第四十八卷,第1040页下—第1041页上)

《缁门警训》是佛门训诫类文述的汇编。全书共收文一百九十九篇(卷一刊载的《勉学》上下篇合作一篇计),始《沩山大圆(灵祐)禅师警策》,终《梁皇舍道事佛诏》,其中既有原作的全篇,也有原作的片段(冠有作者新拟的标题)。据日本《大藏经索引·收录典籍解题》介绍,《缁门警训》初名《缁林宝训》,编者不详。元皇庆二年(1313),中峰明本的弟子绝际永中对它加以增补,易名为《缁门警训》,作二卷。明成化(1465—1487)初,如卺从他的师父空谷景隆那里得到《缁门警训》,又作续补,成四卷。但除明寂晓《大明释教汇目义门》卷四十一在著录本书时作"四卷"以外,《明北藏》、智旭《阅藏知津》卷四十三、《清藏》等均作"十卷",或许是如卺在四卷本之外,又进行增广,编成十卷本,寂晓见到的是四卷本,其他人见到的是十卷本。十卷本也有别本,《大正藏》收录的是日本增上寺报恩藏收藏的《明北藏》本,其首只有景隆《序》;而在日本,另有一种传本,其首除景隆《序》之外,还有成化十年(1474)语溪崖隐觉澹《序》,其尾有如卺《跋》,惜未见。

由于《缁门警训》为禅宗一派所编,故书中辑录的文述以禅宗人物的警策、法语、小参、上堂、示众、规箴、遗诫、坐禅仪、坐禅铭等居多,同时也收其他佛教宗派(如天台、慈恩、律宗等)和人物的座右铭、出家箴、息心铭、书翰、序记、回向文、发愿文、劝诫、垂训,以及有关戒定慧、律仪规式、法物器具等方面的短论。各卷收录的情况是:

卷一:九篇。主要有:《沩山大圆(灵祐)禅师警策》、《明教嵩(契嵩)禅师尊僧篇》、《孤山圆(智圆)法师示学徒》、《勉学》、《姑苏景德寺云(法云)法师务学十门并序》、《长芦慈觉赜(《宗赜)禅师坐禅仪》、《劝参禅文》等。

卷二：二十四篇。主要有：《龙门佛眼远(清远)禅师坐禅铭》、《蓝谷信(怀信)禅师自镜录序》、《释难文》(希颜首座撰)、《右街宁(赞宁)僧录勉通外学》、《周京师大中兴寺道安法师遗诫九章》、《大唐慈恩(窥基)法师出家箴》、《南岳法轮寺省行堂记》(超然居士赵令衿撰)、《周渭滨沙门亡名法师息心铭》、《洞山(守初)和尚规箴》、《永明智觉寿(延寿)垂诫》、《大智照(元照)律师比丘正名》、《舍缘铭》等。

卷三：二十五篇。主要有：《抚州永安禅院僧堂记》(无尽居士张商英撰)、《右街宁僧录三教总论》、《三祖鉴智(僧璨)禅师信心铭》、《戒唯佛制不通余人》(摘自《行宗》)、《示开制本缘》(摘自《资持》)等。

卷四：三十篇。主要有：《辩烧身指大小相违》(摘自《资持》)、《列示三宝名相》(摘自《归敬仪》)、《懒庵枢和尚语》、《诫观檀越四事从苦缘起出生法》(终南山道宣撰)、《随州大洪山遂(守遂)禅师礼华严经文》等。

卷五：十二篇。主要有：《终南山宣(道宣)律师宾主序》、《东山演(法演)禅师送徒弟行脚》、《石屋珙(清珙)禅师送庆侍者回里省师》、《中峰(明本)和尚遗诫门人》、《千岩长(元长)禅师示众》、《慈云式(遵式)忏主三衣辩惑篇》等。

卷六：十三篇。主要有：《长芦慈觉赜禅师龟镜文》、《慈受(怀深)禅师示众箴规》、《笑翁(妙堪)和尚家训》、《黄龙死心新(悟新)禅师小参》、《褒禅山慧空禅院轮藏记》(杨杰撰)、《司马温公(司马光)解禅偈》等。

卷七：十八篇。主要有：《芙蓉楷(道楷)禅师小参》、《徐学老劝童行勤学文》、《山谷居士黄太史(黄庭坚)发愿文》、《汾州大达无业国师上堂》、《雪窦明觉(重显)禅师壁间遗文石刻》、

《释门登科记序》、《颜侍郎答云行人书》、《陈提刑贵谦答真侍郎德秀书》等。

卷八:十七篇。主要有:《慈受禅师训童行》、《天台智者大师(智顗)观心诵经法》、《大智(元照)律师三衣赋》、《唐禅月大师座右铭》、《大慧(宗杲)答孙知县书》等。

卷九:三十九篇。主要有:《隋高祖文皇帝敕文》、《晋王(杨广)受菩萨戒疏》、《婺州左溪山朗(玄朗)禅师召永嘉(玄觉)大师山居书》、《龙门佛眼(清远)禅师十可行十颂并序》、《大隋神照真(法真)禅师上堂》、《觉范洪(惠洪)禅师送僧乞食序》、《登厕规式》等。

卷十:十二篇。主要有:《禅林妙记前序》(唐玄则撰)、《汉显宗开佛化法本内传》、《随州大洪山灵峰寺十方禅院记》、《梁皇舍道事佛诏》等。

《缁门警训》辑存了各代高僧大德和居士开示后学的大量言语,这不仅为佛门弟子如何参禅学道,摄心自律,内外俱通,自利利他提出了要求,指示了门径,而且为后人探究这些古德的思想,以及佛教的道德品行学提供了资料。

如《翻译名义集》的作者、南宋姑苏景德寺法云,有感于"玉不琢不成器,人不学不知道",晚年结合自己的治学体会,特撰《务学十门》,以劝引弟子精进务学。这十门是:不修学无以成、不折我无以学、不择师无以法、不习诵无以记、不工书无以传、不学诗无以言、非博览无以据、不历事无以识、不求友无以成、不观心无以通。有些见解即使在世俗之士看来,也是十分透辟的:

不工书无以传 书者,如也。叙事如人之意,防现生之忘失,须缮写而编录,欲后代以流传,宜躬书以成集,则使教风不坠,道久弥芳。故释氏经律结集见多(叶),孔子诗书删定竹简,若不工书,事难成就。翻思智者(智颢)无碍之辩,但益时机,自非章安(灌顶)秉笔之力,岂留今日(指智颢的讲说多靠灌顶笔录而得以流传)?……

不学诗无以言 言善则千里之外应之,言不善则千里之外违之。诗陈褒贬,语顺声律,《国风》敦厚,《雅》、《颂》温柔,才华气清,词富彬蔚,久习则语论自秀,才诵乃含吐不俗。彼称"四海习凿齿",此对"弥天释道安"。……

非博览无以据 《高僧传》云:非博则语无所据。当知今古之兴亡,须识华梵之名义,游三藏之教海,玩六经之词林,言不妄谈,语有典据。故习凿齿赞安(道安)师曰:理怀简衷,多所博涉,内外群书,略皆遍睹,阴阳算数,悉亦能通,佛经妙义,故所游刃。(卷一《姑苏景德寺云法师务学十门并序》,第1046页上、中)

又如元代临济宗高僧千岩元长,立参禅、持戒、作福(做善事)、礼诵四事,以示徒众。说:

参禅为第一,持戒为第二,作福为第三,礼诵为第四。既作出家儿,须行四种事,不可纵汝心,不可恣汝意,不可懒汝身,不可昏汝智。谛观苦与乐,痛念生与死。莫忧衣与食,莫贪名与利。时中惺惺著,胸中荡荡地。行坐合清规,动静依先制。常近善知识,常远恶朋辈。若能信我言,成佛极容易。若不信我言,出家徒劳耳。(卷五《千岩长禅师示众》,第1067页下)

此外,如永明延寿以礼佛、念佛、持戒、看经、坐禅、得悟、说法为"八溢圣解脱门"(见卷二《八溢圣解脱门》);佛眼清远以宴坐、入室、普请(劳动)、粥饭、扫地、洗衣、经行(散步)、诵经、礼拜、道话为"十可行"(见卷九《龙门佛眼禅师十可行十颂并序》);笑翁妙堪和慈受怀深对出家弟子的日常行事及其注意事项的训示(见卷六《笑翁和尚家训》和卷九《慈受禅师训童行》);石屋清珙以农家的辛劳为对比,对有些出家人贪图安逸,不思修道的批评(见卷五《上堂》),等等。所有这些,都足资佛门弟子以为教诫。

第三门 语 录

第一品　惠能语录:唐法海《南宗顿教最上大乘摩诃般若波罗蜜经六祖惠能大师于韶州大梵寺施法坛经》一卷

附:元宗宝《六祖大师法宝坛经》一卷

《南宗顿教最上大乘摩诃般若波罗蜜经六祖惠能大师于韶州大梵寺施法坛经》,又名《南宗顿教最上乘坛经》,简称《六祖坛经》、《施法坛经》、《坛经》,一卷。由于这是在敦煌发现的唐末五代时写本的名称,故又称敦煌本《坛经》。唐代僧人法海集记。收入《大正藏》第四十八卷。

法海,字文允,俗姓张,韶州曲江(今广东韶关市郊)人,一说丹阳(今江苏丹阳)人。出家于鹤林寺,后依禅宗六祖惠能(又作"慧能"),为上首弟子。天宝(742—755)中,预扬州法慎律师讲席。事见《全唐文》卷九百十五和《坛经》。

《坛经》是一部以记录惠能在韶州大梵寺讲堂说法的内容为主,兼及惠能的其他言行的禅宗经典。有关它的由来,大致是这样的:

唐高宗仪凤二年(677),惠能从为他剃度授戒的广州法性寺,回到原先住过的曹溪宝林寺。后应韶州刺史韦璩的邀请出山,在韶州城内的大梵寺讲堂为僧尼道俗一千余人开讲大乘佛法。这次说法的内容,以及说法结束以后韦璩的请益(请教)和惠能的回答,经法海记录整理,便形成了惠能在世时就已问世的最初的《坛经》。敦煌本《坛经》书名中的"六祖惠能大师于韶州大梵寺施法坛经",很可能是《坛经》初本的全称。这里所说的"坛",指的是戒坛;"经"指的是惠能的说教,因为当时惠能在大梵寺既为众人授"无相戒",又依《金刚般若波罗蜜经》(简称《金刚经》)开讲大乘佛法,故略称《坛经》。

唐玄宗先天二年(713)八月三日,惠能去世。由于当时由惠能开创的南宗与神秀开创的北宗,争夺禅宗正统地位的斗争十分激烈,法海又对《坛经》进行了增补,增入了南北禅宗有关顿悟与渐悟之争、弟子问法、惠能付嘱以及去世前后的一些内容,使之成为南宗弟子递相传授的根本经典。特别是开元二十年(732),惠能的大弟子神会在滑台(今河南滑县)大云寺设无遮大会,就南北二宗宗旨的是非和法系的正旁,与北宗的崇远禅师展开公开的辩论之后,《坛经》的重要性显得更为突出。故敦煌本《坛经》强调:"无《坛经》禀承,非南宗定(当作"弟")子也。"(《大正藏》第四十八卷,第342页上)书名中的"南宗顿教最上大乘摩诃般若波罗蜜经"等字,也许就是在这种形势下添加的,其目的在于使《坛经》变得更为庄重神圣。

据敦煌本《坛经》记载,《坛经》最初由法海集记。法海卒后,原本传付给同学道漈;道漈卒后,付门人悟真(以上见第345页中)。后世的《坛经》是由悟真传出的。在流传过程中,《坛经》不断地被补充和修订,无论是段落结构还是文字内容都出现了很大的变化,先后出现了二十多个本子。其中有代表性的本子是唐五代时的敦煌本(约一万二千字)、北宋初年的惠昕本

（约一万四千字）、元代的德异本（约二万一千字）和宗宝本（二万一千余字）。

一、敦煌本。今藏于大英博物馆。它与我国敦煌博物馆收藏的任子宜本和内蒙古发现的西夏文本，同源于一个年代更早的今已绝传的《坛经》本子。

二、惠昕本。题名为《六祖坛经》，分上下卷，凡十一门。上卷为缘起说法门、悟法传衣门、为时众说定慧门、教授坐禅门、说传香忏悔发愿门、说一体三身佛相门，凡六门；下卷为说摩诃般若波罗蜜门、问答功德及西方相状门、诸宗难问门、南北二宗见性门、教示十僧传法门，凡五门。原书刻于北宋乾德五年（967），今有日本兴圣寺本等复刻本存世。

三、德异本。题名为《六祖大师法宝坛经》，一卷。下分：悟法传衣、释功德净土、定慧一体、教授坐禅、传香忏悔、参请机缘、南北顿渐、唐朝征诏、法门对示、付嘱流通十品。原书刻于元世祖至元二十七年（1290），今有高丽于元大德四年（1300）初刻、延祐三年（1316）复刻的本子存世，它的别本为明正统四年（1439）的复刻本，只分九品，无《付嘱流通品》。与德异本的内容大致相同的有《六祖大师法宝坛经曹溪原本》。它们均源于北宋至和三年（1056）的契嵩本（据北宋吏部侍郎郎简《六祖坛经序》可知，原本不存，也有人认为德异本就是契嵩本）。

四、宗宝本。题名为《六祖大师法宝坛经》，一卷，分为十品（后详）。原书刻于元至元二十八年（1291），即德异本的次年。此本也源于契嵩本，有《明南藏》、《北藏》、《清藏》本等存世。

上述诸本中，见存年代最早的是敦煌本，流传最广的是宗宝本。《大正藏》之所以要同时收载这两个本子，其原因也在这里。不过，敦煌本虽然是迄今为止发现的最古的《坛经》版本，但它还不是当初由法海记录整理的《坛经》的原本（或称祖本），而是原本的传抄本。这是因为敦煌本《坛经》中,有些段落之间很明显地存在着断层,无论是意思还是语气都连不起来。例如,惠能从弘忍处得受法衣之后,为躲避他人的争夺与谋害,连夜南通。行至大庾岭时,被一个名叫惠顺(惠昕、德异、宗宝本均作"惠明")的僧人追上。惠顺原先当过三品将军,性行粗恶,惠能为防不测,不得已将法衣交给了他。但惠顺并没有接受,而是在向惠能问法以后到北方去了。敦煌本在此段之后,便是"惠能来衣(当作"依")此地,与诸官夺(当作"寮")道俗,亦有累劫之因。……"(见第338页中)缺少慧能在大庾岭脱身之后,到大梵寺说法之前的经历。

另外,敦煌本的错字讹句甚多,往往需要与其他版本的《坛经》对勘,方能读通;有些段落和语句很明显为神会的弟子或再传弟子所添。如惠能在临终前说的:"吾灭度后二十余年,邪法辽(当作"撩")乱,惑我宗旨。有人(暗示神会)出来,不惜身命,第(当作"定")佛教是非,竖立宗旨,即是吾正法。"(见第344页上);北宋惠昕、朗简、元德异、宗宝在为《坛经》所作的序跋中,都不约而同地提到了文字较为繁多的《坛经》古本(又称"曹溪古本"),这一古本既可能是已经后人改窜的繁本,也可能是比敦煌本更早的本子。

敦煌本《坛经》不分品目。日本学者铃木大拙曾以惠昕本为校本,对敦煌本进行校勘,刊正了敦煌本文句上的错讹,并将全书分为五十七节,添立了各节的标题,甚便阅读。但由于《大正藏》是根据敦煌本的原件排印的,故未曾分段立节。

敦煌本《坛经》大体上可以区分为原始部分和补续部分两部分。前部分为原始部分,始"惠能大师,于大梵寺讲堂中,升高座,说摩诃般若波罗蜜法,受(当作"授")无相戒"(第337页上),终"合座官寮道俗,礼拜和尚,无不嗟叹:善哉!大悟。昔所未问(当作"闻"),岭南有福,生佛在此,谁能得智。一时尽散"(第342页上)。后部分为补续部分,始"大师往漕(当作"曹")溪山,韶、广二州行化四十余年。若论门人,僧之与俗三五千人说不尽,若论宗指(当作"旨"),传授《坛经》,以此为衣(当作"依")约。若不得《坛经》,即无禀受"(同上),终"是旨衣(当作"依")凡度誓修行修行(后两字疑衍),遭难不退,遇苦能忍,福德深厚,方授此法。如根性不堪林(当作"材")量,不得须求此法;违立不德者,不得妄付《坛经》,告诸同道者今诸蜜(当作"密")意"(第345页中)。

一、原始部分。主要记述《坛经》的编集缘起;惠能在大梵寺讲堂说法的内容;说法结束后,刺史韦璩的问疑与惠能的开示。其中以大梵寺讲堂说法的内容为最重要。在这次说法中,惠能着重介绍了自己的身世;赴蕲州黄梅县(今属湖北)冯墓山(又称"冯茂山"、"东山")参拜五祖弘忍,并得法传衣的经过;对定慧一体、一行三昧、无念为宗、坐禅、见自体三身佛、发四弘大愿、授无相戒、般若义、持《金刚经》、见性成佛等问题的看法。

从惠能的自述中可以获悉:

惠能原籍范阳(今河北涿县),后因父亲被贬官,迁居岭南新州(今广东新兴县东)。惠能幼年丧父,老母孤遗,移住南海,因家境贫困,每日靠卖柴为生[案:据署名"门人法海等集"的《六祖大师缘起外记》说,惠能的父亲名卢行瑫,"唐武德三年九月左官新州",母李氏,于"唐贞观十二年戊戌岁二月八日"生惠能。"三岁父丧,葬于宅畔。母守志鞠养,稍长,鬻薪供母。"(《大正藏》第四十八卷,第362页中、下)]。一天,惠能在买柴的客店里听到有人在读《金刚经》,心里有所感悟。一打听,原来那位客人从蕲州黄梅县冯墓山(《大正藏》中"县"误作"悬","冯"误作"凭")弘忍和尚那儿来,弘忍劝道俗,"但持《金刚经》

一卷,即得见性,直了成佛"(第337页上)。惠能闻说,即辞亲前往[案:宗宝本说:"惠能闻说,宿昔有缘,乃蒙一客取银十两与惠能,令充老母衣粮,教便往黄梅,参礼五祖。惠能安置母毕,即便辞违,经三十余日,便至黄梅,礼拜五祖。"(《大正藏》第四十八卷,第348页上)《六祖大师缘起外记》说,此时惠能"年二十有四"(见第362页下)]。

惠能到黄梅冯墓山,参拜弘忍。"弘忍和尚问惠能曰:汝何方人?来此山礼拜吾。汝今向吾边复求何物?惠能答曰:弟子是领(当作"岭")南人,新州百姓。今故远来礼拜和尚,不求余物,唯求佛法作(当作"唯求作佛")。大师遂责惠能曰:汝是领(当作"岭")南人,又是獦獠,若为堪作佛?惠能答曰:人即有南北,佛性即无南北。獦獠身与和尚不同,佛性有何差别?"(第337页中)弘忍闻听后没有再问,而是派惠能随众作务(劳动),到碓坊踏碓(舂米),历时八个多月。

一天,弘忍召集门人,吩咐众人各作一偈,以抒发自己的见地。如果能悟得佛法大意,便付法传衣,立为禅宗第六代祖师。当时众人都认为神秀是上座,嗣法者非他莫属,都不敢呈偈。神秀时作一偈:"身是菩提树,心如明镜台;时时勤拂拭,莫使有尘埃(惠昕本作"莫使染尘埃",德异、宗宝本作"勿使惹尘埃")。"(第337页下)弘忍认为,此偈见解未到。"只到门前,尚未得入。凡夫于此偈修行,即不堕落。作此见解,若觅无上菩提,即未可得。须得入门,见自本姓(当作"性")。"(同上)吩咐神秀再去思考一下,另作一偈呈来。但神秀花了几天的时间,仍未想出偈来。

惠能由于一直在碓坊舂米,对先前的事情一点儿也不知道。一天,有个童子唱诵着神秀的那首偈,从碓坊走过,经询问,方知原委。惠能认为,此偈"未见姓(当作"性",指本性)"。他不识字,因而请那童子把他带到题有神秀偈的南廊下,把偈读给他听,并且自作一偈,请人题于西间壁上。这便是有名的得法偈:"菩提本无树,明镜亦非台;佛性常青(当作"清")净,何处有尘埃?"(第338页上)不过,"佛性常清净"一句,惠昕本、德异本、宗宝本等均作"本来无一物",孰对孰错,尚有争论;"何处有尘埃"一句,德异本和宗宝本作"何处惹尘埃"。

弘忍见偈后,于半夜将惠能密唤至堂内,为他说《金刚经》,并付与初祖菩提达摩(又作"磨")所传的法衣,作为立他为禅宗六祖的信物。弘忍对他说:"自古传法,气(当作"命")若悬丝。若住此间,有人害汝,汝即须速去。"(同上)因此,惠能在得受法衣后连夜南遁。在大庾岭曾被惠顺追上,但未遭害。

此后的情况,敦煌本脱载。而据《六祖大师缘起外记》、佚名的《曹溪大师别传》、宗宝本等说,惠能自龙朔元年(661)得法南归,回到广东曹溪以后,由于恶人的寻逐,不得不在四会(今属广东)、怀集(今属广西)二县之间避难。一直到仪凤元年(676)正月,惠能到广州法性寺听印宗法师讲《涅槃经》时,才公开露面,整整隐遁了十六年。因此,他对韦璩邀请他到大梵寺开演佛法,颇有感慨,认为这有"累劫之因"。

在记叙了惠能关于自己的身世以及得法传衣经过的自述之后,敦煌本《坛经》转入正题,记录了惠能围绕世人如何认识自己的本性(又称"自性"),对一切事物和现象("一切法")无所执著,以获解脱的修行问题所作的开示。其中有:

菩提般若之知,世人本自有之,即缘心迷,不能自悟。须求大善知识示道见性。(第338页中)

法无顿渐,人有利钝,明即渐劝(惠昕、德异本作"迷人渐契"),悟人顿修。识自本(惠昕、德异、宗宝本均作"自识本心"),是见本性。悟即元(原)无差别,不悟即长劫轮回。

（第338页中、下）

我自（当作"此"）法门，从上已来，顿渐皆立无念无（当作"为"）宗，无相无（当作"为"）体，无住无（"无"字衍）为本。（第338页下）

世人性本自净，万法在自姓（当作"性"），思量一切事（当作"恶事"），即行衣（当作"于"）恶，思量一切善事，便修于善行。知如是一切法尽在自姓（当作"性"）。自姓（当作"性"）常清净，日月常名（当作"明"），只为云覆盖，上名（当作"明"）下暗，不能了见日月西（当作"星"）辰。忽遇惠风吹散，卷尽云雾，万象参（当作"森"）罗，一时皆现。世人性净，犹如清天，惠如日，智如月，智惠常名（当作"明"）。于外看敬（当作"著境"），妄念浮云盖覆自姓（当作"性"），不能明。故遇善知识开真法，吹却名（当作"迷"）妄，内外名（当作"明"）彻。（第339页上）

前念迷即凡，后念悟即佛。（第340页上）

何名无念？无念法者，见一切法，不著一切法，遍一切处，不著一切处，常净自性，使六贼（当作"识"）从六门走出，于六尘中不离不染，来去自由，即是般若三昧，自在解脱，名无念行。（第340页下）

惠能认为，世人的自性本来就是清净的，只是由于执著外界的境物，受妄念的覆盖，才不得明朗。这就像日月本来是明亮的一样，只是由于浮云的遮障，才上明下暗，无法得到充分的显露。一旦风吹云散，万象森罗，一时皆现。为此，他提出了"无念为宗，无相为体，无住为本"的修行法门。所谓"无念"，就是"于念而不念"（见第338页下），也可以说是"于一切镜（当作"境"）上不染"；所谓"无相"，就是"于相而离相"；所谓"无住"，就是"于一切法上无住"。而"无相"、"无住"就其实质来说，就是

"无念"。"悟无念法者,万法尽通。悟无念法者,见诸佛境界。悟无念顿法者,至佛位地。"(第340页下)一句话,只有以"无念为宗",才能自见本性,自修佛行,自成佛道。《坛经》的主题思想实际上就是"无念为宗"。

在大梵寺讲堂为大众说法结束以后,惠能解答了刺史韦璩提出的一些问题,论述了修福与功德、自净其心与往生西方、在家修行与出家修行的关系。说:

> 造寺布施供养,只是修福,不可将福以为功德。(功德)在法身,非在于福田。……自修身是功,自修身心是德,功德自心作,福与功德别。(第341页上、中)

> 人自(当作"有")两重(当作"种"),法无不名(当作"一"),(迷)悟有殊,见有迟疾。迷人念佛生彼,悟者自净其心。……东方但净心无罪,西方心不净有愆。迷人愿生东方、西(脱"方")者,所在处并皆一种。心但无不净,西方去此不远;心起不净之心,念佛往生难到。……佛是自性作,莫向身(脱"外")求。自性迷,佛即众生;自性悟,众生即佛。(第341页中)

> 若欲修行,在家亦得,不由在寺。在寺不修,如西方心恶之人;在家若修行,如东方人修善,但愿自家修清净,即是恶(当作"西")方。(第341页下)

敦煌本《坛经》的上述观点,在惠昕、德异、宗宝本中得到了进一步的扩充和发展。

二、补续部分。主要记述惠能回归曹溪直至去世的一些情形。内容包括:惠能的行化;"南能北秀"(南宗惠能与北宗神秀)的顿渐之争;志诚、法达、智常、神会的参请机缘;惠能对法海等十弟子(怀让、行思、玄觉不在其内)所作的开示;禅宗的传承法系(自七佛,终惠能,凡四十代);惠能灭度(去世)前的付嘱与灭度后的安葬;《坛经》的传授等。

与前部分比较,这一后部分的史料价值和可靠程度都要差一些。不过,由于这后部分在唐末五代时就已形成了,这在众多的禅籍中仍然算是成书年代较早的了。因此,不能轻率地加以否定,只是需要有甄别地加以使用罢了。

自从本世纪初,从敦煌文献中发现法海集记的《坛经》以来,对敦煌本《坛经》的研究一直兴盛不衰。所论及的问题主要有:《坛经》的作者(胡适认为《坛经》的作者是神会,而不是惠能)、版本、演变以及基本思想等。其中以《坛经》各版本之间的关系以及内容上的异同为热点。

本书的校点本有:郭朋校释《坛经校释》(中华书局 1983 年 1 月版)、杨曾文校写《敦煌新本六祖坛经》(上海古籍出版社 1993 年 10 月版)。

元宗宝《六祖大师法宝坛经》一卷

《六祖大师法宝坛经》,简称《坛经》,一卷。元至元辛卯(二十八年,公元 1291 年),风旛(又作"幡")报恩光孝禅寺住持宗宝编。通常称之为宗宝本《坛经》。载于《明南藏》"密"函(明净戒重校本,不分品目)、《明北藏》"扶"函、《清藏》"扶"函、《频伽藏》"腾"帙,收入《大正藏》第四十八卷。

宗宝本《坛经》书首有元至元二十七年(1290)古筠比丘德异《六祖大师法宝坛经序》;宋明教大师契嵩《六祖大师法宝坛经赞》。

德异在《序》中说:

夫《坛经》者,言简义丰,理明事备,具足诸佛无量法门。一一法门,具足无量妙义;一一妙义,发挥诸佛无量妙理。……惜乎《坛经》为后人节略太多,不见六祖大全之旨。德异幼年,尝见古本,自后遍求三十余载,近得通上人寻到全文,遂刊于吴中休休禅庵,与诸胜士同一受用。(《大正藏》第四十八卷,第345页下——第346页上)

书末有《附录》。收有法海等集《六祖大师缘起外记》(据丁福保《六祖坛经笺注·笺经杂记》说,此文是后人对法海的《六祖大师法宝坛经略序》加以增删而成的);《历朝崇奉事迹》(据丁福保说,此文系根据明正统四年刻本上无名氏《跋》摘编的);唐柳宗元《赐谥大鉴禅师碑》;刘禹锡《大鉴禅师碑》并《佛衣铭》[案:《大正藏》本在《佛衣铭》之后刊有惠能的弟子令韬所作的后记,记叙唐开元十年八月三日,有人潜入塔内,企图盗割惠能真身首级的事情。此文原来附于宗宝本《坛经》付嘱品之末,不知谁人误移于此];元至元辛卯(1291)宗宝《跋》。

宗宝在《跋》中说:

六祖大师平昔所说之法,皆大乘圆顿之旨,故目之曰经。其言近指远,词坦义明,诵者各有所获。明教嵩公(契嵩)赞云:天机利者得其深,天机钝者得其浅。诚哉言也。余初入道,有感于斯。续见三本不同,互有得失,其板亦已漫灭。因取其本校雠,讹者正之,略者详之,复增入弟子请益机缘,庶几学者得尽曹溪之旨。按察使云公从龙,深造此道,一日过山房,睹余所编,谓得《坛经》之大全,慨然命工锓梓,颛为流通,使曹溪一派不至断绝。(第364页下)

宗宝本《坛经》共分为十品:

一、行由品。记叙惠能的身世,以及得法传宗的经过。其中,惠能从五祖弘忍处得受法衣,回归曹溪,又被恶人寻逐,以及有名的风幡之语等内容为敦煌本所不载(惠昕、德异本已载)。

如:"惠能后至曹溪,又被恶人寻逐,乃于四会,避难猎人队中,凡经一十五载,时与猎人随宜说法。"(第349页下)"一日思惟:时当弘法,不可终遁。遂出至广州法性寺,值印宗法师讲《涅槃经》。时有风吹旛动。一僧曰风动,一僧曰旛动,议论不已。惠能进曰:不是风动,不是旛动,仁者心动。一众骇然。印宗延至上席,征诘奥义。见惠能言简理当,不由文字,宗云:行者定非常人,久闻黄梅衣法南来,莫是行者否?惠能曰:不敢。宗于是作礼,告请传来衣钵,出示大众。……(印宗)于是为惠能剃发,愿事为师。惠能遂于菩提树下,开东山法门。"(第349页下—第350页上)

二、般若品。论般若的含义与行法。提出,"菩提般若之智,世人本自有之",要求学人"各自观心,自见本性"。说:"愚人智人,佛性本无差别,只缘迷悟不同,所以有愚有智。"(第350页上)"不悟,则佛是众生;一念悟时,众生是佛。故知万法尽在自心,何不从自心中,顿见真如本性?"(第351页上)"佛法在世间,不离世间觉;离世觅菩提,恰如求兔角。"(第351页下)

三、疑问品。解答刺史韦璩的提问。提出,成佛的唯一方法是"见性",造寺度僧,布施设斋,或者念阿弥陀佛,以期往生西方极乐净土,都不能成佛。"东方人造罪,念佛求生西方;西方人造罪,念佛求生何国?凡愚不了自性,不识身中净土,愿东愿西,悟人在处一般。"(第352页上)"佛向性中作,莫向身外求。自性迷即是众生,自性觉即是佛。"(第352页中)

四、定慧品。论定慧一体和无念为宗。说:"定是慧体,慧是定用。即慧之时,定在慧;即定之时,慧在定。……犹如灯光,有灯即光,无灯即暗。灯是光之体,光是灯之用。名虽有二,体本同一,此定慧法亦复如是。"(第352页下)"云何立无念为宗?只缘口说见性,迷人于境上有念,念上便起邪见,一切尘劳妄想

从此而生。自性本无一法可得。若有所得,妄说祸福,即是尘劳邪见。故此法门立无念为宗。"(第353页上)

五、坐禅品。论坐禅法门。说:"此门坐禅,元不看心,亦不看净,亦不是不动。……此法门中,无障无碍,外于一切善恶境界,心念不起,名为坐;内见自性不动,名为禅。……外离相即禅,内不乱即定,外禅内定,是为禅定。"(第353页中)

六、忏悔品。论自性五分法身香(戒香、定香、慧香、解脱香、解脱知见香)、忏悔、四弘誓愿(众生无边誓愿度、烦恼无边誓愿断、法门无边誓愿学、无上佛道誓愿成)、三归依(归依佛、法、僧)、一体三身自性佛(每个人自身中有法身佛、报身佛、化身佛)等。说:"忏者,忏其前愆。从前所有恶业,愚迷憍诳嫉妒等罪,悉皆尽忏,永不复起,是名为忏。悔者,悔其后过,从今已后,所有恶业,愚迷憍诳嫉妒等罪,今已觉悟,悉皆永断,更不复作,是名为悔。故称忏悔。"(第354页上)

七、机缘品。记尼无名藏(韶州曹侯村儒士刘志略的姑姑)、法海、法达、智通、智常、志道、行思、怀让、玄觉、智隍等十人的参请机缘。其中,除法达、智常的参请机缘也为敦煌本所载(文句上有所不同)以外,其余诸人的参请机缘均系宗宝本根据契嵩本添益,而为敦煌本所无。

八、顿渐品。记南宗惠能与北宗神秀在顿悟成佛,还是渐悟成佛问题上的争论,以及志诚、志彻、神会的参请机缘。其中,惠能对神秀"住心观静,长坐不卧"的禅法的批评,和志彻的参请机缘等内容,系宗宝本根据契嵩本而添益,而为敦煌本所无。如书中写道:志诚受神秀的指派潜往曹溪听法,为惠能发觉,召之询问。"师(惠能)曰:汝师(神秀)若为示众?对曰:常指诲大众,住心观静,长坐不卧。师曰:住心观静,是病非禅;长坐拘身,于理何益?听吾偈曰:生来坐不卧,死去卧不坐;一具臭骨头,何

为立功课?"(第358页中)

九、宣诏品(丁福保《六祖坛经笺注》根据近刻本改作《护法品》,与正文不契,似未妥)。记惠能与奉唐中宗之旨前来迎请他赴京的内侍薛简的谈话。在谈话中,惠能批评了京城禅德有关"欲得会道,必须坐禅习定"的说法,指出,"道由心悟,岂在坐也"(第359页下)。又认为,"烦恼即是菩提,无二无别。若以智慧照破烦恼者,此是二乘见解、羊鹿等机,上智大根悉不如是。"(第360页上)此品的内容在敦煌本、惠昕本中全无,也是宗宝根据契嵩本添加的。

十、付嘱品。记惠能对法海等十弟子的付嘱,以及去世前后的一些情形。内容包括:三科法门(五阴、十二入、十八界);三十六对(天与地对、日与月对、明与暗对等);《真假动静偈》;禅宗传承法系(以摩诃迦叶为初祖,惠能为三十三祖。其次序、人名与敦煌本所列有所不同,如无"末田地"等);《自性真佛偈》;迁化与入塔。

与敦煌本比较,宗宝本显得品目齐整,语句通畅,的确要易读得多。宗宝本《坛经》之所以能在元、明、清乃至近代广为流布,其原因恐怕也在这里。然而,需要指出的是,由于宗宝本中属于后人包括宗宝本人添益、改窜的成分大大增加了,这也使得它离《坛经》的古貌更远了。

据北宋道原《景德传灯录》卷二十八记载,卒于唐代宗大历十年(775)的南阳慧忠,在生前就已提到了有人对《坛经》的添糅改窜,说:"吾比游方,多见此色,近尤盛矣。聚却三五百众,目视云汉,云是南方宗旨,把他《坛经》改换,添糅鄙谭,削除圣意,惑乱后徒,岂成言教?苦哉!吾宗丧矣。"(《大正藏》第五十一卷,第438页上)此事约发生在代宗朝,离惠能的卒年即玄宗先天二年(713)仅五六十年。

这种任意改窜在宗宝本中变得尤为严重。明王起隆《重锓曹溪原本法宝坛经缘起》曾对此提出了严厉的批评。他说:"余家藏有万历元年癸酉李见罗先生重刻《曹溪法宝坛经原本》一帙,先居士秀川公手泽存焉。……今夏携过研山,偕道一主人展阅。适有楞严经坊所刻方册《坛经》在案,取一对之,则窜易颠倒,增减删改,大背谬于原本,未有如是极者。盖至元辛卯,元僧宗宝改本,而径山寂照庵于万历己酉刊行者也。……窃谓宗宝之自用自专,大舛大错,当以佛法四谤定之。佛祖建立一切法,后人增一字为增益谤,减一字为减损谤,紊一字为戏论谤,背一字为相违谤。四谤不除,即百非俱起,退众生心,堕无间罪业,不通忏悔矣。宗宝之于《坛经》,按之四谤,实无所不有。数其大端:更窜标目,割裂文义,颠倒段落,删改字句。其胆甚狂,其目甚眯,安得再迟鸣鼓之攻哉!"

虽则如此,但宗宝本的主题思想和大多数观点还是与以往的《坛经》各本,包括敦煌本基本相符的。将宗宝本中与其他各本大致相同的那些内容肯定下来,并加以使用,也是可以的,不能对它全盘否定。

本书的校注本有:丁福保《六祖坛经笺注》(上海医学书局1922年版)。

第二品　语录总集:南宋赜藏主《古尊宿语录》四十八卷

附:南宋师明《续古尊宿语要》六卷

《古尊宿语录》,初名《古尊宿语要》,又名《古尊宿语》、《古尊宿录》,原为四卷,经后人增补,今成四十八卷。南宋绍兴元年(1131)至绍兴八年(1138)之间,赜藏主集。载于《明南藏》

"密"至"士"函(《明北藏》缺)、《频伽藏》"腾"帙,收入《续藏经》第一一八册。

《古尊宿语录》书首有咸淳丁卯(三年,公元1267年)明州阿育王山广利禅寺住持物初大观撰的《重刻古尊宿语录序》(据《续藏经》的编纂者在日本僧人道忠《今刊古尊宿录目录》书眉上加的小注,此序原先"误载第七卷之末");未详作者的一篇题记(撰时约与大观《序》同时,或稍后)。

物初大观在《序》中说:

> 言语载道之器,虽佛祖不得而废也。七佛偈及西天此土三十三传,枝出派列,莫知其几,授受证据,洎夫抑扬示诲,见于《传灯》,而多有载不尽者,往往散落。异时,有赜藏主者,旁搜广采,仅得南泉(普愿)而下二十二家示众机语,厥后又得云门(文偃)、真净(克文)、佛眼(清远)、佛照(德光)等数家,总曰《古尊宿语》。非止乎此也,据其所搜采而言耳。(《续藏经》第一一八册,第157页上)

未详作者的题记说:

> 唐宋诸硕师,传佛心宗,道大德备,室中垂示,勘辨学者,征拈代别,皆有机语,流布寰中久矣。惟《传灯》一书,尝赐入藏。诸师之语,《传灯》不能备载者,有赜藏主别集南泉(普愿)、黄檗(希运)、临济(义玄)、云门(文偃)、真净(克文)、佛眼(清远)、东山(法演)二十余家,总若干卷,题之曰《古尊宿语》,实有补于宗门。(第157页下—第158页上)

《古尊宿语录》是唐宋禅宗的一部语录总集。综合上述序记;鼓山士珪在南宋绍兴戊午(八年,公元1138年)三月撰《书鼓山(神晏)国师玄要广录后》中说的"《广辩兴圣国师语录》

(即神晏语录)一小编,唱高和寡,后世禅学或不能知。旧本差大,难入包囊中带行,今禅者守赜、僧挺,重刊小本,以广流通"(《古尊宿语录》卷三十七,第645页上);日本道忠在十九世纪末刊印的《福州鼓山寺古尊宿语要全部目录》;《古尊宿语要全部目录》引用的"《云卧纪谈》上曰:福州鼓山于绍兴之初,刊行《古尊宿语录》,二十有二(家),洪之翠岩芝(守芝)禅师者,其一焉"(《续藏经》第一一九册,第190页下)来看,《古尊宿语录》的编集者"赜藏主",很可能是士珪提到的那个守赜(僧挺可能是他的合作者)。守赜编集此书的目的有二:一是因为北宋道原《景德传灯录》等灯录收载的只是诸师语录中的一部分,而不是全部,那些在灯录之外单本流通的语录,往往不为学人所知晓,而且由于内容庞杂也无暇去检阅;二是因为有些禅师语录的刻本,开本较大,难以放入包囊中带行。故守赜旁搜广探,撮其精要,用小开本刊刻了这部语录集。

《古尊宿语录》最初以《古尊宿语要》为名,由福州鼓山寺镂版流通,因为守赜就是该寺管理藏经楼经籍的执事("藏主")。原书分为四卷,共收录南泉普愿以下二十二家语录,然而传今的《古尊宿语要全部目录》只收了二十家,少了二家。有人推测这可能是物初大观把赵州(从谂)、云峰(文悦)当作四家,因为这两家语录各分上下卷。然而南宋晓莹《云卧纪谈》上也说有二十二家,因此在流传过程中失落二家的可能性要比物初大观多计二家的可能性为大。四卷本的收录情况是:卷一:南泉愿(普愿)、投子同(大同)、睦州踪(道踪)、赵州谂(从谂),凡四家;卷二:南院颙(慧颙)、首山念(省念)、叶县省(归省)、神鼎𬤇(洪𬤇)、三交嵩(智嵩)、石门聪(蕴聪),凡六家;卷三:法华举(全举)、大愚芝(守芝)、云峰悦(文悦)、杨岐会(方会)、道吾真(悟真),凡五家;卷四:大隋真(法真)、子湖踪(利踪)、国师晏(神晏)、洞山初(守初)、智门祚(光祚),凡五家。

  《古尊宿语要》四卷本刊刻后约一百三十年,有"绍兴丞相文节公孙余文昌"的妻室魏氏(号"觉心居士"),有感于"赜所编《古尊宿语》刊于闽中,而板亦漫矣,两浙丛林得之惟艰"(见大观《序》,《续藏经》第一一八册,第157页上、下。以下同册),因而捐资命禅衲精校重楷,锓梓流通,并请大观写了序言。在这次重刻中,增入了云门文偃、真净克文、佛眼清远、佛照德光等数家语录,定名为《古尊宿语录》。明成祖永乐(1403—1434)初年,灵谷寺住持净戒奉命校刻《古尊宿语录》,又增补了若干家。据明智旭《阅藏知津》卷四十二介绍,由净戒重刻的《古尊宿语录》共收有四十三家语录(其中佛照德光前后重出,一是语录,一是奏对录)。然而,《续藏经》收载的《古尊宿语录》仅有三十六家,阙《阅藏知津》所列的白云端(行端)、北涧简(居简)、物初观(大观)、晦机熙(元熙)、笑隐䜣(大䜣)、仲方伦、觉源昙七家,可见它的底本不是《明南藏》本。全书共分为四十八卷,各卷收录的情况是:

  卷一至卷三:大鉴下一世(指六祖慧能的弟子、南岳系创始人怀让的语录,仅以世次相标,而阙篇名。以下三篇同);大鉴下二世(指"南岳下一世"、怀让的弟子马祖道一的语录);大鉴下三世(指"南岳下二世"、道一的弟子百丈怀海的语录);大鉴下四世(指"南岳下三世"、怀海的弟子黄檗希运的语录。前部分摘自《传灯录》,阙篇名;后部分分题为《黄檗断际禅师宛陵录》)。

  卷四、卷五:《镇州临济慧照(义玄)禅师语录》("南岳下四世"、希运的弟子、临济宗的创始人。篇名中加括号的人名系笔者所加,以下同例);《兴化(存奖)禅师语录》("南岳下五世"、义玄的弟子,原本误刊为"南岳下六世")。

卷六：《睦州（道踪）和尚语录》（"南岳下四世"、希运的弟子，原本误刊为"南岳下五世"）。

卷七：《汝州南院（慧颙）禅师语要》（"南岳下六世"、临济宗存奖的弟子，原本误刊为"南岳下七世"）；《风穴（延沼）禅师语录》（"南岳下七世"，临济宗慧颙的弟子，原本误刊为"南岳下八世"）。

卷八：《汝州首山念（省念）和尚语录》（"南岳下八世"、临济宗延沼的弟子，原本误刊为"南岳下九世"）。

卷九：《石门山慈照（蕴聪）禅师〈凤岩集〉》（"南岳下九世"、临济宗省念的弟子，原本误刊为"南岳下十世"）。

卷十：《汾阳昭（善昭）禅师语录》（"南岳下九世"）；《并州承天嵩（智嵩）禅师语录》（法嗣同上，原本误刊为"南岳下十世"）。

卷十一：《慈明（楚圆）禅师语录》（"南岳下十世"、临济宗善昭的弟子）。

卷十二：《池州南泉普愿禅师语要》（"南岳下二世"、道一的弟子）；《衢州子湖山第一代神力（利踪）禅师语录》（"南岳下三世"、普愿的弟子，原本误刊为"南岳下四世"）。

卷十三、卷十四：《赵州真际（从谂）禅师语录》（法嗣同上）。

卷十五至卷十八：《云门匡真（文偃）禅师广录》（"青原下六世"、义存的弟子、云门宗创始人）。

卷十九：《袁州杨岐山普通禅院会（方会）和尚语录》（"南岳下十一世"、楚圆的弟子、临济宗杨岐派创始人）；《潭州道吾真（悟真）禅师语要》（法嗣同上）。

卷二十至卷二十二：《舒州白云山海会演（法演）和尚语录》（"南岳下十三世"、临济宗杨岐派守端的弟子）。

卷二十三：《汝州叶县广教省（归省）禅师语录》（"南岳下九

世"、临济宗省念的弟子)。

卷二十四:《潭州神鼎山第一代諲(洪諲)禅师语录》(法嗣同上)。

卷二十五:《筠州大愚芝(守芝)和尚语录》("南岳下十世"、临济宗善昭的弟子)。

卷二十六:《舒州法华山举(全举,一名"齐举")和尚语要》(法嗣同上)。

卷二十七至卷三十四:《舒州龙门佛眼(清远)和尚语录》("南岳下十四世"、临济宗杨岐派法演的弟子)。

卷三十五:《大随开山神照(法真)禅师语录》("南岳下四世"、大安的弟子)。

卷三十六:《投子(大同)和尚语录》("青原下四世"、无学的弟子)。

卷三十七:《鼓山先兴圣(神晏)国师和尚法堂玄要广录》("青原下六世"、义存的弟子)。

卷三十八:《襄州洞山第二代初(守初)禅师语录》("青原下七世"、云门宗文偃的弟子)。

卷三十九:《智门祚(光祚)禅师语录》("青原下八世"、云门宗澄远的弟子)。

卷四十、卷四十一:《云峰悦(文悦)禅师语录》("南岳下十一世"、临济宗守芝的弟子)。

卷四十二至卷四十五:《宝峰云庵真净(克文)禅师语录》("南岳下十二世"、临济宗黄龙派创始人慧南的弟子)。

卷四十六:《滁州琅琊山觉(慧觉)和尚语录》("南岳下十世"、临济宗善昭的弟子)。

卷四十七:《东林和尚云门庵主颂古》。

卷四十八:《佛照(德光)禅师奏对录》("南岳下十六世"、

临济宗杨岐派宗杲的弟子)。

《古尊宿语录》中收录的慧能以下唐宋各家语录的主体,是各禅师在不同的居住地、不同的场合、以不同的方式(上堂示众、室中垂语、勘辨对机等)所说的法语。如卷八《汝州首山念和尚语录》的主体,是省念在首山、宝安山广教禅院和汝州城宝应禅院三处所说的法语;卷二十至卷二十二《舒州白云山海会演和尚语录》的主体,是《初住四面山语录》、《次住太平语录》、《次住海会语录》;卷六《睦州和尚语录》的主体,是根据道踪说法的内容和方式分的《上堂对机》、《勘看经僧》、《勘讲经论座主大师》三篇。

同时也包括各禅师语录专集中收录的偈颂、歌赞、拈古、颂古、短文、行状、塔铭、语录序等。如卷二十七至卷三十四《舒州龙门佛眼和尚语录》,除《语录》、《小参语录》、《普说语录》、《室中垂示》、《垂代》等以外,还收有《偈颂》(包括诗赞题记)、《颂古》、《示禅人心要》、《三自省察》、《诫问语》(上三篇为文章)、《佛眼禅师语录序》(豫章徐俯、遂宁冯楫各撰一篇)、《宋故和州褒山佛眼禅师塔铭》(宣教郎李弥远撰);卷三十五《大随开山神照禅师语录》,除《语录》以外,还收有《大随开山神照禅师语录序》(开封郭凝撰)、《大随开山神照禅师行状》、《祭文》。它们都是研究各禅师言语行迹的第一手资料。

如卷五刊载的镇州保寿沙门延沼撰的《临济慧照禅师塔记》概述了临济宗创始人义玄的一生:

> 师讳义玄,曹州南华人也,俗姓邢氏。幼而颖异,长以孝闻,及落发受具,居于讲肆,精究毗尼,博赜经论。俄而叹曰:此济世之医方也,非教外别传之旨。即更衣游方,首参黄檗(希运),次谒大愚(守芝),其机缘语录载于《行录》。既受黄檗印可,寻抵河北镇州城东南隅,临滹沱河侧小院住

持,其临济因地得名。时普化先在彼佯狂混众,圣凡莫测。师至,即佐之。师正旺化,普化全身脱去。乃符仰山小释迦之悬记也。适丁兵革,师即弃去。太尉默君和于城中舍宅为寺,亦以临济为额,迎师居焉。后拂衣南迈至河府,府主王常侍延以师礼。住未几,即夹大名府兴化寺,居于东堂。师无疾,忽一日摄衣据坐,与三圣问答毕,寂然而逝。时唐咸通八年丁亥孟陬月十日也。门人以师全身,建塔于大名府西北隅。敕谥慧照禅师,塔号澄灵。(第222页上、下)

卷二十二刊载的法演《偈颂》中的《示学徒四首》,反映了法演对如何才能得道的看法:

学道之人得者稀,是非长短几时亏。若凭言语论高下,恰似从前未悟时。 空门有路人皆到,到者方知滋味长。心地不生闲草木,自然身放白毫光。 一片秋光对草堂,篱边金菊预闻香。蝉声未息凉风起,胜似征人归故乡。 终日谈玄第一宗,枯河道里觅鱼踪。直饶祖佛无阶级,须向奇人棒下通。(第448页上、下)

卷三十七刊载的北宋乾德三年(九六五)绍文撰的《瓯闽鼓山先兴圣国师和尚法堂玄要广集序》,介绍了神晏的师承、徒众、禅风以及作为神晏语录集的《法堂玄要广集》的大致内容:

有先兴圣国师(指神晏),法嗣雪峰(义存),乃石头(希迁)五叶也。师坐道场则三十二年,拥毳侣则一千余众。或抵悟学者,提倡宗乘,机锋迅而金翅取龙,格致高而般倕匠物。言如雷火,搓之而一点随游;事比蟾辉,唱之而孤轮不坠。破空有而旋敲中道,话君臣而匪称当人。排净名而未是本参,斥圆常而非为极则。往前所集,漏落者多,渐迈金乌,恐成水鹤。今以了宗大师,昔推入室,今契传衣,凡于枢要之

言,并蕴胸襟之内,泻瓶传器,分灯散明,虞有抛遗,再从编录,总一十六会,偈颂次之。(第644页下—第645页下)

《古尊宿语录》在编次上存在着一些错误(疑是错简所致)。如前面提到的卷五《临济慧照禅师塔记》,本应接排在《临济禅师语录》、《行录》之后,而今却排在《兴化禅师语录》之后;卷十九的北宋皇祐二年(1057)比丘文政撰的《潭州云盖山会(方会)和尚录序》和次年杨杰撰的《题杨岐会老语录》,本应排在《袁州杨岐山普通院会和尚语录》之后,而今却排在《潭州道吾真禅师语要》之后。

本书的校点本有:萧萐父、吕有祥点校《古尊宿语录》(中华书局1994年5月版)。

南宋师明《续古尊宿语要》六卷

《续古尊宿语要》,六卷(又称六集)。南宋嘉熙戊戌(二年,公元1238年),鼓山晦室师明集。收入《续藏经》第一一八册(刊载卷一至卷三)、第一一九册(刊载卷四至卷六)。

《续古尊宿语要》书首有戊戌(1238)佛成道日师明作的《序》,书末有同日宗源作的跋(无标题)。

师明在《序》中说:

> 达磨西来,道个不立文字,早是立了也,致令千载之下,所至堆山积岳。堆积既多,览者厌饫。今此录者,乃是于前人厌饫之中,撮出一二,譬若上林春色在一两花,岂待烂窥红紫,然后知韶光之浩荡也。既知春矣,唤此录作文字也得,不立文字也得,总不干事。(《续藏经》第一一八册,第837页上)

宗源在跋中说:

敬览晦室老人(指师明)所集前辈诸大尊宿语要,深为丛林之助。宗源募金锓木,分为六策(指六卷),并瞩藏主元(原)集四策(指《古尊宿语要》四卷),合成一部,以广其传。(《续藏经》第一一九册,第189页上)

《续古尊宿语要》所"续"的对象是福州鼓山寺刊刻的《古尊宿语要》四卷本,而不是传今的《古尊宿语录》四十八卷本。今人撰作的一些书(甚至辞典)每每把《续古尊宿语要》中的"要"字改成"录"字,把它说成是《古尊宿语录》的续作,是不对的。由于《续古尊宿语要》是上承《古尊宿语要》而来的,故凡《语要》已收的人物,一般不收(唯一的例外是卷三《杨岐会禅师语》,虽然方会已见载于《语要》卷三,但因收录未尽,故本书加以补载);四卷本《语要》未载而四十八卷本《古尊宿语录》已载的人物,依照《语要》的体式,继续作选择性的节录,并大量选录新人。

全书共收录唐宋(以宋为主)禅师的语录八十一家(另外附出二家)。每个禅师的语录的名称,一般用地寺或字号加法名的后一个字和"禅师语"或"和尚语"的方式来表示,不取旧名,以示统一。如琅琊慧觉的语录原名《滁州琅琊山觉和尚语录》,今改为《琅琊觉和尚语》;佛眼清远的语录原名《舒州龙门佛眼和尚语录》,今改为《佛眼远禅师语》。语录的题名下注法嗣,以说明该禅师嗣承于谁。如卷一《死心新和尚语》下注"嗣黄龙",表示死心悟新是黄龙祖心(又称"晦堂祖心")的嗣承者(《晦堂心和尚语》下注的"嗣黄龙"中的"黄龙",是指黄龙慧南);卷二《清凉法眼益(文益)禅师语》下注"嗣地藏",表示法眼文益是地藏桂琛的嗣承者。各禅师的语录,有的下设类目,如卷二《古岩璧(坚璧)禅师语》下设上堂、小参、法语、颂赞等类目,卷四《松源岳(崇岳)禅师语》下设秉拂、小参、普说、颂古、偈颂等类目;

有的不设类目,如卷一《兜率悦(从悦)禅师语》、《灵源清(惟清)禅师语》等。各卷的收录情况是:

卷一:临济;汾阳昭("嗣首山");琅琊觉("嗣汾阳");慈明圆(同上);翠岩真("嗣慈明");黄龙南(同上);死心新("嗣黄龙",指嗣祖心);晦堂心("嗣黄龙",指嗣慧南);泐潭英(同上);兜率悦("嗣真净");草堂清("嗣晦堂");灵源清(同上);湛堂准("嗣真净");长灵卓("嗣灵源")。凡十四家。

卷二:法眼益("嗣地藏");云门偃("嗣雪峰");法昌遇("嗣北禅贤");雪窦显("嗣智门");天衣怀("嗣雪窦显");曹山寂("嗣洞山");投子青("嗣大阳");芙蓉楷("嗣投子青");真歇了("嗣丹霞淳");宏智觉(同上);古岩璧("嗣石窗");天章楚("嗣遏道者");真净文("嗣黄龙");隐山璨("嗣退庵空");妙湛慧("嗣法云大通");金粟智("嗣天童宏智",末附《己庵深和尚语》)。凡十六家(附出一家)。

卷三:杨岐会("嗣慈明");白云端("嗣杨岐");保宁勇(同上);五祖演("嗣白云");南堂兴("嗣五祖");佛眼远(同上);圆悟勤(同上);开福宁(同上);佛性泰("嗣圆悟");月庵果("嗣开福宁");复庵封("嗣月庵")。凡十一家。

卷四:佛心才("嗣灵源");山堂洵("嗣佛心");别峰珍(同上);云盖本("嗣白云");虎丘隆("嗣圆悟");应庵华("嗣虎丘");密庵杰("嗣应庵");松源岳("嗣密庵");曹源生(同上);铁鞭韶(同上);破庵先(同上);笑庵悟(同上,末附《晦翁明和尚上堂语》);无示谌("嗣长灵");心闻贲("嗣无示");慈航朴(同上)。凡十五家(附出一家)。

卷五:大慧杲("嗣圆悟");晦庵光("嗣大慧");此庵净(同上);懒庵需(同上);佛光照(同上);谁庵演(同上);遁庵演(同上);竹原元(同上);蒙庵岳(同上);石庵玿("嗣蒙庵岳");退

庵先("嗣育王无示");混源密("嗣晦庵光状元");空叟印("嗣佛照");木庵永("嗣懒庵");柏堂雅(同上)。凡十五家。

卷六:雪堂行("嗣佛眼");竹庵珪(同上);晦庵光("嗣雪堂");别峰印("嗣密印");退庵奇("嗣别峰印");东山空("嗣草堂");广鉴瑛("嗣东林总");水庵一("嗣佛智裕");别峰云("嗣此庵元");或庵体(同上)。凡十家。

上述八十一家语录中,临济、汾阳昭、琅琊觉、慈明圆、云门偃、真净文、杨岐会、五祖演、佛眼远、佛照光十家已载于《古尊宿语录》,本书或是选录其中有代表性的段落加以刊载,或是补载前书未备的一些内容。如卷一刊载的《镇州临济慧照禅师语录序》(光禄大夫马防撰)就是前书阙载的内容。

《续古尊宿语要》中收录的由他人撰作的语录附件,与《古尊宿语录》相比有明显的减少。如收载的语录序除上面提到的临济义玄的以外,仅有卷一《翠岩真(可真)禅师语》(南昌黄庭坚序)、《湛堂准(文准)和尚语》(日涉园李彭序)、卷三《保宁勇(仁勇)禅师语》(无为子杨杰序)、卷五《此庵净(守净)禅师语》(无垢居士张九成序)四家;收载的行状,仅卷二《投子青(义青)和尚语》一家;至于行录、塔铭则一篇也未见刊载。因此,《续古尊宿语要》的内容可以说纯是思想性的,对禅师的生平行历基本上没有涉及。试看下例:

佛不远人,即心而证。法无所著,触境皆如。竖拄杖云:若唤作拄杖,亦著于法。总不恁么,瞎驴趁大队,毕竟如何?遂靠拄杖云:弄巧成拙。(卷四《别峰珍(祖珍)禅师语》,《续藏经》第一一九册,第13页下)

凡圣体真,犹存见隔。见存即凡,情亡即佛。然则佛之一字,吾不喜闻。是故衲僧家,逢佛杀佛,逢祖杀祖,遇罗汉杀罗汉。敢问诸人:削发染衣,当依佛住,既杀却佛,复何所

依？还相委悉么？汉地不收秦不管，又骑驴子下扬州。（卷五《遁庵演（宗演）和尚语·上堂》，第 98 页下）

　　解黏去缚，拔楔抽钉，还他本分宗师。举一明三，动弦别曲，须是英灵衲子。所以道：灵峰宝剑，常露现前，亦能杀人，亦能活人。须知是杀中有活，活中有杀，杀中无活，活中无杀，杀活同时，杀活不同时。灵利汉，摆手出荆棘林，向三跳后，寒山古路，信息不通，且道是什么人行履处？良久云：万仞峰前独足立，饕龙颔下夺明珠。（卷六《雪堂行（道行）和尚语·上堂》，第 131 页下——第 132 页上）

　　仅此三段上堂法语，便展现了祖珍、宗演和道行三人的禅思特色。

　　《续古尊宿语要》由于所摘录的机缘语句较少，又无人物的行迹和完整的传法谱录，故实际价值不如禅宗灯录来得大，但其中不少言语资料，又可补灯录所阙。

第三品　颂古总集：南宋法应、元普会《禅宗颂古联珠通集》四十卷

　　《禅宗颂古联珠通集》，原名《禅宗颂古联珠集》，后经增收，改为今名（即在书名中添入"通"字），四十卷。南宋淳熙二年（1175）池州报恩光孝禅寺沙门法应原编，元延祐戊午（五年，公元 1318 年）绍兴天衣万寿禅寺沙门普会续集。载于《明南藏》"鸡"至"赤"函（作"二十一卷"，《明北藏》缺）、《频伽藏》"腾"帙，收入《续藏经》第一一五册。

　　《通集》卷一之首有集贤待制承事郎冯子振《禅宗颂古联珠通集序》；元延祐五年（1318）六月普会《序》（全称同前）；明洪武二十五年（1392）二月中天竺住山沙门净戒《重刻禅宗颂古联

珠通集序》；南宋淳熙六年(1179)十一月宁武军承宣使张抡《禅宗颂古联珠旧序》("旧"字当系净戒重刻时所添)；淳熙二年(1175)十二月法应《禅宗颂古联珠旧集本序》("旧"、"本"两字当系重刻时所添)。

普会在《序》中说：

> 夫鼻祖(指菩提达磨)西来,不立文字,直指而已。时门人又有所谓不执文字,不离文字而为道用,已向第二机矣。……爰自一华敷而五叶联芳,方世传而两派支衍,机缘公案,五灯烨如,诸祖相继,有拈古焉,有颂古焉。拈古,则见之于《八方珠玉》、《类要》(疑是《统要》,即《宗门统要》)等集；颂古,则有宝鉴大师(指法应),宋淳熙间居池阳报恩,采集佛祖至茶陵(指郁山主),凡三百二十有五则,颂古宗师一百二十有二人,颂二千一百首,目之曰《禅宗颂古联珠》。丛林尚之,而板将漫灭。因念淳熙至今垂二百载,其间负大名尊宿星布林立,颂古亦不下先哲,惜乎联继之作阙如也。每惭滥厕宗门,且有年矣,禅无所悟,道无所诣,欲作之,复止之,趑趄者亦屡矣。元贞乙未(指元贞元年),叨尸义乌普济山院,事简辄事续稿,仅得一二萍梗之踪,或出或处,随见随笔,二十三、四年间稍成次序。机缘先有者,颂则续之；未有者,增之机缘。又四百九十有三则,宗师四百二十六人,颂三千丹(当作"有")五十首,题曰《禅宗颂古联珠通集》。(《续藏经》第一一五册,第1页下—第2页上)

书末有元延祐五年(1318)径山希陵《禅宗颂古联珠通集后序》；延祐四年(1317)灵隐淳朋的后序(无标题)；至治元年(1321)天童云岫的后序。

淳朋在后序中说：

宗门有一千七百则公案(就《景德传灯录》收录的禅宗人物为一千七百人而言),名之今古,又曰长物。言之则污人唇齿,置之则回避无门。句句玉转珠回,字字冰消瓦解。历代宗匠颂之,未免画蛇添足。宝鉴师(法应)编辑于前,鲁庵公(普会)增收于后。(第513页上)

《禅宗颂古联珠通集》是宋元时期禅宗颂古类作品的总集。禅宗将参禅问道或上堂开示时,禅师们为接引学人在平实的一机一境之上,解黏去缚,勘破疑情,截断常流,当下彻悟,而呈示的言语动作(又称"机锋"),称为"机缘"(应机施缘之意)。泛而言之,一切具有启发禅机作用的言句、行事、偈语、经文等,也可以称为"机缘";唐代禅僧将蕴意深刻的禅门机缘,称为"公案",因为这些祖师的言行犹如公府的案牍,是后世禅人揣摩、体会、勘辨、观照,最后豁然省悟,进入禅境的范例;入宋以后,随着北宋道原《景德传灯录》等禅宗灯录的刊行,丛林参究公案的风气日益兴盛,出现了摘取灯录中的公案,加以品评的偈颂,这种有一定音韵节律和句式的颂语,称为"颂古"。一首颂古的字句多寡不等,有三言四句、四言四句(或六句、八句、十句)、五言四句(或八句)、六言四句、七言四句(或八句、十句)的,也有五言四句加七言四句、五言四句加七言二句,以及其他句式的。

先是南宋的法应禅师,南游访道,咨参善知识(佛学造诣较深的人),于禅燕之暇,采摭禅宗灯录和语录中的祖师机缘和颂古,去取校定三十余年,才于淳熙二年(1175)编成《禅宗颂古联珠集》一部(以上据法应《禅宗颂古联珠旧集本序》)。见录的佛祖机缘有三百二十五则,颂二千一百首(分别为一百二十二位禅师所作)。元成宗元贞元年(1295),时住义乌(今属浙江)普济院的普会,有感于自淳熙以来,迄当时为止,二百年间的禅宗尊宿的颂古无人编录,于是辄事续集。他历时二十四年,增收祖师机缘四百九十三则、颂三千五十首(分别为四百二十六位禅师所作),编成了传今的这部《通集》。由于《通集》中的机缘,主要是从宋代"五灯"(《传灯》、《广灯》、《续灯》、《联灯》、《普灯》)上摘录的,因此它的编法也与灯录相似,大体上是以禅宗的传法世次为序编排的。

卷一:冯子振、普会、净戒、张抡、法应撰的五篇《序》;品目(即全书目录)[案:将序文和目录编为单独的一卷,称为"卷首",这在中国佛教撰述中是不少的,但像本书这样将序文和目录编为正文的第一卷,则是少见的]。

卷二:世尊机缘。

卷三至卷四前部分:菩萨机缘。收文殊师利、舍利弗、善慧大士、布袋和尚、维摩居士、善财菩萨、志公和尚等。

卷四后部分至卷五:大乘经偈。收《首楞严经》、《圆觉经》、《法华经》、《维摩经》、《金刚般若经》、《华严经》、《楞伽经》、《般若心经》等。

卷六至卷四十前部分:祖师机缘。其中卷六前部分为西天诸祖;卷六后部分至卷七为东上诸祖;卷八为东土旁出诸祖;卷九至卷四十前部分为六祖(指慧能)下第一世(南岳怀让、青原行思)至第二十一世(石溪心月、虚堂智愚)。这中间,六祖下第一世至第十二世均按先南岳系、后青原系的次序编排。南岳系内又分沩仰宗和临济宗,青原系内又分曹洞宗、云门宗和法眼宗。六祖下第十三世至第二十一世全是南岳系中临济宗禅师的机缘。

卷四十后部分:未详承嗣。收楼子和尚、杜顺和尚、月氏国王、西天外道、茶陵郁山主、古德、宋太宗皇帝、烧庵婆等。

《禅宗颂古联珠通集》收录的佛祖机缘(亦即"公案"),有的是一人一则,有的是一人数则,乃至二三十则,最多的是赵州从谂禅师,收录了六十九则(见卷十八至卷二十)。其他收录机缘较多的人物有:世尊(即"释迦牟尼",二十四则,见卷二)、西京慧忠国师(十一则,见卷八)、南泉普愿(二十七则,见卷十和卷十一)、襄州庞蕴居士(十四则,见卷十四)、药山惟俨(十四则,同卷)、沩山灵祐(二十五则,见卷十五)、临济义玄(十七则,见卷二十一)、睦州陈尊宿(即陈道明,十七则,见卷二十二)、德山宣鉴(十四则,见卷二十三)、洞山良价(二十六则,见卷二十四)、仰山慧寂(二十二则,见卷二十五)、洛浦元安(十二则,见卷二十七)、岩头全奯(十三则,见卷二十八)、雪峰义存(三十二则,见卷二十八和卷二十九)、曹山本寂(二十一则,见卷二十九)、疏山匡仁(十二则,见卷三十)、玄沙师备(十九则,见卷三十一)、云门文偃(六十二则,见卷三十二至卷三十四)、风穴延沼(十二则,见卷三十五)、法眼文益(十四则,见卷三十六)、雪窦重显(十二则,见卷三十七)、石霜慈明(即"楚圆",十五则,见卷三十八)。

由于颂古是由祖师机缘引发的,机缘为本,颂为末,故《禅宗颂古联珠通集》收录的颂古,均是由"机缘"(即"公案")和"颂"(也可单称"颂古")两部分组成的。每则机缘之后编录的颂,少的只有一、二首,多的达数十首。愈是有名的佛祖机缘,其后编录的颂也就愈多。凡是法应原集的机缘和颂,不加标注;凡是某则机缘之首冠有"增收"两字的,表示这则机缘连同后面的颂,全是普会新集的;凡某首颂之首冠有"增收"两字的,表示自这首颂以下的各首颂,是普会新集的,而在这首颂以前所列的那则机缘和一些颂为法应原集。其例如下:

雪峰(义存)普请,往寺庄,路逢猕猴。师曰:这畜生,一人背一面古镜,摘山僧稻禾。僧曰:旷劫无名,为什么彰为古镜?师曰:瑕生也。曰:有什么死急,话端也不识。师曰：老僧罪过。颂曰：

人人有面古镜，何法门而不罄。参玄上士迷头，缉线老婆顿证（兴教寿——原注）。

堪笑山翁不识羞，为他头上更安顿。岩前跳踯无寻处，一片残霞晓未收（保宁勇——原注）。

大地为炉冶，何年鼓铸功。圆同诸佛面，高鉴十方空（祖印明——原注）。

鉴觉未萌全体现，才分鉴照便成瑕。要知莹彻圆明处，长短青黄总不差（白杨顺——原注）。（卷二十八，第354页上、下）

上例中的机缘连同颂，均为法应原集。

增收：曹山因僧问"什么物最贵"，师曰：死猫儿最贵。曰：为什么死猫儿却贵？师曰：无人著价。颂曰：腥臊红烂不堪亲，触动轻轻血污身。何事杳无人著价，为伊非是世间珍（丹霞淳——原注）。（卷二十九，第366页下）

上例中的机缘连同颂，均为普会新集。

衢州子湖岩利踪禅师（嗣南泉——原注）。师住子湖院，于门下立牌曰：子湖有一只狗，上取人头，中取人心，下取人足，拟议即丧身失命。临济会下二僧参师，方揭帘，师唱曰：看狗！僧回顾。师便归方丈。或有人问：如何是子湖狗？师云：嘷嘷。颂曰：

子湖堂上绝人行，只为堂前狗子狞。见影闻声心胆慑，当头宁免丧残生（正觉逸——原注）。

子湖狗子最威狞，来者投明莫暗行。向道看时如不见，当头咬杀丧平生（佛国白——原注）。

老大宗师没巴鼻，养狗之缘太儿戏。夺牌禅客如到来，铅刀争及吹毛利(龙门远——原注)。

增收:子湖狗子,剑戟牙齿。虎豹遭伤,象龙被耻。外道天魔,望风顶礼。立国安邦,不劳弧矢(南堂兴——原注)。

家贫无所有,只养一只狗。任是佛出来,也须遭一口(颜如如——原注)。

蹉过跨门一机,昧却见成公案。子湖指处太亲,直须急著眼看(浙翁琰——原注)。(卷十六,第194页下)

上例中,"增收"两字以上关于"子湖狗"的机缘和正觉逸、佛国白、龙门远三人作的颂,均为法应原集;"增收"两字以下南堂兴、颜如如、浙翁琰三人作的颂,均为普会新集。

《禅宗颂古联珠通集》收集的八百十八则公案和五千六百首颂古,无论是对禅思想的研究,还是对禅文化的研究,都具有重要的价值。因为颂古本身就是禅诗,有的属于格律诗,有的则是顺口溜。它们的共同特点是言语平实质朴,清新自然,不涉理路,不落言筌,指喻传心,超然物外。机锋棒喝,皆是般若,无念无住,顿入佛地的禅学意境就是通过它们表现出来的。

第四品　拈古总集:清净符《宗门拈古汇集》四十五卷

《宗门拈古汇集》,四十五卷。清康熙三年(1664),古杭白岩沙门净符汇集。收入《续藏经》第一一五册。

《宗门拈古汇集》书首有清康熙三年(1664)净符《宗门拈古汇集序》;同年金陵摄山栖霞禅寺大成《序》(全称同前);净符《宗门拈古汇集凡例》(凡九条)。

大成在《序》中说:

甲辰(指康熙三年)秋,客虎林(指杭州),得与白岩位中(指净符)和尚叙廿年之好。两宿寒灯,高谈千古,始得一就焉。《宗门统要》一书,自古林(指清茂)继续之后,海内宗匠,作者如林,皆未经收入。白岩恐其散漫流落,穷搜极讨,苦心百至,成书四十五卷,命曰《宗门拈古汇集》,视《统要》为大全,为法门远架津梁,可谓大有功,于狂澜一柱矣。(《续藏经》第一一五册,第515页下)

《宗门拈古汇集》是五代至清代禅宗拈古类作品的总集。拈古和颂古一样,也是对禅门中流传的有典型意义的佛祖机缘(亦即"公案")的评论。只是颂古是韵语体,有一定的韵律和句式,而拈古为散文体(或称"长行"),随手拈提,应口而说,无固定的韵律和句式。拈古和颂古,犹如史书上附在人物和史事之末的"论"与"赞"。先是有南宋建溪沙门宗永,将上始释迦文佛,下至南岳(怀让)下十一世和青原(行思)下十世的佛祖机缘以及有关的拈语,编成了《宗门统要》一书。至元代,古林沙门清茂对此书作了增补,续集了南岳下十二世至十八世、青原下十一世至十四世的机缘以及有关的拈语,编成了《宗门统要续集》。此书《明南藏》作"二十卷"、《明北藏》作"二十一卷"、《频伽藏》作"二十二卷",书名为《宗门统要正续集》(加了"正"字,较为切题)。《宗门拈古汇集》就是在它的基础上增修而成的。

由于《宗门拈古汇集》所拈提的禅门机缘,主要摘自以北宋道原《景德传灯录》为首的宋代"五灯",另外还有后来的一些灯录、语录,而灯录是谱系类著作,受此影响,净符的这部书也是按照禅宗的传法世系编排的。全书总目中所列的人名,均是指有机缘见录者而言的,不是指有拈古见录者而言的。因为机缘和拈古的关系也是本与末的关系,一则机缘可以引发一则以至几十则拈古。拈古只有与它所拈提的机缘连起来阅读时,才容易理解。

卷一至卷二：释迦（即"释迦牟尼"），附诸经（《法华经》、《圆觉经》、《楞严经》、《金刚经》、《涅槃经》）。

卷三至卷四前部分：应化圣贤。收文殊、善财、维摩、天亲（即"世亲"）、舍利弗、须菩提、宾头卢、金陵宝志、双林善慧、南岳慧思、天台寒山、天台拾得、明州布袋和尚、杜顺（又作"法顺"）等。

卷四后部分至卷五前部分：西天祖师，收迦叶（初祖）、阿难（二祖）、伏驮密多（九祖）、胁（十祖）、师子（二十四祖）、婆舍斯多（二十五祖）、般若多罗（二十七祖）；东土祖师，收菩提达磨（初祖）、慧可（二祖）、僧璨（三祖）、慧能（六祖）。

卷五后部分至卷六：旁出祖师。下分四祖旁出、五祖旁出、六祖旁出，收牛头法融、鹤林玄素、嵩山峻极、荷泽神会、南阳慧忠、永嘉玄觉等。

卷七前部分：未详承嗣，收僧肇、实性、天台智者、宋太宗、老子、凌行婆等；亡名古宿，收老宿、行者、烧庵婆、卖饼婆、骑驴人、韩居士等。

卷七后部分至卷四十五：曹溪（指慧能）并出二支。收青原行思、南岳怀让，以及南岳下一世（马祖道一）至三十三世（天童圆悟、普明妙用）、青原下一世（石头希迁）至三十五世（云门圆澄、博山元来、东苑元镜，本书目录中误作"三十六世"）。二大系之内不复标注宗派（此与《禅宗颂古联珠通集》相异）。

上述世次中，除"青一"（书中对"青原下一世"的略称）是排在"南一"（书中对"南岳下一世"的略称）之前的以外，其余的世次都是依先南岳系、后青原系的次序编列的，即"南二"、"青二"、"南三"、"青三"、"南四"、"青四"，以此类推，一直到"南十四"、"青十四"。自"南十五"和"青十五"开始，由于有些世次空缺（即无机缘见录而被略去），如"南十七"、"南十九"、"南二十二"至"南二十八"、"南三十"、"青二十七"、"青二十八"、"青三十"至"青三十三"，因此，作者不再像先前那样，将南岳下某世与青原下某世对应起来叙列，而是南岳系的合在一起，青原系的也合在一起，即卷四十四后部分为"南十五"至"南三十三"，收径山宗杲等人的机缘及相关的拈语；卷四十五为"青十五"至"青三十五"，收雪窦智鉴等人的机缘及相关的拈语。

从作者在《凡例》中的介绍以及对正文的按检来看，《宗门拈古汇集》中自卷一释迦牟尼机缘以下，至卷四十四"南十八"（南岳下十八世）杭州灵隐松源崇岳禅师机缘及云居庄的拈语为止，主要是根据《宗门统要正续集》编录的，同时也作了修治。情况大致是这样的：凡是《统要》中既载有机缘（"公案"）又载有拈提这则机缘的语句（"拈语"）的，一般予以保留。如果文句中有脱误失真之处，则根据灯录上的记载加以校正；凡是《统要》中只载机缘而无拈语，查检他书也没有发现有关于这则机缘的拈语的，就将此则机缘删去；凡是《统要》中未载机缘因而也未载拈语的，则根据诸方语录以及其他禅书上的记载，补入机缘以及相关的拈语。自卷四十四"南二十"（南岳下二十世）海盐天宁楚石梵琦禅师机缘以下，至卷四十五终，都是净符新集的。

《宗门拈古汇集》的编录方式是：先摘列一则佛祖机缘（"公案"），然后叙列禅师们有关这则机缘的拈语（亦即"拈古"）。这里所说的"拈古"，其实是一个宽泛的概念，它包括对公案的内容、性质和意义的褒扬或批评；为公案中宾主双方代问代答；别拟公案的主题以供讨论；对别人所作的拈古加以评议，等等。总之，凡是对公案的一扬一抑、一拈一代、一别一征，都属于拈举古则然后加以评说的"拈古"的范围。每则拈古都以"某某云"为开头，与《禅宗颂古联珠通集》先列颂古，末注作者的程式相异。

其例如下：

> 黄檗（希运）行脚在洪州开元寺。偶裴相国休公（即裴休）到，见壁间画像，问院主曰：壁间是什么像？主曰：高僧真仪。公曰：真仪可观，高僧何在？主无对。公曰：者（这）里有禅师否？主曰：近有一僧投寺，颇似禅者。公遂请相见，举前话问曰：真仪可观，高僧何在？檗朗声曰：裴休！公应诺。檗曰：在甚么处？公于言下领旨。
>
> 径山杲云：裴公将错就错，脱尽根尘。黄檗信口垂慈，不费心力。似地擎山，不知山之孤峻；如石含玉，不知玉之无瑕。虽然如是，黄檗只有杀人刀，且无活人剑。今日大资相公或问云门：真仪可观，高僧何在？云门亦召相公，相公若应诺，云门即向道：今日堂中，特谢供养。
>
> 天宁琦云：裴相国道：高僧何在？分明换却眼睛。黄檗更召相公，刚把钵盂安柄，老妙喜（指宗杲）错下注脚，便道：似地擎山，不知山之孤峻；如石含玉，不知玉之无瑕。蹉过了也。天宁则不然，亦召相公，相公应诺，劈脊便棒，免教者（这）汉向死水里淹杀。
>
> 博山奉云：黄檗虽风吹火，用力不多，检点将来，只有杀人刀，且无活人剑。（卷十三，第686页上、下）

上例中，"黄檗行脚在洪州"一段为公案，"径山杲（宗杲）云"以下三段为拈古。其中径山杲、博山奉的拈古是对公案的直接评说；天宁琦的拈古则对径山杲的拈古提出了不同的看法，犹如"拈古之拈古"，并为黄檗（希运）代拟了"劈脊便棒"的接机方式，以代替黄檗原先的"在什么处"的问语。

> 道吾（宗智）示众：高不在绝顶，富不在福严，乐不在天堂，苦不在地狱。

径山杲云：高在绝顶，富在福严，乐在天堂，苦在地狱。

南堂欲云：一人高高处观之，不足一人低低处平之有余。唱教门中，足可观光，衲僧门下，犹欠悟在。本觉又作么生？但将饭向无心碗，自有人提折脚铛。

能仁鉴云：二大老各得一坐具地，便分疆列界。若是衲僧，门下事终未得，在祇如悲华者（这）里，又且如何？衲被蒙头万事休，此时山僧却不会。（卷十八，第724页上、下）

上例中，"道吾示众"一段为公案，"径山杲云"以下三段为拈古。其中径山杲的拈古与道吾（宗智）的示众法语截然相反，唱的是对台戏；南堂欲的拈古主要是从公案中"高不在绝顶"引发开来的议论；能仁鉴的拈古则是对径山杲、南堂欲所作的拈古的评论，犹如"拈古之拈古"。

金陵蒋山法泉禅师（青十一、云居舜嗣——原注）。僧问：初祖面壁，意旨如何？泉曰：撑天拄地。（僧）曰：便与么去时如何？泉曰：落七落八。又问：二祖立雪齐腰，意旨如何？泉曰：三年逢一闰。（僧）曰：为什么付法传衣？泉曰：村酒足人沽。

白岩符云：蒋山言中有响，响夯可观，诚堪眼目，人天千古一遇。若是山僧（指净符）者（这）里，又且不然。初祖面壁意旨如何？平地攞鱼虾。便恁么去时如何？曹溪波浪如相似，无限平人被陆沉。二祖立雪齐腰，意旨如何？刺脑入胶盆。为什么付法传衣？若要不招无间业，莫谤如来正法轮。（卷四十二，第1004页上）

上例中，"金陵蒋山法泉禅师"一段为公案，"白岩符（净符）云"以下一段为拈古。净符的拈古是为法泉代拟的答语。

《宗门拈古汇集》收录的拈古作品，时间跨度极大。上始五代时云门文偃、法眼文益,为"释迦牟尼世尊初降生时,一手指天,一手指地,周行七步,目顾四方,曰:天上天下,唯我独尊"一则公案所作的拈古,下至净符撰书时,为《宗门统要正续集》原载的公案和自己新集的公案所作的近百则拈古。这不仅为研究历代禅门宗匠的见地和实证工夫提供了重要资料,而且为研究净符本人的禅学思想提供了第一手的素材。

本书的不足之处是,只叙列禅师法名的后一个字,不出全名,如"古南门"、"楗霞成"、"龙华体"、"万寿范"、"洞山昱"等,不便于初学者了晓。

第五品 拈颂别集:南宋慧开《无门关》一卷

《无门关》,又称《禅宗无门关》,一卷。南宋绍定元年(1228)佑慈禅寺住持慧开撰,参学弟子宗绍编。收入《大正藏》第四十八卷。

慧开(1183—1260),字无门,赐号"佛眼",钱塘良渚(今属浙江)人,俗姓梁。幼年出家,习学经论,长大后曾在南峰石室独居坐禅,积六年。后参谒诸山尊宿,得法于月林师观禅师,为南岳下十八世、临济宗杨岐派僧人。事见《无门慧开禅师语录》(载于《续藏经》第一二〇册)、明居顶《续传灯录》卷三十五。

《无门关》书首有绍定元年(1228)七月习庵陈垍的题记;绍定二年(1229)正月慧开的表文和自序(《大正藏》本以书名《禅宗无门关》为自序的标题)。书末有绍定元年慧开的题记;绍定庚寅(三年,公元 1230 年)无量宗寿抄录的《禅箴》和《黄龙三关》;淳祐乙巳(五年,公元 1245 年)宁武军节度使孟珙撰的《跋》;淳祐丙午(六年,公元 1246 年)西湖安晚居士增添的《第四十九则语》。

慧开在自序中说:

佛语心为宗,无门为法门。既是无门,且作么生透,岂不见道?从门入者,不是家珍,从缘得者,始终成坏,怎么说话?大似无风起浪,好肉剜疮,何况滞言句,觅解会,掉棒打月,隔靴爬痒,有甚交涉。慧开,绍定戊子(即元年)夏,首众于东嘉龙翔,因衲子(僧人)请益,遂将古人公案作敲门瓦子,随机引导学者,竟尔抄录,不觉成集。初不以前后叙列,共成四十八则,通曰《无门关》。(《大正藏》第四十八卷,第292页中)

《无门关》是根据慧开于绍定元年(1228)夏天,在东嘉龙翔寺为僧众拈提佛祖机录("公案")时的记录整理而成的拈颂集。同年十二月印行,淳祐六年(1246)重刻。

全书共收录四十八则公案,每则公案均选取四字为题,不依世次,随讲随录。这些公案是:赵州狗子;百丈野狐;俱胝竖指;胡子无须;香严上树;世尊拈花;赵州洗钵,奚仲造车;大通智胜;清税孤贫;州(赵州从谂)勘庵主;岩(瑞岩师彦)唤主人;德山托钵;南泉斩猫;洞山三顿;钟声七条;国师三唤;洞山三斤;平常是道;大力量人;云门屎橛;迦叶刹竿;不思善恶;离却语言;三座说法;二僧卷帘;不是心佛;久响龙潭;非风非幡;即心即佛;赵州勘婆;外道问佛;非心非佛;智不是道;倩女离魂;路逢达道;庭前柏树;牛过窗棂;云门话堕;趯倒净瓶;达磨安心;女子出定;首山竹篦;芭蕉拄杖;他是阿谁;竿头进步;兜率三关;乾峰一路。每则公案之末,各附一则拈语("拈古")和一首颂词("颂古"),或直敷其事,或引类况旨,激扬玄奥,开塞发悟。所有的拈颂均为慧开一人所作。其中,颂古包括三言四句、四言四句、五言四句、六言四句、七言四句五种形式。其例如下:

赵州狗子 赵州(从谂)和尚因僧问"狗子还有佛性也无",州云:无。

无门曰：参禅须透祖师关，妙悟要穷心路绝。祖关不透，心路不绝，尽是依草附木精灵。且道如何是祖师关？只者一个"无"字，乃宗门一关也，遂目之曰禅宗无门关。透得过者，非但亲见赵州，便可与历代祖师，把手共行，眉毛厮结，同一眼见，同一耳闻，岂不庆快！莫有要透关底么？将三百六十骨节、八万四千毫窍，通身起个疑团，参个"无"字。昼夜提撕，莫作虚无会，莫作有无会，如吞了个热铁丸相似，吐又吐不出，荡尽从前恶知恶觉，久久纯熟，自然内外打成一片，如哑子得梦，只许自知。蓦然打发，惊天动地。如夺得关将军大刀入手，逢佛杀佛，逢祖杀祖，于生死岸头，得大自在，向六道四生中，游戏三昧。且作么生提撕，尽平生气力，举个"无"字，若不间断，好似法烛一点便著。

颂曰：狗子佛性，全提正令。才涉有无，丧身失命。（第292页下—第293页上）

上例中的颂古为四言四句。

钟声七条　云门（文偃）曰：世界怎么广阔，因甚么向钟声里披七条（指七条袈裟）？

无门曰：大凡参禅学道，切忌随声逐色。纵使闻声悟道，见色明心，也是寻常。殊不知，衲僧家骑声盖色，头头上明，著著上妙。然虽如是，且道声来耳畔，耳往声边，直饶响寂双忘，到此如何话会。若将耳听应难会，眼处闻声方始亲。

颂曰：会则事同一家，不会万别千差。不会事同一家，会则万别千差。（第295页上）

上例中的颂古为六言四句。

平常是道　南泉（普愿）因赵州（从谂）问"如何是道"，

泉云：平常心是道。州云：还可趣向否？泉云：拟向即乖。州云：不拟争（怎）知是道？泉云：道不属知，不属不知，知是妄觉，不知是无记。若真达不拟之道，犹如太虚廓然洞豁，岂可强是非也。州于言下顿悟。

无门曰：南泉被赵州发问，直得瓦解冰消，分疏不下。赵州纵绕悟去，更参三十年始得。

颂曰：春有百花秋有月，夏有凉风冬有雪。若无闲事挂心头，便是人间好时节。（第295页中）

上例中的颂古为七言四句。

云门屎橛　云门（文偃）因僧问"如何是佛"，门云：干屎橛。

无门曰：云门可谓家贫难辨（当作"办"）素食，事忙不及草书，动便将屎橛来撑门拄户，佛法兴衰可见。

颂曰：闪电光，击石火，眨得眼，已蹉过。（第295页下）

上例中的颂古为三言四句。

芭蕉拄杖　芭蕉（慧清）和尚示众云：尔有拄杖子，我与尔拄杖子。尔无拄杖子，我夺尔拄杖子。

无门曰：扶过断桥水，伴归无月村。若唤作拄杖，入地狱如箭。

颂曰：诸方深与浅，都在掌握中。撑天并拄地，随处振宗风。（第298页中、下）

上例中的颂古为五言四句。

《无门关》虽然篇幅较短，所摘录的禅门公案也不多，但它在体例上将拈古和颂古结合起来使用，在内容上提倡"参禅须透祖师关，妙悟要穷心路绝"，以反对静坐摄心、默默忘言的"默照禅"，这在当时产生了一定的影响。慧开认为，所谓"祖师关",简单地说起来,就是赵州从谂在回答学僧"狗子还有佛性也无"时说的"无"字。只要将这个"无"字参透,就能了却生死大事,获得大自在。这与"看话禅"的倡导者大慧宗杲主张把公案中的某些典型语句("话头")提取出来,当作参究对象的是一致的。

《无门关》在中国久已绝传,自南宋以来的官私版《大藏经》均未收录过它。但此书被慧开的参学弟子带到日本,在那里却一直流传。先后刊刻了好几版,并出现了十多种注疏,是一部颇有名的禅书。

第六品　评唱别集:北宋克勤《佛果圆悟禅师碧岩录》十卷

附:元行秀《万松老人评唱天童觉和尚颂古从容庵录》六卷

元行秀《万松老人评唱天童觉和尚拈古请益录》二卷

元从伦《林泉老人评唱投子青和尚颂古空谷集》六卷

元从伦《林泉老人评唱丹霞淳禅师颂古虚堂集》六卷

《佛果圆悟禅师碧岩录》,简称《碧岩录》,又称《碧岩集》,十卷。北宋僧人克勤讲述,门人编集(卷题下署称"师住澧州夹山灵泉院评唱雪窦显和尚颂古语要"),宣和乙巳(七年,公元1125年)成书。由于本书是对北宋云门宗僧人雪窦重显《颂古百则》的讲评("评唱"),故又称"宋重显颂古,克勤评唱"。载于《清藏》"雁"函,收入《大正藏》第四十八卷。

克勤(1063—1135),字无著,赐号"圆悟",又号佛果,彭州崇宁(今四川郫县、彭县一带)人,俗姓骆。世宗儒业,幼年依妙寂院自省法师落发出家。初从文照、敏行二师研习经论,后游参禅林尊宿,得法于五祖(山名)法演,为南岳下十四世、临济宗杨岐派僧人。著作尚有《佛果击节录》、《佛果克勤禅师心要》(均存)等。事见南宋普济《五灯会元》卷十九、元念常《佛祖历代通载》卷二十等。

《碧岩录》书首有南宋建炎戊申(二年,公元1128年)克勤的弟子普照的《碧岩录序》;元大德四年(1300)四月紫阳山方回(字万里)的序言(无标题);大德九年(1305)三月聊城周驰的序言;大德甲辰(八年,公元1304年)四月三教老人(姓名不详)的序言。

三教老人在序言中说:

> 古谓不在文字,不离文字者,真知言已。使人人于卷帘闻板,竖指触脚之际,了却大事,文字何有哉!拈花微笑以来,门竿倒却之后,才涉言句,非文字无以传,是又不可废者也。尝谓祖教之书谓之公案者,倡于唐而盛于宋,其来尚矣。二字(指"公案")乃世间法中吏牍语,其用有三:面壁功成,行脚事了,定槃(盘)之星难明,野狐之趣易堕,具眼为之勘辨,一呵一喝,要见实诣,如老吏据狱谳罪,底里悉见,情款不遗,一也。其次,则岭南初来,西江未吸,亡羊之岐易泣,指海之针必南,悲心为之接引,一棒一痕,要令证悟,如廷尉执法平反,出人于死,二也。又其次,则犯稼忧深,系驴事重,学弈之志须专,染丝之色易悲,大善知识为之付嘱,俾之心死蒲团,一动一参,如官府颁示条令,令人读律知法,恶念才生,施(当作"旋")即寝灭,三也。具方册,作案底,陈机境,为格令,与世间所谓金科玉条、清明对越诸书,初何以异?祖师所以立为公案、留示丛林者,意或取此

者。(《大正藏》第四十八卷,第139页中、下)

书末有北宋宣和乙巳(1125)关友无党的《后序》;元大德壬寅(六年,公元1302年)住天童第七世法孙比丘净日的《重刻圆悟禅师碧岩集疏》;元延祐丁巳(四年,公元1317年)径山住持希陵(书中误刊为"帝陵",今据《颂古联珠通集后序》改正)的后序(无标题);同年冯子振的后序。

无党在《后序》中说:

雪窦重显《颂古百则》,丛林学道诠要也。其间取譬经论,或儒家文史,以发明此事,非具眼宗匠,时为后学击扬剖析,则无以知之。圆悟(克勤)老师在成都时,予与诸子请益其说。师后住夹山、道林,复为学徒扣之。凡三提宗纲,语虽不同,其旨一也。门人掇而录之,既二十年矣,师未尝过而问焉。流传四方,或致踳驳,诸方且因其言以其道不能寻绎之,而妄有改作,则此书遂废矣。学者幸谛其传焉。(第224页中)

希陵在后序中说:

圆悟禅师评唱雪窦和尚《颂古》一百则,剖决玄微,抉剔幽邃,显列祖之机用,开后学之心源。况妙智虚凝,神机默运,晶旭辉而玄扃洞照,圆蟾升而幽室朗明,岂浅识而能致极哉!后大慧(宗杲)禅师因学人入室,下语颇异,疑之,才勘而邪锋自挫,再鞠而纳款自降,曰:我《碧岩集》中记来,实非有悟。因虑其后不明根本,专尚语言,以图口捷,由是火之,以救其弊也。然成此书,火此书,其用心则一,岂有二哉!崐中张明远偶获写本后册,又获雪堂(道行)刊本及蜀本,校订讹舛,刊成此书,流通万古。使上根大智之人,一览而顿开本心,直造无疑之地,岂小补云乎哉!(第

224页下）

《碧岩录》是禅宗评唱体著作的开创者,被禅界称誉为"宗门第一书"。所谓"评唱",指的是对禅门颂古或拈古的评析(或称评述)。清代沙门受登介绍说:"禅宗颂古有四家焉,天童(正觉)、雪窦(重显)、投子(义青)、丹霞(子淳)是已,而实嗣响于汾阳(善昭)。夫古者,古德悟心之机缘也;颂者,鼓发心机使之宣流也。故其义,或直敷其事,或引类况旨,或兴感发悟,以心源为本,成声为节,而合契所修为要。……释颂者,自柏山大隐、圆通觉海二集外,不啻数十家,质野者旨近,支离者意疏,若佛果(克勤)、万松(行秀)、林泉(从伦)诸尊宿,采经传之蕴,汇诸家之长,纂修成集,称四家评唱(指《碧岩录》、《从容庵录》、《空谷集》、《虚堂集》),佐四颂之盛,略该五宗之微言,而大隐、觉海等集弗克并踪矣。"(《荣绝老人颂古直注序》,《续藏经》第一一七册,第506页下)

先是有云门宗高僧雪窦重显(智门光祚的弟子),在汾阳善昭所作《颂古》的影响下,从《景德传灯录》等书中摘录了一百则禅宗公案,用偈颂的形式加以品评,编成了《颂古百则》一卷。克勤对此书十分推崇,他说:"雪窦颂一百则公案,一则则焚香拈出,所以大行于世。他更会文章,透得公案,盘(磅)礴得熟,方可下笔。"(《碧岩录》卷一,《大正藏》第四十八卷,第144页中)但是,"大凡颂古,只是绕路说禅;拈古,大纲据款结案而已"(同卷,第141页上)。也就是说,由于受句式的制约,不可能把公案的底蕴以及作颂者的看法,通俗而又明白地表述出来,一般人还是不容易理解。为此,他在成都昭觉寺、澧州夹山灵泉院、湘西道林寺三处,对《颂古百则》作了详细的讲解,三次讲演,虽然语言不尽相同,但主旨大意是一致的。门人将他在夹山灵泉院讲授的内容记录下来,整理成书,这便是《碧岩录》。据说当时灵泉院悬挂着一块匾额，上面写着先前住在这里的已故的善会禅师的一句诗："猿抱子归青嶂里，鸟衔花落碧岩前。""碧岩"一词即来源于此。

《碧岩录》在克勤在世时已经镂版印行，在丛林中广为流传。克勤死后，有个学僧向克勤的大弟子大慧宗杲请益，出语颇异，宗杲久勘才挫其锋，一打听，原来他是根据《碧岩录》讲的，宗杲"因虑其后不明根本，专尚语言，以图口捷，由是火之，以救斯弊也"（以上见希陵的后序）。但宗杲烧的只能是他所在的寺院的印版，其他寺院的印版照样在印书。元大德四年（1300），蜀地居士张明远，以自己所获的《碧岩录》手抄本，与雪堂道行的刻本、蜀本对校，刊正讹舛，重刻了这部书。后世所传的多是张明远的重刻本。

由于《碧岩录》是对雪窦重显《颂古百则》的评析，因此，它所收录的禅宗公案也是一百则，每卷收录十则。《大正藏》收载的《碧岩录》没有这一百则公案的名称，而《续藏经》第一一七册收载的《碧岩录》则有之。为便于阅读，兹将《续藏经》本所立的公案名称移录于下：

卷一：第一则至第十则。依次是：圣谛第一义；赵州至道无难；马祖日面佛月面佛；德山挟复回答；雪峰粟粒；云门日日好月；惠超问佛；翠岩眉毛；赵州四门；睦州掠虚汉。

卷二：第十一则至第二十则。依次是：黄檗噇酒糟汉；洞山麻三斤；巴陵银碗里雪；云门一代时教；云门倒一说；镜清啐啄机；香林坐久成劳；忠国师无缝塔；俱胝只竖一指；翠微禅板。

卷三：第二十一则至第三十则。依次是：智门莲华（花）荷叶；雪峰鳖鼻蛇；保福长庆游山次；铁磨老牸牛；莲华峰拈拄杖；百丈独坐大雄峰；云门体露金风；南泉不说底法；大隋随他去也；赵州大萝卜头。

卷四:第三十一则至第四十则。依次是:麻谷持锡绕床;定上座伫立;陈操具双眼;仰山不曾游山;文殊前后三三;长沙芳草落花;盘山三界无法;风穴祖师心印;云门花药栏;陆亘天地同根。

卷五:第四十一则至第五十则。依次是:赵州大死底;庞居士好雪片片;洞山无寒暑;禾山解打鼓;赵州七斤布衫;镜清雨滴声;云门六不取;招庆翻却茶铫;三圣透网金鳞;云门尘尘三昧。

卷六:第五十一则至第六十则。依次是:雪峰是什么;赵州渡驴渡马;百丈野鸭子;云门却展两手;道吾一家吊慰;钦山一镞破关;赵州田库奴;赵州分疏不下;赵州何不引尽;云门拄杖化龙。

卷七:第六十一则至第七十则。依次是:风穴家国兴盛;云门中有一宝;南泉斩却猫儿;赵州头戴草鞋;外道良马鞭影;岩头取黄巢剑;傅大士讲经竟;仰山汝名什么;南泉画一圆相;沩山请和尚道。

卷八:第七十一则至第八十则。依次是:五峰和尚并却;云岩和尚有也;马祖四句百非;金牛饭桶;乌臼屈棒屈棒;丹霞吃饭也未;云门糊饼;开士入浴;投子一切佛声;赵州初生孩子。

卷九:第八十一则至第九十则。依次是:药山尘中尘;大龙坚固法身;云门古佛露柱;维摩不二法门;桐峰庵主作虎声;云门厨库三门;云门药病相治;玄沙三种病人;云岩大悲千眼;智门般若体。

卷十:第九十一则至第一百则。依次是:盐官犀牛扇子;世尊升座;大光这野狐精;《楞严》不见;长庆阿罗汉三毒;赵州三转语;《金刚经》罪业消灭;天平行脚;忠国师十身调御;巴陵吹毛剑。

上述公案中,数云门文偃和赵州从谂为最多,前者有十四则,后者有十二则,其他禅师每人只有一则或数则。雪窦重显的颂古就是在每则公案之末,附以自己的颂语而成的。

《碧岩录》对所收公案(包括它的颂语,即"颂古")的评析("评唱"),大多是由五大段(或称五节)构成的:(一)垂示。此为克勤所作。语言简短洗炼,一般只有几十个字,长的也不过一百多字,其性质相当于小序、引言或提示,其语气颇似拈古。(二)公案。这是从重显《颂古百则》摘录下来的原文,公案之首均有"举"字,意为列举、举例。其中,凡是重显原先加的评注(时称"著语"),冠以"雪窦著语云"(见第四则、第十八则、第二十三则、第三十一则公案)、"窦云"(见第三十三则公案)、"雪窦拈云"(见第八十一则公案)等字样,乃用与正文相同的字体(《大正藏》本为五号宋体)刊出;凡是克勤新加的注释,不署名氏,用比正文小的字体(《大正藏》本用六号宋体)刊出。(三)评唱。此为克勤对公案的评述。内容包括公案的蕴意、历史背景、所涉人物的言语行事,以及克勤的评析等。(四)颂古。此为重显所作,也是克勤从《颂古百则》上移录的。颂语中夹有克勤的评注("著语")。(五)评唱。此为克勤对颂古的评述。

《碧岩录》中有八十则公案(连同颂古)是按上述程序评述的。另有二十则公案,即第十四则、第十八则、第二十六则、第二十八则、第三十则、第三十四则、第三十六则、第四十四则、第四十八则、第五十二则、第五十八则、第六十四则、第六十七则、第七十一则、第七十二则、第七十八则、第八十则、第八十三则、第九十三则和第九十六则公案,它们的起首没有"垂示",因而对它们的评述是由"公案——评唱——颂古——评唱"的四段式构成的。

兹举一例,以见《碧岩录》的撰录方式:

第十二则"洞山麻三斤":

垂示:杀人刀,活人剑,乃上古之风规,亦今时之枢要。若论杀也,不伤一毫;若论活也,丧身失命。所以道:向上一

路,千圣不传,学者劳形,如猿捉影。且道:既是不传,为什么却有许多葛藤公案?具眼者试说看:

举僧问洞山(守初):如何是佛(铁蒺藜,天下衲僧跳不出——原注)?山云:麻三斤(灼然破草鞋,指槐树骂柳树,为秤锤——原注)。

这个公案,多少人错会,直是难咬嚼,无尔下口处,何故淡而无味?古人有多少答佛话,或云"殿里底",或云"三十二相",或云"杖林山下竹筋鞭",及至洞山,却道"麻三斤",不妨截断古人舌头。人多作话会,道:洞山是时在库下秤麻,有僧问,所以如此答。有底(的)道:洞山问东答西。有底道:尔是佛,更去问佛,所以洞山绕路答之。死汉更有一般:只这"麻三斤"便是佛,且得没交涉。尔若怎么(这么)去洞山句下寻讨,参到弥勒佛下生,也未梦见在。何故?言语只是载道之器,殊不知古人意,只管去句中求,有什么巴鼻。不见古人道:道本无言,因言显道,见道即忘言。若到这里,还我第一机来始得。只这"麻三斤",一似长安大路一条相似,举足下足,无有不是。这个话,与云门(文偃)"糊饼"话是一般,不妨难会。五祖先师(指法演)颂云:贱卖担板汉,贴秤麻三斤。千百年滞货,无处著浑身。尔但打叠得情尘意想,计较得失是非,一时净尽自然会去。

金乌急(左眼半斤,快鹞赶不及,火焰里横身——原注),玉兔速(右眼八两,姮娥宫里作窠窟——原注),善应何曾有轻触(如钟在扣,如谷受响——原注),展事投机见洞山(错认定盘星,自是阇黎怎么见——原注),跛鳖盲龟入空谷(自领出去,同坑无异。土!阿谁打尔鹞死——原注)。花簇簇,锦簇簇(两重公案,一状领过,依旧一般——原注),南地竹兮北地木(三重也有,四重公案,头上安头——原注),因思长庆陆大夫(懒儿牵伴,山僧也怎么,雪窦也怎么——原注),解道合笑不合哭(呵呵,苍天!夜半添冤苦——原注)。咦(咄,是什么?便打——原注)。

雪窦见得透,所以劈头便道:"金乌急,玉兔速。"与洞山答"麻三斤",更无两般,日出月没,日日如是。人多情解,只管道:金乌是左眼,玉兔是右眼。才问著,便瞠眼云:在这里有什么交涉?若怎么会,达磨一宗扫地而尽。所以道:垂钩四海,只钓狞龙,格外玄机,为寻知己。雪窦是出阴界底人,岂作这般见解?雪窦轻轻去敲关击节处,略露些子教尔见,便下个注脚道:"善应何曾有轻触。"洞山不轻酬这僧,如钟在扣,如谷受响,大小随应,不敢轻触。(卷二,第152页下—第153页上)

通过克勤对公案和颂古所作的这一番详尽的解释,本来较为玄奥难懂的《颂古百则》就变得通俗易晓了。

《碧岩录》问世以后,曹洞宗人万松行秀对天童正觉的《颂古》加以评唱而作《从容庵录》,行秀的弟子从伦又对投子义青的《颂古》和丹霞子淳的《颂古》分别加以评唱,撰成了《空谷集》和《虚堂集》。明人将这四部著作称为"四家评唱",刊刻后广为流通(日本《大正藏索引·收录典籍解题》误将行秀对天童正觉《拈古》加以评唱而作的《请益录》,也列入"四家评唱"之一,今据清代受登《荣绝老人颂古直注序》纠正)。

本书的校点本有:弘学等整理《圆悟克勤禅师碧岩录》(巴蜀书社2006年11月版)。

元行秀《万松老人评唱天童觉和尚颂古从容庵录》六卷

《万松老人评唱天童觉和尚颂古从容庵录》,简称《从容庵录》,六卷。元代僧人行秀讲述,侍者离知笔录,元太祖十八年(即南宋宁宗嘉定十六年,公元1223年)成书。由于本书是对南宋曹洞宗僧人天童正觉《颂古百则》的评唱,故又称"宋正觉颂古,元行秀评唱"。收入《大正藏》第四十八卷。

行秀(1166—1246),号万松,河内(今河南沁阳县)人,俗姓蔡。年十五,投邢州净土寺出家。受具足戒以后,游方参请,得法于磁州大明寺雪岩如满禅师。曾受命住持燕京(今北京)万寿寺、报恩寺等,为金末、元初著名的曹洞宗僧人。晚退居报恩寺从容庵,《从容庵录》即得名于此。事见明明河《补续高僧传》卷十八、朱时恩《佛祖纲目》卷三十九、清性统《续灯正统》卷三十五等。

《从容庵录》书首有明万历丁未(三十五年,公元1607年)南城近溪罗汝芳《重刻四家语录序》(《大正藏》本在序名中加了"从容录"三字,作《从容录重刻四家语录序》,似为不妥);同年云南楚雄府知府华亭徐琳《重刻四家评唱序》;甲申年(元太祖十九年,公元1224年)漆水移剌楚才(即"耶律楚材",字晋卿)《万松老人评唱天童觉和尚颂古从容庵录序》;癸未年(1223)行秀《寄湛然居士书》("湛然居士"即耶律楚材)。

耶律楚材在《序》中说:

> 予既谒万松(指行秀),杜绝人迹,屏斥家务,虽祁寒大暑,无日不参,焚膏继晷,废寝忘餐者几三年。误被法恩,谬膺子印,以湛然居士从源目之。其参学之际,机锋罔测,变化无穷。巍巍然,若万仞峰莫可攀仰;滔滔然,若万顷波莫能涯际。瞻之在前,忽焉在后,回视平昔所学,皆块砾耳。……尔后奉命赴行在,扈从西征,与师相隔不知其几千里也。师平昔法语偈颂,皆法兄隆公所收,今不复得其稿。吾宗有天童(正觉)者,颂古百篇,号为绝唱。予坚请万松评唱是颂,开发后学。前后九书,间关七年,方蒙见寄。予

西域伶仃数载，忽受是书，如醉而醒，如死而苏，踊跃欢呼，东望稽颡，再三披绎，抚卷而叹曰：万松来西域矣。其片言只字，咸有指归，结款出眼，高冠今古，足为万世之模楷。非师范人天，权衡造化者，孰能与于此哉。（《大正藏》第四十八卷，第 226 页中、下）

行秀在《寄湛然居士书》中说：

吾宗有雪窦（重显）、天童（正觉），犹孔门之有游（子游）、夏（子夏）。二师之颂古，犹诗坛之李（李白）、杜（杜甫）。世谓雪窦有翰林之才，盖采我华，而不撷我实。又谓不行万里地，不读万卷书，毋阅工部（指杜甫）诗，言其博赡也。拟诸天童老师颂古，片言只字，皆自佛祖渊源流出，学者罔测也。柏山大隐集出其事迹，间有疏阔不类者，至于拈提苟简，但据款而已。万松昔尝评唱，兵革以来废其祖稿（指旧稿），尔来退居燕京报恩（寺），旋筑蜗舍，榜曰"从容庵"，图成旧绪。适值湛然居士劝请成之，老眼昏华，多出口占，门人笔受。其间繁载机缘事迹，一则旌天童学海波澜，附会方便；二则省学人检讨之功；三则露万松述而不作，非臆断也。窃比佛果（指克勤）《碧岩集》，则篇篇皆有"示众"为备；窃比圆通《觉海录》，则句句未尝支离为完。至于著语（指对公案和颂古的评注）出眼，笔削之际，亦临机不让。壬午岁杪，湛然居士书至，坚要拈出，不免家丑外扬，累吾累汝也。（第 226 页下—第 227 页上）

从耶律楚材为《从容庵录》所作的序言，以及行秀给他的书信来看，《从容庵录》的撰作经过大致是这样的：

先前，耶律楚材仕于金朝，与京师圣安澄和尚交往甚密，经常就古尊宿（禅宗祖师）的一些机缘语句向他咨叩。及至金末变乱，耶律楚材称"功名之心，束之高阁，求祖道（禅法）愈亟"（见《从容庵录序》，下同），再次向澄和尚求教，却被对方以"素不通儒，不能教子"婉言推辞了。澄和尚对他说："有万松老人者，儒释兼备，宗说精通，辩才无碍，君可见之。"（第226页中）于是耶律楚材前去参谒万松行秀，参学三年，得到印可，"湛然居士"之号也是那时取的。

元太祖成吉思汗攻取燕京之后，耶律楚材受到了重用，不久随从成吉思汗出征西域，这就与行秀分开了。耶律楚材十分赞赏天童正觉的《颂古百则》（与雪窦重显《颂古百则》选的公案有相同的，也有不同的），称之为"绝唱"，由于先前参学时曾听过行秀对此书的评唱，因而在数千里之外，频频劝请行秀把讲稿整理出来。前后七年，写了九封信。在耶律楚材的再三劝说下，行秀依仿《碧岩录》的体例，撰成了这部《从容庵录》。耶律楚材收到书稿以后，欣喜万分，在西域阿里马城写下了《从容庵录序》，付行秀的弟子从祥在京刊行，以贻来者。因此，《从容庵录》之所以能够问世，实赖行秀和耶律楚材两人之合力。

《从容庵录》收录的公案如下：

卷一：第一则至第十六则。依次为：世尊升座；达磨廓然；东印请祖；世尊指地；清源米价；马祖白黑；药山升座；百丈野狐；南泉斩猫；台山婆子；云门两病；地藏种田；临济瞎驴；廓侍过茶；仰山插锹；麻谷振锡。

卷二：第十七则至第三十二则。依次为：法眼毫厘；赵州狗子；云门须弥；地藏亲切；云岩扫地；岩头拜喝；鲁祖面壁；云峰看蛇；盐官犀扇；仰山指雪；法眼指帘；护国三懡；风穴铁牛；大隋劫火；云门露柱；仰山心境。

卷三：第三十三则至第五十三则。依次为：三圣金鳞；风穴一尘；洛浦伏膺；马师不安；沩山业识；临济真人；赵州洗钵，云门白黑;洛浦临终;南阳净瓶;罗山起灭;兴阳妙翅;《觉经》(《圆觉经》)四节;德山举毕;赵州柏树;《摩经》(《维摩经》)不二;洞山供真;雪峰甚么;法眼舡陆;曹山法身;黄檗噇糟。

卷四:第五十四则至第六十六则。依次为:云岩大悲;云峰饭头;密师白兔;严阳一物;《刚经》(《金刚经》)轻贱;青林死蛇;铁磨牸牛;乾峰一画;米胡悟否;赵州问死;子昭承嗣;首山新妇;九峰头尾。

卷五:第六十七则至第八十二则。依次为:《严经》(《华严经》)智慧;夹山挥剑;南泉白牯;进山问性;翠岩眉毛;中邑猕猴;曹山孝满;法眼质名;瑞岩常理;首山三句;仰山随分;云门糊饼;长沙进步;龙牙过板;玄沙到县;云门声色。

卷六:第八十三则至第一百则。依次为:道吾看病;俱胝一指;国师塔样;临济大悟;疏山有无;《楞严》不见;洞山无草;仰山谨白;南泉牡丹;云门一宝;鲁祖不会;洞山不安;临济一画;九峰不肯;光帝幞头;洞山常切;云门钵桶;琅琊山河。

《从容庵录》对每则公案(包括它的颂语,即"颂古")的评述,都是由五大段(或称五节)构成的。第一段为"示众",是行秀为公案所作的引子(或提示),类似于《碧岩录》中的"垂示";第二段为从天童正觉《颂古百则》摘录下来的公案,行文中有行秀新添的夹注;第三段为行秀对公案的评唱;第四段为从正觉《颂古百则》摘录下来的颂古,行文中有行秀新添的夹注;第五段为行秀对颂古的评唱。与《碧岩录》相比较,行秀在对公案和颂古的评唱中,征引的佛教内外的文史资料更丰富些。其例如下:

第九则"南泉斩猫":

示众云:踢翻沧海,大地尘飞。喝散白云,虚空粉碎。严行正令,犹是半提。大用全彰,如何施设?

举南泉(普愿),一日东西两堂争猫儿(人平不语,水平不流——原注),南泉遂提起云:道得即不斩(谁敢当锋——原注),众无对(直待雨淋头——原注)。泉斩却猫儿为两段(抽刀不入鞘——原注)。泉复举前话问赵州(从谂)(再来不直半文——原注),州便脱草鞋,于头上戴出(好与一刀两段——原注)。泉云:子若在,恰救得猫儿(心斜不觉口渴——原注)。

师云:法云圆通秀(法秀)禅师,见二僧并立说话,将拄杖到连卓数下云:一片业地。何况两堂众首因猫致诤。南泉也不与解劝,亦不与惩罚,本色道人,以本分事为人,遂提起猫儿云:道得即不斩。正当怎么(如此)时,尽十方界有情无情,一齐向南泉手中乞命。当时有个出来,展开两手,不然拦胸抱住,云:却劳和尚神用。纵南泉别行正令,敢保救得猫儿。这一窟死老鼠(指两堂众首),既无些子气息,南泉已展不缩,尽令而行。辽朝上人敩作《镜心录》,诃南泉辈杀生造罪,文首座作《无尽灯辨误》,救云:古本以手作虚斫势,岂直一刀两断,鲜血淋迸哉!这两个批判古人,文公罪重,敩公罪轻,南泉依旧水牯牛队里摇头摆尾。……

颂云:两堂云水尽纷拏(有理不在高声——原注),王老师能验正邪(明镜当台,物来斯鉴——原注),利刀斩断俱亡像(消得龙王多少风——原注),千古令人爱作家(有一人不肯——原注)。此道未丧(死猫儿头,堪作何用——原注),知音可嘉(不道不只是少——原注),凿山透海兮,唯尊大禹(功不浪施——原注),炼石补天兮,独贤女娲(阙一不可——原注)。赵州老有生涯(信手拈来无不是——原注),草鞋头戴较些些(且信一半——原注),异中来也还明鉴(衲子难谩——原注),只个真金不混沙(是真难灭——原注）。

师云：两堂云水尽纷拏，至今不曾定交。若非天童（正觉）会南泉，例验出端倪，往往邪正不分。邪正分明时如何判断，便好利剑斩断，一坑埋却。非但剿绝一期不了公案，亦使千古之下风清寰宇。南泉当时师胜资强，见众无语，却举似赵州，表显众中有人。赵州脱草鞋头上戴出，果然此道未丧，知音可嘉。（卷一，第 232 页中——第 233 页上）

《从容庵录》不只为天童正觉的《颂古百则》作解释，而且也纠正了《颂古百则》中的个别错误。例如《颂古百则》中的第九十三则"鲁祖不会"，说的是这样一则公案："鲁祖问南泉，摩尼珠人不识，如来藏里亲收得，如何是藏？泉云：王老师与汝往来者是。祖云：不往来者？泉云：亦是藏。祖云：如何是珠？泉召云：师祖！祖应诺。泉云：去！汝不会我语。"（参见《从容庵录》卷六）行秀在为这则公案作评唱时指出，这里的"鲁祖"当是"师祖"，是正觉把人名搞错了。"终南山云际师祖禅师，法嗣南泉，天童误为鲁祖，就此辨之，学者应知。且池州鲁祖山宝云禅师，法嗣马祖，乃南泉兄（师兄）也。况师祖，南泉以名呼之。因此公案悟去，南泉之子（弟子）无疑也。"（同上，第 287 页中）因此，这第九十三则公案应当改名为"师祖不会"。

元行秀《万松老人评唱天童觉和尚拈古请益录》二卷

《万松老人评唱天童觉和尚拈古请益录》，简称《请益录》，二卷。元太宗二年（即南宋理宗绍定三年，公元 1230 年），万松行秀讲述，门人笔录。由于本书是对南宋曹洞宗僧人天童正觉《拈古百则》（收录的公案与《颂古百则》有所不同）的评唱，故又称"宋正觉拈古，元行秀评唱"。收入《续藏经》第一一七册。

《请益录》书首有庚寅年（元太宗二年，公元1230年）行秀的《万松老人评唱天童觉和尚拈古请益录序》；明万历丁未（三十五年，公元1607年）虚一的题记（无标题）。

行秀在《请益录序》中，用隐喻含蓄的语言说：

> 最初威音王以前，早有个无孔铁锤，大悲通身，八万四千姥陀罗臂，摸索不著。洞山（指良价）之后，有无手人（喻指正觉），上天童山顶，抛向九霄云外，下长芦岸边，沈（沉）在千寻海底，是可忍也。于是，百般拈弄，遂成百则（指《拈古百则》）。百年之后，湛然居士（指耶律楚材）断送万松（指请行秀评唱《拈古百则》），再呈丑拙。……万松忝授绪余（指绍绪雪岩如满），义无牢让，自庚寅九月旦请益，才廿七日，不觉伎俩已尽（指化了二十七天撰就《请益录》），撩人笑话。老不歇心，激我云仍，少当努力，他后失笑。（《续藏经》第一一七册，第811页上）

虚一在题记中说：

> 万松请益百则老骨董，其词源滚滚，放肆汪洋，开合卷舒，具大自在。然虽如是，不无他指鹿为马，证龟成鳖，奈有傍不肯的在，争似山野。无禅可参，无说可说，免使诸人生爱憎取舍也。（第811页下）

从上可知，行秀是在完成《从容庵录》之后，又应耶律楚材的劝请，对天童正觉的另一部著作《拈古百则》加以评唱，于元太宗二年（1230）九月一日至二十七日，撰成了《请益录》。今本《请益录》共收录九十九则公案（连同公案后面的拈语，即"拈古"），始第一则"文殊过夏"，终第九十九则"洞山钵袋"。然而，《请益录》既是对《拈古百则》的评述，那么它收录的公案也应当是一百则，况且虚一的题记中也称"万松请益百则"，以此推断，当有一则公案在流传过程中失落了。

卷上:第一则至第五十则。主要有:卧轮伎俩、百丈上堂、南泉圆相、法灯开堂、香严上树、雪峰饭罗(箩)、洞山宾主、沩仰摘茶、石霜出世、雪峰古涧、临济祸事、修山凡夫、石巩弓箭,云门法身、《参同》(《参同契》)互回、陆亘坐卧等。

卷下:第五十一则至第九十九则。主要有:盘山心佛、金峰分院、曹山出世、乾峰一二、南泉水牯、长沙转物、僧问睦州、南园抚掌、圣寿钓锥、龙牙乌龟、赵州胜劣、玄沙三病、雪窦砂水、芭蕉好恶、大慈行说、赵州拣择等。

《请益录》对每则公案(包括它的拈语,即"拈古")的评述("评唱"),都是由两大段构成的。第一段为从正觉《拈古百则》摘录下来的原文,内容包括公案、拈古以及行秀在原文中新加的夹注;第二段为行秀对上段原文的评唱。其例如下:

第八十一则"玄沙三病":

> 举玄沙(师备)示众云:诸方尽道接物利生(正是教外人家男女——原注),忽遇三种病人来,如何接得(不须入室,便合罢参——原注)?患盲者,拈槌竖拂,他又不见(耳朵在甚么处——原注);患聋者,语言三昧,他又不闻(眼在甚么处——原注);患痖者,教伊说又说不得(鼻孔在甚么处——原注)。若接此人不得,佛法无灵验(打云:即时见效——原注)。有僧请益云门(文偃)(疑则别参——原注)。门云:你礼拜著(不将坐具来——原注),僧礼拜(放得下——原注)。门以拄杖挃(一点佛手散——原注),僧退后(头轻眼明——原注)。(云门)云:汝不患盲(即时平复——原注)。复唤近前来(剔耳挑聋——原注),僧近前(聪闻蚁斗——原注)。门云:汝不患聋(即时平复——原注)。乃云:会么(暗抽横骨——原注)?僧云:不会(无碍

辩才——原注)。门云:汝不患痖(即时平复——原注)。其僧于此有省(几险盲聋哑一生——原注)。天童(正觉)拈云:云门平展(已费锥刀——原注)。这僧实酬(却成奸诈——原注)。且道悟在甚么处(眼耳口重新——原注),不救之疾(病在膏肓——原注),难为针艾(良医拱手——原注)。

师(指行秀)云:玄沙这话,如"香严上树"底一般,云门发机径直,胜虎头雪窦百倍。翠岩芝云:早知灯是火,饭熟已多时。万松(行秀)道:甚处去来?《无尽灯录》云:玄沙上堂示众才毕,一僧出问:三种病人,和尚还许商量也无?沙曰:许。且作么生商量?其僧:珍重。便出。沙曰:不是不是。行秀道:葫芦里撼蒸茄。(卷下,第884页上、下)

行秀在对第二十三则"赵州有无"、第二十九则"长庆有望"、第三十八则"法眼声色"、第四十二则"石巩弓箭"、第四十八则"香严枯木"、第五十四则"盘山心佛"、第五十七则"云门无滞"、第六十八则"南园抚掌"、第七十九则"钦山三关"、第九十七则"睦州毛端"、第九十九则"洞山钵袋"等的公案的评唱中,屡屡征引今已失传的《无尽灯录》(略称《无尽灯》),这对于推考《无尽灯录》的内容提供了实际资料。

元从伦《林泉老人评唱投子青和尚颂古空谷集》六卷

《林泉老人评唱投子青和尚颂古空谷集》,又称《空谷传声集》,简称《空谷集》,六卷。元世祖至元乙酉(二十二年,公元1285年),林泉从伦讲述,门人笔录。由于本书是对南宋曹洞宗僧人投子义青《颂古百则》的评唱,故又称"宋子青颂古,元从伦评唱"。收入《续藏经》第一一七册。

文史藏　纂集部

从伦，万松行秀的弟子，曹洞宗僧人。明明河《补续高僧传》卷十八附见。

《空谷集》书首有古塘居士陆应阳的《林泉老人评唱投子、丹霞颂古总序》。陆应阳在《总序》中说：

> 古今拈颂不为之少，丛林户知者，惟四家而已。窃窥先觉制物之心，假以古人公案，诱进群迷，故设筌蹄，令速获鱼兔于觉海性苑矣。政知达磨西来，不立文字，而不离文字者耶。近参随衲子，殃及林泉（指从伦），向空谷中刚要传声（隐喻《空谷集》），于虚堂内强来听习（隐喻《虚堂集》），以无说之说，而说其说，便不闻之闻，而闻乎闻。非敢与佛果（指克勤）、万松（指行秀）联镳，并骛于世。且傍邻舍，试效颦者钦。至元乙酉中元日，林泉老衲为聪彦、明泉、无竭说。（《续藏经》第一一七册，第531页上）

《空谷集》共收录投子义青《颂古百则》中的一百则公案以及义青在每则公案后面加的颂古，并逐一对它们作了评唱。各卷收录的情况是：

卷一：第一则至第十八则。主要有：青原阶级、云岩游山、道吾深深、夹山船子、万户俱开、韶山是非、灵云桃花、吸尽西江等。

卷二：第十九则至第三十三则。主要有：赵州吃茶、丹霞烧佛、鸡栖凤巢、问夹山境、无隐身处、风穴古曲等。

卷三：第三十四则至第五十一则。主要有：米胡问悟、云门胡饼、板齿生毛、日里看山、巴陵鸡鸭、仰山山河等。

卷四：第五十二则至第六十九则。主要有：首山菩提、曹溪意旨、赵横高坡、九峰龟毛、文殊成劳、洛浦藏教等。

卷五：第七十则至第八十六则。主要有：禾山打鼓、梁山道场、百丈奇特、雪峰典座、长庆不疑、洞山茎茆等。

卷六：第八十七则至第一百则。主要有：幽栖上堂、北斗藏身、法眼慧超、大阳玄旨、投子月圆、浮山绣球等。

《空谷集》对每则公案和评赞此则公案的颂古的评述,都是由五大段构成的。第一段为"示众",是从伦为公案所作的引子;第二段为公案的原文(摘自义青《颂古百则》,公案中间有义青的拈语,称"投子拈云"、"代云"),行文中有从伦新添的夹注;第三段为从伦对公案的评唱;第四段为颂古的原文(摘自义青《颂古百则》),行文中有从伦新添的夹注;第五段为从伦对颂古的评唱。其例如下:

第九十九则"浮山绣球":

示众云:灯灯续焰,耀古腾今。叶叶联芳,遮天映日。拟要知根达蒂,唯除见性识心,欲审端由,应须穷究。有道得的么?

举僧问浮山(法远)和尚:唱谁家曲,宗风嗣阿谁(不是知音人不知——原注)? 山云:八十翁翁辊绣球(定知难摸索,不必漫针锥——原注)。僧云:恁么则"一句迥然开祖胄,三玄戈甲振丛林"(一人传虚,万人传实——原注)? 山云:李陵元是汉朝臣(重重相为处,且忌错商量——原注)。投子(义青)拈云:水深鱼稳,叶落巢疏(若非亲说破,强不漫追求——原注)。

师(指从伦)云:舒州浮山圆鉴法远禅师,郑州人也。依三交嵩(智嵩)和尚出家。幼为沙弥,见僧入室请问"赵州庭柏"因缘,嵩诘其僧,师傍有省。受具后,谒汾阳(善昭)、叶县(归省),皆蒙印可。尝与达观颖、薛大头七八辈游蜀,几遭横逆。师以智脱之,众以师晓吏事,故号远录公。……三玄者,句中玄,体中玄,玄中玄。李陵乃广(李广)之孙,少为侍中建章监,善骑射,爱人谦逊下士,甚得名誉,武帝以为有广之风。天汉二年拜骑都尉。浮山(法远)

虽恁举来,意不在言,妙在体处。故投子(义青)拈以"水深叶落,鱼稳巢疏"之语(此处为意引,不是原句),使学者于非言之言、无语之语中,不从耳听,眼里闻声,还会晓得么?清音无间断,历劫响泠泠。

  颂曰(以下为义青的颂古):月里无根草(不从栽种得——原注),山前枯木花(遍界发清香——原注)。雁回沙塞后(风冷霜寒——原注),砧杵落谁家(徒劳采听——原注)?

  师(指从伦)云:言言见谛言非有,句句超宗句本无,怎么会得?心月孤圆,情怀洒落,莫笑无根之语,全同无味之谈。剿绝妄情,祛除意路,平生死深坑,叠涅槃觉岸。非同春色空媚皇州,岂恋风光漫游阆苑。(卷六,第637页下—第638页上)

相传,从伦的老师行秀曾撰有《祖灯录》、《释氏新闻》、《鸣道集》、《辨宗说》、《心经风鸣》、《禅悦法喜集》等著作,由于后世不传,其实不详。《空谷集》卷三在对第三十八则公案"风穴黄龙"的评唱中,提到了《祖灯录》。指出,义青《颂古百则》所载的"风穴(延沼)初到黄龙。龙问:石角穿云,云路垂绦,意若何"一句中的"垂绦",据《祖灯录》的记载当作"垂藤","盖当时编录之不详也,今以《祖灯录》为证"(见第574页上)。另外,从伦在《虚堂集》中也多次征引了《祖灯录》(见第五则、第五十四则、第六十四则公案的评唱)。这就为探究《祖灯录》的内容提供了一定的线索。

元从伦《林泉老人评唱丹霞淳禅师颂古虚堂集》六卷

《林泉老人评唱丹霞淳禅师颂古虚堂集》,又称《虚堂习听集》，简称《虚堂集》，六卷。元成宗元贞元年（1295），林泉从伦讲述，门人笔录。由于本书是对南宋曹洞宗僧人丹霞子淳《颂古百则》的评唱，故又称"宋子淳颂古，元从伦评唱"。收入《续藏经》第一二四册。

《虚堂集》书首有元贞元年（1295）秋九月奉训大夫姜端礼《虚堂录序》（"录"或是"集"之误）。说：

> 空劫前，时有无手人，入无影林，采无根相，向闻觉伽蓝，依光明藏，布戒定慧之柱础，架体相用之栋梁。以解脱为门，运法空为座，号曰虚堂，我林泉老师而居也。于禅天之末，见丹霞（子淳）弄影，即色明心，不免指空话空，横说竖说。要到亲切处，俾听之者日益时习廓达灵明者矣。（《续藏经》第一二四册，第514页上）

《虚堂集》共收录丹霞子淳《颂古百则》中的一百则公案以及子淳在每则公案后面加的颂古，并逐一对它们作了评唱。各卷收录的情况是：

卷一：第一则至第十八则。主要有：药山坐次、沙弥住庵、洞山廊幕、云岩巾瓶、夹山示境、石霜触目、渐源持锹、洞山大事等。

卷二：第十九则至第三十三则。主要有：洞山鸟道、神山过桥、洛浦归乡、韶山礼拜、黄山米价、上蓝本分等。

卷三：第三十四则至第四十九则。主要有：海胡行道、九峰有言、甚物最贵、枯木花开、踈（疏）山寿塔、青林径往等。

卷四：第五十则至第六十八则。主要有：二鼠侵藤、白水声色、天童应用、问柏岩禅、泐潭碓捣、同安人师、谷山祖意、白云深处等。

卷五：第六十九则至第八十则。主要有：依经解义、孤峰独宿、问本来心、本来父母、透法身句、石门家风等。

卷六：第八十一则至第一百则。主要有：净众莲花、广德言语、云光作牛、梁山日用、大阳上堂、投子示众,三界唯心等。

《虚堂集》对每则公案和评赞此则公案的颂古的评唱,也是由五大段构成的。第一段为"示众",是从伦为公案所作的引子;第二段为从子淳《颂古百则》摘录下来的公案(无子淳的著语,即评注),行文中有从伦新添的夹注;第三段为从伦对公案的评唱;第四段为从子淳《颂古百则》摘录下来的颂古,行文中有从伦新添的夹注;第五段为从伦对颂古的评唱。其例如下:

第六十六则"白云深处":

示众:法海汪洋,穷玄丧本,心源浩渺,究妙失宗。若能水到渠成,管取功多业就,有解探拔者么?

举僧问白云藏禅师:如何是深深处(红焰啄残鹦鹉粒——原注)?云云:矮子渡深溪(碧梧栖老凤凰枝——原注)。

师(指从伦)云:问在答处,答在问处,或借事显理,或即俗明真,或谈言外之玄,或唱无中之旨,一期应对,皆有渊源。粗言细语,尚归第一义谛。松长柏短,岂非不二玄门,此皆入鄽垂手,曲为今时之所设也。僧问金峰志禅师:是身无知,如土木瓦石,此意如何?师下禅床,扭僧耳朵,僧负痛作声。师曰:今日始捉著个无知汉。僧作礼出去,师召:阇黎!僧回首。师曰:若到堂中,不可举著云何故?曰:大有人笑金峰老婆心。次日上堂云:老僧二十年前有老婆心,二十年后无老婆心。僧问:如何是二十年前有老婆心?曰:问凡答凡,问圣答圣。云:如何是二十年后无老婆心?曰:问凡不答凡,问圣不答圣。林泉道:总是婆心切,何消夸有无。且道与白云,答"矮子渡深溪"之语,是同是别,还定夺得么?莫向浅深求妙旨,休于长短究玄元。

颂曰:白头童子智尤长(人不得邀相——原注),半夜三更渡渺茫(不顾拖泥带水——原注)。任运往来无间断(随流得妙——原注),不消舡艇与浮囊(直超彼岸——原注)。

师云:父少儿子老,举世皆不信。反常合道时,宁免称英俊。是知机智尤长,谋略超卓,才过半夜,恰到三更。须知未至真觉,果然长处梦中渡爱河,欲浪渺渺茫茫,任运往来,了无间断。所以道:高高山顶立,深深海底行。(卷四,第584页上——第585页上)

总的说来,投子义青的《颂古百则》和丹霞子淳的《颂古百则》所收录的公案不大有名,从伦的讲解也不及克勤、行秀来得妙。因此,《空谷集》、《虚堂集》的学术价值,与《碧岩录》、《从容庵录》比较,要逊色一些。

第四门 掌　　故

第一品　唐义净《南海寄归内法传》四卷

《南海寄归内法传》，简称《南海寄归传》、《寄归传》，四卷。武则天天授二年（691），沙门义净于西行求法归国途中在南海室利佛逝（今苏门答腊）停留时撰，并托人送归。载于《丽藏》"英"函、《宋藏》"群"函、《金藏》"英"函、《元藏》"群"函、《明南藏》"功"函、《明北藏》"尹"函、《清藏》"说"函、《频伽藏》"致"帙，收入《大正藏》第五十四卷。

《寄归传》书首有义净《序》，书末附有他致大周诸大德的信。《序》的文字较长，约有二千五百字（这在佛教史传中是不多见的），内容十分丰富。它首先叙述了佛教戒律的由来和它对于防过止非的禁约作用；然后以作者自己的行履见闻为依据，指出释迦牟尼去世以后，佛教僧团因意见不同（主要是对一些戒律的条款持有不同的见解）而分裂产生的十八部，实际上归属于四大系统，即大众部（"分出七部，三藏各有十万颂，唐译可成千卷"）、上座部（"分出三部，三藏多少同前"）、根本说一切有部（"分出四部，三藏多少同前"）和正量部（"分出四部，三藏三十万颂"）。它们在当时印度、南海诸洲以及华夏的流传情况是：

摩揭陀则四部通习，有部最盛；罗荼、信度（西印度国名——原注)则少兼三部,乃正量尤多;北方皆全有部,时逢大众;南面则咸遵上座,余部少存;东裔诸国杂行四部(从那烂陀东行五百驿,皆名东裔,乃至尽穷有大黑山,计当土蕃南畔。……——原注);师子洲并皆上座,而大众斥焉。然南海诸洲有十余国,纯唯根本有部,正量时钦,近日已来,少兼余二。……然东夏大纲多行法护,关中诸处《僧祇》旧兼,江南岭表,有部先盛。(《大正藏》第五十四卷,第205页中)

接着,作者又介绍了大乘佛教的二大派,认为:

所云大乘,无过二种:一则中观,二乃瑜伽。中观则俗有真空,体虚如幻;瑜伽则外无内有,事皆唯识。斯并咸遵圣教。孰是孰非,同契涅槃;何真何伪,意在断除烦惑,拔济众生。(第205页下)

最后,作者分析了华夏持律的现状和存在的问题,吐露了自己撰书的意图:

神州持律,诸部互牵,而讲说撰录之家,遂乃章钞繁杂。五篇七聚,易处更难,方便犯持,显而还隐。遂使覆一篑而情息,听一席而心退。上流之伍,苍髭乃成;中下之徒,白首宁就。律本自然落漠,读疏遂至终身。师弟相承,用为成则。论章段则科而更科,述结罪则句而还句。……然由传受讹谬,轨则参差,积习生常,有乖纲致者。谨依圣教及现行要法,总有四十章,分为四卷,名《南海寄归内法传》。(第205页下—第206页上)

义净写给大周诸大德的信仅一百几十字,大意是说:

所列四十条,论要略事。凡此所录,并是西方师资现行,著在圣言,非是私意。夫命等逝川,朝不谋夕,恐难面

叙,致此先陈,有暇时寻幸昭远意。斯依萨婆多(指有部),非余部矣。(第233页下—第234页上)

由此可见,《寄归传》并非是一部普通的游记,而是一部着重记载公元六、七世纪印度和南海诸国佛教寺院施行的、从源流上来说属于小乘说一切有部的律仪规式的著作。由于这些律仪规式是以作者游历时的见闻为基础,从当时的生活实际中提取出来的,而不是从本本到本本推演出来的,故它带有浓郁的纪实性。内容广泛涉及这一地区的历史、文化、气候、物产、衣食、起居、风俗、礼节、历法、技艺、医药、卫生、语言、文字、经籍、学者,以及作者的师友与自己的经历等。全书分为四十章(又称"四十条"、"四十事")。兹分卷条析如下:

卷一,九章:

一、破夏非小。说"宜取受戒之日以论大小,纵令失夏不退下行"(第206页下)。应当根据受戒的先后确定僧人的长幼大小,即使是对那些不遵守"坐夏"(又称"夏安居"、"结夏",指在夏季的三个月内僧人应安心居住在寺庙里,坐禅修学,不得外游)制度的僧人,也不应因他"破夏"、"失夏"而贬低他原来的辈次。

二、对尊之仪。说"若对形像及近尊师,除病则徒跣足仪,无容辄著鞋履。偏露右肩,衣掩左髆,首无巾帊"(同上)。除生病者以外,僧人在拜礼佛像和菩萨像,以及面见长老时,都须脱鞋赤脚,偏露右肩,以示敬意。

三、食坐小床。说"西方僧众将食之时,必须人人净洗手足,各各别踞小床,高可七寸、方才一尺。……双足蹋地,前置盘盂。地以牛粪净涂,鲜叶布上"(同上)。

四、餐分净触。说西方道俗称没有吃过的食物为"净",已经吃过、哪怕是仅尝一口的食物为"触"。凡他人用过的碗器一概扔掉,不再盛食;残食也只可由原来吃过的人食用,不能给别人吃。饭前须洗手漱口,大小便后也要洗手。

五、食罢去秽。说饭后要洗手,嚼齿木(下详),疏牙刮舌,务令清洁。

六、水有二瓶。说平时要将喝的水与用的水分装在不同的容器里。

七、晨旦观虫。说每日清晨须观察已经打来的水,或者观察将要从中取水的井、池、河中有无小虫。若有,则要用白布滤去,以免伤生。

八、朝嚼齿木。说印度有一种"长十二指,短不减八指,大如小指,一头缓(软)须熟嚼"的齿木,那里的人每天早上起来都嚼它,以揩齿刮舌。

九、受斋轨则。用占半卷以上的篇幅,详细地记述印度和南海诸国僧人赴请受斋时,宾主的仪礼规式、饮食供养,并插叙了有关的典故传说。

卷二,九章:

一、衣食所须。详细记叙了印度、南海诸国僧人和百姓的衣着服式;耽摩立底国僧人出租田地,收取三分之一果实的情况,以及寺院不设纲维,遇事由众僧集体裁决的管理制度;摩揭陀国官府尊敬僧人,无有驱使之事的传统。检讨了东夏在这些方面的不同做法。其中有:"法众三衣,五天(指五印度)并皆刺叶,独唯东夏开而不缝。"(第212页中)"若为众家经求取利,是律所听(允许);垦土害命,教门不许。"(第213页中)"四部之异,以著裙表异。一切有部则两边向外双襵;大众部则右裾蹙在左边,向内插之,不令其堕。……上座、正量制亦同斯,但以向外直翻,旁插为异。……神州祇支(指僧服)偏袒覆膊,方裙、禅袴、袍襦,咸乖本制。"(第214页上)

二、著衣法式。介绍僧衣的穿着方法。

三、尼衣丧制。介绍比丘尼法服的款式、穿法,以及僧人处理丧事,可读经念佛,不可像俗人那样号咷痛哭,或寝庐服丧的规则。

四、结净地法。说西国称寺院的橱房为"净橱",亦即"净地"。

五、五众安居。说出家五众(比丘、比丘尼、式叉摩那、沙弥、沙弥尼)每年的安居时间可选择"前安居",也可选择"后安居"。"若前安居,谓五月黑月一日。后安居则六月黑月一日。唯斯两日合作安居,于此中间文无许处。至八月半是前夏了,至九月半是后夏了。此时法俗盛兴供养。"(第217页上)

六、随意成规。说"凡夏罢年终之时,此日应名随意,即是随他于三事(指见、闻、疑)之中任意举发,说罪除愆之义。旧云自恣者,是义翻也。"(第217页中)在"夏安居"结束和年终的时候,一寺的僧众要举行以"说罪除愆"为内容的集会(称"自恣"),由僧人当众陈述自己先前所犯的罪过,同时听取他人的检举揭发,进行忏悔。

七、匙箸合否。说"西方食法,唯用右手。必有病故,开听畜匙。其箸(筷子)则五天所不闻,四部亦未见,而独东夏共有斯事。"(第218页上)

八、知时而礼。说"礼敬之法,须合其仪"(同上)。凡是吃过东西或大小便以后没有漱口洗手的僧人,不应接受他人的合掌礼敬,也不应礼敬他人。

九、便利之事。说大小便后洗身洗手的方法,以及保持厕所清净卫生的重要性。

卷三,十二章:

一、受戒规则。记西国出家受戒的程式与要求。大意是:

"诸有发心欲出家者,随情所乐,到一师边陈其本意。师乃方便问其难事,谓非害父母等。难事既无,许言摄受。既摄受已,或经旬月,令其解意,师乃为授五种学处(即五戒),名邬波索迦(又称"优婆塞",即男居士)。自此之前非七众数,此是创入佛法之基也。师次为办缦条僧脚崎及下裙等,并钵滤罗,方为白僧陈出家事。僧众许已,为请阿遮利耶(即"导师"),可于屏处令剃头人为除须发,方适寒温教其洗浴,师乃为著下裙,方便检查非黄门等。次与上衣,令顶戴受,著法衣已,授与钵器,是名出家。次于本师前,阿遮利耶授十学处(即"十戒"),或时暗诵,或可读文。既受戒已,名室罗末尼罗(即"沙弥")。"(第219页上、中)

二、洗浴随时。说西国气候多暑,那里的人有每天洗澡,不洗不食的习惯。那烂陀寺在寺外开凿了十余个大池。每天早上鸣钟,令僧徒洗浴。"洗浴者并须饥时。浴已方食有二益:一则身体清虚,无诸垢秽;二则痰癊消散,能餐饮食。饱方洗浴,医明所讳。"(第220页下—第221页上)

三、坐具衬身。说坐具(长三五尺的布)是眠卧时用来保护毡席的,"礼拜敷其坐具,五天所不见行。致敬起为三礼,四部罔窥其事"(第221页上)。

四、卧息方法。说"南海十岛、西国五天,并皆不用木枕支头,神州独有斯事。其西方枕囊样式其类相似,取帛或布染色,随情缝为直袋,长一肘半、宽半肘,中间贮者随出,或可填毛,或盛麻缊,或蒲黄柳絮,或木绵荻苕,或软叶干苔,或决明麻豆,随时冷热,量意高下,斯乃适安身,实无坚强之患。"(第221页上、中)

五、经行少病。说"五天之地,道俗多作经行。直来直去,唯遵一路。随时适性,勿居闹处。一则痊疴,二能销食。禺中(指正午)日昳,即行时也,或可出寺长引,或于廊下徐行。"(第221页中)"经行乃是销散之仪,意在养身疗病。旧云行道,或云

经行,则二事总包,无分泾渭。"(第221页下)

六、礼不相扶。说大僧受小僧礼拜时,应保持原来的姿态,不可屈身相扶。

七、师资之道。说弟子奉侍师父的种种礼节。

八、客旧相遇。说客僧入见寺众或故人相见时的言语仪态。

九、先体病源。说医病须先察病源。"凡四大之身有病生者,咸从多食而起。"(第223页下)在西国,医者和商贾的地位很高,因为他们"自益济他"。那里的药材也与东夏不同:"如人参、茯苓、当归、远志、乌头、附子、麻黄、细辛,若斯之流,神州上药,察问西国,咸不见有。西方则多是诃黎勒,北道则时有郁金香,西边乃阿魏丰饶,南边则少出龙脑。三种豆蔻皆在杜和罗,两色丁香咸生堀伦国。唯斯色类是唐所须,自余药物不足收采。"(同上)

十、进药方法。说西方医道"其中要者绝食为最"(第224页中)。"其在西天罗荼国,凡有病者绝食或经半月,或经一月,要待病可然后方食。中天竺极多七日,南海二三日矣。"(第224页下)"又由东夏时人,鱼菜多并生食,此乃西国咸悉不餐。凡是菜茹皆须烂煮,加阿魏苏油及诸香和,然后方啖。葅虀之类,人皆不食。"(第225页上)

十一、除其弊药。说"自有方处鄙俗,久行病发,即服大便小便,疾起便用猪粪猫粪,或坩盛瓮贮,号曰龙汤。虽加美名,秽恶斯极"(同上)。

十二、旋右观时。说五印度皆以右为尊便,"皆名东方为前方,南方为右方"(第225页中)。僧人过时不食,所说的"时"是指正午,确定正午的方法有立竿取影、观中处中、碗盛漏水等。

卷四,十章:

一、灌沐尊仪。记西国诸寺每天举行的浴佛活动。"每于禺中（正午）之时，授事（旧译"维那"）便鸣健稚（又译"犍椎"，即"钟"。原注略)，寺庭张施宝盖，殿侧罗列香瓶，取金银铜石之像，置于铜金木石盘内。令诸妓女奏其音乐，涂以磨香，灌以香水（原注略)，以白氎而揩拭之，然后安置殿中，布诸花彩。"（第226页中）"其浴像之水，即举以两指，沥自顶上。斯谓吉祥之水，冀希胜利。"（第226页下）而在东夏，一般是在每年的四月八日即佛诞日才举行浴佛仪式的。

二、赞咏之礼。说神州之地，自古相传在礼敬佛像时只念佛名，而不大念以称扬佛德为内容的赞颂。但在西方，凡礼佛时都须念颂。那里有个名叫"摩咥里制吒"的尊者，先后造了四百赞和一百五十赞，"总陈六度，明佛世尊所有胜德"（第227页中），在西方影响极大。"西方造赞颂者，莫不咸同祖习。无著、世亲菩萨悉皆仰趾。故五天之地初出家者，亦既诵得五戒十戒，即须先教诵斯二赞。无问大乘、小乘，咸同遵此。"（第227页中、下）陈那《杂赞》三百颂、鹿苑名僧释提婆《糅杂赞》四百五十颂，都是和这二赞的。此外，龙树以诗代书，寄与当时南方大国王市寅得迦（号"娑多婆汉那"）的《密友书》也很有名。《密友书》"令敬信三尊，孝养父母，持戒舍恶，择人乃交"，"五天创学之流，皆诵此书赞，归心系仰之类，靡不研味终身。若神州法侣，诵观音遗教，俗徒读《千文》(《千字文》)、《孝经》矣"（第227页下）。另有马鸣撰《佛本行经》（又名《佛所行赞》)，"意述如来始自王宫，终乎双树一代佛法，并缉为诗。五天、南海无不讽诵"（第228页上）。

三、尊敬乖式。说僧人于廛肆之中礼敬俗人，为律仪所不许。

四、西方学法。详细介绍印度的学术状况，特别是"五明"（声明、工巧明、医方明、因明、内明）中的"声明"（语言文字学）。

说印度普遍学习的"声明"类经典主要有五部：一、《创学悉谈章》，"本有四十九字，共相乘转，成一十八章，总有一万余字，合三百余颂"（第228页中），这是供六岁童子学习的，要求在六个月学完；二、《苏呾罗》，这是声明类的根本经典，有一千颂，八岁童子在八个月内诵了；三、《䭾睹章》，"有一千颂，专明字元，功如上经"（第228页下）；四、《三荒章》，"明七例，晓十罗声，述二九之韵"（同上），十岁童子须勤学三年方能解其义；五、《苾栗底苏呾罗》，这是解释《苏呾罗》的书，有十八千颂，"演其经本，详谈众义，尽寰中之规矩，极天人之轨则"（同上），要求十五岁童子在五年内学完。解释此经的有《苾栗底苏呾罗议（义）释》二十四千颂，为学士钵颠社捋造；解释《议（义）释》的又有《伐致呵利论》二十五千颂，作者是"响震五天"的学士伐致呵利。此书"盛谈人事声明之要，广叙诸家兴废之由"（第229页上），为时人所重。伐致呵利另造《薄迦论》，颂有七百，释有七千，"叙圣教量及比量义"（第229页中）。又造《苹拏》三千颂，由护法论师作释，"可谓穷天地之奥秘，极人理之精华"（同上）。其他著名的佛教学者有法称、德光、德慧、慧护、智月、宝师子等。

五、长发有无。说五印度没有俗人留长发而可受具足戒的事情。

六、亡财僧现。说僧人亡故以后财物的处理方法。

七、受用僧物。说"现今西方所有诸寺苾刍（比丘），多出常住僧。或是田园之余，或是树果之利，年年分与，以充衣直（值）"（第230页下）。

八、烧身不合。说人身难得，"理应坚修戒品，酬惠四恩"，不可轻率烧身，"匆匆自断躯命"（第231页中）。

九、傍人获罪。说"俗云：杀身不如报德，灭名不如立节。然而投体饿虎，是菩萨之济苦；割身代鸽，非沙门之所为"（第

231页下），劝诱他人烧身者，定招大罪。

十、古德不为。记叙义净的亲教师善遇法师、轨范师慧智法师的种种德行，以及义净泛海取经的经过。说二师都教诲他"烧指烧身不应为也"（第233页上），并鼓励他去印度观礼圣迹。"既奉慈听，难违上命，遂于咸亨二年十一月，附舶广州，举帆南海，缘历诸国，振锡西天。至咸亨四年二月八日，方达耽摩立底国，即东印度之海口也。停至五月，逐伴西征，至那烂陀寺及金刚座。遂乃周礼圣踪，旋之佛誓（指室利佛逝）耳。"（第233页中）

义净学业多方，然以说一切有部为宗。他撰作《南海寄归内法传》的本意，是想用印度和南海一带佛教的律仪规式，来匡正汉地寺院沿袭已久的一些不同做法，改变一些人所持的"佛生西国，彼出家者，依西国之形仪；我住东川，离俗者习东川之轨则"的观点（见卷二《衣食所须》章，第212页中），这在当时并没有产生多大的效果。但书中介绍的许多历史知识，却大大开阔了世人的视野，填补了中外史书上的一些空白。正是由于这一点，它成了海内外学者一致推重的一部名著。

本书的校注本有：王邦维《南海寄归内法传校注》（中华书局1995年4月版）。

第二品　五代义楚《释氏六帖》二十四卷

《释氏六帖》，又名《释氏纂要六帖》、《义楚六帖》，二十四卷。后周显德元年（954），齐州开元寺沙门义楚集。宋代《崇文总目》、《遂初堂书目》有著录。今据台湾弥勒出版社1982年版解说。

义楚，俗姓裴，相州安阳（今河南安阳）人。七岁出家，从诸父(伯父)修进法师和季父(叔父)省伦法师研习经论,尤精《俱舍论》,先后传讲唐代大云寺僧圆晖撰的《俱舍论颂疏》(三十卷)达十多遍。后周世宗赐号"明教大师"。北宋赞宁《宋高僧传》卷七有传。

《释氏六帖》书首有义楚《进释氏六帖表》;北宋东京(开封)留守枢密使王朴《六帖述》;义楚《释氏六帖序》。书末有义楚《后序》;北宋开宝六年(973)安定胡正《后序》;崇宁二年(1103)六月越州开元寺管内副僧正履中《重开释氏六帖后序》。

义楚在《进释氏六帖表》中说:

> 窃以臣回心自幼,离俗出家,受具足戒于明师;不忘精进,传真经于辩士。罔惮苦辛,屡易寒暄,稍穷涯矣。因滥觞于学海,辄捧土于义山,遂于大藏繁文之中,纂成《释氏六帖》一部。岁起乙巳(指后晋开运二年),功毕甲寅(指后周显德元年)。采异访奇,分门聚类,内外诸法、大小二乘,言意两存,上下相贯,或因枝以振叶,或寻波而讨源。集自愚僧,虽不离于圣教,付诸学者,庶有益于空门。(弥勒出版社版,第1页)

王朴在《六帖述》中说:

> 义楚上人,智慧多闻之士。讲授之外,以述作为业。于大教群言之内,取其全文精义,以类相从,凡五十部四百四十门,为《六帖》焉。将令学者每讨论一说,则按部窥门,五千卷之典章无不涉矣。著之者用力多,学之者用力寡,所谓妙于传法,其希圣者欤?所以知白氏(指白居易)不能专美于儒道矣。(第2页)

《释氏六帖》是一部依仿唐代白居易《白氏六帖》的体例而

编集的、以采录佛教掌故为主的佛教类书。相传,白居易曾购置了几十个大陶罐,贴上门目,放在书斋中一个七层的木架上。叫学生们采录群书的成语和典故,或摘句,或提要,分别投放到有关的陶罐中,待积存到相当数量之后,将纸条倒出来,整理抄录而成一书,这便是《白氏六帖》三十卷,又名《白氏经史事类六帖》。到了南宋,孔子的后裔孔传又续撰了三十卷。后人将两书合起来,分成一百卷,取名为《白孔六帖》,成了流传至今的一部类书(见《四库全书总目提要》卷一三五)。义楚在开讲《俱舍论》和圆晖《疏》之外,通读《大藏经》三遍(见《宋高僧传》本传)。有感于佛藏部卷繁多,"缁侣罕穷根蒂,鸿儒鲜究波澜,若非攒蔟门名,以类罗列,故难备要,不易寻求"(义楚《释氏六帖序》,第2页),于是从后晋开运二年(945)起,化了近十年的时间,撰就了这部《释氏六帖》。

《释氏六帖》分为五十部,始《法王利见部》,终《师子兽类部》。每部之下又分若干门,总计四百四十门。每一门收有数量多寡不等的词目,少的只有一二条,多的达几十条,甚至上百条。所叙录的内容极为广泛,不仅有大量的佛教掌故和术语,而且有各种各样的人文掌故和自然知识。诸如佛法僧的含义;大小乘的修持;王侯卿相对佛教的态度;僧尼不拜王者的争论;师徒之间的教诫;行住坐卧的礼仪;高僧的德业;圣贤的著述;寺舍塔殿的建置;衣物用具的名目;儒家的伦理道德;道教的天尊道法;君臣之道;人事交往;天文地理;物产珍宝;饮食娱乐;医药术数;军旅交通;商贾工巧;以及飞禽走兽、草木虫鱼等等,尽皆收纳。各部情况如下:

一、法王利见部(卷一)。下分六门,收录释迦牟尼("法王")的名姓行业、相好(指三十二相八十随好)光明、降生时代、所居国土、入灭舍利、像化灵异方面的词目。

二、信奉谤毁部(卷二)。下分四门,收录历代王侯卿相以至道门(道教)崇奉佛教,或谤毁佛教等方面的词目(主要根据唐法琳《辩正论》编集)。

三、大法真诠部(卷三)。下分十门,收录法宝(佛藏)名数、说法时处、诸法名相(佛教中的名词术语)、求法受持、发愿回向、法灭(佛法衰灭)因缘、善与恶等方面的词目。

四、损恼有情部(卷四)。下分八门,收录生、老、病、死、苦难、地狱等方面的词目。

五、六到彼岸部(同上)。下分六门,收录布施、持戒、忍辱、精进、禅定、智慧(合称"六度")方面的词目。

六、大士僧伽部(卷五)。下分十门,收录僧宝、菩萨、受记、出家、还家(指还俗)、破戒、沙弥、行者等方面的词目。

七、师徒教诫部(卷六)。下分二十门,收录师主、弟子、论师、法师、纲维、知事、教诫、知足、安乐、羞耻等方面的词目。

八、威仪礼乐部(同上)。下分十二门,收录礼仪、行步、住立、坐起、眠卧、避嫌、忏谢、供养、斋会、温浴、福业、破斋等方面的词目。

九、语论枢机部(同上)。下分十二门,收录语言、论义、嘲戏、辩才、笑哂、离间、呵责、欺诳、谤毁、妄语、止诤等方面的词目。

十、九流文艺部(卷七)。下分十七门,收录佛教著述、儒道九流、文字、书檄、诗颂、纸笔、医药、术数、占卜、占梦、相法、工巧、塑画、商贾等方面的词目。

十一、高行诸尼部(卷八)。下分三门,收录比丘尼(出家受具足戒的女子)方面的词目(主要根据梁宝唱《比丘尼传》编集)。

十二、僧尼不拜部(同上)。下分八门,收录东晋至唐代有关僧尼不拜王者的争论、会昌毁佛、佛道先后等方面的词目(主要根据唐彦悰《集沙门不应拜俗等事》编集)。

十三、大道灵仙部(同上)。下分五门,收录道教方面的词目。

十四、流通大教部(卷九)。下分四门,收录译经、求法等方面的词目(此部至《化导人天部》,凡十部,主要根据梁慧皎《高僧传》和唐道宣《续高僧传》十科的内容编集)。

十五、法施传灯部(卷十)。收录义解僧方面的词目。

十六、神通化物部(卷十一)。收录神异僧方面的词目。

十七、静虑调心部(同上)。收录习禅僧方面的词目。

十八、持犯开遮部(卷十二)。收录明律僧方面的词目。

十九、捐身为法部(同上)。收录亡身和护法僧方面的词目。

二十、持诵贯花部(同上)。收录诵经僧方面的词目。

二十一、荷负兴崇部(同上)。收录兴福僧方面的词目。

二十二、抑扬半满部(同上)。收录经师方面的词目。

二十三、化导人天部(同上)。收录唱导和杂科僧方面的词目。

二十四、威灵神众部(卷十三)。下分四门,收录梵王、帝释、魔王、天王方面的词目。

二十五、世主人王部(同上)。下分五门,收录有道君王和无德之主方面的词目。

二十六、储君臣佐部(同上)。下分二门,收录太子和大臣方面的词目。

二十七、神仙高士部(卷十四)。下分十门,收录仙人、外道、导师、婆罗门、长者、居士、信士、隐士等方面的词目。

二十八、人事亲朋部(同上)。下分十八门,收录父母、兄弟、舅伯、孝子、逆子、朋友、宾客、奴仆、伴侣、孤独、贫穷等方面的词目。

二十九、军旅雄勇部（卷十五）。下分十五门，收录军旅、斗战、劫贼、渔人、猎师、断事等方面的词目。

三十、大权示化部（同上）。下分四门，收录圣女、天女等方面的词目。

三十一、后妃公主部（卷十六）。下分三门，收录后妃、公主、宫人方面的词目。

三十二、妇女贤乱部（同上）。下分六门，收录嫁娶、妻室、婢妓、淫滥等方面的词目。

三十三、幽冥鬼神部（同上）。下分十门，收录鬼神、灵变等方面的词目。

三十四、自在光明部（卷十七）。下分十九门，收录天、日、月、星、风、云、雨、雷、电、雪、旱、年、劫时、节会、寒热、昼夜等方面的词目。

三十五、厚载灵源部（卷十八）。下分十六门，收录地、山、海、江、河、水、泉、池、井、土、火、灯等方面的词目。

三十六、草木果蔬部（同上）。下分十四门，收录园、林、树、花、果、草、瓜菜等方面的词目。

三十七、酒食助味部（卷十九）。下分二十五门，收录酒、食、粥、饼、盐、乳、酪、蜜、肉、油、稻、种植等方面的词目。

三十八、宝玉珍奇部（同上）。下分十二门，收录宝、金、银、琉璃、珠、玉、钱、财等方面的词目。

三十九、雅乐清歌部（卷二十）。下分十门，收录乐、琴、琵琶、鼓、钟、铃、磬、歌、舞、棋方面的词目。

四十、五境为缘部（同上）。下分五门，收录色、声、香、味、触方面的词目。

四十一、六根严相部（同上）。下分六门，收录眼、耳、鼻、舌、身、意方面的词目。

四十二、随根诸事部(同上)。下分十七门,收录头、臂、手、足、发、毛、皮、骨、血脉、泪汗、息气等方面的词目。

四十三、国城州市部(卷二十一)。下分四门,收录国、城、州、市方面的词目。

四十四、寺舍塔殿部(同上)。下分十三门,收录寺、殿、塔、堂、宅、门、柱、厨、阶、台、坛、壁、厕方面的词目。

四十五、贮积秤量部(卷二十二)。下分五门,收录藏、柜、斗、秤、盆瓮方面的词目。

四十六、助道资身部(同上)。下分二十九门,收录衣服、袈裟、数珠、剃刀、净瓶、钵盂、锡杖、鞋履、幡、拂、床、座、针、线、布等方面的词目。

四十七、武备安邦部(卷二十三)。下分十九门,收录印、甲、枪戟、刀剑、弓、箭、索、梯、车、船、桥、担等方面的词目。

四十八、龙王水族部(同上)。下分十门,收录龙、龟、鱼、蛤、獭、蛇、虫蚁等方面的词目。

四十九、金翅族羽部(同上)。下分十九门,收录飞鸟、凤凰、孔雀、鹤、鹦鹉、鹰、雁、鹅、鸡、蝙蝠、蜂、蝇、蚊等方面的词目。

五十、师子兽类部(卷二十四)。下分十八门,收录师子(即"狮子")、象、虎、鹿、驼、马、驴、牛、羊、猪、狗、猕猴、兔、狐、猫、鼠等方面的词目。

《释氏六帖》的词目一般以四字为题,如沙门姓氏、法门舍利、禅有五门、声闻四果、慧远抗帝、耆域神奇、昙瑗律统、宝琼义邑、书目之源、律历数始等。也有不到四字或多于四字的,如三世、五位、《宝林传》、日本国、陈高宗孝宣皇帝、魏高祖孝文皇帝等。然后广引佛教经律论及杂藏(各类撰集)予以诠释。以篇幅并不长的卷六《师徒教诫部》为例,所征引的佛教经籍就有:

《经音义》、《善师戒经》、《十住论》、《中阿含经》、《优婆塞戒经》、《百缘经》、《四分律》、《梁武忏》、《弘明集》、《净名经》(又名《维摩经》)、《苏悉地经》、《根本律杂事》(指《根本说一切有部毗奈耶杂事》)、《智论》(《大智度论》)、《慈恩传》、《般若论》、《西域记》、《金光明经》、《仁王经》、《毗婆沙论》、《贤愚经》、《法苑》(《法苑珠林》)、《七所知经》、《三惠经》、《萨遮尼乾子经》、《法句经》、《持心梵天经》、《大集经》等五十多种。此外,《释氏六帖》也征引了一些世俗典籍和道教之书,以卷十七《自在光明部》为例,就有:《孟子》、《灵宝经》、《西升经》、《老子》、《说文》、《列子》、《曹氏太一戒经》、《汉纪》、《归藏》、《搜神记》、《易经》等十余种。大多数的释文是以引经据典的方式展开的,也有一些释文略去出典,根据作者的记忆和理解加以表述。其例如下:

正行十种 《庄严论》云:一书写,二供养,三流转,四听受,五转读,六教他,七习诵,八解脱,九思择,十修习。此十于法能生无量功德。(卷三《大法真诠部·说法时处》,第49页)

僧房圣相 《有部律颂》云:僧房壁画白骨尸相;大门(画)神王、药叉、佛像、生死轮;僧厨画擎美食神;库门画药叉擎如意俰或天德瓶,口写珍宝供侍,(疑脱二字)画老比丘像;浴室画五天使者像;病僧房画佛授手像,看比丘像;水堂画神龙像;厕尸林画佛本生、成道等像,塑亦得。(卷七《九流文艺部·塑画》,第135页)

三过十过 《鹦鹉谏王经》云:王有三过:一近邪佞,二远贤良,三好伐他国,不自修德。又有十过:一耽荒女色;二嗜酒,不恤国事;三围棋博弈,不修礼节;四杀猎不慈;五恶言无善;六赋役刑重;七夺民财宝;八多疑不决;九不信因

果;十不敬祖考也。(卷十三《世主人王部·无德之主》,第283页)

横吹曲　朝乐也。张博望入西域,传得其法,西京唯摩诃兜勒一曲,李延年因之更作新声二十八解,乘舆以为武乐也。(卷二十《雅乐清歌部·歌》,第415页)

由于《释氏六帖》广征博引,集佛教故实与义理为一书,因此,书中保存了不少今已失传的隋唐佛教撰集的坠简佚文。其中有隋代灵裕《寺诰》(又名《塔寺记》,一卷,见《续高僧传》卷九、《历代三宝纪》卷十二)、唐代彦悰《西京寺记》(二十卷,见《法苑珠林》卷一百。《大唐内典录》卷六载有彦悰《大唐京寺录传》十卷,疑两书可能是同一部书,只是名称、分卷不同罢了)、太原居士郭迻《新定一切经类音》(八卷,见日本圆珍《智证大师请来目录》)以及智炬《宝林传》第九卷中的文句。例如:

寺有多名　《寺诰》云:道场、生庭、公庭、净住舍、法同(舍)、出世间(舍)、精舍、清净无极园、金刚净刹灭道场(据《大宋僧史略》卷上的转引,似应作"金刚刹、寂灭道场")、离恶处、清近等处(似应作"清近处等"),以上皆寺之异名也。(卷二十一《寺舍塔殿部·寺》,第436页)

高宗慈恩　《西京寺记》云:慈恩寺在晋昌坊,本名净景寺,高宗为母文德皇太后长孙氏、太宗后(造)。(太后)怀高宗将产,数日分娩不得,遂诏医博士李洞玄候脉。奏云:缘圣子以手执母心,所以不产。太宗问:如何?洞玄奏曰:留子,母命不全;母全,子死。帝沉吟良久。皇后奏云:留子,帝业永昌。太宗依奏。洞玄于六月二十一日奉敕取圣子,遂乃隔腹针之,透心至手。圣后崩,太子即诞。后为君,手至天阴,常手中有瘢病。帝问嫔妃,不对。候大朝日,问诸大臣,方奏斯事。帝闻,闷绝躄地,良久乃甦,曰:寡人

文史藏　纂集部

不孝,致慈母早崩,将报深恩。乃敕造大慈恩寺,度僧一百人。造观一,名昊天观,宫一,名罔极宫,度道士五十人。高宗,贞观十年生矣。(同上,第438页—第439页)

　　郭逡重述　《经音类决序》云:昔轩辕黄帝,初召苍颉,始制文字。盖依类鸟迹,故谓之文;其后形声相益,即谓之字;著之于竹帛,故谓之书。《周礼》:八岁入小学,保氏教国子以六书。一曰指事,视而可识,察而可见(据许慎《说文解字叙》,当作"察而见义"),上、下是也;二曰像形,画成其物,随体(后脱"诘诎"二字),日、月也;三曰形声,以事为名,取譬相成,江、河是;四曰会意,此(当作"比")类合谊,(前脱"以见"二字)指挥,武、字(当作"信")是;五转注,(前脱"建类一首,同意相受"二句)考、老是;六假借,本无其字(后脱"依声托事"一句),如令、长是。自秦后,有八体。一大篆,二小篆,三克(当作"刻")符,四虫书,五摹印,六署书,七爻(当作"殳")书,八隶书。又先贤造字,按《说文》有一十三万三千四百四十一字。又诸佛经,其字更多,就梵音翻译,时借声而作也,约部类有二百五十九部。(卷六《九流文艺部·九流文字》,第123页)

　　六祖甘露　《宝林传》云:贞元二年冬十一月二十二日早晨,于六祖塔前柏树,如饴连珠。三年,又连十余日。(卷十九《酒食助味部·甘露》,第395页)

《释氏六帖》由于自宋以来一直没有被编入《大藏经》(如宋、元、明、清、频伽、弘教、卍正、卍续、大正诸藏)之中,因此,传本较少,知之者也不多。1944年上海普慧大藏经刊行会将它刊行于世,它的内在价值才日益受到学者的重视。然而,书中每每将唐代法琳《辩正论》,称为"《辩正理论》"、"《正理论》",这是其他佛典中没有用过的称名,很容易被误解为某一部汉译论本；又将《不空罥索神变真言经》略称为"《不空》"，由于书中没有任何标点符号，这种"不空云"，很容易被误解为是唐代密教大师不空的话；此外，引文中的衍脱讹倒也不少，而且时常是原文的改述，而不是原文的摘录，凡此种种，都须在阅读时留意。

第三品　北宋赞宁《大宋僧史略》三卷

《大宋僧史略》，略称《僧史略》，三卷。北宋咸平二年（999），右街僧录赞宁奉敕撰定（卷题下有"咸平二年重更修治"的小注）。收入《大正藏》第五十四卷。

《大宋僧史略》书首有南宋绍兴十四年（1144）四月法道《重开僧史略序》和赞宁《序》；书末有法道集录绍兴三年（1133）至绍兴十三年（1143）有关国忌日行香，僧道班列位次的文状批旨而成的《绍兴朝旨改正僧道班文字一集》。法道在《重开僧史略序》中说：

> 宁师（指赞宁）内外博通，真俗双究。观师所集《物类相感志》，至于微术小伎亦尽取之，盖欲学佛遍知一切法也。崇宁四年敕加命号，曰东京左街僧录、史馆编修、圆明通慧大师，以旌其学行。师之所著，唯《大宋高僧传》三十卷与《僧史略》三卷，奉敕入藏颁行外，余多湮没。兵火之中得斯藏本，佛法事理、来历纪纲，舍此书而弗知也。（《大正藏》第五十四卷，第234页下—第235页上）

赞宁自序说：

> 夫僧本无史，觉于《弘明》二集可非记言耶？高、名僧传可非记事耶？言事既全，俱为载笔。原彼东汉，至于我

朝,仅一千年,教法污隆,缁徒出没,富哉事迹,繁矣言诠,蕴结藏中,从何攸济? 赞宁以太平兴国初,叠奉诏旨,《高僧传》(指《宋高僧传》)外另修僧史(指《大宋僧史略》)。及进育王塔,乘驲到阙,敕居东寺。披览多暇,遂树立门题,搜求事类,始乎佛生,教法流行,至于三宝住持。诸务事始,一皆隐括,约成三卷,号《僧史略》焉,盖取裴子野《宋略》为目。所恨删采不周,表明多昧,不可鸿硕寓目,预惧缺然者尔。(第235页上、中)

《大宋僧史略》是一部采用典志体编撰的、具有重大史学价值的佛教典故集。它以佛教史传的载录及作者的见闻为本,以事为题,类聚条分,详尽地记叙并考证了自东汉初年佛教东传以来,迄北宋初年为止,中国佛教史上六十多项重要的事件和制度的起源及沿革。诸如佛教史上必书的汉传佛教的由来,出家受戒的首例,梵本经律论的创译,注疏讲说的发端,禅观密法的施授,西行求法的肇始,汉地僧制的确立,服章仪礼的变迁,寺院的纲科职事,僧官的设置演化,法社的缔结,度牒的买卖,朝廷对名僧的封爵赐号,僧人对王者的一般称谓,民间与宫廷的佛事活动,佛教与道教的位次争辩等等,都有专条加以诠叙。

原书分为六十门,作者在卷上目录的附语中说:"所立仅六十门,止删取集传,并录所闻,以明佛法东传以来百事之始也。"(第235页中)今本分为五十九门,其中最后一门不是佛教事类,而是"总论",疑它本非一门(也可称"条")之目,而是附于全书各门之末的结语,故实为五十八门(其中十门有附见条)。所阙二门很可能是今本门目所收附见条中的某二条。各门事类一般都按历史发展的顺序记叙,虽然所言各有所本,但不搞繁琐的引证和引文排比,主要着眼于事实本身的叙述。所以,某书如何说、某书又如何说的情况并不多。除"僧主秩俸"、"管属僧尼"、

"僧道班位"、"封授官秩"四门以外，其余各门的末尾均不设作者的"论"。行文中间有一些小注。

卷上，二十三门：

一、佛降生年代。说有关释迦牟尼降生的年代，有夏末、商末、周昭王时、周平王时、周桓王时、周庄王时、周贞定王时七说。有关生日，有二月八日、四月八日二说。"并众生见闻不同，故时节不等，不宜确执。然则两方（指印度和中国）相接，三藏所传，以周昭王时生，理为长也。"（第236页上）

二、僧入震旦。说"周秦之代已有佛教沙门，止未大兴耳"（第236页中）。汉明帝永平七年，月氏国沙门迦叶摩腾、竺法兰应请入华，"今以为始也。于时佛法虽到中原，未流江表，信受未广，传行未周。洎孙氏鼎分，封疆阻隔，有康僧会者，本康居国人，赤乌年中始化于南土也"（同上）。

三、经像东传。说迦叶摩腾、竺法兰赍《四十二章经》及白氎画像来华，为经像东传之始。

四、创造伽蓝（浴佛、行像附）。说最早的伽蓝（僧寺）是汉明帝为腾、兰二人造的洛阳城西雍门外的白马寺。"寺者，《释名》曰：寺，嗣也。治事者相嗣续于内也。本是司名，西僧乍来，权止公司（指鸿胪寺邸舍），移入别居（指白马寺），不忘其本，还标寺号。僧寺之名始于此也。"（第236页下）后魏太武帝始光元年，称寺为"招提"；隋炀帝大业中，称寺为"道场"；唐代复称"寺"。至于"浴佛"，"疑五竺（五印度）多热，僧既频浴，佛亦勤灌耳"（第237页上）。"行像"，乃是指在佛诞日，将佛像安置在装饰的车辇里，推到大街上巡行，让人瞻仰的活动。

五、译经。说译经始自腾、兰。"次则安清、支谶、支谦等相继翻述。汉末魏初，传译渐盛。"（第237页中）

六、译律。说"汉灵帝建宁三年庚戌岁，安世高首出《义决律》一卷,次有《比丘诸禁律》一卷。至曹魏世,天竺三藏昙摩(一作"柯")迦罗(此曰法时——原注)到许(许昌)、洛(洛阳),慨魏境僧无律范,遂于嘉平年中,与昙谛译《四分羯磨》及《僧祇戒心》。《图纪》云:此方戒律之始也。"(第237页下)

七、译论。说"晋孝武之世,有罽宾国沙门僧伽跋澄,译《杂毗昙婆沙》十四卷,次则姚秦罗什译《大智度》、《成实》,此为译论之始"(同上)。

八、东夏出家。说"汉明帝听(允许)阳城侯刘峻等出家,僧之始也。洛阳妇女阿潘等出家,此尼之始也"(同上)。

九、服章法式。说"汉魏之世,出家者多著赤布僧伽梨(指比丘三衣中的"大衣"),盖以西土无丝织物,又尚木兰色并乾陀色,故服布而染赤然也。"(同上)在西方,各部派僧人穿着的"大衣"的颜色各不相同,萨婆多部用皂色,昙无德部用绛色,弥沙塞部用青色。北宋时,江表僧人的"大衣"多用黑色、赤色,也有用黄褐色的;东京、关辅僧人崇尚褐色;并部(州)、幽州一带僧人崇尚黑色。原始佛教规定僧衣不应用青、白、赤、黑、黄五种颜色(即"正色"),而应用杂色(即"非正色"),对黑色尤为忌讳。"若服黑色,最为非法也。何耶?黑是上染大色、五方正色也。问:缁衣色何状貌?答:紫而浅黑,非正色也。"(第238页上)

十、立坛得戒。说汉魏之僧,虽然通过剃落须发、披著缁衣,以显示与俗人的差别,但没有受过佛教规定的具足戒。因而受过具足戒的大僧与没有受过的沙弥没有区别。"(昙摩)迦罗以嘉平、正元中,与昙帝(谛)于洛阳出《僧祇戒心》,立大羯磨法。东土立坛,此其始也。"(第238页中)

十一、尼得戒由。说刘宋元嘉十一年春,师子国尼铁索罗(又作"铁萨罗")等十人,于建康南林寺坛上,为景福寺尼慧果、净音等授戒。"此方尼于二众(指比丘和比丘尼)受戒,慧果为始也。"(第238页下)之后,比丘尼往僧寺受戒,累朝不辍。"近以(宋)太祖敕,不许尼往僧中受戒。自是尼还于一众得本法而已,戒品终不圆也。"(同上)

十二、受斋忏法。说佛法东传,事多草昧,如《高僧传》说的"斋忏同于祠祀"。直至东晋道安法师,"始寻究经律,作赴请、僧跋(意为"等施")、赞礼、念佛等仪式"(同上)。

十三、礼仪沿革。说西域佛教的礼仪很多,而且各有特定的含义。如:"礼拜者,屈己也;旋绕者,恋慕也;偏袒者,亦肉袒也;脱革屣者,不敢安也;和南者,先意问讯也;避路者,尚齿也。"(同上)而华夏佛教的礼仪与之有异,究其原因。"今出家者,以华情学梵事耳,所谓半华半梵,亦是亦非。寻其所起,皆道安之遗法也。则住既与俗不同,律行条然自别也。"(第239页上)

十四、注经。说:"《五运图》云:康僧会吴赤乌年中,注《法镜经》,此注经之始也。又道安重注《了本生死经》云:魏初有河南支恭明,为作注解。若然者,南注则康僧会居初,北注则支恭明为先矣。"(同上)

十五、僧讲。说曹魏朱士行,出家后专务经典,于洛阳"讲《道行经》,即僧讲之始也"(第239页中)。

十六、尼讲,说东晋废帝时,洛阳东寺尼道馨,"为沙弥时,诵通《法华》、《维摩》二部。受大戒后,研穷理味,一方道学所共师宗。尼之讲说,道馨为始也。"(同上)

十七、造疏科经。说朱士行虽讲经而没有形成文字,造疏科经,"推安公(道安)为首"(同上)。

十八、解律。说元魏法聪法师罢讲《僧祇律》,而弘《四分律》,"有门人道覆旋抄,渐成义疏。覆公即解《四分》之始也。至宋元嘉中,慧询善《僧祇》、《十诵》,更制条章,即解二律之始也"(第239页下)。

十九、解论。说解论以姚秦沙门僧道的《成实》、《三论》义疏为先。北魏太和年中,"道登尝传论(指《成实论》)于禁中,此北朝之始也"(同上)。南齐永明七年,文宣王招集京师硕学名僧五百人,"请定林寺僧柔讲寺,慧欣于普弘寺讲,此南朝之始也。"(同上)

二十、都讲。说东晋支遁讲经时,许询为都讲,一问一答,连环不尽。"梁武帝讲经,以枳园寺法彪为都讲。彪公先一问,梁祖方鼓舌端,载索载征,随问随答,此都讲之大体也。"(同上)

二十一、传禅观法(别立禅居附)。说禅法滥觞于姚秦,菩提达磨观此土之根缘而唱言"不立文字"。然而,"释迦之经,本也;达磨之言,末也。背本逐末,良可悲哉"(此段为作者的笺语,见第240页上)。关于"别立禅居",百丈怀海以前的禅宗祖师如达磨、道信、慧能等皆随寺而住,所行一依律仪。怀海"创意经论,别立通堂,布长连床,励其坐禅"(同上),并制定了一套新的禅寺规制,"凡诸新例,厥号丛林。与律不同,自百丈之始也"(第240页中)。

二十二、此土僧游西域。说"魏洛阳朱士行誓往西天,寻求《般若》,僧祐以为东僧西往之始焉。然只在葱岭之北于填(阗)而止。晋法显募同志数十人,游于印度,登灵鹫山,此乃到中天(竺)之始也"(同上)。

二十三、传密藏(外论附)。说"密藏者,陀罗尼法也。是法秘密,非三乘境界诸佛菩萨所能游履也"(同上)。东晋初,西域僧人帛尸梨密多来建业,"时江表未有咒法,密出《孔雀王咒》,咒法之始也"(第240页下)。北魏的菩提流支、唐代的智通也甚精禁咒。此后,不空三藏广译密藏,多设曼荼罗(即"坛场"),"灌顶坛法始于不空"(同上)。关于"外论",作者说,御敌须知敌情,摄伏"外道"(佛教以外的学派和学者)的唯一方法在于精通"外学"。因此,佛允许弟子读外道的文书经籍,但"不许依其见",接受他们的观点。"释子既精本业,何妨钻极以广见闻,勿滞于一方也。"(第241页上)

卷中,十七门:

一、道俗立制。说东晋道安法师伤戒律之未全,痛威仪之多缺,制定了三则僧尼规范:(一)行香定座上讲经之法;(二)常日六时行道饮食唱时法;(三)布萨差使悔过等法。天下翕然奉行。"支遁立众僧集仪度,慧远立法社节度,至于宣律师(道宣)立鸣钟制度、分五众物仪、章服仪、归敬仪,此并附时傍教,相次而出。凿空开荒,则道安为僧制之始也。"(第241页中)此外,还有俗人制定的僧制。如北魏宣武帝即位后下诏说:"其僧犯杀人以上罪,依俗格断;余犯悉付昭玄(僧官),以内律僧制判之。"(同上)南齐文宣王著有《僧制》一卷,梁武帝也曾命法云"创立僧制,用为后范"(同上)。

二、行香唱导。关于"行香",作者说,香是用来解秽流芳以请佛来的。"安法师(道安)三例中,第一是行香定座上讲,斯乃中夏行香之始也。……(唐)中宗设无遮斋,诏五品以上行香。或用然(燃)香熏手,或将香秣遍行,谓之行香。"(第241页下)关于"唱导","唱导者,始则西域。上座凡赴请,咒愿曰:二足常安,四足亦安,一切时中皆吉祥等,以悦可檀越之心也。……《梁高僧传》论云:夫唱导所贵,其四事焉:一声也;二辩也;三才也;四博也。非声则无以警众,非辩则无以适时,非才则言无可采,非博则语无依据。此其大体也。"(第242页上)

三、赞呗之由。说《十诵律》中俱胝耳(又译"亿耳")作三契声以赞佛,《阿含经》中善和罗善讽诵,令影胜大士象马不行,此为"赞呗原始"。"此土则康僧会传泥洹赞呗,支谦制连句梵呗。"(第242页中)其人颇多。

四、僧寺纲科。说"西域知事总曰羯磨陀那,译为知事,亦曰悦众,谓知其事悦其众也"(同上)。姚秦之世,"秦主敕选僧䂮法师为僧正,慧远为悦众,法钦、慧斌掌僧录,给车舆吏力,僧正秩同侍中,余则差降。此土立僧官,秦䂮为始也。"(第242页下)

五、立僧正(尼正附)。关于"僧正",作者说:"所以言僧正者何?正,政也。自正正人,克敷政令,故云也。盖以比丘无法,如马无辔勒,牛无贯绳,渐染俗风,将乖雅则,故设有德望者以法绳之,令归于正,故曰僧正。"(同上)僧正自姚秦僧䂮而始,东晋蔑闻此职。刘宋大明中,以道温为"都邑僧正"。昇明中,以法持为僧正。南齐永明中,敕长干寺玄畅和法献为"僧主",分任南北两岸。齐末,又以正觉寺法悦为僧主。梁武帝时,任法超为都邑僧正,法云为"大僧正",慧令也充任过僧正。在北周,阇那崛多曾任益州"僧主"。关于"尼正","北朝立制多是附僧,南土新规别行尼正。宋太始二年,敕尼宝贤为僧正,又以法净为京邑尼都维那。此则承乏之渐,梁陈隋唐少闻其事。"(第243页上)

六、僧统。说北魏初,太祖于皇始年间征赵郡沙门法果为"沙门统","沙门统之官自法果始也"(第243页中)。复有罽宾沙门师贤,在北魏太武帝毁佛时被迫还俗行医,文成帝即位后复兴佛法,亲为下发,诏为僧统,"僧统之官自师贤始也"(同上)。隋代则以智猛为"国僧都"(即"沙门都")、"国统"(即一国的僧统)。

七、沙门都统。说北魏文成帝敕昙曜为"昭玄沙门都统",沙门都统"乃自曜公始也"(同上)。北齐则以法上为"昭玄统"、法顺为"沙门都"。后来那提黎耶舍也担任过昭玄统。隋代则以昙延为"沙门大昭玄统",灵藏为"昭玄都"。唐穆宗元和元年,以龙兴寺僧惟英为"翰林待诏兼两街僧统",不久以非宜罢之。

八、左右街僧录。说"至(唐)文宗开成中,始立左右街僧统。寻其人即端甫法师也。……开成后,则云端为僧录也"(第243页下)。宣宗朝,立辩章为左街僧录,僧彻为右街僧录。懿宗朝,立彦楚为右街僧录,清兰为左街僧录。僖宗朝立觉晖、云皓为僧录。

九、僧主副员。说姚秦设立"僧正"制度,虽然没有正副僧正的名称,但已有类似的分工。"及魏世更名僧统,以为正员。置沙门都,以分副翼,则都维那是也。"(第244页上)以后或置或省,出没不定。

十、讲经论首座。说"首座之名即上座也。居席之端,处僧之上,故曰也"(第244页中)。"三教首座则辩章(唐宣宗时人)为始也。朱梁洎周,或除或立,悉谓随时。今大宋有讲经、讲论首座,乃僧录之外别立耳。"(同上)

十一、国师。说"北齐有高僧法常,初演毗尼,有声邺下。后讲《涅槃》,并受禅教,齐王崇为国师。国师之号,自常公始也"(第244页下)。陈隋之际的智𫖮,唐代的神秀、慧忠、知玄,五代时后蜀的光业、吴越的德韶、南唐的文遂等,或时号或敕封为"国师"。

十二、杂任职员。说寺主、上座、悦众是寺院中设置的管理僧众的三种职事("三纲")"(东晋以前)虽无寺主之名,而有知事之事。至东晋以来,此职方盛。故侯景言:以萧衍老翁为太平寺主也。北周则有陟岵寺主,自敕封署。"(同上)至于"上座","古今立此位,皆取其年德干局者充之"(同上)。如道宣曾被敕封为西明寺上座,地位在寺主、维那之上。"悦众"又称"维那",如唐代沙门玄畅(《僧史略》中保存了他撰写的《三宝五运图》的若干佚文)敕为总持寺维那。"悦众"有时又称"典座"。"典座者,谓典主床堂,凡事举座一色以摄之,乃通典杂事也。或直岁则直一年,或直月、直半月、直日,皆悦众也。"(第245页上)

十三、僧主秩俸（尼附）。说"自姚秦命僧䂮为僧正，秩同侍中，此则公给食俸之始也。……宋（指刘宋）宝贤为京邑尼僧正，文帝四事供养，孝武月给钱一万，尼正之俸，宝贤始也"（第245页中）。

十四、管属僧尼（祠部牒附）。说"沙门始隶鸿胪（寺）也。西晋无说。后魏有云：初立监福曹以统摄僧伍也，寻更为昭玄寺也"（同上）。唐初僧尼皆隶属于司宾。武则天延载元年五月，敕天下僧尼隶祠部，"此乃隶祠部之始也。义取其善攘恶解灾之谓也"（第245页下）。玄宗开元十四年，依中书门下奏，僧尼割属鸿胪寺，十五年正月又敕僧尼由祠部检校。宪宗元和二年二月，诏僧尼道士全隶属于左右街功德使。关于"祠部牒"，"案《续会要》：天宝六年五月，制僧尼依前两街功德使收管，不要更隶主客，其所度僧尼，仍令祠部给牒（原注略）。给牒自玄宗朝始也。"（第246页中）

十五、僧道班位。说佛教和道教在历朝中的先后位次不一。"自晋、宋、齐、梁、陈、后魏、北齐、后周、大隋，僧班皆在黄冠（指道士）之上。"（第246页下）唐贞观十一年，太宗有诏："自今以后，斋供行立，至于称谓，道士女冠（女道士）可在僧尼之上"（同上），"自此僧班在下矣"（第247页上）。武则天天授二年四月，诏令"释教在道门之上，僧尼处道士女冠之前"（同上），又将这个位次倒过来。睿宗景云元年二月，下诏说"自今每缘法事集会，僧尼道士女冠宜行并集"（同上），即不分先后，齐行并进，僧班在西，道班在东。"朱梁之世，又移厥位。今大宋每当朝集，僧先道后，并立殿廷。僧东道西，间杂副职。若遇郊天，则道左僧右，未知始起也。"（第247页中）

十六、内道场（生日道场附）。说"内道场起于后魏，而得名在乎隋朝"（同上）。北魏太武帝始光二年立至神道场。北周宣帝大成元年春正月,诏选"旧沙门中德行清高者七人,在政武殿西安置行道。此内道场之始也"(同上)。但当时有其事而无其名。至隋炀帝改僧寺为"道场",若在宫内举行佛事活动,才正式称为"内道场"。唐武后、中宗、睿宗、代宗、文宗以及武宗初年均设有内道场。关于"生日道场",北魏太武帝初年已有其事,"自尔以来,臣下吉祝必营斋转经,谓之生辰道场,于今盛行焉"(第247页下)。

十七、僧籍弛张。说僧人的名籍,"周隋之世无得而知,唐来主张方闻附丽"(同上)。唐文宗大和四年正月,"祠部请天下僧尼冒名非正度者,具名申省,各给省牒,以凭入籍。时入申名者计七十万。造帐入籍,自大和五年始也。"(第247页下—第248页上)

卷下,十九门:

一、诞辰谈论(内斋附)。说在皇帝生日,诏僧人入殿谈论,或赐食厚嚫(布施),"寻文起于后魏之间"(第248页中)。后魏、后周、隋、唐时期,皇帝常召名僧入内,与儒道对论。"唐自代宗置内道场,每年降圣节召名僧入饭嚫,谓之内斋。"(同上)

二、赐僧紫衣。说武则天因僧人法朗、怀义等九人重译《大云经》,矫陈符命(称"则天是弥勒下生,为阎浮提主")有功,封他们为县公,并赐予紫袈裟银龟袋,"赐紫自此而始"(第248页下)。

三、赐师号(德号附)。说"师号"指的是皇帝赐予僧人为某"大师"的称号。唐懿宗咸通十一年十一月,皇帝赐左街云颢为"三慧大师",右街僧彻为"净光大师",可孚为"法智大师",重谦为"青莲大师","赐师号,懿宗朝始也"(第249页中)。至于"德号",指的是称某僧为"大德"。"大德"本非朝廷授予的专门称号,魏晋时翻译的律本羯磨文中均有"大德僧"的说法。不过经论中所称的"大德",是指有德才或有神通的人,即此方传记所称的"僧中贤彦"。唐代宗大历六年四月,敕京城僧尼各置"临坛大德"十人,"乃官补德号之始也"(第249页下)。

四、内供奉并引驾。说唐肃宗至德元年,僧人元皎被封为"内供奉","置此官者,元皎始也"(第250页上)。至于"引驾大德"的称号,自唐至宋,"唯端甫称之"(同上)。

五、封授官秩。说后魏以赵郡沙门法果为沙门统,因供施不足,又封授官品,赐"辅国宜城子忠信侯",不久进"安城公","释子封官自法果始也"(第259页上)。梁、后周、隋、唐均有僧人被授以官阶爵秩,其中阶爵最高的是唐代宗时的不空,他被授予"开府仪同三司肃国公"。

六、方等戒坛。说"此土之有戒坛,起南朝求那跋摩三藏,为宋国比丘于蔡州岸受戒而始也"(第250页中)。代宗朝有"方等戒坛"之名,"禀顺方等(指大乘)之文而立戒坛,故名方等坛也"(第250页下)。

七、结社法集。说"晋宋间,有庐山慧远法师化行浔阳",与雷次宗、宗炳、张诠、刘遗民、周续之等在东林寺立弥陀像,求愿往生安乐净土,谓之"莲社","社之名始于此也"(同上)[案:慧远与雷次宗等结成莲社,事在东晋安帝元兴元年(402),而且慧远本人卒于安帝义熙十二年(416),此谓"晋宋间"是错误的]。

八、赐夏腊。说"夏腊"本是指从僧人出家后受具足戒之日算起,每过七月十五日即算长一岁的出家年龄。天后朝,道士杜乂(即后来撰《甄正论》的玄嶷)要求改宗佛教,得到许可。由于他是半途出家,若按实际"夏腊"计算,在僧众中须居下位,于是天后特赐三十夏,"赐夏腊起于此矣"(第251页上)。这种做法在唐穆宗朝、五代的吴越均有,宋代停止。

九、对王者称谓。说此方沙门,自魏晋以来多从师姓,如支道林本姓关,出家后从师姓而改称"支"。东晋道安认为,"从师莫过于佛,佛本姓释",遂通令比丘姓释。"东夏称释氏,自安始也。"(第251页中)至于沙门面对帝王时的称谓,"汉魏两晋或称名,或云我,或云贫道"(同上),没有定式。由于南齐僧正法献、玄畅在帝前均自称法名,得到赞许,"由是,沙门皆称名于帝王,献、畅为始也"(第251页下)。唐初僧人上表未有"称臣顿首"的,"夫顿首者,拜也;称臣,卑之极也"(同上)。唐肃宗上元元年三月,诏禅宗沙门令韬入内,"韬表辞年老,遣弟子明象上表称臣。见于史传,自此始也"(同上)。至于唐初法琳在上表中有"臣年迫乘榆"语,这里的"臣",恐是当时"危迫情切,乍称之耳"(第252页上),"又疑传写者错误耳"(同上)。

十、临坛法。说唐代宗永泰中,敕京城置僧尼临坛(指戒坛)大德各十人,永为通式,"临坛大德科目自此始也"(同上)。

十一、度僧规利。说唐肃宗时,宰臣裴冕奏令卖官爵鬻度牒,以充军费,"鬻度僧道,自冕始也。后诸征镇尤而效焉"(第252页中)。

十二、赐谥号。说后魏沙门统法果,生时已被封官,死后追赠"胡灵公","此僧谥之始也"(第252页下)。后周、隋、唐初皆不行此事,自武则天朝起,神秀、菩提留支、一行、端甫等先后被赐以谥号。

十三、菩萨僧。说蓄发戴冠而称"菩萨僧",非佛制也。北周宣帝时,曾敕令高僧智藏畜发而为"菩萨僧",作陟岵寺主。

十四、得道证果(尼附)。说佛法初传时,迦叶摩腾与道士角法取胜,"踊身虚空说偈","此现通验果证之始也"(第253页中)。东晋尼净捡,"引弟子摄光而去",也是修行而得果报的例子。

十五、大秦末尼。介绍唐贞观五年至五代期间,"影傍佛教"的波斯国摩尼教(大秦末尼)在汉地的流传情况。

十六、驾头床子。说"驾头床子"指的是盛放《仁王般若经》的"七宝案",始于唐代宗永泰中。

十七、城阙天王。说"城门置天王者,为护世也"(第254页上),始于唐玄宗天宝元年。

十八、上元放灯。说据《汉法本内传》,汉明帝于正月十五日("上元")敕令烧灯(即"放灯")以表佛法大明,以后或行或不行。

十九、总论。综论作者关于撰《僧史略》的目的,是为了使佛法"久住"。而要使佛法久住,佛教当尊重儒教、道教,与之和睦相处。"信于老君,先圣也;信于孔子,先师也。非此二圣,曷能显扬释教,相与齐行,致君(指皇帝)于牺、黄之上乎。"(第255页上)"为僧莫若道安,道安与习凿齿交游,崇儒也;为僧莫若慧远,远送陆修静过虎溪,重道也。余慕二高僧,好儒重道。"(第255页中)

《大宋僧史略》的上述记载,大体上是符合史实的,但个别地方也有讹误。如"国师"门中说:"则天朝,神秀领徒荆州,召入京师,中、睿、玄四朝皆号为国师。"(第244页下)神秀卒于唐中宗神龙二年(706),并无睿宗、玄宗尊他为国师之事。又如"东夏出家"门中,称汉明帝时的周峻等为"僧之始",阿潘等为"尼之始";卷下"得道证果"、"上元放灯"门中说迦叶摩腾与道士角法之事,均是《汉法本内传》中的伪说,而作者当作信史来用。另外,叙述时也有违反历史顺序,将后人后事放在前面的。如"赞呗之由"门中先叙康僧会、支谦,后叙曹植,"都讲"门中先讲梁武帝,后讲东晋的支遁,即是其中的例子。再有"僧寺纲科"、"立僧正"、"僧统"、"沙门都统"、"僧主副员"诸门在内容上也有一些交叉重叠。

第四品　北宋道诚《释氏要览》三卷

《释氏要览》,三卷。北宋天禧三年(1019),钱塘月轮山沙门道诚集。收入《大正藏》第五十四卷。

《释氏要览》书首有天禧四年(1020)宣德郎守尚书屯田员外郎崔育林撰的《释氏要览序》;书末有天圣甲子岁(天圣二年,公元1024年)中散大夫守光录卿紫金鱼随撰的《后序》。《后序》说:

> 钱塘月轮山择赐紫诚公(道诚),峻修洁之行,明内外之学,靡婴拂于尘务,常宴息于云寺。以圣朝隆浮屠之教(指佛教),盛田衣之众(指僧尼),且谓契经(指佛经)至广,博习难周。虞来学之童蒙,昧出俗之本末,乃阅宝华之藏,遍穷贝叶之文,采义类以贯穿,撮枢要而精简。门目具举,事迹该详。披其言,则晔若春融;质其理,则焕然冰释。犹儒官之《学记》,实佛门之会要也。(《大正藏》第五十四卷,第310页中)

另外,卷上之首还有道诚的自序(无标题),记叙了撰书缘起。说:

> 道诚自委讲京寺,东归维桑,始寓龙华禅府,后住月轮山兰若(指寺)。中间十年,寂绝外事,唯读藏经,日为常课,酬昔志也。然则临文昧义,犹渴夫临河,但能满腹,不知其深广焉。或见出家人须知之事,随便抄录之。洎天禧三年秋,皇上覃昭旷之恩,普度我天下童行(指许度出家),因是雠文,以类相从,兼益诸家传记书疏节文,分为二十七篇,

析为三卷,题曰《释氏要览》焉。(第257页上)

《释氏要览》是一部分门别类地介绍佛教名物制度和修行生活方面的名词术语及事项的著作。作者认为,《华严经》上说"菩萨有十种知","所谓知诸安立,知诸语言,知诸谈议,知诸轨则,知诸称谓,知诸制令,知其假名,知其无尽,知其寂灭,知一切空"(见篇目小序,第258页上)。而初出家者,对这些佛教事理又未必了悉。为此,他以"菩萨十种知"为宗旨,以平日阅藏时所作的摘录及闻说为素材,编撰了这部类似"出家须知"的著作。诸如僧人的称谓;寺塔的异名;出家人的事务;师徒间的关系;法衣的种类;受戒的功德;饮食起居的规则;赴请迎送的礼仪;常用的器物;斋节佛事的时日;三宝的内容;僧尼的品学等等,莫不收载。

关于本书的性质,有人认为它是佛教类书,也有人认为它是佛教辞典。从书中对名词术语和事理的解释来看,虽然总的来说,以节录佛典(也有少数是俗典,如《论衡》、《释名》等)文句者为多,但也有不少释文是作者融会佛典文句的意思或者根据自己的见闻编撰的,并不具有原始资料汇编的性质。因此,比较而言,把它定为佛教辞典更为确切。全书共分二十七篇,总计收录词目六百七十九条[案:如果将《姓氏》篇中的"瞿昙氏"、"甘蔗氏"、"日种氏"、"舍夷氏"和"释迦氏"五条,看作是"(释迦)别姓有五"这一条的具体内容的话,也可算作六百七十四条]。

卷上:九篇,合二百二十六条。

一、姓氏。凡八条。主要有:天竺种姓有四、(释迦)别姓有五、出家人统姓等。

二、称谓。凡四十五条。主要有:沙门、比丘、苾刍、僧、禅师、善知识、长老、大师、法师、律师、上座、头陀、僧录、讲经论首座、僧正、国师、尼、式叉摩那、优婆塞、优婆夷、七众等。

三、住处。凡二十八条。主要有：寺、莲社、兰若、庵、方丈、禅室、香室、造伽蓝法、护伽蓝神、寺院三门等。

四、出家。凡十六条。主要有：出家由、出家以信为首、出家三法、国王父母不听许不得出家、问出家苦乐、出家行、出家事务等。

五、师资。凡十六条。主要有：和尚、律不许度者、师资相摄、师念弟子、弟子事师、教诃弟子、童子等。

六、剃发。凡九条。主要有：祠部牒、剃发、父母拜、才剃发便授十戒、三品沙弥、沙弥行等。

七、法衣。凡三十条。主要有：三衣、大衣有三品九种、五部衣色、紫衣、染色、物体、田相缘起、作法、纳衣、受持衣法、坐具、络子等。

八、戒法。凡三十三条。主要有：三归戒、五戒、八戒、十戒、三聚戒、具足戒、制戒十益二意、受戒次第、熏戒种子、戒体、戒果、受戒始、立坛始、受戒规仪等。

九、中食。凡四十一条。主要有：正食、不正食、斋、斋正时、粥十利、食前唱密语、五观、食法、食量、食戒、施食、乞食、赴请、行香、梵音、咒愿、说法、食后漱口、《中食论》等。

卷中：九篇，合二百三十九条。

一、礼数。凡二十三条。主要有：天竺九仪、合掌、问讯、抽坐具、礼拜式、长幼序、应遍礼、斋会礼拜、互跪、长跪、偏袒、结加（跏）趺坐等。

二、道具。凡二十六条。主要有：六物、钵、锡杖、拂子、麈尾、如意、手炉、数珠、扇、挂杖、净瓶、盖、戒刀、滤水囊等。

三、制听。凡十八条。主要有：画房壁、栽树、养狗、严饰床褥、用外书治佛经、看斗、照镜、歌、饮酒、食肉、食辛、舍身、浴等。

四、畏慎。凡二十一条。主要有：九横、入俗舍五法、息三暴害、八诫、成就威仪四法、受施知节量、四圣种等。

五、勤懈。凡五条。有：勤、精进、懈怠、放逸、魔。

六、三宝。凡六十三条。主要有：三宝、三身、十号、经、十二分教、律、论、大乘、小乘、三藏、法门、法轮、二谛、四谛、菩萨、声闻、独觉、福田、供养佛、赞佛、念佛、观佛、礼佛、绕佛、造像、师子座、莲花座、雕像始、铸像、画像、浴佛、三宝物等。

七、恩孝。凡二条。有：恩、孝。

八、界趣。凡二十九条。主要有：三界、九地、二十五有、三千大千世界、天趣、人趣、地狱趣、畜生趣、修罗趣、阎罗王、众生等。

九、志学。凡五十二条。主要有：开外学、学书、五备、八备、八能、学者二患等。

卷下：九篇，合二百十四条。

一、说听。凡三十九条。主要有：法师八种言、语有八支、讲堂制、都讲、讲僧始、学者为四事堕落等。

二、躁静。凡二十三条。主要有：五欲、苦、少欲知足、静、三摩提、坐禅等。

三、诤忍。凡十二条。主要有：诤有四种、恶报、忍、以忍止诤、灭瞋五观、祸从口出、缄口慎心等。

四、入众。凡三十五条。主要有：游行人间、入寺问制、挂锡、夏腊、自恣、迦提、经行、扫地、燃灯、礼拜忌、卧法、睡眠、在床忌七事、屏厕、洗净、善品轨则、六和敬等。

五、择友。凡九条。主要有：择友、朋友三要、亲友七法、礼朋友五事等。

六、住持。凡二十四条。主要有：禅住持、禅僧行解、十方住持、长老巡寮、普请、律住持、布萨、僧使、常住、摈治、净人等。

七、杂纪。凡二十四条。主要有：寺院画壁、五趣生死轮、犍稚、寺院击鼓、寺院长生钱、盂兰盆、清斋、法曲子、柳枝净水、纸钱彩绢、三日斋、累七斋、斋七幡子、城门上天王等。

八、赡(当作"瞻")病。凡二十二条。主要有:赡(瞻)病人五德、得病十缘、得以酒为药、为病人念诵、沙门不应畏死、沙门以寂灭为乐等。

九、送终。凡二十六条。主要有:安龛柩、服制、哭、行吊、奔丧、葬法、舍利、立塔、志石、忌日、问坟冢间精神有无等。

《释氏要览》对这些出家者应知应学的佛教基本知识的介绍,主要是通过三种方式来表述的。

一、摘抄型。即摘抄大小乘经律论(尤其是小乘经和小乘律)和史传章疏上的有关文句以作释文。如:

出家人事务 《僧祇律》云:出家人,当少事少务,莫为世人讥嫌,失他善福。《三千威仪经》云:出家人所作事务有三:一坐禅,二诵经,三劝化。众事若具足三事,是应出家人法。若不行者,是徒生徒死,惟有受罪之因。《观佛三昧经》云:比丘常行四法:一、昼夜六时说罪忏悔;二、常修念佛,不诳众生;三、修六和敬心,不恚慢;四、具修六念,如救头燃。(卷上,《出家》篇,第265页中)

田相缘起 《僧祇律》云:佛住王舍城,帝释石窟前经行,见稻田畦畔分明,语阿难言:过去诸佛衣相如是,从今依此作衣相。《增辉记》云:田畦贮水,生长嘉苗,以养形命,法衣之田,润以四利之水,增其三善之苗,以养法身慧命也。(同卷,《法衣》篇,第269页上)

八备 隋彦琮法师云:夫预翻译有八备十条。一、诚心受法,志在益人;二、将践胜场,先牢戒足;三、文诠三藏,义贯五乘;四、傍涉文史,工缀典词,不过鲁拙;五、襟抱平恕,器量虚融,不好专执,沈(沉)于道术,淡于名利,不欲高衒;

六、要识梵言;七、不坠彼学;八、博闻《苍》《雅》,粗谙篆隶,不昧此文。十条者,一句韵,二问答,三名义,四经论,五歌颂,六咒功,七品题,八专业,九字部,十字声。(卷中,《志学》篇,第 293 页中)

二、糅述型。即根据作者自己的理解,串讲、改述或补充经籍上的有关论述。如:

十二分教 亦云十二部经。一修多罗(契经——原注),二祇夜(应颂——原注),三和伽罗(授记——原注),四伽他(调颂——原注),五尼陀罗(因缘——原注),六优陀那(自说——原注),七伊帝目多(本事——原注),八阇陀伽(本生——原注),九毗佛略(方广——原注),十阿浮达摩(未有——原注),十一婆陀(譬喻——原注),十二优婆提舍(论义——原注)。若小乘,只有九部,无"自说"、"授记"、"方广"等。(卷中,《三宝》篇,第 285 页上)

法曲子 《毗奈耶》云:王舍城南方,有乐人名腊婆,取菩萨八相缉为歌曲,令敬信者闻生欢喜心。今京师僧念"梁州八相"、"太常引"、"柳含烟"等,号"唐赞",又南方禅人作"渔父"、"拨棹子"、"唱道"之词,皆此遗风也。(卷下,《杂纪》篇,第 305 页下)

三、著录型。即作者对见闻所获的事情加以载录和考证。如:

络子 或呼挂子。盖此先辈僧制之,后僧效之,又亡衣名,见挂络在身故,因之称也。今南方禅僧,一切作务皆服,以相(指衣相)不如法,诸律无名,几为讲流(指义学僧)非之。(卷上,《法衣》篇,第 270 页下)

解夏草 今浙右僧解夏日,以彩束苑以遗檀越,谓之解

夏草。(卷下,《杂纪》篇,第304页下)

清斋 今有民俗,以辰饮一杯水,终日不食,谓之清斋。(同上)

斋七幡子 北俗,亡累七斋日,皆令主斋僧剪纸幡子一首,随纸化之。(同篇,第305页下)

由此可见,《释氏要览》虽然文不过三卷,但叙述有致,言语明白,知识性很浓。从它的叙述中,人们不仅可以了解自印度佛教传下来的出家人须知的各类事项,而且也可以了解在中国佛教流布的过程中产生的新的事物及南北方民俗(如络子、解夏草、清斋、累七斋、斋七幡子等)。另外,书中征引的《增辉记》也是一部佚著,颇可注意。因此,后世曾将它与《翻译名义集》、《教乘法数》合称为"佛学三书",广为初学者所用。

第五品 北宋灵操《释氏蒙求》二卷

《释氏蒙求》,二卷。原书仅署"雪水讲学沙门灵操撰",序及后记也没有提到任何年号,从《宋史》卷二百五志第一百五十八有"僧灵操《释氏蒙求》一卷"的著录,以及本书引用的资料止于北宋赞宁《宋高僧传》推断,约撰于北宋中后期。收入《续藏经》第一四八册。

《释氏蒙求》书首有作者《序》。说:

余固览慧皎、澄照(道宣)、通慧(赞宁)《高僧传》三本,总八十卷。披其文,睹其事,今古之异,圣贤之迹,非周公之才、董狐之笔,无以能为也。然而,义旨纵横,卷轴繁广,览之者无强记而有忘,是故集其事类,计其异常,以偶对为文,声律为韵,题曰《释氏蒙求》焉。后进童孺诵而明其文,穷其理,思继古贤之踪,为五教之端者也。时己酉四月望日

序。(《续藏经》第一四八册,第549页下—第550页上)

书末有后记(无标题),说:

操曰:教法东兴,后汉以来迄今几于二千载。其有人隐迹林野,于《高僧传》中尚不能广录,况佛西化天竺诸国,始于鹿野,终于鹤林,圣贤赞助事繁广,其可知也。今于东土《高僧传》中略采灵异之事,撰为《蒙求》,志欲勉诱后进童孺,继圣贤之踪者也。(第584页下)

《释氏蒙求》是一部摘取梁慧皎《高僧传》、唐道宣《续高僧传》和北宋赞宁《宋高僧传》三传中人物的事迹,每事撮四字为题,二事合为一则,以供童孺(沙弥、沙弥尼等)阅读的启蒙性的教门(以修习佛典义理为主的教派)故事集。原书共收二百十四事合一百七则,其中"东兴尚广,西化可知"一则已佚,故见存的是二百十二事合一百六则。

卷上,起"摩腾入汉,僧会来吴",终"法进施体,僧富划胸",凡一百十八事合五十九则。主要有:僧稠被谤,慧思遭诬;慧满息火,植真唾水;北山二圣,西竺七贤;光宠两途,能秀二祖;慧持龙门,竺潜蓬户;智藏踞座,道安登辇;元晓难敌,智诜可畏;慧超学士,安玄都尉;僧供铸像,士行烧经;生融上首,观肇第一;弥天辨鼎,法安获钟;法愿律虎,慧荣义龙等。

卷下,起"琳祐会郊,可育面壁",终"东兴尚广,西化可知"(此则的本文已佚,仅剩标题),除去已佚的一则,实收九十四事合四十七则。主要有:法开善医,昙迁妙《易》;僧渊架桥,隐峰掷锡;智岩能军,慧琎健敌;慧布论义,法汰破邪;僧璨三国,道一九州;智润博赡,昙影风流;道生领徒,慧远结社;道光义虎,恭明智囊;祇难异术,昙鸾仙方;明瞻直身,昙显翘足;智炫出国,童寿入关等。

《释氏蒙求》的撰法是这样的：

　　北山二圣　西竺七贤：魏法度、法绍游学北土，综习三藏，灵迹异事，世皆见闻，时居于摄山栖霞寺，故世号曰北山二圣。　晋有西竺七僧，普通儒释，辩论适时，故孙绰撰《道贤论》云：此西竺七贤比竹林七贤。以法护匹山巨源，法祖比嵇康，竺潜比刘伯伦，于法兰比阮嗣宗，竺法乘比王濬冲，于道邃比阮咸，支遁比向子期。凡此七贤匹于七僧，皆察其气概，较道量德，著其论文，盛传于世。（卷上，第552页下—第553页上）

　　法开善医　昙迁妙《易》：法开善诸经律，义解过人。又能医术，常乞食京师。值一家妇人在草危急，众治无验。开曰：此易治尔。主人正杀羊已毕，欲以淫祀，开取少羊膜作羹进竟，因气针之，须臾儿出。又晋升平中，孝宗有疾，诏开医治，开候脉，不肯进药。康后令曰：帝小有不安，开公辞惮不进药饵，宜收付廷尉。俄尔帝崩，方验其妙也。　昙迁世家贵重，十三随舅氏齐中散大夫权会，博学典坟，而妙达《周易》。会乃授迁《易》象。时有一妪失物，就会作卦，得之"无"象，令迁辨之。迁应声曰：若如卦判，定失金钗。妪惊喜曰：实如所辨。迁曰："兑"是金位字，脚两垂似金钗尔。会曰：更审盗者。迁曰：失者是西家白色女子，奉口总角可年十五六者盗。妪便推觅乃得，果如所言。会问其故？迁曰：兑是西方少女之位，五色分方，西为白也。兑字上两点，表总角之象，尖形表奉口之相也。会乃重之。（第568页下—第569页上）

《释氏蒙求》收录的这些故事虽然见于三部僧传，但在文字上作过润色加工，故情节要较原著更紧凑些，可读性也强些。

第六品　北宋善卿《祖庭事苑》八卷

《祖庭事苑》，八卷。北宋大观二年（1108），睦庵善卿编。收入《续藏经》第一一三册。

善卿，字师节，东越（今浙江绍兴以东）人。"幼去家，事开元慈惠师为弟子，访道诸方。元符中，以母老不忍远游而归隐乡里。昔睦州有尊宿姓陈氏，亲老无所归，织蒲屦，鬻以自给。上人（指善卿）窃慕之，因命所居曰睦庵。其志识固可尚矣。"（法英《祖庭事苑序》，《续藏经》第一一三册，第1页下）

《祖庭事苑》书首有四明比丘法英的《祖庭事苑序》。书末有大观二年（1108）八月建武军节度使的题记；绍兴甲戌（二十四年，公元1154年）中秋尽庵比丘师鉴的《跋》；同年六月玉津比丘紫云的《后序》。

法英在《祖庭事苑序》中说：

　　大观二年春，吾以辅道之缘，寓都寺之华严。会睦庵卿（善卿）上人过予手书一编，甚钜，其目曰《祖庭事苑》。以尽读之，见其笔削叙致，动有师法，皆可考据，因扣其述作之由。且曰：曩游丛林，窃见大宗师升堂入室之外，复许学者记诵所谓云门（文偃）、雪窦（重显）诸家禅录，出众举之而为演说，其缘谓之请益。学者或得其土苴绪余，辄相传授，其间援引释教之因缘，儒书之事迹，往往不知其源流，而妄为臆说。岂特取笑识者，其误累后学为不浅鲜。卿因猎涉众经，遍询知识，或闻一缘、得一事，则录之于心，编之于简，而又求诸古录，以较其是非。念兹在兹，仅二十载，总得二千四百余目。此虽深违达摩西来传心之意，庶几通明之士，推一而适万，会事以归真，而《事苑》之作岂曰小补？或得此书读之,而能诋斥嫚骂,特立意于语言文字之外,以力扶吾道,岂斯人之可喜可愕也,是亦由吾《事苑》而启焉。愚壮其言而奇其志,谨书以为序。(第1页上、下)

《祖庭事苑》是一部摘录唐宋禅师语录(略称"禅录",以宋代语录为主)中引用的人名、地名、物名、事项、掌故、熟语、谶言,以及难解的词汇和单字,加以训释,以供初学者通晓的著作。就其性质而言,与同载于《续藏经》第一一三册的明云栖沙门大建的《禅林宝训音义》(一卷)一样,属于禅籍音义,或称禅书注释。由于书中虽然也训释了一些词汇和单字的读音、字义,并对字形的正讹作了一些辨析,但是,它的重点乃在于叙释诸家禅录中使用的典故,特别是禅门典故,故作者以"禅门事苑"之意,取名为《祖庭事苑》。全书共收词目二千四百余条,一半以上选自云门宗(如云门文偃、雪窦重显、天衣义怀)的禅录,其余的选自临济宗(如风穴延沼)、法眼宗(如清凉文益、天台德韶)及其他禅师的禅录。

卷一:《云门(文偃)录》(上)(下)、《云门室中录》、《雪窦(重显)洞庭录》、《雪窦后录》。收有:师资、忘筌、子期伯牙、教外别传、透法身、凿壁、盲龟、横说竖说、偈颂、晋锋八博、夜叉说半偈、罗汉药食、如来禅、古佛庙、寰中塞外、掌中世界、德山卓牌、世事悠悠、青萝夤缘、虚空为鼓等。

卷二:《雪窦瀑泉集》、《雪窦拈古》、《雪窦颂古》。收有:休牛归马、丛林、承祧、袖里藏锋、孟常门下、步步道场、三指七马、不拜弥勒、圆相、学唐步、鲁变、枯木龙吟、展事投机、陆大夫(陆亘)、提婆宗、七十二棒、外道问佛、由基、止水等。

卷三:《雪窦祖英集》(上)。收有:阳春白雪、大珪不琢、赤松子、裴相国(裴休)、李相国(李翱)、褰帷、巢许、曲木据位、十影神驹、五色祥麟、归去来、新丰曲、象骨老师、灵槎、烟水茫茫、居士、玄沙（师备）、紫袍等。

卷四：《雪窦祖英集》（下）、《雪窦开堂录》、《雪窦拾遗》。收有：三宝、冢宿、《商颂》、韩愈、陆羽、丫角女、为道日损、名纸、兰亭、十八人（指刘遗民等莲社十八贤）、韬略、示寂偈等。

卷五：《怀（义怀）禅师前录》、《怀禅师后录》、《（义怀）池阳百问》。收有：万岁、举扬般若、梅林止渴、单传、南柯、灵龟曳尾、藏机、威音王佛、调达、墨子、杨朱、打破镜、分半座、三兽等。

卷六：《风穴（延沼）众吼集》、《法眼（文益）录》。收有：骑牛穿市、藏身吞炭、天王、前殿横戟、王子宝刀、鞭尸、猪肉案头、悬头刺股、方丈、六相、变影缘如、出家、鼓山（神晏）、师名、严阳尊者、布袋和尚、《参同契》等。

卷七：《（德韶）莲华峰录》、《八方珠玉集》、《永嘉（玄觉）证道歌》。收有：风幡、五运、空假中、投子（大同）、大珠（慧海）、径山（洪諲）、洛浦（元安）、胡人饮乳、镜清（道怤）、雪峰（义存）、机关木人、如来藏、四智、八解、野干等。

卷八：《十玄谈》、《释名谶辨》、《语缘》、《杂志》。收有：传灯、祖偈翻译、注祖师谶、辨《楞伽经》、多子塔、纪信诈降、宗门、禅居、住持、开堂、拈香、上堂、入室参问、巡寮、小参、首座、监寺、维那、典座、直岁、辨服色、辨制衣、行脚、挂锡、拄杖、拂子等。

《祖庭事苑》自《云门录》以下，至《十玄谈》为止，是以每一部禅录为单位，选录词目加以诠解的。其方法是：先列书名，如"《云门录》（上）"、"《雪窦洞庭录》"、"《怀禅师前录》"等；次叙作者，如"师讳文偃，生东吴之嘉兴，姓张氏，受业于兜率院。……""师讳重显，字隐之，遂州李氏子。生于（太平）兴国五年四月八日。出家受具，学经论业于乡里。晚参随州智门祚（光祚）和上。……""师讳义怀，温州乐清陈氏子。世以渔为业。……"；然后依次摘录卷文中需要解释的句、词、字，或直截

了当,或引经据典,予以诠解。如:

丛林　梵语贫婆那,此云丛林。《大论》(《大智度论》)云:僧伽,秦言众多比丘一处和合,是名僧伽。譬如大树丛聚,是名为林,一一树不名为林。如一一比丘不名为僧,诸比丘和合故名僧,僧聚处得名丛林。又《大庄严论》云:如是众僧者,乃是胜智之丛林、一切诸善行运集在其中。又《杂阿含》(卷)二十五:佛告阿难:汝遥见彼青色丛林否?唯,然已见。是处名优留曼荼山,如来灭后百岁,有商子名优波掘多,当作佛事,教授师中最为第一。即四祖优波毱多,梵音楚夏,而以祖师居之。今禅庭称丛林也。(卷二,第29页上)

圆相　圆相之作,始于南阳国师(慧忠)传授侍者耽源(应真),源承谶记,传于仰山(慧寂),今遂目为沩仰家风。明州五峰良和上尝制四十则,明教子潜子为之序,称道其良美,云:圆相总六名。一圆相,二义海,三暗机,四字海,五意语,六默论。又《沩仰宗派》云:耽源谓仰山曰:国师传六代祖师圆相,九十七个授与老僧。国师临示灭复谓曰:吾灭后三十年,南方有一沙弥来,大兴此道,次第传授,无令断绝。吾详此谶,事在汝躬,我今付汝,汝当奉持。仰山既得,遂以火燔之。源一日又谓仰山曰:向所传诸圆相,宜深秘之。山(仰山慧寂)曰:已烧却了也。源曰:此乃诸祖相传至此,何为烧却? 山曰:慧寂一览,以知其意,但然用得,不可执本也。源曰:于子即得,来者如何? 仰(仰山慧寂)曰:和上若要,重录一本。山乃重录呈,似一无差失。耽源一日上堂,仰出众作此〇(指圆形)相,以手托作呈势,却叉手立。源以两手交作拳示之。仰进三步,作女人拜。源点头,仰便礼拜。此乃〇相所自出

也,因录以示后学。(卷二,第39页上)

  灵龟曳尾 庄子钓于濮水。楚王使二大夫往召焉,曰:愿以境内累矣。庄子曰:楚有神龟,死已三千岁矣,王巾笥藏之庙堂之上。此龟者,宁其死为留骨而贵乎?宁其曳尾于涂中乎?二大夫曰:宁生而曳尾于涂中。庄子曰:往矣,吾将曳尾于涂中矣。濮,音卜。(卷五,第171页下—第172页上)

《祖庭事苑》中的《释名讖辨》、《语缘》和《杂志》三篇中的词目,是善卿综合不同禅书和僧史上的用语编录的。其中,《释名讖辨》和《语缘》主要是诠释禅宗祖师的一些偈讖和禅家若干习语的出典的,《杂志》主要是诠释丛林的名物制度的,相比之下,《杂志》的学术价值更为高些。如此篇对开堂、小参、典座、直岁作了以下的解释:

  开堂 开堂,乃译经院之仪式。每岁诞节,必译新经上进,祝一人(指皇帝)之寿。寿前两月,二府皆集,以观翻译,谓之开堂。前一月,译经使、润文官又集,以进新经,谓之开堂。今宗门(指禅门)命长老、住持演法之初,亦以谓开堂者,谓演佛祖之正法眼藏,上祝天筭,又以为四海生灵之福,是亦谓之开堂也。(卷八,第235页上、下)

  小参 禅门诘旦升堂,谓之早参。日晡念诵,谓之晚参。非时说法,谓之小参。(同卷,第236页下)

  典座 按僧史谓典主床座九事,今举一色以摄之,乃通典杂事也。今禅门相沿以立此名耳。(同卷,第237页上)

  直岁 按:僧史谓直一年之务,故立此职。今禅门虽不止定岁时立名,亦法于古制。(同卷,第237页上、下)

《祖庭事苑》除了对禅录中使用的掌故和语汇予以诠释以

外,还对一些流传较广的禅门机语的原始形式进行了考索。如"云门三句",丛林中相传出自云门文偃,而善卿认为这是文偃的弟子德山缘密说的:

> 三句 一截断众流,二函盖乾坤,三随波逐浪。立此三句,自德山圆明大师(缘密)始也。今皆谓云门三句者,盖参寻之不审也。(卷一,《云门录》上,第4页上)

又如《云门室中录》中使用了"国师(慧忠)看戏"的典故,经善卿考证,这乃是《毗奈耶杂事》中的一则故事,被后人张冠李戴了:

> 国师看戏 丛林多说唐帝盛展歌舞斋众,(慧忠)端肃无闻。帝问:听察如何? 国师为说死囚持油之喻。然窃览国师广录,而无此缘。尝读《毗奈耶杂事》,即大迦叶演那为猛光大王说此摄心之缘,此盖当时之误,学者详焉。(同卷,第17页下)

再如《雪窦瀑泉集》中使用了"袖里藏锋"的典故,据善卿考证,这里的"袖里"当是"就理"之误。其他禅门语录中的"袖里藏锋"也当作纠正。

> 袖里藏锋 达观(昙颖)录《四藏锋颂》,序云:丛林旧有四藏锋:一曰就事藏锋,二曰就理藏锋,三曰入就藏锋,四曰出就藏锋。不知何人改"就"为"袖",改"理"为"里"云云。今禅家录用"就"字为襟袖字,用"理"字为表里字,共所不疑也。且如《风穴(延沼)录》有"四出就"语。……后人不善其意,妄以去就之"就",改为襟袖之"袖"也。今丛林中以"袖里藏锋"、"出袖拂开"皆为用中语,举口则棒拍已行,岂容拟议。虽然苟欲详其问答语脉则是何旨意,古人之言,岂虚发邪? 既学古人之建立,安

可忽诸？且就事则全事，就理则全理，入就则事理俱，出就则事理泯。至于四科拣、四宾主、三句、五位，各有宗徒，无自封执。第以风穴四语详之，则厥旨可见。达观去临济（义玄）七世、风穴四世，乃直下正派，颇得详审。以此校之，则凡曰禅门语录，"袖里"皆宜改为"就理"。（卷三，第30页下—第31页上）

此外，善卿还对他所见到的这些禅录刻本中的脱衍倒讹作了校勘。如在《云门录》（上）"四时"条下说："按：台宗有五时，言四时，误也。"（卷一，第5页下）"什方"条下说："当作'十方'。什，杂也，非此义。"（同卷，第12页上）《云门室中录》"本来法"条下说："赏个名唤作本来法，第六板第十三行上少八字。见怀和尚本。"（同卷，第16页下）"国师"条下说："当作《国师碑》文云"（同卷，第18页下）如此等等。

因此，虽然《祖庭事苑》收录的佛教典故，因受所收禅录的数量和字、词、句在卷文中出现的顺序的限制，既不系统，也不周全。但它毕竟提供了一大批词目，并作了溯源、释义、考订等工作，因此仍不失为有用的禅录辅导书，对见录其中的十九种禅录而言更是如此。本书问世以后，颇受禅门人士的重视，元德辉《敕修百丈清规》等不少禅籍都曾引用过它的资料。

第七品　金志明《禅苑蒙求瑶林》三卷
附：清佚名《禅苑蒙求拾遗》一卷

《禅苑蒙求瑶林》，又称《禅苑蒙求》、《禅苑瑶林》，三卷。金正大乙酉岁（1225），嵩山少林寺志明撰，元宪宗乙卯岁（1255），燕京大万寿寺德谏（无诤）注。收入《续藏经》第一四八册。

《禅苑蒙求》书首有未署作者的"志明小传"（无标题）；元乙

卯岁（1255）二月龙山居士雁门吕伯（鲲夫）的《雪堂和尚注禅苑瑶林引》；金正大乙酉岁（1225）樗轩居士（未出姓名）的题记（无标题）；正大三年（1226）正月闲居士（未出姓名）的《禅苑蒙求引》。它们从不同的侧面，对作者、注者及本书的有关情况作了介绍。

"志明小传"说：

嵩山少林错庵志明禅师，字伯昏，雅号乐真子，安州郝氏子。性忽绳墨，外简朴而内精憨。始为糠禅四祖而作《贯花标月集》，有洁首座者激砺，乃薙发。师香林净公受具，日夕咨参，咨扣胜静普之室，后彻证于东林。尝悬木槌拭手，谓之"槌中挂一拐，去留自适人，莫能亲疏之。"东林迁超化，众请补少林，师打筹自誓，长歌而去。（《续藏经》第一四八册，第193页上）

《雪堂和尚注禅苑瑶林引》说：

吾万松老师（行秀）以无上机，读尽天下书。尝谓余曰：记事者必提其要，纂言者必钩其玄，韩子之云良有以也。嗣子雪堂谏公（德谏）和尚，以玉溪老取乐真《禅苑瑶林》，欲板行之，公为之注焉，几六万言。（第193页下）

《禅苑蒙求》是一部摘取禅籍中的典型事例，特别是反映禅宗独特风格的祖师行迹及其言语（如机缘等），撮四字为标题，以供学禅者初阅的禅门故事集（内容较一般的禅宗公案来得详细）。所记全是禅门中的人和事，不涉及一般性的佛教史事，在选取范围上与北宋赞宁《大宋僧史略》有很大的不同。全书收录的故事总计有五百二十二则，其中四十四则仅有标题而无本文（以上均据笔者统计）。从志明的友人樗轩居士说的"此书贯串二千言，发明五百事"（第193页下），以及闲居士说的"师以正法眼,作文字禅,骈以对偶,谐以韵语,凡五百余则,以使学者观览"(第193页下—第194页上)来看,志明撰书时只是拟定了各则故事的标题,并无实际内容,现存各则故事的正文均为后来的德谏所撰。

今本《禅苑蒙求》,在目录及每则故事的标题下有小注(又称"细注",用来说明事主所属法嗣及典故的出处等),在一些故事的正文之末还有"和补曰"(用来补充与典故有关的其他记载),据刊印者说,均为日本人所加,非原本所有。其中有的是错的,如目录下的小注,说卷上"千八百四十二则,一百八十六人",卷中"千九百二十则,一百九十二人",卷下"千八百四十则,一百七十六人","总计五千六百二则,考合五百六十二祖"云云,与实际数目相差极大,不知因何而大谬至此。当然绝大多数的小注和"和补曰"是有一定的参考价值的。

卷上,始自"释迦七步",终于"灵树风车",凡一百四十则(其中十四则有题无文,即没有加注内容)。主要有:达磨九年(《传灯》三)、灵山密付(《会元》一)、南岳磨砖(《会元》三)、百丈开田(《会元》四)、曹洞正偏(《人天眼目》)、云门数句(《人天眼目》)、临济三玄(《传灯》十二)、大愚三拳(《传灯》十二)、石巩张弓(《传灯》十四)、木平般土(《传灯》)、道吾起拜(《传灯》十一)、真际庭柏(《会元》四)、赵州狗子(《大惠书》)、百丈卷席(《会元》三)、夹山挥剑(《会元》五)、保宁掴口(《普灯》四)、龙牙禅板(《传灯》十七)、乾峰一路(《会元》十三)、兜率三关(《会元》十七)、六祖难塑(《传灯》五)、老谂四门(《碧岩》一)、师备三句(《僧宝传》四)、道吾舞笏(《会元》四)、祖心叱狗(《僧宝传》)、归宗斩蛇(《传灯》七)。如"云门数句"说:

僧问:如何是祖师西来意?师(指韶州云门文偃禅师)云:日里看山。僧问:如何是透法身句?师云:北斗里藏身。

僧问:如何是诸佛出身处? 师云:东山水上行。僧问:如何是正法眼藏? 师云:普。僧问:不起一念还有过也无? 师云:须弥山。僧问:如何是啐啄之机? 师云:响。僧问:如何是学人自己? 师云:游山玩水。僧问:如何是吹毛剑? 师云:祖。僧问:杀父杀母,佛前忏悔,杀佛杀祖,向什么处忏悔? 师云:露。僧问:佛法如水中月是否? 师云:清波无透路。僧云:和尚从何得? 师云;再问复何来。僧云:便怎么去时如何? 师云:重叠关山路。(第196页上)

又如"木平般土"说:

袁州善道木平和尚,凡有新到,未容参礼,先令般土三担。示与颂曰:东山路侧西山低,新到莫辞三担泥。嗟汝在途经日久,明明向道却成迷。(第203页上)

卷中,始自"能仁双跌",终于"驸马索药",凡一百四十则(其中十四则有题无文)。主要有:丹霞掩耳(《传灯》四)、俱胝竖指(《传灯》十一)、玄沙白纸(《会元》七)、茂源掩鼻(《传灯》十五)、石霜咬齿(《传灯》五)、首山纲要(《僧宝传》三)、德山行棒(《传灯》十五)、临济下喝(《人天眼目》)、云门屎橛(《云门录》)、行者唾佛(《会元》六)、老卢幡动(《会元》七)、达磨四行(《传灯》三十)、黄梅佛性(《传灯》三)、灵祐踢瓶(《会元》五)、寂子扑镜(《传灯》十一)、南泉斩猫(《传灯》八)、祇林挥剑、杉山拈尺(《禅林类聚》十七)、义存斫槽(《会元》七)、沩仰三昧(《人天眼目》)、黄龙三关(《会元》十七)、浮山九带(《人天眼目》)、义存漆桶(《会元》七)、陆亘瓶鹅(《传灯》十)等。如"祇林挥剑"说:

湖南祇林和尚,每叱文殊、普贤皆为精魅,手持木剑,自谓降魔才。有僧参礼,便云:魔来也,魔来也。以剑乱挥,归方丈。如是十二年,后置剑无言。僧问:十二年前为甚么降魔师? 师云:贼打贫儿家。(僧问:)十二年后为甚么不降魔? 师曰:贼不打贫儿家。(第242页上、下)

又如"陆亘瓶鹅"说:

陆亘大夫问南泉(普愿)曰:古人瓶中养一鹅,鹅渐渐长大,出瓶不得。如今不得毁瓶,不得损鹅,和尚作么生出得? 泉召曰:大夫! 陆应诺。泉曰:出也。从此开解,即礼谢。(第253页上)

卷下,始自"隐峰倒化",终于"玄冥木剑",凡一百三十八则(其中十六则有题无文)。主要有:普化踢床(《会元》十一)、鹅湖比较、象骨辊球(《会元》七)、国师三唤(《会元》二)、疏山寿塔(《会元》十三)、韶阳九九(《云门录》、《事苑》三)、丹霞烧佛(《传灯》十四)、常察玄谈(《传灯》二十九)、夹山人境(《会元》五)、元静十门(《普灯》十一)、提婆投针(《会元》一)、道一长短(《传灯》六)、五祖机峻(《普灯》十一)、法演四戒、耽章宝镜(《僧宝传》)等。如"提婆投针"说:

提婆菩萨自执师子国来求论难,造龙猛(即龙树)门。龙猛素知其名,遂满钵盛水,令弟子持出示之。提婆见水,默而投针。弟子将还,龙猛深嘉叹曰:水之澄以方我德,彼来投针以穷其底,若斯人者,可以论玄议道。(第278页下)

又如"道一长短"说:

有僧于马祖前作四画,上一画长,下三画短。问曰:不得道一长三短,离此四句,外请和尚答。师乃画一画云:不得道长短,答汝了也。(第280页下)

《禅苑蒙求》中的故事，取材于北宋道原《景德传灯录》、南宋普济《五灯会元》的为最多，这些故事原先散见于各书各章，不便披览。而今将它们汇集在一起，标明主题，简叙其事，这对于研究禅宗的思想方式，无疑是提供了一大批生动而富有哲理的资料。

清佚名《禅苑蒙求拾遗》一卷

《禅苑蒙求拾遗》，一卷。原书未署作者，从书中引有明文琇《增集续传灯录》、智旭《缁门崇行录》和清元贤《继灯录》来看，作者当是清代人。收入《续藏经》第一四八册。

《拾遗》无序跋。全书共收录禅门一百四十四事，每事撮四字为题，事首有"某书曰"的出典，每二事合为一则，故为七十二则。《拾遗》取材的范围远较《蒙求》广泛。《蒙求》主要取材于灯录，尤其是《景德传灯录》和《五灯会元》，而《拾遗》则以采录禅宗传记、笔记为主，兼及灯录、语录、行状、文集及其他撰作。所采的禅书有：《碧岩录》、《传灯录》、《僧宝传》、《僧宝正续传》、《人天宝鉴》、《石田录》、《大慧武库》、《枯崖漫录》、《罗湖野录》、《正宗赞》、《丛林盛事》、《六祖坛经》、《临济行录》、《五灯会元》、《联灯录》、《禅门宝训》、《林间录》、《击节录》、《禅门规式》、《圆庵集》、《芙蓉禅师录》、《明教大师行业记》、《云卧纪谈》、《赵州真际禅师行状》、《广灯录》、《禅林类聚》、《雪堂拾遗录》、《补僧宝传》、《山庵杂录》等。

所收的故事，主要有：雪窦翰林，浮山录公；石霜雷迁，大慧时新；世奇听蛙，应真撞狗；慧日论药，柴石因棋；祖元戒神，天然骑圣；此庵布袋，香林纸袄；端设祖堂，鉴折佛殿；月堂拒化，玉泉数馔；义怀折担，自回攻石；伊庵同劳，真如自役；法眼六相，慈明三印；慧海珠明，冶父川增；福先进歌，汾阳始颂；德挫将军，元接僧统等。

《拾遗》的撰法是这样的：

> 石霜雷迁　大慧时新：《石田录》曰：道吾（名宗智——原注）之嗣庆诸禅师，居石霜，相距百二十里，朔望必步往拜道吾之塔，耄犹不辍。一夕雷雨，塔自迁就之，至今号雷迁塔。　《大慧武库》曰：师（大慧——原注）每岁得时新，必先供佛及圆悟，然后敢尝。谓左右曰：非佛与老和尚，我安得如此。（《续藏经》第一四八册，第292页上）

由于《拾遗》摘录传记、笔记类中的资料较多，故有关禅僧的轶闻逸事比较多些，而机缘语句相对少些，但其中流传较广的掌故并不多，这与作者的眼力不够有关。

第五门 规制:元德辉《敕修百丈清规》八卷

《敕修百丈清规》,略称《百丈清规》、《清规》,八卷。元顺帝元统三年(1335),大智寿圣禅寺住持德辉奉敕重编,大龙翔集庆寺住持大䜣校正。载于《明北藏》"黜"函(《明南藏》缺)、《清藏》"本""於"函、《频伽藏》"腾"帙,收入《大正藏》第四十八卷。

德辉,东阳(今浙江东阳县)人。晦机元熙的弟子、临济宗杨岐派大慧(宗杲)系僧人。元文宗天历二年(1329),嗣住江西道龙兴路百丈山(今江西奉新县境内)大智寿圣禅寺,次年在寺内建天下师表阁,以纪念百丈怀海。事见黄溍《百丈山大智寿圣禅寺天下师表阁记》等。

《敕修百丈清规》书首有明正统七年(1442)礼部尚书胡濙关于重刻《百丈清规》的奏本;元顺帝至元二年(1336)关于重编并颁行《百丈清规》的上谕。书末有唐元和十三年(818),御史陈诩《唐洪州百丈山怀海禅师塔铭并序》[案:此篇《塔铭》说:"元和九年正月十七日,(怀海)证灭于禅床,报龄(即世寿)六十六,僧腊四十七。"而北宋赞宁《宋高僧传》卷十和道原《景德传灯录》卷六均说这一年怀海的卒龄为"年九十四"。《碑铭》作于怀海死后四年,而且作者陈诩又"备尝大师(指怀海)之法味",

与怀海有过直接的交往,以理相推,《碑铭》所说的怀海卒龄为六十六岁似更可靠些];元顺帝至元二年(1336)国子博士黄溍《百丈山大智寿圣禅寺天下师表阁记》;北宋景德元年(1004)翰林学士杨亿《古清规序》;崇宁二年(1103)真定府十方洪济禅院住持宗赜《崇宁清规序》;南宋咸淳十年(1274)后湖比丘惟勉《崇宁清规序》;元至大四年(1311)庐山东林寺比丘一咸《至大清规序》;至元二年(1336)翰林学士欧阳玄《敕修百丈清规叙》;至元四年(1338)德辉的题记(无标题)。

德辉在题记中说:

《百丈清规》行于世尚矣。繇唐迄今,历代沿革不同,礼因时而损益,有不免焉。往往诸本杂出,罔知适从,学者惑之。异时,一山万(了万)禅师致书先云翁,约先师(晦机元熙)共删修刊正,以立一代典章。无何三翁先后皆化去,区区窃欲继其志而未能也。后偶承乏百丈,会行省为祖师(指怀海)请加谥未报,遂诣阙以闻。御史中丞撒迪公引见圣上,得面奏《清规》所以然,因被旨重编,令笑隐(大䜣)校正,仍赐玺书颁行。受命以来,旁求初本不及见,惟宋崇宁真定赜公(宗赜)、咸淳金华勉公(惟勉),逮国朝至大中东林咸公(一咸)所集者为可采。于是,会秤参同,而诠次之,繁者芟,讹者正,缺者补,互有得失者两存之。间以小注折衷,一不以己见妄有去取也。稍集,笑隐凡定为九章,章冠以小序,明夫一章之大意,厘为二卷。使阅而行者,条而不紊,庶几吾祖垂法之遗意,得以遵承而辉耀。……宋杨文公(杨亿)作《古规序》,与夫三公(宗赜、惟勉、一咸)所集自序,悉附著云。(《大正藏》第四十八卷,第1159页上、中)

《敕修百丈清规》是自中唐百丈山怀海禅师创制《禅门规式》(又名《丛林清规》,通常称之为《百丈清规》)以来,迄元顺帝时为止,各种丛林(即"禅林")清规的集大成者。怀海,俗姓王,福州长乐(今福建长乐县)人。落发(出家)于西山慧照和尚,进具(受具足戒)于衡山法朝律师,曾在庐江(今安徽庐江县)浮槎寺闭门读经达好几年。听说禅宗南岳系传人马祖道一在南康(今江西赣县)龚公山传禅,即往参叩,与西堂智藏、南泉普愿同为道一的入室弟子。道一入灭以后,怀海迁居洪州新吴(今江西奉新县)境内的大雄山,由于此山岩峦峻极,故又名"百丈山"。以往禅宗僧众大多依住律寺,由于禅、律宗习不同,对于禅法的弘持多有不便。怀海在百丈山创立禅居(即禅寺),并制定了一整套不同于大小乘戒律的丛林制度,作为日常生活和修持的准则,这便是有名的《百丈清规》。《百丈清规》的初本(或称"原本"、"古本")已佚,但杨亿《古清规序》对它的制定缘由、主要内容和重要意义曾作过较为详细的介绍,并把它们写进《景德传灯录》(杨亿是此书的删定者)。因此,《景德传灯录》卷六关于怀海《禅门规式》的介绍,实际上是根据《古清规序》转录的。杨亿在《古清规序》中说:

师(怀海)曰:吾所宗非局大小乘,非异大小乘,当博约折中,设于制范,务其宜也。于是,创意别立禅居,凡具道眼者,有可尊之德,号曰长老,如西域道高腊长(指僧腊长,亦即僧龄长)呼须菩提等之谓也。即为化主,即处于方丈,同净名(指维摩诘)之室,非私寝之室也。不立佛殿,唯树法堂者,表佛祖亲嘱受当代为尊也。所裒学众,无多少、无高下,尽入僧堂,依夏次(指僧龄的长短)安排。设长连床,施椸架挂搭道具。卧必斜枕床唇,右胁吉祥,睡者以其坐禅既久,略偃息而已,具四威仪也。除入室请益,任学者勤怠,或上或下,不拘常准。其阖院大众朝参夕聚,长老上堂升座主事,徒众雁立侧聆。宾主问酬,激扬宗要者,示依法而住也。

斋粥随宜二时均遍者,务于节俭,表法食双运也。行普请(集体劳动)法,上下均力也。置十务,谓之寮舍,每用首领一人,管多人营事,令各司其局也。或有假号窃形,混于清众,别致喧挠之事,即当维那检举,抽下本位挂搭,摈令出院者,贵安清众也。或彼有所犯,即以拄杖杖之,集众烧衣钵道具,遣逐从偏门而出者,示耻辱也。……禅门独行,自此老(怀海)始。清规大要,遍示后学,令不忘本也。其诸轨度,集详备焉。(第1158页上、中)

自怀海以后,北宋宗赜撰《禅苑清规》(又名《崇宁清规》)十卷、南宋惟勉撰《丛林校定清规总要》(又名《咸淳清规》)二卷、元代一咸撰《禅林备用清规》(又名《至大清规》)十卷,此外还撰出了若干部小清规,如南宋宗寿撰《入众日用》(又名《无量寿禅师日用小清规》)一卷、元明本撰《幻住庵清规》(又名《庵事须知》)一卷(以上均存),丛林清规蔚为大观。由于自唐至元,丛林的规模建制、职事设置以及仪礼规范发生了很大的变化,各寺因时制宜,自立职事,所施行的清规也有损有益,增减不一。为统一天下的丛林制度,德辉面奏元顺帝以后,奉旨重编了这部《敕修百丈清规》。

《敕修百丈清规》虽然名义上也称为《百丈清规》,其实,德辉在重编时并没有见到过《百丈清规》的初本,而是根据当时丛林中流行较广的《崇宁清规》、《咸淳清规》和《至大清规》,会秤参同,折衷得失、删繁、补缺、正讹,重新诠次而成的,与《百丈清规》的原貌相距甚远。不过,从学术渊源上说,无论是哪一部丛林清规,都是从《百丈清规》这个源头汩汩流出的,况且在德辉重编的《清规》中,确也保存了《百丈清规》初本的主要内容,因此,题为今名也无可厚非。

《敕修百丈清规》分为九章。初本分为上下两卷,上卷收祝厘、报恩、报本、尊祖、住持五章,下卷收两序、大众、节腊、法器四章。今本分为八卷,虽然每卷收录的章节略有变化,但内容依旧。书中对禅寺的僧职设置、管理制度、日常行事、礼仪规范、节斋活动,以及各种应用文书,如牒状牌示、疏文口词等作出了细致的规定。每章之首有小序,叙说本章义旨;卷文中夹有小注,对佛事活动中回禀、白众、陈事、回向、念诵、祝香、进拜、展礼、答谢、颂赞等时候的用语,以及若干礼仪规范的细节,作了补充性的说明;一些章节的末尾间附作者的案语,对叙及的人和事加以阐述与评论。

一、祝厘章(卷一前部分)。记为皇帝或皇太子祝寿的时日和规式。下分:圣节(皇帝诞辰);景命四斋日(皇帝即位之月的初一、初八、十五、廿三)祝赞;旦望(每月初一、十五)藏殿祝赞;每日祝赞;千秋节(皇太子诞辰);善月(正月、五月、九月)。凡六节。

二、报恩章(卷一后部分)。记国忌日(皇帝的死日)和国家遇到自然灾变时的祈祷规式。下分:国忌;祈祷(祈晴、祈雨、祈雪、遣蝗、日蚀、月蚀)。凡二节。

三、报本章(卷二前部分)。记佛陀和元代帝师拔合思巴(即"八思巴")纪念日的佛事活动。下分:佛降诞;佛成道、涅槃;帝师涅槃。凡三节。

四、尊祖章(卷二中间部分)。记禅宗祖师纪念日的佛事活动。下分:达磨忌;百丈(怀海)忌;开山历代祖忌;嗣法师忌。凡四节。

五、住持章(卷二后部分至卷三毕)。记禅寺住持(又称"方丈")的日常行事、任退程序、迁化以后丧事的料理,以及新住持的产生办法。下分:住持日用(上堂、晚参、小参、告香、普说、入室、念诵、巡寮、肃众、训童行、受法衣、迎侍尊宿等);请新住持（发专使、当代住持受请、受请升座等）；入院（山门请新命斋、开堂祝寿、当晚小参、留请两序、交割砧基什物等）；退院（即退职）；迁化（入龛、请主丧、佛事、移龛、祭次、茶毗、全身入塔、唱衣、下遗书等）；议举住持。凡六节。

六、两序章（卷四前部分）。记禅寺东西两序（住持之下仿朝廷文武两班设立的僧职，西序选学德兼优者充任，东序选精通世事者充任）和从事杂务的各种僧职、进退（任职与退职）程序，以及有关的礼仪。下分：西序头首（有前堂首座、后堂首座、书记、知藏、知客、知浴、知殿、侍者等）；东序知事（又称"执事"，有都监寺、维那、副寺、典座、直岁）；列职杂务（有寮元、寮主、副寮、延寿堂主、净头、化主、园主、磨主、水头、炭头、庄主、诸庄监收）；请立僧首座；请名德首座；两序进退；侍者进退；寮舍交割什物；方丈特为新旧两序汤；堂司特为新旧侍者汤茶；两序交代茶；两序出班上香等。凡二十一节。

七、大众章（卷四后部分至卷七前部分）。记僧众的行持规范。下分：沙弥得度；登坛受戒；办道具（三衣、坐具、钵、锡杖、拂子、数珠、净瓶、戒刀等）；游方参请；大挂搭归堂；谢挂搭；坐禅；大坐参；请益；普请；日用轨范；《龟镜文》（宗赜述）；亡僧（大夜念诵、送亡、茶毗、唱衣、入塔等）。凡二十五节［案：《敕修百丈清规目录》列为《大挂搭归堂》一节附出的小挂搭归堂、西堂首座挂搭、诸方名胜挂搭、法眷办事挂搭四小节，似也可看作为与《大挂搭归堂》并列的大节。今据目录，不将它们计入二十五节之内］。

八、节腊章（卷七后部分）。记结制（又称"结夏"、"坐夏"、"坐腊"，指自农历四月十六日开始的居寺不出、安心修道的安居期）、解制（又称"解夏"，指农历七月十五日安居期结束）、冬至、年朝，即丛林"四节"的佛事活动与仪规。下分：夏（结夏）前草单(戒腊簿);出图帐(依戒腊写楞严图、念诵巡堂图、被位图、钵位图);众寮结解特为众汤;楞严会;四节土地堂念诵;结制礼礼;四节秉拂;月分须知等。凡十八节[案:据《众寮结解特为众汤》一节下的小注"附建散楞严",《楞严会》一节似应为附出,今据《敕修百丈清规目录》仍将它算作十八节之一]。

九、法器章(卷八)。记禅寺的法器及其击打规式。下分:钟;版;木鱼;椎;磬;铙钹;鼓。凡七节。

上述九章中,以住持章、两序章和大众章为最重要,因为禅宗丛林制度的主要内容就是在这三章中得到充分揭示的。如住持是一寺之主,他的日常行事在很大程度上反映了寺院的经常性活动。对此,住持章作了以下的介绍:

上堂:"登座拈香祝寿(详具祝厘章——原注),趺坐开发学者,激扬此道(指宗乘)。"(卷二,第1119页中)

晚参:"凡集众开示皆谓之参。古人匡徒使之朝夕咨扣,无时而不激扬此道,故每晚必参,则在晡至。至今丛林坐参,犹旦望五参升座,将听法时,大众坐堂也。"(同卷,第1119页下)

小参:"小参初无定所,看众多少,或就寝室,或就法堂。"(同上)

普说:"有大众告香而请者,就据所设位坐。有檀越特请者,有住持为众开示者,则登法座。凡普说时,侍者令堂头行者挂普说牌报众,铺设寝室,或法堂。粥罢,行者覆住持,缓击鼓五下,侍者出候,众集请住持出,据坐普说,与小参礼同。"(同卷,第1120页下)

入室:"入室者,乃师家勘辨学子,策其未至,捣其虚亢,攻其偏重。如烹金炉,铅汞不存;玉人治玉,砥砆尽废。不拘昏晓,不择处所,无时而行之。故昔时,衲子小香合常随身,但闻三下鼓鸣,即趋入室。"(同上)

念诵:"古规初三、十三、二十三、初八、十八、二十八。今止行初八、十八、二十八。"(同卷,第1121页上)

巡寮:"古规住持巡寮,僧堂前挂巡寮牌报众,各寮设位,备香茶汤,伺候住持至。鸣板集众,于门外排立问讯,随住持入寮。寮主烧香,同众问讯而坐。住持询问老病,点检寮舍缺乏。叙话而起,众当展坐具,谢临访,免则问讯相送。或旦望巡行(则不挂牌——原注),今惟以四节报礼为巡寮,余日不讲。"(同卷,第1121页中)

两序章对住持以下的各位知事(执事僧)的职责范围作了颇为详细的规定。

(一)对西序头首的规定是:

前堂首座:"表率丛林人天眼目,分座说法,开凿后昆。坐禅领众,谨守条章。斋粥精粗,勉谕执事。僧行失仪,依规示罚。老病亡殁,垂恤送终。凡众之事,皆得举行,如衣有领,如网有纲也。"(卷四,第1130页下)

后堂首座:"位居后板,辅赞宗风,轨则庄端,为众模范。盖以众多,故分前后。"(同卷,第1131页上)

书记:"即古规之书状也,职掌文翰,凡山门榜疏、书问、祈祷、词语,悉属之。"(同上)

知藏:"职掌经藏,兼通义学。"(同上)

知客:"职典宾客。"(同卷,第1131页中)

知浴:"凡遇开浴,斋前挂开浴牌。寒月五日一浴,暑天每日淋汗。铺设浴室,挂手巾,出面盆、拖鞋、脚布。"(同上)

知殿:"掌诸殿堂香灯,时时拂拭尘埃,严洁几案。"(同卷,第1131页下)

(二)对东序知事的规定是:

都监寺(略称"都寺"):"都监寺,古规惟设监院,后因寺广众多,添都寺以总庶务。早暮勤事香火,应接官员、施主。会计簿书,出纳钱谷,常令岁计有余。尊主(指住持)爱众(指僧众),凡事必会议,禀住持方行。训诲行仆,不妄鞭捶。……昔丛林盛时,多请西堂首座、书记,以充此职,而都监寺亦充首座、书记。否则,必腊高历事,廉能公谨,素为众服者充之。"(同卷,第1132页上)

维那:"纲维众僧,曲尽调摄。堂僧挂搭,辨度牒真伪。众有争竞遗失,为辨析和会。戒腊资次,床历图帐,凡僧事内外,无不掌之。"(同卷,第1132页中)

副寺:"古规曰库头,今诸寺称柜头,北方称财帛,其实皆此一职。盖副贰都监寺,分劳也。"(同上)

典座:"职掌大众斋粥。"(同卷,第1132页下)

直岁:"职掌一切作务。"(同上)

(三)对列职杂务的规定是:

寮元:"掌众寮之经文什物,茶汤柴炭,请给供需,洒扫浣濯,净发橽巾之类。"(同上)

延寿堂主:"看视病僧,汤药、油烛、炭火、粥食、五味,常备供须。"(同卷,第1133页上)

净头:"扫地装香,换筹洗厕,烧汤添水。"(同上)

化主:"凡安众处常住租入有限,必藉化主劝化檀越,随力施与,添助供众。"(同上)

园主:"不惮勤苦,以身率先,栽种菜蔬,及时灌溉,供给堂厨,毋使缺乏。"(同上)

磨主:"兼主碓坊米面。"(同上)

水头:"五更烧汤,供大众颒盥。"(同上)

炭头:"预备柴炭,以御寒事。"(同上)

庄主:"视田界,至修理庄舍。提督农务,抚安庄佃。些少

事故,随事消弭;事关大体,申寺定夺。"(同卷,第1133页中)

再如大众章对丛林中实施的普请制度,又作了这样的介绍:

> 普请之法,盖上下均力也。凡安众处,有必合资众力而办者,库司先禀住持,次令行者传语首座、维那,分付堂司行者报众,挂普请牌。仍用小片纸,书贴牌上云(某时某处——原注)。或闻木鱼,或闻鼓声,各持绊膊搭左臂上,趋普请处宣力。除守寮、直堂、老病外,并宜齐赴。当思古人"一日不作,一日不食"之诫。(卷六,第1144页中)

凡此种种,都是研究丛林制度的珍贵史料。

《敕修百丈清规》既是元代天下丛林统一遵依的规制,也是明代丛林遵依的规制。明英宗正统七年(1442),时任百丈山大智寿圣禅寺住持的僧忠,"见后学僧徒,多有未见清规体例,罔知轨度,不谙戒律,甚辱祖风"(见胡濙奏本),因而奏请皇上,要求重刊这部清规。传今的《敕修百丈清规》便是僧忠的重刻本。传至清代,有仪润撰《百丈清规义记》九卷(今存),对它加以注释。

第六门　法　　数

第一品　唐李师政《法门名义集》一卷

《法门名义集》,一卷。唐武德年间(618—626),东宫学士李师政撰。有敦煌本(题有"东宫学士李师政奉阳城公教撰"等字)传世。日本据法国国家图书馆收藏的敦煌本,将它编入《大正藏》第五十四卷。

李师政,贞观(627—649)初年,任门下典仪,著有《正邪论》一卷(已佚)、《内德论》一卷(载于《广弘明集·辩惑篇》)。唐道宣《大唐内典录》卷五介绍说:"政(李师政)家上党,学识攸归,少玩大方(指大乘),长遂通洽。每与诸朝共谈玄奥,多陷名相,以佛宗为虚诞,同迷业缘,以圣理为扪虚。政乃著论三篇(指《内德论》分为《辩惑》、《通命》、《空有》三篇)。初(指《辩惑》)明显正,喻傅氏(傅奕)之谗诽;中(指《通命》)明运业,晓古今之迷滥;后(指《空有》)述因果,辩感报之非谬。文极该要,统史籍之前言;义实明冠,拔沈(沉)冥之滞结。"(《大正藏》第五十五卷,第281页下—第282页上)

佛教有一套独特的名词术语,这用佛家的语言来说,即"名相"。这些佛教术语的构成可区别为两大类:一类是不含数字的,如烦恼、禅、般若、真如、佛性、无我、如来藏、空、戒、涅槃、阿赖耶识等；另一类是以数字开头，或为使术语的含义更为明了，在数字前加修饰词限定的，如一乘、二谛、三无性、四缘、五蕴、六凡四圣、七佛、八大地狱、九种大禅、十地、僧伽二和、大乘五位、外道六师、大集七喻等，别称"法数"或"名数"。《法门名义集》正是一部专门解释后一类术语的小型佛教辞书（也称"辞典"）[案：绝大多数不含数字的佛教术语，都可以为含数字的佛教术语所统摄，成为含数字的佛教术语的构成语素。如前面提到的烦恼，有二烦恼、六烦恼；禅，有二种禅；般若，有二般若、三般若、五种般若、八部般若、般若十种利益；真如，有二真如、七真如；佛性，有三佛性；无我，有二无我；如来藏，有二如来藏、三如来藏、如来藏九喻；空，有一空、二空、三空、七空、十八空、二十空；戒，有五戒、八戒、十戒、二百五十戒、五百戒；涅槃，有二涅槃、三涅槃、四种涅槃。阿赖耶识只有一种，看起来似乎前面不能加数字，以构成含数字的佛教术语，但由于它是唯识家所说的"第八识"，故可以在"八识"或"九识"的词目的释文中查到，也从属含数字的术语。由于这个缘故，"名数"、"法数"往往与"名相"通用，而成为佛教术语的代称]。

《法门名义集》书首有李师政自序（无标题）。说：

> 标法之名，释名之义，理之津道，可不务乎？但布在众典，难得而究，集而释之，则易观矣。今缘所见，阙所未详，以类分之，总为七品。（《大正藏》第五十四卷，第195页上）

全书共汇释带有数字的佛教名词术语一百二十条，按它们的主题分类汇编，总为七品。

一、身心品。释四大、六大、五阴、六根、九识、十二入、十八界。凡七条。

二、过患品。释二边、三毒、五欲、六贼、八倒、四倒、五盖、四惑、八邪、九恼、三障、四魔、十缠、三漏、六十二见、十使烦恼、五住地烦恼。凡十七条。

三、功德品。释三归、四依、五戒、八戒、十无尽戒、三聚净戒、六念、六和敬、六度、十波罗蜜、四摄、四无量心、八大人觉、四亲近行、三明、六通、八解脱、三慧、二智、四智、二道、四修、十智、五忍、十想、四禅、十二头陀、十一切处、八胜处、五分法身、七净、七财、四相、四心、三十七道品、十力、四无畏、四无碍智、十八不共法、十号、五眼、三十二大人相、八十随形好。凡四十三条。

四、理教品。释三佛、三宝、三藏、三乘、五乘、二谛、四谛、三法印、六垢、四优坛那、四种悉檀、十二部经、三种般若、二种涅槃、二无我、三无性、三空、三无为、十八空、三转、七种善、五明论。凡二十二条。

五、贤圣品。释七种学人、四沙门果、二种辟支佛、菩萨摩诃萨乘(此条不属含数字的"名数",当是例外)、十信菩萨、习种性有十住菩萨、性种性有十行菩萨、道种性有十回向、圣种性有十地菩萨、四十二贤圣、十二住地、大乘四向四果、四位。凡十三条。

六、因果品。释三行、三业、四报、二报、十因、四缘、十二因缘。凡七条。

七、世界品。释三世、三界、二世间、四天下、二十八天、二十五有、五浊、八难、四趣、六道、三千大千世界。凡十一条。

《法门名义集》所收录的这些词目基本上是佛教最常用的一些术语。由于作者的意图主要是为了让没有佛学基础,或接触佛学时间不长、根底尚浅的人了解这些名词的含义的,故在释义时,一般采用直截了当的诠释,不搞引经据典,语言也比较简洁明了。试品析以下数条:

四大　地、水、火、风是也,和合成身。地者,骨肉形体也;水者,血髓润也;火者,温暖也;风者,出入气息也。

(《身心品》,第 195 页上)

五阴 色、受、想、行、识。此五阴共成众生也。何以色阴？形碍为色，领纳为受，假名为想，起作名行，了别为识。何谓为阴者？阴，盖积聚以成众生。(同上)

四依 依法不依人，依义不依语，依智不依识，依了义经不依不了义经。(《功德品》,第 196 页上)

十二头陀 一者尽形乞食，二者阿兰若处住，三者著粪扫衣，四者一坐食，五者常坐，六者中后（指中午以后）不受非时食，七者中后不饮浆，八者但有三衣，九者毳衣，十者树下坐，十一者空地住，十二者死尸间住。(同品，第 197 页中、下)

五明论 内明、因明、声明、医方明、功业明（通常称"工巧明"）。内明者，佛所说教者名内论；因明，能屈他论，自申己义，名为因论；声明，显示一切音声差别，巧便言辞，名为声论；医方明者，有四种：一者显示差知病因，二者显示病因，三者能显示除已起之病，四者显示已除之病，令不重起；功业明，显示种种世业成就。此五种明处，菩萨悉求。(《理教品》,第 200 页下)

《法门名义集》收录的词目中，释文最短的是《功德品》中的"三慧"（闻慧、思慧、修慧）和《理教品》中的"六垢"（害、恨、恼、诳、高、诳）两条，仅有六个字。最长的是《贤圣品》中的"圣种性有十地菩萨"条，达八百余字。有近半数的词条在一百字以下。释文中还间有夹注，夹注文字略多的有《因果品》中的"十因"和《世界品》中的"二十八天"诸条。

第二品　明一如等《大明三藏法数》五十卷

《大明三藏法数》，又名《三藏法数》，五十卷。明永乐十七年

(1419),杭州上天竺讲寺沙门一如等"奉敕集注"。藏本载于《明北藏》"昆"至"石"函(《南藏》缺)、《清藏》"兹"至"俶"函(上二藏均作"四十卷",内总目二卷)、《频伽藏》"露"帙;铅印的单行本由近代丁福保重校、黄中编辑《通检》(即查检索引),于1923年由上海医学书局出版流通。今据上海医学书局本解说。

《大明三藏法数》丁福保本的书名作《三藏法数》,书首有新增的丁福保《重刻三藏法数序》;黄中《三藏法数通检序》;《三藏法数通检目次》(以笔划的多少为序,编列词目的第一个字,始自一划,终于三十三划);《三藏法数通检》(即全书的总词目。收录词目的正条以及释文中涉及的别的词目,并注页数及每一页上、中、下三栏中的那一栏)。书末有丁福保《跋》。但《三藏法数》原有的总目和正文标注的卷数被删去,因而丁福保本是不分卷的。丁福保在《序》中说:

《三藏法数》五十卷,明永乐中一如法师等奉敕编纂也。一如法师,会稽人。天姿聪颖,勤学问,强记览。大小教部之文,一目成诵,若宿习然。出家杭州上天竺讲寺,为高僧具庵法师之弟子,得师之正传。博通教义,讲说闲熟。善讲《法华经》,著有《法华经科注》。永乐间诏修大藏,命法师总其事。后为僧录司右阐教。洪熙元年三月卒。仁宗赐祭葬焉。其当时与法师同修大藏、同纂此书者,皆极一时之选。凡大藏中关于法数之名词,是书一一辑出,共计千五百五十五条,其解释根柢经论,折衷融贯,开帙犁然,若丝连而玑组。凡艰深之理,尤能以浅显之笔达之。其出于某经某论,或某某撰述者,皆详注于各条之下,如李焘《续通鉴长编》凡所引证,必著书名。与明人辑书而不著其出典,以致无征不信者迥不侔矣。惟经典中大小乘之说,往往各异。即同属一乘,而宗派不同,其说亦异。此书遇各家或各宗派

之异说,皆征引诸家,颇为详备。原原本本,如数家珍。洵觉海之津梁,昏途之束炬也。(上海医学书局本,《序》页码第1页)

他在《跋》中又说:

《三藏法数》以数为纲,以所统之目系于下,与诸类迥异。其法似为释氏所独创,而不知儒书中实先开其例。明徐鉴录《十三经》中之成语,摘取其数,以类相比,自一数至万数,略引上下文及注疏,附注于下,成《诸经纪数》十四卷,其例实与《三藏法数》如出一辙。考此例之最古者,为宋王应麟所撰之《小学绀珠》十卷。其后则有明张九韶所撰之《群书拾唾》十二卷,清宫梦仁所撰之《读书纪数略》五十四卷。皆以数目分隶故实,遂为类事者别创一格也。是书编纂之例,大抵以《小学绀珠》为蓝本,而《小学绀珠》又脱于陶渊明之《集圣贤群辅录》。其编纂之法,远有端绪如此,非向壁杜撰者所可比也。(正文页码第564页)

《三藏法数》共汇释佛教法数一千五百五十五条,按词目第一个字的数目的大小依次排列。如果词目的第一个字并非数字,则按词目中间出现的数字的大小,编入相应的数序之中。如"起信二门"则编入"二"的数序之列,"修净土五念门"则编入"五"的数序之列,"大乘十喻"则编入"十"的数序之列,等等。所释的第一条是"一心",最后一条是"八万四千法门"。每条术语之下,均注有出典。

《三藏法数》从"一"至"十八"之间,每个数字都有相应的佛教术语,没有空缺。收录情况是:

"一":有一心(出《华严经》)、一月喻三身(出《宝王论》)、一大事因缘(出《法华经》)、一真法界(出《华严经随疏演义钞》)、一音(出《维摩经》)、一行三昧(出《文殊师利所说摩诃般若波罗蜜经》)、一刹那(出《仁王护国经》)等。

"二":有迹本二门(出《法华玄义释签》)、空有二执(出《宗镜录》)、论有二种(出《阿毗达磨大毗婆沙论》)、二义(出《圆觉经略疏》)、二种观法(出《占察经》)、二种生死(出《唯识论》)、印师二教(出《华严经疏》)、昙谶二教(出《华严经疏》)、远师二教(出《华严经疏》)、二宗释题(出《天台四教仪集注》)、二诠(出《宗镜录》)、二转依(出《楞严经义海》)、二种分别真伪禅相(出《修习止观坐禅法要》)、二种阐提(出《楞伽经》)等。

"三":有三身(出《金光明经玄义》)、三觉(出《翻译名义》)、佛三不能(出《景德传灯录》)、佛三密(出《大智度论》)、三分科经(出《法华经文句》)、亲光三分科经(出《佛地论》)、三归依(出《法界次第》)、三智(出《观音玄义》)、三自性(出《显扬圣教论》)、三无性(出《成唯识论》)、天台三观(出《金光明经玄义》)、南山三观(出《止观辅行》)、南中三教(出《华严经疏》)、岌法师三教(出《华严经疏》)、三支比量(出《阿毗达磨杂集论》)、三车(出《法华经》)、三思(出《华严经疏钞》)、三报(出《慈悲水忏》)、三业(出《析玄记》)、三千世界(出《长阿含经》)、三种世间(出《大智度论》)、三净肉(出《十诵律》)等。

"四":有四法界(出《华严法界观》)、华严四分(出《法宝标目》)、赖耶四分(出《翻译名义》)、化仪四教(出《天台四教仪》)、化法四教(出《天台四教仪》)、苑公四教(出《华严经疏》)、晓公四教(出《华严经疏》)、生公四轮(出《华严经随疏演义钞》)、菩萨四事入于法门(出《大宝积经》)、四恩(出《本生心地观经》)、四大部洲(亦名"四洲形量",出《长阿含经》)、四威仪(出《菩萨善戒经》)等。

"五":有五部教主(出《大乐金刚不空真实三昧耶经理趣

释》)、百法五位(出《显扬圣教论》)、五味(出《涅槃经》)、五神通(出《菩萨处胎经》)、贤首五教(出《华严经疏》)、慧观五教(出《华严经疏》并《演义钞》)、波颇五教(出《华严经疏》)、刘虬五教(出《华严经疏》)、大乘五位(出《华严经随疏演义钞》)、小乘五位(出《天台四教仪》)、沙门受食五观(出《大藏一览》)、修净土五念门(出《无量寿经论》)等。

"六":有六即佛(出《观无量寿佛经疏妙宗钞》)、六念法(出《别译杂阿含经》)、六相(出《华严一乘教义分齐章》)、六和敬(出《法界次第》)、僧用六物(出《僧祇律》并《翻译名义》)等。

"七":有七真如(出《瑜伽师地论》)、华严宗七祖(出《佛祖统纪》)、七种礼佛(出《法苑珠林》)等。

"八":有八正道(出《法界次第》)、八识(出《宗镜录》)、八部鬼众(出《翻译名义》)、八不净物(出《华严经随疏演义钞》)等。

"九":有大乘九部(出《大智度论》)、小乘九部(出《大智度论》)、九斋日(出《释氏要览》并《四天王经》)等。

"十":有十号(出《佛说十号经》)、十玄门(出《华严经随疏演义钞》)、十门叙密咒功德深广(出《显密圆通成佛心要集》)、十大弟子(出《翻译名义》)、菩萨十戒(出《梵网经》)、每月十斋日(出《法苑珠林》)、禅定十种利益(出《月灯三昧经》)、十法行(出《辨中边论》)、饮酒十过(出《四分律》)等。

"十一":有师子吼喻十一事(出《涅槃经》)等八条。

"十二":有十二分经(亦名"十二部经",出《大智度论》)等九条。

"十三":有日冷十三缘(出《长阿含经》)等二条。

"十四":有十四无畏(出《楞严经》)一条。

"十五":有念诵忌十五地(出《一字佛顶轮王经》)等二条。

"十六":有十六观门(出《无量寿佛经》)等六条。

"十七":有大乘修多罗有十七名(出《妙法莲华经论》)一条。

"十八":有十八空(出《大智度论》)等五条。

以上总计一千五百十七条,其中自"一"至"十"的法数占一千四百七十三条,自"十一"至"十八"的法数仅有三十四条(据笔者统计)。

《三藏法数》从"十八"以后至"八万四千"之间,数字大量断缺,凡断缺的地方,一般表示没有相应的佛教术语,也有的是作者疏漏未收的缘故(如"三十三天"等)。情况是:

含"二十"的名数有二十重华藏世界庄严世界海(出《华严经》)等八条;含"二十五"的有二十五圆通(出《楞严经》)等五条;含"二十八"的有二十八天(出《天台四教仪》)等二条;含"三十一"的有三十一色(出《翻译名义》)一条;含"三十二"的有如来三十二相(出《法界次第》)等二条;含"三十四"的有三十四心断结(出《天台四教仪集注》)一条;含"三十六"的有三十六物(出《华严经随疏演义钞》)一条;含"三十七"的有三十七道品(出《法界次第》)一条;含"四十二"的有四十二字门(出《华严经》)一条;含"四十八"的有四十八愿(出《大弥陀经》)一条;含"五十三"的有善财五十三参(出《华严经》)一条;含"六十二"的有六十二见(出《大涅槃经》)一条;含"六十四"的有佛六十四种梵音(出《不思议秘密大乘经》)一条;含"七十五"的有小乘七十五法(出《圆觉经疏钞》)一条;含"八十"的有八十随形好(出《华严经随疏演义钞》)一条;含"八十一"的有八十一品思惑(出《天台四教仪集注》)一条;含"八十八"的有八十八使(出《天台四教仪集注》)一条;含"九十八"的有九十八使(出《天台四教仪集注》)一条;含"百"的有大乘百法(出《大乘百法明门论》)一

条;含"百八"的有百八法门(出《因果经》)一条;含"千二百五十"的有千二百五十人(出《因果经》)一条;含"八万四千"的有八万四千尘劳(出《华严孔目》)、八万四千法门(出《贤劫经》)二条。总计三十八条。

由此可见,《三藏法数》收录的佛教法数绝大多数集中在自"一"至"十"的数字之内,自"十"以后的名数是很少的。这也反映了佛教法数总的构成情况。

《三藏法数》的释文平易通畅,义理完备,是同类著作中的佼佼者。作者对词目释文中所涉及的其他佛教名词(有带数字的,也有不带数字的),一般都用夹注的方法,一一加以诠解。有些佛教名词在不同的词目中都要提到,则在不同词目的释文中均加以解释,以便使读者读一条词目便能洞晓该词目的全部义理,不必再查他条。这样一来,《三藏法数》所收的词目的正条虽然只有一千五百五十五条,但释文中注解的名词术语则有正条的数倍,两项的总和达到一万余条(据《三藏法数通检序》),成为同类著作中实际收词最多的一部书。试举不同类型的一些重要词目(戒律、修行、教典等),以见其例:

一、无夹注者(不包括出典)。如:

三净肉(出《十诵律》——原注) 一眼不见杀。谓自眼不见是生物,是人不为我故杀,是名不见杀。二耳不闻杀。谓于可信之人,不闻是生物,不为我故杀,是名不闻杀。三不疑杀。谓知此处有屠家,有自死者,亦知此人不为我故杀,是名不疑杀。如上三种,名为净肉,有病许食。(第116页反面中、下栏)

八关斋戒(出《毗婆沙论》并《杂阿含经》——原注)关者,禁也。谓禁闭杀盗淫等八罪,使之不犯故也。论云:夫斋者,过中不食也。以八戒助成斋法,共相支持,故又名八支斋法。每月初八日、十四日、十五日、二十三日、二十九日、三十日,是为六斋日。于此六日,能修行此八斋戒者,诸天相庆,即为注福录,增寿算也。一不杀生。不杀生者,谓不断一切众生之命也。自不杀生,亦不教人杀生。二不偷盗。不偷盗者,谓不窃取他人财物也。自不偷盗,亦不教人偷盗。三不邪淫。不邪淫者,谓于非己妻妾,不行淫欲之事也。四不妄语。不妄语者,谓自不妄言,亦不可以虚妄之言而诳于他也。五不饮酒。不饮酒者,谓酒是乱性之本、起过之门,故不可酤饮也。六不坐高广大床。高广大床者,《阿含经》云:床高一尺六寸,非高也。阔四尺,非广也。长八尺,非大也。但过此量者,名高广大床,不宜坐也。七不著花鬘璎珞。不著花鬘璎珞者,谓不以花为鬘,珠玑为璎珞,而作身首之饰也。八不习歌舞戏乐。不歌舞戏乐者,谓自不习歌舞戏乐,及不得辄往他处观听,亦不教人歌舞戏乐也。(第353页正面中、下栏)

二、有少量夹注者。如:

四种念佛(出《普贤行愿记》——原注) 一称名念佛。谓称念阿弥陀佛名号,于昼夜间一心专注,或一万声,乃至十万声。如是岁月既久,则念念不断,纯一无杂。临命终时,定见彼佛现身迎接,决得往生极乐世界矣(梵语阿弥陀,华言无量寿——原注)。二观像念佛。谓观阿弥陀佛形像相好,口称佛名,则心不散乱。心不散乱,则本性佛从而显现,如是则念念不断,纯一无杂。临命终时,定见彼佛现身迎接,决得往生极乐世界矣。三观想念佛。谓端坐正念,面向西方,心作妙观,或想阿弥陀佛眉间白玉毫相光,乃至足下千辐轮相。如是从上至下,从下至上,展转观之。观想纯熟,三昧现前。临命终时,决得往生极乐世界矣(梵语三昧,华言正定——原注)。四实相念佛,谓念阿弥陀佛法性之身,即得实相之理无形无相,犹如虚空。心及众生,本来平等。如是之念,即是真念。念念相续,三昧现前,决得往生极乐世界。(第168页反面中、下栏)

忏悔五法(出《圆觉略疏钞》——原注) 忏,梵语具云忏摩,华言悔过。今云忏悔者,华梵兼称也。谓比丘有罪,须请大比丘为证,具此五法而行忏悔也(梵语比丘,华言乞士。大比丘,即上座也——原注)。一袒右肩。谓行忏悔时,须著袈裟,当袒右肩,以便执侍作务使令也。二右膝著地。谓行忏悔时,当右膝著地,以显翘勤恳切之诚也。三合掌。谓行忏悔时,须合掌当胸,以表诚心之不乱也。四礼足。谓行忏悔时,当顶礼大比丘足,以见卑下至敬之不乱也。五说罪名。谓行忏悔时,当说自身所犯罪名,或得僧残罪,或波逸提罪之类,对众发露,不得覆藏也(僧残罪者,如人被斫,犹有咽喉,故名为残。若犯此罪,僧作法除故也。梵语波逸提,华言堕,谓死堕地狱也——原注)。"(第236页反面中、下栏)

三、有较多夹注者。如:

三乘(出《法华经》——原注) 乘,即运载之义。谓声闻、缘觉、菩萨,各以其法为乘,运出三界生死,同到真空涅槃,故名三乘(三界者,欲界、色界、无色界也。梵语涅槃,华言灭度——原注)。一声闻乘。闻佛声教而得悟道,故曰声闻。谓其知苦断集,慕灭修道,故以此四谛为乘也(四谛者,苦谛、集谛、灭谛、道谛也——原注)。二缘觉乘。因观十二因缘,觉真谛理,故名缘觉。谓始观无明缘乃至老死,此是观十二因缘生。次观无明灭乃至老死灭,此是观十二因缘灭。观此十二因缘生灭,即悟非生非灭。故以此十二因缘为乘也(十二因缘者,一无明、二行、三识、四名色、五六入、六触、七受、八爱、九取、十有、十一生、十二老死也——原注)。三菩萨乘。菩萨,梵语具云菩提萨埵,华言觉有情,谓觉悟一切有情众生也。菩萨行六度行,广化众生,出离生死,故以此六度为乘也(六度者,一布施、二持戒、三忍辱、四精进、五禅定、六智慧也——原注)。(第91页正面中、下栏)

  七种立题(出《天台四教仪集注》——原注)　隋天台智者大师谓一大藏经题,不出人、法、譬三者而已。因以单、复、具足不同,遂立为七种也。一单人立题。单人者,如《佛说阿弥陀》等经是也。谓释迦佛为能说之人,阿弥陀佛为所说之人。此经以两土果人立名,故云单人立题(梵语释迦,华言能仁。梵语阿弥陀,华言无量寿。两土果人者,释迦佛为娑婆国土之果人,弥陀佛为极乐国土之果人也——原注)。二单法立题。单法者,如《大般涅槃》等经是也。谓大般涅槃以法立名,故云单法立题(梵语般涅槃,华言灭度。谓大患永灭,超度生死,是究竟之法也——原注)。三单譬立题。譬者,比喻之义。如《梵网》等经是也。谓梵网以譬喻立名,故云单譬立题(梵网者,谓梵天宝网,其目不同,以譬戒律之目,亦各各不同也——原注)。四人法立题。人法者,如《文殊问般若》等经是也。谓文殊是人,般若是法,以二法合言,故云人法立题(文殊,梵语具云文殊师利,华言妙德。梵语般若,华言智慧——原注)。五法譬立题。法譬者,如《妙法莲华》等经是也。谓妙法是法,莲华是譬,以二者合言,故云法譬立题。六人譬立题。人譬者,如《如来师子吼》等经是也。谓如来是人,师子是譬,以二者合言,故云人譬立题。七具足立题。具足者,如

《大方广佛华严》等经是也。谓大方广是法,佛是人,华严是譬也。以三者具足,故云具足立题。(第298页反面中栏—第299页正面上栏)

《三藏法数》作者的佛学造诣之深,从以上的叙述中得到了充分的反映。丁福保在序言中说的"其当时与法师同修大藏,同纂此书者,皆极一时之选",诚非虚言。由于《三藏法数》的作者力求每个词目的释义都具有相对的完整性,这就将本来需要用专条叙述的内容放在夹注中出现,故词目的释文较同类著作为长。有的甚至达到数千字,犹如一篇不短的论文。如"十六观门"条有四千二百八十字左右,"善财五十三参"条有五千九百字左右,"百八三昧"条有五千一百八十字左右。这在佛教文献中是少有的。

第三品　明圆瀞《教乘法数》十二卷

《教乘法数》,十二卷。明宣德六年(1431),会稽天台宗僧人圆瀞集。藏本载于《明北藏》"穑"至"南"函(作"四十卷",《明南藏》缺)、《清藏》"辱"至"耻"函(书名为《重订教乘法数》,作"三十卷")、《频伽藏》"露"帙(作"四十卷");单行本为十二卷,见录于《大明释教汇目义门》卷三十四,传今的本子由明崇祯丙子年(即崇祯九年,公元1636年)杭州府钱塘昭庆寺律宗僧人妙灯校刻,昭庆寺贝叶斋印造流通,1934年北平刻经院根据明版影印(书首新增朱庆澜《翻印教乘法数序》)。今据北平刻经院影印本解说。

圆瀞,字心源,明宣宗时任僧录右善世(见明幻轮《释氏稽古略续集》卷三)。

《教乘法数》有二序:一序为明宣德六年(1431)九月九日僧

录司右讲经道遐所作,另一序为同年二月九日庆寿寺松阴所作。它们详略不同地记叙了《教乘法数》的由来。道遐说:

  原夫经律论藏,其文浩博,奚翅(只)逾数千百卷之夥?以至从末究本,摄果该因,性相殊途,而诠表匪一,各有关键,未易遍寻。故前代硕师举其纲,节其要,会粹成书,目之曰《藏乘法数》,庶几览者,藉是可以得诸宗归趣之大略。及其行世既久,厥后有为贤首氏(指华严宗)之学者潜溪深公,又为增治,补其不足,亦已流布,散在四方。然斯二者用心之勤,美则美矣,惜乎尚多遗缺。故从事乎简编者,未免有临文之叹。今僧录司右善世心源瀞公(圆瀞)法师,研精教部,博综群籍,讲演之隙,焚膏继晷,不弃寸阴。凡内典之文,旁及百氏(指诸子百家),悉从采撷,详加订定,续入而汇次之,离为十有二卷,名《教乘法数》。将镂诸梓以广其传,间以示予,俾序编首。予弗获以孤陋荒落辞,乃受而置诸几案,阅之忘倦者殆三四日。其上下排列之妙,先后次第之宜,皎然而明,秩然有序,视旧本实相倍蓰,而不紊不繁。始自"一心",终于"八万四千法门"。开合之总别,称谓之异同,不劳穷讨,了然在目。(第 1 页正反面。此书序言和各卷的页码是分别计数的,全书无总页码)

松阴说:

  吾佛所说一大藏教,诸祖判释疏记,其间名相数量如海浩博,学者未易测其涯矣(涘)。昔有为《藏乘法数》者,要而太简。后深公继集之,名《贤首法数》。间尝阅之,未免有彼此广略之见。圆瀞早游天竺(指杭州天竺寺),从先师雨翁习天台教。既而从事长于闲居观室,得以披寻经教,采集名数,历寒暑而稿始成。(第 2 页反面)

从道邅、松阴的叙述中可以获知,圆瀞的这部书源于佚名《藏乘法数》、深公(全名行深)《贤首法数》,虽与明一如等撰《大明三藏法数》同属一类,但在学术上并没有承接关系。因为道邅、松阴说的《藏乘法数》"要而太简",显然不是指一如等撰的那部书。行深属华严宗,圆瀞属天台宗,校刻的妙灯又属律宗。故《教乘法数》的问世,实是三宗僧人合作的结果。

《教乘法数》在收词方面与《大明三藏法数》略有不同,它是一部以汇释佛教法数为主,兼收少量儒道诸子经典(主要是儒家经典)中带有数字的常用名词的佛教辞书。中国佛教有"教"与"禅"(又称为"宗")两大系统。"教",指的是用经典文字的方式传下来的释迦牟尼的言教,凡是以研习佛典的文句和义理为主的宗派,如三论宗、天台宗、贤首宗、慈恩宗、律宗等都属于"教"的系统。"禅",特指通过以心传心的印证方式传下来的"佛心",它是"教外别传"的,不假言语文字,以单刀直入、直彻心源为究竟,禅宗便属于这一系统。一般说来,《教乘法数》书名中的"教乘",是指属于记载或阐释佛陀言教的"教"派的经典。但实际上它不仅收"教"派的用语,也收"禅"派的用语,与《大明三藏法数》基本上只收"教"派用语有别。《教乘法数》共收词目约二千九百八十条,其中儒道诸子经典中的用语约七十条,禅宗的用语约二十条(以上数字均由笔者统计)。词目的编法与《大明三藏法数》相同,以名词所含数字的大小为序,始自"一心",终于"八万四千法门"。全书无总目,卷次以名词所含的数字划定。各卷的内容如下:

卷一:收含"一"的词目。有一心、一劫、一瞬、一灯、一源、一由旬、佛制一食、云门一字关、一家宗旨、一妙三粗、一境四见、从一佛道说种种道、一法九喻等。

卷二:收含"二"的词目。有二身、二教、二边、二羯磨、二和尚、二无为、二舍利、二供养、二种方便、二种四教、两重能所、二种因果、净名二义、总别二法、内外二境、止观二门、总持二义、普请二法、性相二空境观、通示不定秘密二相、二教被接按位升进、大小二乘停心治法、净秽二土教主等。

卷三：收含"三"的词目。有三时、三三昧、三类境、三大部（天台）、三转法轮、三陀罗尼、三兽度（渡）河、三种沙弥、三种安居、三种止观、三灾劫坏之图、三宗名教、弥天（指道安）三分、楞严三科、流变三叠、遗教三喻、一心三观、一心三智、真谛三论、智光三时、戒贤三时、吉藏三轮、慈恩三祖、瑜伽三祖、云门三句、黄龙三关、临济三句、汾阳三诀、曹山三种堕、大小乘三藏教、达磨门下三人得法浅深等。

卷四：收含"四"的词目。有四种论、四悉檀、四念处、四静虑、四门游观、四方大将、四韦陀典、楞伽四法、授记四意、四方行七步、临济四料拣、临济四照用、临济四宾主、曹山四禁语、永明四料拣、境观四句总别之图、韶国师四料拣、弟子以四心看和尚、四王四天四方四城（图）、四无常偈等。

卷五：收含"五"的词目。有五逆、五色衣、五小部（天台）、五时八教、五种不翻、经前五事、三经五章、起信五分、一花五叶、禅宗五派、曹洞五位、杨枝五利、末法五乱、旋绕有五事、五停心观诸文列次、午后不食得五种利等。

卷六：收含"六"的词目。有六因、六相、六神通、僧伽六和、六群比丘、六祖问答、禅宗六祖、东林堂六事、六种罗汉约性果非先以论等。

卷七：收含"七"的词目。有七众、浴僧七物、七周九周行慈、集僧七法、华严七祖、七大供养、莲社七祖、华严七处九会等。

卷八：收含"八"的词目。有八关斋戒、翻译八备、无著八支、陈那八论、八识心王诸门料拣、兴道下八祖等。

卷九：收含"九"的词目。有九识、九祖（天台）、佛有九恼、九等大衣、持咒结坛九事表法、九品往生妙观等。

卷十：收含"十"的词目。有十法界、十如是、十不二门、十疏通经（孤山）、十处结集、女身十恶、南堂辩验十门、总会楞严十义之图、受戒发十大愿等。

卷十一：收含"十一"至"三十"的词目。有十一种造像功德、十二生肖、楞严结坛十三表法、十四变化、十五无明、四门十六游增地狱（图）、二十诸天、戒体相应二十二法、净土二十四种乐事、二十五谛、空门二十七贤圣位、二十八宿、生净土三十种利益等。

卷十二：收含"三十一"至"八万四千"的词目。有三十一色法、观音三十二应、三十三天、三十四心断结成佛、饮酒三十五失、三十六物、六度摄三十七道品、妙音现三十八凡圣身、作无作三十九法、四菩萨宣说四十位、四十一位、四十二字门、四十八轻戒、首楞严五十种禅魔、五十一种心数法、五十二数、善财五十三参、五十七位、六十二见两种不同、六十四种梵音、六十五见、小乘七十五法、八十种随形好、般若名相八十一科、见惑八十八使、合九十五种外道为十一、九十八使、离四句绝百非、一百八句、百二十重妙、比丘二百五十戒、比丘尼二百七十七戒、比丘尼三百五十戒、四百四病、千二百五十人、三千世界、一万二千九百六十种般那含、八万细行、八万四千法门等。

《教乘法数》收录的词目，有的标注出处，有的则没有。所注的出处，有的是书名的略称，如《楞伽》、《百法》、《宝王》、《涅槃》、《观经》、《释论》、《析玄》、《净名什注》、《寄归》、《辅行》等；有的是经典的泛称，如"僧传"、"律文"等；也有用人名或别号的，如草庵、无著、四明、天台、湛堂、沈约、孤山、慈云、阮瑀、章安、清凉等；还有用宗派名称的，如"禅宗"、"相宗"等。儒道诸子经典上的用语,主要集中在"三"、"四"、"五"、"六"、"九"等数字上,如三纲、三统、三皇、三王、三代尚色、三代正朔、周礼四官、五常、五礼、五爵、五帝、五经、六艺、六书、六乐、九经、九畴、九德、三教九流等,其资料主要取于《论语》、《周官》、《尔雅》、《汉书》、《诗经》、《尚书》、《史记》、《老子》、《列子》、《管子》等。

  《教乘法数》释文的特点是图表式。全书除少量词目无须或无法用图表来表述,如一心、一劫、一瞬、八万四千法门等以外,其余的词目基本上都采用简练的文字与线条(偶用图形)相组合的方式来表述。这在佛教辞书中是独一无二的。譬如:

$$
二宗\begin{cases}性\begin{cases}龙树承文殊,明一切众生皆有佛性,名一性宗\\ 天亲承弥勒,三无二有,名五性宗\end{cases}\\ 自龙树传天台、贤首,以法性为宗承\\ 相——自戒贤传至慈恩,以法相为宗承\end{cases}
$$

(以上见卷二,第 7 页反面)

$$
小乘三宝\begin{cases}丈六身——佛\\ 四谛十二因缘——法\\ 四果四向——僧\end{cases}
$$

(见卷三,第 31 页反面)

$$
大乘三宝\begin{cases}三身十身——佛\\ 二空理等——法\\ 三贤十圣——僧\end{cases}
$$

(同上)

$$
四种阿含\begin{cases}增——明人天因果\\ 中——明真寂深义\\ 杂——明诸禅定\\ 长——破外道\end{cases}通说无常\begin{cases}知苦——断集\\ 证灭——修道\end{cases}
$$

(以上见卷四,第 11 页反面)

|六祖问答
（禅宗）| 达磨一只履——九年冷坐无人识，五叶花开遍界香
二祖一只臂——看看三尺雪，令人毛骨寒
三祖一罪身——觅之不可得，本自无瑕类
四祖一只虎——威雄振十方，声光动寰宇
五祖一株松——不图标境智，且要壮家风
六祖一张碓——踏著关捩子，方知有与无 |

（以上见卷六，第 19 页正面）

这种释文的好处自然是简洁明了，特别是对一些分支较多、关系较复杂的词目，若用大段文字来解释，不一定能使阅者把握要领，而览读这种图表式的解说则一目了然。但它的缺点是内容单薄，没有把词目蕴含的全部知识原原本本地反映出来，因而不能给人留下多少思索回味的余地。而且《教乘法数》有许多词目没有出处，或者出处很笼统，释文的凭据何在，无从知晓。一般说来，词目的命名应当是十分精练的，而《教乘法数》中有些词目的命名则缺乏推敲，显得冗长，如卷八的"八种住处摄十八住对住行向十地佛地"、卷九的"阿罗汉九六二种开合不同"、卷十的"十恶地狱苦毕为人各招二报"等。又由于昭庆寺本雕刻较为粗糙，多笔划、少笔划、误笔划的错别字不少。故就学术质量而言，《教乘法数》远在《大明三藏法数》之下。

明代又有寂照以《大明三藏法数》为主要依据，兼采《藏乘法数》、《诸乘法数》(即《贤首法数》)、《教乘法数》等书，间录外典名相，撰成《大藏法数》七十卷(内有目录二卷)。

第七门 音 义

第一品 唐玄应《一切经音义》二十五卷

《一切经音义》,原名《大唐众经音义》,略称《玄应音义》,二十五卷。唐翻经沙门玄应撰。原书未署撰时。从本书卷二十五收有玄奘于永徽五年(654)七月译出的《阿毗达磨顺正理论》八十卷,以及道宣于麟德元年(664)撰《大唐内典录》时,已称玄应"物故"(即去世)来看,它约成于永徽六年(655)至龙朔三年(663)之间。载于《丽藏》"纳"至"转"函、《宋藏》"阶"至"弁"函、《金藏》"纳"至"转"函、《元藏》"阶"至"弁"函、《明南藏》"云"至"雁"函、《明北藏》"郡"至"并"函,收入日本编《正藏经》第六十七册。

玄应,原为唐代京师(长安)大总持寺沙门,以字学之富,为时辈所推。贞观十九年(645),玄奘从西域取经回国后,应选参与译经,成为玄奘的弟子(以上据唐慧立、彦悰《大慈恩寺三藏法师传》卷六和道宣《续高僧传》卷三十《智果传》附见)。他的同学道宣在《大唐内典录》卷五著录了"《大唐众经音义》一部二十五卷",并介绍说:"右一部,京师大慈恩寺沙门释玄应所造。应(玄应)博学字书,统通林苑,周涉古今,括究儒释。昔高齐沙门释道慧为《一切经音》,不显名目,但明字类,及至临机搜访多惑。应愤斯事,遂作此音。征核本据,务存实录,即万代之师宗,亦当朝之难隅也。恨叙缀才了,未及覆疏,遂从物故,惜哉!"(《大正藏》第五十五卷,第283页中)玄应还撰有《大般若经音义》三卷、《成唯识论开发》一卷、《因明入正理论疏》一卷(以上见日本藏俊《注进法相宗章疏》)、《摄大乘论疏》十卷、《辨中边论疏》(卷数不详)、《俱舍论音义》一卷(以上见日本永超《东域传灯目录》),今佚。

《玄应音义》书首有署名"终南山太一释氏"(道宣)撰的《大唐众经音义序》。说:

> 夫以佛教东翻六百余载,举其纲纽三千余轴,随部出音,闻之往说,殷鉴群录,未曰大观。然则必也正名孔君(孔子)之贻诰,随俗言悟释父(佛教)之流慈,非相无以引心,非声无以通解。有大慈恩寺玄应法师,博闻强记。镜林苑之宏标,穷讨本支;通古今之互体,故能雠校源流,勘阅时代。删雅古之野素,削浇薄之浮杂。悟通俗而显教,举集略而腾美。可谓文字之鸿图,言音之龟镜者也。贞观末历,敕召参传宗经正纬,咨为实录。因译寻阅,捃拾藏经,为之音义。注释训解,援引群籍,证据卓明,焕然可领,结成三帙。自前代所出经论诸音,依字正反,曾无追顾,致失教义,实迷匡俗。今所作者,全异恒伦,随字删定,随音征引,并显唐梵方言,翻度雅郑,推十代之纰紊,定一期之风法。(《正藏经》第六十七册,第37页上、下)

《玄应音义》是现存最早的一部以训释佛经(广义上的"佛经",泛指佛教经典)中有一定难度的语词的读音和含义,兼及字形辨析为内容的著作。由于这一类著作的书名大多带有"音义"两字,因此习称"音义书"。又由于它们具备一般语言文字工具书的要素和功能,因而也可以看作为佛教中偏重于训诂的语词类辞典。"音义"本是儒家小学类著作中的训诂书,相传最早的音义书是后汉末年孙炎作的《尔雅音义》,以后扩展为训释史书和其他古籍中的语词,出现了像三国时韦昭著的《汉书音义》一类的著作。

佛教之有音义,自北齐沙门道慧撰的《一切经音》为始。但道慧之书收录的语词虽然摘自各部佛经,但并不标明经名卷数,因此,待到读佛经的人临时需要查检时,无从入手。其后撰佛经音义的有隋代智骞。《续高僧传》卷三十介绍说:"沙门智骞者,江表人也。偏(遍)洞字源,精闲通俗(指汉字的通体和俗体)。晚以所学追入道场(指译场)。自秘书正字,雠校著作,言义不通,皆谘骞决,即为定其今古,出其人世,变体诂训,明若面焉。每曰:余字学颇周,而不识字者多矣,无人通决,以为恨耳。造《众经音》及《苍雅字苑》,宏叙周赡,达者高之,家藏一本,以为珍璧。"(《大正藏》第五十卷,第704页中、下)《玄应音义》就是在借鉴道慧《一切经音》和智骞《众经音》这两部今已失传的著作的基础上,采用唐陆德明《经典释文》的体例(依照经典及其卷次摘录词汇并注音义)编撰而成的。全书共训释四百五十六部汉译佛经(不收汉地佛教撰作)的音义,按大乘经、大乘律、大乘论、小乘经、小乘律、小乘论、西方贤圣集传以及唐玄奘部分新译的次序编排,收词近一万条。

卷一至卷八前部分:大乘经。始《大方广佛华严经》,终《无畏德女经》,凡二百二十六部。

卷八后部分:大乘律。始《优婆塞戒经》,终《文殊净律经》,凡十部。

卷九、卷十:大乘论。始《大智度论》,终《缘生论》,凡十八部。

卷十一至卷十三:小乘经。始《正法念处经》,终《马有八态经》,凡一百部。

卷十四至卷十六:小乘律。始《四分律》,终《沙弥尼离戒》(当作《沙弥尼戒文》),凡二十六部。

卷十七、卷十八:小乘论。始《阿毗昙毗婆沙论》,终《随相论》,凡二十一部。

卷十九、卷二十:贤圣集传。始《佛本行集经》,终《婆薮槃豆传》,凡二十九部。

卷二十一至卷二十五:玄奘新译的大乘经、大乘论和小乘论。始《大菩萨藏经》,终《阿毗达磨顺正理论》,凡二十六部。

上述佛经中,除《大般涅槃经》四十卷(北凉昙无谶译)、《妙法莲华经》八卷(姚秦鸠摩罗什译)、《大智度论》一百卷(同译)、《四分律》六十卷(姚秦佛陀耶舍等译)、《瑜伽师地论》一百卷(唐玄奘译)、《阿毗达磨俱舍论》三十卷(同译)、《阿毗达磨顺正理论》八十卷(同译)这七部著作的音义各占一卷以外,其余的都是数部以至数十部著作的音义合一卷,所收佛经最多的卷五,它是由《海龙王经》等八十四部著作的音义组成的。每部著作依卷次摘录词目,然后注以音义。其中大多数著作是部分卷帙有词目见录,少数著作才是每卷都有词目见录。

《玄应音义》作为佛经音义的一种,虽然与唐李师政《法门名义集》一样,同属佛教辞典,但在收录的词目方面却存在着明显的差异。《法门名义集》收录的词目全是佛教的专用名词,确切地说,是教理方面的专用名词,如九识、三毒、十无尽戒、三聚净戒、六和敬、四摄、十八不共法、三十七道品、二谛、四沙门果等,而不涉及其他。而《玄应音义》收录的词目,则以中国本土通用的古汉语词汇为主,由梵文音译或义译而产生的翻译名词(外来词)为次。前者加谐雅、蜎飞、寥廓、弱冠、庭燎、卜筮、踟蹰、谲诡、嵯峨、怵惕等;后者如摩揭陀(国名)、罗阅(城名)、耆阇崛山（山名）、尼连禅河（河名）、娑罗（树名）、分陀利（花名）、迦陵频伽（鸟名）、野干（兽名）、颇梨（物名）、卢舍那（佛名）、观世音（菩萨名）、维摩诘（人名）、帝释（神名）、薄伽梵（术语）、优婆提舍（术语）、瑜伽（术语）、补特伽罗（术语）等。这中间既有印度历史文化和自然文化中通用的名词，也有佛教的专用名词。

《玄应音义》对所收词目的解释，总括起来说，大致有以下诸项内容：（一）辨字形。即列举所释词汇构成字的古字、异体字或通假字。（二）注读音。大多采用反切注音，即选取两个字为所释单字注音，前一个字的声母与后一个字的韵母、声调相拼，即是所释单字的读音。也有的用同音字注音。（三）释词义。一般以引经据典的方式进行，也有少数不引典据，直接用作者的话予以解释的。（四）定正讹。对经文中刊用的错别字加以辨正。由于各条词目的难易程度不同，作者对词汇的读音和含义的理解也有浅有深，有广有狭，故在实际解释时，存在着种种差异。大体说来，对古汉语词汇的解释，有下列三种情形：

一、对复合词的前一个字进行训释。如：

膺平　又作"应"，同。于凝切。《苍颉篇》云：乳上骨也。《说文》：膺，匈（胸）也。《汉书》韦昭曰：匈，四面高、中央下，曰膺。（卷四，《菩萨见实三昧经》第一卷音义，第85页上）

扪摸　莫奔、莫本二切。《声类》：扪，摸也。《字林》：扪，抚持也。案：扪持，谓手把执物也。（卷十，《十地论》第五卷音义，第182页上）

二、对复合词的后一个字进行训释。如：

痴瞽　公户切。《三苍》：无目谓之瞽。《绎名》云：瞽目者，眠眠然，目平合如鼓皮也。（卷一，《大方广佛华严经》第一卷音义，第38页上）

常眨 《通俗文》作"瞜",《字苑》作"眨",同。庄狭切。目数开闭也。经文作"䀹",子叶切,目毛也。"䀹",非字体。(卷十一,《正法念经》第四十五卷音义,第188页上)

三、对复合词的前后两字分别进行训释,或者作一合释。如:

䫐颔 又作"髅",同。力侯切。《埤苍》:头骨也。下(指"颔"字)胡感切。《方言》:颔,颐颔也。(卷一,《大集日藏分经》第五卷音义,第46页下)

户扉 《字书》:一扉曰户,两扉曰门。又,在于堂室曰户,在于宅区域曰门。(卷十四,《四分律》第九卷音义,第234页下)

偡俛 亡忍切。下(指"俛"字)无辩切。谓自强为之也。律文作"僈",非也。(卷十五,《五分律》第二卷音义,第256页下)

至于对梵文翻译名词的解释,则着重于说明它的不同译名和含义。对构成这一外来词的单字,则视其难易程度,有注音的,也有不注音的。如:

南无 或作"南谟",或言"那莫",皆以归礼译之。言"和南"者,讹也。正言"烦淡",或言"槃淡",此云"礼"也,或言"归命",译人义安(疑应是"安义")命字也。(卷六,《妙法莲华经》第一卷音义,第123页下)

化地部 第三百年中,从一切有部出也。梵言"磨醯奢婆迦",亦名"弥喜舍婆柯",此云"化地",亦云"教地",或言"正地",人名也。但此罗汉在俗为王国师,匡化土境,故名"化地"。今入佛法,佛法如地,又匡化之,故以名也。旧名"弥沙塞"者,讹也。(卷二十三,《摄大乘论》第二卷音

义,第362页下)

  加趺　古退切。《尔雅》:加,重也。今取其义,谓交足坐也。经中或作"结交趺坐"是也。山东言"甲趺",江南言"跘跨"。跘,音平惠切;跨,口瓜切。有从"足"作"跏",文字所无也。(卷二十五,《阿毗达磨顺正理论》第十二卷音义,第381页下)

  此外,无论是古汉语词汇还是翻译名词,都有一定数量的词目是只注音切而不释词义的,如卷一收录的"郁鸠"、"蔚耆"、"蹶比"、"摩爹"、"钵郎"、"三姥"、"那梯"等;也有一些词目在不同的经卷音义中重复出现,如"罣碍"、"栏楯"、"甲胄"、"顾眄"、"恃怙"、"囹圄"等,既见于卷一的《大方广佛华严经》音义,也见于卷二的《大般涅槃经》音义。

  《玄应音义》搜采广博,在词目的释文中,征引了自秦汉以来迄唐初为止流传的数十种古籍。其中数量最多的是字书、韵书和训诂书,其次是经史注释。

  在《玄应音义》征引的古代语言文字类工具书中,除《尔雅》、《说文解字》(东汉许慎著)、《小尔雅》、《方言》(西汉扬雄著)、《释名》(东汉刘熙著)、《广雅》(曹魏张揖著)、《玉篇》(萧梁顾野王著)等少数著作流传至今以外,大多数著作早已亡佚。仅以《玄应音义》卷一为例,所辑录的这类佚著就有:《字书》、《字林》(晋吕忱著)、《字略》(全称《文字集略》,梁阮孝绪著)、《三苍》、《字诂》(全称《古今字诂》,张揖著)、《通俗文》(东汉服虔著)、《苍颉篇》(秦李斯著)、《韵集》(晋吕静著)、《三苍解诂》(晋郭璞著)、《埤苍》(张揖著)、《字苑》(全称《要用字苑》,晋葛洪著)、《声类》(曹魏李登著)、《字统》(北魏阳承庆著)、《尔雅音义》(后汉孙炎著)、《广苍》(樊恭著)等十多种。这些佚文成为后人辑佚钩沉的瑰宝。清代孙星衍辑《苍颉篇》,任大椿辑

《字林考逸》、《小学钩沉》,王谟辑《汉魏遗书钞》,马国翰辑《玉函山房辑佚书》,黄奭辑《汉学堂丛书》,无不从《玄应音义》和后来的《慧苑音义》中摘取过资料。

第二品　唐慧苑《新译大方广佛华严经音义》二卷

《新译大方广佛华严经音义》,简称《新译华严经音义》、《慧苑音义》,二卷。唐京兆静法寺沙门慧苑述。载于《丽藏》"转"函、《宋藏》"弁"函、《金藏》"转"函、《元藏》"弁"函、《明南藏》"塞"函、《明北藏》"并"函,收入日本编《正藏经》第六十七册。

《慧苑音义》未署撰时。新罗崔致远在《法藏传》中说:"(法藏撰的)《新经音义》不见东流,唯有弟子慧苑《音义》二卷。或者向秀之注《南华》(指《庄子》),后传郭象之名乎?或应润色耳。"认为《慧苑音义》很可能是在法藏撰《华严梵语及音义》(释唐代新译的八十卷本的《华严经》)一卷的基础上撰成的;而慧苑在自序说"苑不涯菲薄,少玩兹经,索隐从师,十有九载",又没有提及其师法藏在当时是否去世之事。以此推测,《慧苑音义》当撰于《华严梵语及音义》之后,法藏去世之前,其时约在武则天神功元年(697)至睿宗太极元年(712)之间。

慧苑(673—743?),京兆长安(今西安)人。少年出家,礼华严宗三祖法藏为师。未几,深达法义,号上首门人。内外该通,尤精华严一宗。"苑以新译之经,未有音义,披读之者,取决无从,遂博览字书,撰成二卷。使寻读之者,不远求师,而决于字义也。"(唐智升《开元释教录》卷九,《大正藏》第五十五卷,第571页上)其著作尚有《华严经刊定记》(今名《续华严经略疏刊定记》)十六卷、《华严㳂渡章》(十卷)、《大乘权实义》二卷(以上见日本永超《东域传灯目录》,后二书已佚)、《华严经九会章》一卷(见高丽义天《新编诸宗教藏总录》,已佚)。由于慧苑在法藏死后撰作的《华严经刊定记》中,依《究竟一乘宝性论》立"四教"的教判,以代替法藏的"五教"的教判;又将法藏的"十玄"说改为"十种德相"、"十种业用"的"两重十玄"说,故后来遭到了澄观《华严经疏钞》的批斥,被认为是华严宗的异端。北宋赞宁《宋高僧传》卷六有传。

《慧苑音义》书首有慧苑的自序(无标题)。说:

《大方广佛华严经》者,实可谓该通法界之典,尽穷佛境之说也。若乃文言舛误,正文难彰,真见不生,寻源失路,故涉近以径远,从浅而暨深,去来今尊,何莫由斯道。且夫音义之为用也,鉴清浊之明镜,释言诰之旨归,匡谬漏之楷模,辟疑管之钤键者也。至如"低徊"误为"迟回","彷徨"乃成"稽返","俾倪"代乎"僻埠","轼环"遂作"女墙","桥"书"矫"形,正斜翻覆,"幹"存"榦"体,树木参差。若斯之徒,紊乱声义,不加蹯驳,何以指南?苑(慧苑)不涯菲薄,少玩兹经,索隐从师,十有九载。虽义旨攸邈,难以随迎,而音训梵言,聊为注述。庶使披文了义,弗竢筹咨,纽字知音,无劳负袠。(《正藏经》第六十七册,第391页上)

《慧苑音义》是一部专门训释《新译华严经》中难懂或难读的字、词的发音和含义,兼及字形辨析的佛教辞典。《华严经》凡有新旧两译。"旧译"指的是东晋佛陀(一作"驮")跋陀罗于义熙十年(418)译出的六十卷本的《华严经》;"新译"指的是唐实叉难陀于证圣元年(695)至圣历二年(699)译出的八十卷本的《华严经》。《玄应音义》卷一所释的乃是《华严经》的旧译,而《慧苑音义》所释的则是新译。在佛经音义类著作中,《玄应音义》、《慧琳音义》、《希麟音义》、《可洪音义》等都属于"众经音义",因为它们所训释的对象是许多种佛经的音义；而《慧苑音义》则属于"单经音义"，它只训释《新译华严经》一部佛经的音义。

卷上：经序音义；《新译华严经》卷一至卷四十音义。

卷下：《新译华严经》卷四十一至卷八十音义。

《慧苑音义》所收的词目与《玄应音义》略有不同：一、在《玄应音义》中，古汉语词汇约占总词目的三分之二以上，梵文翻译名词不到三分之一；而《慧苑音义》则大概是受法藏《华严梵语及音义》一书的影响，所收的梵文翻译名词（如阿兰若法、毗摩质多罗、须夜摩、辟支佛地、拘物头花、忉利天、俱苏摩德菩萨、因陀罗网等）有明显的增加，其数量已经接近于古汉语词汇。二、《玄应音义》所收的古汉语词汇全是由两个汉字组成的复合词；而《慧苑音义》既收由两个汉字组成的复合词（如器仗、光莹、栋宇、宴默、珍玩等），也收单字（如挹、隆、肇、爰、式、缮等）、词组（如不唐捐、心驰荡、夷险道、香水澄渟、垣墙缭绕、机关木人等）和短句（如妙音遐畅无处不及、湍流竞奔逝、一切乐器不鼓自鸣、菩萨无碍乘巾之出三界、何缘致此清净众会等）。

在释文方面，《慧苑音义》一般是将词目中需要解释的字摘出，然后用反切或同音字注音；援引群典以释义；间叙偏旁、通假、异体以辨字形；或附作者的阐释和考证。至于对梵文翻译名词的解释，则着重于不同译名的列举和意思的说明。其例如下：

妓乐　渠倚切。《切韵》称：妓，女乐也。《埤苍》曰：妓，美女也。因以美女为乐，谓之妓乐也。经本有从"才"边作"支"者，此乃"艺"字也。或有从立人者，章易切，伤害也，非经意。（卷上，经卷第十一音义，第 397 页上）

阇梨　具云"阿阇梨"，此云"轨范师"，谓与弟子轨则师范。然有五种阇梨：一羯磨、二威仪、三依止、四受经、五十戒。阇梨，西域有君持阇梨。（卷上，经卷第十四音义，

第 399 页上)

种种稼穑　稼,音嫁;穑,音色,马融注《论语》曰:树五谷曰嫁。《毛诗传》曰:种之曰稼,敛之曰穑。按:郑玄注《周礼》云:稼穑为言,其犹"嫁穑",谓种子相生,贪苗实之利也。(卷下,经卷第四十一音义,第 408 页上)

工幻师　《韵圃》称:工,巧也。谓巧能于幻术。(卷下,经卷第四十九音义,第 410 页上)

泉流萦映　萦,于营切。《珠丛》曰:萦,卷之也。《字指》曰:映,不明也。按:经意言泉流交络,互相缠络,互相隐映,故曰萦映也。"映"字,经本有作"月"边"英"者,盖是胸臆。(卷下,经卷第六十八音义,第 416 页下)

不藉耕耘而生稻粱　耘,于君切。粱,吕羊切。《毛诗传》曰:耘,除草也。《说文》曰:粱,米名也。"耘"字,经本作"芸"者,乃是"芸薹",菜字,非此所用。"粱"字或亦从"禾"也。(卷下,经卷第七十音义,第 417 页上)

《慧苑音义》征引的古书颇多,其中有不少是今已失传的经史注释和音韵训诂类著作。这除了上面引文中已经提到的《切韵》(隋陆法言著)、《埤苍》(曹魏张揖著)、东汉马融《论语注》、《韵圃》、《珠丛》(全称《桂苑珠丛》,隋诸葛颖著)、《字指》(晋李彤著)以外,还有:《苍颉篇》(见"殊祯"条)、东汉贾逵《国语注》("缅惟"条)、《汉书音义》("光茂"条)、《字书》("瑠璃为幹"条)、西晋杜预《左传注》("堂榭"条)、东晋刘兆《仪礼注》("备体"条)、《三苍》("漩澓"条)、萧齐刘瓛(原误刊为"献")《周易注》("益其精爽"条)、《文字集略》("痴翳常蒙惑"条)、东汉刘熙(原误刊为"颐")《孟子注》("霈泽清炎暑"条)、《韵略》(杨休之著,见"明瞯"条)、《字统》(北魏阳承庆著,见"光莹"条)、晋灼《汉书集注》("门阃"条)、如淳《汉书注》("我曹"条)、《韩诗传》("依怙"条)、郑玄《论语注》("躁动"条)、韩康伯《周易注》("晓悟群蒙"条)、臣瓒《汉书注》("统理"条)等。这些都是整理古代文献,补逸订讹,研究古字、古音、古义的重要资料。

第三品　唐慧琳《一切经音义》一百卷
附:辽希麟《续一切经音义》十卷

《一切经音义》,简称《大藏音义》、《慧琳音义》,一百卷。唐元和二年(807),翻经沙门慧琳撰。载于《丽藏》"田"至"洞"函、《频伽藏》"为"帙,收入《大正藏》第五十四卷。

慧琳(734—817),俗姓裴,疏勒国(今新疆喀尔噶什一带)人。少习儒业,弱冠(二十岁)出家,为唐代密教大师不空的弟子,并参与译经。密教、梵语、音韵训诂,无不精究。初住大兴善寺,后迁西明寺。事见唐顾齐之、景审各撰的《一切经音义序》,以及北宋赞宁《宋高僧传》卷五。但在《慧琳音义》的撰时上,景审《序》说是"建中末年创制,至元和二祀(年)方就",而《宋高僧传》则说"起贞元四年,迄元和五载(年)";在慧琳的卒年上,景审《序》说卒于"元和十二年二月三十日",但没有说世寿多少,而《宋高僧传》则说卒于"元和十五年庚子","春秋八十四"。由于景审《序》要早出《宋高僧传》一百几十年,是现存最早的一份记有慧琳事迹的史料,以理相推,它的这两条记载要较《宋高僧传》更可靠些。

《慧琳音义》书首有开成五年(840)九月处士顾齐之《新收一切藏经音义序》,和太常寺奉礼郎景审《一切经音义序》。景审在《序》中说:

> 有大兴善寺慧琳法师者,姓裴氏,疏勒国人也,则大广智不空三藏之弟子矣。内精密教,入于总持之门;外究墨

流,研乎文字之粹。印度声明之妙,支那音韵之精,既瓶受于先师,亦泉泻于后学,襞译回缀,参于上首。师掇其阙遗,叹其病惑,览其群经,纂彼诂训。然则古来音反,多以傍纽而为双声,始自服虔,元无定旨,吴音与秦音莫辩,清韵与浊韵难明。至如"武"与"绵"为双声,"企"以"智"为叠韵,若斯之类,盖所不取。近有元庭英《韵英》,及张戬《考声》、《切韵》,今之所音,取则于此。大略以七家字书释谊(七书谓《玉篇》、《说文》、《字林》、《字统》、《古今正字》、《文字典说》、《开元文字音义》——原注)。七书不该,百氏咸讨。又训解之末,兼辩六书,庶因此而识彼,闻一以知十。师二十余载,傍求典籍,备讨经论,孜孜不倦,修缉为务。以建中末年创制,至元和二祀方就,凡一百轴,具释众经,始于《大般若》,终于《护命法》,总一千三百部五千七百余卷。旧两家音义合而次之,标名为异(两家谓玄应、慧苑等——原注),浩然如海,吞众流以成深;皎兮若镜,照群物以无倦。元和十二年二月三十日,绝笔于西明寺焉。(《大正藏》第五十四卷,第 311 页下—第 312 页上)

《慧琳音义》是唐代佛经音义的集大成者。全书共收录佛经一千三百部五千七百余卷(《大正藏勘同目录》只列了一千二百二十一部,脱载《离垢施女经》等九部),以唐智升《开元释教录·入藏录》收载的藏经为主,兼收《开元录》以外和以后的其他佛典,如《释门系录》、《利涉论衡》、《道氤定三教论衡》、《崇正录》、《荆州沙门无行从中天附书于唐国诸大德》、稠禅师《宝法义论》、神秀《观心论》(以上著作已佚)等。始自唐玄奘译的《大般若波罗蜜多经》,终于唐义净撰的《护命放生法》。由于其中《显无边佛土功德经》等一百三十余部佛经只录书名而不释音义(作者称为"无字"、"未音"、"无字可音"、"无字音训"等),

故实际训解的是一千一百六十余部佛经的音义。

卷一至卷四十五前部分：大乘经。始《大般若波罗蜜多经》，终《优婆夷净行法门经》，凡六百四十七部（包括"未音"的著作，此据各卷目录统计，下同）。

卷四十五后部分：大乘律。始《菩萨地持经》，终《菩萨十善业道经》，凡二十八部。

卷四十六至卷五十一：大乘论。始《大智度论》，终《破外道小乘涅槃论》（卷五十一目录在此论之后还列有《观所缘论释》，但未音），凡九十七部。

卷五十二至卷五十七：小乘经。始《长阿含经》，终《身观经》（卷五十七目录在此经之后还列有《无常经》、《八无暇有暇经》、《长爪梵志经》、《譬喻经》、《略教诫经》、《疗痔病经》等五经，但未音），凡二百四十部。

卷五十八至卷六十五：小乘律。始《僧祇律》，终《律二十二明了论》，凡五十六部。

卷六十六至卷七十三：小乘论。始《阿毗昙八犍度论》，终《异部宗轮论》，凡三十六部。

卷七十四至卷一百：贤圣集传。始《佛所行赞经传》，终《护命放生法》，凡一百二十六部。

在《慧琳音义》训释的一千一百六十余部佛经的音义中，《放光般若经》（见卷九）等三百三十余部的音义，是从《玄应音义》上转录的；《楞伽阿跋多罗宝经》（见卷三十一）、《大灌顶经》（同卷）、《法华经论》（见卷四十七）、《佛本行赞传》（见卷七十四）等四部的音义，是慧琳根据《玄应音义》重订的；《新译大方广佛华严经》音义（见卷二十一至卷二十三），是从《慧苑音义》上转录的（保留了慧苑自序）；《大般涅槃经》音义（见卷二十五至卷二十六），是根据开元二十一年（733）终南山智炬寺沙门云公撰的《大般涅槃经音义》删补的（保留了云公自序）；《妙法莲华经》音义（见卷二十七）是根据玄奘的弟子大乘基（又称"窥基"）的《法华音训》增订的（保留了大乘基自序）；其余的佛经音义为慧琳所撰。因此在《慧琳音义》中既有旧辑，又有新撰，并非都是慧琳一个人撰作的。

《慧琳音义》作释的对象，既包括经文中难读难解或难识的语词，也包括一些有名的经序中的语词（此与《慧苑音义》同例），如唐太宗制的《大唐三藏圣教序》（见卷一）、唐睿宗制的《大宝积经序》（见卷十一）、武则天制的《大乘入楞伽经序》（见卷三十一）、唐德宗制的《大乘理趣六波罗蜜多经序》（见卷四十一）等。

《慧琳音义》的释文，大体上包括以下层次：（一）注音。大多用两个字的反切来表示，也有的用同音字来表示，间注"秦音"（指北方音）和"吴楚之音"、"吴音"的差殊。（二）释义。以引证众书的方式进行。（三）析字。分析所释单字的偏旁结构（如"从某作某"）及性质（如"象形字"、"会意字"、"假借字"、"形声字"、"转注字"、"指事字"，即景审《序》中说的"六书"）。（四）辨体。指出所释单字是"正体"，还是"俗字"，间辨"草书"与"隶书"的不同写法。（五）正讹。勘正佛经中对这一词或字的误写。其代表性的释文如下：

　　嫉悭　上音疾。王逸注《楚辞》曰：害贤曰嫉。下坑闲反。《韵英》：惜也。《集训》云：悭者，谓怪也。《字典》云：贪也，从心，坚声也。（卷一，《大般若波罗蜜多经》第四十六卷音义，第316页下）

　　曦赫　喜猗反。《韵诠》云：赫曦，日光也。《字书》：光明，盛也。《说文》：气也，从日，兮声也。《经》从火，非也。或作"晞"，亦通也。（卷二，同经第七十六卷音义，第320

折伏　上章热反。孔(安国)注《尚书》云:折,断也,谓断狱也。《广雅》:折,曲也。《古今正字》:从手,斤声也。下冯福反。《考声》云:屈伏也,从也。《说文》云:伏,伺也。犬伺人,便即伏,故从人从犬,会意字也。(卷三,同经第三百二十六卷音义,第325页上)

　　眼睛　积盈反。假借字也,本无此字。案:睛者,珠子也。《篆韵》云:眼黑精也。古人呼为"眸子",俗谓之"目瞳子",亦曰"目瞳人"也。《论》(指《大智度论》)文谓之"眼根,四大所造,净色为体"。(卷四,同经第三百八十一卷音义,第329页下)

　　赞励　上臧旦反。《方言》:赞,美也。郭璞曰:颂美其德也。《释名》:赞,所以解释物理也。下力滞反。《桂苑珠丛》云:励,免也。《左传》:劝也。盖形声字。(卷四,同经第三百九十八卷音义,第330页下)

　　驱遣　去于反。《说文》:马驰也。《文字集略》作"駈",俗字也。又作"毆",古字也。又有去声。(卷五,同经第四百三十七卷音义,第337页上)

据景审《序》介绍,《慧琳音义》所定的字音,主要取则于元庭英《韵英》、张戬《考声》和陆法言《切韵》三书[案:有学者认为,《慧琳音义》独取《韵英》一派的秦音,而不取《切韵》一派的吴音。似不确切。因为《切韵》的作者陆法言,是隋代河北临漳人,他最熟悉的是北方音,其次才是南方音。而且据近人研究,《切韵》以当时洛阳音为主,酌收古音及吴音等方音,因此,并不以吴音为主。《慧琳音义》中也有取吴音的,如《大般若波罗蜜多经》第三百六十五卷音义"茂盛"条中,作者对"茂"的注音为"莫候反",就是"吴楚之音"。若据"秦音",当是"摸布反",见卷四]；所定的字义，主要取则于顾野王《玉篇》、许慎《说文》、吕忱《字林》、阳承庆《字统》、未详作者《古今正字》、《文字典说》和元宗《开元文字音义》七书，七书未备的，才旁取他书。

其实，景审所说只是一个粗略的说法，并不十分准确。因为《慧琳音义》征引的经史子集各类古书约二百余种，以收录语词最多的《大般若波罗蜜多经》音义为例，其中就征引了六十多种（笔者统计）。内有不少今已亡佚的著作，如元庭英《韵英》、张戬《考声》、武元之《韵诠》、诸葛颖《桂苑珠丛》、李斯《苍颉篇》、李登《声类》、未详作者《群书字要》、《集训》、《字书》、《纂韵》、阮孝绪《文字集略》、阳承庆《字统》、吕忱《字林》、张揖《埤苍》、李彤《字指》、服虔《通俗文》、元宗《开元文字音义》、杨休之《韵略》、郑众《大戴礼记注》、刘熙《孟子注》、贾逵《国语注》、韩康伯《周易注》、苞咸《论语注》、马融《论语注》、刘兆《公羊传》等。然而就此经音义中征引次数较多的典籍而论，分别是：《说文》、《考声》、《广雅》、《韵英》、《集训》、《玉篇》、《字书》、《苍颉篇》、《尔雅》、《古今正字》、《韵诠》、《桂苑珠丛》和《文字集略》。而且《韵英》、《考声》既释音，也释义；《玉篇》、《说文》等既释义，也释音，并不能截然分开。

《慧琳音义》既是一部辅导学人阅读大藏经的佛学辞典，也是一部诠释详密的古汉语大辞典。由于作者生于中唐，所引的典籍大多为唐初的古本，故本书不仅可以用来考订词或字的古音古义，校正今本文句上的讹夺衍倒，而且可以用来辑补逸书。清末，陶方琦辑《苍颉篇》（补孙星衍所辑之不足）、《字林》（补任大椿所辑之不足）、易硕辑《淮南子许注钩沉》、顾震福辑《小学钩沉续编》（辑《苍颉》等四十六种）、汪黎庆辑《小学丛残》（辑《字样》、《开元文字音义》、《韵诠》、《韵英》四种）、龙璋辑《小学蒐佚》（辑《苍颉》等七十六种）、近人丁福保考订今本《说文》的逸字逸句以及讹误,其主要资料都取于《慧琳音义》,小部分取于《希麟音义》和其他古书。《慧琳音义》在文字学、音韵学和训诂学上的巨大影响,由此略见一斑。

辽希麟《续一切经音义》十卷

《续一切经音义》,简称《希麟音义》,十卷。辽燕京崇仁寺沙门希麟集。原书未署撰时。据卷五刊载的《新译仁王护国般若波罗蜜多经》卷上音义"旃蒙岁"条"案:《唐帝历》云:代宗皇帝广德三年甲辰,改永泰元年,二年乙巳即旃蒙岁也。到今统和五年丁亥,得二百二十三年矣",本书实撰于统和五年(987)。载于《丽藏》"鸡"函、《频伽藏》"为"帙,收入《大正藏》第五十四卷。

《希麟音义》书首有希麟《序》。说:

　　唐初有沙门玄应者,独运先觉,天纵生知,明唐梵异言,识古今奇字,首兴厥志,切务披详。始于《古花(华)严经》(指晋译《华严经》),终于《顺正理论》,撰成《经音义》二十五卷。次有沙门慧苑,撰《新花(华)严经音义》二卷。复有沙门云公撰《涅槃音义》二卷。复有大慈恩寺基(窥基)法师撰《法花(华)音训》一卷。或即未周三藏,或即偏局一经,寻检阙如,编录不次。至唐建中末,有沙门慧琳,内精密教,入总持之门;外究墨流,研乎文字之粹。印度声明之妙,支那音韵之玄,既瓶受于先师,亦泉泻于后学。栖心二十载,披读一切经,撰成《音义》,总一百卷。依《开元释教录》,始于《大般若》,终于《护命法》,所音众经,都五千四十八卷,四百八十帙。自《开元录》后,相继翻传经论,及拾遗律传等,从《大乘理趣六波罗蜜多经》,尽《续开元释教录》,总二百六十六(似应作"一")卷,二十五帙,前音(指《慧琳

音义》)未载,今续者是也。(《大正藏》第五十四卷,第934页中)

《希麟音义》是《慧琳音义》的续作。全书共收录佛经一百十部二百六十一卷(笔者据各卷目录统计,并包括卷五目录漏载的《金刚顶瑜伽分别圣位经》一卷和卷七目录漏载的《圣阇曼德迦威怒王立成大神验念诵法》一卷),以《开元录》以后新译的密教念诵仪轨为主体,次收拾遗编入的说一切有部律典及传录等。由于其中《大吉祥天女十二名号经》等十六部经典只录书名,不释音义(即"无字可音训"),故实际训释的是九十四部佛经的音义。

据北宋赞宁《宋高僧传》卷五《慧琳传》和卷二十五《行瑫传》记载,《慧琳音义》在五代时曾在江浙一带失传,因而高丽国于后周显德(954—958)年间,遣使赍金入浙中求此书而未获;行瑫"慨其《郭迻音义》疏略,《慧琳音义》不传"而撰《大藏经音疏》五百余卷。然而,从希麟自序中有关慧琳的介绍取资于景审《序》,另外,《新花(华)严经》卷第三十七音义"三摩钵底"条(见卷三)和《金刚顶真实大教王经》卷上音义"喧陀南"条(见卷五)有引"琳法师云"来看,希麟在北方的燕京是亲自看到过《慧琳音义》。但是,他在《序》中对《慧琳音义》的介绍,却是有错的:

第一,《慧琳音义》收录的第一部和最后一部经典虽然与《开元录》相同,经典的先后编次也大体上依循《开元录》,但它收录的经典是"一千三百部五千七百余卷",而不是"五千四十八卷",也就是说,要比《开元录》的"一千七十六部五千四十八卷"多收二百二十四部六百余卷。第二,《希麟音义》中的《大乘理趣六波罗蜜多经》等二十多部,为《慧琳音义》已作音训的经典,即使在收词方面略有差异,但也并非"前音未载"。因此,《希麟音义》虽然是《慧琳音义》的续作,但在收经方面,有一些是重复的。

卷一至卷七:大乘经。始《大乘理趣六波罗蜜多经》,终《金刚顶瑜伽降三世极三密门》(卷七目录在此经之后还列有大乘论典《大乘缘生论》,但未音),凡一百一部二百五卷。其中,《大乘理趣六波罗蜜多经》、《新译仁王护国般若波罗蜜多经》、《金刚顶真实大教王经》、《金刚顶修习毗卢遮那三摩地法》、《一字奇特佛顶经》、《金刚顶瑜伽分别圣位经》、《大吉祥天女无垢大乘经》、《金刚顶瑜伽十八会指归》、《佛母大孔雀明王经》、《金刚顶莲花部心念诵法》、《金刚顶瑜伽千手千眼观自在菩萨念诵仪》、《大虚空藏菩萨念诵法》、《观自在多罗念诵仪轨》、《观自在如意轮菩萨念诵法》、《文殊师利根本大教王经金翅鸟王品》等为《慧琳音义》已作音训的经典;《大吉祥天女十二名号经》、《授菩提心戒仪》、《大方广佛花(华)严经入法界四十二字观门》等"无字可音训"。

卷八、卷九:小乘律。始《根本说一切有部毗奈耶药事》,终《根本说一切有部毗奈耶随意事》,凡七部五十卷。

卷十:《护法沙门法琳别传》、《续开元释教录》,凡二部六卷。

《希麟音义》的释文体例,大体上与《慧琳音义》相同。其代表性的释文如下:

纬候　上云(疑当作"亡")贵反,经纬也。经音古定反。下胡构反。《韵谱》云:伺也。案:《五星历》云:二十八宿为经,日月五星为纬,行度有踵次,故候占吉凶也。(卷二,《新大方广佛花(华)严经》卷第十二音义,第942页上)

粗犷　上仓孤反。《切韵》:疏也,大也。《字统》云:鹿之性相背而食,虞人兽害之,故从三鹿,俗省作"麄",义同。下古猛反。《切韵》:大也。《字书》云:猛也。《说文》云:从

犬,广声。又音俱永反。(卷三,《新译十地经》卷第二音义,第946页中)

  钿饰 上堂练反。《韵集》云:以宝瑟钿以饰器物也。下升织反。《考声》云:妆饰也。《文字典说》:修饰。《古今正字》:从巾,饲声,音似。(卷七,《大圣文殊师利佛刹功德庄严经》卷中音义,第964页中)

  间错 上古苋反。《尔雅》云:间,代也。《玉篇》:间,厕。《切韵》:间,迭也,隔也。下仓各反。《韵集》云:杂也。《考声》:东西为交,上下为错。律文从系作"綢",与"捆"同。《切韵》:裙也。非间错也。(卷八,《根本说一切有部毗奈耶药事》卷第二音义,第969页下)

在释文中,希麟共征引了六十多种古书,其中半数以上是今已亡佚的著作。这中间征引次数较多的是《说文》、《尔雅》、《切韵》、《考声》、《字书》、《玉篇》和《韵英》,其他还有《广雅》、《韵集》、《苍颉篇》、《声类》、《文字典说》、《释名》、《文字集略》、《方言》、《埤苍》、《字林》、《字统》、《博雅》、《三苍》、《古今正字》、《桂苑珠丛》、《韵谱》、《韵略》、《广韵》、《字指》、《字样》(颜师古撰)、《韵诠》、《文字指归》(曹宪文撰)等。

《慧琳音义》与《希麟音义》自元代以后一度在中国失传。然而由于辽咸雍八年(1072),道宗(耶律洪基)曾赐高丽佛经一藏(见《辽史·道宗本纪》),其中就有慧琳、希麟二书,因而为高丽所保存。以后又传入日本,见藏于西京建仁寺和东都缘山寺,元文二年(1737),为日僧狮子谷澂等所翻刻,清光绪(1875—1908)初年,传回中国。由于二书采摭浩博,保存隋唐以前的逸书"计有二百四十余种之多"(丁福保《正续一切经音义提要》语),而且文字审正,对于辑佚考史,研习音韵训诂用处极大,故在此后的一段时间内,曾成为显学。

第四品　后晋可洪《新集藏经音义随函录》三十卷

《新集藏经音义随函录》，又名《藏经音义随函录》（或题首有"大"字），略称《可洪音义》，原作十五册，今为三十卷。后晋天福五年（940）汉中沙门可洪撰。载于《丽藏》"振"至"侈"函，收入《大日本校订大藏经》（即《弘教藏》）"为"帙。

《可洪音义》书首有天福五年（940）六月二十日作者撰的《藏经音义随函前序》。说：

> 藏经文字，谬误颇繁。以要言之，不过三种（似应作"四种"）：或有巧于润色，考义定文；或有妄益偏傍，率情用字；或有此方无体，假借成形；或有书写笔讹，减增画点。笔讹则真俗并失，用乖则句味兼差，令讨义者噉口于天书，俾诵文者踯躅于鸟迹。此皆笔受者肆其胸臆，誊流者弄厥槃毫，遂令坦路变为丘墟，瓦砾浑其珠玉。……今之所撰，或有将双译对会，捡以施行；或有诸藏勘同，详之取定；或有捡诸先作，据旧而呼；或有自逋讹怀，辄为音释。……洪（可洪）幸依龙藏，披揽（览）众经，于经律论传七例之中，录出难字二千五卷，除其双书翼从，及从注正说文，于中同号别章，名殊体一，凡具音切者，总一十二万二百二十二字。首尾十载，缀撰方周，用纸九百纸，写成十五册，目曰《藏经音义随函录》焉。（《弘教藏》音义部"为一"[即"为"帙第一册。凡五册，每册各收《可洪音义》六卷]第1页）

书末有可洪《大藏经音义随函录后序》；蒲坂比丘希悟《赞经音序》；天福五年九月十五日可洪《施册入藏疏文》；同年六月二十日可洪《庆册疏文》。希悟在《赞经音序》中说：

先有众师音义,未尽其源,各述方语异同,人有不了讹字,虑是传写年远参错,书人执笔谦文,或有误失偏傍,住经捡寻无所。师乃再详经旨,研究是非,单译重译内,殊文备彰;古字俗字中,异样俱显。先详佛意之缘起,后验译主之润文。非师莫能定其旨归,非师莫能辨其邪正。实乃因前开士,当代英髦。("为五"第85页)

《可洪音义》是一部根据藏经的顺序,依次摘录其中难读难识的语词,注以读音和含义,并间辨字音和字形的正讹的音义书。作者在《后序》中说,"窃见藏经音决,作者实多,而无远虑之耽,但畅一隅之要"("为五"第84页,下同),"或有单收一字,不显经名,首尾交加,前后失次",如江西谦法师撰的《经音》;"或有署其卷目,亦不双彰,唯标误错之形,余则都无一二",如蜀国西川厚法师撰的《经音》;"或有统括真俗,类例偏傍,但号经音,不声来处",如河东郭逡以及其他僧人所撰的《经音》;即使是玄应撰的《一切经音义》,"尚有错释未详之字"。为此,可洪从后唐长兴二年(931)十月始,翻检河府方山延祚寺(作者的居寺)收藏的大藏经,"逢难字而随读随抄,遇殊文而旋音旋切(指注以音切)"(《庆册疏文》,第85页),历时十年,撰成了本书。全书汇释了唐智升《开元释教录·入藏录》收载的一千七十六部五千四十八卷佛经的音义,按大乘经、大乘律、大乘论、小乘经、小乘律、小乘论、圣贤集的次序编排(其中有些经典的先后次第与《开元录》稍有不同),共计收录词目约万余条,连同释文总十二万二百二十二字(见《前序》)。

卷一至卷十前部分:大乘经。始《大般若经》,终《优婆夷净行法门经》,凡五百一十五部二千一百七十三卷。

卷十中间部分:大乘律。始《菩萨地持经》,终《菩萨受斋经》,凡二十六部五十四卷。

卷十后部分至卷十二前部分：大乘论。始《大智度论》，终《掌中论》，凡九十七部五百一十八卷。

卷十二后部分至卷十四：小乘经。始《长阿含经》，终《僧护经》，凡二百四十部六百一十八卷。

卷十五至卷十八前部分：小乘律。始《摩诃僧祇律》，终《律二十明了论》，凡五十四部四百四十六卷。

卷十八后部分至卷二十：小乘论。始《阿毗昙八犍度论》，终《部执异论》，凡三十六部六百九十八卷。

卷二十一至卷三十：贤圣集。始《佛所行赞》，终《比丘尼传》，凡一百八部五百四十一卷。

《可洪音义》虽然与《玄应音义》、《慧苑音义》、《慧琳音义》等同名"音义"，但在释文的体例上又存在很大的差异。其中最为明显的差异有两点：一、《可洪音义》的释文一般都比较简略，大多是直截了当地注出字音和字义，而不作"某书曰""某书云"式的征引；二、在释音和释义两个方面，《可洪音义》更注重释音，不仅有一半以上的词目的释文是只释音，不释义的，而且在有些释文之末所附的辨析中，也是往往只辨音、辨形，而不辨义的。其例如下：

亭传　上徒丁反，下知恋反。汉家因秦十里一亭，谓亭，留也。传，谓驿也。（卷三，《大方等大集菩萨念佛三昧经》第二卷音义，"为一"第38页）

僧坊　音方，院也。又音房，舍也，居也。（卷五，《宝云经》第二卷音义，"为一"第69页）

畴匹　上直由反，下普吉反。（卷六，《思益梵天所问经》第四卷音义，"为一"第71页）

偻曲　上力主反。（卷六，《分别缘起初胜法门经》音义，"为一"第73页）

生界　正言世界,避庙讳(指李世民),故云生界也。(卷七,《佛顶(尊)胜陀罗尼经》音义,"为二"第13页)
　　救除　正言救治,避庙讳(指李治),故云救除也。(同上)
　　蛊道　上古野二音。诸经有野道是也。汉人呼虫毒为虫野也。正作"虫"也,又音冲,非。(卷八,《佛说持句神咒经》,"为二"第16页)
　　瑕眥　疾斯反,黑病也。正作"疵"、"玼"二形。(卷八,《十住断结经》第四卷音义,"为二"第21页)

此外,《可洪音义》对玄应、厚法师、谦法师、郭逡诸家音义中的讹误,间有订正。如在《大智度论》第五卷音义"怀息"条下,作者注云:"上许牛反,正作'休'。郭氏音丕,非也。"(卷十,"为二"第48页)又在同论第十七卷音义"能决"条下注云:"结穴反,断也,坏也,破也。又应(玄应)和尚《音义》作胡玦反,《唐韵》无此切。"(同册,第50页)这些都是很有意义的。但总的来说,《可洪音义》的内容远不及《玄应音义》详赡。

第五品　辽行均《龙龛手镜》四卷

《龙龛手镜》,又名《龙龛手鉴》(宋代重刻时为避太祖赵匡胤祖父赵敬的嫌讳而改),四卷。辽统和十五年(997),幽州沙门行均集。中华书局1985年5月以高丽本(辽刻影印本)为底本、《四部丛刊续编》本为补校影印出版,今据中华书局本解说。

《龙龛手镜》书首有统和十五年(997)七月一日燕台悯忠寺(今北京法源寺)沙门智光(字法炬)撰的《新修龙龛手镜序》。说:

　　释氏之教,演于印度,译布支那。转梵从唐,虽匪差于性相,披教悟理,而必正于名言。名言不正,则性相之义差;性相之义差,则修断之路阻矣。故祇园高士,探学海洪源,准的先儒,道引后进,挥以宝烛,启以随函。郭逡但显于人名,香严唯标于寺号,流传岁久,抄写时讹。寡闻则莫晓是非,博古则徒怀惋叹,不逢敏达,孰为编修?有行均上人,字广济,俗姓于氏,派演青齐,云飞燕晋,善于音韵,闲于字书。睹香严之不精,寓金河(指五台山金河寺)而载缉,九仞功绩,五变炎凉,具辩宫商,细分喉齿,计二万六千四百三十余字,注一十六万三千一百七十余字,并注总有一十八万九千六百一十余字。……矧以新音遍于龙龛,犹手持于鸾镜,形容斯鉴,妍丑是分,故目之曰《龙龛手镜》,总四卷。以平上去入为次,随部复用四声列之。又撰《五音图式》附于后(今佚),庶力省功倍,垂益于无穷者矣。(中华书局本,第2页—第4页)

《龙龛手镜》是一部训释佛经中常用的汉语单字(间有少数由两个字组成的复合词)的形体、读音和含义的字书。全书共收"二万六千四百三十余字"(这是作者将同一个汉字的不同字体,均一一算作单字而得出来的统计数),分为二百四十二个部首。又将这些部首单字按平、上、去、入四声的发音分类诠次,勒成四卷。

卷一:平声卷。始"金"部,终"知"部,凡九十七个部首。

卷二:上声卷。始"手"部,终"果"部,凡六十个部首。

卷三:去声卷。始"见"部,终"句"部,凡二十六个部首。

卷四:入声卷。始"木"部,终"杂"部,凡五十九个部首。

每个部首之下所收的单字,均按平、上、去、入四声的次序排列。如卷二的"水"部,先列"淹"、"洴"、"湔"、"潜"、"沿"等平声字;次列"沈"、"湧"、"洒"、"减"、"渚"、"澡"等上声字;再列

"济"、"泳"、"漾"、"瀿"、"溉"、"灌"等去声字;后列"汏"、"澓"、"滑"、"涸"、"滴"等入声字。凡由同一个单字的不同写法而形成的字,依照唐颜元孙《干禄字书》的体例,将它们排列在一起,分别注以"正"(正体,即合乎字书规范的字体)、"俗"(俗体,即民间手写的字体)、"或"(又称"或作",指或体,即见于字书的异体字)、"古"(又称"古文",指古体,即秦以前使用的字体)、"今"(今体,指汉代以后使用的字体)、"通"(通体,指公文中通用的字体)等。《四库全书总目提要》说:"其书凡部首之字,以平上去入为序,各部之字,复用四声列之。后南宋李焘作《说文五音韵谱》,实用其例而小变之。每字之下必详列正俗今古及或作诸体,则又行均因唐颜元孙《干禄字书》之例而小变之者也。"(卷四一,经部小学类二)指的就是这种情况。然后用反切注音,并直释字义。如:

鐫鑴鑴 三(指前三字)俗(指俗体)。鑴 正(指正体)。子泉反,钻斫也。又户圭反,大钟也。四(指总计有四种写法,即四字)。(卷一"金"部,第8页)

旗 正(指正体)。旂 俗(指俗体)。音其,旌也。(卷一"方"部,第124页)

笋 通(指通体)。筍 正(指正体)。思尹反,竹也。二(指二字)。(卷四"竹"部,第391页)

肽 古(指古文)。股 今(指今体)。音古,髀也。二(指二字)。(卷四"肉"部,第410页)

《龙龛手镜》对单字的注音和释义,大多是以简短的、直截了当的句式表述的,但有些地方也有征引。如:

偂 《玉篇》煎、剪二音。又俗音前。又《旧藏》作偷,在《灌顶经》,神名也。(卷一"人"部,第27页—第28页,

以下同卷)

𠍳　《随函》音欺,方也。(同部,第 28 页)

佃　音田,作田也。《说文》云:一辕车,古卿车也。又堂练反,营也。(同上)

憻　俗(指俗体)。他但反。《音义》作坦,安平也,宽也,明也。出《阿差末经》第五卷。("心"部,第 57 页)

悉　正(指正体)。音爱,惠也。又《香严》(指《香严音义》)俗音气也。(同部,第 67 页)

䧿　七雀反。《说文》云:知,太岁之所也。《字林》作鹊,同。("隹"部,第 149 页)

此外,《龙龛手镜》在释文中还提到了《切韵》、《郭迻》(以人名代书名,以上见卷二"手"部)、《礼注》、《三苍》(以上见同卷"水"部)、《字统》(见同卷"火"部)、《释名》(见同卷"土"部)、《新藏》(相对于《旧藏》而言,指新雕的《大藏经》,见卷三"欠"部)等。其中以征引《玉篇》的次数为最多。

《龙龛手镜》对于查检唐代前后使用的俗字和异体字,研究汉字的流变有重要的学术价值。但由于它在一个部首下所收的单字与今天的词典在同一部首所收的单字存在着一定的差异,故在查寻时也需留意。

第六品　北宋处观《绍兴重雕大藏音》三卷

《绍兴重雕大藏音》,原名《精严新集大藏音》,又名《释音精严集》,南宋绍兴(1131—1162)年间重刻时改为今名,三卷。北宋元祐八年(1093),精严寺沙门处观述。载于《元藏》"英"函、《明南藏》"塞"函、《明北藏》"百"函,收入《正藏经》第六十七册。

《绍兴重雕大藏音》书首有元祐九年(1094)四月,宣德郎柳豫《序》。《序》中详细地记述了处观有关本书的谈话。说:

> 豫(柳豫)待次铨衡,晦迹里闬,得以优游僧舍,寻访开士。有精严寺观(处观)上座惠然见访,曰:处观落发学佛,未能明了智慧,愿读一大藏教,以纯熟般若。然而卷轴浩渺,义理渊奥,常患字画舛误,音义疏略,穷日累月,寻绎不暇,虽精进勉强,而常恐有所不逮,而又反思吾徒凡有志者,未始不以此为患也。昔瑫(行瑫)法师尝著音释(指《大藏音疏》),附于函末,而其文不详备,先后失次,披阅之际,未免凝滞。故处观不量浅昧,讨论《集韵》,洎唐宋二韵、郭迻《众经音》,又尝访别本,搜索偏傍,发明义例。遍阅者几十数藏,雠校者余二十年,始于熙宁庚戌岁(熙宁三年),而成于元祐癸酉(元祐八年)孟冬月,凡一百七十四部,分为上中下三卷,欲以《精严新集大藏音》为标目。其间如"擜""摡"则才木不辨;"怔""慌"则巾小不分;"搏""搏"、"惕""惕"、"衣""示"、"日""曰",则笔画差互,文理混淆;又"罂"分五种,"虆"有七样。此类至繁,不可概举,皆由书生传写,破体者多,对读灭裂,辩正者少。今一切别白于逐字之下,使观者得以考信,而无探讨之劳,亦庶几有补于吾道也。(《正藏经》第六十七册,第1页上)

《绍兴重雕大藏音》与《玄应音义》、《慧苑音义》、《希麟音义》有些不同,它只释佛经中的单字,而不释复合词和梵文翻译名词;只释单字的形体(规范的正体和非规范的俗体)与读音,而不释它的含义。因此,确切一点说,《绍兴重雕大藏音》是佛教音义类典籍中的字书(或称字典),而不是词典。全书共分一百七十四个部首,收单字约五千个(笔者统计)。

卷上:始"人"部,终"免"部,凡五十八部。其中,人、心、手、肉、足、辵、车、刀、玉、女、目等部收字较多,其余诸部收字较少。

卷中:始"草"部,终"句"部,凡五十八部。其中,草、木、竹、土、山、石、虫、鸟、马、犬、衣、邑、阜、页、日、食等部收字较多。

卷下:始"金"部,终"杂"(收录难以编入其他各部的字)部,凡五十八部。其中金、口、言、水、火、糸、疒、广、穴、门、禾、杂等部收字较多。

《绍兴重雕大藏音》的释文体例是:凡所收单字只有一种写法的,就在这个字的下面用反切法或同音字注音。如"揣 大丸、楚委二切。"(卷上"手"部,第4页下)"陲 垂音。"(卷中"阜"部,第20页下)"湮 烟、因二音。又,一结切。"(卷下"水"部,第28页下);凡所收单字有几种不同写法的,先列出这些写法(一般是正体在前,俗体在后),然后注出它的正体(也有不注的)和读音。如"企俖企 上一正(指正体),并去智切。'跂'同。"(卷一"人"部,第2页下)"狄犾 上正(指正体),并亭力切。"(卷中"犬"部,第19页下)"耽耿 上正(指正体),并都含切。"(卷下"耳"部,第34页上)"恍怳 并呼广切。"(卷上"心"部,第3页下)"唇脣 并船伦切。"(卷下"厂"部,第33页上)这些载录对于读者了解同一个汉字在流传过程中所产生的不同形体,以及它的发音,提供了一定的帮助。

然而,由于作者审核不精,书中也存在着一些把字形相近、但含义不同的两个汉字,当作同一个字的正体和俗体来处理的讹误。如卷中"木"部把"杯"当作"杯"的俗体,"椎"当作"槌"的俗体;"竹"部把"藉"当作"籍"的俗体;"土"部把"圻"当作"垠"的俗体;卷下"水"部把"涂"当作"滁"的俗体;"四"部把"置"当作"置"的俗体,等等。因此,在阅读时须加辨别,不可盲从。

第八门 习 梵

第一品 梁宝唱《翻梵语》十卷

《翻梵语》,十卷。原书未署作者。收入《大正藏》第五十四卷。

关于本书的作者,据日本南条文雄藏本(即《大正藏》刊用的底本)书首刊载的宽保元年(1741)八月僧正贤贺作的序言,为日本"飞鸟寺信行",但从更早的日本和中国佛教史籍的记载,以及《翻梵语》的内容和用语来分析,作者应当是中国梁代庄严寺沙门宝唱,而不可能是信行。根据是:

(一)"《翻梵语》十卷"见载于日本天台宗第三代座主圆仁于承和十四年(847)编撰的《入唐新求圣教目录》,为圆仁入唐求法,在长安、五台山和扬州等地求得并带回日本的中国佛教典籍之一,以后又被日僧安然编在《诸阿阇梨真言密教部类总录》卷下。虽然圆仁、安然都未曾录本书的作者,但《翻梵语》系从中国传入日本,而非日本原有,这一点是毋庸置疑的。

(二)《翻梵语》收录的汉译经律论及撰述均成于梁末以前。其中《善王皇帝功德经》(见卷四"阿迦那"等条)是梁以前的疑伪经;《三小劫抄经》(见卷六"波那人"等条)、《明星天子问慈经》(见卷六"阇婆童子"等条)、《咒贼经》(见卷七"呵利提耶"等条)、《麻油述经》(见卷七"罗摩虽竭"等条)是梁以前流传的别抄经;《集三乘名数》五卷(见卷十"摩陀罗果"等条)是齐代沙门王宗撰《佛所制名数经》之异名(以上诸书为梁僧祐《出三藏记集》卷四、卷五所著录);《外国传》五卷(见卷八"迦罗奢木"等条)为刘宋沙门法勇(又名"昙无竭")所撰(隋费长房《历代三宝纪》卷十著录);《历国传》四卷(见卷八"波私国"等条)为北凉沙门法盛所撰(梁慧皎《高僧传》卷二著录);《出要律仪》二十卷(见卷三"阿陀迦㽞延经"等条)为宝唱所撰(唐道宣《大唐内典录》卷十著录)。

(三)《翻梵语》卷三《迦绨那衣》篇"施越比丘"、"马宿比丘"、"满宿比丘"、"悔僧残法"诸条的释文中,有"梁言"如何等语,从而表明作者也是梁代人。

(四)梁代撰有《翻梵语》一类著作的,凡有两家:一是宝唱,二是真谛。宝唱之书见录于《大唐内典录》卷十,它的名称及卷数是"《翻梵言》三卷";真谛之书见录于《历代三宝纪》卷九,它的名称及卷数是"《翻外国语》七卷(一名《杂事》,一名《俱舍论因缘事》——原注)"。由于真谛之书主要是讲《俱舍论》的缘起及梵语的,与今本《翻梵语》的内容不合。以此推断,《翻梵语》的原作者当是宝唱。同时,由于它传世已久,许多地方已经转抄者加工处理,因此,今本《翻梵语》也并非是宝唱撰成时的原貌。

《翻梵语》不是一部介绍梵文佛经的翻译技巧的著作,而是一部摘录汉译经律论(约二百四十余部)及撰述(凡四部)中的梵语翻译名词(绝大多数是音译名词,少数是意译或音义合译名词),分类排纂,下注它的正确音译(或不同的音译)、意译(又称"义译")、出典及卷次的佛教辞典。全书收词约四千七百条,分为七十三篇(亦即"七十三类")。

卷一：佛号；佛名；佛功德名；法名；外道法名；杂法名。凡六篇。

卷二：菩萨名；菩萨住地名；菩萨观行名；辟支佛名；比丘名。凡五篇。

卷三：比丘尼名；沙弥名；沙弥尼名；声闻德行名；杂观行名；罪障名；迦絺那衣法。凡七篇。

卷四：婆罗门名；刹利名。凡二篇。

卷五：优婆塞名；优婆夷名；仙人名；外道名；大臣名；长者名；居士名；夫人名；女人名。凡九篇。

卷六：杂人名；杂姓名。凡二篇。

卷七：神名；鬼名；龙名；兽名；马名；杂狩名；鸟名；鱼名；虫名；地狱名。凡十篇。

卷八：世界名；国土名；城名；邑名；聚落名；村名；寺舍名；堂舍名；处所名。凡九篇。

卷九：山名；河名；江名；池名；洲名；地名，水名；火名；风色；园名；林名；树名。凡十二篇。

卷十：草名；香名；花名；果名；衣服名；药名；饮食名；藏名；宝名；时节名；数名。凡十一篇。

上述七十三篇中，从词目到释文均与众不同的是卷三的《迦絺那衣法》篇（迦絺那衣，意译"功德衣"，指的是在比丘九十日安居结束以后，由信众供养、僧团集体受领的象征"五种功德"的法衣）。从词目来看，此篇共收六十余条，大多散见于其他各篇。如迦絺那衣、泥洹僧、尼师檀、舍勒衣、拘赊草衣等见于卷十《衣服名》；穿伽色、卢耶那色、曼提吒色等见于卷一《杂法名》；桑祇陀国、阿罗毗国、维耶离国、迦兰陀国、央（一作"鸯"）伽国等见于卷八《国土名》；柯休比丘、比喜陀比丘、跋难陀比丘、孙陀罗难陀比丘、车匿比丘、阿梨吒比丘等见于卷二《比丘名》;瓶沙王见于卷四《刹利名》;梵志见于卷五《外道名》;耆阇崛山见于卷九《山名》等。另外,此篇还收有衣法、钵法、尼师檀法、结界法、解界法、三灭法、四摈法、悔僧残法等词目,很像是《翻梵语》原本所分的有关戒律的门类。因此,《迦缔那衣》篇乃是《翻梵语》原本中不同篇目的佚文的汇编,而不是独立成类的一篇。

从释文来看,首先可以肯定为宝唱原作的释文是这样的:

施越比丘　声论者云:"施越"是此间语,正外国音,呼"施"为"檀那",呼"越"为"波底",梁言"施越"。(《大正藏》第五十四卷,第1006页下)

马宿比丘　声论者云:是此间语,正外国音,应言"阿输实",梁言"马宿"。(第1006页下—第1007页上)

满宿比丘　声论者云:"满宿"是此间语,正外国音,应言"爷律那实",梁言"满宿"。(第1007页上)

僧伽婆尸沙　旧译曰:"众残",亦云"众余"。持律者云:僧残,亦僧救。声论者云:"僧伽"翻为"众","婆尸沙"翻为"余"。案:此翻译曰"僧残",是合胡梁语。云"僧救",亦是合胡梁语。若客云"众残",正是此音;若云"众余",亦是此音。"残"之与"余",义无有异。(同上)

这种释文大多是由"旧译曰"、"持律者云"、"声论者云"、"正外国音,应言"、"案"等语句构成的。如果词目是梵文音译名词,则在释文中举出它的意译;如果是梵文意译名词,则在释文中举出它的音译。由于《迦缔那衣法》中的其他词目的释文也大体上依循这一格式,因而也可肯定为是宝唱的原作。然而,在以后的流传过程中,《翻梵语》的释文经转抄者的改治,在大致意思与原本相同的前提下,释文的语句被改得更加简略和规范化。试对比一些既见于《迦缔那衣法》(即未被修改前的宝唱原作),又见于其他篇(即经后人修改后的宝唱之作)的词目,以观察这一变化。

未被修改前的宝唱原作:

穹伽色　旧译曰:应云"穹求",翻为"黄色"。持律者云:五大色。声论者云:"穹伽"是外国音,"色"是此间语。具正外国音,应云"比多跛那"。"比多"翻为"黄","跛那"翻为"色",谓黄色。(卷三《迦缔那衣法》,第1004页下)

阿罗毗国　旧译曰"少语"。声论者云"阿罗毗",是外国音,"国"是此间语。具正胡音,应言"阿罗毗分厜耶"。"阿罗毗分"翻为"不声","毗厜耶"翻为"国"。"少语"非无语,是语少。不声则应无声,多以手语示相,非令无言。得翻为"少语",以手示相,亦得翻为"不声"。(同篇,第1005页上)

舍勒衣　旧译曰"内衣"。持律者云"前后襜衣"。声论者云:正外国音,应言"安多罗舍多柯"。此衣四方缝作,最在里著,即世僧尼所著舍勒。(同篇,第1005页中)

孙陀罗难陀比丘　旧译曰"孙陀罗"者,可爱,亦云"好"。"难陀"者,欢喜。声论者云"孙陀罗",翻为"好","难陀"翻为"喜",谓"好喜"。(同篇,第1006页中)

经后人修改后的宝唱之作:

穹伽色　应云"穹求",译曰"黄也"。(卷一《杂法名》,第987页下)

阿罗毗国　译曰"少语"。(卷八《国土名》,第1034页中)

舍勒(衣)　译曰"内衣"。(卷十《衣服名》,第1051页下)

孙陀罗难陀　　译曰："孙陀罗"者,可爱,亦好也。"难陀"者,欢喜。(卷二《比丘名》,第994页上)

由此可见,今本《翻梵语》的主要价值在于提供了梵文音译名词的正确的音译,以及相对应的意译。另外,从书中摘列的《外国传》和《历国传》的有关国名的词目来看,法勇曾到过国多国(又名"默然国")、迦罗奢木国;法盛曾到过伽沙国、波卢国、富那跋檀国、乾若国、伽鼻国、婆施彊国、波私国和阿那罗国。这些可以补僧传之阙略。

第二品　　唐义净《梵语千字文》一卷
附:唐全真《唐梵文字》一卷
　　唐礼言《梵语杂名》一卷
　　唐僧怛多蘗多等《唐梵两语双对集》一卷

《梵语千字文》,原名《唐字千鬘圣语》(据书末所题),又名《梵汉两字》(见日本宗睿《新书写请来法门等目录》)、《梵唐千字文》(见日本安然《诸阿闍梨真言密教部类总录》卷下),一卷。唐三藏法师义净撰。收入《大正藏》第五十四卷。

《梵语千字文》自唐代传入日本,见存的有三种本子:一是东京东洋文库藏本;二是享保十二年瑜伽乘沙门寂明刊本;三是安永二年沙弥敬光刊本。前一种本子相传是日本圆仁入唐求法时请来,原藏于石山寺,它只有梵语以及与之对应的意译汉字,而无音译汉字;后二种本子均源于日本元庆八年正月由三井寺唐院比丘良勇抄写的惟海上人(和尚)藏本,它们除了有与梵语对应的意译汉字,还有音译汉字。三本均未署撰时。从书中载有义净游履印度时的情形(如"给园仙树,鹿苑王城,薛舍梨国,劫比罗营,回顾恋别,报望恩主。鸡峰隐骨,龙穴潜形,禅河水潛,戒巀岩清"等),并有见于《南海寄归内法传》的一些内容(如"踡坐小床,返系衣角。餐罢迁位,齿木梳濯"等)来看,本书当撰于义净从室利佛逝(今苏门答腊)回国,从事译经期间,大致是武则天证圣元年(695)至睿宗太极元年(712)之间。今以东洋文库本为主本,敬光刊本为辅本(上二本均载于《大正藏》第五十四卷),参照而解说。

《梵语千字文》书首有义净《序》。说:

> 为欲向西国人,作学语样,仍各注中梵音,下题汉字。其无字者,以音正之。并是当途要字,但学得此,则余语皆通,不同旧千字文。若兼悉昙章读梵本,一两年间即堪翻译矣。(《大正藏》第五十四卷,第1190页上)

《梵语千字文》是一部用梵汉两种文字对照的形式编成的梵汉读本,也可称为梵汉小辞典。书名中说的"千字文",并不是指由梁武帝敕给事郎周兴嗣编的那部四字一句、对偶押韵、总计收一千字的学童启蒙读物《千字文》。唐代的《开元释教录略出》以及宋、元、明、清各藏的函号都是根据《千字文》"天地玄黄,宇宙洪荒。日月盈昃,辰宿列张。寒来暑往,秋收冬藏。……"的字序编定的。然而《梵语千字文》中的"千字文",则是义净根据自己的经历和体会,以及西行求法者识别梵语的实际需要,特地挑选的,所用的不是社会上流传的《千字文》。作者在《序》中说的"并是当途要字,但学得此,则余语皆通,不同旧千字文",就是这个意思。

《梵语千字文》的编排体例是这样的:将选出的汉字,组合成有实际意义和音韵节律、便于记诵的句子,四字为一句,每二十句(即八十字)为一段,段末有带有小结性质的五言诗一首(即以五字为一句的句子四句,合计二十字),这样构成一节(凡一百字）。然后接叙下一节。全书共分成十节（参见日僧敬光《梵语千字文译注》），凡一千字（不包括结束语"《唐字千鬘圣语》竟"一句）。每一个汉字的右边刊有相应的梵语（此据今本《梵语千字文》的排版而言，若依《序》中所说，则原本是用上列梵语，下标汉字的格式编排的），以资对照。

其中，第一节至第八节（始"天地日月，阴阳圆矩"，终"聊申学语样，岂欲耽文章"），所叙列的为学梵者最常用的汉字以及与之对应的梵语；第九节、第十节（始"初因业报，托形母胎"，终"请知生有过，莫向死王前"），所叙列的为论述生老病死皆苦的带有教理性的汉字以及与之对应的梵语。试摘第一节和第八节如下（梵语省略），以见其例：

天地日月，阴阳圆矩。昼夜明暗，雷电风雨。星流云散，来往去取。东西南北，上下相辅。皇臣仆吏，贵贱童竖。刊定品物，策立州主。辨教礼书，置设衙府。父母兄弟，孝义弘抚。甥舅异邻，伯叔同聚。奉事友明，矜爱贫婆（以上为千字文课文，以下为五言诗）。山庭蔽轩盖，净野标花（敬光本作"华"，）柱。美素竟千秋，嘉声传万古。（第1190页上、中、下）

袈裟衣（"衣"字疑衍）瓶钵，卧具衣裳。厚被盛柜，单裙帒藏。虫鼠恐啮，浣晒舒张。氍毹绫锦，绣褥芬芳。檐宇萧洒，缓掉铿锵。有耻艾臭，无嫌麝香。赞咏歌管，博奕（弈）酒酱。梵音弹舌，悉昙莫（上三字东洋文库本脱，今据敬光本补）忘。愿兹利闻（敬光本作"润"），总洽无（上二字东洋文库本脱，今据敬光本补）疆。且题八百，余皆审详（以上为千字文课文，以下为五言诗）。早须习奇说，始可向他乡。聊申学语样，岂欲耽文章。（第1193页中、下）

《梵语千字文》之末还附有《识语》（即题识）和《梵唐消

息》。《识语》说,本书的作者是"阿阇梨多闻三藏法师胜义天(义净的梵名)",抄写者是"精进天"(其人不详);《梵唐消息》共收三百余字,始自"天地",终于"恨满",没有固定的句式,其中的大多数字已见于《梵语千字文》,因而很可能是《梵语千字文》的初稿。

唐全真《唐梵文字》一卷

《唐梵文字》,原名《唐梵两国言音文字》(据卷首所载),一卷。唐"传五部瑜伽持念教北平八力子(一作"吉祥子")"全真集。原书未署撰时。从本书见载于日本入唐求法沙门圆行于承和六年(相当于唐开成四年,即公元839年)十二月编的《灵岩寺和尚请来法门道具等目录》,为圆行在当年正月住长安青龙寺时所获的写本来推断,当成于唐开成三年(838)之前。收入《大正藏》第五十四卷。

《唐梵文字》书首有全真的自序(无标题)。说:

> 夫欲辨识两国言音者,须是师资相乘(承)。或是西国人,亦须晓解悉昙,童(懂)梵汉之语者;或是博学君子,欲得作学汉梵之语者。悉昙文字,五天音旨不出此途。传大瑜伽教千岁阿阇梨(指不空),方传流通此地,并是中天音韵,最密要文字,出自声明论本。但有学唐梵之语者,得此为首,余语皆通。梵汉两本同学习者,细用其心,一二年间即堪翻译两国言音,字义同美。夫欲翻译持念习瑜伽行者,先令精冻(疑应作"练")此文,梵汉双译,梵字(疑应作"识")汉字,汉识梵言。梵呼汉字者,或多或并有二合三合(指将二个或三个梵文字母合拼成一个音),或单或复,但看字母音韵,具在别卷。声韵两段,理令诸家有元之教,乃各题名目,下量汉字。智者鉴详,传于后代。(《大正藏》第

五十四卷,第1216页中)

《唐梵文字》是一部用上列梵语,下标汉字的形式编成的梵汉读本。全书收汉字约一千一百个,组合成有实际意义的语句,以便读诵。正文的前部分(近八百字),始"天地日月,阴阳圆矩。昼夜明暗,雷电风雨",终"见生虽喜,老死还哀。忧悲始去,苦恼终回",基本上抄自义净《梵语千字文》的第一节至第九节,有些地方在文字上略有删改,但大致意思仍然是相同的;后部分(约三百字),始"如来大圣,出见西国。转好为轮,极斯沈(沉)溺",终"从何道来,总持为径。依教奉行,至心顶礼",主要是有关密教教义的字句。如书中写道:

法海波澜,欲令一切离苦皆安。真言密教,遇之甚希。有信佛子,京授当观。发菩提心,入灌顶坛。依尊取则,悉地能于。想尊遍照,镜现水云。甚深密藏,法道王君,严胜金刚,身青不动,去牙发生,春如雷吼。(第1221页中、下)

由于全真的这部《唐梵文字》与义净的《梵语千字文》在主要字句及内容上是相同的,而且两书都未署撰时,无确切的时间可查。故日僧敬光曾怀疑《梵语千字文》不是义净的作品,而是后人抄袭《唐梵文字》的托名之作。对此日本雕藏都鉴在《梵语千字文后序》作了详细的辨证,指出,在两书的关系上,不是《梵语千字文》抄自《唐梵文字》,而是《唐梵文字》抄自《梵语千字文》。语见《大正藏》第五十四卷。

唐礼言《梵语杂名》一卷

《梵语杂名》,一卷。唐翻经大德翰林待诏光宅寺归兹国沙门礼言集。原书未署撰时。收入《大正藏》第五十四卷。

礼言,从衔称、住寺、才学以及事迹等来判断,当与唐圆照

《续开元释教录》中记载的"利言"为同一人。据载,唐贞元四年(788),利言曾协助罽宾国沙门般若翻译《大乘理趣六波罗蜜多经》等,时任"译梵语",并有《翻经大德翰林待诏光宅寺沙门利言集》二卷(或作一卷)行世(今佚)。但《续开元释教录》中未曾著录《梵语杂名》,或许当时利言尚未撰作本书,或许本书原在《利言集》之中,因无佐证,不得其详。由于本书见载于日本入唐求法沙门圆仁于唐开成四年(839)四月编的《日本国承和五年入唐求法目录》,为圆仁住扬州时所获的写本,以此推断,早在唐开成三年(838)之前,《梵语杂名》就在社会上传开了。

《梵语杂名》也是一部用梵汉对照的形式编成的梵汉读本。全书收汉字约一千七百余个,始自"天"字,终于"舅"字。其中绝大多数是单字,如人、齿、曲、正、白、黑、语、说、东、南、喜、怒等;也有少数是复合词、词组或梵语翻译名词,如聪明、检校、金刚、贝钱、小麦、大豆、将军、百姓、摩伽陀国、迦毗罗城、夜叉、阿修罗等。本书的特色是除上列汉字,下标与之对应的梵语原文(用天城体梵文字母刊出)以外,还在两者之间夹注这一字(或词、词组)的梵语读音(用同音汉字来表示),这是《梵语千字文》和《唐梵文字》所没有。如在"不是"之下,注梵音"那户底"(见《大正藏》第五十四卷,第1228页下);"聪明"之下,注"波尼多"(同上);"大臣"之下,注"么底也"(见第1233页上);"山"之下,注"拟哩"(见第1235页中)。然后再写出与词目对应的梵语原文。

由于礼言精通梵语,故所注的梵音大多比较确切,颇可参考。

唐僧怛多蘖多等《唐梵两语双对集》一卷

《唐梵两语双对集》,又名《梵汉两语对注集》,一卷。唐"中天竺摩竭提国菩提树下金刚座寺苾刍"僧怛多蘖多、波罗瞿那弥舍沙二人合撰。原书未署撰时。从本书见载于日本入唐求法沙门宗睿于日本贞观七年（相当于唐咸通六年，即公元865年）十一月编的《新书写请来法门等目录》，为宗睿在当年六月至十月住长安西明寺所获的写本来推断，当成于唐咸通五年（864）之前。收入《大正藏》第五十四卷。

《唐梵两语双对集》是一部供查检汉字的梵语读音的著作。全书收汉字约七百个，始自"人"字，终于"弟妇"，其中大多是汉语单字，也有一些是复合词、词组和梵语翻译名词。与《梵语千字文》、《唐梵文字》、《梵语杂名》三书不同，本书并不出现梵语原文，全书按上列作为词目的汉字，下注这一字（或词、词组）的梵语读音（用同音的汉字来表示）的体例编就。据笔者对勘，本书所收的汉字全出自《梵语杂名》，而且汉字的编排次序也大多相同，因而可以肯定它是摘抄《梵语杂名》而成。本书所注的梵音大多与《梵语杂名》相同，少数略有差异。如"骨"字，本书注为"摩拏"（见《大正藏》第五十四卷，第1241页中），而《梵语杂名》则注为"阿悉地你"（见第1223页中）；"讲"字，本书注为"名也地"（见第1241页中），而《梵语杂名》注为"尾也企也囊"（见第1225页中）；"鬼"字，本书注为"比舍旨"（见第1242页下），而《梵语杂名》注为"步多"（见第1236页中）。

第三品　唐智广《悉昙字记》一卷

《悉昙字记》，又名《南天竺般若菩提悉昙》（据书名下的小注），一卷。唐山阴沙门智广撰。收入《大正藏》第五十四卷。

《悉昙字记》未署撰时。从本书出自南天竺沙门般若菩提在五台山时对作者的传授（详见书序）；而据唐圆照《贞元新定释教目录》卷十七记载,般若菩提是在"(贞元)十年三月发趋清凉,巡礼五台,至于秋首。十一年四月还至上都(长安)"的。以此推断,《悉昙字记》约撰于贞元十一年(795)。又由于本书见载于日本入唐求法沙门空海于大同元年(相当于唐元和元年,即公元806年)十月编的《御请来目录》,为空海住长安时所获的写本,因而日本学者也有根据著录的时间,定为元和元年(806)的(见《大正新修大藏经勘同目录》)。

《悉昙字记》书首有智广自序(无标题)。说:

> 悉昙,天竺文字也。《西域记》云:梵天所制,原始垂则,四十七言。寓物合成,随事转用,流演支派,其源浸广。因地随人,微有改变,而中天竺特为详正。边裔殊俗,兼习论文,语其大较,本源莫异。斯梗概也。顷尝诵陀罗尼,访求音旨,多所差舛。会南天竺沙门般若菩提赍陀罗尼梵挟(夹),自南海而谒于五台,寓于山房,因从受焉。与唐书旧翻,兼详中天音韵,不无差反,考核源滥,所(一作"攸")归悉昙。梵僧(指般若菩提)自云:少字学于先师般若瞿沙,声明文辙,将尽微致。南天祖承醯首罗之文,此其是也;而中天兼以龙宫之文,有与南天少异,而纲骨必同;健陀罗国熹多迦文独将尤异,而字之由,皆悉昙也。因请其所出,研审翻注,即其杼轴,科以成章,音虽少殊,文轨斯在。(《大正藏》第五十四卷,第1186页上)

《悉昙字记》是一部介绍梵文字母及其拼音(组合生字)规则的著作。书名中的"悉昙",音译又作"悉谈",意译"成就"、"吉祥",指的是梵文字母。梵文,是古印度通行的语言,有关梵文的启蒙读本被称为"悉昙章"。《南海寄归内法传》卷四《西方学法》章说:"悉谈章,亦名'悉地罗窣睹',斯乃小学标章之称,俱(一作"但")以成就吉祥为目。本有四十九字,共相乘转,成一十八章,总有一万余字,合三百余颂。凡言一颂,乃有四句,一句八字,总成三十二言。更有小颂、大颂,不可具述。六岁童子学之,六月方了。斯乃相传是大自在天之所说也。”(《大正藏》第五十四卷,第228页中)可知“悉昙章”在印度是供六岁儿童拼音识字用的课本,对于生活在那里的人来说,它是最普通的知识,一点儿也不复杂。随着佛教的传入,梵文也传到中国,通过来华的西域僧人的口授,以及《大般涅槃经·文字品》等佛经的介绍,人们对梵文有了一定的了解,早在刘宋就出现了谢灵运《十四音训叙》(见梁慧皎《高僧传》卷七)一类的著作。然而,由于梵文与汉文在书写及语法方面相差悬殊,因此除从事佛经翻译的或准备去西域取经的人以外,一般人很少关心悉昙类著作。入唐以后,随着中印文化交流的加强,特别是翻译和阅读大量涌现的密教经典中的咒语(用同音的汉字对译)的需要,悉昙这门学问日益受到人们的关注,于是就出现了像《悉昙字记》这样介绍悉昙一般知识的著作。

《悉昙字记》大致可以分为概说和十八章两部分(今本《悉昙字记》可能是由两个传本合成的,故在内容上有些重复)。

在概说中,作者着重介绍了梵文字母的分类、书写和发音。书中写道,梵文字母共有四十七个(即“悉昙四十七言”、“四十七字”),大致可以分为两类,一类是“摩多”,一类是“体文”。

“摩多”,又称“韵”、“音”,相当于现代语音学上说的“元音”,可以充当音节的收音部分的“韵母”。梵文中属于元音的字母有十二个,故称为“摩多十二音”、“悉昙十二韵”,也有别称为“十二转声”的(见北宋惟净等《景祐天竺字源》)。这十二个字母中,有六个是短音,六个是长音,依次为:a、ā、i、ī、u、ū、ṛ、ṝ、e、ai、o、au(以上为梵文字母的拉丁字转写)。《悉昙字记》用同音的汉字标音,将它们称为:短阿字(“上声短呼,音近恶,引”)、长阿字("依声长呼")、短伊字("上声,声近于翼反")、长伊字("依字长呼")、短瓯字("上声,声近屋")、长瓯字("长呼")、短蔼字("去声,声近樱系反")、长蔼字("近于界反")、短奥字("去声,近污")、长奥字("依字长呼")、短暗字("去声,声近于鉴反")、长疴字("去声,近恶"。以上见第1187页下)。

据智广说,旧时也有将梵文中的"摩多"算作十四字的,称之为"十四音",这是在前面叙列的音为"长瓯"的梵文字母之后,增列音为"纥里"、"纥梨"、"里"、"梨"的四个字母,并去掉"摩多十二音"中的最后两个字母,即音为"短暗"和"长疴"的两个字母(这两个字母称为"界畔字")而构成的。由于增列的四个字"非生字所用",即没有与辅音相组合而产生音节("生字")的功能,"今略也"(见第1186页中)。

"体文",又称"字母"、"声",相当于现代语音学上说的"辅音",可以充当音节的发声部分的"声母"。不过,"字母"一词在唐宋悉昙类著作中独指梵文中的辅音,而不包括元音。这与今天所说的梵文字母既包括辅音,又包括元音是不同的。梵文中属于辅音的字母有三十五个,故又称"三十五字母"、"体文三十五声"。其中,牙声(《景祐天竺字源》作"牙音",以下同例)、齿声、舌声、喉声、唇声各有五字,遍口声有十字(《景祐天竺字源》称"融转舌喉二音",凡九字),依次为:k、kh、g、gh、ṅ;c、ch、j、jh、ñ;ṭ、ṭh、ḍ、ḍh、ṇ;t、th、d、dh、n;p、ph、b、bh、m;y、r、l、v、ś、ṣ、s、h、ll、kṣ(以上为梵文字母的拉丁字转写)。

用同音的汉字来标音,牙声五字是:迦字("居下反")、佉字("去下反")、迦字("渠下反,轻音")、伽字("重音,渠我反")、哦字("鱼下反");齿声五字是:者字("止下反")、车字("吕下反")、社字("杓下反,轻音")、社字("重音,音近昨我反")、若字("而下反");舌声五字是:吒字("卓下反")、侘字("拆下反")、荼字("宅下反,轻音")、荼字("重音,音近幢我反")、拏字("搦下反");喉声五字是:多字("怛多反")、他字("他下反")、陀字("大下反,轻音")、陀字("重音,音近陀可反")、那字("捺下反");唇声五字是:波字("钵下反")、颇字("破下反")、婆字("罢下反,轻音")、婆字("重音,薄我反")、么字("莫下反");遍口声十字是:也字("药下反")、啰字("曷力下反三合,卷舌呼罗")、罗字("洛下反")、嚩字("房下反")、奢字("舍下反")、沙字("沙下反")、娑字("娑下反")、诃字("许下反")、滥字("力陷反")、叉字("楚下反")。由于遍口声中音为"滥"的梵文字母"全不能生"(见第1188页中),即不具备与元音组合的生字功能,故悉昙类著作中有时将这个字母略去不计,将体文算为三十四个,称之为"三十四字母"的(见《景祐天竺字源》)。

在十八章,作者分别介绍了梵文字母的各种拼读(亦即组合生字)规则。如将体文三十四个字母(音为"滥"的字母除外)轮流与摩多十二个字母相拼;将体文中的绝大多数字母,先与遍口声中音为"也"、"啰"、"罗"、"嚩"的某个字母相拼,再轮流与摩多十二个字母相拼;将几个体文字母与一个摩多字母相拼,等等。

《悉昙字记》所表述的"体文三十五声",以及体文轮流与摩多相拼而产生新字的方法,对后人创制汉语音韵学中的"三十六字母"(即三十六类声母,每一类选一个字为代表)和等韵图(即拼音表),产生过一定的影响。

第四品　北宋惟净等《景祐天竺字源》七卷

《景祐天竺字源》,七卷。北宋景祐二年(1035)九月,译经沙门惟净、法护合撰。载于《金藏》"驰"函,收入台湾影印的《宋藏遗珍》第三册。

《景祐天竺字源》书首有宋仁宗制的《序》。说:

《景祐天竺字源》者,西天译经三藏试光禄卿传梵大师法护、译经三藏试光禄卿光梵大师惟净所同缀集也。西天章典,以八字为句,四句成颂。成劫之初,梵王先说,具百万颂传授天人,以其梵王所说,故曰梵书。住劫之初,帝释天主又略为十万颂。其后,波腻尼仙又略为八千颂,此并音字之本。其支派,论有一千颂,字体有三百颂,字缘有二:一者三千颂,二者二千五百颂。又字缘、字体有八界论,总八百颂。其诸经典文字,不出十二转声、三十四字母,相生相引,合二合三(指将二个或三个梵文字母合拼成一个音),句载联环,分体分用,中有边际、超越、和会、长短、清浊、不清不浊等声,盖此方音切纯清、次清、纯浊、不清不浊之比焉。是书也,华梵对翻,都为七卷。声明之学,实肇于此。(《宋藏遗珍》第三册,第1531页下—第1532页上)

《景祐天竺字源》是一部介绍梵文字母、拼音规则、生字的书写及其读音的著作。全书共分为四篇:

一、十二转声十二番字母各分五音(卷一)。说,"准天竺声明字源及《涅槃经》,有十六转声,然天竺学人传授,只分十二转声。良以余之四声已在第三、第四二声之中收讫,又向下生字别无装戴去处,所以只用十二转声。"(第1532页下—第1533页上)"十六转声"用同音的汉字来标音,分别是:遏、阿("引"——长音)、壹、翳("引")、嗢、污("引")、哩、梨、鲁、卢、伊、爱("引")、邬、奥("引")、暗、恶(以上读音与《悉昙字记》所注略有不同)。如果除去音为"哩"、"梨"、"鲁"、"卢"的四个梵文字母,即是"十二转声",也就是现代语音学上说的十二个元音字母。梵文中的辅音共有三十四个,名为"三十四字母",其中牙音(《悉昙字记》称为"牙声",以下同例)、齿音、舌音、喉音、唇音各五字,融转舌喉二音者(即《悉昙字记》说的"遍口声")有九字。拿"三十四字母"中的每一个字母(辅音),轮流与"十二转声"中的每一个字母(元音)相拼,就产生了"第一番三十四字母"至"第十二番三十四字母"的四百八字。由于每一番字母中融转舌喉二音的九个字,仍不出牙、齿、舌、喉、唇五音的范围,为此,作者称为"十二转声十二番字母各分五音"。

二、十二番字母合辩五音(卷二)。以五音为纲,分别收纳第一篇所叙的从"第一番三十四字母"至"第十二番三十四字母"的十二番字母。其中牙音、齿音、舌音、喉音、唇音各六十字,融转舌喉二音者一百八字,总计四百八字。

三、十二转声十二番字母略译义旨(卷三)。在第一篇收录的"十二转声"、"第一番三十四字母"至"第十二番三十四字母"的四百八字的下面,分别用汉语标注它们的含义。由于这部分内容主要是根据《文殊问字母经》和《涅槃经》编写的,故每个字的含义均是依"一切法……义"的格式来表述的。如"十二转声"中的每个字母,分别被解释为:"一切法本不生义"、"一切法寂静义"、"一切法根本不可得义"、"一切法灾祸不可得义"、"一切法譬喻不可得义"、"一切法损减不可得义"、"一切法求不可得义"、"一切法自在不可得义"、"一切法瀑流不可得义"、"一切法化生不可得义"、"一切法边际不可得义"、"一切法远离不可得义"。

四、单开十二番字母(卷四至卷七)。关于"单开十二番生字",作者说:"若先于此四百八字,调舌呼吸,亲得梵音,即五音轻重清浊自分,其次便用十二转声装戴逐番字母,调习轻重,审的呼之,乃名生字。其生字者,且如第一番字母第一个'葛'(梵文的对音)字,先将十二转声装成生字,一十二个明辨轻重,呼转精熟即向下,一十一番生字,例上可明。"(见卷一之首的首序,第1532页下)"单开十二番生字者,逐番各以十二转声装戴字母,单单而开,兼本合数,都计四千八百九十六个。"(见篇首的小序,第1576页上)也就是说,以第一篇叙列的四百八字为本母,再用十二转声中的每个字母轮流与之相拼,从而产生四千八百九十六个字。全篇所叙,始"第一番生字",终"第十二番生字"。其中卷四为"第一番生字"至"第三番生字";卷五为"第四番生字"至"第六番生字";卷六为"第七番生字"至"第九番生字";卷七为"第十番生字"至"第十二番生字"。由于今本《景祐天竺字源》第七卷不是原卷,而是全书的摘抄本,所以其中只保存了"第十二番生字"中的"牙音"和"下九字融转舌喉二音"二类,其余均阙。

《景祐天竺字源》与智广《悉昙字记》虽然都是介绍梵文字母及其拼法方面的基础知识的,但由于各自的授受不同,所述的内容也有很大的差异。总的来说,《景祐天竺字源》对于由"三十四字母"轮流与"十二转声"相拼而产生的四百八字,以及以后的派生字介绍得十分详尽,但对其他的拼音规则则很少涉足;《悉昙字记》则相反,它提到了十多种拼音生字的规则,但每一种均寥寥数语,失之太简。由于二书都只讲字母,而不讲句法,因此光读它们来了解梵文是远远不够的。

第五品　南宋法云《翻译名义集》七卷

《翻译名义集》,略称《翻译名义》、《名义集》,七卷。南宋绍兴十三年(1143),姑苏景德寺沙门法云编。载于《明北藏》"贡""新"函(《明南藏》缺)、《清藏》"塞""鸡"函、《频伽藏》"雨"帙,收入《大正藏》第五十四卷。

法云(1086—1158),字天瑞,自号无机子,赐号普润,俗姓戈,长洲彩云里(今苏州市)人,天台宗僧人。九岁出家,二十岁进具(受具足戒)。绍圣四年(1097),发轸参方。首见通照法师,学习天台教义;次投天竺敏法师几下,谛受玄谈;末得法于清辩蕴齐。政和七年(1117),应请住持松江大觉寺,讲《法华》、《金光明》、《涅槃》、《净名》等经,积八年之久。后归故里。绍兴十五年(1145)以后,大兴莲社法会,念佛以期往生净土,士夫名贤及善信四众争先趋之。法云博通经史,囊括古今。其著作尚有《金刚经注》、《心经疏钞》、《息阴集》(已佚)等。事见元普洽《苏州景德寺普润大师行业记》,南宋志磐《佛祖统纪》卷十五也有略传。

《翻译名义集》书首有南宋绍兴丁丑(二十七年,公元1157年)唯心居士荆溪周敦义撰的《翻译名义序》;元大德五年(1301)九月永定寺住持普洽撰的《苏州景德寺普润大师行业记》(《明北藏》将此篇排在书末)。卷一之首又有作者的自序(无标题)。

周敦义在《序》中说:

> 余阅大藏,尝有意效《崇文总目》,撮取诸经要义,以为《内典总目》。见诸经中每用梵语,必搜检经教,具所译音义,表而出之,别为一编。然未及竟,而显亲深老示余平江景德寺普润大师法云所编《翻译名义》。余一见而喜曰:是余意也。他日《总目》成,别录可置矣。已而过平江,云(法云)遂来见,愿求叙引。余谓此书不惟有功于读佛经者,亦可护谤法人意根。唐奘(玄奘)论五种不翻:一、秘密故,如陀罗尼;二、含多义故,如薄伽梵具六义;三、此无故,如阎净树,中夏无此木;四、顺古故,如阿耨菩提,非不可翻,而摩腾

以来常存梵音;五、生善故,如般若尊重,智慧("般若"的意译)轻浅。而七迷之作,乃谓释迦牟尼,此名"能仁",能仁之义,位卑周孔;阿耨菩提,名"正遍知",此土老子之教,先有无上正真之道,无以为异;菩提萨埵,名"大道心众生",其名下劣,皆掩而不翻。夫三宝尊称,译人存其本名,而肆为谤毁之言,使见此书,将无所容其喙矣。(《大正藏》第五十四卷,第1055页上)

法云在自序中说:

夫翻译者,谓翻梵天之语,转成汉地之言,音虽似别,义则大同。《宋僧传》(指《宋高僧传》)云:如翻锦绣,背面俱华,但左右不同耳。"译"之言,易也。谓以所有,易其所无。故以此方之经,显彼土之法。《周礼》:掌四方之语,各有其官。东方曰寄,南方曰象,西方曰狄鞮,北方曰译。今通西言而云"译"者,盖汉世事北方,而译官兼善西语,故摩腾始至而译《四十二章》,因称"译"也。言名义者,能诠曰名,所以为义。……法云十岁无知,三衣滥服。后学圣教,殊昧梵言。由是思义思类,随见随录。但经论文散,疏记义广,前后添削,时将二纪,编成七卷六十四篇。(第1056页上、中)

《翻译名义集》是一部摘列佛经中梵语音译名词(《宗翻译主篇》收录的法显、智猛、智严、宝云、玄奘、义净等汉地出身的佛经翻译家为例外),分类排纂,予以诠释的佛教辞典。全书共分为六十四篇,收词目二千余条。每篇之首均有序言,对篇名、义旨以及有关的事理加以叙释。有些序言很短,只有数十字,如《通别三身篇》、《宗释论主篇》、《畜生篇》等;有些序言则很长,有至一千多字的,如《宗翻译主篇》、《三德秘藏篇》、《心意识法篇》等。由于篇序以及词目的释文中，又提到了许多梵语音译名词、意译名词、音义合译名词，故《翻译名义集》实际诠释的佛教名词术语约有四千八百条。

卷一：十三篇。有：十种通号篇；诸佛别名篇；通别三身篇；释尊姓字篇；三乘通号篇；菩萨别名篇；度五比丘篇；十大弟子篇；总诸声闻篇；宗释论主篇；宗翻译主篇；七众弟子篇；释氏众名篇。所收的词目主要有：佛陀、弥勒、阿弥陀、释迦牟尼、菩萨、阿罗汉、文殊师利、提婆达多、阿若憍陈如、舍利弗、大目犍连、摩诃迦叶波、须菩提、阿难、宾头卢、婆薮盘豆、陈那、支谦、康僧会、佛驮跋陀罗、法显、鸠摩罗什婆、求那跋陀罗、玄奘、义净、比丘、比丘尼、沙弥、优婆塞（与优婆夷合为一条）、僧伽、沙门、和尚、维那等。

卷二：十一篇。有：八部篇；四魔篇；仙趣篇；人伦篇；长者篇；外道篇；六师篇；鬼神篇；畜生篇；地狱篇；时分篇。所收的词目主要有：忉利、释提桓因、兜率天、夜叉、阿修罗、魔罗、郁陀罗罗摩子、补特伽罗、仆呼缮那、须达多、耆婆、婆罗门、一阐提、尼犍陀若提子、舜若多、那伽、泥梨耶、阿鼻、刹那等。

卷三：十四篇。有：帝王篇；皇后篇；世界篇；诸国篇；众山篇；诸水篇；林木篇；五果篇；百华篇；众香篇；七宝篇；数量篇；什物篇；显色篇。所收的词目主要有：因陀罗、波斯匿、阿育、摩诃摩耶、索诃、阎浮提、印度、摩竭提、毗耶离、罽宾、苏迷卢、耆阇崛、补陀落迦、阿耨达、菩提树、娑罗、庵罗、优昙钵罗、牛头旃檀、瑠璃、摩尼、阿僧祇、荤辛、俱兰吒等。

卷四：十篇。有：总明三藏篇；十二分教篇；律分五部篇；论开八聚篇；示三学法篇；辨六度法篇；释十二支篇；明四谛法篇；止观三义篇；众善行法篇。所收的词目主要有：修多罗、毗奈耶、阿毗昙、俱舍、优婆提舍、阿含、首楞严、楞伽、般舟、昙无德、萨婆多、弥沙塞、犍度、瑜伽师地、摩得勒伽、波罗提木叉、三昧、禅那、般若、尼陀那、末伽、三观、悉檀、羯磨、布萨、安居等。

卷五：六篇。有：三德秘藏篇；法宝众名篇；四十二字篇；名句文法篇；增数譬喻篇；半满书籍篇。所收的词目主要有：摩诃般涅槃那、菩提、摩诃衍、波罗末陀、伽陀、弥底、舍利、一门、二翼、三自、四蛇、五味、六贼、七华、八筏、九喻、十宝、悉昙章、韦陀、僧佉论、卫世师等。

卷六：四篇。有：唐梵字体篇；烦恼惑业篇；心意识法篇；阴入界法篇。所收的词目主要：卍（音"万"）、杀三摩婆、达梨舍那、末那、阿赖耶、斫刍、萨迦耶萨等。

卷七：六篇。有：寺塔坛幢篇；犍稚道具篇；沙门服相篇；斋法四食篇；篇聚名报篇；统论二谛篇。所收的词目主要有：招提、阿兰若、那烂陀、窣堵波、犍稚、浮囊、袈裟、僧伽梨、郁多罗僧、安陀会、尼师坛、僧跋、逋沙他、分卫、波罗夷、僧伽婆尸沙、偷兰遮、波逸提、波罗提提舍尼等。

全书之末有《翻译名义续补》。作者解释说："初编集时，意尚简略，或失翻名，或缺解义，后因披阅，再思索之，复述《续补》，后贤详悉。"（第1177页上）所补的主要是《十种通号篇》、《诸佛别名篇》、《宗翻译主篇》、《八部篇》、《五果篇》、《百华篇》、《众香篇》、《法宝众名篇》等的近三十条词目，有明行足、无量寿、译师、提和越、摩偷、尸利夜神、勿伽、末利、解脱、智度、方便、刹摩等。

《明北藏》本和《清藏》本的《翻译名义集》也分为六十四篇（作二十卷），其中除《大正藏》本中的《皇后篇》，在它们那里名为《后妃篇》以外，其余六十三篇的篇名均相同，但在编次上与《大正藏》本有些出入。如明、清藏本在《人伦篇》之后，依次是《帝王篇》、《后妃篇》、《长者篇》、《外道篇》、《六师篇》、《时分篇》、《鬼神篇》、《畜生篇》、《地狱篇》,然后才是《世界篇》,这与《大正藏》本卷二、卷三的编次是不同的;再如明、清藏本最后六篇的次序是:《统论二谛篇》、《沙门服相篇》、《犍稚道具篇》、《斋法四食篇》、《篇聚名报篇》、《寺塔坛幢篇》,这与《大正藏》本卷七的篇次也是不同的。另外,明、清藏本均无《翻译名义续补》,因为它们都将《续补》中所收的词目分配到相对应的诸篇中去了。

从版本学的角度来分析,显然《大正藏》本要较明、清藏本更接近法云原著的状貌。因为法云在第六十四篇《统论二谛篇》的序言中明明白白地说:"教传东土(东标所至——原注),法本西域(西显所出——原注),当闻香以寻根,故沿流而穷原。辨佛陀僧伽之号,解菩提般若之名,随机之语虽曰无边,旨归之意唯诠二谛。今就集末,略开七门。"(卷七,第1175页中)《统论二谛篇》是六十四篇中唯一不收词目,带有总论性质的篇章,因此,《大正藏》本将它放在全书的最后是符合作者"今就集末"的原意的,而明、清藏本将它放在第五十九篇的位置上,并将《寺塔坛幢篇》移为第六十四篇,这显然是不对的。虽则如此,各本的内容仍是基本相同的。

《翻译名义集》对所收词目的解释,通常包括列举异译;说明意译(又称"义译");引证;阐释等项内容。就引证而论,既有引书的,也有引言的。在引书方面,虽然有不少是汉译的经律论,如《大论》(《大智度论》)、《大品》(《摩诃般若经》)、《地持经》、《成实论》、《优婆塞戒经》、《梵网经》等,但数量更多的当推汉地僧人撰作的疏论、记传、音义等,如《辅行》、《光明玄》、《观经疏》、《金刚经疏》、《垂裕记》、《法华疏》、《净名疏》、《四教仪》、《西域记》、《寄归传》、《刊正记》、《止观》、《俱舍音义》、《音义指归》等。此外,也引用了一些世俗典籍和道教著作,如

《声类》、《释名》、《礼记》、《韩诗外传》、《风俗通》、《神仙传》、《抱朴子》等。总计约四百种。在引言方面，有引"应（玄应）法师云"、"肇（僧肇）师云"、"什（鸠摩罗什）云"、"孤山（智圆）云"、"南山（道宣）云"、"长水（子璿）云"、"章安（灌顶）云"、"荆溪（湛然）云"、"妙乐（也指湛然）云"等。由于作者是天台宗人，故书中征引的天台宗教典和人物的言语也特别多。

《翻译名义集》的释文总的来说，不满足于对某一音译名词的意译的说明，而着眼于词目义蕴的阐发。因此，虽然它与梁宝唱《翻梵语》是同一类型的著作，所收的词目也有许多是相同的，但释文之详尽，内容之丰富，远非《翻梵语》所能比拟。兹举两例：

例一："佛陀"条。《翻梵语》的释文是："佛陀　论曰：智者，亦云觉者。"（见卷一《佛号》篇）而《翻译名义集》的释文则是：

> 佛陀　《大论》云：秦言知者，知过去、未来、现在、众生、非众生数、有常、无常等一切诸法，菩提树下了了觉知，故名佛陀。《后汉书·郊祀志》云：汉言觉也。觉具三义：一者自觉，悟性真常，了惑虚妄；二者觉他，运无缘慈，度有情界；三者觉行圆满，穷原极底，行满果圆故。《华严》云：一切诸法性，无生亦无灭，奇哉大导师，自觉能觉他。肇（僧肇）师云：生死长寝，莫能自觉，自觉觉彼者，其唯佛也。《妙乐记》云：此云知者、觉者，对迷名知，对愚说觉。《佛地论》云：具一切智、一切种智，离烦恼障及所知障，于一切法、一切种相能自开觉，亦能开觉一切有情，如睡梦觉，如莲华开，故名为佛。（卷一《十种通号篇》，第1057页上、下）

例二："摩得勒伽"条。《翻梵语》的释文是："摩得勒伽　译曰母本。"（卷一《杂法名》）而《翻译名义集》的释文则是：

摩得勒伽　此云智母,以生智故。菩萨入此三昧,作论申经。儒家以析理精微名"论"。释氏申通辨,论宗旨,收束所说,立为十支。一略陈名数支,即《百法论》;二粗释体义支,即《五蕴论》,此二(论)天亲所造;三总包众义支,即《显扬圣教论》;四总摄大乘义支,即《摄大乘论》,皆无著造;五分别名数支,即《杂集论》;六离僻处中支,即《辨中边论》;七摧破邪山支,即《二十唯识论》;八高建法幢支,即《三十唯识论》;九庄严体义支,即《大庄严论》;十摄散归观支,即《瑜伽论》。以兹十支,疏条诸论,各有流类,断可见矣。是以宗极绝于称谓,贤圣以之冲默;玄旨非言不传,释迦以之致教;约身口,防之以律禁;明善恶,导之以契经;演幽微,辨之以法相,此即明戒定慧之三学也。(卷四《论开八聚篇》,第1113页下—第1114页上)

　　由于《翻译名义集》的作者广征博引,条解论辨,故不少词目的释文有一千多字,有的达到二三千字,如《八部篇》中的"提婆"条、《诸水篇》中的"阿输迦"条、《名句文法篇》中的"摩那末那"条、《唐梵字体篇》中的"杀三摩娑"条、《心意识法篇》中的"阿赖耶"条、《阴入界法篇》中的"斫刍"条。释文最长的数《心意识法篇》中的"阿陀耶"条,将近五千字。这些释文俨然是一篇篇的专题论文。另外,诸如像唐玄奘"五种不翻"的翻译理论(见周敦义《序》、卷一《十种通号篇》"婆伽婆"条)等稀有的史料也往往见载其中,可补他书未载之阙。

六、护法部

总　　叙

　　护法，又称"护教"，是佛家常用的一个术语，意为护持佛法。护法类典籍，就是指在与社会上怀疑、讥讽、批评、废毁佛教的思想和力量作抗争的过程中，特别是在与儒家、道教的交涉、抗衡中产生的，旨在维护佛教信仰和利益的一类佛教著作。它们不拘体裁，有针对确定的辩驳对象和议题组织的理论体著作；有搜采有关佛教的历史文献以及朝野道俗弘扬佛法的各种作品的纂集体著作；有叙录佛教与朝廷、佛教与道教交争冲突事件的纪事本末体著作；有记载历代王臣奉佛事迹的传记体著作；此外还有与佛教史事件密切相关的诏令奏议、文翰简牍等。它们是一批研究儒佛道三教关系史的不可或缺的重要资料。

一、护法类典籍的源流

　　东汉末年，经西域传入中国的佛教，由北方的洛阳逐渐向江淮一带流布，其影响浸入民间。由于佛教原是公元前六世纪印度特定的社会历史条件的产物，生死轮回、因果报应的教说，落发出家、不婚不娶、乞食为生的制度，以及起居、衣着、礼仪等方面的规范，莫不与自古印度土著氏族达罗毗荼（一译"德拉维达"）人流传下来的原始宗教、雅利安人入侵以后形成的婆罗门教,以及当时出现的沙门思潮有着千丝万缕的联系,而与中国传统的思想习俗迥然异趣。从而不可避免地要引起社会上一些人的惊诧和议论,特别是儒家礼教恪守者的反感和指责。为了消除世人的疑窦,调和佛教与华夏文化之间的矛盾,说明佛教究竟是怎么回事,于是便出现了最初的护法著作。

汉地佛教的护法著作,肇自牟子的《理惑论》(见《弘明集》卷一,今存)。牟子早先修习经传诸子,博学多识。汉灵帝以后,天下大乱,避世于交州(治所在今广州),以"方世扰攘,非显己之秋",而锐志于佛教,进而撰写了这篇文章。《理惑论》由序言、正文和后语三部分构成。序言叙说了牟子的身世以及撰论的缘由;正文分为三十七条(又称"三十七章"、"三十七篇"),用宾主问答的方式写就,有佛陀生平的介绍,佛教戒斋和义旨的阐述,汉明帝感梦求法的记载,对原始道教的神仙方术的批判等;后语解释了为何取"三十七条"之数的原因,并且描述了"惑人"听闻这一席话以后拜伏皈信的结局。

西晋惠帝时,佛教与道教始起争端。在长安,道士王浮与沙门帛远就佛道二教的先后优劣多次展开辩论(见梁慧皎《高僧传》卷一)。王浮因此推演前人的传闻,撰《老子化胡经》一卷,谓佛教乃是老子为教化胡人而设立的,扬道而抑佛。此说流至东晋,道教方面便以此为张本,参以"道人(指沙门)聚敛百姓,大构塔寺,华饰奢侈,糜费无益"等理由,进而贬黜佛教。佛教方面有未详姓氏者撰《正诬论》(见梁僧祐《弘明集》卷一,今存,下同),遭释非难。

与此同时,佛教与儒教的矛盾也日趋激化。在佛教传入中国的最初三百多年里,沙门一直依据教法,在面见俗人(包括帝王)时,只合掌致敬,而不施跪拜。东晋成帝咸康六年(340),执掌朝政的车骑将军庾冰首先对此表示不满。他认为,"直形骸于万乘(指皇帝)",有违君臣之序。于是代年幼的成帝下诏,令沙门致敬(指跪拜)王者(见《弘明集》卷十二《代晋成帝沙门应尽敬诏》)。因遭到尚书何充等人的反对,未能施行。

在朝廷之外,世人以周孔之教抨击佛教的事情也常有发生。东晋名士孙绰以"周孔即佛,佛即周孔,盖内外名之耳"立论,撰《喻道论》(见《弘明集》卷三),加以调停。

然而,到了安帝元兴元年(402),太尉桓玄以震主之威,给桓谦、王谧等八位大臣和庐山慧远法师写信,重申庾冰之议,结果也因招致反对而被搁置。有鉴于这两次沙门是否应当致敬王者的争论,慧远于元兴三年(404)撰写了有名的《沙门不敬王者论》(见《弘明集》卷五)。全论分为五篇:一在家,二出家,三求宗不顺化,四体极不兼应,五形尽神不灭。全面地阐述了沙门不应跪拜王者的理由,以及佛教对形神问题的看法。慧远另撰有《沙门袒服论》、《明报应论》、《三报论》(见《弘明集》卷三)等,对镇南将军何无忌对沙门袒服(穿着袈裟时袒露右肩)不合乎礼法的论点,以及世人对佛教因果报应说的怀疑,进行了辩答。

在北方,长安沙门道恒(鸠摩罗什的弟子),听说江东有袁、何两位名士著论抨击佛教,称沙门为"五横"之一,因而设"东京束教君子"(代表儒生)与"西鄙傲散野人"(代表佛家)之间的诘释,著《释驳论》(见《弘明集》卷六),为佛教辩护。

进入南北朝以后,佛教在南朝诸帝的奖掖下,其势隆隆直上,至梁代而达到了顶峰。在北朝,虽然曾经发生了由北魏太武帝、北周武帝发动的两次全国性的毁佛(又称"灭佛"、"废佛")运动(连同后来唐武宗发动的那一次,合称"三武灭佛")。但毕竟历时短暂,待二帝一死,佛教很快得到复兴,并且以比毁佛前更为迅猛的速度大发展。面对佛教势力在社会上的扩张,道士、儒士、朝臣、政论家、无神论者纷纷议论,并从各自的立场和观点出发,对佛教展开了种种批评。唐太史令傅奕在《高识传》中叙列的排佛论者,多半出自南北朝(见唐道宣《广弘明集》三十卷本中的卷六、卷七)。南北朝时的护法作品就是在这种背景下出现的。

在南朝。刘宋初年,佛教与外界在形神因果问题上的争论,在前代的基础上继续展开。京师灵味寺僧含为抗任城彭丞的《无三世论》,撰写了《神不灭论》(见《高僧传》卷七,已佚);郑道子以形神"精粗异源"、"神不赖形"立说,又著《神不灭论》(见《弘明集》卷五);宗炳也撰有同样性质的《明佛论》(见《弘明集》卷二)。

刘宋末年,夷夏之争成了佛道斗争的一个焦点。吴郡盐官(今浙江海宁县境内)道士顾欢,著《夷夏论》,扬道而抑佛。他认为,道教是中夏(华夏)之教,佛教为西戎之法,中夏与西戎,性情、风俗乃至礼法各不相同,"舍华效夷,义将安取"?此论一出,佛教界哗然。司徒袁粲托名道人"通公",首先著论,予以反驳(以上见《南齐书》卷五十四《顾欢传》)。接着,明征君(僧绍)著《正二教论》、谢镇之著《析夷夏论》(一作《折夷夏论》)、朱昭之著《难夷夏论》、朱广之著《谘夷夏论》、慧通著《驳夷夏论》、僧敏(一作"愍")著《戎华论》(以上见《弘明集》卷六、卷七),六论齐发,对顾欢的论点进行批斥。

南齐时,道士假托张融的名义而作《三破论》,谓佛教"入国而破国"、"入家而破家"、"入身而破身"。对此,刘勰撰《灭惑论》、僧顺撰《析三破论》(又名《折三破论》)、玄光撰《辩惑论》(以上见《弘明集》卷八),作了回击。特别是玄光的《辩惑论》,以道教有"五逆"、"六极"立论,力斥道教的"伪妄",尖锐的措词,反映了佛道之间的严重对立。

梁时,有关神灭与神不灭的争论,达到高潮。儒士范缜著

《神灭论》，提出，形体是精神赖以存在的质体（"形者，神之质"），精神是形体所发生的作用（"神者，形之用"），因此，精神不能脱离形体而独立存在，"形存则神存，形谢则神灭"（见《梁书》卷四十八《范缜传》）。对此，佛教方面萧琛著《难神灭论》、曹思文著《难范中书神灭论》（以上见《弘明集》卷九）、沈约著《论形神》、《神不灭论》、《难范缜神灭论》（以上见三十卷本《广弘明集》卷二十二）等，加以诘难。不久，建初寺沙门僧祐将东汉以来各方人士撰作的弘法作品，汇编成集，以"道以人弘，教以文明，弘道明教"之意，题名为《弘明集》，凡十四卷（后详），成了汉地佛教的第一部护法类总集。

在北朝。北周时，还俗沙门卫元嵩、道士张宾鼓动武帝废除佛教。武帝初始未决，先后七次召集名儒、百官、沙门、道士评量三教优劣。天和五年（570），司隶大夫甄鸾因之而上《笑道论》三卷（见三十卷本《广弘明集》卷九），下分三十六条，始《造立天地》，终《诸子为道书》（或无"为"字），辛辣地嘲讽了道经。同时，京师大中兴寺道安著《二教论》（见《广弘明集》卷八），下分十二篇，始《归宗显本》，终《依法除疑》，用宾主问答的方式，对内教（指佛教）与外教（指包括儒家、道家在内的"九流"）进行了评判，但它的重点仍是批驳道教。另外，新州愿果寺僧勔，也著有《十八条难道章》和《释老子化胡传》（见隋费长房《历代三宝纪》卷十一。前者有片段见存于唐道宣《续高僧传》卷二十三，后者已佚）。

隋代的护法著作有：东都（洛阳）上林园翻经馆彦琮，因道坛画老子化胡像而作《辩教论》，"破世术诸儒不信因果"而作《通极论》，"明释教宣真，孔教弘俗，论老子教不异俗儒"而作《辩圣论》，"劝引儒流遍师孔释"而作《通学论》，因隋炀帝令沙门致敬王者而作《福田论》（以上见《续高僧传》卷二，除《通极论》和《福田论》见载于三十卷本《广弘明集》卷四、卷二十五以外，余佚）；舍卫寺慧影，"为除谤法之愆"而作《伤学论》，"为防奸求之意"而作《存废论》，"令人改过服道"而作《厌修论》（以上见《历代三宝记》卷十二，已佚）；相州（治所在今河南安阳）演空寺灵裕，为劝俗人信教而作《劝信释宗论》（见《续高僧传》卷九，已佚）；晋王府祭酒徐同卿，摘引儒家经史，会通佛教三世因果之义而作《通命论》二卷（见《历代三宝纪》卷十二，已佚）等。

　　唐代，一方面由于朝廷对佛教采取尊重和扶植的态度，大量佛经被译出流通，寺院经济得到了扩展，各个宗派相继建立，民间佛事活动空前兴隆，从而使佛教在隋代的基础上获得了急速的发展；另一方面，由于皇帝自认道教的教主李耳（即老子）为本宗的祖先，藉以抬高李氏宗姓在天下姓氏中的地位，道教又受到了特殊的优遇。在这种情形下，佛教与道教的思想矛盾和利害冲突日益加剧，演成了二教之间烽烟迭起，交锋频仍。由于这个原因，唐代佛教的护法著作，一是数量特别多，居历代之冠；二是辩论的对象大多是道教，其次才是儒流和社会上一般的反佛论者。兹以帝朝为序，择要综述如下：

　　（一）唐高祖朝。武德四年（621）六月，前道士太史令傅奕进《上废省佛僧表》十一条（见三十卷本《广弘明集》卷十一），对佛教进行了猛烈的抨击。说，魏晋以后，由于佛教滋盛，致使"搢绅门里，翻受秃丁邪戒。儒士学中，倒说妖胡浪语"，"剥削民财，割截国贮"，"军民逃役，剃发隐中"，要求朝廷废除佛教，以益国利民。为维护佛教的声誉和地位，总持寺普应撰《破邪论》二卷、前扶沟令李师政撰《正邪论》（以上见唐彦悰《唐护法沙门法琳别传》卷上，已佚）、《内德论》、振响寺明概撰《决对傅奕废佛僧事》（以上见三十卷本《广弘明集》卷十二、卷十四），共同弹破傅奕的观点。

这中间，李师政《内德论》由序言和正文三篇组成，"《辩惑》第一，明邪正之通蔽；《通命》第二，辩殃庆之倚伏；《空有》第三，破断常之执见"。明概《决破傅奕废佛僧事》，所破的是傅奕上疏十一条中的前八条。由于这些文章都是以佛教经论上的说法为根据立论的，而傅奕从根本上就不承认佛教的教说，因而不能令人信服。于是又有济法寺法琳，于武德五年（622）正月更著《破邪论》二卷（后详），改用以"孔老二教师敬佛文"为论据，去破斥傅论。

（二）唐太宗朝。先是在武德九年（626），有清虚观道士李仲卿著《十异九迷论》、刘进喜著《显正论》，排毁佛教。李、刘两论通过傅奕，转呈唐高祖，成为同年五月下诏沙汰僧尼的因素之一（见唐道宣《集古今佛道论衡》卷丙）。虽然由于六月初发生了"玄武门之变"，李渊让位于李世民，这道敕令也随之失效，但李、刘两论的影响仍在。为此，法琳特地借阅右仆射蔡国公杜如晦所藏内外典籍，历时数年，约在贞观七年（633）撰成《辩正论》八卷（后详）。同年，太子中舍辛谞著《齐物论》，攻难佛理，以问纪国寺慧净，慧净因之著《析疑论》（见三十卷本《广弘明集》卷十八），以答辛谞。法琳又根据舍人李远问的要求，著《广析疑论》，以佐慧净（同上）。

（三）唐高宗朝。西明寺法云，"每见俗流邪论，均三教于一宗，商略皇王，混政道于时俗"，遂搜录名理，讨核玄儒而著《辩量三教论》三卷和《十王正业论》十卷（见唐道宣《大唐内典录》卷五，已佚）；弘福寺彦悰，因龙朔二年（662）有诏令沙门跪拜君亲，而撰《集沙门不应拜俗等事》六卷（后详）；西明寺道宣，于麟德元年（664）撰成《集古今佛道论衡》四卷、《广弘明集》三十卷（一作"四十卷"，后详）；居士李玄冀，约在同时撰《显常论》二卷（见《法苑珠林》卷一百，已佚）；居士元万顷，撰《辩真论》一卷

（同上，已佚）；西明寺道世，大约在麟德元年（664）至乾封二年（667）之间撰《辩伪显真论》一卷（同上，已佚），此论很可能是根据《法苑珠林》卷五十五《破邪篇》中辩圣真伪、邪正相翻、妄传邪教、妖惑乱众、道教敬佛、舍邪归正六章纂集而成的；大兴善复礼，为答太子文学权无二《释典稽疑》，而于永隆二年（681）撰《十门辩惑论》三卷（后详）。

（四）武则天朝。曾任东都大弘道观主，后来见武后大弘释教，遂舍道归佛的佛授记寺玄嶷，约于天授元年（690）至长安四年（704）之间撰《甄正论》三卷（后详）。

（五）唐玄宗朝。开元十八年（730），青龙寺道氤应诏在花萼楼与道士尹谦辩论二教优劣。辩论结束后，道氤将两人之间的对答撰成《对御论衡》一卷（见北宋赞宁《宋高僧传》卷五，已佚）；同年，西崇福寺智升撰《续集古今佛道论衡》一卷（后详）。

（六）唐代宗朝。大历元年（766）至大历十三年（778）之间，中岳道士吴筠造论数篇，斥毁佛教，吸引了社会上不少人的注意。越州焦山大历寺神邕，应本道观察使陈少游之请，著《破倒翻迷论》，以抗之（见《宋高僧传》卷十七，已佚）。

（七）唐宪宗朝。梓州慧义寺神清，以佛家空寂为本，会秤老子、孔子经术，庄、列、荀、孟、管、晏、杨、墨、班、马之说，于元和元年（806）撰《北山录》十卷（后详）。

（八）唐宣宗朝。先是在唐武宗毁佛时，京兆西明寺玄畅曾代表两街僧录上表劝谏，并著《历代帝王录》上奏。及宣宗即位，大复佛寺，玄畅因之而著《显正论》十卷（见《宋高僧传》卷十七，已佚）。

（九）唐僖宗朝。杭州千顷山慈云院楚南，撰《破邪论》一卷，"以枝梧异宗外敌，见贵于时"（同上，已佚）。

宋代以后，佛教与排佛论者的交争仍然持续不断，未曾停息。这在宋、明、清时期,主要表现为佛教与儒家(主要是理学家)的斗争。北宋的石介、欧阳修、章表民、黄晞、李觏、张载、二程(程颢、程颐)、谢良佐,南宋的杨时、陆九渊、张栻、朱熹,明代的胡居仁、罗钦顺、顾宪成、詹陵等,都以唐代名儒韩愈为榜样,攘斥佛教,以维护儒家的"道统"(尽管他们中间的一些人曾不同程度地吸收了一些佛教思想,特别是华严宗和禅宗的思想)。在元代,主要表现为佛教与道教(主要是全真教)的斗争。因此,自宋以后,佛教方面仍有一些护法作品陆续问世,但从数量而言,较唐代大为减少;从内容而言,提倡佛、儒、道三教并行互补的"融合"说,上升为主流。

二、本部大略

本部上起梁代,下迄明代,共收录护法类典籍十六部一百二十九卷。分为四门:

(一)文献

共有二部四十四卷。其中,梁僧祐《弘明集》十四卷,主要辑录东汉至梁代王臣士子以及僧人弘扬佛教的文论书表,同时兼载论敌的辩难对答,共收录各种文述一百八十四篇,中国早期佛教的一批理论著作和史料赖此而得以传世;唐道宣《广弘明集》三十卷,下分归正、辩惑、佛德、法义、僧行、慈济、戒功、启福、悔罪、统归十篇,共搜采曹魏至唐高宗朝撰作的佛教著作和史志三百多篇,其中保存了大量不见于他书的坠简遗文和历史事实。

(二)纪事

共有四部十六卷。其中,唐彦悰《集沙门不应拜俗等事》六卷,为历代有关沙门是否应当跪拜君亲(即"拜俗")之争的文献和事件的集录,所录,上始东晋咸康六年(340),下至唐高宗龙朔二年(662)十月,分为故事篇、圣朝议不拜篇、圣朝议拜篇三篇;唐道宣《集古今佛道论衡》四卷,为历代佛教与道教交争事件的叙录,所叙,上始后汉,下至唐初;唐智升《续集古今佛道论衡》一卷,不分章节,前部分主要讨论佛的生卒年代,后部分主要叙录后汉明帝、东吴孙权、北魏明帝时的佛道论衡(即论争),今本已非原本;元祥迈《辩伪录》五卷,为元代佛道斗争史实的叙录。

(三)论辩

共有九部五十三卷。其中,唐法琳《破邪论》二卷,是对傅奕《上减省寺塔废僧尼事》(又名《上废省佛僧表》)的弹驳,有些资料出自晋宋以后的伪书;唐法琳《辩正论》八卷,分为十二篇,始《三教治道篇》,终《归心有地篇》,为历代护教专论中保存佛教史资料最多的一部书;唐复礼《十门辩惑论》三卷,下分十门,始《通力上感门》,终《圣王兴替门》,以答太子文学权无二的《释典稽疑》十条;唐玄嶷《甄正论》三卷,不分章门,用"滞俗公子"与"甄正先生"之间问答的方式写就,着力于破斥道教,而对佛教本身的思想内容阐释甚少;唐神清《北山录》十卷,以弘教、释疑、讥异为宗旨而编撰,下分十六篇,始《天地始》,终《外信》;北宋契嵩《镡津文集》十九卷,是一部收录除《传法正宗记》、《传法正宗定祖图》、《传法正宗论》以外各类文翰杂著的个人文集,其中由《原教》、《劝书》、《广原教》、《孝论》等组成的《辅教篇》三卷和《非韩》三卷,为宋代有名的护法作品;北宋张商英《护法论》一卷,不分章节,主要遣释韩愈、欧阳修、程颢等人对佛教的批评;元刘谧《三教平心论》二卷,站在佛教的立场上,对佛、儒、道三教的理论、作用和地位作了评析;元子成《折疑论》五卷,以儒释异同为议题而设宾主问答,全论分为二十篇,始《叙问》,终

《会名》。

（四）人物

有一部十六卷。它就是明代心泰《佛法金汤编》十六卷。此书为历代帝王、宰臣、名儒、硕彦弘护佛教事迹的汇编,所收,上始西周,下迄元末,凡三百人。

三、备考书目

明清时期的护法类典籍,较为有名的尚有:明初沈士荣《续原教论》二卷;姚广孝(法名"道衍")《道余录》一卷;明代中叶中吴沙门景隆《尚直尚理编》二卷;屠隆《佛法金汤录》三卷;明末云栖沙门袾宏《皇明护法录》一卷;姚希孟《佛法金汤征文录》十卷;清初彭绍升《一乘决疑论》等。

第一门 文 献

第一品　梁僧祐《弘明集》十四卷

《弘明集》,十四卷。梁建初寺沙门僧祐撰。载于《丽藏》"集""坟"函、《宋藏》"集""坟"函、《金藏》"集""坟"函、《元藏》"集""坟"函、《明南藏》"车""驾"函、《明北藏》"八""县"函、《清藏》"千""兵"函、《频伽藏》"露"帙,收入《大正藏》第五十二卷。

《弘明集》未署撰时。据书中收有梁范缜《神灭论》以及本书著录于《出三藏记集》推断,约撰于梁天监六年(507)至天监十三年(514)之间。从《出三藏记集》卷十二转载的《弘明集目录》来看,本书原为十卷。后增入未详作者《正诬论》(似作于东晋)、晋桓谭《新论·形神》、宋谢镇之《书与顾道士》、朱昭之《难夷夏论》、朱广之《谘夷夏论》、梁僧顺《析三破论》、梁武帝《敕答臣下神灭论》、梁法云《与王公朝贵书》并六十二答、晋习凿齿《与释道安书》、齐道盛《启齐武帝论检试僧事》、宋颜延之《庭诰二章》、竺道爽《檄太山文》、智静《檄魔文》、宝林《破魔露布文》诸篇,并对原先的编次作了些调整,从而成为十四卷。故《弘明集》的十卷本成于《出三藏记集》之前,而它的十四卷本成于《出三藏记集》之后,两种本子同为僧祐生前所撰,非后人增益。传今的是十四卷本。

《丽藏》本《弘明集》与明清时期流传较广的《明北藏》本《弘明集》，所收的篇数及分卷情况是相同的。在文章的先后顺序方面，除《丽藏》本卷三是将晋孙绰《喻道论》放在卷首，而《明北藏》本则置于卷末以外，其余各篇的次序也相同。但在文字上，特别是在篇名上存在着一定的差异。如《丽藏》本卷六南齐张融《门律》、卷八梁释僧顺《析三破论》（宋元本作《折三破论》）、卷十三宋颜延之《庭诰二章》、在《明北藏》本分别作《门论》、《释三破论》、《庭诰二章》；《丽藏》本对篇名往往不加修饰，如卷六将周颙与张融之间辩论的书信称为《答张书并问张》、《重与周书并答所问》、《周重答书并周重问》，而在《明北藏》本中则称为《难张长史门论》、《答周颙书》、《重答张长史书》；《丽藏》本有时将文章的作者合入篇名，如卷九《大梁皇帝立神明成佛义记》、卷十二《天保寺释道盛启齐武帝论检试僧事》，而《明北藏》本上标篇名，下署作者的朝代、姓名，厘然分开。

虽说《丽藏》本较《明北藏》本更古、更接近僧祐原作的风貌（与《出三藏记集》卷十二转载的《弘明集目录》对勘可知）。但由于自明万历十四年（1586），吴惟明以《明北藏》本为底本，将《弘明集》与四十卷本《广弘明集》合刊出版，广为流布，近代又将这个合刊本收入《四部丛刊》、《四部备要》以来，前后近四百年，我国学术界使用的多是《明北藏》本。故在以《大正藏》（底本为《丽藏》本）为读本解说时，凡《四部备要》本（亦即《明北藏》本）对篇名的不同称谓，于括号附出，以资比照。

《大正藏》本《弘明集》书首有僧祐《序》。说：

> 自大法东渐，岁几五百，缘各信否，运亦崇替。正见者敷赞，邪惑者谤讪。至于守文曲儒，则拒为异教；巧言左道，

则引为同法。拒有拔本之迷,引有朱紫之乱。遂令诡论稍繁,讹辞孔炽。……祐以末学,志深弘护,静言浮俗,愤慨于心。遂以药疾微间,山栖余暇,撰古今之明篇,总道俗之雅论。其有刻意剪邪,建言卫法,制无大小,莫不毕采。又前代胜士书记文述,有益三宝,亦皆编录。类聚区分,列为一十四卷。夫道以人弘,教以文明,弘道明教,故谓之《弘明集》。兼率浅怀,附论于末。(《大正藏》第五十二卷,第1页上)

《序》中所说的"附论于末",指的是全书之末刊载的《弘明论》,后人也称《弘明集后序》,各版《弘明集》均载之。

《弘明集》是现存最早的一部佛教护法类总集(也可称为佛教文集)。全书共收录东汉至梁代弘扬佛教的各种文述五十七篇(据《大正藏》本所列目录统计)。由于本书同时兼收争论双方的往返书信和辩难对答,故正文中实际收录的文述为一百八十四篇(不包括《弘明论》)。作者多数为王臣士子,少数是僧人。由于它保存了中国早期佛教的一批珍篇,特别是名士之作,故《四库全书总目提要》评论说:"六代遗编,流传最古,梁以前名流著作,今无专集传世者,颇赖以存。"(卷一四五)

《弘明集》叙载广泛,内容大致可以分为七类:

一、泛释世人的非议。

东汉末年,佛教自北往南,渐向民间流传。当时,世人学士对它多持怀疑的态度,认为"其辞说廓落难用,虚无难信",常常以儒家的经典、孔子的言论为依据,提出种种的责难。避世于交州(治所在今广州)的牟子因此而作《理惑论》,介绍佛教的来历,并引经传诸子之文,为佛教的教理、仪规辩解。在回答"汉地始闻佛道,其所从出耶"时,《理惑论》说:"昔孝明皇帝梦见神人,身有日光,飞于殿前,欣然悦之。明日,博问群臣:此为何神?有通人傅毅曰：臣闻天竺有得道者号曰佛，飞行虚空，身有日光，殆将其神也。于是上悟，遣中郎蔡愔（宋元明本作"使者张骞"）、羽林郎中秦景、博士弟子王遵等十八（宋元明本作"十二"）人，于大月支写佛经四十二章，藏在兰台石室第十四间。时于洛阳城西雍门外起佛寺，于其壁画千乘万骑绕塔三匝，又于南宫清凉台及开阳城门上作佛像。明帝时豫修造寿陵曰显节，亦于其中作佛图像。时国丰民安，远夷慕义，学者由此而滋。"（卷一，第4页下—第5页上）这便是关于佛教入华年代的各种传说中有名的"永平求法"说，并认为佛教是自西域入华的。

东晋孙绰《喻道论》在释难时说："周孔即佛，佛即周孔，盖内外名之耳。故在皇为皇，在王为王。佛者梵语，晋训'觉'也。觉之为义，悟物之谓，犹孟轲以圣人为先觉，其旨一也。应世轨物，盖亦随时。周孔救极弊，佛教明其本耳。共为首尾，其致不殊。"（卷三，第17页上）此为儒佛关系说中的一种。

东晋义熙（405—418）年间，江左（即江东）有袁、何两人，商略治道，讽刺时政，依傍韩非《五蠹》之篇，发"五横"之论，谓沙门处其一。沙门道恒作《释驳论》驳之。文中有引诘难语，谓沙门"营求孜汲，无暂宁息。或垦殖田圃，与农夫齐流；或商旅博易，与众竞利；或矜持医道，轻作寒暑；或机巧异端，以济生业；或占相孤虚，妄论吉凶；或诡道假权，要谢时意；或聚畜委积，颐养有余；或抵掌空谈，坐食百姓。斯皆德不称服，行多违法"（卷六，第35页中），反映了当时僧人行业的秽杂。

此外，刘宋道高、法明二法师就李淼"佛不见形"之难而作《答李交州淼难佛不见形事》（又名《答李交州书》，见卷十一），也属于这种性质。

二、专驳道教的诘难。

西晋时，佛道二教始开争端，道士王浮因之而作《老子化胡经》,谓佛教为老子所立,扬道而抑佛。至东晋,佛教方面有未详姓氏作《正诬论》予以辩驳(见卷一)。

刘宋末年,道士顾欢作《夷夏论》,认为道教讲"全形守祀",是"继善之教",佛教讲"毁貌易性",是"绝恶之学",道教适用于中夏,佛教适用于西戎,不可以中夏之性,效西戎之法。佛教对之反映强烈。卷六所载的明征君(僧绍)《正二教论》、谢镇之《书与顾道士》(又名《与顾道士书折夷夏论》)和《重书与顾道士》(又名《重与顾道士书》),卷七所载的朱昭之《难夷夏论》、朱广之《谘夷夏论》、慧通《驳夷夏论》、僧敏(一作"愍")《戎华论》均是由此而发的。他们从佛道二教的理论歧异、道教与道家的区别、佛教的社会作用等方面,对顾欢的论点进行了批斥。认为,"佛法以有形为空幻,故忘身以济众;道法以吾我为真实,故服食以养生。"(卷六《书与顾道士》,第 42 页上)"设教之始,华夷异用。当今之俗,而更兼治。"(卷七《难夷夏论》,第 43 页中)另外,颜延之《庭诰二章》(又名《庭诰二章》,见卷十三)也是议论佛道关系的。

及南齐,门世恭佛、舅氏奉道的张融作《门律》(又名《门论》),说:"道也与佛,逗极无二。寂然不同,致本则同。感而遂通,逢迹成异。"(卷六,第 38 页下)周颙致书问难,认为,"言道家者,岂不以二篇(指《老子》上下篇)为主,言佛教者,亦应以般若为宗。二篇所贵,义极虚无;般若所观,照穷法性。虚无、法性,其寂虽同,位寂之方,其旨则别。"(卷六《答张书并问张》,又名《难张长史门论》,第 39 页上)齐世又有道士假托张融的名义作《三破论》,谓佛教"入国而破国"、"入家而破家"、"入身而破身"。刘勰撰《灭惑论》、僧顺撰《析三破论》(又名《折三破论》),反唇相讥,进行抨击。约在同时,玄光撰《辩惑论》,数说道教有"五逆"、"六极",力称其妄(以上见卷八)。

三、辩论形神因果。

神灵不灭、因果报应是佛教的重要理论之一,奉佛者与排佛者之间的很多争论都是围绕它展开的。东晋末年,罗含(字君章)作《更生论》(见卷五),认为群生代谢,万物均有更生。神质离合,虽变而不失其旧。孙盛(字安国)不同意这种说法,提出"形既粉散,知(精神)亦如之,纷错混淆,化为异物。他物各失其旧,非复昔日。"(卷五《致罗君章书》,第27页下)

刘宋初年,冶城慧琳著《白黑论》(又名《均善论》),设立白学先生(代表儒家)和黑学道士(代表佛教)之间的问答,辩论孔释之异同,文中对佛教的"来生"之说颇有讥评。何承天甚相激赏,作《与宗书》(又名《与宗居士书》,见卷三),连同《白黑论》,一并送与以往生西方净土为誓愿的宗炳。其时,宗炳已写成《明佛论》(又名《神不灭论》,见卷二),正在令人抄写,见函后致答,谓"人形至粗,人神实妙,以形从神,岂得齐终"(卷三《宗答何书》,又名《答何衡阳书》,第18页上)。以后,何、宗之间又有续辩(见卷三)。何承天又作《达性论》,说:"生必有死,形弊神散,犹春荣秋落,四时代换,奚有于更受形哉?"(卷四,第22页上)颜延之撰《释达性论》等,与之往复辩难(见卷四)。当时还有郑道子(名鲜之)著《神不灭论》(见卷五),谈的也是形神问题。

及至梁代,神灭与神不灭的争论尤为激烈。先是范缜著《神灭论》(全文作为论争时对立面的观点,被保存在萧琛《难神灭论》之中),从唯物主义的立场出发,深刻地论述了形体与精神之间的关系。指出:"神即形也,形即神也。是以形存则神存,形谢则神灭也。……形者,神之质。神者,形之用。是以形称其质,神言其用,形之与神不得相异。"(卷九,第55页上)论出,梁武帝率先作《敕答臣下神灭论》,斥范文"违经背亲"。法云作《与王公朝贵书》,转呈敕文。于时有临川王萧宏等六十二人作答(以上见卷十),同驳《神灭论》。梁武帝《立神明成佛义记》、萧琛《难神灭论》、曹思文《难范中书神灭论》及范缜《答曹录事》(又名《答曹舍人》)等(以上见卷九),均为当时所作[案:据《梁书》卷四十八、《南史》卷五十七《范缜传》,范缜在齐竟陵王萧子良门下作宾客时,已著《神灭论》,而据与范缜直接对辩的曹思文的文章,当时已是梁代,曹文也是应诏之作]。

专论佛教因果报应学说的,则有东晋慧远答桓玄之问而作的《明报应论》,"因俗人疑善恶无现验"而作的《三报论》(以上见卷五),以及刘宋张新安(名镜)《答谯王论孔释书》(见卷十三)。其中有代表性的观点是:"经说,业有三报。一曰现报,二曰生报,三曰后报。现报者,善恶始于此身,即此身受;业报者,来生便受;后报者,或经二生、三生、百生、千生,然后乃受。受之无主,必由于心。"(卷五《三报论》,第34页中)

四、汇叙佛教与朝廷之间的交涉。

东晋咸康六年(340),成帝幼冲,庾冰辅政。庾冰作《代晋成帝沙门应尽敬诏》,认为"名教有由来,百代所不废"(卷十二,第79页下),沙门既为晋民,便应与常人一样致敬王者(对皇帝行跪拜礼)。尚书令何充等上《沙门不应尽敬表》,认为佛教"五戒之禁,实助王化"(同卷,第80页上),不可强绳以礼法,以致破坏了佛教历来的习尚和仪规。之后,庾冰代成帝重诏,何充等又重奏(见同卷),致敬之议遂寝。至元兴元年(402),太尉桓玄独断朝政,作《与八座书论道人敬事》(又名《与八座论沙门敬事书》),重申沙门应致敬王者,桓谦、王谧、慧远与之书信往复,表示反对。

慧远在《答桓太尉书》中说:"佛经所明,凡有二科:一者处俗弘教,二者出家修道。处俗则奉上之礼,尊亲之教,忠孝之义,表于经文,在三之训,彰于圣典。斯与王制同命,有若符契。此一条全是檀越(指桓玄)所明,理不容异也。出家则是方外之宾,迹绝于物。……是故凡在出家,皆隐居以求其志,变俗以达其道。变俗,则服章不得与世典同礼。隐居,则宜高尚其迹。夫然,故能拯溺俗于沈(沉)流,拔幽根于重劫,远通三乘之津,广开人天之路。是故内乖天属之重,而不违其孝;外阙奉主之恭,而不失其敬。"(卷十二,第83页下—第84页上)

次年,桓玄篡位,为取得佛教方面的支持,特诏许沙门不致敬(见同卷)。以后,慧远总结庾冰、桓玄时发生的这两场大辩论,撰写了有名的《沙门不敬王者论》(见卷五)。

此外,桓玄于元兴元年(402)作《与僚属沙汰僧众教》,指责僧人竞其奢淫,秽黩名器,猥成屯落,伤治害政,下令凡不能达到"申述经诰"、"禁行修整"、"山居养志"要求的,"皆悉罢道,所在领其户籍,严为之制"(卷十二,第85页上)。慧远著《与桓太尉论料简书》、京邑沙门作《与桓太尉论州符(府)求沙门名籍书》,申述已意(见同卷);后秦主姚兴(《明北藏》本误)劝道恒、道标还俗参政,两人不从,作《答秦主书》述之(见卷十一);刘宋何尚之作《答宋文帝赞扬佛教事》(见同卷),对佛教与王化的关系作了论述,勉劝帝王奖挹佛教,从而达到"坐致太平";南齐道盛因朝廷打算通过检试的方法,料简僧尼,作《启齐武帝论检试僧事》(见卷十二)。这些都是有关佛教与朝廷之间交涉的文书。

五、讨论佛教仪规。

东晋慧远《沙门袒服论》和何镇南(名无忌)《难袒服论》(见卷五)、刘宋郑道子《与禅师书论踞食》(又名《与沙门论踞食书》)、范泰(字伯伦)《与王司徒诸人论道人踞食》(又名《与王司徒诸公论沙门踞食书》)、慧义《答范伯伦书》(又名《答范伯伦诸檀越书》)等(见卷十二),分别就沙门的袒服与踞食是否合乎礼法的问题,展开了讨论。

六、阐释佛法大义。

东晋郄超(字嘉宾)《奉法要》(见卷十三),对佛教的事数名相,如三归、五戒、岁三斋、月六斋、十善、五道、五阴、四非常、六度等,和其他佛教义理进行了阐释,成为汉地较早的对佛教基本理论作系统阐述的专论。另外,王该《日烛》(见同卷)也是讲解佛理的论文。

七、檄魔。

竺道爽《檄太山文》、智静《檄魔文》和宝林《破魔露布文》(见卷十四),为檄魔、破魔的文告。

《弘明集》中属于僧祐自撰的文字有三处:《序》;卷十二开头的一段叙;《弘明论》。《弘明论》是全书内容的总结和评说。僧祐重申他编集本书的目的,是"为法御侮",也就是保护佛教,并对社会上流传的六种怀疑佛教的观点进行了反驳。这"六疑"是:

> 一疑经说迂诞,大而无征;二疑人死神灭,无有三世;三疑莫见真佛,无益国治;四疑古无法教,近出汉世;五疑教在戎方,化非华俗;六疑汉魏法微,晋代始盛。以此六疑,信心不树。(卷十四,第95页上)

正由于《弘明集》具有兼收信佛与排佛两派的不同观点,保存佛教传入中国的最初数百年间,所发生的一些重大的理论争论和社会事件的原始资料的特点,故自问世以来,备受重视,成为佛教史,特别是佛教思想史的重要文献。

《弘明集》的不足之处有:并非完全按序言中所说的"类聚区分",即按文章的内容性质编定卷次。有的地方将内容不同、风格相殊的文章编在同卷中。另外,卷十二《与桓太尉论州符求沙门名籍书》,署名为支遁(支道林)所作。该文的首句便是"隆安三年四月五日,京邑沙门等顿首曰",而据《高僧传》卷四《支遁传》,支遁"以晋太和元年闰四月四日终于所在,春秋五十有三",至隆安三年(399),早已去世三十三年,故定非支遁之作。而且桓玄下令州府登记沙门户籍,事在元兴元年(402),也不是"隆安三年"。

第二品　唐道宣《广弘明集》三十卷

《广弘明集》,三十卷(又作"四十卷")。唐麟德元年(664),西明寺沙门道宣撰。载于《丽藏》"典"至"群"函、《宋藏》"典"至"聚"函、《金藏》"典"至"群"函、《元藏》"典"至"聚"函、《明南藏》"驾"至"策"函(作"四十卷")、《明北藏》"家"至"兵"函(作"四十卷")、《清藏》"高"至"辇"函(作"四十卷")、《频伽藏》"露"帙,收入《大正藏》第五十二卷。

《广弘明集》书首有道宣的自序。说:

> 余博访前叙,广综《弘明》,以为江表五代,三宝载兴,君臣士俗,情无异奉,是称文国,智藉文开。中原周、魏,政袭昏明,重老(指道教)轻佛,信毁交贸,致使工言既申,佞幸斯及。时不乏贤,剖心特达,脱颖拔萃,亦有人焉。……尝以余景,试为之举,弊于庸朽,综集牢落。有汉阳博观沙门,继(一作"系")赞成纪。顾惟直笔,即而述之,命帙题篇,披图藻镜,至若寻条揣义,有悟贤明,孤文片记,撮而附列,名曰《广弘明集》,一部三十卷。有梁所撰,或未讨寻,略随条例,铨目列举。(《大正藏》第五十二卷,第97页中)

《广弘明集》是道宣晚年编撰的一部佛教护法类总集。全书分为十篇(篇首均有作者的小序),共收录曹魏至唐初各种文体(论、文、疏、记、序、书、表、诏、行状、诔铭、颂、赞、赋、诗等)的佛教著述和史志三百多篇。

一、归正篇(卷一至卷四)。"明佛为大圣,凡俗攸归,二仪三五,不足师敬。"(见书首所载篇目的小注,第 97 页中)主要辑录史书上有关佛教的记载和尊崇佛教的文论。有:《商太宰问孔子圣人》(出《列子》);《汉显宗开佛化法本内传》(即《汉法本内传》);《后汉书·郊祀志》;《元魏孝明帝召释道门人论佛先后》(出《魏书》);《魏书·释老志》;《高齐书·述佛志》;梁江淹《遂古篇》;北齐颜之推《家训·归心篇》;梁阮孝绪《七录序》;梁武帝《舍事李老道法诏》等。

二、辩惑篇(卷五至卷十四)。"明正邪互举,狂哲相陵,较而考定,不劳龟镜。"(同上)主要辑录历代,特别是北魏太武帝、北周武帝和唐高祖三朝,佛教与外界(帝王、道教、排佛者)之间的冲突、交诤的文论。有:魏曹植《辩道论》;南齐沈约《均圣论》;道宣《列代王臣滞惑解》(《明北藏》本作《叙列代王臣滞惑解》);北周道安《二教论》;北周甄鸾《笑道论》;唐傅奕《上废省佛僧表》;唐法琳《上秦王论启》(又名《对傅奕废佛僧事并启》);唐明概《决对傅奕废佛僧事并表》;法琳《辩正论》中的《十喻篇》和《九箴篇》;唐李师政《内德论》等。

三、佛德篇(卷十五至卷十七)。"皇觉睠命,开济在缘,从其化者,言行攸别。"(同上)主要辑录称颂佛菩萨的赞铭诏记等。有:东晋支道林《释迦文佛像赞并序》;刘宋谢灵运《佛影铭并序》;道宣《佛像瑞集》(又名《列塔像神瑞迹并序》);梁简文帝《唱导文》;隋高祖《立舍利塔诏》;隋王劭《舍利感应记》等。

四、法义篇(卷十八至卷二十二)。"宝乘独运,摄度迷津,得其趣者,心照遐举。"(第 97 页下)主要辑录东晋至唐代讨论佛教义理的各类文论。有:东晋戴安公(即戴逵)《释疑论》;刘宋谢灵运《辨宗论》；后秦姚兴《通三世论》；梁武帝《涅槃经疏序》；梁湘东王萧绎（梁元帝）《法宝联璧序》、《内典碑铭集林序》；唐玄则《禅林妙记集序》；梁昭明太子《解二谛义章》、《解法身义章》；梁沈约《六道相续作佛义》；陈朱世卿《性法自然论》及真观的驳难《因缘无性论》；唐太宗《三藏圣教序》；唐李俨《金刚般若经集注序》等。

五、僧行篇（卷二十三至卷二十五）。"绍踪圣种，人斯弘道，各沾三宝，实副一归。"（同上）主要辑录褒彰僧人德行的诔文、行状、书札，和南北朝、唐初有关僧尼管理（尤其是沙汰僧徒）的诏表等。有：后秦僧肇《鸠摩罗什法师诔》；刘宋慧琳《龙光寺竺道生法师诔》；谢灵运《庐山慧远法师诔》；梁裴子野《南齐安乐寺律师智称法师行状》[案：关于本文的作者，《大正藏》本云"阙撰人"，宋元明本云"裴子野"，而据《行状》末所云，似应是智称的弟子道进等]；沈约《南齐禅林寺尼净秀行状》；刘宋武帝《沙汰僧徒诏》；北魏孝文帝《令诸州众僧安居讲说诏》；北齐文宣帝《议沙汰释李诏》；陈徐陵《谏仁山深法师罢道书》；北周昙积《谏周太祖沙汰僧表》；隋彦琮《福田论》；唐高祖《出沙汰佛道诏》；唐太宗《令道士在僧前诏》；唐高宗《制沙门等致拜君亲敕》；道宣《论沙门不应拜俗启》等。

六、慈济篇（卷二十六）。"在生所重，厚生宝命，恕己则怜，慈为觉本。"（同上）主要辑录止杀生、断酒肉的文论。有：梁沈约《究竟慈悲论》；梁周颙《与何胤书论止杀》（又名《与何胤论止杀书》）；梁武帝《断杀绝宗庙牺牲诏》（又名《叙梁武断杀绝宗庙牺牲事》）、《断酒肉文》等。

七、戒功篇（卷二十七）。"情寄惩约，纵则骄陵，欲阶圣捡，非斯不振。"（同上）主要辑录有关持戒净业的文论。有：东晋慧远《与隐士刘遗民等书》；陈昙瑗《与梁朝士书》；隋炀帝《于天台山颙(智颙)禅师所受菩萨戒文》;道宣《统略净住子净行法门序》;南齐萧子良《净住子净行法门》(共三十一门)等。

八、启福篇(卷二十八)。"福号乐门,日用斯贵,准酌乘时,行而不著。"(同上)主要辑录施物、舍身、斋会、度僧、造寺等有关兴福的文论。有:北代(北魏)、南晋(东晋)、前秦、前燕、后秦诸帝《与太山朗(僧朗)法师书》并答;南齐南郡王《舍身疏》;梁简文帝《四月八日度人出家愿文》、《八关斋制序》;后周明帝《修起寺诏》;隋高祖《于相州战场立寺诏》;隋炀帝《行道度人天下敕》;唐太宗《度僧于天下诏》、《断卖佛像敕》;北周武帝《二教钟铭》等。

九、悔罪篇(卷二十八)。"罪为摧折,起必快心,覆水难收,悔性相习。"(同上)主要辑录忏悔文。有:陈江总《群臣请陈武帝忏文》;梁武帝《摩诃般若忏文》;陈宣帝《胜天王般若忏文》;陈文帝《无碍会舍身忏文》等。

十、统归篇(卷二十九、卷三十)。"奉正闲邪,据道成德,神解既畅,陈词歌咏。"(同上)主要辑录晋宋以来,尤其是梁代赞颂佛教的诗赋及檄魔文。有:梁武帝《净业赋》、《孝思赋》;北魏李颙《大乘赋》;北魏懿法师《伐魔诏》;东晋慧远《念佛三昧诗集序》;梁武帝《述三教诗》;北齐虞思道《从驾经大慈照寺诗》;北周释亡名《五苦诗》等。

四十卷本的《广弘明集》(如《明南藏》、《北藏》本)和三十卷本的《广弘明集》(如《丽藏》本)一样,也分为十篇。但三十卷本在每篇的序言后面列有该篇总目,其中《归正》、《辩惑》、《佛德》、《法义》、《僧行》、《启福》、《统归》等七篇,是先列《弘明集》中同类文章的目录,次列《广弘明集》该篇的目录。也就是作者自序中所说的"有梁所撰,或未讨寻,略随条例,铨目列举"。而四十卷本则将它们都删去了。

以卷次对勘,两种卷本的前十二卷是相同的,此后则不同。四十卷本时常将三十卷本中的一卷剖分为二卷,个别的还分为三卷。如:《丽藏》本卷十三,相当于《明藏》本卷十三和卷十四;前者卷十五,相当于后者卷十六和卷十七;前者卷十八,相当于后者卷二十和卷二十一;前者卷二十五,相当于后者卷二十八和卷二十九;前者卷二十六,相当于后者卷三十和卷三十一;前者卷二十七,相当于后者卷三十二、卷三十三和卷三十四;前者卷二十八,相当于后者卷三十五和卷三十六;前者卷二十九,相当于后者卷三十七和卷三十八;前者卷三十,相当于后者卷三十九和卷四十。

两种卷本所收的文章是相同的,但文字上稍有出入,包括一些文章的标题。有时此本作某字某句不可解,而检彼本作他字他句则通。三十卷本对作者的官职或居寺时有记载,而四十卷本对文章的标题多有整理。至于隋炀帝大业三年(607)下令,命诸僧道人凡启请时,先须致敬,然后陈理一节,三十卷本放在隋彦琮《福田论》之前(见卷二十五),而四十卷本则放在《福田论》之后;东晋刘遗民等与慧远交往一节,三十卷本将它编入慧远《与隐士刘遗民等书》的正文(见卷二十七)之中,而四十卷本则排成正文前后的两段小注,如此等等,只有互相对照,方能知悉。因此,倘若要作深入研究,往往需要两本同时参阅。

《广弘明集》是绍续和增广《弘明集》内容的作品,它的宗旨和性质,与前集无异,也是收集文献,证解佛教。但在体例上有两点不同:一是《弘明集》没有将所辑之文归类区别,而《广弘明集》则有十篇之分;二是《弘明集》基本上是辑而不述,所辑的基本上都是他人的作品,编集者僧祐解说性的文字只在卷十二之首出现过一次。而《广弘明集》则是既辑又述,不但所辑的文章有不少出于编集者道宣的手笔,而且在他人作品的前后也时有道宣前缀后语式的叙说。

《广弘明集》中属于道宣自撰的文字,有署名的,如卷十五《佛像瑞集》,卷二十五《上雍州牧沛王论沙门不应拜俗启》、《上荣国夫人杨氏请论沙门不合拜俗启》、《序佛教隆替事简诸宰辅等状》(又名《简诸宰辅叙佛教隆替状》)、卷二十七《统略净住子法门序》等;也有不署名的,如卷三梁江淹《遂古篇》文后对江淹生平的介绍,卷五东晋孙盛《老子疑问反讯》文后对孙盛生平的介绍,卷六、卷七《列代王臣滞惑解》(明南北藏本在题首有"叙"字)等;也有署为他人,但实际上是道宣根据史料编写的。此种现象主要存在于三十卷本中,如卷八署名"元魏世祖太武帝"的《击像焚经坑僧诏》,卷十署名"周武帝"的《废二教已更立通道观诏》、署名"释慧远"的《周祖平齐召僧叙废立抗拒事》等。这些文章的标题,在四十卷本中分别改作以"叙"字开头,成为《叙元魏太武帝废佛事》、《叙周武更兴道法事》、《叙释慧远抗周武帝废教事》等,而不署人名。这一改动使标题与内容更加贴切,也使读者易于识别文章的撰写者。故四十卷本中,凡标题以"叙"字开头的文章,均为道宣所撰。

《广弘明集》收文的总数从目录上看,有三百多篇,但由于有很多文章,尤其是往返的书信、问答在目录上并没有一一登录,故实际所收要多得多。它上采列朝帝王的诏旨敕令,下摭名士法师的各类文述,岁历数百,地贯南北,搜罗至富,刊存了大量不见他书的坠简遗文;记叙委悉,缕述了中国佛教史上发生的许多重要事件。

在《广弘明集》刊存的坠简遗文中,最受史家重视的莫过于卷三所载的《七录序》(包括序后的《古今书最》和《七录目录》)。作者阮孝绪,梁代人。他博极群书,颇好搜集。"凡自宋齐以来王公缙绅之馆,苟蓄聚坟籍,必思致其名簿。凡在所遇,若见若闻,校之官目,多所遗漏,遂总集众家,更为新录。"(《七录序》,第109页上)这便是继西汉刘歆《七略》之后出现的颇负盛名的目录学著作——《七录》,也是我国第一部私人编撰的图书目录。《七录》分内外两篇,内篇五录:经典录(分九部)、记传录(分十二部)、子兵录(分十一部)、文集录(分四部)、术技录(分十部)。外篇二录:佛法录(分五部)、仙道录(分四部)。合起来为七录五十五部,共收图书"六千二百八十八种,八千五百四十七帙,四万四千五百二十六卷"(《古今书最》,第110页上)。这种分类,综合了以往众家目录的长处,并有创新,对后代目录学产生了很大的影响。《隋书·经籍志》就是参照《七录》的类例编成的。而《隋书·经籍志》又是后人编写纪传体正史中的《经籍志》或《艺文志》的典范。然而,由于《七录》原著早已失传,后人只是靠了《广弘明集》中所保存的《七录序》和《七录目录》,方得以推寻它的原貌。

非但如此,《七录序》和序后所附的《古今书最》还记叙了西汉至梁代校书、编目的历史。对西汉刘向《别录》、刘歆《七略》;东汉班固依《七略》体例编的《汉书·艺文志》,和袁山松《后汉书·艺文志》;西晋荀勖《中经簿》(又名《中经新簿》);东晋李充《晋元帝书目》和丘深之(名渊之)《晋义熙四年秘阁四部目录》;刘宋谢灵运《宋元嘉八年秘阁四部目录》;齐王俭《宋元徽元年秘阁四部书目录》和《七志》,王亮、谢朓等《齐永明元年秘阁四部目录》;梁任昉、刘孝标等《梁天监四年文德正御(殿)四部及术数书目录》等图书目录的编集经过和载籍状况作了扼要的介绍,成为研究我国目录学史的珍贵资料。

阮孝绪的《七录》又与佛教有联系。先前,西晋荀勖《中经簿》,收"十六卷佛经",为官修书目记载佛经的首例;刘宋谢灵运《秘阁四部目录》收"五十五帙四百三十八卷佛经",成为第二例;齐王俭依《七略》体例编成的《七志》在《图谱志》中也收载佛经,成为第三例。但这三部图书目录,都是将佛经作为世俗经籍某一类的附属而加以收载的。只是到了《七录》,佛经才在官私编修的书目中第一次单独分为一类,与世俗经籍并列,而且收录的数量也大大增加。《七录》中《佛法录》收录的情况是:

> 戒律部,七十一种,八十八帙,三百三十九卷;禅定部,一百四种,一百八帙,一百七十六卷;智慧部二千七十七种,二千一百九十帙,三千六百七十七卷;疑似部,四十六种,四十六帙,六十卷;论记部,一百一十二种,一百六十四帙,一千一百五十八卷。右五部二千四百一十种,二千五百九十五帙,五千四百卷。(《七录目录》,第111页上)

佛典在社会图书总目中比例的急剧上升,正是佛教在六朝社会文化中影响日益增大的一种表现。而上述这些历史资料,都是凭藉《广弘明集》的收载而得以传今的。

又如唐太史傅奕,曾集东晋至唐初排佛王臣二十五人的事迹,为《高识传》十卷,抄于市卖,远近流布,在当时引起了强烈的反响。这部有名的著作也已散落不传,然而由于《广弘明集》卷六、卷七的《列代王臣滞惑解》就是针对《高识传》而作的,从它的转录和叙述中,人们才知道《高识传》将历代排佛者分为两类。一是"废除者",收刘宋世祖(孝武帝)、唐高祖、后赵王度、刘宋颜延之、萧摹之、周朗、虞愿、北魏张普惠、李瑒、北周卫元嵩、南齐顾欢、北魏邢子才、北凉高道让(名谦之)、隋虞思道等十四人;二是"高识者",收北魏太武帝、北周高祖(武帝)、东晋蔡谟、北齐刘昼、北魏杨衒之、梁荀济、北齐章仇子陀、刘宋刘慧琳、梁范缜、北齐李公绪、唐傅奕等十一人。并且从中了解他们的主要事迹和论点。其余如梁代编的《法宝联璧》二百二十卷(其中二十卷为目录)、《内典碑铭集林》三十卷、唐代编的《禅林妙记前后集》二十卷等，均已失传，《广弘明集》卷二十保存的这些著作的序言，成为研究其性质与内容的唯一的原始资料。

《广弘明集》以辑文和综述的形式，记述的中国佛教史实极多，大至朝廷的宗教政策，一国之内的兴佛与毁佛，僧尼的管理制度，佛教与儒、道的斗争。小至一个佛教理论问题的商讨，一篇谏文对僧人卒年的考定，一首诗赋对作者思想经历的表述。以至于可以说，离开了《弘明集》和《广弘明集》这两大文苑史库，就编不成中国佛教史。

以大的方面为例。汉魏时期仅允许西域胡人立寺都邑的事实，后赵政权选择佛教的动因，在后赵中书王度的奏疏中得到透露：

度（王度）奏：以王者郊祀天地，祭奉百神，故礼有恒飨。佛生西域，非中华所奉。汉氏初得其道，唯听（指允许）西域胡人立寺都邑。魏承汉制，赵由旧章。请赵人不听诣寺，已为沙门者，遣还初服。朝士多同此议。虎（石虎）下诏曰：度议佛是外神，非诸华所奉。朕出边戎，宜从本俗。（卷六《列代王臣滞惑解上》，第126页中）

南北朝时，沙门参与谋反的事件，屡有所闻，这使朝廷非常恼火。刘宋孝武帝因羌人高阇谋反，事及沙门昙标。

下诏曰：佛法讹替，沙门混杂，未足扶济鸿教，而专成逋薮。加以奸心频发，凶状屡闻，败道乱俗，人神交怨。可付所在，精加沙汰，后有违犯，严其诛坐。……大明六年，使有司奏议，令僧致敬。既行，刳斫之虐，鞭颜皴面而斩之，人不胜其酷也。（同上，第126页上）

梁武帝是历代帝王中奉佛最为虔诚的一个人。他初尚老子，后归佛法。造像、立寺、舍身、设会、讲经、制疏，以佛化治国。

梁武帝以慈悲之心禁止杀生的举止也颇为出名。天监十二年（513），下诏去除宗庙牺牲，修行佛戒，蔬食断欲。又依上定林寺僧祐、龙华邑正柏超度等启，规定京畿不得捕猎。并敕太医，不得以生类合药，公家织官纹锦，并断仙人鸟兽之形，以为亵衣裁剪，有乖仁恕（见卷二十六《断杀绝宗庙牺牲诏》）。先是汉地僧人根据《十诵律》，允许食用"不见"、"不闻"、"不疑"是杀生的"三种净肉"。梁武帝制《断酒肉文》，根据大乘经典《涅槃经·四相品》等的说法，首次倡断肉食。说：

今出家人啖食鱼肉，或云肉非己杀，犹自得啖，以钱买肉，亦复非嫌。如是说者，是事不然。《涅槃经》云：一切肉悉断，及自死者。自死者犹断，何况不自死者。《楞伽经》云：为利杀众生，以财网诸肉，二业俱不善死，堕叫呼狱。（卷二十六，第295页上）

梁武帝的倡导，引出了僧团戒律的一大改革。自此之后，汉地僧人断肉吃素，相沿至今。

又，我国历史上曾发生过三次全国性的禁毁佛教的运动。两次发生在北朝，是由北魏太武帝、北周武帝发动的，一次发生在唐朝，是由唐武宗发动的，史称"三武灭佛"。北魏太武帝雅好庄老，信行道教，因怀疑沙门与盖吴通谋，遂诏诛长安沙门，焚破佛像。太平真君七年（446）：

下诏曰：昔后汉荒君，信惑邪伪，妄假睡梦，信胡妖鬼，以乱天常，自古九州无此也。夸诞大言，不本人情。叔季之世，暗君乱主，莫不眩焉。由是政教不行，礼义大坏，鬼道炽盛，视王者之法蔑如也。……有司宣告，在所诸有佛图形像及胡经，皆击破焚除，沙门无论少长，悉坑之。（卷二《魏书·释老志》，第202页中）

北周武帝志存道学，躬受符箓，曾多次召集沙门、道士、名儒、百官，量述三教。本拟独废佛教，会沙门道安上《二教论》，"无奈理通众口，义难独留，遂二教俱除"（卷十，《周祖废二教已更立通道观诏》，第153页上）。建德三年（574）：

> 敕断佛道两教沙门、道士，并令还俗。三宝福财，散给臣下，寺观塔庙，赐于王公。（卷八《周灭佛法集道俗议事》，又名《叙周武帝集道俗议灭佛法事》，第135页下）

建德六年（577），武帝平齐，又下令全毁齐境佛教。

> 见成寺庙，出四十千，并赐王公充为第宅。五众释门，减三百万，皆复军民，还归编户。融刮佛像，焚烧经教。三宝福财，簿录入官，登即赏赐，分散荡尽。（卷十《周祖平齐召僧叙废立抗拒事》，又名《叙释慧远抗周武帝废教事》，第153页下）

以小的方面为例。北周天和五年（570）五月，武帝曾为一钟勒铭，名《大周二教钟铭》，其文有"弘宣两教，同归一揆，金石冥符，天人咸契"，"九霄仙箓，五岳真文，智炬遐照，禅林普薰"，"二教并兴，琼钟彻云"等句（卷二十八，第330页上）。可见当时他还没有打算废除佛教和道教，废教的想法是后来才产生的。又如梁武帝一生经历了学儒、学道、学佛三个阶段，这也是从《广弘明集》卷三十刊载的他的《述三教诗》中得来的信息：

> 少时学周孔，弱冠穷六经。孝义连方册，仁恕满丹青。践言贵去伐，为善在好生。中复观道书，有名与无名。妙术镂金版，真言隐上清。密行遗阴德，显证在长龄。晚年开释卷，犹月映众星。苦集始觉知，因果方昭明。示教唯平等，至理归无生。（第352页下）

如此等等，不胜枚举。

《广弘明集》的不足之处有，为竞比佛道的高下优劣，而将伪书伪文当信史用。如卷一引《列子》，谓孔子已闻"西方有圣者"（指佛），引《符子》，谓"老氏之师名释迦文"（第98页中）。同卷载《汉法本内传》，叙说汉明帝时，五岳十八山观道士褚善信等，与沙门摄摩腾烧经取证，角试法力事，怪诞离奇，漏洞百出。有人疑伪，道宣还为之辩解，在《汉法本内传》的节文后说："《传》有五卷，略不备载，有人疑《传》近出，本无角力之事。按《吴书》明费叔才憾死，故《传》为实录矣。"（第99页中）。同卷载《吴主孙权论叙佛道二宗》，虽云"出《吴书》"，但文引《汉法本内传》的说法，也掺杂伪文。卷四载北齐文宣帝《废李老道法诏》，叙说天保六年（555），道士陆修静与沙门昙显角试一事，查卷九的北周甄鸾《笑道论》有"修静，宋明帝时人"的记载，（第151页中），道书《道学传》（《三洞群仙录》卷二引）也说，陆修静卒于宋废帝元徽五年（477）三月，春秋七十有二。也就是说，至北齐天保六年，他已死了七十八年，怎么可能死而复生，与沙门去斗法？显然，此诏也有伪造之嫌。

第二门　纪　　事

第一品　唐彦悰《集沙门不应拜俗等事》六卷

《集沙门不应拜俗等事》，又名《沙门不敬俗录》、《集沙门不拜俗议》，六卷。唐龙朔二年（662），弘福寺沙门彦悰纂录。载于《丽藏》"右"函、《宋藏》"星"函、《金藏》"右"函、《元藏》"星"函、《明南藏》"冠"函、《明北藏》"县"函、《清藏》"勒"函、《频伽藏》"露"帙，收入《大正藏》第五十二卷。

关于本书的纂录经过，唐智升《开元释教录》卷八有这样的介绍：

> 沙门彦悰，识量聪敏，博晓群经，善属文华，尤工著撰。天皇龙朔二年壬戌，有诏令拜君亲，恐伤国化，令百司遍议。于时，沙门道宣等共上书，启闻于朝廷。众议异端，所司进入，圣躬亲览，下敕罢之。悰恐后代无闻，故纂斯事并前代故事及先贤答对，名为《集沙门不拜俗议》，传之后代，录成楷模，墙堑法城，玄风不坠也。（《大正藏》第五十五卷，第563页上）

《集沙门不应拜俗等事》书首有太原王隐容《序》。说：

> （彦悰）爰兴护念之心，载启发挥之作，粤自晋代，迄于

圣代(指唐高宗朝),凡其议拜事,并集而录之,总合三篇,分成六卷,为之赞论。(《大正藏》第五十二卷,第433页中)

《集沙门不应拜俗等事》为历代有关沙门是否应当跪拜君亲(即"拜俗")之争的文献和事件的集录。所录,上始东晋成帝咸康六年(340),下迄唐高宗龙朔二年(662)十月。全书分为故事篇、圣朝议不拜篇和圣朝议拜篇,每篇均分上下,故成六卷。篇末有"论曰"、"赞曰",为作者对一篇内容的评论,其中"赞曰"用四字一句的韵文写成。总计集录奏、启、表、状、论、书、诏,以及属于叙事性质的"事",凡一百二首(也可称为"篇")。书末有彦悰写的《沙门不应拜俗总论》。各篇的情况是:

一、故事篇(卷一、卷二)。辑录东晋至隋代有关沙门是否应当致敬王者的奏诏书论,间有叙事。

上篇(卷一),载东晋尚书令何充等《执沙门不应敬王者奏》三首并序;车骑将军庾冰《为成帝出令沙门致敬诏》二首;太尉桓玄《与八座桓谦等论道人应致敬事书》一首并序,桓谦等《答桓玄明道人不应致敬事书》一首;桓玄《与中书令王谧论沙门应致敬事书》一首,王谧《答桓玄明沙门不应致敬事书》一首;桓玄《难王谧不应致敬事》三首,王谧《答桓玄不应致敬难》三首;桓玄《与庐山法师慧远使述沙门不致敬王者意书》一首,并慧远答往反二首。共计十八首。

下篇(卷二),载东晋庐山慧远《沙门不敬王者论》一首并序;桓玄《许沙门不致礼诏》一首;侍中卞嗣之等《执沙门应敬奏》四首,并桓玄答三首;《夏赫连勃勃令沙门致敬事》一首;《宋孝武帝抑沙门致拜事》一首;《齐武帝论沙门抗礼事》一首;《隋炀帝敕沙门致拜事》一首(并大兴善寺沙门明瞻答);洛滨翻经馆沙门彦琮《福田论》一首并序。共计十四首。

二、圣朝议不拜篇(卷三、卷四)。汇辑唐高宗龙朔二年(662)下达的令沙门致拜君亲诏令,和僧人、大臣中主张沙门不应致拜君亲的议状表启。

上篇(卷三),载唐高宗《制沙门等致拜君亲敕》一首;大庄严寺僧威秀等《上沙门不合拜俗表》一首;西明寺僧道宣等《上雍州牧沛王论沙门不应拜俗启》一首,《上荣国夫人杨氏请论沙门不合拜俗事启》一首,《通简群官明沙门不合致拜状》(又名《序佛教隆替事简诸宰辅等状》)一首并启;中台司礼太常伯王博叉、司元太常伯窦德玄、司戎太常伯郑钦泰、司刑太常伯刘详道等议沙门不应拜俗状四首。共计九首。

下篇(卷四),载中御府少监护军高药尚、内侍监给事王泉、奉常寺丞刘庆、详刑寺丞王千石等议沙门不应拜俗状二十三首。

三、圣朝议拜篇(卷五、卷六)。汇辑在唐高宗敕令之后,大臣中主张沙门应致拜君亲的议状,以及后来唐高宗决定沙门不必致拜君王,僧人要求同时也不必致拜父母的奏状诏表。

上篇(卷五),分"议兼拜"和"议令拜"两类。"议兼拜"类,载左威卫长史崔安都、右清卫道长史李治、长安县令张松寿议沙门兼拜状三首。"议令拜"类,载中台司列少常伯杨思玄、司平太常伯阎立本、太常寺博士吕才等议沙门令拜状二十九首。每一首行文中间,都有以夹注形式出现的"弹曰",是为作者的驳论。

下篇(卷六),虽然也名《圣朝议拜篇》,但内容与上篇迥异,全是有关沙门不拜俗的奏状诏表,性质与《圣朝议不拜篇》相同,只是由于这些文书是在唐高宗时这场争论中最晚出现的,故列于末尾。所载的是:普光寺沙门玄范《质议拜状》一首;中台司礼太常伯王博叉等《执议奏状》一首;唐高宗《停沙门拜君诏》一首;京邑老人程士颙等《上请出家子女不拜亲表》一首;直东台冯神德《上请依旧僧尼等不拜亲表》一首,并《上佛道先后事》;西明寺僧道宣等《重上荣国夫人杨氏请论不合拜亲启》一首;大庄严寺僧威秀等《上请依内教不拜父母表》一首;玉华宫寺译经僧静(靖)迈等《上僧尼拜亲有损表》一首;襄州禅居寺僧崇拔《上请僧尼父母同君上不受出家男女拜表》一首。共计九首。

《集沙门不应拜俗等事》以有系统的史料编录的形式,记叙了自佛教入华以来,至作者撰书时止,所发生的六次朝廷令沙门拜俗的事件,以及沙门法献、玄畅在齐武帝面前,以"贫道"自称,自此之后沙门皆称名于帝王的故事(即《齐武帝论沙门抗礼事》)。在六次沙门拜俗事件中,前五次要求沙门面见帝王时行跪拜礼,后一次要求沙门不但在见帝王时行跪拜礼,而且在见父母时也行跪拜礼。它们是:

一、东晋成帝咸康六年(340),车骑将军庾冰辅政。他对沙门依据教法,面见俗人(包括帝王)时,只合掌致敬,而不施跪拜礼,很不满意,认为"直形骸于万乘",有违于君臣之序。故代成帝下诏,令沙门致敬(指跪拜)王者,后遭尚书令何充等反对,未能施行。

二、东晋安帝元兴元年(402),太尉桓玄"以震主之威",独揽朝政。他认为前次庾冰之议,"意在尊主,而理据未尽",而何充主张不拜的意见,"出于偏信,遂沦名体(指名教)"(卷一,桓玄《与八座桓谦等论道人应致敬事书》,第 444 页下),因而给桓谦、王谧等八位大臣和庐山慧远法师写信,重提沙门致敬王者之事,招致反对。次年十二月,桓玄逼安帝退位,自己称帝,国号楚,为笼络人心,稳定政局,三日下诏允许沙门不拜。

三、宋孝武帝大明六年(462)九月,诏令沙门致拜王者,凡不从者严加诛戮。此制施行了四年,至前废帝景和元年(465)

乃止。

四、东晋恭帝元熙（419—420）年间，北方十六国之一的夏国赫连勃勃占据夏州。"谓己是人中之佛，堪受僧礼，乃画佛像披于背上，令沙门礼像，即为拜我。"（卷二《夏赫连勃勃令沙门致敬事》，第452页上）

五、隋炀帝大业三年（607），下令沙门跪拜皇帝及诸官长等，隋东都洛阳上林园翻经馆沙门彦琮（与本书作者彦悰的"悰"字写法不同）著《福田论》以抗之。故虽有诏令，僧竟不行。大业五年（609），隋炀帝召见佛道二众，质问为何条式久行，而僧人不拜？大兴善寺沙门明瞻对答说："僧等据佛戒，不合礼俗。"（卷二《隋炀帝敕沙门致拜事》，第452页中）拜事因寝。

六、唐高宗龙朔二年（662）四月十五日，诏沙门道士致拜君亲。

全书的重点，是记唐高宗这次沙门拜俗事。书帙六卷，有四卷是记这次事件的。为何要求沙门跪拜君亲，唐高宗于四月十五日下达的《制沙门等致拜君亲敕》是这样说的：

> 君亲之义，在三之训为重；爱敬之道，凡百之行收先。然释老二门，虽理绝常境，恭孝之蹈，事叶儒津。遂于尊极之地，不行跪拜之礼，因循自久，迄乎兹辰。宋朝暂革此风，少选还遵旧贯。朕禀天经以扬孝，资地义而宣礼，奖以名教，被兹真俗，而濑乡之基，克成天构，连河之化，付以国王。裁制之由，谅归斯矣。今欲令道士、女冠、僧尼，于君、皇后及皇太子、其父母所致拜。或恐爽其恒情，宜付有司详议奏闻。（卷三，第455页上、中）

从这道敕令的口气来看，高宗仅仅是打算这样做，还没有明确规定必须这样做。下旨的目的是为了征求意见。敕旨下达后，大庄严寺沙门威秀等率先上表，表示反对。接着，道宣等给雍州牧沛王、荣国夫人杨氏等写信,陈述了僧人方面的意见。其间,道宣撰写的《序佛教隆替事简诸宰辅等状》成了高宗朝沙门拜俗事中佛教方面的权威作品。其文云:

> 沙门之宅生也,财色弗顾,荣禄弗縻,观时俗若浮云,达形命如阳焰,是故号为出家人也。故出家不存家人之礼,出俗无沾处俗之仪。其道显然,百代不易之令典者也。其流极广,故略述之。今列佛经论,明沙门不敬俗者。《梵网经》下卷云:出家法,不礼拜国王、父母、六亲,亦不敬事鬼神。《涅槃经》第六卷云:出家人不礼敬在家人。《四分律》云:佛令诸比丘,长幼相次礼拜,不应礼拜一切白衣(指俗人)。(卷三,第457页上、中)

> 今僧依大小乘经,不拜君亲,是奉佛教。今乃令违佛教,拜跪俗人,即不信佛语,犯根本罪也。(第457页中)

> 今削同儒礼,则佛非出俗之人;下拜君父,则僧非可敬之色。是则三宝通废,归戒绝于人伦;儒道是师,孔经尊于释典。(第457页下)

这场争论参与的人数最多,规模也最大。仅五月十五日一天,就有九品以上文武朝官、州县官僚一千余人,沙门三百余人参加了讨论。有主张沙门拜俗的,也有反对沙门拜俗的。最后,主张不拜的占上风。六月八日,唐高宗下达了《停沙门拜君诏》,同意沙门不必跪拜君王,但仍主张沙门应当跪拜父母。诏云:

> 前欲令道士、女冠、僧尼等致拜,将恐振骇恒心,爰俾详定。有司咸引典据,兼陈情理,沿革二途,纷纶相半。朕商榷群议,沈研幽赜,然箕颖(指隐居)之风,高尚其事,遐想前载,故亦有之。今于君处勿须致拜,其父母之所,慈育弥

深,祗伏斯旷,更将安设。自今已后,即宜跪拜,主者施行。(卷六,第472页中、下)

然而,僧人纷纷上表,提出出家沙门同样不应跪拜父母,道理与不应跪拜君王是一样的。有子女出家为僧尼的老人,也表示不要出家子女跪拜。书中所收的最后一篇反对跪拜父母的奏表是襄州禅居寺沙门僧拔上的。其时为十月二十五日。以后如何,彦悰未载。大概是名义上有唐高宗的诏令,而沙门并不施行,高宗也只好默认这种事实罢了。

彦悰在《沙门不应拜俗总论》总结说:

> 夫沙门不拜俗者何？盖出处异流,内外殊分,居宗体极,息虑忘身,不汲汲以求生,不区区以顺化,情超寓内,迹寄裹中。斯所以抗礼宸居(指王者),背恩天属(指父母),化物不能迁其化,生生无以累其生,长揖君亲,斯其大旨也。(卷六,第474页上、中)

《集沙门不应拜俗等事》卷一和卷二前部分中关于东晋朝两次沙门拜俗事件的资料,是从梁僧祐《弘明集》卷五和卷十二转录的;卷二《齐武帝论沙门抗礼事》,取材于梁慧皎《高僧传》卷十三《法献传》。本书是唐道宣《广弘明集》的资料来源之一,其中有关隋、唐两代的一些资料,为《广弘明集》卷二十五所转载(隋炀帝敕沙门致敬事,附载于隋彦琮《福田论》之首)。

第二品　唐道宣《集古今佛道论衡》四卷

《集古今佛道论衡》,简称《佛道论衡》,四卷。唐西明寺沙门道宣撰。据唐智升《开元释教录》卷八说,本书的前三卷撰于龙朔元年(661),后一卷撰于麟德元年(664)。载于《丽藏》

"星"函、《宋藏》"疑"函、《金藏》"星"函、《元藏》"疑"函、《明南藏》"给"函、《明北藏》"壁"函、《清藏》曲函、《频伽藏》"露"帙，收入《大正藏》第五十二卷。

《集古今佛道论衡》书首有道宣的自序。说：

> 天竺盛于六谛（指古印度胜论派的"六句"义），神州重于二篇（指《道德经》上下篇），遂使儒道互先，真伪交正，自非入证登位，何由分析殊途。……今以天竺胥徒，声华久隔，震旦张（张陵）葛（葛洪），交论实系，故商榷由来，诠衡叙列，笔削芜滥，披图藻镜，总会聚之，号曰《佛道论衡》，分为甲乙丙丁四卷。如有隐括，览者详焉。（《大正藏》第五十二卷，第363页上、中）

《集古今佛道论衡》为历代佛教与道教之间交争事件的叙录。所叙，上始东汉，下迄唐初。全书分为甲、乙、丙、丁四卷（《丽藏》本），亦称卷一、卷二、卷三、卷四（宋元明藏本），共叙事三十四件（包括附出一件）。

卷甲，叙后汉、三国、东晋、北魏、刘宋、梁、北齐诸朝佛道论衡事十件。有：东汉明帝感梦金人，摄摩腾、竺法兰入洛阳，道士等请求角试事（据《汉法本内传》）；三国吴主孙权立寺造塔，问三教优劣事；魏陈思王曹植《辩道论》事；东晋孙盛《老聃非大圣论》事；孙盛《老子疑问反讯》事；北魏太武帝重道毁佛感应事；宋文帝集群臣，论佛理治致太平事；正光元年（520），北魏明帝召沙门道士对论，叙佛道先后事；天监三年（504），梁武帝下敕舍事道法事；北齐文宣帝下敕废道教事。

卷乙，叙北周、隋朝佛道论衡事六件。有：天和四年（569），北周武帝将灭佛法，道安法师上《二教论》事；承光元年（577），周武帝平齐，集论毁法，慧远法师抗诏事；建德六年（577），周武帝巡邺，前僧任道林上表请开佛法事；大象元年（579），周天元皇帝(宣帝)纳王明广表,开佛法事;隋文帝下诏述绛州天火烧老君像事;隋两帝(文帝、炀帝)事宗佛理,禀受归戒事。

卷丙,叙唐高祖、太宗朝佛道论衡事十件。有：武德四年(621),高祖问僧形服有何利益,法琳法师奉对事；武德八年(625),高祖幸国学,统集三教,问道是佛师事；武德九年(625)[案：唐彦悰《唐护法沙门法琳别传》卷中谓"武德四年"],道士李仲卿著《十异九迷论》、刘进喜著《显正论》毁佛,法琳著《辩正论》以抗事；贞观十一年(637),太宗敕道先佛后,僧等上谏事；贞观十二年(638)皇太子(即后来的唐高宗)集三教学者详论事；太子中舍辛谞著《齐物论》,慧净、法琳二法师抗释事[案：据《唐护法沙门法琳别传》卷上,则此事发生在贞观七年春二月]；贞观十四年(640),太宗问法琳《辩正论》信毁交报事；贞观十五年(641),太宗幸弘福寺,手制愿文,并叙佛道先后事；贞观二十二年(648),太宗敕道士,《三皇经》不足开化,令焚除事；贞观二十一年(647),太宗诏玄奘法师翻《老子》为梵文,与道士辩核事。

卷丁,叙唐高宗朝佛道论衡事七件(附一件)。有：显庆三年(658),高宗召佛道二宗入内,详述名理事；显庆二年(657),高宗以西明寺成,召僧道入内论义事；显庆三年(658),高宗以冬雪未降,内立斋祀,召佛道二宗论义事；显庆五年(660),高宗幸东都,召西京僧、道士等,于彼论义事；同年,高宗在东都,令洛邑僧静泰与道士李荣对论事；龙朔二年(662)和三年(663),高宗在西京蓬莱宫,令僧灵辩与道士对论事；灵辩在司成宣范义颓宅,难《庄》、《易》义事。附龙朔元年(661),西华观道士郭行真舍道归佛事。

《集古今佛道论衡》所记的三十四事中,有十六事重载于《广弘明集·归正篇》的卷一、卷二、卷四,《辩惑篇》的卷五、卷

六、卷八、卷十,《僧行篇》的卷二十五。它们是:卷甲所记的全部(十事),卷乙所记六事中的前四事,卷丙所记的唐高祖问僧形服利益事和唐太宗敕道先佛后事。两下比较,《广弘明集》保存诏、表、论的原文较全,如北周道安上《二教论》事,《广弘明集》卷八有《二教论》的全文,而本书只录片段。北周王明广上表事,《广弘明集》卷十载有表章的全文,洋洋洒洒,有四千余字,而本书则一字也没有引用。至于事情的前后经过,所记大致相同。《佛道论衡》所记的最后一件事,即郭行真舍道归佛事,宋元明本俱缺,丽本单独列为卷丁的《续附》,并特地添写了《重校序》,对此作了说明。考北宋惟白《大藏经纲目指要录》卷八在对本书的介绍中,也提到此事,由此可知以前的宋本原载此事,而今存的宋本则失落了。

《集古今佛道论衡》的主要特点是,不仅细致地记述了历次佛道论争的背景、缘由、人物、议题、过程、结局,而且突出地叙述了历代帝王在佛道论争中的态度、倾向、观点和政令。从而为研究当时王权与佛道的关系,以及受这一关系制约的佛道两大宗教派别势力的消长,在国家政治生活中地位的升降,提供了有价值的资料。其中对隋代两帝、唐初三帝有关行业的记述,尤可注意。

自北周武帝在建德(572—577)年间,两次大规模废禁佛教之后,北方佛教濒临了几近绝灭的困境。然而,由于佛教的影响已经渗透到社会的各个阶层和社会生活的各个方面,它赖以生存并发展的社会基础,并没有因朝廷一时实行的毁佛政策而一下子消失,所以,武帝在北齐境内毁佛的次年一死,宣帝继位,便下诏重兴佛教。这中间,作为皇后之父的杨坚当出力不小。二年后,杨坚代周称帝,建立了隋朝,以此为契机,佛教不仅恢复了元气,而且在隋文帝杨坚的奖掖扶持之下,得到了迅速的发展,出现了南朝梁代之后又一个兴盛时期,并为唐代佛教的大发展奠定了基础。

隋文帝与佛教的关系,可以从他的幼年算起。《佛道论衡》卷乙引隋王劭《隋祖起居注》说,隋文帝以西魏大统七年(541),生于同州般若尼寺。尼智仙称杨坚为"那罗延",意为金刚不可坏,并愿意自己来养育他。杨坚的父亲"乃割宅为寺,以儿委尼",一直到了杨坚十三岁,方始还家。北周武帝灭佛时,尼就隐藏在他家里。有了这一段因缘:

> (杨坚)及登位后,每顾群臣,追念阿阇梨(对高僧的敬称)以为口实。又云,我兴由佛法,而好食麻豆,前身似从道人中来,由小时在寺,至今乐闻钟声。乃命史官为尼作传。帝昔龙潜所经四十五州,及登极后,皆悉同时起大兴国寺。仁寿元年,帝及后宫感舍利并放光明,砧槌试之,宛然无损,遂前后置塔诸州百有余所。……帝信重佛宗,情注无已。每日登殿,坐列七僧,转经问法,乃至大渐。至于道观,羁縻而已。(卷乙,第379页上、中)

隋文帝还从昙延法师受菩萨戒。在他的影响下,隋炀帝也信重佛法,受菩萨戒,与天台宗智𫖮感情笃深。

唐兴,高祖李渊虽然对佛教也是尊重宽容的,但并不起信。以至武德四年(621),傅奕上表废佛,提出"胡佛邪教退归天竺","沙门放归桑梓"时,

> 武皇(高祖)容其小辩,朝辅任其放言。乃下诏问僧曰:弃父母之须发,去君臣之章服,利在何门之中,益在何情之外?损益二宜,请动妙释。(卷丙,第380页上)

虽然李渊并没有采纳傅奕的提议,但傅奕多次写表状,四处散发的做法,显然是得到他默许的。于是,

京室间里,咸传秃丁之诮,剧谈席上,昌言胡鬼之谣。佛日翳而不明,僧威阻而无力。(同上)

武德八年(625),李渊在国学礼陈释奠时,当着儒、道、佛三宗人士的面:

下诏曰:老教、孔教,此土元基,释教后兴,宜崇客礼。今可老先,次孔,末后释宗。(卷丙,第381页上)

至武德九年(626),清虚观道士李仲卿、刘进喜,与傅奕唇齿结构,诛剪佛教。李著《十异九迷论》,刘著《显正论》,通过傅奕上达李渊。这次李渊采取行动了:

孟春(据《旧唐书》卷一当作"五月")下敕,京立三寺,僧限千人,余并放还桑梓,有才用者八品处分。严敕行下,无敢抗言。(同卷,第382页中)

只是由于不久发生了"玄武门之变",李渊让位于李世民,李世民大赦天下,僧人才还归本寺。

然而,唐太宗对佛道二教的态度,与唐高祖并没有本质上的不同。因为道教的教主老子叫李耳,是他们的本家,李唐王朝需要攀附李耳,光宗耀祖,以维护王族的权威,为此之故,需要确立道教在国家政治生活中的头等地位。贞观十一年(637),李世民驾巡洛阳,因听到佛道二教之间的辩论,乃下诏规定:

自今已后,斋供行立,至于称谓,道士、女道士可在僧尼之前。庶敦反本之俗,畅于九有,贻诸万叶。(同卷,第382页下)

贞观十四年(640),西华观道士秦世英上表朝廷,谓沙门法琳的《辩正论》,"谤讪皇室,罪当罔上"。李世民听了,非常生气,下敕沙汰僧尼,并寻拿法琳,当庭问罪。

敕云:汝所著《辩正论》信毁交报篇曰:有念观音者,临刃不伤。且赦七日,令汝念之,试及刑期,能无伤不?(同卷,第385页中)

限满,太宗将加法琳以刑罚,观其念诵观音的灵验,因法琳答道"琳于七日已来,不念观音,惟念陛下","陛下子育恒品,如经即是观音"(同上),遂不加罪,下敕发配益部(益州)僧寺。法琳行至百牢关,因疾而卒。

贞观十五年(641),太宗至弘福寺,为亡母做佛事,因制愿文,称自己是"皇帝菩萨戒弟子",表示"惟以丹诚,归依三宝"(同卷,第385页下)。事毕,太宗再三对僧人解释了为何定道先佛后的原因,希望得到佛教方面的理解和协作:

帝谓僧曰:比以老君,是朕先宗,尊祖重亲,有生之本,故令在前。(同卷,第386页上)

帝曰:朕以先宗在前,可即大于佛也。自有国已来,何处别造道观?凡有功德,并归寺家,国内战场之地,并置佛寺。乃至本宅,先妣唯置佛寺,朕敬有处所,以尽命归依。师等宜悉朕怀。彼道士者,止是师习先宗,故位在前。今李家据国,李老在前。若释家治化,则释门居上,可不平也。僧等起谢。(同上)

贞观二十一年(647),唐太宗还诏令玄奘法师与道士蔡晃、成英等一起,将《老子》(《道德经》)翻成梵文。

唐初,国家曾规定,"道士通《三皇经》者给地三十亩"(同上)。贞观二十二年(648),吉州有人上表提出,《三皇经》中有"天子欲为皇后者,可读此经"语。吏部杨纂等认为,《三皇经》与《道德经》义类不同,不可留世。至此,唐太宗才下令,收取《三皇经》而焚之,改为"道士通《道德经》者,给地三十亩"(同上)。

唐高宗对佛教的态度，较高祖、太宗要热心些，他的思想感情比较倾向于佛教，但因道教的兴废，直接关系到李氏的声誉，所以他的基本观点是"佛道二教，同归一善"（卷丁，第389页上），在佛道论争中一般取不偏不倚的中立态度。

《集古今佛道论衡》的不足之处，大致上与《广弘明集》同。卷甲中关于后汉、孙吴、北齐佛道事的叙说，取材于六朝时佛教方面编造的伪书。另外，卷乙谓"周武帝以齐承光二年春，东平高氏"的说法也不确切（见第374页上），因为根据史书上的记载，北周消灭北齐的时间是承光元年（577）。

第三品　唐智升《续集古今佛道论衡》一卷

《续集古今佛道论衡》，简称《续佛道论衡》，一卷。唐开元十八年（730），西崇福寺沙门智升撰。载于《丽藏》"星"函、《宋藏》"疑"函、《金藏》"星"函、《元藏》"疑"函、《明南藏》"给"函、《明北藏》"壁"函、《清藏》"曲"函、《频伽藏》"露"帙，收入《大正藏》第五十二卷。

《续集古今佛道论衡》无序跋。书首标有"西域天竺国事"，"出《后汉书》列传七十八"的字样，但实际上本书并非是《后汉书》列传第七十八卷的本文，而是由唐人的注释和智升的其他辑文构成的。

全书不分章节，亦无标题。从文义上辨别，大致可以分为两部分。

前部分主要讨论佛的生卒年代。从书的开头引《汉法本内传》（伪书），说汉明帝感梦求法，并在白马寺设斋行道，问法师摩腾（摄摩腾）"佛生于何时，灭于何时"起，至引《世传记》云"从佛入涅槃，计至汉明帝永平十年，凡一千二十年。从汉明帝永平十年，计至大业十年甲戌岁，凡五百四十八年，合一千五百六十八年。从大业十年至贞观十年岁次丙申,二十二年,通前一千五百九十年"(《大正藏》第五十二卷,第398页中)为止,大致上是从唐人对《后汉书》的注疏中抄出的。

后部分主要叙录后汉明帝、东吴孙权、北魏明帝时的佛道论衡,间杂其他。有:《汉法本内传》卷三关于汉明帝主持道士褚善信等与法师竺法兰、摩腾对论角试事;《汉法本内传》五卷的品名:第一卷《明帝求法品》,第二卷《请法师立寺品》,第三卷《与诸道士比较度脱品》,第四卷《明帝大臣等称扬品》,第五卷《广通流布品》;后汉译师安清、支楼(娄)迦谶、竺佛朔、曹魏昙摩迦罗的简介;《吴书》关于康僧会游化江南,吴主孙权问尚书令阚泽三教优劣事;姚秦译师鸠摩罗什的简介;北魏正光元年(520),明帝主持道士姜斌与法师昙谟最(昙无最)对论事。

在《续集古今佛道论衡》叙录的有关佛道论衡的事件中,后汉明帝时的佛道角试事,肯定是伪造的;吴主孙权问三教优劣事中,主要援引《汉法本内传》中的资料,有大半是属于伪托的;只有北魏明帝时的佛道对论事是比较可信的。至于安清、昙摩迦罗、罗什诸人的介绍,既寥寥数语,不足以反映人物的全貌,而且与佛道论衡毫不相干,掺杂其间,徒增凌乱。而且本书的绝大部分内容是从唐法琳《破邪论》上卷抄来的,又与道宣《集古今佛道论衡》重合。故本书虽名《续集古今佛道论衡》,但名实不符。以智升撰《开元释教录》这样博深的佛教名著的根底,似不至于写出这样差的著作来。故颇疑今本《续集古今佛道论衡》并非智升的原作,而是后人对《破邪论》上卷的错简与智升原作残文的拼凑。

第四品　元祥迈《辩伪录》五卷

《辩伪录》,全称《至元辩伪录》,"辩"或作"辨",五卷。元至元辛卯(二十八年,即公元1291年),山云峰(又称"大云峰")禅寺长老祥迈(又称"迈吉祥"、"如意禅师")奉敕撰。载于《明南藏》"营"函、《明北藏》"岳"函、《清藏》"于"函、《频伽藏》"露"帙,收入《大正藏》第五十二卷。

《辩伪录》书首有二序:一篇为元翰林直学士奉训大大张伯淳所撰,主要叙述《辩伪录》产生的历史背景,即元宪宗五年(1255)至元世祖二十四年(1287)期间佛教与道教的斗争;另一篇为大云峰住持沙门贵吉祥所撰,主要是介绍作者祥迈的事迹的。贵吉祥说:

> 如意(指祥迈)者,俗姓乎(呼)延氏,太原人也。系乎(呼)延赞之裔。世传缨冕,累叶播迁代郡,因为家焉。九岁落绀,随师请业。玉离荆岫,价重之德弥彰;桂去幽岩,馨香之风远递。阿师内穷三藏之奥,外核九流之源,名冠于中华,声闻于朝野。……切见全真道士者丘处机、李志常、史志经、令狐璋等,学业庸浅,识虑非长,并为鄙辞,排毁正法,击兹布鼓,窃比雷门,使中下之流咸生邪见。钦奉薛禅圣明皇帝(指元世祖)发大悲心,愍其盲瞽,恐堕泥犁(地狱),敕令制斯论耳。……如意所作《文赋注》、《四经序》、《韩文别传》、《性海赋》等,在世已传。然兹论五卷二百余纸,穷释老之渊源,分邪正之优劣,盖唱弥高而和弥寡,深可愧焉。(《大正藏》第五十二卷,第752页上)

《辩伪录》为元代佛道斗争史实的叙录。所载,既有实录(纪事),也有专论和有关的历史资料。

卷一和卷二以收载破斥元代道士令狐璋、史志经编写的《老子八十一化图》的专论为主,兼及其他文献。专论没有总标题,论首有祥迈写的一段小序,正文分为十四节。用引一段道士所说的"八十一化"中的第几化的原文,加一段"辩曰"的辩驳文字写成。两卷的情况是：

卷一：天尊伪第一；创立劫运年号伪第二；开分三界伪第三；随代为帝王师伪第四；老子出《灵宝》、《三洞》伪第五；游化九天伪第六。

卷二：偷佛经教伪第七；老君结气成字伪第八；周文王时为柱下史伪第九；前后老君降生不同伪第十；三番作佛伪第十一；冒名僭圣伪第十二；合气为道伪第十三；偷佛神化伪第十四。论末有"论曰"，是作者带有总结性的评论。其中有引元世祖论三教的一段话：

> 今上皇帝尝有言曰：世人将孔老与佛称为三圣，斯言妄矣。孔老之教，治世少用，不达性命，唯说现世，止可称为贤人。佛之垂范，穷尽死生善恶之本，深达幽明性命之道，千变万化，神圣无方，此真大圣人也。自今已后三教图像，不得与佛齐列。（第763页中）

此论之后是：后记；奉旨禁断的三十九部"道藏伪经"目录，其中有晋王浮《化胡经》、宋谢守灏《太山实录》、唐吴筠《明真辩伪录》、《十小论》、《辅正除邪论》、杜光庭《辟邪归正议》、梁旷《黜邪论》、林灵素《谤道释经》，以及《历代帝王崇道记》、《青阳宫记》、《道佛先后记》、《混元皇帝实录》等；元世祖至元十八年（1281）十月令烧毁除《道德经》外所有"道藏伪经"及印板的圣旨；元宪宗戊午岁（1258）七月令退还被道教侵占的佛教寺院、田地、产业，并焚毁《化胡经》的圣旨。

卷三、卷四：主要记叙元代佛道斗争的由来、经过和结局，属于实录性质。

卷五：收载至元二十一年（1284）翰林院唐方、王磐等撰的《圣旨焚毁诸路伪道藏经之碑》，碑文总括元代佛道斗争的情况，与卷三、卷四所叙大致相同，但文字要简约得多；至元十七年

（1280）判决将指使人放火烧粮的道教提点甘志泉斩首，余犯或割耳朵鼻子，或流放边远的官碑；至元十八年（1281）大都报恩禅寺林泉伦吉祥长老为奉敕下火焚烧道藏所撰的文辞；祥迈撰的《如意答石介怪记》，文中对宋儒石介（字守道）在批判佛教时所说"释氏髡发左衽，不士不农，为夷者半"，"灭君臣之道，绝父子之亲，弃道德，悖礼乐，裂五常，移四民，毁中国之衣冠，去祖宗之祀祭"的一席话，进行了反击（见第778页中）；祥迈撰的《圣旨特建释迦舍利灵通之塔碑文》。

在护法类著述中，《辩伪录》辑存的史料之多仅次于唐法琳《辩正论》。特别是《辩伪录》较为详细地叙说了元太祖成吉思汗时，道教中全真教的兴起；元宪宗蒙哥时，全真教对佛教寺庙与其他产业的侵占，以及佛教的反击措施；元世祖忽必烈时，焚毁道藏的始末。从而成为研究元代佛道斗争历史的重要资料。

先是金朝正隆（1156—1161）年间，三辅王世雄（即王重阳）悟道出家，兼修禅僧所说的"达性"和儒士所说的"知命"，行丐传道，创立了全真教。弟子丘处机（字通密，号长春子）应诏，从莱州（今山东掖县）出发，行程万余里，到达元太祖在西域的行宫，大受器重。以后东归，被元太祖赐以牌符，掌管天下道教。

（有旨）独免丘公门下科役，不及僧人及余道众。古无体例之事，恣欲施行。……回到宣、德等州，屈僧人迎拜。后至燕城（燕京），左右鼓奖，特力侵占，使道徒王伯驺从数十，县（悬）牌出入，驰跃诸州，通管僧尼。（卷三，第766页中、下）

其势之威赫，无人能及。西京的夫子观首先被改为道教的文成观，以后各地道士纷纷效法，占居佛寺，改立道院，荡毁佛像，改塑天尊。虽说成吉思汗以前曾颁布过诏令，保护佛教，说：

（军旅）所在形仪，无得损坏，随处寺宇所有田地，水浇上地、水碾、水磨、寺用什物，凡是佛底并令归还，莫得侵占。大小科役、铺马祗应并休出者。出家僧人是佛弟子，与俺皇家子子孙孙，念经告天，助修福者。凡是僧人去住自在，休遮当者。有歹人每倚著气力搔扰佛寺，奏将名姓来者。（同卷，第765页下—第766页上）

但由于其时已倾向于道教，所以对全真道士所为并未干预。

及至元宪宗元年（1251），丘处机弟子李志常掌管道教事（释教事由僧海云掌管，次年改为西域僧那摩大师），京城及州县，道士占夺寺舍，侵植田园，磨毁碑幢，打毁佛像等事愈发严重。据作者祥迈说：

打拆夺占、碎幢磨碑，难可胜言，略知名者五百余处，皆李志常之所主行。（同卷，第767页下）

道士令狐章、史志经又编撰了《老子八十一化图》，谓释迦为老君弟子所变生。镂板后，由李志常遍散朝廷近臣。乙卯年（宪宗五年，即公元1255年）八月，少林僧福裕等为之上诉朝廷。九月下旨，"先生（元代对道士的称呼）住著寺院地面三十七处，并令分付释门"（第769页下）。并令修复被道士打毁的佛菩萨像，烧毁《老子八十一化图》等刻本。丙辰年（1256）九月宪宗又对僧人发表谈话，认为道教与儒教，"皆难与佛齐"：

帝时举手而喻之曰：譬如五指皆从掌出，佛门如掌，余皆如指。不观其本，各自夸衒，皆是群盲摸象之说也。（同卷，第770页下）

丁巳年（1257）秋，宪宗又根据少林僧的要求，下令归还被道士侵占的四百八十二处寺院中的二百三十七处，焚毁被称为"伪经"的道书四十五部（参见张伯淳序第751页上、卷五第776

页中)。次年又下诏催问此事(见卷二第765页上、中)。

元世祖继位后,奉拔八斯巴(即八思巴)为国师,令他掌管天下释教事,在佛道冲突中,明显地站在佛教一边。至元十八年(1281)九月,世祖召集道教各派首领如正一天师张宗演、全真掌权祁志诚、大道掌教李德和、杜福春等诣长春宫,考证道经真伪。并以道教自谓能"入水不溺,入火不焚,刀剑不伤"为理由,令张宗演等四人佩符入火,自试其术。张等畏惧不敢,只得承认除《道德经》以外的所有道书均为伪书(见卷五第776页下)。十月,世祖发布圣旨,下令全面焚毁"道藏伪经"。圣旨说:

> 今后先生每依著老子《道德经》里行者,如有爱佛经底,做和尚去者。若不为僧道,娶妻为民者。除《道德经》外,说谎做来底道藏经文并印板,尽行烧毁了者。(卷二,第764页下)

但这道圣旨规定,"民间诸子医药等文书自有板本,不在禁限"(同上,第765页上)。

至此,道教的势力一落千丈。据张伯淳序说:

> 自至元二十二年春,至二十四年春,凡三载,恢复佛寺三十余所,如四圣观者,昔孤山寺也。道士胡提点等舍邪归正,罢道为僧者,奚啻七八百人。(第751页上)

《辩伪录》的不足之处有:卷二将元宪宗戊午年,误为元世祖的"至元戊午年";卷三、卷四往往没有将同一年发生的事放在一起叙述,或以编年的方式排列,而是这里说一点,那里说一点,一些宪宗朝的事在叙说该朝史事时不说,而放到世祖朝作为追叙。倘若不参照张伯淳的序言,卷二所载的元世祖至元十八年和元宪宗戊午年的两道圣旨,以及卷五的《圣旨焚毁诸路伪道藏经之碑》,要理出一个编年系列和一事之本末,颇为困难。

第三门 论　　辩

第一品　唐法琳《破邪论》二卷

《破邪论》,二卷。唐武德五年(622),济法寺沙门法琳撰。载于《丽藏》"既"函、《宋藏》"既"函、《金藏》"既"函、《元藏》"既"函、《明南藏》"冠"函、《明北藏》"微"函、《清藏》"曲"函、《频伽藏》"露"帙,收入《大正藏》第五十二卷。

《破邪论》书首有唐虞世南《襄阳法琳法师集序》;武德五年(622)正月二十七日法琳给皇太子李建成的《上殿下〈破邪论〉启》;在行文中间夹有法琳"弹曰"、"箴曰",即反驳之词的唐太史令朝散大夫傅奕《上减省寺塔废僧尼事》;武德五年正月十二日法琳给李世民的《上秦王启》(宋元明本所署的日期为"武德四年九月十二日")。

据唐道宣《集古今佛道论衡》卷丙记载,法琳在《破邪论》写成之后,曾上启储贰(皇太子)、亲王及公卿侯伯,"东宫虞世南详所上论,为之序",但虞世南的这篇序言后来佚落了,现在刊于论首的《襄阳法琳法师集序》,是虞世南为法琳文集撰写的序,非专为《破邪论》所作。该序介绍了法琳的生平行业,末云:

> 法师著述之性,速而且理,凡厥勒成,多所遗逸。今散采所得诗赋、碑志、赞颂、箴诫、记传、启论,及《三教系谱》、

《释老宗源》等,合成三十卷。法师与余,情敦淡水,义等金兰,虽服制异宜,风期是笃,辄以藤缏,联彼珪璋,编为次第。(《大正藏》第五十二卷,第475页上)

《破邪论》是针对武德四年(621)六月二十日傅奕的《上减省寺塔废僧尼事》(又称《上废省佛僧表》)而撰的佛教护法专论。傅奕在上表中,对佛教进行了激烈的抨击,说魏晋以后,由于佛教滋盛,致使"搢绅门里,翻受秃丁邪戒;儒士学中,倒说妖胡浪语","剥削民财,割截国贮","军民逃役,剃发隐中",要求朝廷废省佛法,以益国利民。他的观点不仅直接影响唐高祖对佛教的态度,而且由于他广泛散发自己的表状,在社会上也造成了强劲的反佛声势。为维护佛教,总持寺沙门普应撰《破邪论》二卷,门下典仪李师政撰《内德论》、《正邪论》各一卷,广引佛教经论,破斥傅奕的表文。"琳(法琳)阅众辞,多引经教,因谓众人曰:此引皆是奕(傅奕)之所废,岂得引废证成,虽曰破邪,终归邪破。"(《集古今佛道论衡》卷丙,《大正藏》第五十二卷,第380页上、中)于是撰写了这篇以世俗典籍上的资料为主要论据的论文。

《破邪论》采用引一段傅奕的表文(或大意),对一段法琳的驳词,"奕云"与"对曰"相次敷述的形式写成。

卷上,法琳征引"孔老经书,汉魏已来内外史籍"中有关"孔老师敬佛"的说法,破斥傅奕说的"佛为一姓之家鬼也,作鬼不兼他族,岂可催驱生汉,供给死胡"。所引的道经有《智慧本愿大戒上品经》、《老子升玄经》、《张陵别传》、《老子西升经》、《智慧观身大戒经》、《化胡经》、《灵宝消魔安志经》、《老子大权菩萨经》、《灵宝法轮经》、《仙人请问众圣难经》、《仙公起居注》、《仙公请问上品经》、《太山灵宝真一劝诫法轮妙经》等;孔书(儒书)有《周书异记》;子书有《列子》、《符子》等;佛典有《天地经》、

《清净法行经》、《汉法本内传》、《玄通记》等；史书有《汉书》、《后汉书·郊祀志》、《吴书》、《魏书》等。但从史料的确凿性而言，法琳所引的道经、孔书、子书和佛典大多数是晋宋以后的伪著，有关孔子、老子师敬佛陀的说法，都是后人伪造的。如道教《老子升玄经》云："天尊（指老子）告道陵（指张陵），使往东方诣佛受法。"《张陵别传》云："陵在鹄鸣山中，供养金像，转读佛经。"（以上见第477页下）佛教《天地经》云："佛遣三圣，化彼东土，迦叶菩萨彼称老子。"《清净法行经》云："佛遣三弟子，震旦教化，儒童菩萨彼称孔丘，光净菩萨彼云颜回，摩诃迦叶彼称老子。"（以上见第478页下）其伪一见便知。

卷下，法琳援引一些史乘上的说法，对傅奕提出的"毁寺给民，草堂安像"，"帝王无佛则大治年长，有佛则虐政祚短"，"佛未出前，世无篡逆者"，"佛来汉地，有损无益，入家破家，入国破国"，"寺多僧众，妖孽必作"等观点一一加以辩驳。如傅奕认为"帝王无佛则大治年长，有佛则虐政祚短"，法琳反驳说，三皇五帝、尧舜禹汤、周秦前汉，那时汉地尚无佛教，但仍然是篡逆相次，兵戈不息。傅奕列举后赵张光、后燕法长、南凉道密、北魏孝文帝时的法秀和惠仰等沙门谋反的例子，说明"寺多僧众，妖孽必作"，而法琳则举道教方面张鲁、张角、孙恩等人的例子，反讥道士"篡逆"。最后，法琳回答了唐高祖在《问僧形服利益事》中提出的关于沙门"弃父母之须发，去君臣之服章，利在何门之中，益在何情之外"的质难，说：

（沙门）去君臣华服，虽形阙奉亲，而内怀其孝；礼乖事主，而心戢其恩。泽被怨亲，以成大顺，福霑幽显，岂拘小违。上智之人依佛语，故为益；下凡之类违圣教，故为损。（第489页中、下）

《破邪论》是唐道宣《广弘明集》的资料来源之一。《广弘明集》卷一刊载的《商太宰问孔子圣人》、《子书中佛为老师》、《汉法本内传》、《后汉书·郊祀志》、《吴主孙权论叙佛道三宗》、《元魏孝明帝召释道门人论佛先后》,都是从《破邪论》上转载,或者根据《破邪论》加详的,仅《宋文帝集朝宰论佛教》是根据《高僧传》转录的。《广弘明集》卷十一之首刊载的傅奕《上废省佛僧表》十一条,也是从《破邪论》上转录的,因为这篇表文中以夹批形式保存的弹驳之词,都是法琳写的,同卷又收载了《破邪论》的大部分内容(仅有小部分未用)。

第二品　唐法琳《辩正论》八卷

《辩正论》,八卷。唐济法寺沙门法琳撰。约成于贞观七年(633)。载于《丽藏》"既"函、《宋藏》"明"函、《金藏》"既"函、《元藏》"明"函、《明南藏》"陪"函、《明北藏》"旦"函、《清藏》"奄"函,收入《大正藏》第五十二卷。

《辩正论》书首有唐东宫学士颍州陈子良《序》。称法琳"内该三藏,外综九流","篇章婉丽,理致遒华",对于庄子、墨子之学,黄帝、老子之书,道教三清三洞之文,九府九仙之箓,登真隐诀之秘,灵宝度命之仪,都能"吞若胸中,说犹指掌"。末云:

> 法师所作诗赋启颂、碑诔章表、《大乘教法》及《破邪论》等三十余卷,在世久传。然此论凡八卷十二篇二百余纸,穷释老之教源,极品藻之名理,修述多年,仍未流布。……于是启所未闻,聊为注解,庶将来同好,幸详其致焉。(《大正藏》第五十二卷,第490页上、中)

书尾载有法琳《与尚书右仆射蔡国公书》,叙说自己撰《辩正论》的原由和设想,希望从他那里借得所需要的经史文籍,以助成此论,说:

前因傅子（傅奕），聊贡斐然（指撰《破邪论》），仍以未竭邪源，今重修《辩正》，颇为经书罕备，史籍靡充。……但是诸子杂书，及晋宋已来内外文集，与释典相关涉处，悉愿披览，谨以别录仰呈，特希恩许，轻陈所请。（第550页中）

《辩正论》主要是针对武德九年（626）清虚观道士李仲卿《十异九迷论》和刘进喜《显正论》而撰的。李、刘两人在论中对佛教进行了全面的抨击，并且通过傅奕，转呈皇上，成为此年五月唐高祖下诏沙汰僧尼，规定京立三寺，僧限千人，余并还俗的因素之一。虽然由于六月发生的"玄武门之变"，导致高祖退位，李世民登基，高祖的这道敕令也因而失效。但李、刘两论的影响还是存在的，为此，法琳在继《破邪论》之后，又撰写了《辩正论》。

全论分为十二篇：

一、三教治道篇（卷一、卷二），论儒、道、佛三教与治国的关系。分为上下篇。上篇着重讨论儒家以礼义刑禁为政，与佛教以三归、五戒、十善、六斋劝化的不同作用。下篇着重贬黜道教，称道斋虚妄，于国无补，道家之"道"，非是"大道"，而是"小道"。

二、十代奉佛篇（卷三、卷四），记晋（西晋、东晋）、宋、齐、梁、陈、魏（北魏、西魏、东魏）、北齐、北周、隋、唐十代君臣敬信佛教的事迹。也分为上下篇。上篇记唐以前诸帝以及两晋南北朝王公大臣、州守县令、名儒学士的奉佛事迹。下篇记唐初两帝（高祖、太宗）以及北朝、隋代王公宰臣的奉佛事迹。

三、佛道先后篇（卷五），论佛教产生在先，道教产生于后。

四、释李师资篇（卷五），论佛为老子之师。

五、十喻篇（卷六），立从生有胜劣、立教有浅深、德位有高卑、化缘有广狭、寿夭有延促、化迹有先后、迁谢有显晦、相好有少多、威仪有同异、法门有顿渐等"十喻"，对答道士李仲卿《十异九迷论》中的"十异",争辩老子与释迦的高卑优劣。

六、九箴篇(卷六),立周世无机、建造像塔、威仪器服、弃耕分卫、教为治本、忠孝靡违、三宝无翻、异方同制、老身非佛等"九箴",对答《十异九迷论》中的"九迷",力辨世人奉佛非是"迷惑"。

七、气为道本篇(卷六),谓道教的"道"本是"气",除了"气"以外,别无"道君"、"道神"一类的天神仙官。

八、信毁交报篇(卷七),列数种种善恶报应的事例,论证信佛则有灵验,毁佛则有恶报。

九、品藻众书篇(卷七),谓儒典浩汗,唯有《孝经》一书"言约旨弘,尽美尽善"。

十、出道伪谬篇(卷八),从灵文分散谬、灵宝太上随劫生死谬、改佛经为道经谬、偷佛法四果十地谬、道经未出言出谬、道士合气谬、叙天尊及化迹谬、诸子为道书谬等八个方面,对道教经典进行抨击。

十一、历代相承篇(卷八),从道家无金刚密迹师子、释老形服异、道家节日、钟幡不同、器名不同、不合行城、依法朝拜、请立经目等方面,对道教从佛教那里引进,或者受佛教的启发而仿立的天神、节日、法器、仪式、道经进行了抨击。

十二、归心有地篇(卷八),载天监三年(504)梁武帝《舍道敕文》、天监四年(505)邵陵王萧纲《奉敕舍老子受菩萨戒文》。

上述十二篇中,除《十喻》、《九箴》两篇是直接弹驳道士李仲卿《十异九迷论》,引一条对方的观点,对一条法琳的驳词,写法与《破邪论》是相同的之外,其余诸篇的写法均与《破邪论》不同:《三教治道》、《十代奉佛》、《佛道先后》、《释老师资》、《信毁交报》、《品藻众书》等六篇,都是法琳自设宾主,用"儒生"(偶用"上庠公子"、"公子")和"开士"(偶用"古学通人"、"通人")之间的对话写成的,"儒生"代表儒道,"开士"代表佛教;《气为道本篇》,虽然也设两人对话,即"考古通人"和"占衡君子",但两人之间无驳难,均代表佛教的观点;《出道伪谬》和《历代相承》两篇,是作者本人的论述,没有宾主问答;《归心有地篇》是资料辑录。从中也可以看出,《辩正论》不是一气呵成的,而是分几次写成的。

此外,《辩正论》行文中间有夹注,这些注解是作序的陈子良撰写的。

《辩正论》是历代护法专论中保存佛教史资料最多的一部著作。尤其是它的《十代奉佛篇》系统地叙载了西晋以下至唐初十代王臣的奉佛事迹,特别是历代皇帝造像立寺、设斋度僧、诵经持戒的事例,以及历代僧尼、寺庙、译经的数目等,为了解各个时期佛教概貌提供了珍贵的资料。这些史料,不仅为唐道宣《释迦方志》和道世《法苑珠林》所转载,而且也为后世的许多佛教史籍所征引。如:

西晋:武帝大弘佛事,广树伽蓝;惠帝于洛下造兴圣寺,供养百僧;愍帝于长安造通灵、白马二寺。"西晋二京,合寺一百八十所,译经一十三人,七十三部,僧尼三千七百余人。"(卷三,第502页下)

东晋:元帝造瓦官、龙宫二寺,度丹阳、建业千僧;明帝造皇兴、道场二寺,集义学沙门百人;成帝造中兴、鹿野二寺,集翻经义学百人;哀帝延问侍臣,回心佛理;简文帝造像、建斋、度僧、立寺,于长干故塔起木塔,壮丽殊伟;孝武帝精心奉佛,志念冥符,遣沙门昙摩撮送玉像至师子国,于育王塔立大石寺。"东晋一百四载,合寺一千七百六十八所,译经二十七人,二百六十三部,僧尼二万四千人。"(同卷,第503页上)

宋:武帝口诵梵本,手写戒经,造灵根、法王二寺;文帝奉斋不杀，精心慕道，造禅云寺；明帝造丈四金像和弘普寺。"宋世合寺一千九百一十三所，译经二十三人，二百一十部，名僧智士郁若稻麻，宝刹金轮森如竹苇，释教隆盛，笃信倍多，僧尼三万六千人。"（同上）

齐：高帝手写《法华》，口诵《般若》，立陟岯、正观二寺；武帝造招贤、游玄二寺，集义学翻经三百僧；明帝写一切经（指佛藏），造千金像，口诵《般若》，常转《法华》，造归依寺。"齐世合寺二千一十五所，译经一十六人，七十二部，僧尼三万二千五百人。"（同上）

梁：武帝留心释典，躬述注解，舍身佛寺，斋讲不绝。于钟山起爱敬寺，青溪起智度寺，舍旧第为光宅寺。至普通八年（527），更造同泰寺，殿台华绮，房廊彩饰，凌云九级，丽魏永宁；简文帝造资敬、报恩二寺，刺血自书《般若》十部；元帝造天居、天宫二寺，自讲《法华》，每解《成实》〔案：上述西晋至梁代诸帝的奉佛事迹，除梁武帝事迹采自《辩正论》本文，其余诸帝事迹均据陈子良注解。以下均据《辩正论》本文〕。"梁世合寺二千八百四十六所，译经四十二人，二百三十八部，僧尼八万二千七百余人。"（同卷，第503页中）

陈：武帝先后在扬都造东安、兴皇、天居等五寺，皆绣栱雕楹、文槐粉壁，三阶肃而宛转，千柱赫以玲珑，长表列于康衢，高门临于驰道。写一切经一十二藏，造金铜像一百万躯，度僧尼七千人，修治故寺三十二所；文帝修治故寺六十所，写一切经五十藏，度僧尼三千人；宣帝于太皇寺造七级木浮图（木塔），金盘将曜灵比色，珠轮与合璧争晖。又造金铜佛像二万躯，修治故像一百三十万躯，写一切经十二藏，修补故寺五十所，度僧尼万人。"陈世五主，合三十四年，寺有一千二百三十二所，国家新寺一十七所，百官造者六十八所，郭内大寺三百余所。……僧尼三万

二千人,译经三人,十有一部。"(同卷,第503页下)

北魏:明元帝敬重三宝,于邺下大度僧尼;文成帝在太武帝毁佛之后,重兴佛教,修复寺宇,凡度僧尼三万许人;献文帝造招隐寺;孝文帝善谈庄老,尤敦释义,造安养寺。又于大觉寺修葺堂宇,上标金刹,下列银楹,影塔经台烂然备举,所度僧尼达一万四千人;宣武帝于式乾殿为诸僧朝臣讲《维摩经》,又造普通、大定等四寺,供养千僧;孝明帝于邺下造大觉寺,窈窕曲房,参差复殿;孝庄帝造五精舍(寺院),刻万石像;孝武帝永熙元年(533)于长安造陟屺寺,供养二百名僧,四时讲诵,略无弃日。

西魏:文帝于大统元年(535)造般若寺,口诵《法华》,身持净戒。"元魏(包括北魏、西魏、东魏)君临一十七帝,一百七十一年,国家大寺四十七所。又于北代恒安治西旁,各上下三十余里,镌石置龛,遍罗佛像。……其王公贵室五等诸侯(造)寺八百三十九所,百姓造寺三万余所,总度僧尼二百万人,译经一十九人,四十九部。"(同卷,第507页中、下)

北齐:文宣帝天保(551—559)之始,受菩萨戒,断肉禁酒,放舍鹰鹞。去官渔网,敕断屠杀。又以法上为戒师,常布发于地,令其践之。所度僧尼八千余人;孝昭帝写一切经藏一十二藏,合三万八千四十七卷,凡度僧尼三千许人;武成帝于层台别观,并树伽蓝,璧玉珠玑,咸充供具。转《大品经》,月盈数遍。"高齐六君二十八年,皇家立寺四十三所,译经六人,一十四部。"(同卷,第508页上)

北周:明帝造卢舍那织像一躯,等身檀像一十二躯,并菩萨、金刚师子像等;宣帝在武帝毁佛之后,重隆佛教,造塑像四龛一万余躯,写《般若经》三千许部。"周世宇文氏五帝二十五年,合寺九百三十一所,译经四人,一十六部。"(同卷,第508页中)

隋：文帝开皇三年(583)下诏修复北周所废之寺,开皇五年(585)受菩萨戒。先后在京师造大兴国寺、大兴善寺、三善寺、东禅定寺,在亳州造天居寺,在并州造武德寺,所经行处四十五州,皆造大兴国寺。又下敕在五岳及诸州名山之下,各置僧寺一所并田庄。在四十州各造宝塔,供养舍利。"自开皇之初,终于仁寿之末,所度僧尼二十三万人,海内诸寺三千七百九十二所,凡写经论四十六藏,一十三万二千八十六卷,修治故经三千八百五十三部,造金铜檀香夹纻牙石像等大小一十万六千五百八十躯,修治故像一百五十万八千九百四十许躯"(同卷,第509页中);炀帝大业元年(605)造西禅定寺,后于高阳造隆圣寺,并州造弘善寺,扬州造慧日道场,京师造清禅寺、日严寺、香台寺,舍九宫为九寺,于泰陵、庄陵二所各造一寺。先后"装补故经,并写新本合六百一十二藏,二万九千一百七十三部,九十万三千五百八十卷。修治故像一十万一千躯,铸刻新像三千八百五十躯,所度僧尼一万六千二百人"(同卷,第509页下)。总计"杨氏二君三十七年,寺有三千九百八十五所,度僧尼二十三(应为"四")万六千二百人,译经二十六人,八十二部"(同上)。

唐代：高祖造像书经,备修禔福。于京师造会昌寺、胜业寺、慈悲寺、证果尼寺、集仙尼寺,舍旧第为兴圣尼寺,于并州造义兴寺,都是堂宇轮焕,像设华严,复拱图星,重楣画月(见卷四);太宗贞观二年(628)敕令在京城诸寺为阵亡者建斋行道。次年敕波颇三藏等于大兴善寺译经。贞观六年(632)度僧尼三千人,诸州散配。又令于昔日战场处建寺十所,并为穆太后造慈德、弘福两寺(见卷四)。

此外,《十代奉佛篇》还搜罗了各代王公宰辅数百人的奉佛事迹。

《辩正论》对儒家礼义政纲贬损不多，只是认为：

> 释氏之教也，劝之以善，化之以仁，行不杀以止杀，断其杀业，以断杀故，而民畏罪。王者为政，闭之以狱，齐之以刑，将杀以止杀，不断杀业，以不断故，而民弗禁。（卷一，第494页下）

而对道教则大加鞭挞，列数种种事例，指责道教剽窃佛教。如：道教《本相经》中关于天尊的"三十二相八十种妙姿"，出自佛经对释迦牟尼的描写（见卷八，第543页中）。北魏道士张达的《妙法弥多子经》二卷，取名于佛教《妙法莲华经》中的"弥多罗尼子"，又改佛家的三十五佛名为"三十六真人"，改师子吼菩萨为"师子吼真人"，改宝胜佛为"宝胜真人"。汉地历来只有长跪、顿首、稽首、稽颡、博颡等礼节，互跪合掌的礼节是由佛教传入的，而此经也采用佛教的做法。此经中的《六十四真步虚品偈》也是从《法华经》中的一首偈改换过来的（以上见同卷，第543页下、第544页上）。七月十五日是佛教的"盂兰盆会"，二月八日是释迦牟尼逾城出家的日子，佛教在此日举行纪念活动，有"行城之法"，而这些节日，唐时诸州道士也袭用（见同卷，第548页中、下）。如此等等。

因此，《辩正论》不仅保存了佛教史的许多重要资料，也保存了一些道教史资料。它与北周甄鸾《笑道论》（载《广弘明集》卷九）一样，对于佛教对道教影响渗透的研究，具有一定的参考价值。

《辩正论》的不足之处有：卷三，将刘宋的第三代皇帝刘义隆（宋文帝），排在第六代皇帝刘彧（宋明帝）之后；将北魏的末代皇帝元修（魏孝武帝）称为"西魏"之帝；将北周第一代皇帝宇文觉（周孝闵帝）的父亲宇文泰，排在第二代皇帝宇文毓（周明帝）之后。前后倒错，与史不合。

第三品　唐复礼《十门辩惑论》三卷

《十门辩惑论》，三卷（一作"二卷"）。唐永隆二年（681），大兴善寺沙门复礼撰。载于《丽藏》"集"函、《宋藏》"既"函、《金藏》"集"函、《元藏》"既"函、《明南藏》"冠"函、《明北藏》"微"函、《清藏》"说"函（除《金藏》以外，自《宋藏》至《清藏》均作"二卷"）、《频伽藏》"露"帙，收入《大正藏》第五十二卷。

复礼，京兆长安（今西安）人，俗姓皇甫。少出家，住大兴善寺。游心内典，兼博玄儒，尤工赋咏，善于著述。曾应诏与地婆诃罗、实叉难陀翻译《方广大庄严经》、《华严经》等，任缀文裁义之职。北宋赞宁《宋高僧传》卷十七本传称，"唐之译务，礼（复礼）为宗匠，故惠立谓之'译主'，译主之名，起于礼矣。妙通五竺，融贯三乘，古今所推，世罕伦匹。"（《大正藏》第五十卷，第812页下）复礼曾有文集行世，今已不传。

《十门辩惑论》书首有复礼自序，书末附有《权文学答书》。复礼在《序》中说：

> 权文学（权无二）声冠应行，地参圆绮，搢绅嘉其令望，缁素挹其芳猷，而顷著《十疑》，干我二谛。公孙生之聪辩，自昔难酬，舍利子之雄才，嗟今莫拟。岂当仁而抗议，试言志以成文。必也正名乎？称之曰《十门辩惑》。（《大正藏》第五十二卷，第551页上）

唐智升《开元释教录》卷九著录了《十门辩惑论》，并作介绍说：

> 永隆二年辛巳，因太子文学权无二述《释典稽疑》十条，用以问礼（复礼），请令释滞，遂为答之，撰成二卷，名为《十门辩惑论》。宾主酬答，剖析稽疑，文出于智府，义在于

心外,如斯答对,非此而谁?可谓龙猛更生,马鸣再出。权文学睹斯论已,众疑顿遣,顶戴遵行。(《大正藏》第五十五卷,第564页中)

从上可知,复礼的这部护法之论,乃是为了回答权无二的《释典稽疑》而作的。论分十门,以答权无二的十条。全文用"稽疑曰"与"辩惑曰"对答的形式写成。

一、通力上感门(卷上),答维摩诘为何能以神力掌运如来之疑。说,这是因为他"启权智以有生,示居家而弘道","三昧之力,有感必通"(《大正藏》第五十二卷,第551页中)。

二、应形俯化门(卷上),答龙女成佛很容易,而文殊菩萨是燃灯佛的老师(释迦牟尼又是燃灯佛的弟子),却没有成佛之疑。说,"龙女虽身游五道,而位光十地","文殊处因位而示淹留,劝人后己"(第551页下)。

三、净秽土别门(卷上),答释迦从生至灭,只在一劫之内,为何云佛说《法华经》时经五十小劫之疑。说,佛有真身、应身、真土、应土,"真身真土,绝名相而独立;应形(应身)应国(应土),随物感而多状"(第552页上)。

四、迷悟见殊门(卷上),答佛说《法华》时,神光远照他界,说《涅槃》时,宝盖广覆大千,为何此方不见之疑。说,这是因为此方"未开慧目"(第552页下)。

五、显实得记门(卷上),答婆达多是佛的堂弟,劝阿阇王害佛,却成天王如来,善星是佛的弟子,罪轻于达多,却入地狱之疑。说,达多的行为有"权"、"实"两个方面,"大乘阐其实,小乘语其权。若晦实论权,有害佛之逆,而招地狱之苦;若废权谈实,无破僧之罪,故受天王之记"(第553页中)。

六、反经赞道门(卷中),答提婆达多后来成为如来,则他应是菩萨,为何身为菩萨反而劝阿阇王杀害他的父亲频婆娑罗王之疑。说,"圣人之道或逆或顺","顺而匠物者,文殊等也;逆而匠物者,调达(即提婆达多)之流也"(第554页上)。

七、观业救舍门(卷中),答频婆娑罗王最早供养佛陀,佛为何见死不救,阿阇王是贼臣逆子,为何反而延长他的寿命之疑。说,业有三报,"有见报业者,此身作业即身而受也;有生报业者,今身造业,次生而受也;有后报业者,此生未受,后生方受也"(第555页上)。又说,业有决定、不定两种,"不定则易转,其业可亡;决定则难移,其报必受。频婆定业也"(第555页中)。

八、随教抑扬门(卷中),答《涅槃》既然是成佛之要籍,为何赞功德之处,轻于《般若》、《法华》之疑。说,事有本末,"自本而观也,泯然平等矣;自末而观也,森然不同矣"(第556页上)。

九、化佛隐显门(卷下),答佛于二月十五日究竟是灭还是未灭之疑。说:"涅槃之性,不可以生灭求,不可以有无取。"(第557页上)因为佛有三身,"法身以性净真如为之体,出缠被了为之义;报身以酬因果德为之性,冥真照俗为之业;化身以内依胜智为之本,外应群情为之相"(第557页中)。法身"其性本常",报身"其体恒在",化身"显晦不恒,往来无定",佛在双林示寂的是化身。

十、圣王兴替门(卷下),答佛教说的金轮圣王为何不到东夏之疑。说这是因为载籍未备的缘故。

《十门辩惑论》二卷本的分类是:从《通力上感门第一》到《反经赞道门第六》为上卷,从《观业救舍门第七》到《圣王兴替门第十》为下卷。总的来说,本书的一些解答在文义上有牵强之嫌,而且辑存的史料甚少,无法与《辩正论》相比。

第四品　唐玄嶷《甄正论》三卷

《甄正论》,三卷。唐佛授记寺沙门玄嶷撰。撰时阙载,大致上撰于武则天天授元年(690)至长安四年(704)之间。载于《丽藏》"集"函、《宋藏》"既"函、《金藏》"集"函、《元藏》"既"函、《明南藏》"辇"函、《明北藏》"微"函、《清藏》"俊"函、《频伽藏》"露"帙,收入《大正藏》第五十二卷。

玄嶷的事迹见于唐智升《开元释教录》卷九和北宋赞宁《宋高僧传》卷十七,而后者是根据前者并稍有增益写的。《开元释教录》卷九说:

> 沙门玄嶷,俗姓杜,名义,先是黄冠(指道士),为东都大弘道观主。游心七籍,妙善三玄,黄宗(指道教)之中,此为纲领。天后(武则天)心崇大法,弘阐释宗,又遂归心,请求剃落,诏许度之,住佛授记寺。后为寺都,兼预翻译。悉彼宗之虚诞,知正教之可凭,遂造《甄正论》一部,指陈虚伪,主客问答,极为省要。(《大正藏》第五十五卷,第566页下)

所以,《甄正论》与其他佛教护法类著作有点不同,它不是由自幼出家或虔诚奉佛的佛教人士写的,而是由一个曾经当过道士,并且担任过一定教衔,后来转投佛门的人写的。而本书的抨击对象是道教,故从某种意义上来说,是道士反戈一击的著作。全书没有序跋,也不分章门,以"滞俗公子"(略称"公子")与"甄正先生"(略称"先生")的问答方式写成。各卷的内容大意是:

卷上:道教立天尊为教主,"据其经论所说,天尊者,乃道法之宗匠,玄门之极位,天人所奉,故号天尊。源乎造化之先,本乎阴阳之始,生成天地,孕育乾坤"(《大正藏》第五十二卷,第559页下)。作者认为,天地未分之前,混沦茫昧,无形无象,"天尊不合有形明矣"(第560页中)。如果天尊有形状,"此乃为阴阳天地之所生育,岂能生天地哉"(同上)。又说,历代典籍史册均不详天尊之事,可知是为"虚谬之说"。并由此认定托名天尊所说的道经,"咸是伪书"(第560页下)。又认为,道教《灵宝经》中有三十二天说,其中第二十四天名"昙誓天",第三十一天名"梵度天","寻昙、梵二字,此土先无。《玉篇》、《说文》、《字林》、《字统》竟无此字。昙、梵二字本出佛经,与无见之流,翻译人造,用诠天竺之音,演述释迦之旨"(第562页上)。

卷中:作者认为,"道家宗旨莫过于老经(《老子》),次有庄周之书(《庄子》),兼取列寇之论(《列子》),竟无三世之说,亦无因果之文,不明六道之宗,讵述业缘之义"(第563页下)。而道经中的天堂地狱、罪福报应,都是陆修静等人从佛经中剽窃来的。并且着重对《灵宝经》、《老子化胡经》进行了抨击。

卷下:作者认为,"晋末元(原)无载斑縠之冠,披黄彩之帔,立天尊之像,习《灵宝》之经,称为道士者矣"(第568页中、下)。道教的九等斋仪,七部科箓,朝礼上香之文,道坛篆服之式,衣服冠履之制,跪拜折旋之容,以至断婚娶、禁荤辛,是后来的宋文明造的;月帔星巾,霓裳霞袖,九光宝盖,十绝灵幡,是陆修静造的。作者指责隋唐道士模仿佛经造道经,说:"《本际》五卷,乃是隋道士刘进喜造,道士李仲卿续成十卷,并模写佛经,潜偷罪福,构架因果,参乱佛法。自唐以来,即有益州道士黎兴、澧州道士方长,共造《海空经》十卷,道士李荣又造《洗浴经》以对《温室经》。道士刘无待又造《大献经》以拟《盂兰盆》,并造《九幽经》将类罪福报应。自余非大部帙,伪者不可胜纪。"(第569页下)

《甄正论》的写法类似于隋唐佛教宗派三论宗所说的"只破不立",即着力于攘斥道教,而对佛教本身的内容阐释甚少。

第五品　唐神清《北山录》十卷

《北山录》，又称《北山参玄语录》(书名中的"玄"字，因避讳，亦作"元")、《参玄语录》、《北山语录》，十卷。唐元和元年(806)，梓州慧义寺沙门神清撰，北宋初年西蜀草玄亭沙门慧宝注。收入《大正藏》第五十二卷。

神清(？—820)，字灵庾，俗姓章，绵州昌明(今四川境内)人。兄弟三人均出家为僧。年十三，受学于绵州开元寺辩智法师。年十八，依慧义寺如律师受具足戒。平昔好为著述，喜作编联，撰有《法华玄笺》十卷、《释氏年志》三十卷、《新律疏要诀》(又名《清抄》)十卷、《二众初学仪》一卷、《有宗七十五法疏》(又名《法源记》)一卷、《识心论》、《澄观论》、《俱舍义抄》数卷等，但均已散逸不存。受业弟子一千余人，时称"北山俱舍宗"。

北宋赞宁《宋高僧传》卷六《神清传》说，神清的著述：

都计百余轴，并行于世。就中《语录》(即《北山参玄语录》)博该三教，最为南北鸿儒、名僧、高士所披玩焉。寺居郪城之北，长平山阴，故云"北山"。统三教玄旨，实而为录，故云"参玄"也。观清之述作，少分明二权一实之经旨，大分明小乘律论之深奥焉。(《大正藏》第五十卷，第741页上)

《北山录》书首有北宋熙宁元年(1068)五月钱塘沈辽《北山录序》。说：

始余欲闻内典，访诸南屏梵臻法师，于是受斯录焉。……然其书出未久，而世罕传。能传者莫不有名于时，而其传者皆秘玩之以为资，不肯广也。余闻神清在元和时，其道甚显,为当时公卿所尊礼,从其学者至千人。而性喜述作,其出入诸经者,或删焉,或益焉,凡百余卷,而斯录独发其所蕴,尤称赡博。……惟贤大师先得蜀本,将传诸好事者,请余叙其大方而刻之。(《大正藏》第五十二卷,第573页上)

书末刊有两篇《后序》。其中,第一篇《后序》的作者之名已经脱落,仅存"禀学赐紫□□赞□述",序文也有一些字脱落。内容主要是介绍为《北山录》作注的慧宝的事迹。大意是说,慧宝,字光用,俗姓王,东□□玄武县人。先世习儒,卯岁出家,弱冠受戒,游刃学海,以传演为业。于讲习之外,博览群籍,"纂《三国简要志》十卷,原始要终,削陈寿之繁冗也。撰《锦凤囊》十卷,隐括圣贤奇言善行,无遗逸也"(第636页中),又撰《□经摘题》十卷、《五味子》、《玉溪新稿》四十卷等。

第二篇《后序》为熙宁元年(1068)十二月殿中丞致仕丘濬撰。主要是叙说他得见《北山录》的经过及对它的评介。说:

今年春正月,被黜归歙,遘疾寓武林,邻净住律刹。一日,僧惟贤赘谒于陋止……忽袖中出湘表五编,且曰:此东蜀绍竺乾弟子神清撰也,目之为《北山录》,首之以艾儒,终之以外信,凡十六篇,秘蓄三纪,恐失传布。……濬遂受之。是夕弗就枕,烛以阅之,终三鼓。考其大概,以□立空寂为本,欲天下派归于巨壑也。会秤老子、孔子经术,庄、列、荀、孟、管、晏、杨、墨、班、马之说。(第636页中、下)

《北山录》是一部以弘教、释疑、讥异(指禅宗)为宗旨编撰的护法著作。全书分为十六篇,各篇的主要内容如下:

一、天地始(卷一),由"艾儒"(代表儒家)和"北山野夫"(神清,代表佛教),分别论述对天地开辟、物象始兴,即宇宙发生过程的看法。儒家认为,宇宙之初,冯冯翼翼,颃颃洞洞,混沌无象,后由磐(盘)古开天辟地。佛家认为,世界成住坏空各二十劫,周而复始,"前劫既坏,天地已空,空而复成,此劫方始。"(第574页上)此界最低下的一层是风轮,风轮之上为水轮,水轮之上为金轮,由风击水,水转凝为坚,分别形成梵天、宝石、山海、土地、宫室等。

二、圣人生(卷一),说释迦牟尼的降生、出家、成道与示寂。

三、法籍兴(卷二),说释迦牟尼垂世立教,"以经律论为三藏也,以五戒、十善、四谛、十二因缘、六度为五乘也,统之以十二分(指十二部经),开之为四宗(指经律论咒)"(第580页中)。并叙原始三藏的编纂由来,小乘论和大乘论的制作,以及佛教经典传入中国的经过。

四、真俗符(卷二),说有真俗二谛,"真也者,性空也。俗也者,假有也。假有之有,谓之似有;性空之空,谓之真空。故悟士立真,于俗相违,合真俗于不二"(第583页下)。提倡把认为事物本性是"空"的看法,和认为事物假象是"有"的看法统一起来。

五、合霸王(卷三),说古印度摩竭提国(即摩竭陀国)的频沙王(即频婆娑罗王)、阿阇世王、阿育王,健驮罗国的迦腻色迦王,以及中国汉代至隋代诸帝与佛教的关系。

六、至化(卷三),说佛教以悲智之心,行至极之化。以"真道"修身,用"权道"教化。

七、宗师议(卷四),说经律论禅各有师承宗祖之道。

八、释宾问(卷五),设"向方士"与石林馆"主人"的宾主问答,对世人提出的悉达太子(即释迦牟尼)半夜逾城出家,是"违父命贻母(姨母)戚",难道可以称为"孝"吗?释迦牟尼作为频婆娑罗王的老师,是释迦族人,在阿阇世王篡位害频婆娑罗王时,在波斯匿王之子琉璃王尽杀释迦族时,不来援救,难道可以称为"仁"吗(见第602页中)?北魏灵太后罄亿兆之产,造千尺浮图(九层佛塔),为何佛教不加保佑,致使尔朱荣起兵将她沉于河中等怀疑(见第604页上),一一作了辩解。

九、丧服问(卷六),设"二三子"(门生)与"余"(作者)之问答,阐释沙门丧亲和丧师时,虽不穿俗人用的丧服,但也要居丧的道理。

十、讥异说(卷六),设"异说"(代表禅宗)与"讥者"(代表义学)之问答,对禅宗进行抨击。认为禅宗所说的西天二十八祖是不可靠的,禅宗所撰的《历代法宝记》所说的二十九祖也是错的,否认禅宗"以心传心"的说法。说:"《付法传》(指《付法藏因缘传》)止有二十四人,其师子后舍那婆斯等四人,并余家之曲说也。又第二十九名达摩多罗,非菩提达磨也。其传法贤圣,间以声闻,如迦叶等,虽则回心,尚为小智,岂能传佛心印乎?"(第611页中)又批评禅宗六祖慧能,说:"观第六祖得信衣,若履虎畏噬,怀璧惧残,周憧(当作"章")道路,胁息草泽,今虑传者谬也。夫得道者丧我,丧我者兼丧于万物也。何衣之所在,而保于己耶?"(第612页下)

十一、综名理(卷七),说僧人要领略佛法要旨,不要拘泥于文句上的歧异。

十二、报应验(卷七),列举事例,论证毁佛则有恶报,奉佛则有善报。

十三、论业理(卷八),说"业"有"定"(确定)与"不定"(不确定)两种。如果往世之业是"定业",那么由此引发的今世的命运就确定不移;如果往世之业是"不定业",那么可以凭藉今世的善恶行为,改变本应产生的果报。今世之业亦如此。

十四、住持行(卷八),说"正法"(佛法)有二:教与证。教

资持说，证在修行。"经律论为住持（持奉佛法）之教本，僧财食为住持之功烈。"（第623页上）

十五、异学（卷九），说龙猛（即龙树）、提婆、马鸣等前期大乘学者，无著、天亲（即世亲）、僧宝（即众贤）、清辩等中期大乘学者，陈那、护法、法称、戒贤、师子月、安慧、慧护、德光等近期大乘学者，靡不具修内外之典，僧人应同时兼习"异学"（佛教之外的学说），以诱掖外教，助成佛教。

十六、外信（卷十），说世人对佛教有"信"的，也有"不信"的，有过于信的，也有过于不信的。"过乎信者，魏文成、献文、孝文、齐高洋，或开演金偈，或捐掷宝位，或纵民入道，或竭国起寺。"（第632页上）也有过于不信的，如拓跋焘（北魏太武帝）、宇文邕（北周武帝）、崔浩、傅奕。凡"君主议及沙汰者，此实絜扬清之美，非不信之士也"（同上）。佛教是"助政化之禁律，益仁智之善性"（第635页上），对佛法应当敬重，不应疑谤。

《北山录》是研究神清思想的唯一资料。它在社会上影响最大的是对禅宗的抨击，北宋禅宗名僧契嵩在《镡津文集》和《传法正宗记》中，对神清之说表示了强烈的不满，并予以反驳。《北山录》体裁上的特点是：一是通篇以议论而不是以记事的方式写成的，理论强于史料；二是文句典雅雕琢，具有很浓郁的文学色彩。由于有些地方过分追求词藻的华丽，语句的押韵，致使含义隐晦不显，若非慧宝作注，其义蕴可能要减去二三成。

第六品　北宋契嵩《镡津文集》十九卷

《镡津文集》，初作二十卷，今作十九卷。北宋藤州镡津东山沙门契嵩撰。南宋绍兴四年（1134），御溪东郊草堂沙门怀悟整理编集。载于《明北藏》"孟"、"轲"函（《南藏》缺）、《频伽藏》"露"帙，收入《大正藏》第五十二卷。本书也见录于《四库全书总目提要》卷一五二，作"《镡津集》二十二卷"，其中文十九卷，诗二卷，附他人所作序赞诗题疏一卷。所依据的是明弘治十二年(1499)嘉兴僧人如卺的刻本，较《大正藏》所采用的明永乐八年(1410)杭州府径山禅寺住持文琇的重刻本晚八十九年。两本虽在书名与卷数上有些差异，但收录的内容以及前后编次是一致的。

《镡津文集》书首有北宋尚书屯田员外郎陈舜俞《镡津明教大师行业记》。这篇"行业记"作于熙宁八年(1075)十二月，离契嵩去世才三年半，是关于契嵩生平最早的一篇传记。原文是杭州灵隐山上的石刻，怀悟在编集时移录于书首，作为前序。《行业记》中介绍了契嵩一些著作的写作背景及情况。说：

> 庆历间，(契嵩)入吴中，至钱塘。乐其湖山，始税驾焉。当是时，天下之士学为古文，慕韩退之(韩愈)排佛而尊孔子。东南有章表民、黄聱隅(黄晞)、李泰伯(李觏)尤为雄杰，学者宗之。仲灵(契嵩字)独居，作《原教》、《孝论》十余篇，明儒释之道一贯，以抗其说。……皇祐间，去居越之南衡阳，未几罢归，复著《禅宗定祖图》、《传法正宗记》。仲灵之作是书也，慨然悯禅门之陵迟，因大考经典，以佛后摩诃迦叶独得大法眼藏为初祖，推而下之，至于达磨为二十八祖，皆密相付嘱，不立文字，谓之教外别传者。……已而浮图(指佛教)之讲解者(指义学僧)，恶其有别传之语，而耻其宗不在所谓二十八人者，乃相与造说以非之。仲灵闻之，攘袂切齿，又益著书，博引圣贤经论、古人集录为证，几至数万言。……所著书，自《定祖图》而下，谓之《嘉祐集》，又有《治平集》，凡百余卷，总六十有余万言，其甥沙门法灯克奉藏之，以信后世。(《大正藏》第五十二卷，第648页

中、下）

有关《镡津文集》的编集始末，主要见于卷十九所载的怀悟《序》。

怀悟说，他年少时，走四方丛林，寻访师友，务道专学。因倾慕契嵩的高文卓行，所以凡获见契嵩所著的文书，莫不录叙而秘藏之。大观（1107—1110）初，他居住在仪真长芦的慈杭室，徒众中有个名叫景纯的湖南僧人，得知他到处寻访契嵩的遗文，就将自己收藏的契嵩全集送给了他。这部全集"自《皇极》、《中庸》而下，总五十余论，及书启叙记辩述铭赞、《武林山志》与诸杂著等，总一十六万余言，皆旧所闻名而未及见者。虽文理少有差误，皆比较选练诠次，几始成集，庶可观焉。"（第 746 页中、下）以后又从御溪东蓝彦上人那里得到了契嵩作的《非韩》三十篇，"乃与余昔于匡山（庐山）所得别本较之，文字亦甚疏谬，乃以韩（韩愈）文条理而正之"（第 746 页下）。"其《辅教篇》旧本以累经镂板，故虽盛传于世，而文义脱谬约六十有余处，今皆以经书考正之。"（第 747 页上）同时又搜得了《杭州武林天竺寺故大法师慈云式（遵式）行业曲记》（简称《天竺慈云法师曲记》）、《秀州资圣禅院故和尚勤公（盛勤）塔铭》、《秀州资圣禅院故遑（庆遑）禅师影堂记》、《秀州精严寺行道舍利述》、《传法正宗定祖图叙》等一批石刻文书。在收集、整理、校勘之后，在契嵩生前已初步编就的《嘉祐集》的基础上，怀悟补充了《非韩》、古律诗和一些碑铭石刻，编定了这部文集。怀悟说：

> 今自《论原》而下，至于赞辞，约为十二卷，次前（指包括《辅教篇》三卷）成一十五卷，昔题名《嘉祐集》者是也。其《非韩》文，昔自分三十章，今约为三卷，次前成一十八卷。又得古律及山游唱酬诗，共一百二十四首，分之为二（卷），总成二十卷。命题《镡津文集》，示不忘其本也。（同上）

《大正藏》本《镡津文集》的内容是：

卷一至卷三：《辅教篇》。

卷四：《皇极论》、《中庸解》(五篇)。

卷五至卷七前部分：《论原》(共四十篇)。

卷七后部分至卷八前部分：杂著。有《记复古》、《文说》、《议旱对》、《夷惠辩》、《唐太宗述》、《易术解》、《逍遥篇》、《西山移文》、《哀屠龙文》、《记龙鸣》、《寂子(契嵩号)解》、《寂子解傲》等十二篇。

卷八后部分至卷九前部分：书。有《万言上仁宗皇帝》、《再书上仁宗皇帝》二篇。

卷九后部分：书启。有《上韩相公书》、《上富相公书》、《上田枢密书》、《上曾参政书》、《上赵内翰书》、《上吕内翰书》、《上欧阳侍郎书》、《上曾相公书》等十三篇。

卷十：书启状。有《与关彦长秘书》、《赴佛日山请起程申状》、《与石门月禅师》、《与黄龙南禅师》、《与圆通禅师》、《答万寿长老》等四十四篇。

卷十一：叙。有《传法正宗定祖图叙》、《六祖法宝记叙》、《明州五峰良和尚语录叙》、《(慧远)武陵集叙》、《(象郡勤师)原宗集叙》、《山游唱和诗集后叙》、《送梵才吉师还天台歌叙》等二十三篇。

卷十二：志记铭碑。有《武林山志》、《游南屏山记》、《无为军崇寿禅院转轮大藏记》、《漳州崇福禅院千佛阁记》、《文中子碑》、《天竺慈云法师曲记》等十二篇。

卷十三：分为碑记铭表辞和述题书赞传评两项。前者有《秀州资圣禅院故和尚勤公塔铭》、《故灵隐普慈大师(幼旻)塔铭》等七篇；后者有《秀州精严寺行道舍利述》、《书李翰林集后》、《评北山清公(神清)书》等十二篇。

卷十四至卷十六:《非韩》(三十篇)。

卷十七:古律诗(共六十首)。

卷十八:与杨公济晤冲晦山游唱和诗(共六十九首)。

卷十九:附录诸师著述。有绍兴四年(1134)怀悟《序》;石门惠洪《序》[案:此序未署撰人,明刻本疑是莹道温所作,据《石门文字禅》卷二十三,乃是惠洪作的《嘉祐集序》];惠洪《礼嵩禅师塔诗》;南海楞伽山守端《吊嵩禅师诗》;龙舒天柱山修静《赞明教大师》;灵源叟《题明教禅师手帖后》(二首);洪武甲子(十七年,即公元1384年)天台松雨斋沙门原旭《镡津集重刊疏》;永乐三年(1405)嘉兴府僧纲司都纲天宁弘宗《序》;永乐八年(1410)文琇《重刻镡津文集后序》。

《大正藏》本《镡津文集》的上述品目卷次,与怀悟在《序》中所说的《镡津文集》最初编定时的情况,显然有些不同。如古本《镡津文集》将《辅教篇》、《皇极论》、《中庸解》编为三卷,而今本则为四卷(卷一至卷四);古本从《论原》到"述题书赞传评"编为十二卷,而今本则为九卷(卷五至卷十三);古本在书末只载怀悟自撰的《序》,且不单独列卷,而今本则在怀悟《序》之外,另收了九篇序诗赞题疏,演为一卷(卷十九)。至于《非韩》、古律诗、唱和诗的分卷倒是相同的。

契嵩是继雪窦重显之后出现的宋代云门宗最负盛名的一个僧人。他博极典坟,善文好辩,笔力雄健,论端犀利,时人称他"善用六经之笔著书,发挥其法,以正乎二教(儒释)之学者"(卷十一《送浔阳姚驾部叙》,第707页上)。又常常游走权门,交结上层,"尝不避流俗嗤笑,乃以其书(指《辅教篇》)而求通于天子宰相贤士大夫者"(同上)。由于他颇有才气,又善于交结,所以他写的百余卷六十万余言的著作,在当时十分流行。后来由于兵火动乱,散落近半,只剩下三十一卷三十余万言,这便是《传法正宗记》、《传法正宗定祖图》、《传法正宗论》和《镡津文集》。前三部都是论述禅宗世系的,主题较为单一,而《镡津文集》则不同,它汇集了契嵩见存的其他各类著述,如论、书、启、状、叙、志、记、铭、碑、赞、传、评、诗及杂著等,含蕴宽泛,资料丰富,研究契嵩其人其事,不用本书不行。

《镡津文集》中最重要的作品是《辅教篇》。它是一部护教性的小型文集。对此,契嵩曾介绍说:

> 某尝以今天下儒者,不知佛为大圣人,其道德颇益乎天下生灵,其教法甚助乎国家之教化。今也,天下靡然竞为书而讥之,某故尝窃忧其讥者,不惟沮人为善,而又自损其阴德,乃辄著书曰《辅教篇》,发明佛道,欲以谕劝于世之君子者。(卷九《上赵内翰书》,第 695 页下)

《辅教篇》原由不同时期撰作的《原教》、《劝书》、《广原教》、《孝论》和《坛经赞》五篇文章组成。怀悟在编集《镡津文集》时将《真谛无圣论》也纳入此中,变成六篇[案:卷一《劝书·叙》说:"余五书出未逾月,客有踵门而谓曰:仆粗闻大道,适视若《广原教》,可谓涉道之深矣。《劝书》者,盖其警世之渐也。大凡学者必先浅而后深,欲其不烦而易就也。若今先《广原教》而后《劝书》,仆不识其何谓也。……(余)即为其命工移乎二说(指将《广原教》与《劝书》的次第对调),增为三帙,总五书而名之曰《辅教篇》。"(见第 651 页下、第 652 页上)又,卷十九怀悟《序》说:"乃以《辅教篇》上中下为前三卷,以师所著之文,志在通会儒释,以诱士夫,镜本识心,穷理见性,而寂其妒谤是非之声也。又以《真谛无圣论》缀于《辅教篇》内《坛经赞》后,以显师之志在乎弘赞吾佛大圣人无上胜妙、幽远渊旷之道,不存乎文字语言。其所谓教外别传之旨,殆见乎斯作矣。"(见第 746 页下)根据这两处的记载,《真谛无圣论》原来并不在《辅教篇》之内]。

《辅教篇》原录五篇按撰作时间排列,其顺序应是:

一、《原教》。此论撰出最早。契嵩在卷二《广原教·叙》中说,《原教》撰出七年之后,始著《广原教》。而《广原教》撰于丙申岁,即嘉祐元年(1056),则《原教》成于皇祐二年(1050)。它不分章节,主要论述佛教的"五戒"、"十善"与儒家的"五常"相通。

二、《孝论》。契嵩在卷三《孝论·叙》中说,在辛卯年后两年著《孝论》。辛卯年为皇祐三年(1051),其后二年便是皇祐五年(1053)。《孝论》的篇首有《叙》,下分明孝、孝本、原孝、评孝、必孝、广孝、戒孝、孝出、德报、孝略、孝行、终孝十二章。契嵩对此论十分满意,曾在《与石门月禅师》中说:

> 近著《孝论》十二章,拟儒《孝经》,发明佛意,亦似可观。吾虽不贤,其为僧为人,亦可谓志在《原教》,而行在《孝论》也。(卷十,第701页下)

可见,《孝论》是借谈"孝",而"发明佛意",它要论证的是这样一种观点:"孝"不只是儒家独有的伦理观念,也是佛教的基本思想,甚至可以说佛教比谁都重视"孝道",以此来杜塞世人关于佛教提倡离俗出家,是"不敬不孝"的非难。如说:

> 夫孝,诸教皆尊之,而佛教殊尊也。(卷三《孝论·叙》,第660页上)

> 孝名为戒,盖以孝而为戒之端也。子与戒而欲亡孝,非戒也。夫孝也者,大戒之所先也,戒也者,众善之所生也。(《孝论·明孝章》,第660页中)

> 五戒,始一曰不杀,次二曰不盗,次三曰不邪淫,次四曰不妄言,次五曰不饮酒。夫不杀,仁也;不盗,义也;不邪淫,礼也;不饮酒,智也;不妄言,信也。是五者,修则成其人,显

其亲,不亦孝乎?是五者有一不修,则弃其身,辱其亲,不亦不孝乎?(《孝论·戒孝章》,第661页中)

三、《坛经赞》。根据卷十一《六祖法宝记叙》提供的时间线索推算,它撰于至和元年(1054)。主要记叙契嵩读《坛经》的体会。

四、《广原教》。它撰于嘉祐元年(1056),篇首有《叙》,下分二十五章,但不列标题。主要是充实和发挥《原教》中已经提出的观点,提倡各派学说长期共存,谁也不要吞并他方的思想,更具有调和佛、儒、百家的矛盾与冲突倾向。如《广原教》最后一章说:

> 古之有圣人焉,曰佛,曰儒,曰百家。心则一,其迹则异。夫一焉者,其皆欲人为善者也;异焉者,分家而各为其教者也。圣人各为其教,故其教人为善之方,有浅有奥,有近有远,及乎绝恶而人不相扰,则其德同焉。……天下不可无儒,无百家者,不可无佛,亏一教,则损天下之一善道;损一善道,则天下之恶加多矣。(卷二,第660页上)

五、《劝书》。它也撰于嘉祐元年(1056),但时间在《广原教》之后。《劝书》的篇首有《叙》,下分"《劝书》第一"、"《劝书》第二"、"《劝书》第三"三章,主要劝谕君子不要排佛。

《辅教篇》编成上呈朝廷以后,宋仁宗对它十分赏识,下敕将它编入经藏,颁行天下。宰相韩琦以示欧阳修,"修公以文章自任,以师表天下,又以护宗不喜吾教(指佛教),及见其文,乃谓魏公(韩琦)曰:不意僧中有此郎也"(卷十九,惠洪《序》,第747页下)。《明北藏》在收录《镡津文集》的同时,不惜重复,又收录了《辅教篇》。而《明南藏》和《清藏》则在《镡津文集》和《辅教篇》两书中选录了后者,《辅教篇》被人见重如此。在宋元明清时期,《辅教篇》单行本的流传远比《镡津文集》来得广。

《镡津文集》中仅次于《辅教篇》的理论作品是《论原》。惠洪对它非常推重,曾说过这样的话:

> 其明圣贤出处之际,性命道德之原,典雅详正,汪洋浩渺,尤为博赡,总号之为《论原》。(同上,第 747 页下—第 748 页上)

《论原》下分礼乐、大政、至政、赏罚、教化、刑法、公私、论信、说命、皇问(以上卷五)、问兵、评让、问霸、巽说、人文、性德、存心、福解、评隐、喻用、物宜、善恶、性情、九流、四端(以上卷六)、中正、明分、察势、刑势、君子、知人、品论、解讥、风俗、仁孝、问经、问交、师道、道德、治心(以上卷七)等四十篇。它是一篇地地道道的政论文,对封建社会的典章制度、刑法军事、伦理教化进行了全面的论述,所谈论的问题是儒家的,所用的语言笔法也是儒家的。虽然文章中也有契嵩自己的见解,但从整体来说,不外乎儒家礼义仁政、性情道德这一套。如《论原》的首篇《礼乐》说:

> 夫宗庙之礼,所以教孝也;朝觐之礼,所以教忠也;享燕之礼,所以教敬也;酢酬之礼,所以教让也;乡饮之礼,所以教序也;讲教之礼,所以教养也;军旅之礼,所以教和也;婚娉之礼,所以教顺也;斩衰哭泣之礼,所以教哀也。夫教者,教于礼也。礼者,会于政也。(第 668 页上、中)

《论原》以下的重要的理论作品有《皇极论》、《中庸解》、《寂子解》、《非韩》等。

《皇极论》以"天下同之,之谓大公,天下中正,之谓皇极"(卷四,第 664 页下),论述了推"皇极"于人君,教"皇极"于人民的理论。

《中庸解》论述了"中庸"的重要意义,提出:"夫中庸者,盖礼之极而仁义之原也。礼乐刑政、仁义智信,其八者一于中庸者也。"(同上,第666页上)

《寂子解》是契嵩对自己既治佛学,又喜习儒学的行为作辩解的文章。说:

> 吾之喜儒也,盖取其于吾道有所合而为之耳。儒所谓仁义礼智信者,与吾佛曰慈悲,曰布施,曰恭敬,曰无我慢,曰智慧,曰不妄言绮语,其为目虽不同,而其所以立诚修行、善世教人岂异乎哉!(卷八,第688页上)

> 儒佛者,圣人之教也。其所出虽不同,而同归乎治。儒者,圣人之大有为者也;佛者,圣人之大无为者也。有为者以治世,无为者以治心。(同上,第688页中)

《非韩》是契嵩对韩愈的《原道》、《原人》、《本政》、《原鬼》、《获麟解》、《对禹问》、《与冯宿书论文》、《赠绛州刺史马汇之行状》、《祭鳄鱼文》、《与孟简尚书书》、《谏臣论》、《欧阳詹哀辞》、《论佛骨表》等文进行全面批评的文章。不但批评韩愈的反佛言论,而且抨击韩愈的政治学说、哲学观点、伦理思想和人品。契嵩悻气好胜的个性于中得到了充分的反映。《四库全书总目提要》卷一五二说,契嵩"反复强辨,务欲援儒入墨。以儒理论之,固为偏驳。即以彼法(指佛法)论之,亦嗔痴之念太重,非所谓解脱缠缚,空种种我相者",就是对此而发的。

《镡津文集》中比较重要的文学作品,有《武林山志》等。怀悟在《序》中介绍说:"其文之高拔胜迈,绝出古今,则见乎《武林山志》。故《后叙》谓:因风俗山川之胜,欲抛其才力,以收其景趣也,乃作《武林山志》。"(卷十九,第747页上)

《镡津文集》不仅对研究契嵩本人的生平行历、思想性格、文学涵养等有重大的价值,而且对研究契嵩的交往对象,或者见录于他笔下的人和事有重要的价值。其中比较重要的记述他人事迹的作品是《天竺慈云法师曲记》。慈云遵式是宋代天台宗的著名人物,此篇关于遵式行业的传略,作于嘉祐八年(1063),比天台宗自己撰作的《佛祖统纪》(南宋志磐)对遵式行业的载录早出二百余年,而且对遵式的《观音礼文》、《誓生西方记》、《念佛三昧》、《十四大愿文》、《净土行法》、《戒酒肉慈慧法门》、《天竺高僧传》、《浮土决疑论》、《泗州大圣礼文》、《圆顿十法界观法图注》、《南岳思(慧思)师心要偈》、《金园集》、《天竺别传》、《灵苑集》等的撰述缘由、内容风格说得颇为周悉。

《镡津文集》的不足之处有:它作为契嵩个人的文集,理应只收契嵩自己写的作品,但卷十一的《六祖法宝记叙》并不是契嵩写的。《六祖法宝记叙》末云:"六祖(指慧能)之说,余素敬之,患其为俗所增损,而文字鄙俚繁杂,殆不可考。会沙门契嵩作《坛经赞》,因谓嵩师曰:若能正之,吾为出财模印,以广其传。更二载,嵩果得曹溪古本较之,勒成三卷,灿然皆六祖之言,不复谬妄。乃命工镂板,以集其胜事。至和三年三月十九日序。"(第703页下)这里有两个人物,一个是契嵩,一个是作《六祖法宝记叙》的作者,此人便是北宋吏部侍郎郎简。而《镡津文集》将郎简作的这篇《叙》也收录了。

第七品　北宋张商英《护法论》一卷

《护法论》,一卷。北宋大观四年(1110),丞相张商英述。载于《明南藏》"菅"函、《明北藏》"旦"函、《清藏》"野"函、《频伽藏》"露"帙,收入《大正藏》第五十二卷。

张商英(1044—1122),字天觉,号无尽居士。蜀州新津(今属四川)人。官至丞相。初不信佛,欲著《无佛论》以辟之。读

《维摩经》后,始皈依佛教,留意禅道。先后参禅于临济宗的东林常总、兜率从悦、大慧宗杲诸师。另撰有《续清凉传》(见本书地志部)。事见南宋普济《五灯会元》卷十八、清彭绍升《居士传》卷二十八和《宋史》卷三百五十一等。

《护法论》书首有明洪武七年(1374)秋九月翰林侍讲学士宋濂《重刻护法论题辞》;南宋乾道辛卯(七年,即公元1171年)六月南涧郑德舆《护法论元(原)序》。宋濂的题辞介绍了重刻《护法论》的经过,阐释了佛教有"补治化之不足"、"阴翊王度"的作用,同时也直言不讳地指出,世人对佛教的疑谤与僧人自身不够检点有关。略云:

> 苏州开元(寺)住持焕翁禅师端文,不远千里而来请曰:吾宗有《护法论》,凡一万二千三百四十五言,宋观文殿大学士、丞相张商英所撰。其弘宗扶教之意至矣尽矣。昔者闻僧慧钦尝刻诸梓,翰林侍讲学人虞集实为之序。兵燹之余,其版久不存。端文以此书不可不传也,复令印生刻之。……观此论者,可以悚然而思,惕然而省矣。虽然,予有一说并为释氏之徒告焉,栋宇坚者,风雨不能漂(飘)摇;荣卫充者,疾病不能侵凌。缁衣之士,盖亦自反其本乎?予窃怪夫诵佛陀言,行外道行者,是自坏法也。毗尼(律)不守,驰骛外缘者,是自坏法也。增长无明,嗔恚不息者,是自坏法也。传曰:家必自坏,而后毁之,尚谁尤哉!(《大正藏》第五十二卷,第637页上、中)

郑德舆的序言评介《护法论》说:

> 观其议论劲正,取与严明,引证诚实,铺陈详备,明如皎日,信如四时。非胸中超脱,该贯至道之要妙,何以臻此。故能释天下之疑,息天下之谤,实后学之标准也。(第637

页下)

书末有元至正五年(1345)二月奎章阁侍书学士、翰林侍讲学士虞集《护法论后序》,对此论的撰述缘由和雕板之人作了叙述。说:

> 无尽居士,得兜率悦公不传之旨,以大辩才纵横演说,犹虑去佛既远,邪见者多,不知向上之宗,妄有谤讪之语,此《护法》之论所由作也。闽建宁高仰山古梅禅师、弟子慧钦,游方时得此论,乃与住持智了及诸上士谋之,命工绣梓,以广其传。(第646页中、下)

《护法论》不分章节,主要回应欧阳修、韩愈、程颢等儒家学者与社会上的其他人对佛教的批评,为佛教辩护。如欧阳修说,"佛者,善施无验,不实之事"(第638页中),"佛为中国大患"(第638页下);韩愈说,"佛者,夷狄之一法耳"(第639页中);程颢说,"佛家所谓出世者,除是不在世界上行,为出世也"(第642页下);社会上的其他排佛者,指责佛徒"不耕而食"(第640页中),认为"梁武奉佛而亡国"(第641页下),故奉佛无用。说:"鸡之司晨,狸之捕鼠,牛之力田,马之代步,犬之司御,不杀可也。如猪羊鹅鸭水族之类,本只供庖厨之物,苟为不杀,则繁殖为害,将安用哉?"(第645页下)等等。

张商英首先以《列子》(伪书)上说的孔子称佛为西方"大圣人"为论据,对排佛者进行指责。说,孔子是圣人,尚且尊敬佛陀,而如今学孔子之人,未读百十卷经书,就"先以排佛为急务",这是怎么回事(见第638页上)?他认为不读佛书的人,没有资格排佛:

> 余尝谓欲排其教(指佛教),则当尽读其书,深求其理,摭其不合吾儒者,与学佛之见,折疑辨惑,而后排之可也。

今不通其理,而妄排之,则是斥鷃笑鹍鹏,朝菌轻松柏耳。(第638页中)

又认为学佛之事并不难,而谤佛之罪不可赦:

> 诵佛之言,行佛之行,是佛而已矣。何慊乎哉?佛祖修行,入道蹊径,其捷如此,而人反以为难,深可悯悼。撮其枢要,戒定慧而已。若能持戒,决定不落三途;若能定力,决定功超六欲;若能定慧圆明,则达佛知见,入大乘位矣。何难之有哉?……一切烦恼,皆是菩提。一切世法,无非佛法。若能如是,则为在家菩萨了事凡夫矣。(第638页下)

> 一切重罪,皆可忏悔。谤佛法罪,不可忏悔。(第639页上)

接着,张商英高度赞扬了佛教的大慈大悲、大喜大舍、自他无间、冤亲等观的精神,和汉地僧人的农禅做法。说:

> 释氏有刀耕火种者,栽植林木者,灌溉蔬果者,服田力穑者矣。岂独今也?如古之地藏禅师,每日耕田,尝有语云:诸方说禅浩浩地,争(怎)如我里种田博饭吃。百丈惟政禅师,命大众开田,曰:大众为老僧开田,老僧为大众说大法义。大智禅师(怀海)曰:一日不作,一日不食。沩山(灵祐)问仰山(慧寂)曰:子今夏作得个什么事?仰山曰:锄得一片地,种得一番粟。沩山曰:子可谓不虚过时光。断际禅师(希运)每集大众栽松钁茶,洞山聪禅师掌手植金刚岭松,故今丛林普请之风尚存焉。(第640页中、下)

之后,张商英站在佛教的立场上,对儒、佛、道三教作了比较和评判。认为佛教最上,道教次之,儒教于末:

> 余谓:群生失真迷悟,弃本逐末者,病也。三教之语,以驱其惑者,药也。儒者使之求为君子者,治皮肤之疾也;道

书使之日损,损之又损之者,治血脉之疾也;释氏直指本根,不存枝叶者,治骨髓之疾。(第643页上)

具体来说,他认为儒、佛之间有"静躁之不同"(第643页中)。如:儒者言性,而佛者见性;儒者劳心,而佛者安心;儒者贪著,而佛者解脱;儒者喧哗,而佛者纯净;儒者尚劳,而佛者忘怀;儒者争权,而佛者随缘;儒者有为,而佛者无为;儒者分别,而佛者平等;儒者好恶,而佛者圆融;儒者望重,而佛者念轻;儒者求名,而佛者求道;儒者散乱,而佛者观照;儒者治外,而佛者治内;儒者该博,而佛者简易;儒者追求,而佛者休歇,等等。

而道家与佛教之间有很多理论是相通的,是"换名不换体"(第643页下),它们之间的差异要较儒、佛之间的差异小些,虽是如此,"亦浅奥之不同耳"(同上)。

张商英最后论述了佛教的"有益"性。他引吕夏卿《八师经序》说:

> 小人不知刑狱之畏,而畏地狱之惨。虽生得以欺于世,死亦不免于地下矣。今有人焉,奸雄气焰足以涂炭于人,而反不敢为者,有地狱报应不可逃也。若使天下之人,事无大小,以有因果之故,比不敢自欺其心,善护众生之念,各无侵凌争夺之风,则岂不刑措而为极治之世乎?谓佛无益于天下者,吾不信矣。(第645页中、下)

《护法论》虽然全文只有一万二千余字,从理论上来说,也并无多大的创新。但由于作者是丞相,地位显赫,权势炙人,故论出以后,影响不小。张商英本是一介儒生,但他由儒入佛,走的是与欧阳修这班儒学道统的坚定捍卫者所不同的思想发展之路。他在《护法论》中毫不掩饰地扬佛贬儒,是宋儒分化的又一个例证。

第八品　元刘谧《三教平心论》二卷

《三教平心论》,二卷。元静斋学士刘谧撰。撰时阙载,约撰于元英宗时(1321—1323)。载于《明北藏》"黜"函(明《南藏》缺)、《频伽藏》"露"帙,收入《大正藏》第五十二卷。

《三教平心论》书首有《三教平心论序》,未署姓氏,从文意推断,可能是通城实堂居士吴鼎来的一个朋友所作,日期是"龙集甲子秋七月上日",也就是元泰定帝泰定元年(1324)。文云:

> 三教之兴,其来尚矣。并行于世,化成天下。以迹议之,而未始不异;以理推之,而未始不同。一而三,三而一,不可得而亲疏焉。孤山圆法师(智圆)曰:三教如鼎,缺一不可。诚古今之确论也。嗟乎执迹迷理者,互相排斥,致使先圣无为之道,翻成纷争之端,良可叹也。比观静斋学士所著一理论,言简理详,尽善尽美,穷儒道之渊源,启释门之玄阃,辩析疑惑,决择是非,未尝不出于公论。……通城实堂居士吴鼎来,智识超迈,党与至公,命工绣梓,以广其传。(《大正藏》第五十二卷,第781页上、中)

《三教平心论》是一部站在佛教的立场上,对佛、儒、道三教的理论、作用和地位,作出较为明了的评述的著作。全书不设章节和标题,卷上和卷下在文句上连成一气。

卷上大致包括四层意思。

第一层:作者刘谧论三教都有劝人止恶行善的作用,不可偏废。刘谧认为,中国自伏羲氏画八卦,而有儒教;自老子著《道德经》,而有道教;自汉明帝梦金人,而有佛教。天下的理论归结起来不过善恶二途,而三教的旨意都是叫人归善。宋孝宗制《原道辩》说:"以佛治心,以道治身,以儒治世。"故三教都有存在的必要：

> 儒教在中国，使纲常以正，人伦以明，礼乐刑政四达不悖，天地万物以位以育，其有功于天下也大矣。故秦皇欲去儒，而儒终不可去。道教在中国，使人清虚以自守，卑弱以自持，一洗纷纭轇轕之习，而归于静默无为之境，其有裨于世教也至矣。故梁武欲除道，而道终不可除。佛教在中国，使人弃华而就实，背伪而归真，其由力行而造于安行，由自利而至于利彼，其为生民之所依归者，无以加矣。故三武之君欲灭佛，而佛终不可灭。隋李士谦之论三教也，谓：佛，日也；道，月也；儒，五星也。岂非三光在天阙一不可，而三教在世亦缺一不可。（第781页下）

第二层：刘谧在"平心"而论的口号下，对儒、道、佛三教的社会作用作了判释。刘谧说，由于人各有偏心，结果造成欣慕道教者排斥佛教，归向佛教者排斥道教，以正统自居的儒家又同时排斥道教和佛教，指责它们是"异端"。千百年来三教的是是非非就是这样产生的。所以，刘谧认为，判别三教不能以"私心"，也不能以"爱憎之心"，而要"平其心念，究其极功"，即平心静气地讨论三教各自的社会效能，然后才能确定三教的优劣。他判释三教说：

> 世之学儒者，到收因结果处，不过垂功名也；世之学道者，到收因结果处，不过长生也；世之学佛者，到收因结果处，可以断灭生死，究竟涅槃，普度众生，俱成正觉也。……儒教之所行者，中国也；道教之所行者，天上人间也；佛教之所行者，尽虚空遍法界也。（第782页下）

第三层：刘谧对道教王浮所作的《化胡经》和佛教法琳所作的《破邪论》进行了批评。认为《化胡经》把释迦牟尼、文殊菩萨说成是老子、尹喜的变身,《破邪论》把孔子、颜回、老子说成是佛派遣到震旦教化的三个弟子,都是"尊己而抑彼","驾空而失实"(第 783 页下)。

第四层:刘谧破斥了傅奕和韩愈的反佛言论,为佛教辩护。傅奕在《上废省佛法表》、韩愈在《原道》、《谏迎佛骨表》中都抨击佛教是"夷狄之教"、"西胡之法",认为它对中国有害而无益,不应供奉。而刘谧则援引刘宋时何尚之答宋文帝时说的,修持"五戒"、"十善"可以使人淳谨和睦,省息刑罚,从而达到帝王"坐致太平"的效果,以及吕夏卿所说的"小人不畏刑罚而畏地狱"为例证,认为"释教之有裨于世教也大矣"(第 786 页上)。

卷下大致包括三层意思:

第一层:刘谧继续破斥韩愈的反佛观点。韩愈主张将佛骨"付之水火",以断天下之惑。而刘谧则辩解说,信佛者并非是"受惑",唐代名臣名士俱非愚昧,但都信佛:

> 宋璟刚介为唐朝第一,则以佛法师于昙一;裴晋公(裴休)以身系天下安危,则执弟子礼于径山法钦;抱大节忠于国家,死而不变者,孰若颜鲁公(颜真卿),则以戒称弟子于湖州慧明,问道于江西严峻;轻名利,少缘饰,纯孝而清正者,孰若夭鲁山,则以母亡而刺血书佛经数千言;至于张说撰《心经》之序,孟简结尘外之交,杜鸿渐参无住之禅,权德舆著草衣之记,彼诸贤圣皆表表然不世出者,使佛教果能惑人,亦安能惑如是之圣贤耶?(第 788 页中)

刘谧说,韩愈、柳宗元都是以文章闻名于世的,但韩愈"诋佛",而柳宗元"学佛"。柳宗元在《送浩初上人序》中说:"浮图(指佛陀)诚有不可斥者,往往与《易》、《论语》合,不与孔子异道。虽圣人复生,不可得而斥也。"(第 790 页中)他所撰的

《赠重巽法师序》、《送琛上人序》、《送举上人序》、《送嚞上人序》、《南岳大明律师碑》、《六祖赐谥碑》、《南岳弥陀和尚碑》、《法证律师塔碑》、《永州净土院记》、《柳州大云寺记》等，都是阐明佛法的作品。但就操履而言，诋佛的韩愈远不如学佛的柳宗元。韩愈因上《谏迎佛骨表》，触怒了宪宗，被贬往潮阳。韩愈得知这个消息，"周章惶怖"，马上奉书宪宗，劝说他封禅，"意在贡谀于朝廷，而冀脱其迁谪"（第788页下）。当他过洞庭湖的时候，又祷祀于黄陵二妃庙，许诺若能还归京城，一定出财治庙，具礼祀之。而柳宗元因参与王叔文等人的改革活动，同样遭到贬谪。当他贬往永州时，"怡然自得"，"安恬处顺"。故刘谧认为，韩愈之为人，非"君子"、非"真儒"（见第790页上）。

第二层：刘谧对宋代理学家程颢、程颐、朱熹、张载等人师效韩愈，排斥佛教的言论加以抨击。朱熹认为，"释氏自以为直指人心，见性成佛，而实不识心性"（第791页上）。张载不相信佛教的轮回之说，认为人死就是人生的终止，也就是庄子"息我以死"，即"休息"的意思，除此没有余事。指出，佛教"尘芥六合"、"梦幻人世"的说法都是错误的。程颢不相信佛教的地狱之说，认为"佛为下根者设此伪教，怖令为善"（第791页中）。刘谧为之一一辩解。

第三层：刘谧论佛法不可谤毁，谤则有地狱之祸。他说："《法华经》中载，谤法之罪至极至重，今人只是谤佛，已种下无量罪因。况佛以善道化人，信佛者必为善，不信佛者必为恶。恶积则灭身，身没之后罪报愈重。"（第793页下）

综观《三教平心论》全文，虽然作者处处以"平心"相标榜，但实际上并非不偏不倚，公正平允，而是明显地倾向于佛教，与法琳的《破邪论》并没有本质的区别。

第九品　元子成《折疑论》五卷

《折疑论》，五卷。元至正辛卯（十一年，即公元 1351 年），终南山沙门子成撰，金台大慈恩寺西域师子比丘述注。载于《明北藏》"兹"函（《明南藏》缺）、《清藏》"军"函、《频伽藏》"露"帙，收入《大正藏》第五十二卷。

子成，字彦美，号妙明，京兆霸陵人。少时为儒，壮而从释，住华州渭南县洪福寺，师事鱼岩老人祥公，阐扬大乘经律论。元至正（1341—1368）年间，诏封传大乘戒，赐"紫闼大国师"，后归终南山石室隐居。事见乡贡进士白水屈蟠《折疑论叙》，和师子比丘在《折疑论》卷一《叙问》首句"妙明子居石室"下所加的注解。

《折疑论》书首有屈蟠《折疑论叙》。说：

（子成）其性爱书史，喜翰墨，乐游学，好著述。每与贤士大夫诗词唱和，一联一句落在丛席，人多传之。……尤能洞明本宗佛法。予昔尝与县大夫张昂，请注《心经》，五日而成，万二千字。辞理精当，不为不多得。又尝缀述《本色法事文集》，仅二百首，语句雄丽，旨意浑成，同袍得之，囊畜不出，抑为艰得，无意多传。顷以兵火之乱，匿迹山林。尝与来客问难诘折，事尽终始，遂录成轴，名曰《折疑论》。言简而理当，文约而义丰，涵咏六经，略备诸子。每一篇之中，其引类证，断决折疑，理甚明白。（《大正藏》第五十二卷，第 794 页中、下）

师子比丘对《折疑论》题意的解释是：

曲而断之谓折，犹豫不决之谓疑。评议难辨之谓论。

此论因妙明子居山时,有客特诣请问,以决所疑,妙明子引三教微言以答之,遂成是录。故曰折疑。(卷一,第794页下)

《折疑论》全文用"客曰"与"妙明(子成)曰"的对话形式写成,不过这里的宾主问答并非像有些佛教著作那样,出于作者的假设,而是实有其事,是根据子成与一个来访的朋友的交谈,记录整理而成的。中心议题是儒释异同。所分二十篇的主要内容是:

一、叙问(卷一),说本论的起因。一日,有客来谒隐居于石室的妙明(即子成)。客人说,我与你都曾经是儒士,往日还结为"方外友",独以兵火之乱,不得同地而处。你往昔"未尝寄口于佛经",而今日"沈(沉)湎因果",弃周孔黄老之书,不知这是为什么?妙明作答。

二、圣人生(卷一),说释迦牟尼的降生及以后的活动。释迦牟尼本居兜率天宫,因迦叶佛涅槃之后需要有佛替补,于是驾日轮香象,托胎摩耶夫人,以周昭王甲寅二十四年四月八日,于蓝毗园中从右胁降生。一降生,"即能纵行七步,目顾四方,一手指天,一手指地,曰:天上天下,唯我独尊。具三十二大人相,八十种随形好"(第796页上、中)。出家成道后,先在鹿林说小乘"四谛",次在室罗筏城、祇园等处演大乘《般若》,后居鹫岭演《法华》,在普光明殿、菩提道场、欲色诸天、逝林等处演《华严》。

三、问佛(卷一),回答来客有关佛的提问。说佛有十种称号:"如来、应供、正遍知、明行足、善逝、世间解、无上士、调御丈夫、天人师、佛世尊。"(第798页上)佛就是"觉"的意思,"其义有三:自觉,觉他,觉行圆满"(同上)。佛有报身、化身、法身"三身",并着重解释了"法身"。

四、喻举(卷二),用器有宽隘、量有巨细、材有胜劣、物有轻重、道有浅深等种种譬喻,说明佛经并非繁冗不简要。

五、宗师(卷二),说古今帝王贤士皆宗师佛教。"兰(竺法兰)腾(摄摩腾)道扬于明帝(汉明帝);僧会(康僧会)德被于孙权;隋文稽颡昙延;梁武投诚宝志;李唐倾心玄奘;姚秦拜首罗什;苻坚礼敬道安;齐主(北齐武帝)师崇上统(法上);裴相(裴休)了心于黄檗(希运);昌黎(韩愈)求法于大颠;李翱道问药山(惟俨);山谷(黄庭坚)禅参佛印(晦堂);晋主(东晋武帝)虔恭慧远;宋文(刘宋文帝)致敬求那(求那跋摩);萧衍(梁武帝)诣寺舍身;丹霞(天然)回途选佛。"(第802页中、下)

六、通相(卷二),回答佛的相状为何异于常人的问难。

七、论孝(卷二),说沙门剃除须发,不守全躯,非是"不孝"。

八、拒毁(卷二),说沙门弃妻捐财,实是"福孝"之至。

九、评议(卷三),说沙门内不礼家君,外不拜人主,合古来高蹈之行,不可以冠冕礼仪非议之。

十、举问(卷三),回答来客有关佛教辄说生死往来之事,鬼神报应之征,"非圣哲之语"的责难。

十一、解域(卷三),说圣贤不以夷夏区分。

十二、释谤(卷三),回答来客提出的"今见沙门触染梵行,耽嗜酒浆,权量商贾,贸易货殖"(第809页下),并不履戒的责难。

十三、辩施(卷三),说佛教的舍施。来客说:"今佛家以身命施,为福之最。以七宝施,为福之次。喻之以善恶,晓之以因果,使人倾囊倒廪,竭资而施,以为祈福。已而宏丽所居,营葺不已,飞楼叠阁,金碧争光,不亦泰(奢泰)乎?"(第810页下)妙明以"倾家财,发善意,其所得福利,巍如嵩泰,浚如江海矣"(第811页上)加以辩解。

十四、殊见(卷四),回答世人对佛教的贬黜。"有人曰:佛之为教也,其文富赡,其说宏远,义句廓落,旨趣幽深,瀚漫周遮,难用难信。"(第811页下)妙明以"出世妙典,非俗所知"(第812页中)自宽。

十五、随宜(卷四),申述为何不以佛经之语答问,而以六经诸子之语答问的原因。

十六、优劣(卷四),比较仙人王乔、萧史与沙门摄摩腾、竺法兰的胜弱优劣。

十七、先知(卷四),说周昭王时太史苏由、周穆王时太史扈多、孔子、秦始皇、西汉刘向、东方朔等七人,早在佛教传入之前,已"先知"西方有佛。

十八、尊释(卷四),说老聃亦知西方有佛。

十九、言符(卷五),说老子之言与释氏之语,虽然不能"全同",但也有"可同"之处。

二十、会名(卷五),扼述释迦、老子、孔子的生平始末,认为三教均为"圣人之道"。

《折疑论》每篇的字数不多,或数百字,或千余字。词句的洗炼程度接近于《北山录》,但在畅达方面又胜于《北山录》。它的特点是,对三教的价值和地位一般不作直截了当的评判,语气较为平缓,不像有的护法著作在破斥论敌时用语尖刻,有容不得人的气势。而且本书一般用六经诸子的说法作为论据,证解佛教,很少引佛经。师子比丘的注释颇为详赡,故注文的字数实际上比论文的字数还多,为了解《折疑论》的义蕴提供了丰富的参考资料。

第四门　人物：明心泰《佛法金汤编》十六卷

《佛法金汤编》，初为十卷，后作十六卷（明天台山慈云禅寺如惺重刻时所分），明洪武十九年（1386），会稽沙门心泰编。收入《续藏经》第一四八册。

《佛法金汤编》书首共有五序，其中第一篇为重刻时新添，后四篇为初刻时原刊。它们是：明万历庚子（二十八年，公元1600年）初夏非空居士华亭俞汝为《重刻佛法金汤编叙》；洪武二十六年（1393）春正月无闻居士眉山苏伯衡《佛法金汤编叙》；洪武二十四年（1391）秋七月僧录司左讲经天禧讲寺住持守仁《叙》；同年五月僧录司左觉义灵谷禅寺住持清濬《序》；同年夏天僧录司右善世善世禅寺宗泐《题佛法金汤编》。另外，卷一之首又有作者的自序（无标题）。书末还刊载了如惺《重刻佛法金汤编后序》。其中清濬《序》和心泰的自序，对于了解作者的经历以及撰作本书的主要意图颇为重要。

清濬在《序》中介绍道：

> 越有沙门岱宗泰公，幼习洙泗之业（指儒学）于乡校，稍长焉，为释氏学。尝师事梦堂噩（昙噩）禅师于台之国清寺，而为其掌笺翰焉。其学赡而识达，气充而守约。其发为文章，雄浑渊雅，惟务以弘宗树教为本，不以夸多斗靡为奇。

尝出世说法郡之东山禅寺,而从之学者益众。洪武十有九年来京师间,出所治《佛法金汤编》示予,俾为之序。……尝遍阅是编,其所载西乾竺而东震旦,上周秦而下宋元。其间圣君、贤臣、名儒、巨公,有能抑扬佛法,以为善治,有能推验神功,以攘外侮,或开之于先,或承之于后。所谓抑扬之论、是非之辨不能无之者,悉于是编汇而综之。(《续藏经》第一四八册,第835页下—第836页上)

心泰在自序中说:

切(窃)谓自昔弘教诸硕德,其嘉言善行,已有成书俱载之矣,若《高僧传》、《僧史》、《传灯录》等书是也。独历代护教诸王臣之言行,虽杂著于他书,而无全编可通考之,未尝不为之浩叹也。矧吾大觉圣人(指释迦牟尼)临终之时,有"佛法付与国王大臣"之言乎,自是受嘱外护者代有人矣,此《佛法金汤编》所由述也。又闻圣人降诞之日,当周之昭王二十六年甲寅,故此编之纪,始于昭王,而讫于元顺(顺帝),凡若干人。皆名著青史,从事宗教,足为法门之重者,则于是编书之。(卷一,第841页下—第842页上)

《佛法金汤编》是历代帝王、宰臣、名儒、硕彦弘护佛法事迹的汇编。作者认为,这些王臣的护法事迹,犹如为佛教筑起了抵御外侮的金城汤池,故取名为《佛法金汤编》。全书所收,上始西周,下迄元末,凡三百人(笔者统计)。以朝代的先后为序,依次编录。每个朝代的开头,均有一小段有关这一朝代的建都、起尽国主、历几代、合几年的简说。如:"西晋。都洛阳,起武帝乙酉,尽愍帝丙子,四主五十二年。"(卷二,第848页下)见录的人物大多是一人一传,也有一些是二人或数人的合传,如东晋的何充、何准二人合一传,唐代的褚遂良、李百药、颜师古、许敬宗、朱子奢、岑文本六人合一传。传末一般注有出典(有些已阙),主要有:《白马寺记》、《汉书》、《北山录》、《义楚六帖》、《弘明集》、《统纪》(《佛祖统纪》)、《方志》(《释迦方志》)、《释鉴》(《释氏通鉴》)、《晋书》、《金陵志》、《僧传》、《南史》、《北史》、《辨正论》、《通论》(《隆兴编年通论》)、《唐书》、《传灯》、《五代史》、《湘山野录》、《名臣言行录》、《文献通考》、《资治通鉴》、《宋史》等。

卷一:周、秦、西汉、东汉、魏、吴。主要收有:周昭王(传说他在位二十六年时释迦牟尼降生);西汉刘向(传说他在天禄阁校书时已见佛经);东汉明帝(传说他感梦求法)、桓帝("于宫中铸黄金浮图、老子像")、楚王("诵黄老之微言,尚浮图之仁祠")、牟子(制《理惑论》三十七篇);魏国曹植(撰《渔山梵》)、朱士行(往于阗取《放光般若经》);吴国支谦(译经)等。

卷二:西晋、东晋、后赵、后燕、南燕、前秦、后秦、北凉。主要收有:西晋武帝("大崇佛事,广造伽蓝")、惠帝("于洛下造兴圣寺,常供百僧");东晋元帝(造瓦官、龙兴二寺)、明帝(造皇兴、道场二寺)、成帝(建中兴、鹿野二寺)、简文帝(于长干寺造塔)、孝武帝(造皇泰寺)、谢安(与支遁、许询为友)、郄超(著《奉法要》)、何充(议沙门不应跪拜王者)、孙绰(撰《喻道论》)、宗炳(著《明佛论》)、陶潜("著《搜神录》,多载佛之灵验")、罗含(著《更生论》);后赵石勒(尊佛图澄)、石虎(尊佛图澄);后燕慕容垂(礼泰山朗和尚);南燕慕容德(礼朗和尚);前秦苻坚(礼道安);后秦姚兴(礼鸠摩罗什,并著《通三世论》);北凉沮渠蒙逊(留昙无谶译《大涅槃》、《悲华》、《光明》诸经)等。

卷三:宋、齐。主要收有:宋武帝("手写戒经,口诵梵本,造灵根、法王等四寺,又建东山寺")、文帝(造禅灵寺)、孝武帝(建八关斋)、明帝(造湘宫寺)、何尚之(论"五戒"、"十善"有助于王化)、周颙(著《三宗论》)、谢灵运(撰《佛赞》)、颜延之(著《折达性论》)、袁粲(著《驳夷夏论》);齐高帝(书《法华》,诵《般若》,造陟屺、正观二寺)、武帝(造招贤、游玄二寺)、明帝("持六斋,修十善,诵《法华》、《般若》等经,建归依寺,造千佛金像")、萧子良(著《净住子》二十卷)、刘虬(注《法华》、《华严》二经)、王巾(撰《头陀寺碑》、《僧史》)等。

卷四:梁、后梁。主要收有:梁武帝(受菩萨戒,舍身同泰寺,著《净业赋》等)、简文帝(制《发愿文》)、元帝(舍宫造天宫寺)、萧统("凡释部经论,披览略遍。撰次《法事仪注》及立三谛等义")、傅翕(著《心王铭》)、刘勰("表求出家,赐名慧地")、沈约(著《忏悔文》、《中食论》)、陶弘景("诣鄮县阿育王塔自誓受五大戒");后梁宣帝(修越州砖木二塔)、明帝(于荆州造天皇、陟屺、大明、宝光、四望诸寺)等。

卷五:陈、北魏。主要收有:陈武帝(往大庄严寺舍身)、文帝(制《法华忏文》)、宣帝("造金铜佛像,写经藏,度僧尼,盛拟先朝")、后主(礼天台山智𫖮)、江总(撰《群臣请武帝忏文》);北魏太祖("于虞地造十五级浮图,又造开泰、定国二寺,写经造金像")、文成帝(于太武帝毁佛之后,全面复兴佛教)、孝文帝(诏吉迦夜译经,听道登法师讲《成实论》)、宣武帝(诏勒那摩提译《宝积论》,菩提流支译《楞伽经》)、孝明帝(神龟元年诏诸郡立五级浮图)、高允(撰《鹿苑赋》)、杨衒之(撰《洛阳伽蓝记》)等。

卷六:西魏、北齐、后周(即北周)、隋。主要收有:西魏文帝("口诵《法华》,身持净戒,起七觉殿为四禅堂");北齐文宣帝("诏高僧法常入内讲《涅槃经》,拜为国师")、武成帝(诏慧藏法师于太极殿讲《华严经》)、颜之推("举家蔬食,深信佛教,有

《颜氏家训》行于世");后周靖帝(于武帝毁佛之后,于"大象元年,诏天下复佛道二教,复立佛像");隋高祖("在位二十四年,造寺建塔、写经藏、造金银檀佛像、度僧设会,不可称计")、炀帝(从智𫖮受菩萨戒)、李士谦(说"佛,日也;道,月也;儒,五星也")、费长房(著《开皇三宝录》)、王通(说"斋戒修而梁国亡,非释迦之罪也")等。

卷七至卷九:唐。主要收:唐高祖(造灵仙、会昌、胜业、慈悲、证果等寺)、太宗(为玄奘译经制《三藏圣教序》)、高宗(制《述圣记》)、武后(诏实叉难陀重译《华严经》)、中宗(为义净译经制《圣教序》)、睿宗(为菩提流志译经制《圣教序》)、玄宗(注《金刚经》)、肃宗(于禁中立内道场,讲诵赞呗)、代宗(诏天下有司毋得捶辱僧尼)、德宗(诏迎凤翔法门寺佛指骨,入禁中供养)、宪宗(诏迎佛骨入内供养,韩愈上表极谏,贬为潮州刺史)、穆宗(制《南山宣律师赞》)、宣宗(于武宗毁法之后,复兴佛教。以上卷七)、李师政(著《内德论》)、李百药(撰《大乘庄严论序》)、张说(著《般若心经序》)、李华(从荆溪湛然学《止观》)、李通玄(著《华严论》、《决疑论》等)、颜真卿(撰《天下放生池碑》)、杜鸿渐(为金刚智撰《纪德碑》)、王勃(撰《释迦画像记》、《维摩画像记》、《释迦如来成道记》)、李白(著《金银泥画西方净土变相赞并序》)、韦皋(撰《嘉州弥勒如来石像记》。以上卷八)、权德舆(著《草衣禅师宴坐记》)、梁肃(著《天台禅林寺碑》、《止观统例》、《智者大师传论》)、张仲素(撰《佛骨碑》)、白居易(为苏州重玄寺石壁经撰碑)、柳宗元(撰《送濬上人归省序》、《南岳般舟和尚碑》、《送浩初上人序》、《净土院记》、《南岳大明律师碑》、《六祖能大师碑》)、庾承宣(撰《福州净光塔铭并序》)、刘禹锡(撰《六祖大鉴大师第二碑》、《佛衣铭》)、吴道子(于景公寺画地狱变相)、裴休(制《端甫碑》、《圆觉经序》、《法界观序》、《禅源诠序》)、李商隐(著《赞佛偈》。以上卷九)等。

卷十：五代十国。主要收有：后梁均王(敕将东塔院沙门归序《经论会要》编入大藏);后唐庄宗(设千僧斋);后晋高祖(敕将汉中沙门可洪《大藏经音义》编入大藏);南唐李昇(设无遮大会);吴越钱镠(建龙册寺)、钱弘佐(建龙华寺);闽王审知(建鼓山寺)、王延钧("素奉佛法,度僧一万人,由是闽中多僧")、王延羲(度僧一千人)等。

卷十一至卷十三：北宋。主要收有：太祖(开宝四年敕刻佛经一藏)、太宗(太平兴国七年诏立译经传法院,并为天息灾等译经制《圣教序》)、真宗(制《崇释论》、《圣教序》,注《四十二章经》)、仁宗(敕将契嵩《正宗记》、《辅教编》、《定祖图》编入大藏)、英宗(制《佛牙赞碑》)、神宗(元丰五年诏相国寺辟六十四院为八禅二律,以东西序为惠林、智海二巨刹)、徽宗(制《续灯录序》)、李昉(与徐铉等撰《太平广记》五百卷,其间录佛法者三十卷)、王旦(与昭庆寺省常、苏易简等结社修净业,预者千人)、杨亿(著《传灯录序》、《清规序》)、吕夷简(与宋绶续修《法宝录》)、范仲淹(著《十六罗汉因果识见颂序》)、丁谓(著《斋僧疏》)、王随(删《传灯录》三十卷为十五卷,名《玉英集》)、王安石(施旧第为报宁寺)、司马光(作《解禅偈》。以上卷十一)、夏竦(与惟净同撰《新译经音义》七十卷)、苏洵(撰《彭州圆觉院记》)、苏轼(与庐山归宗寺佛印禅师为方外交)、苏辙(撰《庐山栖贤僧堂记》、《三教论》)、杨杰(撰《慧空禅院轮藏记》)、胡宿(撰《武林山天竺寺记》)、邵雍(撰《学佛吟》。以上卷十二)、王古(作《直指净土决疑集》、《法宝标目》)、李遵勖(作《广灯录》)、陈瓘(作《三千有门颂》)、查道(撰《僧堂记》)、黄庭坚(撰《发愿文》、《荆南承天院记》)、晁说之(撰《仁王般若经序》、《明智法师碑论》)、张商英(谒东林总禅师为师)、蒋之奇(作《楞伽经序》)、秦观(撰《五百罗汉图记》)、林逋(诗赠慈云遵式)、江公望(述《菩提文》、《念佛方便文》。以上卷十三)等。

卷十四至卷十五前部分:南宋。主要收有:高宗(手书《金刚》、《圆觉》、《普门品》、《心经》、《七佛偈》,常自披览)、孝宗(制《观音菩萨赞》、《原道论》)、理宗(手书《心经》一卷,赐上竺刻石,并作《赞千佛偈》)、张濬(撰《宝志公行状》)、李邴(作《千僧阁记》)、冯楫(以己俸印施五千余藏经,有《语录》、《颂古》)、周必大(撰《佛照光公〔德光〕塔铭》)、史浩(制《仪文》、《南湖法智大师像赞》)、王日休(撰《净土文》。以上卷十四)、朱熹(说"释氏之学与吾儒有甚相似处")、叶适(撰《法明寺教藏序》)、真德秀(为杨亿手书《遗教经》题记,跋《莲经·普门品》)、刘克庄(有《十释咏》)、林希逸(撰《断桥伦禅师塔铭》)、郑清之(撰《妙峰善公塔铭》)、刘谧(著《三教平心论》。以上卷十五)等。

卷十五后部分:金。主要收有:熙宗(造大储庆寺,度僧尼百万)、世宗(建大庆寿寺,赐钱二万,沃田二十顷)、章宗(度僧三万)、李之纯(撰《鸣道集》)等。

卷十六:元。主要收有:世祖(以八思巴为帝师)、成宗(建万寿祐国寺,命国师文才为住持)、武宗(发军千五百人修五台山佛寺)、仁宗(以西僧藏不班八为国师)、英宗(以西僧牙八剌里为元永延教三藏法师,敕天下僧诵经十万部)、泰定帝(以西僧公哥为帝师)、文帝(以西僧旭你迭八答剌班的为三藏国师)、顺帝(以西僧迦剌麻为灌顶国师)、程文海(撰《旃檀像记》)、赵孟頫(以天目中峰禅师为师)、袁桷(撰《禅林清规序》、《华严寺碑》)、虞集(撰《北涧简公塔铭》、《晦机熙公塔铭》、《水陆缘起赞》、《杭州报国寺钟铭》)、揭奚斯(撰《中峰广录序》)、冯子振(撰《净土偈赞并序》)、柳贯(撰《竺元道公语录序》)、黄溍(撰《虎丘寺记》、《蒋山志公塔院记》)、韩性(撰《金刚助显序》)、欧阳玄(撰《昙芳忠公塔铭》)、邓文原(撰《石林巩公塔铭》)、杨维祯(撰《大悲菩萨像志》)、苏大年(撰《仲芳伦公语录序》)等。

在《佛法金汤编》收录的人物传记中,序记铭赞、文论言语的节抄占有很大的比例,有些甚至占整篇传记的一半以至大半。因此,从某种意义上来说,《佛法金汤编》也是一部资料汇编,它提供了传主本人以及他撰文记叙的对象的一批有价值的思想资料和历史资料。试以北宋《司马光传》为例,以见其体式:

司马光　光字君实,陕州夏县人。元祐初,拜相,赠太师,封温公。谥文正。号涑水先生。尝作《解禅偈》,其序曰:文中子(隋代王通)以佛为西方圣人,信如文中子之言,则佛之心可知矣。今之言禅者,好为隐语以相迷,大言以相胜,使学者怅怅然,益入于迷妄。故予广文中子之言而解之,作《禅偈》六首。若其果然,则虽中国行矣。其一曰:忿怒如烈火,利欲如铦锋,终朝常戚戚,是名阿鼻狱。其二曰:颜回安陋巷,孟轲养浩然,富贵如浮云,是名极乐国。其三曰:孝道通神明,忠信行蛮陌,积善来百祥,是名作因果。其四曰:言为百世师,行为天下法,久久不可掩,是名不坏身。其五曰:仁人之安宅,义人之正路,行之诚且久,是名光明藏。其六曰:道意修一身,功德被万物,为贤为大圣,是名佛菩萨。(卷十一,第936页上、下)

节文最长的是唐代的《王勃传》。有关王勃的籍贯、生平仅一百余字,而有关他作的《释迦如来成道记》的摘录则达二千余字,为全书之冠。

《佛法金汤编》的不足之处是为了扩张声势,将一些并非是佛教信仰者和维护者也编入其中,致使有些人物名实相违。这中间,既有与佛教关系较为疏远,并无崇佛举止的名臣,如北宋包拯(见卷十三);也有偶有几句肯定或赞扬佛教的话,但总的思想倾向是攘斥佛教,维护儒家道统的大儒,如唐代韩愈(见卷九)、北宋欧阳修(见卷十二)、南宋朱熹(见卷十四)以及其他理学家;甚至还有大规模禁毁或限制佛教运动的发动者,如北魏太武帝(见卷五)、北周武帝(见卷五)、后周世宗(见卷十)等。因此早在明代就有人对此提出批评,以至于如惺在《重刻佛法金汤编后序》中用一半的篇幅对"韩朱辈辈排斥,世耳熟焉,今亦具载编中,何也"的质疑进行辩解,可见这一缺点的明显性。

七、地志部

总　　叙

地志,全称"佛教地理志",指的是以记叙佛教发源地和流布地的地理环境、人文历史、名胜古迹(尤其是寺塔)、人物传说和佛教状况为主,兼及其他的一类佛教典籍。一般的地理类典籍,主要是用来记叙疆域、山川、风俗、物产、古迹、人物、艺文等事项的,有通记全国情况的总志,有偏记州、郡、府、县等情况的地方志,也有专记某一方面情况,如河渠、边防、风土、名胜、方物、宫室、苑囿、外国等的专志。佛教中的地理类典籍,既具有一般地理志的特质,又有佛教的内涵,它们更着力于反映佛教的历史文化。

在佛教地理志中,有记中国僧人乘危履险,西行求法的行记、外国传、西域记;有记汉地高僧九死一生,东渡传律的东征传;有记日本僧人入唐求法的行历和见闻的巡礼记;有记佛教发源地(印度)、流播区(西域等),特别是华夏佛教的兴盛地和僧众聚集地的星野、舆地、名迹、高僧、碑碣、题咏等的方志、山志;有记与佛教的信仰和传教有特殊关系的佛教名山记;有记都会郡县众多的寺塔群,或某一名刹宝塔的伽蓝(即"寺")记、寺塔记、寺志,等等。这些典籍,为研究古代中西交通;印度、西域和南海诸国的历史文化;中外佛教关系;不同时期和不同区域的佛教状况;佛教的建筑、雕塑、绘画、诗文、掌故、传闻等等,提供了极为珍贵的、有不少属于首次记录或独家记载的资料。因此，无论是在我国还是外国，佛教界还是史学界，佛教地理志，特别是像《法显传》、《大唐西域记》、《洛阳伽蓝记》等名著，享有极高的声誉。

一、佛教地理志的源流

自西汉武帝派张骞开通西域以来，中原与西域三十六国的经济文化交流不断扩大。汉哀帝元寿元年（公元前2年），大月氏使者伊存向汉朝博士弟子景卢（又作"景虑"、"秦景宪"、"秦景"、"景匿"）口授浮屠经（即佛经），佛经由此而传入中国（见《三国志·魏书》卷三十裴松之注引曹魏鱼豢《魏略·西戎传》）。东汉末年，西域沙门安清、竺佛朔（一作"竺朔佛"）、支娄迦谶（略称"支谶"）、支曜、安玄、康孟详等相继来华，传译佛经；曹魏甘露五年（260），颍州沙门朱士行发迹雍州（治所在今西安），西度流沙，到于阗（今新疆和田一带）求取梵本《放光般若经》，成为汉地沙门中西行求法的第一人。自此以后，华夏与西域的佛教交流日益频繁，佛教地理志正是在这种交往中产生的。

（一）西域传志

由于西域与汉地佛教有着殊胜的因缘，因此最早撰作的佛教地理志是西域志。东晋太元四年（379），前秦苻坚派兵攻克了襄阳，将在那里弘教的名僧道安延请到长安五重寺（又名"五级寺"）。在此后的六年里，道安主要主持译务，校订新译，撰写经序。虽然他自己没有到过西域，但从与他一起译经的西域沙门鸠摩罗佛提、昙摩蜱、僧伽提婆、僧伽跋澄、昙摩持、昙摩难提，以及家住凉州，"少好游方，备观风俗"的竺佛念那里，获知了西域的地理、历史、物产、风俗和佛教等情况，因而于余暇撰写了

《西域志》一卷（见《出三藏记集》卷五，除《水经注》卷二引有若干条以外，余佚）。从而开创了佛教地理志的历史。道安还撰有《四海百川水源记》一卷（见《隋书》卷三十三《经籍二》，已佚），反映了他在地理学上的精深造诣。

晋宋之际，汉地沙门出现了西行求法的热潮。第一个经西域抵达天竺（印度）的是平阳沙门法显。法显三岁时就度为沙弥（俗称"小和尚"），受具足戒以后，志行明敏，仪轨整肃。有慨于律藏残缺，乃与同学慧景、道整、慧应、慧嵬等人，于东晋隆安三年（399），发迹长安，前往天竺取经。他们穿越了上无飞鸟，下无走兽，唯以死人枯骨为标识的流沙，翻过常年积雪、寒冻刺骨的葱岭（帕米尔高原及其南北两端山脉），到了北天竺。尔后，法显周游西天竺、中天竺、东天竺，瞻礼佛迹，搜求佛典，经师子国（今斯里兰卡），浮海东还，于义熙八年（412）抵达青州长广郡牢山（今山东青岛崂山）。首尾十四年，行历三十一国。义熙十二年（416）冬，应檀越（即"施主"）的劝请，他将自己的游履与见闻撰成《法显传》（又名《历游天竺记传》、《佛国记》，今存）一卷。佛教地理志中纪实性的西域游记自它而始。

初，法显在西行途中，曾在张掖镇（今甘肃张掖）与由智严、慧简、僧绍、宝云、僧景等组成的另一支西行队伍相遇。其中，凉州沙门宝云与法显等前后相随，同抵天竺。宝云在外域遍学梵书，音字诂训，悉皆备解。后还长安，随北天竺沙门佛陀（一作"驮"）跋陀罗业禅进道。俄而转至晋京建康（今南京）道场寺和六合山寺，在那里翻译了《新无量寿经》（后来的佛经目录也将它登录于佛陀跋陀罗的名下）、《佛所行赞》等。佛陀跋陀罗晚出诸经，多由宝云治定。约在东晋末至刘宋初之间，宝云将自己去西域的经历写成《记传》（全名或是《游履外国记传》，已佚，以上见梁僧祐《出三藏记集》卷十五、慧皎《高僧传》卷三）。这是继《法显传》之后问世的又一部西域游记。

宝云是在弗楼沙国（今巴基斯坦的白沙瓦境内）辞别法显，周游西域，然后回国的。与他一起返回的尚有慧达、僧景（见《法显传》）。《隋书》卷三十三《经籍二》载有署名"释昙景撰"的《外国传》五卷。考隋以前并无西行求法并回国的"昙景"，这里的"昙景"或许就是"僧景"。从卷帙的多寡来看，此书的内容是十分详实的，惜已不存。

当法显、宝云等尚在印度的时候，雍州新丰（治所在今陕西临潼东北）沙门智猛，招结同道沙门十五人，于姚秦弘始六年（即东晋元兴三年，公元404年）也从长安出发，踏上了西行的征途。由于路途险恶，同行者中有些畏难而退，有些中途卒亡，携带《大泥洹经》、《摩诃僧祇律》以及其他梵本佛经，从印度回到凉州的，仅剩智猛和昙纂二人。智猛在凉州译出《大泥洹经》二十卷以后，于刘宋元嘉十四年（437）入蜀。两年后，他在成都撰写了《游行外国传》一卷（见《隋书》卷三十三《经籍二》）。原书虽佚，但它的若干内容为《出三藏记集》卷十五和《高僧传》卷三的本传所摘录，智猛的一路游履，于中可知一二。

南北朝时前往天竺求法并撰有游记的，主要有：法勇（又名"昙无竭"）、道普、法盛、道药（一作"道荣"）、惠生等。

法勇为幽州黄龙（今辽宁朝阳）沙门。在法显等人躬践佛国，并赍经归来的消息的鼓舞下，他于刘宋永初元年（420），招集同志沙门僧猛、昙朗等二十五人，携带幡盖等供养资具，发迹长安，远适天竺。法勇在外二十余年，先后游履了龟兹、疏勒、罽宾、月氏、犍陀罗、舍卫等国。元嘉（424—453）末，方从南天竺附舶东还，初至广州，后抵扬州。在扬州，他译出了《观世音菩萨受记经》一卷，并将自己的西域之行，撰录为《外国传》五卷（见隋费长房《历代三宝纪》卷十，原书已佚，有片段见存于《高僧传》卷三本传之中)。

道普和法盛均为高昌(治所在今新疆吐鲁番东)沙门。道普从西域归来后撰传数卷(书名或是《游履异域传》,已佚,见《高僧传》卷二《昙无谶传》附)。元嘉中,他奉命带领书吏十人,前往西域写取《涅槃》后分,至长广郡船破伤足,因疾而卒。法盛在高昌时,恰遇元嘉元年(424)从天竺回国途经该地的智猛,受智猛所述天竺佛教圣迹的激励,他与师友二十九人结伴同行,前往天竺。回来后,撰有《历国传》四卷(见《高僧传》卷二、梁宝唱《名僧传抄》,已佚,《隋书·经籍志》作"二卷")。

道药和惠生均为北魏沙门。太武帝太平真君(440—450)末年,道药从疏勒经悬度而到达僧伽施国,以后又循故道返回。著传一卷(见唐道宣《释迦方志》卷下《游履篇》,已佚;北魏杨衒之《洛阳伽蓝记》卷五称之为"《道荣传》",并摘录了若干片段);在隔了六十余年之后,洛阳崇立寺惠生和闻义里宋云(敦煌人),受灵太后的派遣,于孝明帝神龟元年(518)十一月出使西域。他们从赤岭傍铁桥而至乾陀卫国雀离浮图处,又在乌场国停留二年,至正光三年(522)二月携带一百七十部大乘经的梵本,回到洛阳。惠生撰有《惠生行纪》一卷,宋云撰有《宋云家纪》(又名《魏国以西十一国事》)一卷,两书已佚,但它们的主要内容则辑存于《洛阳伽蓝记》卷五之中。

隋代,东都上林园翻经馆沙门彦琮在仁寿(601—604)年间,根据南印度沙门达摩笈多的口述,撰成《大隋西国传》(又名《西域传》)一部,下分十篇:一方物,二时候,三居处,四国政,五学教,六礼仪,七饮食,八服章,九宝货,十山河国邑人物。被称为"五天(五天竺)之良史"(见唐道宣《续高僧传》卷二《达摩笈多传》,已佚)。大业二年(606),彦琮又奉敕与裴矩同修《天竺记》,"文义详洽,条贯有仪"(见《续高僧传》卷二《彦琮传》,已佚)。

唐代的西域传志,除玄奘《大唐西域记》等见存以外,还有在唐太宗贞观十七年(643)至高宗龙朔元年(661)之间,数次出使印度的朝散大夫王玄策撰的《中天竺行记》十卷,麟德二年(665)敕百官修撰的《西域志》六十卷、《图画》四十卷。虽然《中天竺行记》和《西域志》的作者并非是僧人,所述也不局限于佛教,但由于西域和印度是佛教的兴盛地,故它们也是与佛教有关的地理书,因而为佛教典籍所著录(见唐道世《法苑珠林》卷一百,已佚)。

(二) 寺塔记

寺院是佛教僧侣居住和活动的场所,佛塔为佛教的纪念性建筑(有放置佛陀和高僧舍利,即遗骨的;也有不放的,纯取象征意义的),因此,凡是讲述佛教史的,必定要提到某一朝代的译经数、僧尼数和寺院数;凡是阐叙古代文化的,也必定要涉猎佛教建筑的主要形式——寺塔。

佛教地理志中的寺塔记,有以记寺为主的,有以记塔为主的,也有寺塔并记的。即使是有些以"寺记"为名的典籍,其实也叙及位于寺庙院墙内外或附近的佛塔的。早期的寺塔记多是用来记叙京师所在地的寺塔的。从见存的史料来看,综合性的寺记类典籍自东晋末叶佚名的《晋南京寺记》为始。这里说的"南京"指的是六朝(孙吴、东晋、宋、齐、梁、陈)的京城建康(今江苏南京)。建康在三国时就建有江南第一所佛寺——建初寺,名僧康僧会曾在这里译经布教。至东晋,陆续兴建了瓦官寺、波提寺、新亭寺(后名"中兴寺")、枳园寺、道场寺等,使寺庙增至三十多所(见清刘世珩《南朝寺考》)。《晋南京寺记》便是记载这些寺院的建置沿革以及有关的故事传说的。原书已佚,有片段见存于《法苑珠林》卷三十一"晋南京乌巢殿屋怪"条之

中。自此以后问世的寺塔记,主要有:

刘宋灵味寺昙宗《京师寺塔记》二卷(见《高僧传》卷十三,已佚)。

南齐刘俊《益都寺记》(见慧皎《高僧传序》,已佚;"益都"又称"益州",治所在今四川成都)。

梁尚书兵部郎中兼史馆学士刘璆《京师塔寺记》二十卷(见《法苑珠林》卷一百,已佚;《隋书》卷三十三《经籍二》作"《京师寺塔记》十卷",并云有"《录》一卷")。

北魏杨衒之《洛阳伽蓝记》五卷(今存,后详)。

疑是南北朝时的张光禄《华山精舍记》一卷(见《隋书》卷三十三《经籍二》,已佚;"精舍"为"寺"之异名)。

隋相州大慈寺灵裕《塔寺记》一卷(见《历代三宝纪》卷十二,已佚;《续高僧传》卷九本传中有"《寺诰》",而无《塔寺记》,从《法苑珠林》卷三十九、北宋赞宁《大宋僧史略》卷上、南宋法云《翻译名义集》卷七等保存的《寺诰》的片段来看,两者不是同一部书)。

唐京师弘福寺彦悰于龙朔元年(661)撰《大唐京寺录传》十卷(见唐道宣《大唐内典录》卷五,已佚;《法苑珠林》卷一百作"《西京寺记》二十卷","西京"指长安);京师西明寺圆照于贞元十年(794)撰《新修大庄严寺本师释迦牟尼佛牙宝塔记》三卷、《圣朝无忧王寺大圣释迦牟尼佛真身舍利塔记》三卷(以上见唐圆照《大唐续开元释教录》卷中);钟陵龙兴寺清彻于元和(806—820)年间撰《金陵塔寺记》三十六卷(见《新唐书》卷五十九《艺文三》、北宋赞宁《宋高僧传》卷十六,已佚);灵湍撰《摄山栖霞寺记》一卷(见《新唐书》卷五十九《艺文三》,已佚);明州阿育王寺慧则于乾宁元年(894)撰《塔记》一卷(见《宋高僧传》卷十六,已佚)。

此外,还有大量的记载寺塔初建、重修等缘起的碑刻,如《后魏造三级浮图碑》("太和十二年七月")、《后魏瑶光寺碑》("永平三年八月")、《东魏大觉寺碑》("天平四年八月")、《后魏崇先寺记》、《北齐崇因寺碑》("皇建二年三月")、《北齐造双塔碑》("天统三年三月")、《北齐造寺碑》、《隋兴福寺碑》("开皇二年二月")、《隋兴国寺碑》("开皇六年正月")、《隋龙藏寺碑》("开皇六年十二月")、《隋太平寺碑》("开皇九年八月")等(以上见南宋赵明诚《金石录》,此书著录金石拓本,上起三代,下及隋唐五代)。虽然寺碑、塔铭一类的石刻文字较为简略,往往只有数百字、千余字,不足以构成一部系统全面的独立的著作,但它们却是撰写内容详实的寺记、塔记和寺塔记等专著的原始资料,同样具有极高的史学价值(辑有历代或一代佛教碑刻原文的有清王昶编《金石萃编》、董诰等编《全唐文》等)。

(三) 名山记

如同历代隐士多居村野林壑一样,许多佛教高僧也高蹈离俗,绝迹京邑,喜欢栖居深山修行。久而久之,荒山野岭之上建起了寺宇殿堂,四方学子慕名而至,这些山岭成了州府郡县的佛教胜地。于是便有佛教名山记之作。

最早撰作佛教名山记的恐推东晋末年庐山的慧远。慧远在东晋太元四年(即前秦建元十五年,公元 379 年)二月襄阳为前秦所陷(《高僧传》卷六本传误载其时为"建元九年")之后,辞别其师道安,率弟子数十人,南适荆州,拟往罗浮山(今广东省境内)。途经浔阳(今江西九江市)时,见庐山清静,足以息心,于是便住了下来。他在江州刺史桓伊为他建造的东林寺住了三十多年,直至终老。以他为始祖的净土宗(又称"白莲社"、"莲社")即发源于此。为记叙庐山的景物掌故,他于晚年撰著了《庐山略记》一书(原书已佚,有片段见存于北宋陈舜俞《庐山记》卷一《总叙山水篇》之中)。

嗣后出现的佛教名山记,主要有:隋天台山国清寺灌顶《南岳记》一卷(见南宋志磐《佛祖统纪》卷二十五《山家教典志》,已佚);唐蓝谷沙门慧祥《古清凉传》二卷(今存,后详);唐越州焦山大历寺神邕《天台地志》二卷(见《宋高僧传》卷十七,已佚)等。

二、本部大略

本部上起东晋,下迄元代,共收录佛教地志类典籍十七部四十七卷。分为四门:

(一)游记

共有七部二十一卷。其中,东晋法显《法显传》一卷,为法显从陆路赴印度求法,经海路返回的行历及见闻的记叙,所记凡三十二国(内有一国为听闻国);唐玄奘《大唐西域记》十二卷,为玄奘取陆路西行求法,并赍经返回的行历及见闻的记叙,所记凡一百三十八国(其中一百一十国为经行国,二十八国为听闻国);新罗慧超《往五天竺国传》一卷(敦煌残本),为慧超从中国出发,取海路前往印度,尔后经西域回到长安的行程的记叙;日本元开《唐大和上东征传》一卷,为唐代律宗高僧鉴真应请赴日本传戒,历经艰辛坎坷,终于在第六次东渡成功的经历的记叙;唐圆照《悟空入竺记》一卷,原为《十力经序》,于中记叙了天宝十年(751)奉敕出使印度的上都(长安)章敬寺沙门悟空的行程;日本圆仁《入唐求法巡礼行记》四卷,以日记的形式,翔实地记述了圆仁一行入唐求法的全部旅程以及沿途的所见所闻,始日本承和五年(即唐开成三年,公元 838 年)六月,终承和十四年(即唐大中元年,公元 847 年)十二月;南宋范成大《继业西域行程》一卷，原为《峨眉山牛心寺记》，于中记述了牛心寺创建人继业于北宋初年的天竺之行。

（二）方志

共有二部三卷。其中，唐道宣《释迦方志》二卷，下分封疆、统摄、中边、遗迹、游履、通局、时住、教相八篇，记述了释迦牟尼诞生地和教说流布地的佛教史迹；唐佚名《燉煌录》一卷，简要地记述了中西交通要道和佛教胜地敦煌的情况。

（三）寺塔记

共有二部七卷。其中，北魏杨衒之《洛阳伽蓝记》五卷，以名刹大寺为主纲，中小佛寺为附目，详细地记述了北魏时期洛阳城内外寺院的兴废沿革以及有关的史事传闻；唐段成式《寺塔记》二卷，为唐代长安朱雀街东西两侧寺院状况的记叙。

（四）名山记

共有六部十六卷。其中，唐慧祥《古清凉传》二卷、北宋延一《广清凉传》三卷和北宋张商英《续清凉传》二卷，所记均为佛教名山五台山（时称"清凉山"，与普陀山、峨眉山、九华山并称中国佛教的四大名山）。其中，《古清凉传》下分立名标化、封域里数、古今胜迹、游礼感通、支流杂述五篇。《广清凉传》下分二十三篇，始《菩萨生地见闻功德》，终《大圣文殊师利古今赞颂》，在三传中内容最为周详。《续清凉传》主要记述了张商英五次游五台山的经过，以及所感遇的灵迹；北宋陈舜俞《庐山记》五卷，为庐山胜迹的记叙，下分八篇，始《总叙山水篇》，终《古人题名篇》；南宋陈田夫《南岳总胜集》三卷，为南岳衡山胜迹的记叙，下分八篇，始《五峰灵迹》，终《叙古跋》；元盛熙明《补陀洛迦山传》一卷，为佛教名山普陀山（梵名"补陀洛迦山"）的记叙，下分自在功德品、洞宇封域品、应感祥瑞品、兴建沿革品和附录。

三、备考书目

明清时期撰作的佛教地理志,以及与佛教密切相关的地理书,主要有山志和寺志两类。

(一)山志类著作。主要有:明代郭子章《阿育王山志》十卷;周应宾《普陀山志》六卷;释无尽《天台山方外志》三十卷、《幽溪别志》十六卷;释广宾《上天竺山志》十五卷;顾元镜《九华山志》八卷;释宗净《径山集》三卷;清代蒋超《峨眉山志》十八卷;释元贤《鼓山志》十二卷;释性制《龙唐山志》五卷;释德基《宝华山志》十卷;释定暠《庐山通志》十二卷;范承勋《鸡足山志》十卷;朱谨、陈璿《普陀山志》十五卷;徐泌《湘山志》八卷;陶敬益《罗浮山志》十二卷;释大然《青原志略》十三卷(以上见文津阁《四库全书》影印本,上海古籍出版社 2003 年 5 月版),等等。

(二)寺志类著作。主要有:明代吴之鲸《武林梵志》十二卷;释大壑《净慈寺志》十卷;葛寅亮《金陵梵刹志》五十三卷;释圆复《延寿寺纪略》一卷;戴英《禹门寺志》六卷;周永年《邓尉圣恩寺志》十八卷;杨明《天童寺集》二卷;程嘉燧《破山兴福寺》四卷;清代孙治《灵隐寺志》八卷;释智藏《崇恩寺略》七卷;释元奇《江心志》十二卷;吴云《灵谷寺志》十六卷;厉鹗《增修云林寺志》八卷(以上见文津阁《四库全书》影印本,上海古籍出版社 2003 年 5 月版);刘世珩《南朝寺考》六卷(台湾新文丰出版公司 1986 年 6 月版),等等。

此外,历代地方志中保存佛教寺院、人物等方面资料也相当多。

近代以来编纂或撰作的有关佛教寺庙、胜迹游记等方面的著作，主要有：白化文、张智主编《中国佛寺志丛刊》（广陵书社2005年10月版）、李芳民《唐五代佛寺辑考》（商务印书馆2006年6月版）、张弓《汉唐佛寺文化史》（中国社会科学出版社1997年12月版）、高鹤年《名山游访记》（宗教文化出版社2000年1月版）等。

第一门　游　　记

第一品　东晋法显《法显传》一卷

《法显传》，又名《佛游天竺记》（见梁僧祐《出三藏记集》卷二和隋法经等《众经目录》卷六，"佛"字疑是"历"字之讹）、《释法显行传》（见《水经注》）、《历游天竺记传》（见隋费长房《历代三宝纪》卷七、唐道宣《大唐内典录》卷三和唐智升《开元释教录》卷三）、《佛国记》（见《隋书》卷三十三《经籍二》）等，一卷。东晋义熙十二年（416），沙门法显撰（书题下云："东晋沙门释法显自记游天竺事"）。载于《丽藏》"广"函（书名作《高僧法显传》）、《宋藏》"通"函、《金藏》"广"函、《元藏》"通"函、《明南藏》"兵"函、《明北藏》"微"函、《清藏》"书"函、《频伽藏》"致"帙（以上除《金藏》作《昔道人法显从长安行西至天竺传》外，其余各藏书名皆作《法显传》），收入《大正藏》第五十一册（书名作《高僧法显传》）。

法显（约337—约422），俗姓龚，平阳（今山西临汾县西南）人〔案：《出三藏记集》、《高僧传》等都说法显是"平阳武阳人"。然据近人考证，"晋及十六国时平阳郡所属唯有平阳县而无武阳县，当时平阳郡内亦未闻有武阳之地名，武阳或是平阳之误，故《历代三宝纪》等即称之为'平阳沙门'。"（见章巽《法显传校注》)]。由于三个哥哥都在髫龀之年夭亡,父母恐他也难以存命,故三岁便度为沙弥(俗称"小和尚")。起先在家居住,数年后还寺。二十岁受具足戒。有慨于律藏残缺,乃于东晋隆安三年(公元399年,亦即姚秦弘始元年,《法显传》误作"弘始二年"),乘危履险,西行求法。到达天竺(印度)后巡礼佛教圣迹。尔后携带经律论梵本,取道师子国(今斯里兰卡)、耶婆提国(今印度尼西亚苏门答腊岛),从海路回国。义熙八年(412)到达青州长广郡牢山(今山东青岛崂山),前后十四年,成为完成旷古未有的伟大旅行的第一人。次年到达建康(今南京)。此后与佛陀(一作"驮")跋陀罗一起在道场寺译经,译有《大般泥洹经》六卷、《方等泥洹经》二卷、《摩诃僧祇律》四十卷、《僧祇比丘戒本》一卷、《杂阿毗昙心论》十三卷和《杂藏经》一卷(见《出三藏记集》卷二)。《出三藏记集》卷十五和《高僧传》卷三有传。

《法显传》书首无序,书末有未详姓氏所撰的后记(无标题)。《大正藏》所用的《丽藏本》将此段后记与《法显传》的正文的结尾语相接,作:

法显发长安,六年到中印国(宋元明本无"印"),停经(三本无"经")六年,还经三年达青州。凡所游履,减三十国(从沙河以西算起)。沙河已西,迄于天竺,众僧威仪法化之美,不可详说。窃惟诸师未得备闻,是以不顾微命,净(浮)海而还,艰难具更。幸蒙三尊威灵,危而得济,故将竹帛疏所经历,欲令贤者同其闻见。是岁甲寅晋义熙十二年矣(三本无"矣"),岁在寿星。夏安居末迎法显,道人既至,留共冬斋。因讲集之余,重问游历。其人恭顺,言辄依实。由是先所略者,劝令详载。显(法显)复具叙始末。自云:顾寻所经,不觉心动汗流。所以乘危履险,不惜此形者,盖是志有所存,专其愚直,故投命于必死之地,以达万一之冀。

于是感叹斯人,以为古今罕有。自大教东流,未有忘身求法如显(法显)之比。(《大正藏》第五十一卷,第866页中、下)

但南宋湖州思溪资福禅寺版《大藏经》(简称《思溪藏》)、平江碛砂延圣禅院版《大藏经》(简称《碛砂藏》)等皆以"是岁甲寅"为《法显传》正文的结束语,而自"晋义熙十二年"始,另起一行,以为后记。这无论是从文义或者语气上来说,都是对的。因为"是岁甲寅"指的是晋义熙十年(414),而"晋义熙十二年,岁在寿星"指的丙辰岁,即公元416年,若连为一句则扞格不通。从"晋义熙十二年"以下的叙述来看,后记的作者很可能是留法显"冬斋"的那个檀越(施主)。另外,后记中提到"由是先所略者,劝令详载。显复具叙始末",据此推测,《法显传》是先有略本,后出详本,略本不传,今本《法显传》当是应檀越之请重新组织的详本。

《法显传》记叙了法显与同侣发迹长安,度沙河(又称"流沙",指敦煌以西至今新疆若羌县之间的沙漠),逾葱岭(帕米尔高原及其南北两端山脉),历经艰辛而至北天竺,尔后周游西天竺、中天竺、东天竺,最后从海上返回的全部行程及其见闻。所记凡三十二国,依次是:乾归、蓐檀(上二国在长安至敦煌之间,分别是北方十六国中的西秦和南凉)、鄯善、焉夷、于阗、子合、於麾、竭叉(上六国在敦煌至葱岭之间,在今新疆境内)、陀历、乌苌、宿呵多、犍陀卫、竺刹尸罗、弗楼沙、那竭、罗夷、跋那、毗荼(上十国是北天竺和西天竺诸国,分别位于今克什米尔西北部、巴基斯坦北部、阿富汗东部和印度北部一带)、摩头罗、僧伽施、沙祇大、拘萨罗、蓝莫、毗舍离、摩揭提、迦尸、拘睒弥、达嚫、瞻波、多摩梨帝(上十二国是中天竺、东天竺诸国,大部分在今印度境内,个别处于尼泊尔南部)、师子、耶婆提(上二国为归途所经)。其中达嚫国系作者听闻所录,其余的三十一国均为作者游履所及。此外还有一些未标国名的城市,如羼饶夷城、迦维罗卫城、拘夷那竭城等。

法显自述:

姚秦弘始元年(399年,原书误作"弘始二年"),他与慧景、道整、慧应、慧嵬一行五人,发迹长安,前往天竺寻求戒律。度陇山而至乾归国,在那里度过了当年的夏安居期("夏坐")。然后经耨檀国,越养楼山,而至张掖镇,在那里与智严、慧简、僧绍、宝云、僧景结成的另一支西行队伍相遇,共同度过了第二年的夏安居期。到达敦煌以后,法显一行在太守李浩的资助下,随使先发,穿越了上无飞鸟,下无走兽,遍望极目,莫知所途的大沙漠("沙河"),"唯以死人枯骨为标识",行十七日,计千五百里,而至鄯善国。复往西北方向行十五日,到焉夷国。得符公孙供给,而行抵于阗国。在于阗,法显观看了每年四月一日至十四日举行的"行像"活动,尔后经子合国,到达於麾国,度过了第三年的夏安居期。在参加了竭叉国五年一次的大法会("般遮越师")之后,法显等翻越葱岭,进入北天竺的第一站陀历国。自此之后,法显跋山涉水,周游天竺诸国,其中以中天竺大国摩竭提(又译"摩揭陀")国首府巴连弗邑的住留时间为最长。

先前,法显从西天竺的毗荼国进入中天竺的摩头罗(又译"秣兔罗")国以后,经僧伽施(又译"劫比他")国、羼饶夷城、拘萨罗(又译"室罗伐悉底")国舍卫城、迦维罗卫(又译"劫比罗伐窣堵")城、蓝莫(又译"蓝摩")、拘夷那揭(又译"拘尸那揭罗")城、毗舍离(又译"吠舍厘")国之后,曾到过巴连弗邑。以后又从这里出发,周游王舍新城、王舍旧城("薜沙王城")、耆阇崛山、伽耶城、鸡足山、迦尸国波罗㮈城、拘睒弥(又译"憍赏弥")国以后回到这里。法显于此居住了三年,抄录《摩诃僧祇律》、

《萨婆多律》、《杂阿毗昙心论》、《绽经》、《方等般泥洹经》(即《大般泥洹经》)、《摩诃僧祇阿毗昙论》梵本。尔后,经瞻波国到达东天竺的多摩梨帝国(又译"耽摩栗底国",国都在今印度加尔各答西南的坦姆拉克)。此为海口,法显在这里停留了二年,用于写经及画像。接着,搭乘商船,到达师子国(今斯里兰卡),求得《弥沙塞律》、《长阿含经》、《杂阿含经》、《杂藏经》梵本。二年后,复泛舶东还,经耶婆提国(今苏门答腊,一说爪哇)而抵青州长广郡牢山南岸。

《法显传》不仅简要地记载了法显游历天竺的行进路线、住留时日及主要活动,而且真实地记叙了所经亚洲各国及我国新疆地区在公元五世纪初的历史状况,如里程、方位、山川、气候、人口、语言、风俗、物产、政治、宗教等,特别是佛教的寺庙、遗迹、僧尼数目、所习教说,以及众多的佛教传说。如书中说,法显等从焉夷国出发,在道一月五日而达于阗。

(于阗)其国丰乐,人民殷盛,尽皆奉法(指佛法),以法乐相娱。众僧乃数万人,多大乘学,皆有众食。彼国人民星居,家家门前皆起小塔,最小者可高二丈许。作四方僧房,供给客僧及余所须。(第857页中)

又说中天竺又名"中国"。

中国寒暑调和,无霜雪。人民殷乐,无户籍官法。唯耕王地者乃输地利,欲去便去,欲住便住。王治不用刑斩,有罪者但罚其钱,随事轻重。虽复谋为恶逆,不过截右手而已。王之侍卫左右皆有供禄,举国人民悉不杀生,不饮酒,不食葱蒜,唯除旃荼罗。旃荼罗名为恶人,与人别居。若入城市,则击木以自异,人则识而避之,不相搪揆(唐突)。国中不养猪鸡,不卖生口,市无屠店及沽酒者。贸易则用贝齿。唯旃荼罗、渔猎师卖肉耳。自佛般泥洹后,诸国王、长者、居士为众僧起精舍,供给田宅、园圃、民户、牛犊,铁券书录,后王王相传,无敢废者,至今不绝。众僧住止房舍、床蓐(褥)、饮食、衣服,都无阙乏,处处皆尔。众僧常以功德为业,及诵经坐禅。(第859页中)

《法显传》是汉人从长安经西域至印度的陆路行程,和从印度泛海至中国的海路航线的最早记录。由于书中记叙的西域古国早已灭亡,典册罕存,纪实性的《法显传》便成了研究这些古国的历史变迁的稀世珍宝,因而受到了中外学者的高度重视。自十九世纪以来,先后被译成法文、英文、日文等,出现了一批专门研究此书的著作。

由于《法显传》原本流传已久,其中个别地方有脱衍讹误,披阅时须加留意。如《大正藏》本说,在弗楼沙国,"慧景病,道整住看。……慧景(宋元明本作"慧景应")在佛钵寺无常"(第858页下)。后来又说慧景在过小雪山时冻死,"雪山冬夏积雪,山北阴中遇寒风暴起,人皆噤战。慧景一人不堪复进,口出白沫,语法显云:我亦不复活,便可自去,勿得俱死。于是遂终。法显抚之悲号:本图不果,命也奈何。复自力前,得过岭"(第859页上)。显然慧景不可能在佛钵寺死后,又在小雪山出现,卒于佛钵寺的当是"慧应"。故初学者以读今人的校刊本为宜。

本书的校注本有:章巽《法显传校注》(上海古籍出版社1985年2月版)。

第二品 唐玄奘《大唐西域记》十二卷

《大唐西域记》,简称《西域记》,十二卷。唐贞观二十年(646),三藏法师玄奘奉诏撰。载于《丽藏》"疑""星"函、《宋藏》"转""疑"函、《金藏》"疑""星"函、《元藏》"转""疑"函、《明南藏》"千""兵"函、《明北藏》"孰"函、《清藏》"旦"函、《频伽藏》"致"帙,收入《大正藏》第五十一卷。

据唐慧立、彦悰《大唐大慈恩寺三藏法师传》卷六记载,贞观十九年(645)春正月,玄奘赍经像回到长安,随后前往洛阳,谒见唐太宗。唐太宗仔细地向他询问了西行路上的所见所闻,"并博望(张骞)之所不传,班(班固)马(司马迁)无得而载",太宗对此很感兴趣,因而对他说:"佛国遐远,灵迹法教,前史不能委详,师既亲睹,宜修一传,以示未闻。"玄奘回到长安后,一边组建译场,创译《菩萨藏经》、《佛地经》、《六门陀罗尼经》、《显扬圣教论》、《大乘阿毗达磨杂集论》等五部五十八卷,一边由他自己口述、弟子辩机笔受,撰《大唐西域记》,贞观二十年(646)七月撰成进呈。由于此书是由辩机协助撰成的,故传今的藏本都在书题下署名"三藏法师玄奘奉诏译,大总持寺沙门辩机撰"。但《大唐西域记》纯粹是中国佛教撰作,并非梵本的汉译,故称"译"于理不通,确切地说,当是玄奘"述",辩机"编"。

《大正藏》本《大唐西域记》书首凡有二序。一篇题为《大唐西域记序》,序末有"秘书著作佐郎敬播序之云尔"语,故知为敬播所作。此序于日本收藏的古本,如"松本初子氏藏中尊寺金银泥经本"、"石山寺所藏古写本"、"醍醐三宝院所藏古本"等载之,而于宋元明本皆阙。另一篇题为《大唐西域记叙》,署名是"尚书左仆射燕国公制"。据《大正藏》校勘记说,此序在宋元本和中尊寺本中也作"《大唐西域记序》"。宋元本没有指明"燕国公"究竟是何人,而中尊寺本署为"于志宁",明本署为"张说"。考《叙》中有"太宗文皇帝……乃制《三藏圣教序》,凡七百八十言。今上昔在春闱,裁《述圣记》,凡五百七十九言"语(见《大正藏》第五十一卷，第868页中）。这里说的"今上"显然是指唐高宗，而当时担任尚书左仆射的是于志宁，而不是张说。据史书记载，张说是在武则天时才应诏对策，得授太子校书的，到玄宗朝才任中书令，封燕国公的。因此，此序的作者当是中尊寺本所署的"尚书左仆射燕国公于志宁"。敬播《序》说：

> （玄奘西游）亲践者一百一十国，传闻者二十八国，或事见前典，或名始于今代。莫不餐和饮泽，顿颡而知归；请吏革音，梯山而奉贽。欢阙庭而相抃，袭冠带而成群。尔其物产风土之差，习俗山川之异，远则稽之于国典，近则详之于故老。邈矣殊方，依然在目。无劳握槧，已详油素。名为《大唐西域记》，一帙十二卷。窃惟书事记言，固已缉于微婉，琐词小道，冀有补于遗阙。（《大正藏》第五十一卷，第867页下）

书末有未署作者的《记赞》，从它的语气推断，当是辩机所作。其中介绍了辩机自己的一些情况，以及他在受命撰录此书时所确定的一些体例原则：

> 辩机远承轻举之胤，少怀高蹈之节，年方志学，抽簪革服，为大总持寺萨婆多部道岳法师弟子。虽遇匠石，朽木难雕；幸入法流，脂膏不润。徒饱食而终日，诚面墙而卒岁。幸藉时来，属斯嘉会（指参与玄奘译场）。负燕雀之资，厕鹓鸿之末，爰命庸才，撰斯方志。……若其风土习俗之差，封疆物产之记，性智区品，炎凉节候，则备写优薄，审存根实。至于胡戎姓氏，颇称其国，印度风化，清浊群分，略书梗概，备如前序。宾仪嘉礼，户口胜兵，染衣之士，非所详记。然佛以神通接物，灵化垂训，故曰：神道洞玄，则理绝人区，灵化幽显，则事出天外。是以诸佛降祥之域，先圣流美之

墟,略举遗灵,粗申记注;境路盘纡,疆场回互,行次即书,不在编比。故诸印度,无分境壤,散书国末,略指封域。书"行"者,亲游践也。举"至"者,传闻记也。或直书其事,或曲畅其文,优而柔之,推而述之,务从实录。(第947页上、中)

《大唐西域记》是继《法显传》之后出现的由佛教僧人撰作的又一部蜚声海内外的游记名著,也是研究唐代西域地区和古印度各国历史地理的重要文献。全书共记述了玄奘于贞观三年(629)发自高昌,杖锡西行,周游印度各地,参学巡礼,最后赍经回国的漫长旅程中,所经行的一百一十国和听闻的二十八国的情况。内容包括:这些国家的名称、方位、疆域、地形、城廓、居室、种族、刑政、兵制、赋税、货币、言语、文字、教育、岁时、衣饰、馔食、礼仪、风习、气候、田畜、物产,以及名胜古迹、人物传说、历史掌故、宗教信仰(尤其是佛教信仰)等。

依照辩机在《记赞》中的说法,为了使读者对五印度各国的地理位置有个大致的印象,故作者在各国的名称下,各标以"北印度境"、"中印度境"、"东印度境"、"南印度境"、"西印度境"的小注。又因为所记的一百三十八国中,有的是玄奘亲自涉履的,有的则是听人家说的,故作者用"行"多少里而"至"某国的"行"字,表示后面提到的是亲自涉履的国家;凡没有"行"字,只有"至"字的,表示后面提到的是听闻了知的国家。如卷一阿耆尼国之末说:"从此西南行二百余里,逾一小山,越二大河,西得平川,行七百余里,至屈(居勿反——原注)支国(旧曰龟兹——原注)。"(第870页上)由于屈支国前有"行七百余里"的"行"字,故它为亲践国;而同卷的飒秣建国之末则说:"从此东南至弭秣贺国(唐言米国——原注)。"(第871页下)这弭秣贺国的国名前并无"行"字,故它是听闻国。

不过,由于《大唐西域记》流转久远,有的地方已有讹误。如卷十达罗毗荼国之末说:"自此南行三千里,至秣罗矩吒国(亦谓枳秣罗国,南印度境——原注)。"(第931页下)若依辩机所说而论,因为国名前有"南行三千里"的"行"字,故秣罗矩吒国是亲践国。而据唐慧立、彦悰《大唐大慈恩寺三藏法师传》(简称《慈恩传》)卷四记载,它是听闻国,玄奘并没有到过。但总的说来,《大唐西域记》中载录的大多数听闻国仍保留着没有"行"字的原貌。

各卷的收录情况是:

卷一:始阿耆尼国(旧称"焉耆",玄奘出高昌以后途经的第一国),终迦毕试国(北印度的邻国),凡三十四国。卷首有玄奘的前言(有的书上称之为《大唐西域记序》),对佛教所说的世俗世界——索诃世界(旧称"娑婆世界"、"娑诃世界"),索诃世界四大部洲之一、释迦牟尼佛的居住地南赡部洲,以及作者撰作本书的意图,进行了介绍。

卷二:滥波国(玄奘进入印度后的第一国,北印度境)、那揭罗曷国(北印度境)、健驮逻国(旧称"乾陀卫",北印度境)三国。卷首有玄奘的前言,对印度的概况作了介绍。

卷三:乌仗国(旧称"乌场"、"乌荼",北印度境),终遏罗阇补罗国(北印度境),凡八国。

卷四:始磔迦国(北印度境),终劫比他国(旧称"僧迦舍国",中印度境),凡十五国。

卷五:始羯若鞠阇国(唐言"曲女城国",中印度境),终鞞索迦国(中印度境),凡六国。

卷六:始室罗伐悉底国(旧称"舍卫国",中印度境),终拘尸那揭罗国(中印度境),凡四国。

卷七:始婆罗痆斯国(旧称"波罗奈国",中印度境),终尼波罗国(中印度境),凡五国。

卷八、卷九:摩揭陀国(旧称"摩伽陀"、"摩竭提",中印度境)。

卷十:始伊烂拏钵伐多国(中印度境),终秣罗矩吒国(又称"枳秣罗国",南印度境),凡十七国。

卷十一:始僧伽罗国(唐言"执师子",与南印度隔海相望的邻国,玄奘的听闻国),终伐剌拏国(西印度境),凡二十三国。

卷十二:始曹矩吒国(又称"漕利国",玄奘出印度境回国时所经的第一国),终瞿萨旦那国(旧称"于阗",玄奘于此停留七、八个月,听候朝廷对他报告西域之行的答复)。卷末有玄奘的后跋。

在《大唐西域记》有关玄奘经行和听闻各国情况的记叙中,一是作者在卷二的前言中对印度概况所作的介绍,二是作者在各卷中对西域和印度各国佛教状况的翔实记载,尤其值得佛教史研究者的重视。因为前者提供了印度佛教产生和发展的总的社会环境和文化背景,后者勾勒了各国佛教的盛衰异同。

如关于印度的馔食卫生、致敬仪式和病疗丧葬,书中写道:

> 凡有馔食,必先盥洗。残宿不再,食器不传。瓦木之器,经用必弃,金银铜铁,每加摩莹。馔食既讫,嚼杨枝而为净。澡漱未终,无相执触。每有溲溺,必事澡灌。身涂诸香,所谓旃檀、郁金也。(卷二,第876页下)

> 致敬之式,其仪九等。一发言慰问,二俯首示敬,三举手高揖,四合掌平拱,五屈膝,六长跪,七手膝踞地,八五轮俱屈,九五体投地。凡斯九等,极唯一拜。跪而赞德,谓之尽敬。远则稽颡拜手,近则鸣(当是"舐")足摩踵。凡其致辞受命,褰裳长跪。尊贤受拜,必有慰辞,或摩其顶,或拊其背,善言诲导,以示亲厚。出家沙门既受敬礼,唯加善愿,无

止跪拜。随所宗事,多有旋绕,或唯一周,或复三匝。宿心别请,数则从欲。(同卷,第877页下)

凡遭疾病,绝粒七日。期限之中,多有痊愈。必未瘳差,方乃饵药。药之性类,名种不同。医之工伎,占候有异。终没临丧,哀号相泣。裂裳拔发,拍额椎胸,服制无间,丧期无数。送终殡葬,其仪有三:一曰火葬,积薪焚燎。二曰水葬,沈(沉)流漂散。三曰野葬,弃林饲兽。(同上)

初看起来,这些资料大多是描绘印度的民情风俗的,与佛教并无多大的关联,然而,只要将它们与唐义净《南海寄归内法传》中对僧团律仪规范的记叙相对照,就不难发现:正是这些在印度通行的习俗,直接影响和规定了寺院日常生活的一些准则。

关于西域和印度各国的伽蓝、僧徒、习学的教说、戒行和律仪,《大唐西域记》提供了这样一些数据和资料:

阿耆尼国,"伽蓝十余所,僧徒二千余人,习学小乘教说一切有部。经教律仪,既遵印度。诸习学者,即其文而玩之。戒行律仪,洁清勤励。然食杂三净,滞于渐教矣"(卷一,第870页上)。

梵衍那国,"伽蓝数十所,僧徒数千人,宗学小乘说出世部"(同卷,第873页中)。

迦毕试国,"伽蓝百余所,僧徒六千余人,并多习大乘法教"(同卷,第873页下)。

乌仗那国(北印度境),"崇重佛法,敬信大乘。夹苏婆伐窣堵河旧有一千四百伽蓝,多已荒芜。昔僧徒一万八千,今渐减少。并学大乘,寂定为业。喜诵其文,未究深义。戒行清洁,特闲禁咒。律仪传训有五部焉。一法密部,二化地部,三饮光部,四说一切有部,五大众部"(卷三,第882页中)。

钵露罗国(北印度境),"伽蓝数百所,僧徒数千人,学无专习,戒行多滥"(同卷,第884页中)。

阇烂达罗国(北印度境),"伽蓝五十余所,僧徒二千余人,大小二部,专门习学"(卷四,第889页下)。

垩醯掣呾罗国(中印度境),"伽蓝十余所,僧徒千余人,习学小乘正量部法"(同卷,第892页下—第893页上)。

三摩呾吒国(东印度境),"伽蓝三十余所,僧徒二千余人,并遵习上座部学"(卷十,第927页下)。

羯䥫伽国(南印度境),"伽蓝十余所,僧徒五百余人,习学大乘上座部法"(同卷,第929页上)。

安呾罗缚国,"伽蓝三所,僧徒数十,然遵习大众部法"(卷十二,第940页上)。

从《大唐西域记》的记载中可以获悉:当时五印度中,习学小乘正量部的国家至少有十七个(据笔者粗略统计,下同),数量最多;大小乘兼学的至少有十三个,位居第二;习学大乘的至少有九个,位居第三;习学小乘(所习部派不详)的和习学大乘上座部的各有三个;习学上座部、小乘说一切有部的各有二个。而在五印度以外的西域各国中,习学小乘说一切有部的至少有八个,数量最多;习学大乘的至少有四个,位居第二;大小乘兼学的、习学小乘(所习部派不详)的、小乘说出世部、大众部的各有一个。

除此以外,《大唐西域记》还对这些国家的佛教胜迹、人物、事件和传说作了大量的记载。仅以佛教胜迹为例,对摩揭陀国的释迦牟尼成道处(菩提树),书中写道:

> 前正觉山西南行十四五里,至菩提树。周垣叠砖,崇峻险固。东西长,南北狭,周五百余步。奇树名花,连阴接影。细沙异草,弥漫绿被。正门东辟,对尼连禅河,南门接大花池,西陬险固,北门通大伽蓝。墒垣内地,圣迹相邻,或窣堵

波（即"塔"），或复精舍，并赡部洲诸国君王、大臣、豪族，钦承遗教，建以记焉。菩提树垣正中，有金刚座。……金刚座上菩提树者，即毕钵罗之树也。昔佛在世，高数百尺，屡经残伐，犹高四五丈。佛坐其下成等正觉，因而谓之菩提树焉。（卷八，第915页中）

对婆罗疴斯国的释迦牟尼初转法轮处（鹿野苑），书中写道：

婆罗疴河东北行十余里，至鹿野伽蓝。区界八分，连垣周堵，层轩重阁，丽穷规矩。僧徒一千五百人，并学小乘正量部法。大垣中有精舍，高二百余尺，上以黄金隐起作庵没罗果。石为基阶，砖作层龛，龛匝四周，节级百数，皆有隐起黄金佛像。精舍之中，有鍮石佛像，量等如来身，作转法轮势。（卷七，第905页中）

这些记载不仅形象地描述了佛教名胜在当时的情状，而且也为后人寻找这些遗迹提供了线索。近代以来，印度对佛教遗迹的发掘和认定，莫不是以《法显传》、《大唐西域记》等的记载为依据进行的。

《大唐西域记》和《大唐大慈恩寺三藏法师传》虽然都是按玄奘取经时经行的路线记述的，但在经行国家的先后顺序上存在着一定的差异。

如据《西域记》卷一记载，玄奘到了羯霜那国之后，即去缚喝国（缚喝国前记叙的睹货逻国故地因是听闻国，故不在经行的路线之内）。而据《慈恩传》卷二记载，玄奘到羯霜那国之后，先去活国，再去缚喝国；《西域记》卷十在奔那伐弹那国之后，所记叙的依次是：迦摩缕波国——三摩呾吒国及以东六国（听闻国）——耽摩栗底国——羯罗拏苏伐剌那国——乌荼国。而

《慈恩传》卷四则为：羯罗拏苏伐剌那国——三摩呾吒国及以东六国（听闻国）——耽摩栗底国——僧伽罗国（听闻国）——乌荼国，没有迦摩缕波国，而且是先到羯罗拏苏伐剌那国，再到耽摩栗底国，而不是相反；至于《西域记》卷十一记载的从摩醯湿伐罗补罗国到伐剌拏国，沿途经行的国家，与《慈恩传》卷四、卷五所记的，更是大相径庭。这些均有待于进一步研究。

本书的校注本有：季羡林等《大唐西域记校注》（中华书局2000年4月版）。

第三品　新罗慧超《往五天竺国传》一卷

《往五天竺国传》，又称《往五天竺传》、《周历五天竺行程》，原为三卷（见唐慧琳《一切经音义》卷一百），唐人节抄为一卷（即敦煌残本）。新罗（今朝鲜）沙门慧超（又作"惠超"）记。撰时失落。据书中所记，慧超从五印度（即书名中说的"五天竺"，因当时印度分为东、南、西、北、中五部分而得名）回到龟兹（安西大都护府所在地）的时间，是"开元十五年十一月上旬"，而从龟兹回到京中（长安），又须经一段时间，以此推算，本书约撰于开元十六年（728）。收入《大正藏》第五十一卷（所刊的为敦煌残本）。

《往五天竺国传》记述了慧超从中国出发，取海路前往印度，周游巡礼，然后经西域，逾葱岭，过安西，回到长安的行历。全本已佚，今存的敦煌残本所记，始拘尸那国（又称"拘尸那揭罗国"、"拘尸那迦国"，即释迦牟尼的涅槃处，位于中印度境），终安西大都护府所辖的乌耆。在拘尸那国之前，尚有"宝，赤足裸形，外道不著"，"食即吃，亦不斋也。地皆平"，"有奴婢，将卖人罪，与杀人罪不殊"等残语，对照《大唐西域记》卷七所记，此处说的可能是中印度的吠舍釐国的情况。

所记的经行国主要有：拘尸那国、彼（当作"波"或"婆"）罗疮斯国、中天竺国（王城名"葛那及"，指曲女城）、南天竺国、西天竺国、阇兰达罗国（北天竺境）、社呫（当作"呫社"）国、新头故罗国（当是《西域记》卷十一说的"瞿折罗国"）、迦叶弥罗（即"迦湿弥罗"）国、建驮罗（又作"逻"）国、乌长国、览波国、罽宾国、谢䫻国、犯引国、吐火罗国、波斯国、大寔（即大食）国、康国、跋贺那国、骨咄国、胡蜜国、疏勒、龟兹、于阗、焉耆等。另外还有一些听闻国。凡这些国家的方位、隶属、城邑、山川、寺塔、输税、刑法、寒暖、物产、衣著、饮食、风习、言音、贫富，以及宗教信仰（特别是佛教信仰）、人物传说等，都有详略不同的记载。如：

从此呫国（指呫社国，即《西域记》卷四说的"磔迦国"）西行一月，至新头故罗国。衣著风俗，节气寒暖，与北天相似，言音稍别。此国极足骆驼，国人取乳酪吃也。王及百姓等，大敬三宝，足寺足僧。即造《顺正理论》众贤论师，是此国人也。此国大小乘俱行。见今大寔国侵半，国损也。即此国乃至五天，不多饮酒。遍历五天，不见有醉人相打之者。纵有饮者，得色得力而已。不见有歌舞、作剧、饮宴之者。（《大正藏》第五十一卷，第976页中、下）

从此建驮罗国，正北入山三日程，至乌长国，彼自云"郁地引那"。此王大敬三宝，百姓村庄，多分施入寺家供养，少分自留，以供养衣食。设斋供养，每日是常。足寺足僧，僧稍多于俗人也。专行大乘法也。衣著、饮食、人风，与建驮罗国相似，言音不同。土地足驼、骡、羊、马、氎布之类，节气甚冷。（第977页下）

从大寔国已东，并是胡国，即是安国、曹国、史国、石骡国、米国、康国等。虽各有王，并属大寔所管。为国狭小，兵马不多,不能自护。……又此六国,总事火祆,不识佛法。唯康国有一寺,又不解敬也。此等胡国,并剪须发,爱著白氎帽子。极恶风俗,婚姻交杂,纳母及姊妹为妻。波斯国亦纳母为妻。其吐火罗国,乃至罽宾国,犯引国、谢䫻国等,兄弟十人、五人、三人、两人,共娶一妻,不许各娶一妇,恐破家计。(第978页中、下)

书中还记载了慧超沿途所作的几首五言诗。如慧超在吐火罗国碰到了入蕃的唐朝使者,因咏作一诗:

> 君恨西蕃远,余嗟东路长。道荒宏雪岭,险涧贼途倡。鸟飞惊峭巘,人去偏梁虽(疑当作"强")。平生不扪泪,今日洒千行。(第978页下)

从这些诗句的文辞来看,慧超略通文学。

本书的校注本有:张毅《往五天竺国传笺释》(中华书局2000年4月版)。

第四品　日本元开《唐大和上东征传》一卷

《唐大和上东征传》,一卷。日本宝龟十年(779)二月,元开(又名"淡海三船")撰。收入《大正藏》第五十一卷。

《唐大和上东征传》记述了唐代高僧鉴真,应日本僧人荣睿、普照等的邀请,在天宝二年(743)至天宝十二年(753)的十年间,六次东渡,五次失败,最后终于抵达日本,筑坛授戒,成为日本律宗之祖的事迹。

全书大致可分为三部分:

第一部分(即书的起首),简略地介绍了鉴真的身世、学识和行历。说:

大和尚(又作"和上")讳鉴真,扬州江阳县人也。俗姓淳于,齐辩士髡之后也。其父先就扬州大云寺智满禅师,受戒学禅门。大和尚年十四,随父入寺,见佛像感动心,因请父求出家。父奇其志,许焉。是时大周则天长安元年,有诏于天下诸州度僧,便就智满禅师出家为沙弥,配住大云寺,后改为龙兴寺。唐中宗孝和皇帝神龙元年,从道岸律师受菩萨戒。景龙元年,杖锡东都(洛阳),因入长安。其二年三月二十八日,于西京(长安)实际寺登坛受具足戒,荆州南泉寺弘景律师为和上,巡游二京,究学三藏。后归淮南,教授戒律,江淮之间,独为化主。(《大正藏》第五十一卷,第988页上)

第二部分(即书的中间部分),详细地记述了鉴真为去日本传戒,历尽艰辛,六次东渡的始末经过。

先是有日本僧人荣睿、普照,于开元二十一年(733),随遣唐大使丹墀真人广成,来华留学。天宝元年(742),他们已留学了十年,行将回国。看到唐朝各寺的三藏大德,"皆以戒律为入道之正门,若有不持戒者,不齿于僧中"(第988页中),而日本正缺传戒人,于是在十月前往扬州,礼请大明寺鉴真和尚与他们同去日本,弘布戒律。弟子祥彦以"彼国太远,性命难存,沧海淼漫,百无一至"(同上),劝鉴真不要去。然而,鉴真以"为是法事也,何惜身命"作答,毅然决定前往。

天宝二年(743),鉴真和在他的激励下愿意同去的祥彦、道兴、道航、明烈、道默、法藏、如海、澄观、德清、思托等二十一个弟子,始抵东河,造船备粮,筹备东渡。这时,由于道航主张不宜让如海等德行学识尚不够的人同去日本,招致了如海的怨恨。他向淮南采访使密告,说道航造船入海,与海贼勾结。官府大惊,派兵搜捕。后虽经查明无有此事,如海得到了惩处,道航、玄朗、玄法、荣睿、普照等也被释放,但船被没收。第一次东渡失败。

同年十二月,鉴真等举帆东下,行至狼沟浦时,船被风浪击破,又遭失败。

天宝三年(744),鉴真等修好了船只,继续航海,还没有到桑石山,船被狂风巨浪刮到礁石上,撞破。第三次东渡也遭到了失败。

鉴真等上岸后,被安置在鄞县阿育王寺。其间,他曾应邀前往越州龙兴寺和杭州、湖州、宣州等地的寺院讲律授戒。越州僧众为了留住鉴真,向州官告荣睿引诱鉴真去日本。荣睿被捕,枷送京城,行至杭州,诈称病死,乃得脱身。鉴真为荣睿、普照两人"为求法故,前后被灾,艰辛不可言尽,然其坚固之志,曾无退悔"所感动(见第990页上),决定继续东征。留在扬州的弟子灵祐等,怜惜其师,告官阻留。这样,鉴真等才行至永嘉郡的禅林寺,就被江东采访使下牒追回,送回扬州。第四次东渡的计划再次落空了。

天宝七年(748)六月,鉴真等发自扬州崇福寺,再度东征。他们乘船过常州境内的狼山、越州境内的三塔山、署(一作"暑")风山,然后驰入大海。"去岸渐远,风急汝(浪)峻,水黑如墨。沸浪一透,如上高山;怒涛再至,似入深谷。人皆荒醉,但唱观音。"(第990页中)本想越东海而至日本,谁料被急风恶浪刮入南海,在海上整整漂泊了十七日,到振州(海南岛南端的崖县)才泊舟上岸。别驾(州刺史的佐吏)凭(冯)崇债闻报,派人将鉴真一行迎入大云寺安置。一年后,鉴真经万安州、岸州,到达位于海南岛北端的澄迈县,渡琼州海峡,回到广东。以后又辗转雷州、罗州、辨州、象州、白州、傭州、藤州、梧州,来到桂州(今广西桂林),受到了始安郡都督凭(冯)古璞的盛情款待。鉴真在那里住了一年,然后受南海郡大都督、广州太守卢焕之请,前往广州。行至端州龙兴寺,荣睿不幸病逝。天宝九年(750),由于频经炎热,鉴真患上了眼疾,经治疗无效,遂致在韶州时双目失明。最后,跋涉虔州、吉州、江州、润州等地,回到扬州。所经州县,皆立坛授戒,成为自光州道岸律师、杭州义威律师之后,江南影响最大的传戒大师。其化迹如下:

> 凡前后讲大律(指《四分律》)并疏四十遍,讲《律抄》七十遍,讲《轻重仪》十遍,讲《羯磨疏》十遍。具修三学,博达五乘。外秉威仪,内求奥理。讲授之间,造立寺舍,供养十方众僧。造佛菩萨像其数无量,缝纳(一作"衲")袈裟千领,布袈裟二千余领,送五台山僧。设无遮大会。开悲田,而救济贫病;启敬田,而供养三宝。写一切经三部,各一万一千卷。前后度人授戒,略计过四万有余。其弟子超群拔萃,为世师范者,即有榀州崇福寺僧祥彦(伴随鉴真至吉州时病逝)、润州天响寺僧道金、西京安国寺僧璿光、润州栖霞寺僧希瑜、扬州白塔寺僧法进、润州栖霞寺僧乾印、沛州相国寺僧神邕、润州三昧僧法藏、江州大林寺僧志恩、洛州福先(一作"光")寺僧灵祐、扬州既济寺僧明烈、西京安国寺僧明债、越州道树寺僧璿真、扬州兴云寺僧惠琮、天台山国清寺僧法云等三十五人,并为翘楚,各在一方,弘法于世,导化群生。(第992页中、下)

天宝十二年(753)十月,日本国大使藤原清河及其副使宿弥胡磨吕("磨吕"一作"万")、吉备真备等来到扬州,再次延请鉴真。同月,鉴真和弟子法进、昙静、思托、义静、法载、法成等悄然离开龙兴寺,在江头乘舟下苏州黄泗浦。十一月,与从余姚郡赶来同行的普照会合,分乘日本使船到阿儿奈波岛,十二月至日本九州的秋妻屋浦。次年(即日本天平宝胜六年)二月,抵达难波(今大阪),接着又被迎至奈良的东大寺。随身还带去了大量的经律疏记、经像等。

第三部分(即书的末尾),主要记述了鉴真在日本的弘法事迹。

鉴真到达奈良以后,日本天皇下诏致慰,敕令"自今以后,受戒传律,一任大和尚"(第993页下),并授予他"传灯大法师"之职。同年四月,鉴真在东大寺毗卢遮那佛殿前建立戒坛,为天皇、皇后、皇太子以及四方来学的僧俗授戒。天平宝字三年(759),又在奈良建造了唐招提寺。通过鉴真的弘传,"日本律仪渐渐严整,师资相传,遍于寰宇"(第994页上)。

天平宝字七年(763)五月六日,鉴真在唐招提寺结跏趺坐,面西而化,终年七十六岁。

有关鉴真的事迹,也见载于北宋赞宁《宋高僧传》卷十四,但记载远不及《唐大和上东征传》详实。尤其关于鉴真六次东渡的经过,《宋高僧传》不仅缺乏具体的记叙,而且以含混的语句给人以"天宝二载六月"一次东渡成功的错觉。故倘若研究鉴真其人,离开《唐大和上东征传》是不行的。

本书的校注本有:汪向荣校注《唐大和上东征传》(中华书局2000年4月版)。

第五品　唐圆照《悟空入竺记》一卷

《悟空入竺记》,原为《十力经序》,后传抄单行,改为今名,一卷。唐贞元庚午(六年,公元790年),沙门圆照(即《续开元录》的作者)根据上都(长安)章敬寺沙门悟空的口述而撰。收入《大正藏》第五十一卷(所刊用的为高丽本)。

《悟空入竺记》记述了悟空于唐玄宗天宝十年(751)奉敕出使天竺(印度),因病留住天竺并出家,尔后周游巡礼,最后于唐德宗贞元六年(790)携经归国的行历。

《悟空入竺记》写道：上都章敬寺沙门悟空，原名法界，京兆云阳(今陕西淳化西北)人。俗姓车，字奉朝，为北魏拓跋氏的后裔。天宝九年(750)，罽宾国派使臣诣唐，愿意归附。次年，唐玄宗派中使内侍省张韬光带四十余人前往安抚，悟空时任左卫之职。他们取道安西，经疏勒、葱岭、杨兴岭、播蜜川、赤匿国(又名"式匿国")、护密国、拘纬国、葛蓝国、蓝婆国、孽和国、乌仗那国(又称"乌长国")、茫誐勃国、高头城、摩但国、信度城，而于天宝十二年(753)二月二十一日，到达罽宾国王冬天居住地健驮逻国。张韬光等人在交付唐朝赐给罽宾国王的信物以后，启程回国。悟空因患重病，无法随行，便留了下来。病愈后，誓心归佛，投健驮逻国三藏法师舍利越魔而出家，改名为"达摩驮都"，意译"法界"。斯年他二十七岁。二年后，在迦湿弥罗国受具足戒。

悟空受具足戒以后，初住蒙鞬寺学习萨婆多部律仪，以后周游巡礼并习梵语。先后到过中天竺国的迦毗罗伐窣睹城、摩竭提国、波罗疙斯城、广严城、泥嚩羇多城、室利伐城、拘尸那城、乌仗那国等，其间在那烂陀寺住了三年。后因思恋故国，携带舍利越魔三藏赠送的梵文《十地经》、《回向轮经》、《十力经》，和释迦牟尼佛的一颗牙舍利，取北路而回国。行至龟兹国时，请莲花寺三藏勿提提犀鱼(意译"莲花精进")译出《十力经》一卷；行至北庭时，又请住在龙兴寺的于阗国三藏尸罗达摩(意译"戒法")译出《十地经》九卷和《回向轮经》一卷。贞元六年回到长安，前后经历了四十年。

书的最后记叙了圆照撰作本文的经过，说：

> 沙门圆照，自惟疵贱，素无艺能，喜遇明时，再登翻译。续修《图记》，赞述真乘，并修《大唐贞元续开元释教录》。

悟空大德具述行由，托余记之，以附图录，聊以验其事也。久积岁年，诘问根源，恭承口诀，词疏意拙，编其次云。大雅硕才，愿详其志也。（《大正藏》第五十一卷，第981页中）

由于《悟空入竺记》原来是经序，故作者只记悟空的身世、往返的行程，以及翻译《十地经》等事项，不记经行国的情况，在风格上与《大唐西域记》和《往五天竺国传》有很大的差异。

第六品　日本圆仁《入唐求法巡礼行记》四卷

《入唐求法巡礼行记》，略称《巡礼行记》、《巡礼记》、《求法行记》、《入唐记》，四卷。日本承和十四年（相当于唐大中元年，即公元847年），日本天台宗第三代座主圆仁撰。今据上海古籍出版社1986年8月出版的顾承甫、何泉达校点本解说。

圆仁（793—864），赐号"慈觉大师"，俗姓壬生，日本下野都贺郡（今栃木县）人。幼年丧父，礼大慈寺广智为师，十五岁时到京都府滋贺县比睿山，师事日本天台宗创始人最澄。承和五年（相当于唐开成三年，即公元838年），他受众僧的推举，以"请益僧"的身份，随同遣唐大使藤原常嗣等来华，七月抵达扬州海陵县。初从扬州开元寺宗睿学习汉梵二语，次从全雅受灌顶及金刚界诸尊仪轨。嗣后，乘船到登州文登县，从那里辗转诸州，来到五台山（今山西省境内），从大华严寺志远学习天台教义，并抄录天台宗典籍。旋入长安，从大兴善寺元政受金刚界大法，于玄法寺法全处受胎藏界法，就大安国寺元简、青龙寺宝月审决《悉昙章》（梵语）。在经历唐武宗会昌毁佛之后，携带在各地求得的经论、章疏、传记等五百八十四部八百二卷，以及密教的坛像、高僧真影、舍利等五十种，于承和十四年（847）启程回国。著作尚有：《日本国承和五年入唐求法目录》、《慈觉大师在唐送进录》、《入唐新求圣教目录》(上三录记有圆仁行历的片段)、《金刚顶大教王经疏》、《苏悉地羯罗经略疏》、《显扬大戒论》、《胎藏界虚心记》、《金刚界净地记》、《苏悉地妙心大》、《妙成就记》、《真言所立三身问答》(以上均存)等。

《入唐求法巡礼行记》以日记的形式(其中无重要事情可记的日子略去不记),翔实地记述了圆仁入唐求法的行历和见闻,始自日本承和五年(838)六月十三日,终于承和十四年(847)十二月十四日,首尾九年七个月。内容涉及唐文宗、武宗两朝(间及宣宗朝)的朝政史事、州府地理、水陆交通、丰灾气候、市贾物价、民情风俗、牒状书简、佛道斗争、寺院状况,以及与日本、新罗的关系等。原书用汉文写成,自日本明治十六年(1883)在京都东寺观智院发现它的最早抄本以来,立即被尊为日本的国宝,世人将它与《大唐西域记》、《马可·波罗行纪》并誉为"东方三大旅行记"。

卷一:始承和五年(838)六月十三日,终唐开成四年(839)四月十八日。主要记叙圆仁一行西渡入唐,住留扬州开元寺,本拟前往台州,朝拜天台山国清寺(天台宗的祖庭),因有敕不许,改随朝贡使船北上的情形。

卷二:始开成四年(839)四月十九日,终开成五年(840)五月十六日。主要记叙圆仁等住留登州文登县赤山新罗院(今山东省境内),尔后辗转诸州,来到五台山的情形。

卷三:始开成五年(840)五月十七日,终会昌三年(843)五月二十六日。主要记叙圆仁等在五台山巡礼参学,随后西入长安的情形。

卷四:始会昌三年(843)六月三日,终日本承和十四年(847)十二月十四日。主要记叙圆仁等在长安经历唐武宗发动的毁佛运动以后,流转郑州、汴州、扬州、楚州、海州、密州、莱州等地,最后从登州赤山浦渡海回国的情形。

《入唐求法巡礼行记》虽然对唐代的政治、经济、文化、宗教等各方面的情况都有所记载,然而就书中记叙最多最详的内容而论,乃是作者沿途所见所闻的佛教状况,如高僧的行业;寺院的规模、职事、田产和日常生活;戒斋、诵经、礼佛和俗讲的仪式;佛教节日;朝廷的佛教政策以及由此引发的重大事件等。其中最有史料价值的记载有:

一、斋食仪式。如:

（开成三年十一月）廿四日,（扬州开元寺）堂头设斋,众僧六十有余。幻群法师作斋难久（或当作"叹文"）食仪式也。众僧共入堂里,次第列坐,有人行水,施主僧等于堂前立,众僧之中有一僧打槌,更有一僧作梵,梵呗云:"云何于此经,究竟到彼岸,愿佛开微密,广为众生说。"音韵绝妙。作梵之间,有人分经。梵音之后,众共念经,各二枚许,即打槌。转经毕,次有一僧,唱:"敬礼常住三宝。"众僧皆下床而立,即先梵音师作梵,"如来色无尽"等一行文也。作梵之间,纲维令请益僧等入里行香,尽众僧数矣。行香仪式,与本国（指日本）一般。其作斋晋人之法师矣（或当作"先"）众起立,到佛左边,向南而立。行香毕,先叹佛,与本国咒愿初叹佛之文不殊矣。叹佛之后,即披檀越先请设斋状,次读斋叹之文。读斋文了,唱念释迦牟尼佛。大众同音称佛名毕,次即唱礼,与本国道为天龙八部、诸善神王等呗一般。乍立唱礼,俱登床坐也。读斋文僧并监寺、纲维及施主僧等十余人,出食堂至库头斋。自外僧、沙弥咸食堂斋。亦于库头,别为南岳、天台等和尚备储供养。众僧斋时,有库司僧二人办备诸事。唐国之风,每设斋时,饭食之外,别留料钱。当斋将竟，随钱多少，僧众（或当作"依"）僧数，等分与僧。但赠作斋文人，别增钱数。若于众僧各与卅文，作斋文者与四百文，并呼道"俸钱"，计与本国道"布施"一般。斋后，同于一处漱口，归房。（卷一，第20页—第21页）

由此可见，唐代的斋食仪式大致上是由唱梵、念经、行香、叹佛、读斋文、唱礼、饭食、俸钱（财施）等程序构成的。

二、讲经仪式。如：

赤山院讲经仪式：辰时，打讲经钟，打惊众钟讫，良久之会，大众上堂，方定众钟（或当作"了"）。讲师上堂，登高座间，大众同音称叹佛名，音曲一依新罗，不似唐音。讲师登座讫，称佛名便停。时有下座一僧作梵，一据唐风，即"云何于此经"等一行偈矣。至"愿佛开微密"句，大众同音唱云"戒香、定香、解脱香"等。颂梵呗讫，讲师唱经题目，便开题分别三门。释题目讫，维那师出来，于高座前读申会兴之由，及施主别名，所施物色申讫，便以其状转与讲师。讲师把麈尾，一一申举施主名，独自誓愿，誓愿讫，论义者论端举问。举问之间，讲师举麈尾，闻问者语。举问了，便倾麈尾，即还举之，谢问便答。帖问帖答，与本国同，但难仪式稍别。侧手三下后，申解白前，卒尔指申难，声如大嗔人，尽音呼诤。讲师蒙难，但答不返难。论义了，入文读经。讲讫，大众同音长音赞叹，赞叹语中有回向词。讲师下座，一僧唱"处世界如虚空"偈，音势颇似本国。讲师升礼盘，一僧唱三礼了，讲师大众同音，出堂归房。更有覆讲师一人，在高座南下座，便谈讲师昨所讲文，至"如舍义"句，讲师牒文释义了，覆讲亦读。讲尽昨所讲文了，讲师即读次文，每日如斯。（卷二，第73页—第74页）

三、礼念法事。如：

（开成五年五月五日晚，五台山竹林寺阁院）院主僧常钦有书巡报诸院知，同请日本僧。便赴请入道场，看礼念法事。堂中傍壁，次第安列七十二贤圣画像。宝幡宝珠，尽世妙彩，张施铺列。杂色氍毹，敷遍地上。花灯、名香、茶、药食供养贤圣。黄昏之后，大僧集会。一僧登礼座，先打蠡钹，次说法事之兴由。一一唱举供主名及施物色。为施主念佛菩萨。次奉请七十二贤圣，一一称名。每称名竟，皆唱"唯愿慈悲，哀悯我等，降临道场，受我供养"之言。立礼七十二遍，方始下座。更有法师登座，表叹念佛，劝请诸佛菩萨云："一心奉请大师释迦牟尼佛，一心奉请当来下生弥勒尊佛，十二上愿药师琉璃光佛、大圣文殊师利菩萨、大圣普贤菩萨、一万菩萨。"首皆云"一心奉请"，次同音唱散花供养之文，音曲敷般。次有尼法师，又表叹等，一如僧法师。次僧法师与诸僧同音唱赞了，便打蠡钹，同音念"阿（弥）陀佛"便休。次尼众赞僧亦如前。如是相替赞叹佛，直到半夜事毕，俱出道场归散。（卷二，第106页—第107页）

四、会昌毁佛的始末。如：

会昌元年（841）六月，武宗设内斋，令僧道讲经论义，道士赐紫，沙门未得。南天竺沙门宝月入朝请许归国，因没有先咨开府，被定为犯越官罪，收禁军中。

会昌二年（842）三月，下令发遣保外无名僧，又不许置童子沙弥。十月，敕天下所有僧尼都不许行烧炼、禁咒等术。僧人不修戒行者，并勒还俗。若僧尼有钱物、谷斗、田地、庄园，均没收入官。如僧尼爱惜钱财，情愿还俗的，任其还俗，充入两税徭役。所蓄奴婢，僧许留奴一人，尼许留婢二人，余并本家收管，无家者官为货卖（以上见卷三）。

会昌三年(843)六月,太子詹事韦宗卿撰《涅槃经疏》二十卷进上。武宗览已,下令焚烧,并追索原稿。又下敕焚毁宫内佛经,埋佛菩萨、天王像等。

会昌四年(844)三月,敕不许供养佛牙和佛指。焚毁长生殿内道场所安置的佛经佛像,改置道教的天尊老君像。又敕僧尼不许街里行,犯钟声。若有出者,必须在诸寺钟声未动以前,各归本寺,不得宿住别寺。七月,下令拆毁天下山房、兰若(山林小寺)、普通佛堂、义井村邑斋堂等,这些地方原住的僧尼尽勒还俗。同时拆毁天下尊胜石幢、僧墓塔碑等。十月,又令拆毁天下小寺,经像搬入大寺,钟送道观。

会昌五年(845)三月,令天下寺院不许置有庄园。四月至五月,先令天下僧尼在四十岁以下的还俗,次令五十岁以下的还俗,又令无祠部度牒的还俗,最后下令有度牒的也须还俗。至此僧尼皆绝。六月,敕将天下铜铁佛像尽行毁碎,称量斤两,送盐铁司收管。七月,又连连下敕:剥去金佛像上的金,称量进上;州县收聚还俗僧尼的缁服,尽行焚毁;没收天下寺舍的奇异宝佩、珠玉金银,以及僧尼所用的铜器、钟磬、釜铛等(以上见卷四)。

在整个毁佛运动的过程中。"唯黄河已北,镇、幽、魏、潞等四节度使,元来敬重佛法,不拆舍,不条僧尼。佛法之事,一切不动之。频有敕使勘罚,云:'天子自来毁拆焚毁,即可然矣。臣等不能作此事也。'"(卷四,第196页)

以上记载均可补中国佛教史传的阙略。此外,书中记载了沿途接触交往的一些高僧的言语行迹,这又为唐代佛教人物的研究,提供了不少珍贵的资料。

本书的校注本有:白化文等《入唐求法巡礼行记校注》(花山文艺出版社1992年9月版)。

第七品　南宋范成大《继业西域行程》一卷

《继业西域行程》，一卷。南宋范成大撰。据作者的卒年推考，约撰于绍熙四年（1193）以前。此书原为《吴船录》卷上所载的《峨眉山牛心寺记》，后辑出，编入《大日本佛教全书》，收入《大正藏》第五十一卷。

范成大（1126—1193），字致能，号石湖居士，吴郡（治所在今江苏苏州）人。绍兴二十四年（1154）进士，历任处州知府、知静州府兼广南道安抚使、四川制置使、参知政事等职。曾出使金朝，词气慷慨，几见于杀。晚年退居石湖。尤工诗词，与陆游、杨万里齐名。著有《石湖居士诗集》、《揽辔录》、《石湖词》、《桂海虞衡志》、《吴船录》、《骖鸾录》等。《宋史》卷三百八十六有传。

《继业西域行程》记述了沙门继业于北宋初年奉诏出使天竺，求舍利（佛的遗骨）和贝多叶书（梵文佛经）的行程。由于它原是作者范成大游览峨眉山时作的游记，故首段和末段都是关于去牛心寺和出牛心寺时所见景物的描写，只有中间部分才记述了牛心寺创建者继业的生平事迹，尤其是他去天竺的行历。

书中写道：继业俗姓王，耀州（今陕西耀县）人。原为东京（开封）天寿院僧人。宋太祖乾德二年（964），诏沙门三百人，入天竺求舍利和贝多叶书，继业为其中之一。"自阶州出塞西行，由灵武、西凉、甘肃、瓜沙等州，入伊吴、高昌、焉耆、于阗、疏勒、大石诸国。度雪岭至布路州国。又度大葱岭、雪山，至伽（或作"迦"）湿弥罗国。"（《大正藏》第五十一卷，第981页下）这伽湿弥罗国即是位于北印度的罽宾国。以后又经行了健陀罗国、庶流波国、太烂陀罗国、曲女城、波罗奈国、摩迦提国（即"摩揭陀国"）、毗耶离城、拘尸那城、泥波国、摩偷果，过雪岭至三耶寺，

由故道入阶州。开宝九年(976),回到东京。所记以经行的路线和沿途的山寺塔窟等佛教圣迹为主。其例如下:

> 自鹿野苑西至摩迦提国,馆于汉寺。寺多租入,八村隶焉。僧徒往来如归。南与杖林山相直,巍峰岿然。山北有优婆掬多石室及塔庙故基。南百里有孤山,名鸡足三峰,云是迦叶入定处。又西北百里,有菩提宝座城,四门相望,金刚座在其东向。又东至尼连禅河。东岸有石柱,记佛旧事。自菩提座东南五里,至佛苦行处。又西三里,至三迦叶村及牧牛女池。金刚座之北门外,有师子国伽蓝,又北五里,至伽耶城。又北十里,至伽耶山,云是佛说《宝云经》处。又自金刚座东北十五里,至正觉山。又东北三十里,至骨磨城。业(继业)馆于蝦罗寺。(第982页上)

据范成大说,牛心寺藏有《涅槃经》一函四十二卷,继业在每卷的后面分别记载了他去西域的行程。虽然不大详细,但地里大略可考,世所罕见,因而他特地加以摘录,以备国史之阙。

第二门 方 志

第一品 唐道宣《释迦方志》二卷

《释迦方志》，二卷。唐永徽元年(650)，终南太一山丰德寺沙门(后为西明寺上座)道宣撰。载于《丽藏》"彩"函、《宋藏》"仙"函、《金藏》"彩"函、《元藏》"仙"函、《明南藏》"相"函、《明北藏》"壁"函、《清藏》"壁"函、《频伽藏》"致"帙，收入《大正藏》第五十一卷。

《释迦方志》书首有道宣《释迦方志序》。说：

> 自佛教道东，荣光烛汉，政流十代，年将六百。辂轩继接，备尽观方，百有余国，咸归风化。莫不梯山贡职，望日来王。而前后传录，差互不同，事迹罕述，称谓多惑，覆寻斯致，宗归译人。昔隋代东都上林园翻经沙门彦琮著《西域传》一部十篇，广布风俗，略于佛事，得在洽闻，失于信本。余以为八相显道，三乘陶化，四仪所设，莫不逗机，二严攸被，皆宗慧解。今圣迹灵相，杂沓于华胥，神光瑞影，氤氲于宇内。义须昌明形量，动发心灵，泉(一作"洎")贞观译经，尝参位席，傍出《西记》(指《大唐西域记》)，具如别详。但以纸墨易繁，阅镜难尽，佛之遗绪，释门共归。故撮纲猷，略为一卷(一作"二卷")，贻诸后学。(《大正藏》第五十一

卷,第948页上、中)

《释迦方志》是一部记述释迦牟尼诞生地和教说流布地的佛教史迹的著作。内容包括:西域(尤其是印度)的地理环境;中印交通的路线和经行国的情况;西行求法的人物;佛教入华的传说和经像灵异;佛教住世(传世)的时数;历代帝王的奉佛事迹和寺院、僧尼等基本数据,及其他。全书共分为八篇:

一、封疆篇(卷上)。记释迦牟尼教化的世界——索诃世界(又译"娑婆世界",意为"忍土")的封域。说,索诃世界"以大千铁围而为封疆之域"(第948页下)。"此封疆周轮铁山,山外是空,空不可测。山下是地,地下是金。金下是水,水下是风。其风坚实,逾于金刚,众生心力同业所感,能持世界不令倾坠。自风以外,即是虚空。约此周轮,从下而上(指从欲界、色界,而至无色界),至无色(即无色界)穷,名为有顶。论其昼(当作"尽")界,纵广所经,卒非里数之所度也。且如《智度论》,从色界天下一大石,经一万八千三百八十三年方始至地。约此上下方维,名为一佛所王土也。"(第948页中、下)

二、统摄篇(卷上)。记索诃世界铁轮山(又名"铁围山")之内的情形。说,索诃世界的中央是苏迷山(又译"须弥山"),四周为大海,海中有四洲(又称"四大部洲")。"苏迷山已上二十八天并一日月为一国土。即此为量,数至一千,铁围都绕,名小千世界。即此小千,数至一千,铁围都绕,名中千世界。即此中千,数至一千,铁围都绕,名为大千世界。"(第948页下)

三、中边篇(卷上)。从名(中印度又名"中国"的名称)、里(中印度至南赡部洲四周的里数相等)、时(印度的气候温暖)、水(大雪山北边的阿耨达池为河流之源)、人(印度有凡人之极位"轮王"和圣人之极位"法王")五个方面,论证释迦牟尼的诞生地——中印度的迦毗罗卫国位于"天地之中央",非为边地。

四、遗迹篇(卷上末至卷下初)。记唐代从陆地去印度的三条路线及沿途各国的情况。"东道"[案:这是从印度出发到中国所经道路的称谓。若从中国出发去印度,不应称"东道",而应称"南道"。见《释迦方志》范祥雍点校本]指的是从河州出发,经鄯州、承风戍、清海、白兰羌国、多弥国、苏毗国、敢国、吐蕃国,至北印度尼波罗国的路线;"中道"指的是从鄯州出发,出玉门关,经鄯善、于阗、斫句迦国(又称"沮渠")、佉沙国(又称"疏勒")、乌铩国、朅盘陀国、达摩铁悉帝国(又称"护密国")、迦毕试国、弗栗恃萨傥那国、漕矩吒国等,而至西印度伐剌拏国的路线;"北道"指的是从京师(长安)出发,出高昌,经阿耆尼国、屈支国、跋禄迦国、飒秣建国、睹货逻国故地、缚喝国、揭职国、梵衍那国、迦毕试国等,至北印度滥波国的路线。上述三条路线中。"东道"为《释迦方志》第一次予以著录;"中道"是根据玄奘回国时经行的路线写的;"北道"是根据玄奘去印度时经行的路线写的。

以上四篇的资料,主要取于《大唐西域记》,同时也参考了隋灵裕《圣迹记》和唐代使者王玄策、李义表所写的行记。

五、游履篇(卷下)。记西汉至唐,使者或沙门(以沙门为主)十六次出游西域的事迹。依次是:西汉的张骞;东汉的蔡愔、秦景等;东汉的成光子;西晋的竺法护;东晋的宝云;后秦的智猛及其同道;后燕的昙猛;后秦的法显及其同道;刘宋的智严;刘宋的法勇及其同道;刘宋的道泰;北魏的道药;刘宋的道普、法盛;北魏的宋云、惠生等;唐代的玄奘。其中,"后汉(东汉)献帝建安十年,秦州刺史遣成光子,从鸟鼠山度铁桥而入,穷于达嚫。旋归之日,还践前途,自出别传。"(第969页上)"后魏(北魏)太武末年,沙门道药从疏勒道入,经悬度至僧伽施国。及返,还寻故道。著传一卷。"(第969页下)这两次出游西域的记载,为其他史书所未载(据《释迦方志》范祥雍校注本《前言》)。

六、通局篇(卷下)。记佛教入华的各种传说以及佛舍利(遗骨)、经像的感应故事。

七、时住篇(卷下)。记释迦如来(即释迦牟尼佛)所在的劫期和佛法住世的年限。说,索诃世界的一个"大劫",包括成劫、住劫、坏劫、空劫四个"中劫",每二十个"小劫"为一个"中劫"。"以年算之,则经八千万万亿百千八百万八万岁也,止为一小劫耳。"(第973页中)释迦如来是住劫中的第四个佛。并引《善见毗婆沙》说:"佛法住世一万年。初五千年,修道出家得三达灵智。后五千年,出家修道不得三达灵智。过此已后,经(指佛经)归龙宫,像(指佛像)自颓坏,诸比丘等同于俗流,唯有剃发袈裟而已。"(第973页下)

八、教相篇(卷下)。记西晋至隋代历代皇帝的奉佛事迹,和寺院、译师、译经、僧尼等数目。资料取于唐法琳《辩正论·十代奉佛篇》。

上述八篇中,《遗迹篇》的字数最多,约三万字,占全书篇幅的三分之二,其余七篇合占三分之一。另外,《通局篇》、《教相篇》中的一些内容,后经扩充和整理,成了《集神州三宝感通录》和《广弘明集》中的一部分。

本书的校点本,有:范祥雍点校《释迦方志》(中华书局2000年4月版)。

第二品　唐佚名《敦煌录》一卷

《敦煌录》,一卷。唐佚名撰。收入《大正藏》第五十一卷。

《敦煌录》的原本系唐代敦煌(时称"燉煌")写本,未署作者和年月,也没有序跋。全文仅一千字左右,从首尾的语句来看,很可能是某部著作中的一个短篇。文中提到,太守张孝嵩射杀神龙,诣阙进上。"玄宗嘉许再三,遂赐龙舌,敕号龙舌。张氏编在简书。郡(指敦煌郡)城西北一里有寺,古木阴森,中有一堡,上设廊殿,具体而征。先有沙倅张球,已迈从心(指年迈七十),寓止于此。虽非博学,亦甚苦心。盖经乱年多,习业人少,遂集后进,以阐大猷。天不慭遗,民受其赐。"(《大正藏》第五十一卷,第998页上)据此推测,本书约撰于唐代(618—907)末年。

《敦煌录》简要地记述了中西交通要道和佛教胜地敦煌的山川、地理、交通、石窟、寺庙、民俗、信仰和历史传说。如书中对著名的莫高窟和鸣沙山作了以下的描述:

> 州(指瓜州)南有莫高窟,去州二十五里,中过石碛、带山坡至彼,斗下谷中。其东即三危山,西即鸣沙山,中有自南流水,名之宕泉。古寺僧舍绝多,亦有洪钟。其谷南北两头有天王堂和神祠,壁画吐蕃赞普部从。其山西壁南北二里,并是镌凿高大沙窟,塑画佛像。每窟动计费税百万。前设楼阁数层,有大像堂殿。其像长百六十尺,其小龛无数,悉有虚槛,通连巡礼游览之景。次南山有观音菩萨会现之处,郡人每诣彼,必徒行来往,其恭敬如是。鸣沙山去州十里,其山东西八十里,南北四十里,高处五百尺,悉纯沙聚起。其山神异,峰如削成,其间有井,沙不能蔽,盛夏自鸣,人马践之,声振数十里。风俗端午日,城中子女皆跻高峰,一齐蹙下,其沙声吼如雷。至晓看之,峭崿如旧。古号鸣沙,神沙而祠焉。近南有泉,自沙山南,其上源出大雪山,于西南寿昌县界入敦煌,以其沃润之功,俗号甘泉。(第997页下—第998页上)

这些记载,对于研究唐代敦煌的情况,尤其是敦煌佛教,提供了重要资料。

第三门 寺 塔 记

第一品 北魏杨衒之《洛阳伽蓝记》五卷

《洛阳伽蓝记》,五卷。东魏武定五年(547),抚军府司马杨衒之撰。收入《大正藏》第五十一卷。

杨衒之,北平人。"元魏末,为秘书监。见寺宇壮丽,损费金碧,王公相竞,侵渔百姓,乃撰《洛阳伽蓝记》,言不恤众庶也。后上书,述释教虚诞,有为徒费,无执戈以卫国,有饥寒于色养。逃役之流,仆隶之类,避苦就乐,非修道者。又佛言有为虚妄,皆是妄想,道人深知佛理,故违虚其罪。启又广引财事乞贷,贪积无厌。又云读佛经者,尊同帝王,写佛画师,全无恭敬。请沙门等同孔老拜俗,班之国史。行多浮险者,乞立严敕,知其真伪。然后佛法可遵,师徒无滥,则逃兵之徒,还归本役,国富兵多,天下幸甚。……虽上事,终委而不施行。"(唐道宣《广弘明集》卷六《历代王臣滞惑解》,《大正藏》第五十二卷,第128页中)另据唐智炬《宝林传》卷八、北宋道原《景德传灯录》卷三记载,杨衒之曾以期城太守的身份,见过禅宗东土初祖菩提达磨。

《洛阳伽蓝记》书首有杨衒之撰的《序》。说:

三坟五典之说,九流百代之言,并理在人区,而义兼天外。至于一乘二谛之原,三明六通之旨,西域备详,东土靡记。自顶日感梦,满月流光,阳门饰豪(当作"毫")眉之像,夜台图绀发之形。尔来奔竞,其风遂广。至晋永嘉,唯有寺四十二所。逮皇魏受图,光宅嵩洛,笃信弥繁,法教愈盛。王侯贵臣,弃象马如脱屣;庶士豪家,舍资财若遗迹。于是昭(当作"招")提栉比,宝塔骈罗,争写天上之姿,竞摸(摹)山中之影。金刹与灵台比高,广殿共阿房等壮。岂直木衣绨绣,土被朱紫而已哉!暨永熙多难,皇舆迁邺,诸寺僧尼亦多与时徙。至武定五年岁在丁卯,余因行役,重览洛阳。城郭崩毁,宫室倾覆,寺观灰烬,庙塔丘墟,墙被蒿艾,巷罗荆棘。野兽穴于荒阶,山鸟巢于庭树。游儿牧竖,踯躅于九逵;农夫耕稼,艺黍于双阙。麦秀之感,非独殷墟,黍离之悲,信哉周室。京城表里凡有一千余寺,今日寮(一作"寥")廓,钟声罕闻。恐后世无传,故撰斯记。然寺数最多,不可遍写。今之所录上(当作"止")大伽蓝,其中小者,取其详世谛事,因而出之。先以城内为始,次及城外,表列门名,以远近为五篇。(《大正藏》第五十一卷,第999页上)

由此可见,自北魏孝文帝于太和十七年(493)从平城(治所在今山西大同东北)迁都洛阳以来,经宣武帝、孝明帝、孝庄帝、长庆王、节闵帝、安定王诸朝,迄孝武帝永熙三年(534)为止,在这短短的四十一年间,洛阳佛教曾得到了前所未有的大发展。作为佛教象征的伽蓝(即寺院)从原来数十所,陡增至一千三百六十七所。"于是招提(指寺院)栉比,宝塔骈罗,争写天上之姿,竞摸(摹)山中之影。金刹与灵台比高,广殿共阿房等壮。"(同上)然而,经永熙之乱,高欢立孝静帝而于天平元年(534)改迁邺城(今河南安阳),史称东魏。由此洛阳佛教与城俱废。"城郭崩毁,宫室倾覆,寺观灰烬,塔庙丘墟,墙被蒿艾,巷罗荆棘。野兽穴于荒阶,山鸟巢于庭树。游儿牧竖,踯躅于九逵;农夫耕稼,艺黍于双阙。"(同上)作者杨衒之曾任职于京师,对当年朝野笃崇佛法,刹庙甲于天下的盛况有切身的体验,而当武定五年(547)他因事重经洛阳时,映入眼帘的却是一片荒毁。由此,他感念兴废,捃拾旧闻,追叙古迹,撰成了《洛阳伽蓝记》。

《洛阳伽蓝记》是一部以名刹大寺为主纲,中小佛寺为附目,详细地记述北魏时期洛阳城内和城外佛教寺院的兴废沿革,以及有关的史事、景物、掌故、传闻的名著。文辞秾丽秀逸,叙述委婉有致。内容包括寺名、建寺年月和建寺者、道里位置、周围的第宅和官署、塔殿、堂廊、楼阁、房院、林池、雕塑、图像和人物故事等。虽然杨衒之本人并非是佛教信仰者,从《广弘明集》保存的他的部分言语来看,可以说是一个排佛者,但他在《洛阳伽蓝记》中的记述则是十分客观的,因此,自隋费长房《历代三宝纪》以来,佛家都把它视为寺院志。

本书据清代王谟重刻的《增订汉魏丛书》所列的目录,共记大寺院四十六所(其中"太上公二寺"包括西寺和东寺,作二寺计)。由于卷一所列的"建春门司农寺"似为官署,而非寺院;卷三所列的"太上公二寺"可以视为"大统寺"的附目,"正觉寺"可以视为"报德寺"的附目;卷四所列的"开善寺"可以视为"法云寺"的附目,故实记大寺院四十一所[案:范祥雍《洛阳伽蓝记校注》(上海古籍出版社1978年12月新一版)在目录上增列门里四处:在卷一"景林寺"后增立"建春门";卷二"石桥南景兴尼寺"后增立"建阳里";卷三"龙华寺"后增立"宣阳门";卷五"凝圆寺"后增立"闻义里"。并把"灵应寺",即《增订汉魏丛书》所说的"建阳里太康寺"改为"建阳里"的附目。故目录上所列的是大寺四十所,门里四处]。另外,《洛阳伽蓝记》还在大寺院条下附记了四十多所中小寺院(其中有的在卷文中提到二次)。

叙述的次第是:先城内,后城外。城外又以城东、城南、城西、城北为序。据唐刘知几《史通·补注篇》所说,萧大圜《淮海乱离志》和羊(一作"杨")衒之《洛阳伽蓝记》均"定彼榛楛,列为子注",即在正文中夹有小注,用比正文小的字体刊出。然而,由于年代久远,后世所传的本子都已将子注混入正文,两者用的是同样的字体,在形式上已无从区分。清代吴若准和唐晏曾参照《水经注》的体例,将正文和子注区分开来,但在判断上多有失误,为今人所不取。故今本《洛阳伽蓝记》的正文中有些原是子注。如卷五行文中说,"《道荣传》云:城东四里。""《道荣传》云:童子在虚空中向王说偈。""《道荣传》云:三百九十步。"等等,从前后文句的意思和语气来判断,原是子注。

卷一:城内。记永宁寺、建中寺、长秋寺、瑶光寺、景乐寺、昭仪尼寺、胡统寺、修梵寺、景林寺,凡九寺。

卷二:城东。记明悬尼寺、龙华寺(宿卫羽林虎贲等立,与广陵王在城南立的"龙华寺"为二寺)、璎珞寺、宗圣寺、崇真寺、魏昌尼寺、石桥南景兴尼寺、灵应寺、庄严寺、秦太上君寺、正始寺、平等寺、景宁寺,凡十三所。

卷三:城南。记景明寺、大统寺、报德寺、龙华寺、菩提寺、高阳王寺、崇虚寺,凡七所。

卷四:城西。记冲觉寺、宣忠寺、王典御寺、白马寺、宝光寺、法云寺、追光寺、融觉寺、大觉寺、永明寺,凡九所。

卷五:城北。记禅虚寺、凝圆寺,凡二所。

上述四十所寺院中,属于城内的名寺,主要是:

永宁寺,熙平元年(516)胡太后所立。"中有九层浮图(即塔)一所。架木为之,举高九十丈,有刹复高十丈,合去地一千尺,去京师百里已遥见之。……殚土木之功,穷造形之巧。佛事精妙,不可思议。绣柱金铺,骇人心目。至于高风永夜,宝铎和鸣,铿锵之声闻及十余里。浮图北有佛殿一所,形如太极殿。中有丈八金像一躯,中长金像十躯,绣珠像三躯,织成(像)五躯,作功奇巧,冠于当世。僧房楼观一千余间,雕梁粉壁,青缣绮疏,难得而言。栝柏松椿,扶疏拂檐,丛林香草,布护阶墀。是以常景碑云:须弥宝殿,兜率净宫,莫尚于斯也。外国所献经像,皆在此寺。"(卷一,第1000页上)

长秋寺,宦官刘腾所立。"中有三层浮屠一所。金盘灵刹,曜诸城内。作六牙白象负释迦在虚空。庄严佛事,悉用金玉。工作之异,难可具陈。"(同卷,第1002页下)

瑶光寺,宣武帝所立。"有五层浮图一所。去地五十丈,仙掌凌虚,铎垂云表,作工之妙,埒美永宁。讲殿尼房五百余间,绮疏连亘,户牖相通,珍木香草不可胜言。牛筋狗骨之木,鸡头鸭脚之草,亦悉备焉。"(同卷,第1003页上)

景乐寺,太傅清河文献王怿所立。"有佛殿一所,像辇在焉。雕刻巧妙,冠绝一时。堂庑周环,曲房连接。轻条拂户,花蕊被庭。至于大斋,常设女乐。歌声绕梁,舞袖徐转,丝管寥亮,谐妙入神。以是尼寺,丈夫不得入。往往观者,以为至天堂。"(同卷,第1003页中)

景林寺。"讲殿叠起,房庑连属,丹槛炫日,绣角迎风,实为胜地。"(同卷,第1004页上)

属于城外的名寺,主要是:

秦太上君寺,胡太后所立。"中有五层浮图一所。修刹入云,高门向街,佛事庄饰,等于永宁。诵室禅堂,周流重叠。花林芳草,遍满阶墀。常有大德名僧讲一切经,受业沙门亦有千数。"(卷二,第1006页中)

景明寺,宣武帝所立。"其寺东西南北方五百步,前望嵩山少室,却负帝城。青林垂影,绿水为文。形胜之地,爽垲独美。山悬堂光观(一作"悬台观光")盛一千余间。交疏对霤,青台紫阁,浮道相通。虽外有四时,而内无寒暑。房檐之外,皆是山池。竹松兰芷,垂列阶墀,含风团露,流香吐馥。至正光年中,太后始造七层浮图一所,去地百仞。……伽蓝之妙,最得称首。"(卷三,第1010页上、中)

王典御寺,宦官王温(字桃汤)所立。"时阉官伽蓝皆为尼寺,唯桃汤所建僧寺,世人称之英雄。门有三层浮屠(一作"图")一所,工逾昭仪(寺名)。宦者招提最为入室(一作"人宝")。"(卷四,第1014页中)

白马寺,汉明帝所立。"佛入中国之始寺","寺上经函至今犹存,常烧香供养之"(同卷,第1014页下)。

法云寺,西域乌场国沙门昙摩罗所立。"工制甚精。佛殿僧房皆为胡饰,丹素炫彩,金玉垂辉。摹写真俗,似丈六(指佛陀)之见鹿苑;神光壮丽,若金刚之在双林。伽蓝之内,花果蔚茂,芳草蔓合,嘉木被庭。京师沙门好胡法者,皆就摩罗受持之。"(同卷,第1015页上)

永(《大正藏》误刊为"水")明寺,宣武帝所立。"时佛法经像,盛于洛阳,异国沙门,咸来辐辏,负锡持经,适兹乐土。世宗故立此寺以憩之。房庑连亘一千余间,庭列修竹,檐拂高松,奇花异草,骈阗阶砌。百国沙门三千余人。"(同卷,第1017页中、下)

凝圆寺,宦官贾璨所立。"地形高显,下临城阙。房庑精丽,竹柏成林,实是净行息心之所也。王公卿士来游观,为五言者(指作诗),不可胜数。"(卷五,第1018页中)

《洛阳伽蓝记》虽然以"伽蓝"为主题,但它所记述的具体内容却远远超出伽蓝和与之相关的佛教史素材(如人物、禅讲、节日活动等)的范围,涉及北魏时期的许多史事。被清代学者评价为:"假佛寺之名,志帝京之事。凡夫朝家变乱之端,宗藩废立之由,艺文古迹之所关,苑囿桥梁之所在,以及民间怪异、外夷风土,莫不巨细毕陈,本末可观,足以补魏收(指他作的《魏书》)所未备,为拓跋之别史。不特遗闻逸事,可资学士文人之考核已也。"(吴若准《洛阳伽蓝记集证序》)

如武泰元年(528)二月,孝明帝死,胡太后立年仅三岁的元钊为帝。契胡族酋长尔朱荣对此极为不满,他与并州刺史元天穆相勾结,密许长乐王元子攸为帝,以"赴哀"为名,率兵南下,欲行废立之事。胡太后遣都督李神轨、郑季明领兵五千,镇守建在富平津(今河南孟县南)上的河桥。"四月十一日,荣过河内至高头驿,长乐王从雷陂北渡,赴荣军所。神轨、季明等见长乐王往,遂开门降。十二日,荣军于芒山之北河阴之野。十三日,召百官赴驾,至者尽诛之,王公卿士及诸朝臣死者三千余人。十四日,车驾入城,大赦天下,改号为建义元年,是为庄帝。"(卷一"永宁寺"条,第1001页上)

孝庄帝即位后,封尔朱荣为太原王,统率十州军马,以后又晋封他为天柱大将军。"时太原王位极心骄,功高意侈,与夺臧否肆意。帝恐,谓左右曰:朕宁作高贵乡公(指曹髦)死,不作汉献帝生。(永安三年)九月二十五日,诈言产太子。荣(尔朱荣)、穆(元天穆)并入朝。庄帝手刃荣于光明殿,穆为伏兵鲁遑所杀。荣世子部落大人亦死焉。"(同条,第1001页下)在这一过程中,据说曾发生过庄帝饮酒壮胆的插曲:"庄帝闻荣来,不觉失色。中书舍人温子升曰:陛下色变。帝连索酒饮之,然后行事。"(卷四"宣忠寺"条,第1014页上)

尔朱荣死后,他的从子(侄儿)尔朱兆从晋阳起兵报仇。轻骑倍道,自富平津涉渡,掩袭京邑,擒孝庄帝于式乾殿。"帝初以黄河奔急,未谓兆(尔朱兆)得济,不意兆不由舟楫,凭流而渡。是日水浅,不没马腹,故及此难。书契所记,未之有也。""(尔朱兆)锁帝于寺门楼上。时十二月,帝患寒,随兆乞头巾,兆不与。遂囚帝还晋阳,缢于三级寺。帝临崩礼佛,愿不为国王。又作五言曰:权去生道促,忧来死路长。怀恨出国门,含悲入鬼乡。隧门一时闭,幽庭岂复光。思鸟吟青松,哀风吹白杨。昔来闻死苦,何言身自当。至太昌元年冬,始迎梓宫,葬帝于靖陵。所作五言诗,即为挽歌词,朝野闻之,莫不悲恸。"(卷一"永宁寺"条,第1002页上、中)

河阴之变、尔朱荣被诛、孝庄帝遇害都是北魏末年重大的政治事件,《洛阳伽蓝记》所作的这些委曲详尽的记述,足以与史传相参证。

特别值得一提的是,《洛阳伽蓝记》卷五用绝大部分的篇幅(见"凝圆寺"条,范祥雍校注本列为"闻义里"条),详细地记载了北魏神龟元年(518)十一月,敦煌人宋云和崇立寺比丘惠生奉胡太后之命,出使西域,求取大乘经的经过及沿途的见闻。从书中的记载可以获悉,宋云和惠生是从洛阳出发,经赤岭、流沙、土谷浑国、鄯善、于阗、朱驹波国、葱岭、钵和国、嚈哒国、喋罗、波斯国、赊弥国、钵卢勒国,而于神龟二年(519)十二月初到达乌场国的,正光元年(520)四月中旬又到乾陀罗国。正光二年(521)二月始还京师,带回了一百七十部大乘经。回国后,宋云、惠生各撰行纪,时称《宋云家纪》和《惠生行纪》。然而,这两部著作均已失传,宋云和惠生西行求法的路线以及对沿途各国情况的记录,全赖《洛阳伽蓝记》而得知其梗概。另外,书中征引的同代的《道荣传》也是一部佚作。

由此可见,《洛阳伽蓝记》不仅是佛教寺院志的名作,也是一部很好的北魏别史,研究中西交通的珍贵史料。在文学上,它也享有很高的声誉。

第二品　唐段成式《寺塔记》二卷

《寺塔记》，二卷。唐段成式撰。会昌三年(843)初成，大中七年(853)刊整。原书编在段成式《酉阳杂俎续集》卷五和卷六。后收入《大正藏》第五十一卷。由于收入《大正藏》的《寺塔记》是日本上野帝国图书馆收藏的节抄本，仅有一卷，并非完帙，故今据中华书局1981年12月出版的《酉阳杂俎》(前集二十卷和续集十卷合刊)方南生校点本解说。

段成式(？—863)，字柯古，临淄(今山东淄博市东北)人，一作"东牟"(今山东蓬莱县)人。宰相段文昌之子。历任秘书省校书郎、庐陵刺史、缙云刺史、江州刺史、太常少卿等职。闻见博洽，艺文该赡，诗与李商隐、温庭筠齐名。新、旧《唐书》有传。

《寺塔记》书首有作者的序言(无标题)，说：

> 武宗癸亥三年夏，予与张君希复善继、同官秘丘(当作"书")郑君符梦复，连职仙署。会暇日，游大兴善寺。因问《两京新记》及《游目记》多所遗略，乃约一旬，寻两街寺，以街东兴善(寺名)为首，二记所不具，则别录之。游及慈恩(寺名)，初知官将并寺，僧众草草，及问一二上人(指和尚)，及记塔下画迹，游于此遂绝。后三年，予职于京洛。及刺安成(指担任包括安成县在内的庐陵郡刺史)，至大中七年归京，在外六甲子。所留书籍，摘坏居半。于故简中睹与二亡友(指张希复、郑符)游寺，沥血泪交。当时造适乐事，邈不可追。复方刊整，才足续穿蠹，然十亡五六矣。次成两卷，传诸释子。(中华书局本，第245页)

《寺塔记》是一部记述唐代长安(今西安)朱雀街东西侧(即

"两街")寺院情况的著作。内容包括这些寺院的来历、建筑、林池、文物、壁画、掌故、传闻,以及段成式与友人张希复(字善继)、郑符(字梦复)游览时所作的诗句、题辞等。《寺塔记》的初稿约记有四五十所寺院,后因书稿蠹坏,待段成式刊整付梓时,"十亡五六",故今本仅记十七所寺院。由于一些寺院内建有佛塔,而这些佛塔在当时十分有名,故作者将寺、塔并提,取名为《寺塔记》。

卷上,记靖善坊大兴善寺、长乐坊安国寺、常乐坊赵景公寺、大同坊云华寺、道政坊宝应寺、安邑坊玄法寺、平康坊菩萨寺,凡七所。

卷下,记宣阳坊奉慈寺、光宅坊光宅寺、翊善坊保寿寺、宣阳坊静域寺、崇义坊招福寺、招国坊崇济寺、永安坊永寿寺、崇圣坊资圣寺、晋昌坊楚国寺、慈恩寺,凡十所。

《寺塔记》对寺院的记载大致是这样的:

  常乐坊赵景公寺。隋开皇三年置,本曰弘善寺,十八年改焉。南中三门里东壁上,吴道玄(即吴道子)白画地狱变,笔力劲怒,变状阴怪,睹之不觉毛戴,吴画中得意之处。三阶院西廊下,范长寿画西方变及十六对事,宝池尤妙绝,谛视之,觉水入深壁。院门上白画树石,颇似阎立德,予携立德行天祠粉本验之,无异。西中三门里门南,吴生画龙及刷天王须,笔迹如铁。有执炉天女,窃眸欲语。华严院中,输石卢舍立像,高六尺,古样精巧。(卷上,第248页—第249页)

  平康坊菩萨寺。佛殿东西障日及诸柱上图画,是东廊旧迹,旧郑法士画。开元中,因屋坏移入大佛殿内槽北壁。食堂东壁上,吴道玄画《智度论》色偈变,偈是吴自题,笔迹遒劲,如磔鬼神毛发。次堵画礼骨仙人,天衣飞扬,满壁风动。佛殿内槽后壁画,吴道玄画《消灾经》事,树石古险。元和中,上欲令移之,虑其摧毁,乃下诏择画手写进。佛殿内槽东壁维摩变,舍利弗角而转睐。元和末,俗讲僧文淑装之,笔迹尽矣。(卷上,第252页)

宣阳坊静域寺。本太穆皇后宅。寺僧云:三阶院门外是神尧皇帝射孔雀处。禅院门内外,《游目记》云,王昭隐画。门西里面和修吉龙王有灵。门内之西,火目药叉及北方天王甚奇猛。门东里面贤门也,(画)野叉部落,鬼首上蟠蛇,汗烟可惧。东廊树石险怪,高僧亦怪。西廊万寿菩萨院门里南壁,皇甫轸画鬼神及雕,形势若脱。轸与吴道玄同时,吴以其艺逼己,募人杀之。(卷下,第258页—第259页)

由此可见,栩栩如生地描绘寺院中的壁画,记述它们的内容、形状和画师,并从艺术鉴赏的角度出发予以评品,乃是《寺塔记》的一大特色。唐代一批著名的画家,如阎立德、皇甫轸、吴道玄等与佛画的因缘,也可于中略见一斑。《寺塔记》撰成后不足二年,至会昌五年(845)七月,唐武宗发动毁佛运动,长安三百多所寺院(据《入唐求法巡礼记》卷四)除两街各留一寺以外,其余的均遭毁拆,原寺的风貌荡然无存。在这种情况下,作为"会昌毁佛"前长安部分寺院风貌实录的《寺塔记》就更加显得珍贵。

第四门 名 山 记

第一品　唐慧祥《古清凉传》二卷
附：北宋延一《广清凉传》三卷
　　北宋张商英《续清凉传》二卷

《古清凉传》，二卷。唐蓝谷沙门慧祥撰。原书未署撰时，从本书卷上《封域里数》篇有"今上麟德元年九月"语，卷下《游礼感通》篇又记有唐洛阳白马寺沙门惠藏，于调露元年（678）四月游清凉山之事来看，约撰于唐高宗永隆元年（680）至弘道元年（683）之间，比慧祥的另一部著作《弘赞法华传》（见本书杂记部）的成书要早些。收入《大正藏》第五十一卷。

《古清凉传》书首有金大定辛丑岁（二十一年，公元1181年）二月十七日，永安崇寿禅院沙门广英的《古清凉传序》。说：

夫紫府名山，七佛师栖真之处；清凉圣境，万菩萨晦迹之方。亘于古今，备于图籍。芬馥之异华灵草，莹洁之幽石寒泉，瑞气吐于林中，祥云横于岭上。苍岩入夜，炯炯而烛灯常明；碧洞侵晨，殷殷而鼓钟恒响。老人萧散于溪谷，童子游戏于烟霞。灿灿之楼阁庄严，巍巍之殿堂崇丽。或则高僧远访，或则贵族亲临，观化仪结得道之缘，瞻相好发至诚之愿。修殊因于此日，证妙果于他生。恒睹玉毫之光，常居金色之界。其悟达者,识心而见性;其归依者,殄障而消灾。可谓福不唐捐,功不虚弃。编联传记,流布寰区。诱引颛愚,咸深谛信。齐登觉路,俱造玄门。同乘般若之舟,共升涅槃之岸。(《大正藏》第五十一卷,第1092页下)

《古清凉传》是一部记述佛教名山清凉山(即今山西省五台山)胜迹的著作。内容包括它的得名、封域、形胜、古迹、感应和传闻等。"《华严经疏》云:清凉山者,即代州雁门郡五台山也。以岁积坚冰,夏仍飞雪,曾无炎暑,故曰清凉。五峰耸山,顶无林木,有如累土,故曰五台。"(《广清凉传》卷上《清凉山得名所因》,《大正藏》第五十一卷,第1104页上)"《大方广佛华严经》卷四十五《菩萨住处品》云:东北方有处名清凉山。从昔已来,诸菩萨于中止住。现有菩萨,名文殊师利,与其眷属诸菩萨一万人,俱常在其中而演说法。"(同卷《菩萨何时至此山中》,第1103页中)为此,五台山又有释迦牟尼佛的左胁侍、以"大智"著称的文殊师利(略称"文殊",又译"濡首"、"曼殊室利"、"妙吉祥"等)菩萨显化之地的传说。

五台山,和普陀山(浙江省境内)、峨眉山(四川省境内)、九华山(安徽省境内)并称中国佛教的"四大名山",又称"四大道场"。相传,普陀山是阿弥陀佛的左胁侍、以"大悲"著称的观音菩萨的显化之地(阿弥陀佛的右胁侍为大势至菩萨),峨眉山是释迦牟尼佛的右胁侍、以"大行"著称的普贤菩萨的显化之地;九华山是释迦牟尼佛灭度之后、弥勒佛降生之前住世的、以"大愿"著称的地藏菩萨的显化之地。而五台山则是"四大名山"中最有名者。

作者慧祥曾亲游五台山,站在五台之上,俯瞰万物,傍眺千里,有感于"近古已来游此山者多矣,至于群录,鲜见伦通。良以时无好事(指撰书者),故使芳尘委绝",因而"捃拾遗文,详求耳目"（见卷下《游礼感通》，第1096页下），撰作了这部书。本书在唐代的原名可能是《清凉传》，或《清凉山传》。未必有"古"字。大概是到了北宋延一作《广清凉传》以后，雕刻者为反映两书撰作的先后，才在书名中增入"古"字。全书共分五篇：

一、立名标化（卷上）。叙述五台山名称的由来，典坟中关于五台山的记载，以及五台山与文殊师利菩萨的关系。说，"此土名山，虽嵩岱作镇，蓬瀛仙窟，皆编俗典，事止域中，未有出于金口（指佛说），传之宝藏（指佛藏）"（第1093页上），唯有五台山除外。"今山上有清凉寺，下有五台县清凉府"的五台山，就是《华严经·菩萨住处品》说的文殊师利的住处——清凉山。

二、封域里数（卷上）。叙述五台山的地理位置、方圆里数，以及中台、东台、西台、南台、北台各自的高度和状貌。说："山在长安东北一千六百余里，代州之所管。山顶至州城，东南一百余里。其山，左邻恒岳，右接天池，南属五台县，北至繁峙县。环基所至，五百余里。若乃崇岩叠嶂，浚谷飞泉，触石吐云，即松成盖者，数以千计。其霜雪夏凝，烟雾常积，人兽之不可窥步者，亦往往而在焉。登中台之上，极目四周，唯恒岳居其次，自余之山谷，莫不迤逦如清胜也。"（第1093页中）

三、古今胜迹（卷上）。叙述五台山的佛教胜迹、景物，以及有关的人物传说。如："中台上，有旧石精舍一所，魏棣州刺史崔震所造。又有小石塔数十枚，并多颓毁。今有连基垒石室二枚，方三丈余，高一丈五尺。东屋石文殊师利立像一，高如人等；西屋有石弥勒坐像一，稍减东者。其二屋内，花幡供养之具，氍毹受用之资，莫不鲜焉。即慈恩寺沙门大乘基（窥基）所致也。基即三藏法师玄奘之上足，以咸亨四年，与白黑五百人，往而修焉。"（第1094页上）

四、游礼感通（卷下）。叙述齐代僧明勖、周代僧明禅师、隋代高守节、僧普明、唐代僧昙韵、昭隐、明曜、一信士、会赜、梵僧释迦蜜多罗、慧祥、弘景、惠藏等在五台山感遇的灵异。

五、支流杂述（卷下）。叙述后魏恒州刺史呼延庆的猎师、齐隐士王剧、唐代州郭下聂世师、繁峙县采药老人王相儿，或往五台山，或住五台山，或劝礼五台山的异事。

《古清凉传》是《大正藏》收载的清凉山三传中撰作最早的一传，其中，对一些寺宇、景观、人物、传闻的记载均属首次，有相当高的参考价值，但就叙述的条理性和细致性方面而言，不及后来的《广清凉传》。

北宋延一《广清凉传》三卷

《广清凉传》，三卷。北宋嘉祐庚子（五年，公元1060年），清凉山大华严寺真容院沙门延一编。收入《大正藏》第五十一卷。

《广清凉传》书首有嘉祐庚子（1060）正月守太原府大通监兼兵马都上骑都尉郐济川的《广清凉传序》。说：

> 济（指济川）以凤缘薄祐，生逢遗法，尚縻羁官，得寓灵峰（指天台山）。时会博闻，遍穷异迹，思得纪述，以警将来。而年纪寝深，简编几坠，独有唐蓝谷沙门慧祥，作传二卷，颇成伦理，其余亦有传记，皆文字舛错，辞意乖谬。惜乎！大圣之化迹，高士之遗踪，将湮灭乎！慧祥所谓"时无好事，使芳尘委绝"，信哉！济川慨其若是，乃访得真容院妙济一公（指延一），其人纯粹聪敏，博通藏教，讲说记问，靡不精诣。因请公采摭经传，收捃故实，附益祥传（指《古清凉传》），推而广之，勒成三卷。首以吉祥隆世因地，终以巨宋逢化相，名曰《广清凉传》，凡三月而成。（《大正藏》第五十一卷，第1101页上、中）

《广清凉传》也是一部记述五台山胜迹的专著,因它"采摭经传,收捃故实,附益祥传,推而广之"而得名。全书共分为二十三篇。

卷上,七篇:

一、菩萨生地见闻功德。广引经语,论述文殊菩萨的成佛功德、真谛和世谛的生处、名号的含义,以及礼赞它的福德。

二、菩萨应化总别有缘。说文殊菩萨的应化有总有别,"遍一切处,普应机缘"(第1103页上),名为总;"随缘利现,应变不同"(第1103页中),名为别。

三、菩萨何时来至此山(一作《菩萨何时至此山中》)。说《文殊菩萨现宝藏陀罗尼经》、《文殊般涅槃经》上说的文殊菩萨于佛灭度后来清凉山,与《华严经》上说的文殊菩萨常住清凉山,于理无碍,因为菩萨"能分一身为无量身,复以无量身入一身"(第1103页下)。

四、清凉山得名所因。引《华严经疏》(澄观撰)、《海东文殊传》、《神州感通录》(道宣撰)等文,论述五台山之名的来由。

五、五台山四埵古圣行迹。说"五台有四埵,去台各一百二十里"(第1105页中),并记四埵的传说。

六、五台境界寺名圣迹。记叙五台山各台的古今寺宇、灵迹、异草、药材等。

七、释五台诸寺方所。介绍五台山一些名寺的位置、来历及景况。

卷中,十二篇(其中末篇《高德僧事迹》未完)。

一、菩萨化身为贫女。记文殊菩萨化为贫女赴大孚灵鹫寺斋会的传说。

二、天女三昧姑。记三昧姑居华严岭,"接引群品,资供山门"的传说。

三、安生塑真容菩萨。记唐代处士安生塑造文殊菩萨真容（即像），以及宋初饰修真容院的事情。

四、牛云和尚求聪明。五、佛陀波利入金刚窟。六、无著和尚入化般若寺。七、神英和尚入化法华院。八、道义和尚入化金阁寺。九，法照和尚入化竹林寺。以上六篇，分别记述唐代僧人牛云（《楞伽师资记》作者净觉的弟子）、罽宾国僧人佛陀波利（意译"觉爱"）、无著（牛头慧忠的弟子）、神英（神会的弟子）、道义（衢州龙兴寺僧）、法照（南岳云峰寺僧）游五台山时获文殊菩萨感应的故事。

十、亡身殉道僧俗。记唐代僧人无染、福运、清信士宋元庆、门明雅在五台山，或积薪自焚，或割肉身亡的殉道故事。

十一、州牧宰官归信。记唐代代州都督薛徽、王嗣、长史崔义猷、齐政等游五台山的感应故事。

十二、高德僧事迹。记隋唐和五代时居住于五台山，或游礼过五台山的高僧的事迹。分见于卷中之末和卷下之初。卷中之末记智顗、法珍、孙哲、神赞、惠龙、令休六人；卷下之初记嘉福、道宣、窥基、志远、金光照和尚、澄观、常遇、愿成、乘光、无名和尚、铨律和尚、法兴、必救、诚惠、匡嗣、取胜、继颙十七人。

卷下，四篇（其中卷初为《高德僧事迹》之余）：

一、高德尼事迹。记唐代五台山比丘尼法宝等二人的事迹。

二、宋僧所睹灵异。记北宋僧人净业、睿谏、道海、道演等在五台山所见的灵异。

三、灵异藁木。记五台山华严寺周围的凤栖藁、十二因缘藁、四谛藁等。

四、大圣文殊师利古今赞颂。辑录东晋支道林《文殊像赞并序》、殷晋安《文殊像赞》和秘书丞郄济川《文殊师利赞》三文。

《广清凉传》是清凉山三传中,对五台山的历史、古迹、景观、物产、人物和传说等的记载,内容最为周详的一传。如卷上《五台山境界寺名圣迹》记载:中台有古寺十所(大孚灵鹫寺、王子寺、清凉寺、佛光寺等)、今益唐来寺(在唐代旧寺的基础上新修的寺院)六所(竹林寺、金阁寺、文殊寺等)、灵迹四处(太华池、白水池等)、名花五种(日菊花、五凤花、百枝花等);北台有古寺八所(宝积寺、木瓜寺、普济寺、公主寺等)、今益寺(即宋代新立的寺院)二所(太平兴国寺等)、灵迹十六处(九女泉、孝文打毬场、生地狱、邓隐峰塔、憨山等)、异草二种(鸡足草等);东台有古寺十五所(观海寺、铜钟寺、天城寺、古华严寺等)、今益寺三所(金界寺等)、灵迹十一处(五王城、那罗延窟、温汤等)、药三种(人参等);西台有古寺十二所(秘密寺、大会寺等)、今益寺四所(黑山寺等)、灵迹十五处(二圣对谭石、石门、王子烧身塔等)、药三种(黄精等);南台有古寺九所(娑婆寺、石台寺等)、今益寺三所(福圣寺等)、灵迹九所(七佛谷、龙宫胜堆等)、药二种(钟乳等)。

　　又如五代时天台山高僧继颙,北宋赞宁《宋高僧传》只是在卷二十八《遵诲传》的行文中附带地提到他,因为他是遵诲的师父。有关他的事迹,仅有"洎天福二年,有五台山继颙大师,精《华严》大经,躬入东京,进晋祖降圣功德",和"梁宋之间,以颙(继颙)罢唱,请诲(遵诲)敷扬"两句,其余皆阙。而《广清凉传》卷下在《高德僧事迹》篇中,则对继颙的生平始末有完整的记叙:

　　　　僧统大师者,俗姓刘氏,讳继颙,燕蓟人也。父讳守奇,唐末任沧州节度使。师幼失所怙,性禀知识,遭乱避地清凉山,礼真容院果真大师弘准为师。年满受具,诵习无疲。远诣京师听学,迄数本经论,遂还旧寺。首戴《大方广佛华严经》,跣足游礼五台。每至一顶,讲《菩萨住处品》一,终岁以为常。每讲终,设茶药异馔以供,其后对妙吉祥(即文殊)焚香立愿。游历东京,时晋(后晋)少主在位,见之信重,赐大相国寺讲《大华严经》,将相王侯归依信受。及解讲,获施财巨万,尽以所直,于本寺讲堂四面飞轩之下创立石壁,命工镌勒所讲之经。期月之间,功用造毕。寻请还山,赐赍财施,不可胜计,遂建真容院四面廊庑,及华严寺楼阁,凡三千间。不啻设供七百余会,塑山毟罗汉三十二堂,转《金刚经》,并藏经六百万卷,及真言咒偈。刻坛尽甋,逢三八普施温汤,设四众无遮粥会。殊因妙果,植大福田,未有若斯之盛者也。寻诏授五台山十寺都监,赐师号"广演匡圣大师鸿胪卿",仍颁命服。伪汉(即后汉)高祖一见师奇表,叹未曾有,特命与诸王为兄弟。少主即位,加五台山管内都僧统,后以功授大汉国都僧统、检校太师,兼中书令。以伪汉天会十七年正月十二日,迁灭于五台山菩萨院,享年七十有三,僧腊三十有二。(第1122页下—第1123页上)

此外,如同篇收录的取性道者,《宋僧所睹灵异》篇收载的净业、睿谏等人的事迹,也不见于僧传,可资补阙。

《广清凉传》之末还附有"前代州管内僧正胜行大德沙门明崇撰"的《补遗》。记载北宋元丰甲子(七年,公元1084年)至金代天眷(1138—1140)末,安州人张氏、德州市民王在、僧惠通、书生李升、僧宗新、朔州慈勇大师、僧永洲等游五台的灵异故事。

北宋张商英《续清凉传》二卷

《续清凉传》,二卷。北宋"朝奉郎权发遣河东路提点刑狱公事张商英述"。初为一卷,即今本《续清凉传》的卷上,撰于元祐三年(1088)八月。次年七月间,作者增补了书成之后若干事

（即今本《续清凉传》卷下之初，至《附传》前的那部分）；以后朱少章又补作《附传》，演成今本《续清凉传》的卷下。收入《大正藏》第五十一卷。

《续清凉传》书首有金大定四年（1164）九月十七日古丰姚孝锡的《重雕清凉传序》。说：

> 昔有沙门慧祥与延一者，皆缁林助化之人。洎丞相张公天觉、皇华朱公少章，皆大臣护法之士，异世相望，同心赞翼。虑圣迹在远，未彰芳尘，经久或熄，乃广搜见闻，与目所亲睹，编次成帙。慧祥始为《清凉传》二卷，延一复为《广传》三卷，张相国、朱奉使，又为《续传记》（指《续清凉传》）以附于后。其他超俗谈玄之流，与夫高人达士，作为诗颂赞偈，附名传末。（《大正藏》第五十一卷，第1127页上）

从上可知，今本《清凉传》在卷终之后（即正文中标明"《续清凉传下》终"之后的部分）所附的：张商英谒无业禅师塔之后作的二首颂并序；元祐庚午（五年，公元1090年）五月河东沿边安抚司公事侍其瑾游五台山事；建中靖国元年（1101）六月河东路财用钱盖《游台录》并序；崇宁三年（1104）七月濮阳李师圣《题五台真容院》；金皇统辛酉（元年，公元1141年）江东李弁《台山瑞应记》；紫府真容院松溪老人文玩《后序》，均为金刻本所增。清光绪甲申（十年，公元1884年）十月吴县蒋清翊重刻时，又新增了明洪武二十七年（1394）六月崇善禅寺常住等游五台山时所作的题记，以及蒋清翊的题记、对《四库未收书目提要》中关于清凉山三传介绍的摘录和所附的案语。

《续清凉传》的内容比较简单，它主要记述张商英于元祐二年（1087）至元祐四年（1089）之间，五次游五台山的经过，以及所感遇的灵迹。

卷上，记叙张商英于元祐二年（1087）十一月、元祐三年

（1088）六月和七月，三次去五台山时的活动；所见的圣灯（又称"三昧火"）、天空中的五色祥云、琉璃世界、文殊菩萨骑青毛狮子等稀奇之相；张商英应五台山十寺主僧之请，将自己在五台山见到的灵异修成一传（即《续清凉传》）的经过。末附张商英作的《清凉山赋》和讽咏清凉山的七首诗。

卷下，记叙张商英于《续清凉传》撰成之后，八月二十八日遣人送往五台山真容院在文殊菩萨像前宣读的疏文；十一月八日，张商英在五台山自塑文殊泥像前的发愿文，和感遇的金灯、银灯、大白光等灵异；元祐四年（1089）六月，张商英为祈雨，第五次去五台山时的情形。末有《附传》，记叙同年二月、五月，本路都总管司马走、承受公事刘友端、转运司句当公事傅君俞、经略司准备差遣潘璟等游五台山时感遇的灵异。

《续清凉传》所提供的主要是张商英与五台山佛教方面的资料，同时也保存了一些有关五台山兴衰情况的资料。后者主要有二则。一则是张商英第三次去五台山时，十寺主僧对他说的一番话，其中提道：

> （五台山）自汉明帝、后魏、北齐、隋、唐，至于五代已前，历朝兴建，有侈无陋。我太宗皇帝既平刘氏（指北汉的刘旻），即下有司，蠲放台山寺院租税。厥后四朝，亦罔不先志之承。比因边倅议括旷土，故我圣境山林为土丘所有，开畬斩伐，发露龙神之窟宅。我等寺宇，十残八九。僧众乞丐，散于四方。（卷上，第1129页中）

另一则见于张商英在最后一次去五台山之后，为保护五台山寺院，给朝廷写的一道奏章。略云：

> 勘会五台山十寺，旧管四十二庄。太宗皇帝平晋之后，悉蠲租赋，以示崇奉。比因边臣谩昧朝廷，其地为山荒，遂

标夺其良田三百余顷，招置弓箭手一百余户，因此逐寺，词讼不息。僧徒分散，寺宇隳摧。臣累见状，乞给还，终未蒙省察。（卷下，第1131页中）

张商英的《续清凉传》就是在这种历史背景下写的，其目的是抬高五台山的声望，挽救当时的颓势。

第二品　北宋陈舜俞《庐山记》五卷

《庐山记》，五卷。北宋熙宁五年（1072），尚书屯田员外郎陈舜俞撰。收入《大正藏》第五十一卷。

陈舜俞（？—1075），字令举，乌程（今浙江吴兴县）人。因所居名"白牛村"，故自号"白牛居士"。北宋庆历六年（1046）进士，嘉祐四年（1059）又中制科第一，历官都官员外郎，熙宁三年（1070）出知山阴县。因不执行"青苗法"，被谪南康监税。著有《都官集》三十卷（清代辑为十四卷）。《宋史》卷三百三十一有传。"舜俞谪官时，与致仕刘涣游览庐山。尝以六十日之力，尽南北山水之胜。每恨慧远、周景武辈作山记疏略，而涣（刘涣）旧尝杂录闻见，未暇诠次。舜俞因采其说，参以记载，耆旧所传。昼则山行，夜则发书考证。泓泉块石，具载不遗。折衷是非，必可传而后已。又作俯仰之图，寻山先后之次以冠之，人服其勤。"（《四库全书总目提要》卷七〇，史部地理类三）。

《庐山记》书首有秘阁校理李常《庐山记序》和江西李涣《序》。李常说：

熙宁五年，嘉禾陈令举（即陈舜俞）谪官山前，酷嗜游览。以六十日之力，尽南北高深之胜。昼行山间，援毫折简，旁抄四诘，大小弗择。夜则发书攻之，至可传而后已。其高下广狭，山石水泉，与夫浮屠（指佛教）老子（指道教）

之官庙,逸人达士之居舍,废兴衰盛,碑刻诗什,莫不毕载。而又作俯视之图纪,寻山先后之次,泓泉块石,无使遗者。成书凡五卷。(《大正藏》第五十一卷,第1024页下)

李涣说:

予雅爱庐山之胜,弃官归南,遂得□□之阴。游览既久,遇景亦多,或赋或录,杂为□□,将欲次之,而未暇也。熙宁中,会陈令举以言事□□□于是邦,山林之嗜既同,相与乘黄犊,往来山间。岁月之积,遂得穷探极观,无所不究。会举乃采子(予)所录,及古今之所纪、耆旧之所传,与夫耳目之所经见,类而次之,以为《记》。(第1024页下—第1025页上)

《庐山记》是一部记述我国名山庐山(今江西省境内)胜迹的著作。内容包括庐山的由来、地理位置、形胜、景物、古迹、寺观、人物、碑刻、题咏和历史传说等。庐山,又名"匡山"。相传,"有匡俗先生者,出殷周之际,遁世隐时,潜居其下。或云俗受道人,共游此山,遂托空崖,即岩成馆。故时人谓其所止为神仙之庐,因以名山焉。"(卷一《总叙山水篇》,第1025页上)"释惠(一作"慧")远《庐山略记》曰:山在江州寻(浔)阳,南滨宫亭,北对九江。九江之南,江为小江,山去小江三十余里,左挟彭蠡,右傍通川,引三江之流而据其会。"(同上)

庐山虽然不从属于儒释道三教中的任何一教,但它在佛教中的声誉是很高的。因为东晋名僧慧远就是在这里率众建斋立誓,期生西方阿弥陀佛(又称"无量寿佛")净土的,从而建立了后人称之为"净土宗"或"白莲社"(简称"莲社")的佛教宗派的,而这一宗派流布极广,延绵至今,对人们的风习信仰产生了深远的影响。作者自述道:"余始游庐山,问山中塔庙兴废及水石之名,无能为予言者。虽言之,往往袭谬失实。因取《九江图经》、前人杂录,稽诸本史,或亲至其处,考验铭志,参订耆老,作《庐山记》。其湮泐芜没,不可复知者,则阙疑焉。凡唐以前碑记,因其有岁月甲子爵里之详,故并录之,庶或有补史氏云。"(卷二《叙山南篇》,第1037页中)这便是《庐山记》的撰作缘起。

《庐山记》共分为八篇。其中《永乐大典》和《四库全书》本仅有前三篇(即卷一和卷二),佚后五篇(即卷三至卷五)。《大正藏》本以日本古抄本(《庐山记》的卷一、卷四和卷五),补足宋刻本(卷二和卷三),刊出完帙。

一、总叙山水篇(卷一)。介绍史书中关于庐山的记载和庐山的概貌。说:

> 其山大岭凡七重,圆基周回垂五百里,风云之所摅,江湖之所带。高崖反宇,峭壁万寻,幽岫穷岩,人兽两绝。天将雨,则有白气先抟,而璎珞于岭下,及至触石吐云,则倐忽而集,或大风振崖,逸响动谷,群籁竞奏,奇声骇人。此其变化不可测者矣。众岭中,第三岭极高峻,人迹之所罕经也。昔太史公(司马迁)东游,登其峰而遐观,南眺三湖,北望九江,东西肆目,若涉天庭矣。……其北岭西崖常有悬流,淫霆激势,相趣百余仞中,云气映天,望之若山在霄雾焉。其南岭临官亭湖,下有神庙,即以"宫亭"为号,安侯世高所感化,事在《叙山北篇》。七岭同会,于东共成峰崿。其崖穷绝,莫有升之者。……东南有香炉山,孤峰秀起,游气笼其上,则气若香烟;白云映其外,则昪然与众山殊别。天将雨,其下水气涌起,如车马盖,此即龙井之所吐。其左有翠林,青雀白猿之所憩,玄鸟之所蛰。西有石门,其前似双阙,壁立千余仞,而瀑布流焉。其中鸟兽草木之美,灵药方物之

奇,焉可得胜名哉!（第1025页上、中）

二、叙山北篇（卷一）。记叙庐山北面的景物、名迹和有关的历史传说。

三、叙山南篇（卷二）。记叙庐山南面的景物、名迹和有关的历史传说。篇末说：

> 右自宝岩（禅院名）之南云庆（庵名），至于圆通（禅院名），同隶江州，谓之山北。老子之宇二，同名观；佛之宇五，或曰寺曰院曰庵岩曰兰若，其实皆僧居也。由康王观至慧日（禅院名）之北慈云（禅院名），同隶南康，谓之山南。老子之宇九，佛之宇九十有三。（第1037页中）

四、山行易览（卷三）。介绍游览庐山的路线。

五、十八贤传（卷三）。记叙莲社十八贤的事迹。他们是：社主慧远法师、彭城刘遗民、豫章雷次宗、雁门周续之、南阳宗炳、张野、张诠、慧永、竺道生、慧持、罽宾佛驮（一作"陀"）耶舍、佛驮跋陀罗、慧睿、昙顺、昙恒、道昺、道敬和昙诜。篇首有小序，说：

> 庐山岂独水石能冠天下,由代有高贤隐居以传,东林寺旧有《十八贤传》,不知何人所作,文字浅近,以事验诸前史,往往乖谬,读者陋之。使古人风迹用无知者,惜哉!予既作山记,乃因旧本,参质晋宋史及《高僧传》,粗加刊正。或旧所脱略,今无有可考,亦未如之何也。（第1039页上）

六、古人留题篇（卷四）。汇辑东晋至唐代文人墨客及名僧游览庐山时所作的诗句，凡八十余首。其中有慧远《游庐山》、谢灵运《入彭蠡湖口》、鲍照《登庐山》、江淹《从冠军建平王登香炉峰》、张正见《题简寂观》、崔融《游东林寺》、李白《望庐山瀑布水》、颜真卿《栗里》、韦应物《春日观省属城始憩东西林精舍》、白居易《访陶公旧宅并序》、僧灵澈《题远大师坟》、姚系《五老峰大明观赠隐者》、禅月大师贯休《题东林寺四首》等。篇首有小序,说:

> 庐山古今留题多矣。清言丽句,既落人口,山翁野老,相传不绝。虽深岩穷谷,人迹罕至,人之相去复数百岁,因其词,想其风,有若履舄并游,而几案亲相与言焉。夫文章之可传也如此,其可忽诸?故晋宋诸贤山中诗往往有可见者。本朝张晦之羁游庐山甚久,水石佳处,诗多中的,自有《庐山集》。承平以来,人尚风雅,朝廷之士登高临远,亦有风人骚客之兴,凡所遗篇什皆一时间,人岁月旦近,不患无传也。今录唐已前人诗,著于篇相,贵耳而贱目,以擅去取也。(第1042页中)

七、古碑目(卷五)。著录庐山五所寺观保存的古代碑志(以唐、五代居多),凡四十三块。其中太平观五块,有唐李泄《使者灵庙碑》、北宋徐铉《张灵官记》等;东林寺二十六块,有东晋谢灵运《慧远法师碑铭》、唐许尧佐《唐故东林寺律大德熙怡大师碑铭并序》、李肇《东林寺经藏碑铭并序》、白居易《东林寺白氏文集记》、刘轲《唐庐山东林寺故宝称大师塔碑》、杨澈《庐山东林寺大师堂记》等;西林寺二块,有隋欧阳询《西林寺道场碑文》等;简寂观八块,有梁沈旋《庐山简寂观之碑》、南唐吴筠《简寂先生陆君碑》等;开元禅院二块,有南唐冯延巳《大唐新建庐山开元禅院碑》等。篇首有小序,说:

> 庐山自晋宋齐梁陈隋唐至本朝,几八百年,其间废兴盛衰,皆有记述。岁月浸久,往往亡失。若殷仲堪作《远公碑》,天祐间犹见于贯休之诗,今无复遗漫矣。今录太平、东林已下五寺观,五代以前人所作碑志、爵里、岁月之日,凡

四十一(当作"三"),辞多不载。(第1048页上)

八、古人题名篇(卷五)。著录唐永泰丙午(二年,公元766年)至五代时后周显德五年(958),颜真卿等十七人在庐山东林寺的题辞。篇首有小序,说:

> 予游东林,颇爱屋间有唐以来人题名。寺僧因为予言:往岁屋室迁改,方板数百,文字昏暗,堆积闲处,不复爱惜。凡此者幸而未至于投削耳。嗟乎!昔人叹贤达胜士登山远望者多矣,皆湮没无闻,此几是。今得永泰已来,颜鲁公(颜真卿)下十有七人题名可见者著之,以备亡失云。(第1050页中)

《庐山记》不仅以清丽的笔触描绘了庐山的风光胜境,而且辑存了大量的诗文掌故,因此,无论在文学上,还是在史学上都有重要的价值。在有关庐山纪胜的各部著作中,它是写得最好的一部。

第三品　南宋陈田夫《南岳总胜集》三卷

《南岳总胜集》,三卷。南宋隆兴元年(1163),陈田夫撰。收入《大正藏》第五十一卷。

《南岳总胜集》书首有清嘉庆六年(1801)六月孙星衍《南岳总胜集叙》;南宋隆兴甲申(二年,公元1164年)拙叟(姓名不详)《序》;隆兴元年(1163)陈田夫《南岳总胜集总序》。书末有清嘉庆壬戌(七年,公元1802年)唐仲冕《跋》。

拙叟《序》说:

> 溪山之胜,林壑之美,人所同好也,而于幽人野士常独亲焉。必志不拘于利欲,形不胶于城市,养心于清静,养气

于澹泊,养视听于寂寞,然后山林之观得其真趣。阆中道人陈耕叟(陈田夫的字)有焉,庵居南岳紫盖峰下,往来七十二峰三十余年。心有所慕,不倦求访,前古异人高僧岩居穴处,灵踪秘迹,考其事而纪之。所历滋多,所获亦广,遂积而成编,名曰《总胜集》。凡岳山之邃隐,与夫观寺之始末,古今之题咏,有关于胜趣者,靡不毕录。(《大正藏》第五十一卷,第1056页上)

陈田夫在《总序》中说:

衡岳之记,有《寻胜》、《证胜》大小二录、《胜概集》(一名《胜概》)、《衡山记》,皆近代好事者编集,疏略何多,并各执于一隅,不能广其登览。故僧作《寻胜》,则道家之事削而不言;道作《证胜》,则僧舍之境阙而不书。不惟不究二教之始终,抑亦蔽诸峰之殊异。至于监岳庙事杨临(《衡山记》的作者)、县尉钱景衎(《胜概》的作者)虽并而录之,其中《胜概》瑰丽灵踪昭著得三五而已。愚因圃暇,合前四记,广为修之,删其重复,补其阙略。……搜求内教,博采仙经,并讨旧记。断自三皇已来,迄于我宋,约数千万载之间得道真仙,凡经涉于南岳者,必为之纂录。敷至四五万言,分为上中下卷。(第1056页中)

《南岳总胜集》是一部记述南岳衡山(今湖南境内)胜迹的著作。衡山,与东岳泰山、西岳华山、北岳恒山、中岳嵩山,并称"五岳",为我国历代帝王封祭的五大名山。衡山虽非佛教一派独尊的名山,在山上有佛教的寺塔,也有根据儒家礼制设置的庙台和道教的宫观,但它在中国佛教史上仍享有一定的地位。因为自晋宋以来的各代中,有许多高僧曾栖住在这里,修行传教,它是天台宗三祖慧思的居住地,更是禅宗南岳系(即怀让一系)

的发祥地,凡是研究禅宗史的人无不知道它。因此山上的寺院也十之七八是禅寺。由于信仰和情趣不同,为衡山撰记的儒释道三教的文士都是从各自的崇尚出发,去描述山上自己一方的名物古迹和人物传闻,并对自然景观作不同的解释的。如陈田夫在《总序》中说的,佛教方面写的《寻胜》,对"道家之事削而不言";道教方面写的《证胜》,也对"僧舍之境阙而不书",因而所撰的作品很难反映衡山的全貌。

作者陈田夫虽然是衡山九真洞老圃庵的道士,属于道教一派,但他对佛教并不攘斥,为了能使人们全面了解衡山的景观和历史,他将《寻胜》、《证胜》、《胜概》、《衡山记》四书一并收来,删其重复,补其阙略,合成了《南岳总胜集》一书。由于佛教一方撰作的《寻胜》现已失传,因此这部由道士撰作的《南岳总胜集》便成了研究衡山佛教不可或缺的参考资料。为此,《大正藏》的编纂者将它也收编入藏[案:在《大正藏》收录的由道教方面的著作中,除《南岳总胜集》以外,还有唐代道士徐灵府(字徵君)撰的《天台山记》一卷。虽然天台山是佛教天台宗的发祥地,在佛教上享有重要地位,但徐灵府在书中记叙的绝大多数是道教方面的名胜和传说,对佛教寺院和人物着墨甚少且肤浅,不能作为佛教史资料,因此本书只收《南岳总胜集》,而不收《天台山记》]。

《南岳总胜集》,共分为八篇,各篇的内容如下:

卷上:(一)五峰灵迹。记以祝融峰、紫盖峰、云密峰、石廪峰、天柱峰为首的衡山七十二峰(内阙二峰),以及一洞天、四福地、二境、三涧、六源、六门、九溪、十五洞、十六台、十四塔、二十三坛、三十八岩、二十五泉、九池、八堂等景观。(二)叙岳祠。记衡山的岳庙(即祭庙)。(三)礼部侍郎丁谓撰的《玉册文》。(四)叙历代帝王真仙受道。记自炎帝以来,迄隋代为止在衡山得道的帝王和僧仙。

卷中：（一）叙观寺。记衡山上道教的宫观和佛教的寺院，凡九十四所。（二）岳产珍木、杂药（山果附）、异花、草香、灵草、灵禽异兽。即衡山的物产，凡一百五十六种。

卷下：（一）叙唐宋得道异人高僧（隐逸附）。记唐宋时期生活在衡山的有名的道教人物、佛教人物和隐士，约五十人。（二）叙古跋。今本仅存作者的小序，原辑的跋记已佚。

《南岳总胜集》中有关佛教方面的重要资料，主要集中在卷中《叙观寺》篇中。作者在这一篇中，对胜业禅寺、告成禅寺、衡岳禅寺、云居寺、南台禅寺、福严禅寺、大明禅寺、上封禅寺、应天万寿禅寺、观音寺、山峰景德禅寺、弥陀寺、高台惠安禅院、方广崇寿禅寺、法轮禅寺、止观寺、兜率寺等六十四所寺院作了客观的介绍，内容包括寺院的位置，建寺的年月和建寺者、形胜、古迹、废兴、有关的人物、题咏和传闻等。如：

> 衡岳禅寺。在庙（指岳庙）西北一里，集贤峰下，梁天监二年建。在本朝太平兴国年，敕以旧额为赐寺。后有善果庵，乃海栖禅师宴息之所。飞泉修竹，石鼓怪木特异。昔懒瓒和尚曾隐此，与李鬼谷相会。我朝太宗皇帝赐御书。寺有唐皇甫湜撰《瑗律师碑》，连州刺史王诩书。唐韩愈有《宿衡岳寺门楼诗》，略云：紫盖连延接天柱，石廪胜掷堆祝融。森然魄动下马拜，松柏一径趋灵宫。寺前有《五寺碑》，唐李巽撰，罗中立八分书。五寺即般若、南台、万寿、华严、弥陀。西有文殊庵。昔周道者修头陀行，得三昧定力，逆知人意，时人无敢轻惑。今游山大路石砌，便士庶往还者，乃道者之力也。（第1070页上）

> 云居寺。在庙西北，登山七里，马氏所茸。有凝碧亭，面势陡绝，下瞰岳南之境，一览俱尽，为游客顿歇之所，前代

时人吟咏极多。惟毕田云:四面山屏叠万重,古岚浓翠锁寒空。清秋独倚危轩立,身在琉璃世界中。又廖凝一联云:远水微茫转,前山次第卑。观者叹服。寺废已久,近复兴之。寺前石上有卧牛迹,旧云,金牛迹隐然可见。石之下,有石磴百余级。隋开皇中,僧神拱凿开,近日复创桥屋栏楯,便于登陟,今亦废矣。故毛季子有《咏石桥》诗略云:独上云梯三百级,回眸失笑万山低。又名石桥寺。前有退道坡极峻,道人至此,力疲不能及,因以名之。昔贤诗末句云:游人须努力,胜境在云巅。(第1070页中)

应天万寿禅寺。在庙之北,登山十五里,在福岩寺东。寺额乃唐懿宗书,题记处皆玉刻也。本朝太平兴国中,只以旧额为赐。寺有蜀王孟氏所舍藏经并铜佛像,制作皆精微可观,古篁樛木,拥蔽前后,此山南诸刹最为幽密也。寺有本朝太宗、仁宗御书三祝堂。无尽居士张商英题一绝云:击壤焉知帝力深,耕田凿井自讴吟。多财多寿多男子,聊表封人祝圣心。后有麓苑庵址。(第1071页下)

此外,《南岳总胜集》在卷上《五峰灵迹》中,记叙了有关惠日峰、弥勒峰、会善峰、潜圣峰、弥陀峰,耆阇峰、文殊峰、掷钵峰等山峰的佛教传说,载录了衡山上十四座佛塔的名称,如释迦舍利塔、阿育王塔、灵源塔、石头(希迁)塔、大明塔、懒瓒塔、拾穗塔、契沉塔等;在《叙历代帝王真仙受道》中,记叙了梁代高僧海印、希遁、陈代高僧惠思(一作"慧思",即天台宗三祖)、隋代高僧大明的事迹;在卷下《叙唐宋得道异人高僧》中,记叙了唐代高僧昙藏、住括、懒残(当是"懒瓒")、宋代高僧谷泉的事迹。这些均可作佛教史研究者参考。

《南岳总胜集》个别地方也有疏误,如把晋宋时的佛教居士宗炳(字少文)当作"高僧"(见卷一《叙历代帝王真仙受道》)等。

第四品　元盛熙明《补陀洛迦山传》一卷

《补陀洛迦山传》，一卷。元至正辛丑（二十一年，公元1361年）四月，盛熙明述。收入《大正藏》第五十一卷。

盛熙明，"其先曲鲜人，后居豫章。清修谨饬，笃学多材。工翰墨，亦能通六国书，则色目人也。"（《四库全书总目提要》卷一一二，子部艺术类一）另撰有《法书考》八卷，见录于《四库全书》。

《补陀洛迦山传》书首有盛熙明的《题辞》。说：

> 九州之山川，具载于书传，山海之诡奇，亦见于图记，其来尚矣。谨按：补陀洛迦者，盖梵名也。华言"小白华"。《方广华严》言：善财第二十八参观自在（又称"观世音"，略称"观音"）菩萨，与诸大菩萨围绕说法，盖此地也。然世无知者。始自唐朝梵僧来睹神变，而补陀洛迦山之名遂传焉。盘礴于东越之境，窅芒乎巨浸之中。石洞嵌岩，林峦清邃，有道者居之，而阿兰若（指山寺）兆兴焉。……然图志脱漏，言辞庸谬，四方不传。仆顷因谢病，偶在海滨，恭叩灵蠋，旁搜经籍，首集自在之功德，继考洞宇之胜概，若夫由心所见，光景斯彰，因缘有时，庙塔兴建，具载于篇。（《大正藏》第五十一卷，第1135页上、中）

《补陀洛迦山传》是一部记述普陀山（今浙江省境内）胜迹的著作。普陀，又作"补陀"，梵名"补陀洛迦"（又译"补怛洛迦"、"布呾洛迦"）的略称，意为"小白华"。据《华严经·入法界品》说，福城的善财童子受文殊菩萨的指点，南行参访五十三位善知识（有学问的人），其中第二十七位是观世音菩萨，相见的地点是"补怛洛迦山"。在印度佛教中，补陀洛迦山是指南印度秣罗矩吒国临海的一座山。唐玄奘《大唐西域记》卷十说："秣剌耶山东有布呾洛迦山。山径危险,岩谷敧倾。山顶有池,其水澄镜,流出大河,周流绕山二十匝入南海。池侧有石天宫,观自在菩萨往来游舍。其有愿见菩萨者,不顾身命,厉水登山,忘其艰险,能达之者盖亦寡矣。而山下居人祈心请见,或作自在天形,或为涂灰外道,慰喻其人,果遂其愿。从此山东北海畔有城,是往南海僧伽罗国路。"(《大正藏》第五十一卷,第932页上)

在中国佛教中,补陀洛迦山是指位于东海、与舟山岛上的沈家门近邻的一座有山的小岛。这座小岛原名"梅岑山",世传是汉代梅福炼丹的地方,自晚唐起,遂渐传为观世音菩萨显圣说法的道场。先是在唐大中(847—859)年间,"有梵僧来洞(指普陀山的潮音洞)燔十指,指尽,亲见大士(即菩萨)说法"(《补陀洛迦山传·应感祥瑞品》,第1136页下)。至五代的后梁贞明二年(916),"日本僧慧(一作"惠")锷,从五台山得菩萨像,将还国,抵焦(礁)石,舟不能动,望潮音洞默叩,得达岸。乃以像舍于洞侧张氏家,屡睹神异,遂舍居作观音院"(同上),这便是普陀山最早的寺院——不肯去观音院。北宋元丰三年(1080),"谒者王舜封使三韩(指朝鲜),遇风涛,大龟负舟,惶怖致祷。忽睹金色晃耀,现满月相,珠璎粲然,出自岩洞,龟没舟行。洎还以奏上闻,始赐寺额,曰观音宝陀。自是,海东诸夷,如三韩、日本、扶桑、阿黎占城、勃海诸百国,雄商巨舶蹑此取道放洋。凡遇风波寇盗,望山归命,即得销散。"(同品,第1137页上)这样,普陀山的名声就越来越大,山上的寺院和僧众也日益增多,成了我国佛教的四大名山之一。

《补陀洛迦山传》传今的本子共分七篇。但是,根据本书的篇目安排以及作者在《附录》之末的题记来看,原本只有五篇,始自《自在功德品》,终于《附录》。至于《附录》之后的《观音大士赞》和《名贤诗咏》二篇,均为后人附益,而且署称"唐王勃制"的《观音大士赞》也并非是王勃的作品,而是他人的伪托(见《补陀洛迦传》之末刊载的光绪甲申十年吴县蒋清翊的题记)。

一、自在功德品。引《观音三昧经》、《大悲经》、《悲华经》、《楞严经》、《法华经》、《大悲心总持经》等经语,论述观世音菩萨的功德。说,观世音又称"圣观世音"、"观自在"、"观世音自在",是梵语"阿哩耶婆卢吉帝"或"阿嚩卢枳帝湿伐罗"的意译。"《法华经》说,若有众生,受诸苦恼,一心称观世音菩萨名号,既(即)得解脱。"(第1135页下—第1136页上)"藏教密乘经中所载,观自在菩萨为莲华部主,现诸神变。忿怒则称马首明王,救度则圣多罗尊,满诸愿则大准提尊。"(第1136页上)

二、洞宇封域品。记普陀山的地理位置和山上的名胜。说,"自四明(指宁波)陆行,东九十余里,过穿山渡,至大谢。再经嵩子渡,至昌国州。陆行七十里,(至)沈家门止,一渡至山(指普陀山)。周围仅百里许,环绕大海。凭高望昌国诸山,隐隐如青螺。东极微茫无际,日月出没,上下若鉴。微风时来,雷轰雪涌,奇极孤回,非复尘世也。山茶树高数丈,丹萉满枝,犹珊瑚林。山仙紫苏,芳菲满地。金沙玉砾,的落璀璨。"(第1136页中)山上的名胜有宝陀寺、潮音洞、善财洞、三摩地、真歇庵、无畏石等。

三、应感祥瑞品。记自唐大中(847—859)年间以来,迄元致和元年(1328)为止,僧俗在普陀山所感遇的观世音菩萨的神异祥瑞。

四、兴建沿革品。记自五代以来,迄元顺帝践位为止,普陀山佛教的发展状况。其中重要的事情有:

后梁贞明二年(916),日本僧慧锷在梅岑山之阴(即北面)

首创观音院。

北宋元丰三年(1080),神宗根据使者王舜封的上奏,始赐寺额"宝陀观音寺"。

南宋绍兴元年(1131),"真歇禅师清了,自长芦南游,浮海至此,结庵山椒,扁(匾)曰海岸孤绝禅林,英秀多附之。郡请于朝,易律为禅"(第1137页下)。

嘉定三年(1210)八月,普陀山上的圆通殿被大风雨摧坏,住山德韶禅师言于朝,赐钱万缗以修殿,至嘉定七年(1214)修成。潮音洞原无措足之地,此年始凿石架桥,后经六年而成。宁宗赐名"圆通宝殿"和"大士桥"。是时植杉十万株,"有田五百六十七亩,山千六百七亩"(第1138页上)。丞相史弥远舍财装饰殿宇,香灯供养。陈帅机施钱一百六万,置长明灯。

淳祐八年(1248),制帅颜颐仲施钱二万、米五十石,置长生库。

元大德二年(1298)春,中宫命内侍李英降香,修缮寺宇像设。

大德四年(1300),"复遣,大出斋彩幡香,降内帑二千缗,建演法堂,益修丛宇。俾浙省割官田二千亩供僧"(同上)。

皇庆二年(1313)冬,"皇太后遣使法华奴等降香,赐主僧袈裟,饭十方僧,敕浙省赐钞八百六十八锭,买田三顷,以给佛灯长明"(同上)。

至顺二年(1331),江西万安陈觉和,率众化财凡八载,铸观世音菩萨铜像、千尊佛、钟磬旛盖和其他供具。

元统二年(1334),宣让王施钞千锭,建成高九丈六尺的石塔。

五、附录。记武林(西湖)西山上天竺寺和蓟州雾灵山观世音菩萨像的灵异。末附作者的题记,云"至正辛丑岁四月望,寓四明之盘谷,玄一道人盛熙明记"(第1139页上)。

另外,从书中的记载中可以获悉,自南宋至元代,普陀山上最大的佛寺是宝陀观音寺(略称"宝陀寺")。此寺原是律寺,自真歇清了禅师庵居以后,改为禅寺。相续弘禅者有自得晖、雪屋立、蓬庵成、间云韶、大川济、石屋环、东岩日、一山宁、次翁元、孚中信、古鼎铭、朴翁淳、元虚照等数十大德。因此,普陀山与禅宗也有密切的关系。

八、杂记部

总　　叙

杂记,全称"佛教杂记",又称"佛教笔记",指的是缀辑旧史(往昔的佛教史料),杂述闻见的一类佛教典籍。佛教杂记叙录的范围极为泛杂。诸如善恶因果;三宝(佛、法、僧)感应;朝野趣闻;丛林轶事;尊宿大德之高行;名贤士夫之酬唱;示众法语;入道机缘;大乘要籍的源流;经律论译本的序记;梵呗法乐;图像斋会;舍利佛牙;施药舍身;以及僧俗的诗词偈颂、琐言逸迹等等,或得于碑碣册简,或得于游履清谈,莫不纤悉胪载。佛教杂记的体例也不拘一格。有的条贯缕析,分篇立题;有的信手漫录,不别类次。它们之中的多数词旨清淡,接近于史笔;也有少数铺染夸饰,接近于文学。因此,无论是佛教史学还是文学,都离不开对佛教杂记的访求和撷取。

一、佛教杂记的源流

佛教杂记是从经序和经记发展起来的。经序和经记均是为汉译佛经撰写的说明性文字。一般来说,经序置于卷首,偏重于佛经义旨的阐述;经记附于卷末,偏重于传译始末的记叙。然而,也有置于卷首的经记(称为"前记")和附于卷末的经序(称为"后序"),而且,有些经序也载有梵本的来源、传译的人物及经过等史实,在内容上与经记不能截然界定。

从梁代沙门僧祐在《出三藏记集》(卷六至卷十一)中收集的经序和经记来看,经序始于东汉末年未详作者《四十二章经序》和严佛调《沙弥十慧章句序》,继之者有三国时康僧会《安般守意经序》、《法镜经序》、未详作者《法句经序》等;经记始于三国时支谦(字恭明)《合微密持经记》和未详作者《般舟三昧经记》,继之者有西晋未详作者《放光经记》、《须真天子经记》、《普曜经记》、《贤劫经记》、《阿维越致遮经记》、《魔逆经记》、《圣法印经记》、《文殊师利净律经记》、《正法华经记》、《正法华经后记》、《持心经后记》、《如来大哀经记》等。进入东晋以后,经序和经记更是大量涌现。

然而,由于经序和经记的篇幅一般都不长,尤其是经记,短的不足一百字,长的也鲜有超过一千字的,故而它们通常是依附于佛经一起流传的,罕有单篇梓行的。历史上,除了隋代法经等人编纂的《众经目录》,曾将经序和经记当作独立的著作来计算(一篇作一卷计)以外,其余的佛经目录均视它们为佛经的附文,不计部卷,究其原因也在这里。而且经序和经记都是围绕佛经的内容和传译的经过来写的,语言大多简洁质朴,借题发挥或列举实例的余地较小,因此,它们比较适合于有较高文化涵养的人研读,而与向社会上的黎庶百姓作通俗性的宣讲尚有一定的距离。

东晋初年,由新蔡(今属河南)干宝撰作的志怪小说《搜神记》二十卷(今存)问世,给佛教人士带来了新的思路。干宝并非佛教居士,他撰写《搜神记》,张皇鬼神,称道灵异的目的,在于"发明神道之不诬",并非是为了扶助佛教。但是,书中也含有佛教的一些内容,有些故事与佛教的生死轮回、因果报应之说相契符,因而也深得佛教界的称道。受此启发,佛教方面开始编撰一种具有跌宕起伏的故事情节的杂记——感应传,以记叙佛教的神异灵迹以及僧俗的善恶报应故事,震眩流俗,劝生敬心。

从现存的史料来看,最早撰作感应传的当推东晋中叶会稽山阴(今浙江绍兴)的名士谢敷(字庆绪)。谢敷是佛教信仰者,曾撰有《安般守意经序》(见《出三藏记集》卷六),并为支敏度(一作"支愍度")的《合首楞严经》作注四卷(见《出三藏记集》卷七《合首楞严经记》作者"支敏度"下的小注)。初,西晋竺法护翻译了《正法华经》(《法华经》的异译)十卷,于《光世音普门品》中着重介绍了观世音菩萨应机现身,普利有情的故事。谢敷依凭此经,推演传闻,撰成了《光世音应验记》一卷。原书于晋末散失,刘宋时,由尚书令傅亮追忆旧闻,辑得七条,题名如旧;同代,又有太子中书舍人张演撰《续光世音应验记》一卷,以续前书;至南齐,司徒事中郎陆杲采用姚秦鸠摩罗什翻译的《法华经》(全称《妙法莲华经》)中的译名"观世音",搜罗增广,更撰《系观世音应验记》一卷(以上三本均有日本镰仓时代的古写本存世,唐代的唐临在《冥报记序》中也有叙及)。

感应传是在志怪小说的影响下产生的,而感应传的发展反过来又促进志怪小说的兴盛,以至出现了两者合而为一的情况。也就是说,有些著作在文学上被当作志怪小说,而在佛学上则被看作感应传。仅就见存佛典中经常征引或著录其名的唐以前的感应传而言,就有:东晋荀氏《灵鬼志》三卷(见唐道世《法苑珠林》卷六十一,原书已佚)、托名陶渊明《搜神后记》十卷(又名《搜神录》,见梁慧皎《高僧传序》,今存);刘宋临川王刘义庆《宣验记》三十卷(同上,已佚)、《幽明录》三十卷(同上,已佚)、太原王延秀《感应传》八卷(同上,已佚);南齐竟陵王萧子良《宣验记》三卷(又名《宣明验》,见《法苑珠林》卷一百,已佚)、太原王琰《冥祥记》十卷(同上,已佚。梁王曼颖作《续冥祥记》十一卷以续之，见《新唐书·艺文志》，亦佚）；梁吴兴朱君台《征应传》二卷（见《高僧传序》，已佚）、托名任昉《述异记》二卷（见唐道宣《集神州三宝感通录》卷下，今存）；北齐颜之推《还冤志》三卷（又名《冤魂志》，见《法苑珠林》卷一百，今存）；北周释亡名《验善知识传》一卷（"拟陆杲《观音应验记》"，见隋费长房《历代三宝纪》卷十一，已佚）；隋儒林郎侯白（字君素）《精异传》十卷（见《历代三宝纪》卷十二，唐道宣《大唐内典录》卷五作"《旌异传》二十卷"，已佚）、著作郎王劭《舍利感应记》一卷（见唐道宣三十卷本《广弘明集》卷十七，今存）、相州演空寺灵裕《寺破报应记》（见唐道宣《续高僧传》卷九，已佚）、京师净影寺净辩《感应传》十卷（见《续高僧传》卷二十六，已佚）、东都上林园翻经馆彦琮《鬼神录》（见《续高僧传》卷二，已佚），等等。

　　由于感应传是以讲故事的形式通俗地宣传佛教的教义的，具有其他文体所无法完全取代的感染吸引力，因此，自唐以后也一直为佛教界所采取，同类的著作见存的或散佚均很多。

　　佛教杂记包罗万象，无所不记。除了上面提到的经序、经记和感应传以外，还有造像记、造经藏记、造药藏记、造无尽藏记、制梵呗记、法会记、斋会记、法社记、义邑记、布施记、舍身记、佛牙记、佛钵记、讲经记、传译记、见闻录、法喜志、崇行录，以及其他单记或综述佛教的人、事、物的记、传、志、录等。这在唐末以前主要有：

　　西晋末年未详作者（或许是朱士行的弟子）《沙门士行送大品本末记》一卷（见隋法经等《众经目录》卷六，已佚）。

　　东晋道安《安法师法集旧制三科》（见《出三藏记集》卷十二《法集杂缘原始集目录》，已佚）。

　　南齐萧子良《华严斋记》、《施药记》、《舍身记》、《妃舍身记》、《讲净住记》、《佛牙记》、《宝塔颂并石像记》、《受戒并弘法式》等(均作一卷。见《出三藏记集》卷十二《齐太宰竟陵文宣王法集录序》,已佚)。

梁僧祐《胡汉译经音义同异记》(见《出三藏记集》卷一)、《前后出经异记》(同上)、《小乘迷学竺法度造异仪记》(见同书卷五,以上今存),以及在《法苑杂缘原始集》和《法集杂记传铭》中收录的八十多篇杂记。如:《陈思王(曹植)感鱼山梵声制呗记》、《齐文皇帝制法乐梵舞记》、《京师诸邑造弥勒像三会记》、《宋孝武皇帝造无量寿金像记》、《禅林寺净秀尼造织成千佛记》、《建初寺立般若台经藏记》、《菩萨戒初至次第受法记》、《齐高武二皇帝敕六斋断杀记》、《中天竺国竺博叉于京邑造井并布施记》、《灵根寺颖律师始造药藏记》、《皇帝(指梁武帝)六条制护法记》、《皇帝宫内建讲记》、《皇帝造十无尽藏记》、《皇帝遣僧诣外国寻禅经记》、《胡音汉解传译记》等(以上均见《出三藏记集》卷十二,已佚)。

南北朝中期未详作者《周书异记》一卷和《汉法本内传》(全称《汉显宗开佛化法本内传》五卷,见《续高僧传》卷二十三《昙无最传》)。两书为佛道斗争中,佛教一方编造并经常引用的伪书,极为有名。前者托编西周昭王二十四年四月八日佛降生、穆王五十三年二月十五日佛灭度时的征兆,以及孔子对"西方圣人"(佛)的赞美之词(见《广弘明集》卷十一法琳《对傅奕废佛僧事》引);后者分为明帝求法、请法师立寺、与诸道士比较度脱、明帝大臣等称扬、广通流布五品,托编了汉明帝时佛道对论角试的故事(见唐智升《续集古今佛道论衡》、道宣《广弘明集》卷一引)。原书均佚,今存片段。

隋代灵裕《圣迹记》、《灭法记》、《光师弟子十德记》各一卷(见《续高僧传》卷九,已佚);彦琮《善财童子诸知识录》一卷(见《大唐内典录》卷五,已佚)等。

唐代玄琬《佛教后代国王赏罚三宝法录》一卷(见《新唐书》

卷五十九《艺文三》，已佚）；萧宣慈《归心录》三十卷（见《法苑珠林》卷一百，已佚）；慧宽《十生记》（见本觉《释氏通鉴》卷八，已佚）；师彻《前代国王修行记》五卷（见《新唐书》卷五十九《艺文三》，已佚）；良贲《对御记》一卷（见北宋赞宁《宋高僧传》卷五，已佚）；圆照《三教法王存殁年代本纪》三卷、《释氏五部律翻译年代传授人记》一卷（以上见圆照《大唐贞元续开元释教录》卷中，已佚）；玄畅《三宝五运》三卷（见《宋高僧传》卷十七，已佚）等。

宋代以后，随着禅宗的兴盛以及它在社会上影响的日益扩大，以北宋惠洪（又作"慧洪"）《林间录》（今存）等为代表，涌现了一批以记叙丛林逸闻轶事以及作者杂感为主的禅宗笔记（又称丛林笔记），从而为汉传佛教中的杂记增添了一大支类。

二、本部大略

本部上起唐代，下迄清代，共收录佛教杂记类典籍三十二部八十八卷。分为四门：

（一）因果感应

共有八部二十二卷。其中，唐道宣《集神州三宝感通录》三卷，上始东汉，下至唐初，共收录佛教寺塔、经像、僧尼方面的感应故事一百五十则；唐唐临《冥报记》三卷，以隋唐为主，兼及南北朝，共收录各种善恶报应故事五十三则；唐道宣《道宣律师感通录》一卷，用假托道宣与天人之间问答的方式写就，前部分记述一些佛像、寺塔的来历和灵迹，后部分讨论律制中僧衣、坐具、戒坛的相状和含义；唐怀信《释门自镜录》二卷，是一部专门集录僧人因造恶业而遭恶报的故事，以供僧众镜戒的书，全书收录事例七十一则,分为十录,始《业系长远录》,终《悭损僧物录》;辽非浊《三宝感应要略录》三卷,分佛宝聚、法宝聚、僧宝聚三篇,收录佛像、经典、菩萨方面的感应故事一百六十四则;明智旭《见闻录》一卷,收录以明代中后期为社会背景的僧俗善恶报验方面的故事七十九则;清戒显《现果随录》四卷,收录以明清为社会背景的业报故事一百零三则;清弘赞《六道集》五卷,为有关"六道"(天、人、阿修罗、饿鬼、畜生、地狱)的经文和事例的杂编。

(二)经典传习

共有六部三十卷。其中,唐慧祥《弘赞法华传》十卷和僧祥《法华经传记》十卷,是记与传习《法华经》有关的人和事的,前者分为八篇,始《图像》,终《书写》,后者分为十二篇,始《部类增减》,终《依正供养》,资料更为详赡;唐法藏《华严经传记》五卷和唐惠英、胡幽贞《大方广佛华严经感应传》一卷,是记与传习《华严经》有关的人和事的,前者着重反映《华严经》传习的历史过程和各方面的情况,下分十篇,始《部类》,终《杂述》,后者着重渲染奉持此经的功德利益,不分门类;唐孟献忠《金刚般若经集验记》三卷和唐段成式《金刚经鸠异》一卷,是记与《金刚经》有关的感应故事的,前者分为六篇,始《救护篇》,终《诫应篇》,后者不分类目。

(三)丛林见闻

共有十一部二十卷。其中,北宋惠洪《林间录》二卷,为作者在与释子名贤抵掌清谈时所作的札记,撰作早而知名度高,所录凡三百余事。他的《林间录后集》一卷,共收录赞铭偈诗三十二首,内容出自他的另一部著作《石门文字禅》;南宋道谦《大慧普觉禅师宗门武库》一卷,以记叙宋代临济宗、云门宗僧人的言谈逸事为主,兼及其他禅林人物的行迹和宗杲的若干言语;南宋宗杲《正法眼藏》三卷,裒集了唐宋禅宗耆宿以及宗杲本人的一些示众法语;南宋晓莹《罗湖野录》二卷,为宋代禅宗名衲和习禅文士言语行事的汇录,史料颇丰,他的《云卧纪谈》二卷,为北宋末和南宋初公卿宿衲在丛林的琐言逸迹的编载,保存了不少诗词偈颂;南宋道融《丛林盛事》二卷,辑录了作者厕身丛林三十年的所见所闻;南宋昙秀《人天宝鉴》一卷,以碑传实录为依据,记叙了禅林尊宿的遗闻轶事以及其他教派的言行;南宋圆悟《枯崖漫录》三卷,编录了南宋中叶以来禅师和士子的言语行事;明无愠《山庵杂录》二卷,杂叙了作者在丛林的见闻观感,其中对禅林作品的记载和评论颇具特色;明善灿《正宗心印后续联芳》一卷,收录了明代一些不出名的人士参禅而得印可的事例,由于缺乏人物的活动年月,史料性稍差。

(四) 四众(指比丘、比丘尼、优婆塞、优婆夷)别录

共有七部十六卷。其中,明袾宏《缁门崇行录》一卷,收录历代僧人崇高品行方面的事例一百三十六则,分为十类,始《清素之行》,终《感应之行》。他的《皇明高僧辑略》一卷,辑录了明代一些禅僧的事迹(尤其是言语),正传十人,附见九人;明夏树芳《名公法喜志》四卷,上始西汉,下至明初,共收录歆羡佛教、体契佛理的名公士子二百八人的事迹;明元贤《建州弘释录》二卷,上始唐代,下至明代,共收录生于或活动于建州(治所在今福建建瓯)的佛教僧人和居士七十七人的事迹,分为达本、显化、崇德、辅教四篇;明朱时恩《居士分灯录》二卷,记述了参禅问道的居士们的事迹,正传七十二人,附出三十八人;明圆信、郭凝之《先觉宗乘》五卷,杂录各代优婆塞(男居士)、优婆夷(女居士)的参禅得道机缘一百八十四则。他们的《优婆夷志》一卷,辑录唐宋时期优婆夷的禅言禅行三十则。

三、备考书目

北宋李昉等编《太平广记》,辑有历代已经散逸的一批感应传(有些也可以称志怪小说),可资参阅;宋代禅宗僧人撰作的笔记,尚有文莹《湘州野录》三卷、《续录》一卷、《玉壶野史》(又名《玉壶清话》)十卷、惠洪《冷斋夜话》十卷、适之《金壶记》三卷(以上见文津阁《四库全书》影印本,上海古籍出版社 2003 年 5 月版)等。

第一门　因果感应

第一品　唐道宣《集神州三宝感通录》三卷
附：唐唐临《冥报记》三卷

《集神州三宝感通录》，原名《东夏三宝感通记》，后称《集神州塔寺三宝感通录》及今名，简称《三宝感通录》，三卷。唐麟德元年(664)，西明寺沙门道宣撰。载于《丽藏》"右"函、《宋藏》"星"函、《金藏》"右"函、《元藏》"星"函、《明南藏》"兵"函、《明北藏》"富"函、《清藏》"微"函、《频伽藏》"露"帙，收入《大正藏》第五十二卷。

《三宝感通录》书首有作者的自叙，说：

夫三宝利见，其来久矣。但以信毁相竞，故有感应之缘。自汉洎唐，年余六百，灵相盻向，群录可寻。而神化无方，待机而扣，光瑞出没，开信于一时，景像垂容，陈迹于万代。或见于既往，或显于将来，昭彰于道俗，生信于迷悟。故摄举其要，三卷成部云。（卷上，《大正藏》第五十二卷，第405页上）

书末有后语。说：

余以麟德元年夏六月二十日，于终南山北丰阴之清宫精舍集之。素有风气之疾,兼以从心之年,恐奄忽泫露,灵感沈(沉)没,遂力疾出之,直笔而疏,颇存大略而已。(卷下,第435页上)

《三宝感通录》是佛教杂记中的感应传。所谓感应传,指的是用来记叙佛、菩萨、高僧、寺塔、经典、图像、法物等的灵异,以及善恶报验的故事的一类著作。这类著作的主旨是谈因果异迹以寓惩劝,从而导诱俗人信奉佛教。由于诸书在内容上各有偏重,故它们的史料价值也大小不等。本书是通记佛、法、僧("三宝")感应故事的感应传。全书共收故事一百五十则,上始东汉,下至唐初。每则故事均立有标题。

卷上,"明舍利表塔"(同上)。分为二节:前部分叙述西晋会稽鄮塔缘、东晋金陵长干塔缘、石赵青州东城塔缘、姚秦河东蒲坂塔缘、周岐州岐山南塔缘、齐代州城东古塔缘、隋益州福感寺塔缘等十九座塔的来历;后部分"杂明神州山川藏宝等缘",叙述神州佛舍利(遗骨)的感应事迹。凡二十则。

卷中,"列灵像垂降"(同上)。叙述东汉洛阳画释迦像缘、南吴建业金像从地出缘、西晋吴郡石像浮江缘、东晋扬都(扬州)金像出渚缘、元魏凉州石像山裂出现缘、北凉河南王南崖素像缘、宋都城文殊师利金像缘、齐番禺石像遇火轻举缘、梁荆州优填王栴檀像缘、陈重云殿并像飞入海缘、周晋州灵石寺石像缘、隋蒋州兴皇寺焚像移像缘、唐辽口山崩自然出像缘等有关佛、菩萨的画像、金像、石像、木像的瑞祥灵迹。凡五十则。

卷下,"引圣寺、瑞经、神僧"(同上)。分为三节:前部分叙述临海天台山石梁圣寺、东海蓬莱山圣寺、相州石鼓山竹林圣寺、岱州五台山大孚圣寺、终南山折谷炬明圣寺等十二所寺庙的事缘;中间部分叙述昙无竭、释道安、令狐元轨、河东尼、李山龙、陈公太夫人、崔义远等诵经感通事,及"周经上天"、"益州空经"

等佛经灵异事,合三十八则;后部分叙述"神僧"安世高、朱士行、耆域、杯度、释昙始、释宝志、释慧达等三十人的感应事迹。总八十则。

《三宝感通录》是根据托名东晋陶渊明所作《搜神后记》、刘宋临川王刘义庆《宣验记》、《幽明录》、南齐王琰《冥祥传》(亦名《冥祥记》)、王巾《僧史》、萧子良《三宝记》、梁裴子野《高僧传》(又名《沙门传》、《众僧传》)、宝唱《名僧传》、朱君台《征应传》、虞孝敬《内典博要》、萧纲《法宝联璧》、任昉《述异记》、隋侯君素《旌异记》、唐唐临《冥报记》、道世《法苑珠林》和道宣《续高僧传》等书编成的(见卷下所记)。就所记的人物而言,大体上类似于僧人总传中属于"神通"、"神力"、"神异"、"感通"类的僧人,但在范围上有所扩大,不论僧人是译师,还是法师、律师、禅师,只要神异之迹较多,均采选入内。而且不仅记人的感通,也记物(如寺、塔、舍利等)的灵迹。由于编集此类感应传的目的,主要是为了劝人信重佛法,依教修行,故所记既有真人真事,也有文学的夸张和虚构,须具体分析。如卷中载:

> 东晋会稽山阴灵宝寺木像者,征士谯国戴逵所制。逵以中古制像,略皆朴质,其于开敬,不足动心。素有洁信,又甚巧思,方欲改斫容威,庶参真极,注虑累年,乃得成遂。东夏制像之妙,未有如上之像也。致使道俗瞻仰,忽若亲遇。(第416页下)

此事有根有据,显然是可靠的。卷下载:

> 梁天监末,富阳县泉林寺释道琳者,少出家,有戒节,诵《净名经》。寺有鬼怪,自琳居之便歇。弟子为屋压,头陷入胸。琳为祈请,夜见两胡僧拔出其头,旦遂平复。琳又设圣僧斋,铺新帛于床上,斋毕,见帛上有人迹,皆长三尺。众

咸服其征感。(第 427 页中)

此事怪诞离奇,显然是不可靠的。

也有的是实事加夸饰。如卷下载:

> 隋开皇初,有河东昙延法师,初造疏解《涅槃经》,恐不合圣心,乃陈经及疏于佛舍利塔前,启告灵圣:若所解合理,愿垂神应。言讫,《涅槃经》轴各放光明,舍利大塔亦放光明,上至空天,傍照四远。(第 428 页下)

昙延,确有其人;造《涅槃疏》,也确有其事。但经轴放光,舍利塔放光之说,恐是昙延为了使这部经疏能够在佛教界占据一定的地位,而编出来的故事。

唐唐临《冥报记》三卷

《冥报记》,三卷。唐吏部尚书唐临撰。收入《大正藏》第五十一卷。

《冥报记》也见录于唐道世《法苑珠林》卷一百,但作二卷,说"皇朝永徽年内"撰。考《冥报记》卷上唐绛州大德沙门僧彻一则中有"僧彻专以劝善为务,而自修禅业,远近崇敬如父焉。永徽二年正月忽嘱累徒众,自言将死。……至今三岁"语(见《大正藏》第五十一卷,第 789 页上),故本书实撰于永徽五年(655)。

《冥报记》书首有作者自序,详细地叙述了本书的撰作缘由。说:

> 夫含气有生,无不有识。有识而有行,随行善恶而受其报,如农夫之播植,随所植而收之。此盖物之常理,固无所可疑也。……比见众人不信因果者,说见虽多,同谓善恶无报。无报之说,略有三种:一者自然。故无因果,唯当任欲

待事而已。二者灭尽。言死而身灭,识无所住,身识都尽,谁受苦乐？以无受故知无因果。三者无报。言见今人有修道德,贫贱则早死,或行凶恶,富贵灵长,以是事故,知无因果。……昔晋高士谢敷、宋尚书令傅高(当作"亮")、太子中书舍人报(当作"张")演、齐司徒事中郎陆果(当作"杲"),或一时令望,或当代名家,并录《观世音应验记》。及齐竟陵王萧子良作《宣验记》,王琰作《冥祥记》,皆所以征明善恶,劝戒将来,实使闻者深心感悟。临(唐临)既慕其风旨,亦思以劝人,辄录所闻,集为此记。仍具陈所受及闻见由缘,言不饰文,事专扬㩁,庶后人见者,能留意焉。(《大正藏》第五十一卷,第787页中—第788页上)

《冥报记》共收录各种善恶报应的故事五十三则。其中属北齐、梁、陈和后魏(北魏)的仅七则,其余的均属隋代和唐初。故事不立标题。编次不以时间先后为序,也不以类别相区分,故无定例可循。

卷上,收隋京师大德沙门信行、唐京城真寂寺沙门慧如、绛州大德沙门僧彻、河东沙门道英、隋幽州沙门智苑(即"静琬")等报应故事十一则。

卷中,收隋魏州刺史崔彦武、唐国子祭酒萧璟、殿中侍御医孙回璞、户部尚书武昌公戴胄、陈公太夫人豆卢氏等报应故事十八则。

卷下,收后魏司徒崔浩、梁元帝、唐魏郡马嘉运、遂州总管记室参军孔恪、华州郑县张法义等报应故事二十四则。

《冥报记》所记的故事仅后魏司徒崔浩、梁元帝二则来源于经籍上的记载,其余的全是唐临根据听闻得来的消息编撰。故事之末一般都有听谁人所说的小注。如卷一关于唐京城真寂寺沙门慧如的故事,"每闻舅氏说";唐河东沙门道英的故事,"法端及道俗皆说云尔";东魏末邺下人的故事,"雍州司马卢承业为临(唐临)说云,是著作郎降所传之";卷中关于唐户部尚书武昌戴胄的故事,"临兄为吏部侍郎闻之,召裕(戴胄的好友沈裕)问之云尔";唐中书令岑文本的故事,"文本自向临说云尔";陈公太夫人豆卢氏的故事,"夫人自向临嫂说之云尔";卷下关于隋一监膳仪的故事,"临外祖父齐公亲见其时归家,具说云尔";隋上柱国蒲山惠公李宽的故事,"公即李密之父,临家与亲,并悉见之";唐魏王府长史韦庆植的故事,"京下人士多知之,崔尚书敦礼具为临说,阎尚书立德亦说云尔"等等。

虽然《冥报记》以"事以扬确"相标榜,所收集的各则故事的中心人物基本上确有其人,但故事的情节则大多是虚构的。兹举一例便可推知:

> 隋鹰杨郎将天水姜略,少好田猎,善放鹰。后遇病,见群鸟千数,皆无头,围绕略床,鸣叫曰:急还我头来。略辄头痛气绝,久之乃苏,因请为诸鸟追福。许之,皆去。既而得愈,遂终身绝酒肉,不杀生命。(临在陇右,夏见姜也,年六十许,自临说云尔——原注)。(卷下,第797页中)

《冥报记》中唯一值得注意的是对三阶教创始人信行事迹的记叙。信行与唐临家族有着特殊的亲密关系。当年,赖唐临的外祖父、隋左仆射高颎的荐举,信行得以从相州法藏寺应诏入京。他在京城住的寺院真寂寺(后改名"化度寺")也是高颎所造。尽管信行教派已在隋开皇二十年(600)遭到第一次查禁,但唐临家族对这一教派的推重不减。《冥报记》特地将信行的事迹列为全书第一,信行弟子慧如的事迹列为全书第二的原因也在这里。书中对信行的教义、操行及在隋代的社会影响的记载,可补隋费长房《历代三宝纪》卷十二、唐道宣《大唐内典录》卷五和《续高僧传》卷十六有关记述的不足。特别是以下一段:

（信行）幼而聪慧，博学经论，识达过人。以为佛所说经，务于济度，或随根性，指人示道。或逐时宜，因事判法。今去圣久远，根时亦异，若以下人修上法，法不当根，容能错倒。乃抄集经论，参验人法所当学者，为三十六卷，名《人集录》。开皇初，左仆射齐公（即唐临的外祖父）闻其盛名，奏文帝，征诣京师，住公所造真寂寺。信行又据经律，录出《三阶法》四卷。其大旨劝人普敬，识恶本，观佛性，当病授药，顿教一乘。自天下勇猛精进之士皆宗之。信行尝头陀乞食，六时礼拜，劳力定心，空形实智而已。（卷上，第788页中）

《冥报记》是唐道宣《三宝感通录》的资料来源之一。但《冥报记》以记俗人（尤其是官员）善恶报应的故事为主，记僧人的很少，而《三宝感通录》则以记僧人的感应故事为主，记俗人的很少，两者存在着明显的差异。

另外，据《法苑珠林》卷一百记载，至龙朔（661—663）年间，中山郎余令（字元休）曾撰《冥报拾遗》二卷，以补唐临之书，原书已佚，有片段辑存于《太平广记》卷一百九、卷一百十六、卷一百二十一等之中。

第二品　唐道宣《道宣律师感通录》一卷

《道宣律师感通录》，原名《感通记》（见唐道世《法苑珠林》卷一百），后人为避免将它的书名与《东夏三宝感通记》相混淆，改为《宣律师感天侍传》、《宣律师感通录》及今名，简称《感通录》，一卷。唐麟德元年（664），西明寺沙门道宣撰。载于《丽藏》"右"函，收入《大正藏》第五十二卷。

《感通录》书首有作者的自叙。说：

生缘有幸,近以今年二月末,数感天人,有若曾面,告余云:所著文翰《续高僧传》、《广弘明集》,裨助圣化,幽灵随喜,无不赞悦。至于律部,抄录疏仪,无足与二。但与断轻重物,少有疏失。斯非逾抑,惟译者如何以王贵衣,同于白衣俗服,相从非重,乃至甄甏同法相量者,亦在轻收。(《大正藏》第五十二卷,第435页中)

余少乐多闻希世拔俗之典籍,故《搜神》、《研神》、《冥祥》、《冥报》、《旌异》、《述异》、《志怪》、《录幽》曾经阅之。故非疑虑,况佛希人之说,心进勇锐之文,护助形神,守持城塔,事出前闻,非为徒说。后诸缘叙,并依而疏之。(第436页上)

《感通录》是借托道宣与天人(即天神)交往时的问答而写成的感应传,用的是第一人称("余")。大体上分为两截:

一、"初问佛事"(第436页上),记述一些佛像、寺塔的来历和灵迹。有益州成都多宝寺石佛、京城西高四土台、五台山大孚灵鹫寺、凉州和县石像、江表龙光瑞像、坊州显际寺古像、玉华宫南檀台山砖塔、蜀地简州三学寺、涪州相思寺篆铭、扬都长干塔、鼓山竹林寺等。这部分内容多是根据传说编造的,缺乏事实根据。如:

(道宣)问:坊州显际寺出古像者,何代所立?(天人)答云:像是秦穆公所造,像出是周穆王造寺处也。佛去世后,育王第四女又造像塔,于此供养。于时此寺有一三果人住中,秦相由余所奉敬。往者迦叶佛时,亦于此立寺,是彼沙弥显际造也,仍其本名,以为寺额。(第438页上)

又问:若尔,周穆王已后诸王逢置塔时,何为此土文记罕现? 答云:灵塔为于前缘,多宝是神灵所造,人有见者少,故文字少传。扬雄、刘向寻于庙书,往往见有佛经,岂非秦

前已有经像?(第439页上)

二、"后论诸律相"(第439页下),讨论律制中僧衣、坐具、戒坛的相状和含义。这部分内容实际上是道宣对自作《释门章服仪》和《舍卫国祇洹寺图经》若干观点的解释。如同前叙中假借天人之口,对《续高僧传》、《广弘明集》加以肯定,以抬高两书的地位;借天人之口,对《量处轻重仪》进行批评(可能是僧团中不同意见的反映),以收回原来的一些不妥当的提法一样,对《释门章服仪》也是既有自我肯定,又给出不同观点:

(天人)曰:所制《章服仪》,灵神咸喜。自法东传六七百年,南北律师情无此意,安用杀生之财,而为慈悲之服,全不然。故也师独拔此意。(道宣)答曰:余读《智度论》,见佛著粗布僧伽梨(僧服中的"大衣"),因怀在心,何得乖此。及听律后,见蚕衣,由此兴念,著《新章服仪》,通瞻古今,成教融会。(第440页上)

(天人)又曰:三衣破缘而缝,江表咸然,此何不尔?余曰:《四分》无文,故绝三缝。答:《十诵》有文,何得不用此制?(同上)

对《舍卫国祇洹寺图经》,则主要是以天人的传授来神化它的来历:

(天人)曰:如来右胁而卧,首北面西,观本生地佛法久流之方也,制诸比丘悉右胁卧。(道宣)因从请出祇洹图相,遂取纸画,分齐一一诸院,述其源流如别。可有数纸。(第441页下)

书中偶然也有史料的摘叙,如作者对六朝戒坛的概述,及对戒坛与佛法盛衰关系的议论:

昔宋求那跋摩于蔡州立坛,晋竺法护于瓦官寺立坛,晋

文史藏　杂记部

支道林于石城、汾各立一坛,晋支法存于若耶溪谢敷隐处立坛,竺道一于洞庭山立坛,竺道生于吴中虎丘山立坛,宋智严于上定林寺立坛,宋慧观于石梁寺立坛,齐僧敷于无湖立坛,梁法超于南涧立坛,梁僧祐于上云居、栖霞、归善、爱敬四处立坛。今荆州四层刹基,长沙刹基,大明寺前湖中,并是戒坛。今以事断,江右渝州已下,迄于江淮之南,通计戒坛总有三百余所。山东、河北、关内、剑南,戒坛不绝。使江表佛法传今四五百年曾不废退,由戒坛也。戒为法之初,元本立而不可倾也。(第441页下)

这反映了作者企图通过多设戒坛,说戒、传戒、受戒,以维护僧团威仪的想法。与《集神州三宝感通录》相比较,此书的卷帙是少了些,但有用的资料倒反而比前书多了些。

第三品　唐怀信《释门自镜录》二卷

《释门自镜录》,又名《僧镜录》,二卷。唐蓝谷沙门怀信撰。收入《大正藏》第五十一卷。

《释门自镜录》未署撰时。查检本书所记诸事中时间最晚的一件事,发生在武则天圣历二年(699)(见卷下《悭损僧物录》中的"唐扬州白塔寺道昶冥官诫劝事"附出的法界寺尼妙觉条)。而作者在记叙唐高宗上元二年(675)重修白马寺一事时,称武则天为"天皇",而不是"天后"(见卷上《业系长远录》中的"唐沙门道光多生求度不得官名事")。从而表明怀信乃是武则天朝人,撰时或在久视元年(700)至长安四年(704)之间。

《释门自镜录》书首有怀信《序》,先论出家的好处,后述著书的原委。说:

余九岁出家,于今过六十矣。至于逍遥广厦,顾步芳阴,体安轻软,身居闲逸。星光未旦,十利之精馔已陈;日彩方中,三德之珍羞(馐)总萃。不知耕获之顿弊,不识鼎任之劬劳。长六尺之躯,全百年之命者,是谁所致乎?则我本师(指释迦牟尼)之愿力也。……向使不遇佛法,不遇出家,方将晓夕犯霜露,晨昏勤陇亩,驰骤万端,逼迫千计。弊襜尘絮,或不足以盖形;藿茹餐食,或不能以充口。何暇盱衡广殿,策杖闲庭,曳履清谈,被襟闲谑。……幼蒙庭训,早沾释教,颇闻长者之遗言,屡谒名僧之高论。三思之士假韦弦以是资,九折之宾待箴铭而作训。故乃详求列代,披阅群篇,采同病之下流,访迷津之野客,其有蔑圣言,轻业累,纵逸无耻,顽疏不捡,可为惩劝者,并集而录之。仍简十科,分为三轴(传今的为二卷),朝夕观览,庶裨万一。(《大正藏》第五十一卷,第 802 页上、下)

《释门自镜录》是一部集录僧人因造恶业(即做坏事)而遭恶报的故事(个别的属业报长远或善有善报方面的事例),以供僧众镜戒的著作。全书分为十录(前七录为一卷,后三录为一卷),"所收凡七十三条(雅诰二章,事迹七十一人。附见十四人。——原注)"(《释门自镜录目次》,第 803 页上)。也就是说,专条(即"正条"、"正目")叙录的文章有二篇,僧人的业报故事有七十一则,专条内附见的其他僧人的业报故事有十四则。每则事例均立有标题,标题下附注附见者的名字,有的还注有出典,凡属作者第一次编录的,均注云"新录"。

一、业系长远录(卷上)。收西域圣者达磨蜜多五百世作狗身事;西域圣者阇夜多遇见鬼及乌叹生死久远事(出《付法藏传》);西域圣者离越辟支佛曾谤人偷牛得报事;晋沙门慧达死入地狱并宿世犯戒事(出《冥祥记》);唐沙门道光多生求度不得官名事(出新录)。凡五条。

二、勃逆阐提录(卷上)。收宋北多宝寺道志偷相珠受苦事(尼智通附);北齐晏通盗钱耻像现身著癞地陷事(出《关中风俗传记》);唐思礼折像盗绢被神压打事。凡三条(附出一人)。

三、轻毁教法录(卷上)。收西域无垢友论师谤大乘五舌重出事(《西域传》,于阗沙门附);宋京师东安寺释慧严神诫事(僧嵩、僧渊附);齐邺下大觉寺僧范布萨见神责竖义事;齐邺下宝明寺僧云废布萨被神害事;唐襄州神足寺慧眺谤"三论"拔舌三尺事(孝慈、神昉、信行附)。凡五条(附出六人)。

四、妒贤疾化录(卷上)。收齐相州道秀变作蛇身事;隋扬州白塔寺道契神打杀事;唐并州石壁寺僧吐蛇改悔事;唐衡州衡岳寺慧期患目苦死事;西域须陀洹人得恶病身虫口臭事。凡五条。

五、忿恚贪鄙录(卷上)。收西域沙弥贪味怀恨现身变作龙事;宋西镇寺昙遂死作庙神事;齐青州道携悭财频得重病事;齐宋州昙亮悭惜变作蛇身事;齐齐州道慧钱夜移走事(昙慧附出);唐新罗国兴轮寺僧变作蛇身事(一尼附录)等。凡十条(附出二人)。

六、俗学无裨录(卷上)。收西域波尔尼仙造声论后身无业事(此条讲善报,是特例);宋彭城寺慧琳毁法被流目盲事(慧休附);梁伪沙门智稜罢道毁法失音舌卷事(《道学传》,王斌附);唐京师普光寺明解罢道身死托梦求福事。凡四条(附出二人)。

七、懈慢不勤录(卷上)。收宋龙华寺法宗不勤修造得病事(出《冥祥记》);后魏崇真寺僧慧嶷王前见判五僧事(《洛阳伽蓝记》);唐玄法寺僧玄真破斋受罪事;唐西京胜业寺僧慧约见诸僧受苦事(新录);南齐竟陵文宣王《净住子略》(新录)等。凡十条(其中《净住子略》是萧子良的文章)。

八、害物伤慈录(卷下)。收晋襄阳竺法慧被害并门人折足事；晋霍山僧群折鸭翅见受报事（《冥祥记》，支遁附）；宋江陵四层寺竺慧炽食肉生饿狗地狱事（《冥祥记》）；齐令才啖肉入喉苦死事；陈扬州智慎为王诚劝事（《征验传》）；唐神都太平寺僧威整害蜘蛛事（新录）。凡六条（附出一人）。

九、饮啖非法录（卷下）。收齐邺下大庄严寺圆通饮酒被圣驱责事；齐梁州薛寺僧道远饮宴眉毛堕落事；隋河西隋兴寺法西饮酒醉被阎王劝诫事；梁高祖《断酒肉文》等。凡七条（其中《断酒肉文》是萧衍的文章）。

十、悭损僧物录（卷下）。收宋法丰减僧食死作饿鬼事（《征验传》）；周益州索寺慧旻盗僧财作牛事（《征验传》）；隋相州道明侵柴然足事（出《幽人记》）；唐印州僧割杓减粥现啖粪秽事（新录）；唐并州义兴寺智韬侵僧物征卒来现事（新录）；唐益州空慧寺僧觉用寺钱凿额苦死事（新录）等。凡十八条（附出三人）。

十录所记叙的这些事例，大多数是关于僧人的不良品行的，如偷盗行窃、侵用僧物、毁坏经卷、折损佛像、谤黩高行、诬陷善人、矜傲瞋恚、贪鄙悭吝、滞酒荒情、食肉伤生，以及其他犯戒行为等，揭露了僧团内部的阴暗面。有些事例很有典型性。如：

刘宋北多宝寺道志，"尝典知殿塔，幽窃帐盖等物。后遂偷像眉间相珠，既而开穿垣壁，若外盗者，故僧众不能觉也"（卷上《勃逆阐提录》，第 804 页下）。

唐并州石壁寺有一僧，"妒忌善人，多行诡道。寺僧明寂者，戒行贞肃，诚在住持，每欲与众共修禅慧，此僧动为励恶，压绝正法。视寂（明寂）如怨，万途毁谤，不胜恚毒，操刀拟之"（卷上《妒贤嫉化录》，第 807 页上）。

刘宋西镇寺竺昙遂，"少游放荡，不修戒行，而矜傲自持，长于奸宄，或一言致犯，便积年怀恚。同寺长少莫不被其瞋憾也"

(卷上《忿恚贪鄙录》,第808页上)。

齐青州道携,"不修戒行,广营田业,积布绢绫绮动盈万计,而贪惜鄙吝,不拔一毛"(同上)。

齐宋州昙亮,"籍以先福利养,丰委积聚,绵绢数出万余,而悭愚自蔽,身不衣食。有北州严禅师,戒行素立,僧每年常请名德转藏经一遍,闻其富有,从行告乞。亮乃反发致瞋骂云:尔自有衣,何故相恼? 或有贫人从乞,亦复骂言:汝堕不勤致贫困。自少迄老,不舍毫厘"(同录,第808页中)。

唐新罗国大兴轮寺第一老僧(即"上座")道安,"于饭食偏好拣择,一味乖心,杖楚交至。朝夕汲汲,略无宁舍。众虽患之,莫能救止。后因抱疾,更剧由来,骂詈瞋打,挥掷器物,内外亲邻不敢觇视"(同录,第809页上)。

齐代令才,"虽身预道门,行同流俗。聚集饮啖,曾无愧心"(卷下《害物伤慈录》,第814页上)。

陈代智慎,"言行多秽,沈(沉)迷嗜欲,每啖鲜鱼以甘口腹,乃于房穿池,广二丈多,养鲜鱼,用备朝夕"(同录,第814页中)。

周益州索寺慧旻,"不修行业,善于兴贩。尝当众仓厨,私自食用,知僧财帛,方便割盗"(卷下《悭损僧物录》,第819页上)。

唐益州空慧寺僧觉,"寺中生途丰渥,福物盈赡,觉志好窥窬,极多侵盗。至年次当知事,擅用众钱,曾无愧悔"(同录,第822页中)。

还有一些事例是关于小乘学者或非传统教派(如三阶教)批评大乘经和大乘教义的,以及原是沙门后来转为道士,利用佛教的概念义理编撰道教经典和充实道教教义的。若去掉作者附加的这些人如何受到报应的描写,这些事例便立刻显示出对于研究佛教内部大乘与小乘、传统见解与非传统见解、佛教与道教的矛盾和斗争的史料价值。如：

刘宋中兴寺僧嵩，"明数论（指小乘说一切有部的论著），末年僻执，谓佛不应常住"（卷上《轻毁教法录》，第805页下）。

梁彭城僧渊，"诽谤《涅槃》（大乘经名）"（同上）。

唐襄州神足寺慧眺，"少出家，以小乘为业，驰誉江汉。承象王哲公讲三论（指《中论》、《百论》、《十二门论》），心生不忍曰：三论明空，讲者著空"（同录，第806页上）。

唐慈门寺孝慈，"年可五十。幼少已来依信行禅师说三阶法，以修苦行。常乞食为业，六时礼忏，著粪扫衣，随所住处说三阶佛法，劝诱朦俗。时常言：不合读诵大乘经，读诵者入十方阿鼻地狱，急须忏悔"（同录，第806页中）。

唐慈悲寺神昉，"少小已来听学《十轮经》，精勤苦行，特异常人。著粪扫衣，六时礼忏，乞食为业。每讲《十轮经》，常说众生不合读诵大乘经，读诵者堕地狱"（同上）。

梁代沙门智稜，"幼出家，事沙门道乘为师，聪悟过人，长于谐谑，善《涅槃》、《净名》。尤攻数论，庄老二论弥所留意。后值寇还俗，生计屡空，而为道士孟悉达往来提诱，给以资费，晨夕晓喻，使作黄巾（指道士）。稜愧其为惠，因从之。既夙有声闻，便为道宗。解《西升》、《妙真》及诸大义，皆稜之始也。而道家诸经略无宗指，稜遂参佛教为之润色"（卷上《俗学无神录》，第809页下）。

梁代王斌，少为沙门，后"反缁向道，以藻思清新，乃处黄巾之望。邵陵王雅相赏接，号为三教学士。所著道家《灵宝大旨》，总称四玄、八景、三洞、九玄等，数百卷。多引佛经，故有因缘、法轮、五道、三界、天堂、地狱、饿鬼、宿世、十号、十戒、十方、三十三天等。又改六通为六洞，如郁单之国云弃贤世界，亦有大梵观音、三宝、六情、四等、六度、三业、三灾、九十六种、三会三斋等语。又撰《五格八并为论难之法》"（同录，第810页上）。

《释门自镜录》虽然没有编入自宋以来的历代官版大藏经，但它在佛教界的流传却很广。几部重要的佛教通史著作，如南宋志磐《佛祖统纪》、本觉《释氏通鉴》、元念常《佛祖历代通载》等都引用过它的资料。

第四品　辽非浊《三宝感应要略录》三卷

《三宝感应要略录》，三卷。辽代沙门非浊集。原书未署撰时，据非浊的活动年代推测，约撰于辽重熙元年（1032）至清宁九年（1063）之间。收入《大正藏》第五十一卷。

非浊（？—1063），字真照，赐号"纯慧大师"，范阳（治所在今北京西南）人，俗姓张。辽重熙（1032—1054）初，礼圆融国师为和尚，不久遁迹盘山养病。重熙八年（1039），授僧录，加崇禄大夫、检校太保，晋检校太傅太尉。屡登坛传菩萨戒，忏受之徒，上自辽主，下至庶人，不可胜纪。另撰有《随愿往生集》二十卷，已佚。事见《辽史·艺文志补证》、近代喻谦《新续高僧传》卷三等。

《三宝感应要略录》书首有作者自序（无标题）。说：

　　盖《三宝感应要略录》者，灵像感应以为佛宝，尊像感应以为法宝，菩萨感应以为僧宝。良以浊世末代，自足断恶修善规模也。夫信为道源，功德之众；行为要路，解脱之基。道达三千，劝励后信；教被百亿，开示像迹。今略表其肝要，粗叙奇瑞，此缘若堕，将来无据。简以三聚，分为三卷，令其易见矣。（《大正藏》第五十一卷，第826页上）

书末有偈，略云：

已依集录及口传,略录《三宝感应录》。及至见闻赞毁者,同蒙利益出生死。(第856页下)

《三宝感应要略录》与唐道宣《集神州三宝感通录》一样,属于三宝类感应传。全书分为"三聚"(即三篇),收录佛像、经典、菩萨方面的感应故事一百六十四则。每则故事均设有标题,并注出典(但注典粗疏,有的还阙注)。

卷上,佛宝聚。收佛像(包括寺塔)方面的感应故事五十则。主要有:优填王波斯匿王释迦金木像感应(出《阿含》等);释道如为救三途众主造阿弥陀像感应(出《并州记》);释双惠图造阿閦佛像感应(出《随记》);贫人以一文铜钱供养药师像得富贵感应(出《冥志记》);造毗卢遮那佛拂障难感应(出常愍《游天竺记》);释含照图写千佛像感应(出《寺记》);胎藏曼陀罗相传感应(古录);金刚界曼陀罗传弘感应(古录);唐阿得造塔放还感应;昔须达长者图精舍地感应;昔金地国王治古寺延寿感应(出《譬喻经》)等。

卷中,法宝聚。收经典方面的感应故事七十二则。主要有:将读《华严经》以水盥掌水所沾虫类生天感应(出《经田》及《游记》);龙子从僧护比丘诵习《阿含经》感应(出僧护经文);五百蝙蝠闻阿毗达磨藏感应(出《西域传》);受持律藏感应;释普明诵《维摩经》感应(出《梁高僧传》);法祖法师为阎罗王讲《首楞严经》感应(出传中);光宅寺云法师讲《胜鬘经》降雨感应(出传中);道珍禅师诵《阿弥陀经》生净土感应(出《瑞应传》等文);中印度国讲《金光明最胜王经》感应(出《西国传》);《尊胜陀罗尼经》请来感应(出《经序》及《目录》等文);乌耆国王女读诵《般若心经》感应(出《经明验赞记》);《大般若经》翻译时感应(出《慈恩传》);唐玄宗诵《仁王咒》感应(新录);闻《无量义经》功德感应(出《齐记》);书写《法华经》满八部必有救苦感应(出

《经传》);释惠严删治《涅槃》感应(出《经传》等文);诸王写一切经感应(出《经录》、《法苑珠林》文)等。

卷下,僧宝聚。收菩萨方面的感应故事四十二则。主要有:文殊师利菩萨感应(出《清凉传》等文);宋路照太后造普贤菩萨像感应(出《冥祥记》、《冥感传》);释沿谔造弥勒菩萨像感应(新录);晋居士刘度等造立观音像免苦感应(出《冥祥记》);造千臂千眼观音像延寿感应(出《千臂经》中);南印度国造不空羂像感应(出《西域记》);雍州鄠县李赵待为亡父造大势至像感应;唐益州法聚寺地藏菩萨画像感应;弥提国王画五大力像免鬼病感应(新录);唐益州法聚寺释法安画灭恶趣菩萨感应(新录);代州总因寺释妙运画药王药上像感应(新录);淄州释惠海画无著世亲像得天迎感应(新录)等。

《三宝感应要略录》收录的感应故事虽然为数不少,但在格调上大同小异,都是说佛教的神异灵征和皈依佛法的功德利益的。《佛宝聚》的故事类似下例:

> 唐边州有贫人,孤独自活,家内唯有一文铜钱。女人思惟:此钱不可为一生资粮,当供佛像。即往伽蓝,供养药师灵像。经七日住邻县有富家,其妇顿死,更求他女,良久不得随情。更祈请同寺像,梦所感,以彼孤女为妇,共得福寿,生三男三女。皆谓佛力矣。(卷上《贫女以一文铜钱供养药师像得富贵感应》,第832页下—第833页上)

《法宝聚》的故事类似下例:

> 中印度有国,名奔那代弹那。如来灭后八百年中,国芒(荒)羌五谷不登,王臣士民饥饿,疾疫流行,妖死满路。王问臣曰:何方便将救此苦?智臣白王言:除国妖孽,不如佛经,王将修行佛教。王曰:何经典?臣曰:昔摩揭陀国救责

难依讲《金光明最胜帝王典》(即《金光明最胜王经》),王将讲听彼典。王即请法师,一夏讲经得五返(遍)。时梦诸童子执竹杖追打恶鬼,驱出国,即时疾疫顿息。又梦有大力鬼神掘地,甘水涌出,满一切田,即稼苗殷盛,五谷丰稔。未出一年,国民富。(卷中《中印度国讲〈金光明最胜王经〉感应》,第841页上、中)

《僧宝聚》的故事类似下例:

释沿谞,少而出家,有义学嘉誉,常愿生兜率天。作兜率天观,注《义源》四卷。梦有青衣童子告谞云:师若欲生兜率天,奉见慈氏大士(指弥勒菩萨),方造形像观真容。觉即刻木为像。生年七十有余而卒。临终之时,告徒众曰:我所造像现虚空中。从像生天矣。(卷下《释沿谞造弥勒菩萨像感应》,第851页上)

佛教中的佛、菩萨如恒河之沙不可胜数,有名可考的就有三四千(《三劫三千佛名经》记佛名最多);佛教经典汗牛充栋,仅汉译的就有一千五百余种五千七百余卷。但据本书提供的资料,真正在社会上影响大的佛、菩萨总计仅二十个左右,经典约三十种。这便是书的主要价值所在。

第五品　明智旭《见闻录》一卷

《见闻录》,一卷。书题"古吴沙门智旭随笔"。收入《续藏经》第一四九册。

《见闻录》未署撰时。考书中记有"徽州商人程伯鳞,久居扬州,事观音大士(即菩萨)甚虔。乙酉夏,北兵破扬城,程祷大士求救"(见第488页下),说的是清顺治二年(1645),清兵攻破坚守不降的扬州,大屠十日时发生的事情。智旭是个有爱国之心的僧人,他不愿意在自己的著作中出现清朝的年号,因而用"乙酉"代替"顺治二年",用"北兵"指称"清兵"(智旭的《阅藏知津》撰成于清顺治十一年,也采用甲子纪年,拒用"清"或"顺治"等字)。以此推算,《见闻录》当撰于清兵攻破扬州之后,智旭去世之前,即清顺治三年(也可称南明绍武元年,即公元1646年)至顺治十一年(也可称南明永历八年,即公元1654年)之间。

《见闻记》无序跋。全书共收录以明代中后期为社会背景的僧俗善恶报验方面的故事七十九则(不设标题)。从书名上看,这些故事似乎都是作者亲眼目睹或亲耳听闻的,但从一些故事之末附注的消息来源,如"江西养智禅人说"、"舟中嘉兴人说"、"王元建居士亲知其事"、"程智用亲见故说"等来看,《见闻录》中的"见",其实是他人所见,尔后传到作者耳中,其可靠性与"闻"相等。因此,它们基本上都是作者根据街谈巷议、道听途说得来的消息编录的。其中以因偷盗、负心、侵夺、害人、杀生、焚经、破像等而招致恶报的事例居多,以因持斋、念佛、放生、打忏、诵经、忍辱无诤等而获得善报的事例为次。大旨归于"善有善报,恶有恶报",劝人止恶修善。如书中有这样一则故事:

> 和州有一居民,忘其姓,养鹅百余只。偶一日,鹅食其亲邻稻谷,邻打杀其鹅至五十余。民妇见之,始亦甚怒。次深思曰:我设欲与成讼,力能胜彼,但须费数十金,计鹅所直(值)不及其半。且鹅虽死,亦尚可用,何必争此空气。又吾夫今已醉卧,设与知之,或起殴打,尤为不便。遂命僮收拾鹅腌之。次早,邻人忽自暴死。其夫醉醒,叹讶其人无病而卒,甚为奇异。妇乃以昨事告之。夫深感曰:设汝昨为我说,我乘醉力,必殴打之,不几成人命乎?乃集亲友作证,拜

谢其妇。(《续藏经》第一四九册,第487页上、中)

这则以及与之相类似的一些故事的意义,显然不能片面归结为劝人学佛,它们有着一般的警世导俗的社会伦理意义。智旭的著作很多,《见闻录》由于篇幅较小,内容又无多大新意,故它的影响不如其他著作来得大。

第六品　清戒显《现果随录》四卷

《现果随录》,四卷。清杭州灵隐寺沙门戒显"笔记"。收入《续藏经》第一四九册。

《现果随录》未署撰时。考作者在卷四"方氏以虔诚礼诵尽室生还"条之末的案语(也可称"述论")中说:"余与方与三兄素称莫逆,癸卯在黄州口述,今辛亥复晤湖上,属余书事编入。一门精诚感应至此,凿凿不诬。"(第527页上)以此可知本书实撰于清辛亥岁(康熙十年,即公元1671年)。

戒显,字愿云,号晦山(《四库全书总目提要》误为"字悔堂"),又号罢翁,太仓(今属江苏)人。父亲王梦虬,号"暗修居士","尘视功名,笃嗜佛仙,修持四十年",著有《三教真诠》、《出世先资》、《荷亭谈道》、《金壶平说》等集(见《现果随录》卷三《先府君以精虔事佛屡感奇征》条,第513页上,下),是当时的一个学者。戒显早年在俗,名王瀚,字原达,从太仓儒生张采受业,为明崇祯年间(1628—1644)的诸生。受父亲的影响,他在这个时期已喜佛法,故与素不信佛的老师张采"商榷古今文艺,极蒙器重;一谈及佛法,便面赤责让"(见卷一《张仪郎以持正罹难神祐全节》条,第500页上)。后来"以甲申之变(指明亡),恸哭别庙,焚书出家"(同上),成为明末清初临济宗天童(指密云圆悟)一系僧人具德弘礼的嫡传弟子。康熙丁未(六年,即公元

1667年),弘礼卒,戒显继住灵隐寺(见卷二《孙学宪因罗汉回生塑像竖碑》条)。撰有《地藏忏仪》(见卷二《昆山安禅庵地藏忏期纪异》条)、《禅门锻炼说》一卷、《沙弥律仪毗尼日用合参》三卷(见《续藏经》)等。

《现果随录》书首有介石净寿《序》。说:

> 夫因之与果,犹形有影焉。形已有焉,则影必从焉。苟欲端其影,先直其形。形直,影恶不端?若不直其形而欲其影端,譬如扬汤而不辍火,虽欲冷无有是处。是我法门之通训,世典亦有之,曰阴德、曰阳报,此岂不我之所说因果者哉。……戒显师具德和尚(弘礼),和尚为我天童(指圆悟)门下之人,至其记我径山费祖舍利事(指《现果随录》卷四有《费隐老和尚逝后荼毗现多舍利》条),其言可征也。又读其述论(即案语),极赞念佛功德,则知莲社(指净土宗)中人也。通编但载所亲闻现业感现果者(指"现报"),他如宿因后报(指"生报")及异熟(指"后报")等,非今所取。(《续藏经》第一四九册,第489页上)

《现果随录》根据"凡现在因果,系亲见闻者,皆入此录"的原则(见卷一标题下的附注),共收录明代中叶至清初社会上有关善恶报应的故事一百零三则(《四库全书总目提要》卷一四五误为"九十一则")。根据佛教关于今生("生"又可作"身"、"世")做善恶事(佛经称"造业")受报应的称"现报",今生做善恶事来生受报应的称"生报",今生做善恶事隔世(或二生、三生,以至千百生)受报应的称"后报"的说法,它们均属于"现报"类故事。每则故事都设有标题,故事之尾均有作者加的案语("罢翁曰"),记叙故事的来源及自己的感受。

卷一:收陈益修以力护关庙大士赐目;圆通师禀受大戒顿脱无常;朱纲魂游冥府论前世事;顾宗伯以尽节被溺彰显前因;魏

应之退念开斋卒致缢死等十八则。

卷二：收汪司马鱼顶金经镂板传世；张封翁以还金厚德子孙世显；葛朗玉父子刻劝善书施人全家免难；北高峰五圣募石柱助建灵隐大殿；久病翁喜还夙债顿去心蛇等二十三则。

卷三：收钱伯韫以老年学佛竟得西归；徐亦史损财惠民随获美报；江口屠人不听僧劝立招惨报；吴江路丛大报恩奇冤立雪；王郡丕赴任吴地为蛙伸雪等二十九则。

卷四：收杨君以错口救人致家温富；瞽者以害心劫杀己命立殒；曹溪原直禅师以悟道精修末后现瑞；允修以恶性殴妻终受蛇报；渔船以巧计没人立报抵命等三十三则。

由于作者生活交往的区域在南方，而故事的来源又与作者接触的人、涉履的地方有密切的联系，故上述故事绝大多数是以太仓、苏州、昆山、麻城、黄梅、杭州、嘉定、宁波、抚州、湖州等地的人和事为基础敷述的，其中既有为宣扬因果报应说而作的渲染；也有当时社会中下层人物（包括作者的亲属、老师、朋友、同侣、邻里和作者本人）的生活故事，以及有口皆传、妇孺皆知的社会新闻等相对真实的记述。如明末曾发生过这样一件事：

吴江南仓桥世官沈氏，有帐船若干，命仆辈诣乡索租。适一徽商附舟，偶见屠者缚一犬将杀。商即解皮箱赎之，不觉露白。沈仆起害心，遂缚商人入大麻袋沈（沉）之河底，船径去矣。所放犬呻吟河岸，乃退缩数十步，奋身跃入中流，衔袋一拖，即奔上岸，如是者数次，袋渐近岸。往来舟子骇绝，以篙一探，即得麻袋。见内有人，为解放倒去水，人渐活。袋上有沈府二字，人皆知为沈官家物也。由是由商牵犬携袋，献之沈府，主人命藏之密室。不几宿帐船归，点麻袋独一船少一袋，立问故。仆曰：偶风吹落水矣。主命闭宅门，呼商人与犬出，同谋仆六人皆顿口伏辜。乃鸣官，钉之

板门活焚焉。罢翁曰：此余弱冠时事也，万口传异。(卷三"吴江路丛大(指犬)报恩奇冤立雪"条，第519页下)

此事也见载于智旭《见闻录》，只是说是在池州府殷家汇经纪行一棉花商到丁家洲收购棉花时发生的，至于义犬救主的情节大致相同。可知确是当时一桩远近轰动的案件。又如书中载：

> 余昆山友孝廉张鸿乙，讳立廉。曾祖虚江先生，讳邦宪，任云南御史。其父初操一小船为业，忽一村翁来雇船，手携一黄布袱。问何往？翁曰：余年老无子，止一女在某处。有田一顷已变价，携往婿家养老矣。到岸已晚，村翁遂去，舟还原处。次早扫船，见黄布袱在，手提甚重。张公曰：此昨老人养老物，性命所系也。仍不远五十里舣舟，到泊岸处，候至傍午，见翁杖而哭至。张公曰：汝物在，敬来还汝也。翁大感，欲分惠，公不受。生子虚江先生，登科甲为显官。(卷二"张封翁以还金厚德子孙世显"，第505页下)

虚江先生从一个船民之子，"登科甲为显官"，主要是靠他自己的读书奋斗，与他父亲平时做过的某一件事没有必然的联系，但他父亲这则拾金不昧的事迹，当非出于杜撰。

此外，《现果随录》卷二"太仓水陆期中神鬼显异"条中借做水陆道场，为清兵南下被杀戮的冤鬼超度之事，抨击"乙酉(清顺治二年)，遍地屠戮，冤鬼充斥"(见第507页上)；卷四"费隐老和尚逝后荼毗现多舍利"条，对明末清初临济宗大德费隐通容，"历主金粟、天童、径山诸大刹，严行正令，号海内大宗匠。晚住石门福严，莅众勤苦精严"等记载(见第527页下、第528页上)，对于了解明末清初社会和佛教界的一些情况，有一定的参考价值。在汉传佛教因果劝诫类著作中，本书保存的史料算是多的。

第七品　清弘赞《六道集》五卷

《六道集》，五卷。清康熙己未岁（十八年，即公元1679年），广州南海宝象林沙门弘赞辑。收入《续藏经》第一四九册。

弘赞（1611—1685），字在犙，俗姓朱，新会（今属广东）人。早年从余集生学习儒书，博雅能文，弱冠补县学生员。清兵入关以后，遁走为僧，研习禅法，参谒鼎湖道邱而得印可。初住广州宝象林，后继席肇鼎。博极群书，辩才横溢，于律学尤有钻究。前后五十余年，共撰写了数十种著作，腾誉一方。主要有：《梵网经菩萨戒略疏》八卷、《四分戒本如释》十二卷、《四分律名义标释》四十卷、《沙弥律仪要略增注》二卷、《沙门日用》三卷、《归戒要集》三卷、《八关斋法》一卷、《般若心经添足》一卷、《般若心经贯义》一卷、《准提经会释》三卷、《准提法要》一卷、《沩山警策句释记》二卷、《观音慈林集》三卷、《兜率龟镜集》三卷等（以上据《续藏经目录》）。事见《新会县志》（清道光刻本）等。

《六道集》书首有弘赞的同乡罗浮陈恭尹《六道集叙》（未署撰时）；弘赞的弟子东莞李龙标《六道集序》（康熙二十一年作）；弘赞《六道集目录》；弘赞《六道集述言》（康熙十八年作）。

陈恭尹说：

> 佛说六道之旨，以穷一心之变，极幽明之故，可谓痛哭流涕，而后人犹漠然视之。吾乡在犙和尚，乃为采古今近事家喻户晓者，著以为《六道集》，盖为未悟人说法，不得不然。吾谓人所以迷而不悟者有二端。其一曰：吾人也，何至流为异物。其二曰：人生快意耳，遑恤他生。然就其一日之间、一念之顷，已不知几为天，几为人，几为畜牲（生）、饿

鬼。……在和尚博极群书,著述数十种,年将七十而缉此集。其指愈浅,其忧愈深,读者毋徒视为虚诞之谈,而忘其为肝胆之照也。(《六道集叙》,《续藏经》第一四九册,第646页上)

弘赞说:

此集之由作也,冀诸智者知三界之无恒,识六趣(即"六道")之非久,标志上乘,希求出世,远劫火之烧然(燃),免沦坠之沉溺。(《六道集述言》,第650页上)

《六道集》是一部编录佛教关于世界结构和众生生死轮回的基础理论——"六道"(天、人、阿修罗、饿鬼、畜生、地狱)的经文和事例的杂集。卷一为《天道》;卷二为《人道》和《阿修罗道》;卷三为《鬼神道》(通常称"饿鬼道");卷四为《畜牲(生)道》和《地狱道》;卷五为《地狱道之余》。

佛教认为,宇宙空间("虚空")是无始无终、无边无际的,其中存在着无数个世界。就通常所说的"凡界"来说,它就是释迦牟尼佛生活和教化的"娑婆世界"。娑婆世界的下方是虚空,底下围绕着风轮、水轮、金轮和地轮。地轮之上是铁围山,它包围着咸水大海(简称"咸海"),咸海中有东南西北四大洲(东胜身洲、南赡部洲、西牛货洲、北俱卢洲),其中南赡部洲作为释迦牟尼的诞生地,特别受重视。每一大洲的左右各有一中洲和无数小洲。部洲的里面是七金山,七金山包围着香水海,海中屹立着须弥山,它就是整个娑婆世界的中心。自须弥山山腰依次向上是层层天界。"六道"便是对生活在这个世界上的一切有情识的生命体("众生")所作的分类(以上据《六道集》卷一)。

六道众生按其有无欲望和形质来判别,可分为欲界、色界、无色界"三界"。欲界是地狱道、畜生道、饿鬼神道、阿修罗(丑貌好斗的神)道和天道中属于低层次的天神(共有六层,又称"六天")生活的地方,由于这些众生均有淫欲和食欲,故称为"欲界";色界是天道中属于中间层次的天神(共有十八层,又称"十八天")生活的地方,由于这些众生虽然断离了淫欲和食欲,但它们所具有的形体和居住的宫室、国土仍是物质性("色")的,故称为"色界";无色界是天道中属于高层次的天神(共有四层,又称"四天")生活的地方,由于这些众生既断离了一切生理欲望,又无物质性的形体和住所,故称为"无色界"。一切众生因其前生的善恶行为而生存于三界六道的某一道,又因其今生的善恶行为,或仍住原道,或流转他道,如此在六道中生死轮回。《六道集》便是根据这个大小乘佛教共同信奉的教理展述的。

《六道集》对每一道的解释和论证大致包括以下内容:首先是"述言"(又称"释名"、"述名"、"列名"等),对一道的名称、性质、居处以及众生因为什么原因("业因")而成为此等生类进行阐释。其次是"述诸经文"(又称"集诸经文"、"录诸经文"等),摘引佛典中相关的论述。主要有《法句喻经》、《三教平心论》、《正见经》、《转轮五道经》、《优婆塞戒经》、《二教论》、《五王经》、《善见律》、《杂事律》、《旧杂譬喻经》、《贤愚经》、《度狗经》、《天地本起经》、《顺正理论》、《正法念经》、《提谓经》等。再是用来证解此道的事例,少则二十余则(如《天道》),多则六十余则(如《地狱道》),事例中的主人公绝大多数是汉地的僧俗,个别是印度("天竺")人。如天竺无著菩萨、广州陈公孺、宋武帝、昆仑山昙谛法师、西湖真观法师、梓潼杜愿男、冀州小儿、萧氏等。以上三项内容的行文中间夹有一些小注,并附注出典。最后是"音释",对前面出现的一些佛教术语和作者认为冷僻的字或词加以诠释。如"帝释"、"十恶业十善业"、"由旬"、"二十五有"、"谴谪"、"十二缘生"、"阿练"、"八难"、"缘觉"、"阿罗汉"、"大鹏"、"灌佛"、"阎罗王"、"水陆大斋"等。

《六道集》的佛学意义主要在于在"述言"、"述诸经文"和"音释"中介绍了一些佛教的基本知识。例如佛教寺庙中殿堂很多,有天王殿、大雄宝殿、毗卢殿、三圣殿、药师殿、弥勒殿、千佛殿、观音殿、地藏殿、韦驮殿、罗汉堂、祖师堂等,它们供奉着不同的佛、菩萨、罗汉、祖师。从寺庙的正门进去,第一重殿便是天王殿,它供奉的"四大天王"就是欲界"六天"(四大王天、切利天、夜摩天、兜率天、化乐天、他化自在天)中最为人熟知的"四天王天"。《六道集》介绍说:

> 从下上升四万二千由旬,是四天王住处。居须弥山半,乃上升之元首,下界之初天。东方曰持国天王,居须弥山东,白银埵,城名上贤,领乾闼婆(此云香阴,天帝乐神——原注)及毗舍遮(此云啖精气鬼——原注),护东州人。南方曰增长天王,居须弥山南,青琉璃埵,城名善见,领鸠槃茶(此云厌魅鬼——原注)及薛荔多(此云饿鬼——原注),护南州人。西方曰广目天王,居须弥山西,黄金埵,城名周罗,领诸龙及富单那(此云臭饿鬼——原注),护西州人。北方曰多闻天王,居须弥山北,水精埵,其城有三:一名可畏,二名天敬,三名众归,领夜叉及罗刹,护北州人。四王共有三十二将军,各有九十一子,具大威力,悉护十方。人间五十岁,此四王天为一昼夜,寿五百岁(计人间岁九百万年——原注)。(卷一,第650页上、下)

又如佛经中常常提到"阿修罗"。阿修罗究竟是什么?一般人茫然不知。书中说道:

梵语阿修罗,亦云阿素洛,又云阿须伦,华言非天。其官殿园林皆七宝成,似天而非天也。又云无端正,谓男丑女端正故。或云不饮酒,而有鬼、畜、天道也。其天道摄者,居须弥山空处宝城之中;鬼道摄者,居大海边,或大山石壁之内;畜道摄者,居大海底。……皆由前世持戒,好胜布施,作下品十善业之所感报,而心多谄慢,不能忍辱,故受此身。由其持戒布施,故宫殿七宝所在;由不忍辱,故生相丑恶;谄慢好胜,故常与天斗。(卷二,第695页上、下)

再如"地狱",佛教中有,基督教中有,道教中也有。虽说各教用的是同一个词汇,但赋予的含义各不相同。特别是佛教的"地狱"说和基督教的"地狱"分别属于两种不同的文化,差异更大。那么,佛教的"地狱"是怎么回事呢?《六道集》写道:

地狱者,胡言泥犁,梵音捺落迦。捺落名人,迦名为恶,恶人生彼处,故名捺落迦。……地狱者,从义立名,谓地下之狱也。又狱者,局也。谓拘局罪人,不得自在,故名地狱。《婆沙论》云谓彼罪人为狱卒阿傍之所拘制,不得自在也。然此之一道其有多处:或在地下,或处地上,或居空中,故梵本不云地狱,而言捺落迦。论云:此赡部洲下有大地狱,洲边有边地狱及独地狱,或在谷中、山上,或在旷野、空中,或在海边、庙中。余三洲惟有边、独地狱,无大地狱。如此地狱虽多,准《三法度论》,总为三摄:一热、二寒、三边。(卷四,第739页下)

书中还介绍了"热狱"下属的八大狱(每一狱各有十六小狱围绕),"寒狱"下属的八大狱,"边狱"下属的三大狱,描述了佛教"地狱"的概况。

另外,从字句上了解的世界结构模式("三界")毕竟是一桩很费神的事,为此,作者特地在卷一放了一张插图,名《娑婆界一日月须弥山三界之图》,形象地勾勒了它的整体结构,即便是没有读过多少佛书的人一看也能明白,可谓是佛家实施形象教学的一个例子。

第二门　经典传习

第一品　法华经类之一：唐慧祥《弘赞法华传》十卷

《弘赞法华传》，十卷。唐蓝谷沙门慧祥（一作"惠详"）撰。收入《大正藏》第五十一卷。

《弘赞法华传》的撰时阙载。考本书卷十之末载有唐蓝田悟真寺沙门玄际的事迹。玄际年寿六十七，卒于唐中宗神龙二年（706）三月，为全书收录的人物中卒时最晚的一人。又据书中对悟真寺僧人的记载尤为重视。一寺之中先后有法诚、慧远、善思、玄际四人见录，而且法诚既见于卷一，又载于卷八，慧远既载于卷三，复见于卷八，都是两次见录。以此推测，本书的撰作时间当距玄际的卒时不远，或撰于唐中宗神龙二年（706）至景龙三年（709）之间。

《弘赞法华传》是一部专记传习《法华经》的人物和事情的著作。《法华经》，全称《妙法莲华经》，又译《正法华经》，是公元一世纪左右，继《般若经》之后，约与《宝积经》、《华严经》、《维摩经》等同时在印度出现的大乘经之一。主旨是说，无论是以"四谛"为中心的"声闻乘"，以"十二因缘"为中心的"缘觉乘"，还是以"六度"为中心的"菩萨乘"，都是佛的权宜之说，佛的究竟之义是"佛乘",即引导众生"开示悟入佛之知见",使他们都能成佛。此经传入以后,成为在中国最有影响的佛经之一。天台宗就是以此经为主要典据建宗立说的。慧祥为记叙《法华经》的传习源流,特撰成了这部《弘赞法华传》。书成之后,流入高丽。高丽义龙山弘化寺曾将本书雕刻流通,并写了一段后记附于书末。说:

  《弘赞法华传》者,始自东晋,终于李唐,凡学《法华》得其灵应者,备载于此。(《大正藏》第五十一卷,第47页下)

后来,由于中国发生唐武宗的"会昌毁佛"运动和唐末五代的战乱,许多佛教典籍在国内已经失传。宋人苏景到高丽搜得逸散的佛典一百余卷,《弘赞法华传》即是其中之一。苏景为恐再失,因劝日僧俊源复抄一部(见日僧觉树于本书卷五、卷十之末加的附记)。这个抄本为日本东大寺收藏,传至今日。《大正藏》用的便是这个本子。

《弘赞法华传》共分为八篇:

一、图像(卷一)。记述有关《法华经》的图像、台、寺、堂、塔及斋等事十六条。有"西域祇洹寺宝珠宝塔内说此经像"、"西域鹫峰山说此经像"[案:鹫峰山,又称"灵鹫山","耆阇崛山"的意译,位于古印度摩揭陀国王舍城东北十四、五里处,相传释迦牟尼常住这里为僧俗说法,《法华经》也是在这里说的]、"宋释惠豪造灵鹫山图"、"后魏(指北魏)太祖造耆阇崛山图"、"晋殷夫人造法华台"、"宋谢婕妤造法华寺"、"后魏太常卿郑琼造法华堂"、"晋释惠力造多宝塔"、"唐悟真寺释法诚造多宝塔、法华塔并法华台"、"宋路昭太后造普贤像"、"宋释道冏作普贤斋"等。其中"宋释惠豪造灵鹫山图"记述了汉地佛寺造灵鹫山图之始的史实,较有价值。文云:

宋景平元年,瓦官寺沙门帛惠高造灵鹫寺。有沙门释惠豪,智见通敏,巧思绝伦,于中制灵鹫山图,变化无方,郁似睹真。其山林禽兽之形,天龙八部之状,历代未有,自兹始出。龛成之后,倾国来观。后世造龛,皆以豪为式。其龛东西深三十八丈,南北四十四丈四尺。(第13页中)

二、翻译(卷二)。用佛经目录的注录方式(先列经名,后出译人小传),记述《法华经》全本或别品的翻译者十人、作伪者二人、《法华经论》(解释《法华经》的著作)的翻译者二人的事迹,以及佛经目录中有关托名《法华》的疑伪经的记载两条。

《法华经》全本或别本的翻译者是:《法华三昧经》六卷的译者曹魏外国沙门支彊(一作"疆")梁接(意译"正无畏");《正法华经》十卷及《普门品经》和《观世音经》的译者西晋竺法护;《普门品经》的重译者东晋祇多蜜;《方等法华经》五卷的译者东晋支道根;《妙法莲华经》七卷的译者姚秦鸠摩罗什;《法华三昧经》一卷的译者刘宋智严;《观世音经》的译者刘宋沮渠京声(北凉河西王沮渠蒙逊的从弟);《妙法莲华经·提婆达多品》的译者南齐法献;《妙法莲华经·普门品重诵偈》的译者隋阇那崛多(意译"德志");《妙法莲华经·药草喻品》的译者隋达摩笈多(意译"法密")。

作伪者是:《抄妙法莲华经》和《抄法华药王经》的作者南齐竟陵王萧子良;《法华经》一卷的诵出者梁太学博士江泌之女僧法尼。

《法华经论》的翻译者是:《妙法莲华经论》二卷的译者北魏菩提流支(意译"道希");《妙法莲华经论》一卷的译者北魏勒那摩提(意译"宝意")。

佛经目录中有关托名《法华》的疑伪经的记载是:"出《古》、《旧》二录,云失译"的《法华光瑞菩萨现寿经》[案:《古》、《旧》

二录是指《古经录》和《旧经录》，它们均是后人伪造的佛经目录，见本书经录部］；"隋费长房《三宝录》注伪"的《妙法莲华度量天地经》和《妙法莲华天地变异经》。

三、讲解（卷三）。用传记体（以下各类亦用此体）记述唐代有名的《法华经》讲解者十二人（内附一人）的事迹，并附列"并非专业，兼弘异部"的僧人三十三人的名单。

有专传的十二人全是唐代人，他们是：京师日严寺吉藏，"凡讲《法华》三百余遍，亦著玄疏"（第 18 页上）；天台山国清寺灌顶，"若观若讲，常依《法华》。及说圆顿止观、四念等法门，其遍不少"（第 18 页中、下）；牛头山幽栖寺法融；武丘山寺智琰，"凡讲《法华》三十余遍"（第 19 页上）；襄阳耆阇寺智拔；蓝田悟真寺慧远，"讲《法华经》，皆自作章疏"（第 19 页中）；牛头山智通；左仆射宋国公萧瑀，"手著《法华义记》凡十卷"（第 19 页下）；海虞山慧旻（附昙宝）；新罗国缘光；苏州流水寺玄璧；同州戒业寺智俨，"所讲《法华》数十余遍"（第 21 页上）。

无专传、仅有人名见附的三十三人中间，晋剡葛岘山竺法崇"有疏四卷"（见第 21 页中，下同）；晋彭城郡道融"有疏"；晋长安昙影"有疏四卷"；宋下定林寺僧镜"有疏"；梁钟山开善寺智藏"有疏"；陈扬都大彭城寺宝琼"有疏"；周（指北周）潼州光兴寺宝象"有疏"；隋东都慧日道场道庄"有疏三卷"；唐京师纪国寺慧净"有疏十卷"；唐京师定水寺僧凤"有疏"。

四、修观（卷四）。记述以修习"法华三昧"、"方等忏悔"著称的陈南岳禅师慧思、隋天台山智𫖮、唐天台山智璪的事迹。慧思，"自佛法东流，惟斯南岳（指慧思）慈行可归。所著《四十二字门》两卷、《无诤法门》两卷、《释论玄》、《随自意》、《安乐行》、《次第禅要》、《三智观》等五部各一卷，并行于世"（第 22 页中）。智𫖮，"广流禅慧，学者如林。当时名匠伏膺相繁，陈隋二代帝主后妃,咸受归戒,供施殷积"(第22页下)。智璪从智颉受道,"遗行法华忏悔"(第23页上)。

五、遗身(卷五)。记述依《法华经·药王菩萨本事品》所说焚身供佛、燃指弘经之事,用薪用油自焚手指、头顶以及全身,或为弘法而自投悬崖,或铁烙手臂的僧俗十三人(附二人)的事迹。

其中焚身的有十二人。如刘宋竹林寺慧益:

> 自手执烛,以燃帽。帽燃乃弃烛,合掌诵《药王品》。火至眉,诵声犹分明,及眼乃昧(指眼被烧瞎)。贵贱哀嗟,响振幽谷。(第24页中)

唐荆州比丘尼姊妹二人:

> 以贞观三年二月八日夜,于荆州大街置二高尘(即高台),乃以蜡布缠身至顶,唯出面目。众聚如山,歌赞云会。二女咸诵《法华》,至《药王品》,其姊先火炷其妹顶,妹又以火炷其姊顶。清夜两炬,一时同耀。焰下至眼,声相转明。渐下鼻口,方乃歇灭。恰至明晨,合坐洞举,一时火化。骸骨摧朽,二舌俱存。(第26页上)

自投悬崖的是隋庐山化城寺法充:

> (他)每劝僧众,无以女人入寺,上损佛化,下坠俗谣。然世以基业事重,有不从者。充叹曰:生不值佛,已是罪缘,正教不行,义须早死,何虑方士不奉戒乎?遂于此山香炉峰上,自投而下。(第25页中)

用烧红的铁烙手臂的是隋庐山峰顶寺大志。他为劝隋炀帝显兴三宝(佛、法、僧):

> 不食三日,登大棚上,烧铁赫然,用烙其臂,并令焦黑。

以刀截断,肉裂骨现。又烙其骨,令焦黑已。布裹蜡灌,下火燃之,光耀岩岫。于时,大众见其行苦,皆痛心骨髓,不安其足。而志虽加烧烙,词色不变,言笑如初。时诵法句,或叹佛德,为众说法,声声不绝。臂烧既尽,如先下棚。七日入定,跏坐而卒。(第25页下)

六、诵持(卷六至卷八)。记述以诵持《法华经》为恒业的僧俗七十九人(附十三人)的感应事迹,并记"北齐并州看山掘地得舌"事一条(见卷七),附晋蜀石室山法绪、唐京师清禅寺释曹□(缺字)等二十人的名单。如齐定林上寺超辩:

闲居养素,毕命山门,诵《法华》日限一遍。心敏口从,恒有余力。礼千佛,凡一百五十余万拜。(卷六,第28页中)

梁上行先生庾诜(居士):

宅内立道场,旋绕礼忏,六时不辍。诵《法华经》,日夕一遍。……尝谓帝王世纪乘繁省之中,更撰《帝历》二十卷,续郭璞《周易新林》二十卷、《江陵记》一卷。(同上,第30页下)

七、转读(卷九)。记述擅长用音调唱诵《法华经》经文的僧俗十二人的感应事迹。

八、书写(卷十)。记述或亲自书写、或请人抄写《法华经》的僧俗二十人的感应事迹。

《弘赞法华传》的价值主要在于,将散见于梁慧皎《高僧传》、唐道宣《续高僧传》、《大唐内典录》和其他一些不显眼的杂著中的与《法华经》相关的资料鸠集起来,便于阅览和研究。它的缺点在于,不少地方过分渲染因信奉《法华经》而获种种祥瑞灵验,将经典和人物神化,从而损害了历史的真实性。这种情况不只《弘赞法华传》有，其他记述佛经传习源流的著作，如《法华经传记》、《华严经传记》等也有。也因为这个缘故，近人也有视它们为感应传的。

第二品 法华经类之二：唐僧祥《法华经传记》十卷

《法华经传记》，又名《法华传记》，十卷。唐代沙门僧祥集。收入《大正藏》第五十一卷。

《法华经传记》的撰时阙载。考本书卷八《唐梓州姚待》一传中，有"至开元四年，有玄宗观道士朱法印，极明庄老，往眉州讲说，岁久乃还"（第84页中）等语，其中提到的"开元四年"，是全书所出各种年份中，时间最晚的一条记载。以此推断，是书大约撰于唐玄宗开元四年（716）至开元二十九年（741）之间。

《法华经传记》卷一的起首载有僧祥撰的偈赞、序和全书的篇目。僧祥在序中说：

> 昔始自姚秦访道（指译出《妙法莲华经》），暨于我大唐之有天下，流通之益，先代无之。感应无谋，非筹算能测。妙利凝邈，亦绳准所知乎？今聊撰集耳目见闻，动励后辈信心，简以十二科，分为十轴（即十卷）：部类、隐显、传译、支派、经序、论释、讲解、讽诵、转读、书写、听闻、供养。各略引三五，编其分科，词质而俚，欲见闻之徒易悟；事核而实，使来叶之传信心。更探得新旧制撰、诸宗记传等，录而出之。后有所获，亦欲随而编之，脱或当来见者编次。（《大正藏》第五十一卷，第48页下）

卷十的末尾载有僧祥的后记。说：

上来已依西域传记、此土贤圣见闻撰集,梗概而记。其中或有相传无文,或见亲闻自新录之,虽恐本记虚实,意在劝后信矣。(第96页下)

全书之末附有《法华经传记》的雕版者洛阳释圆智于"庆长(当作"长庆")庚子载季春望日"写的题记。说:

唐僧祥公,不知其氏族。博闻达识之人,而记《法华》之应验,诱愚昧之徒。殊载出传译等之科目,该括一化之始终,实维甚奇甚妙也,故盛行于世,为谈者之资矣。然则转写误于豕亥,剩有差脱,不可称计。予尝披僧史传并众经录等,忽觉此记传之有本据,愈考愈质。辄命工镂梓,学者幸勿疑惑焉。(第97页上)

《法华经传记》共分为十二篇(以前七篇最为重要)。

一、部类增减(卷一)。记述《法华经》梵本的部类(即单部流通的各种卷本)和偈品。说,佛经部类的增减(即卷本的构成)略有七例:"一者一会之经用为一部",将释迦牟尼在一次集会上说法的内容编成一部佛经,如《十地经》等;"二者多会共为一部",将多次集会上说法的内容编成一部,如《华严经》等;"三者经之初分用为一部",将佛经的"初分"(前部分)编成单行的一部佛经,如六卷本的《泥洹经》等;"四者具足二分共为一部",将佛经的"初分"和"后分"(后部分)合成一部完整的佛经,如《大涅槃经》等;"五者略本以为一部",将佛经内容简化编成单行的一部佛经,如《小品经》等;"六者广本以为一部",将佛经内容详化编成单行的一部佛经,如《大品经》等;"七者一品为一部",将佛经中的一章编成一部佛经,如《观世音经》。"今此《法华》于中是具足本。若依梵本,应是略说。"(以上见第49页上)也就是说,《法华经》属于"七例"中的第四例,即首尾齐备的一部佛经。据印度所传,《法华经》是根据释迦牟尼在灵山(即"灵鹫山")八年说法的内容编成的,但它不是八年说法内容的总集,而是"略说"。

《法华经》的偈数有多有少。"今长安所传四本不同:一、五千偈,正无畏所传是也。二、六千五百偈,竺法护所传是也。三、六千偈,鸠摩罗什所传是也。四、六千二百偈,阇那崛多所传是也。"(第49页中)这中间,鸠摩罗什的梵本是字写在白色细棉布上的"白氎"本,其他三本都是字写在棕榈属多罗树叶子上的"多罗叶"本(又称"贝叶"本)。

《法华经》"梵文唯有二十八品。文前皆无题目,但云悉昙,此云吉法,亦名成就,不成立名,皆在品末经终。而回后在初者,盖是译经之人,随震旦法,欲令因名字不同议部类。"(第49页中、下)换而言之,《法华经》梵本的品名和经名原来都在"品末经终",翻译时,依照汉地经籍的章法,更置于一品之首和一经之首。

二、隐显时异(卷一)。记述《法华经》梵本的隐显经过。说,"若依《文殊师利般涅槃经》,佛灭度后四百五十年,文殊师利犹在世间。若依《智度论》云,诸大乘经是文殊结集。"(第49页下)西方相传,此经结集以后,藏于大雪山宝塔中。佛灭度后五百年末,有一比丘往至雪山,开宝塔户,获得此经。六百年初,南天竺国龙树从比丘受持此经,又从龙宫获得《华严经》略本及其他大乘经一箱。龙树后来在南天竺"大弘佛教,摧伏外道,广摩诃衍(指大乘),作三部大论、千部别论,大论中多引《华严》、《法华》等,释幽微旨"(第50页中)。据《西域志》说,于阗国王宫藏有《法华》梵本凡六千五百偈;于阗国东南二千余里的遮拘槃国王宫藏有《华严》、《大集》、《摩诃般若》、《法华》、《大涅槃》等五部大经,合十万偈;罽宾国王宫藏有《法华》梵本凡六千偈。

三、传译年代(卷一)。根据佛经目录,记述《法华经》的翻译年代和译者鸠摩罗什的事迹。说,《法华经》的翻译略有六次:1.佛灭度后一千二百三十年,曹魏甘露元年(256)七月七日,外国沙门支彊(一作"疆")梁接(意译"正无畏")于交州城译成《法华三昧经》六卷,沙门道馨笔受。2.西晋泰始元年(265),月支国沙门竺法护译成《萨芸芬陀梨法华经》六卷。3.西晋太康七年(286),竺法护在前经的基础上增广,译成《正法华经》十卷。永熙元年(290)八月二十八日,比丘康那律于洛阳抄写完毕。4.东晋咸康元年(335),沙门支道根译成《方等法华经》六卷。5.姚秦弘始八年(406)[案:原作"姚秦弘始七年甲辰",误],天竺沙门鸠摩罗什于长安逍遥园译成《妙法莲华经》七卷(或作八卷)。6.隋仁寿元年(601),阇那崛多、达摩笈多于大兴善寺译成《添品法华经》七卷。

上述六译中,三存三没。见存的三本是:竺法护译《正法华经》、罗什译《妙法莲华经》、崛多与笈多共译《添品法华经》。以罗什的译本为最好。

四、支派别行(卷一)。记述《法华经》的派生经。派生经中有一类是将《法华经》的一部分抄出作单行本流通的经典(称"别生经"),数量较多。其中,南齐高帝建元二年(480),天竺沙门昙摩伽陀耶舍于广州朝亭寺译《无量义经》一卷,"此是序分",即《法华经》的起首部分;刘宋元嘉元年(424),罽宾沙门昙摩蜜多于扬州译《观普贤行法经》一卷,"结其终"(同上),是《法华经》的末尾部分;三国时支谦译《佛以三车唤子经》一卷,与"大部(指完整的《法华经》)中《譬喻品》同本"(同上);西晋永嘉二年(308)竺法护译《观世音经》一卷、东晋祇多蜜译《普门品经》一卷、姚秦罗什译《观世音经》一卷、刘宋安阳侯京声于高昌译《观世音经》一卷、梁武帝时阇那崛多于益州龙泉寺与梁谯王宇文共译《普门重诵偈》一卷,"已上五经,大部中《普门品》同本"(第52页下)[案:另有竺法护译《普门品经》一卷,与《大宝积经·文殊普门会》同本,非《法华》别出];罗什译《妙法莲华经·提婆达多品》一卷、陈真谛"修补什(罗什)本加润色"译成的同品一卷、南齐永明年(483—493)法献在于阗国得梵本后与达摩摩提(意译"法意",原书误作"宝意")于扬州瓦官寺译出的同品一卷,"已上三本,大部中一品(即《提婆达多品》)也"(同上);失译(原书误作"沙门支彊梁接于交州译")的《法华光瑞菩萨现寿经》三卷,"大部中《序品》及《寿量品》等同本"(同上)。

派生经的另一类,是指从《法华经》义旨引申出来的经典(称"支派经")。这主要是指曹魏支彊梁接译《法华三昧经》。此外,大约在东魏末年以后产生的《高王观世音经》,因它不是根据梵本译出的,而是托名佛经的无名氏撰述,故既不是支派经,也不是别生经。

五、论释不同(卷一)。记述疏释《法华经》梵本的论著的传译。说西方相传,五天竺(五印度)造"优婆提舍"(意译为"论")解释《法华经》文义的有五十余家。佛涅槃后五百年终,龙树造《法华论》;六百年初,坚意造释论。这些都没有传至汉地。传至汉地的是佛涅槃后九百年中,北天竺僧人婆薮槃豆(意译"天亲"或"世亲")造的《法华经论》,它以六十四节法门,疏解《法华经》大义。北魏宣武帝正始五年戊子(508),中印度沙门勒那摩提(意译"宝意")于洛阳译为一卷,题云《妙法莲华经优婆提舍》,侍中崔光、沙门僧朗等笔受。同时,又有北印度沙门菩提流支重译世亲的论释,成二卷,题名也称《妙法莲华经优婆提舍》,"初有归敬颂者是也。与宝意译大同小异"(第53页上)。汉地为《法华经》作论释的有唐吉藏《法华玄论》等。

六、诸师序集(卷二前部分)。收录《法华经》的序记七篇。

它们是:《法华宗要序》(慧观作)、《法华经后序》(僧睿作)、《法华经序》(慧远述,文阙)、《法华翻经后记》(僧肇记)、《添品法华序》(未署作者)、《无量义经序》(荆州隐士刘虬作)、《正法华经记》(未署作者,但云"出经后记")。

七、讲解感应(卷二后部分和卷三前部分)。记述讲解《法华经》的僧人十九人的略历和感应事迹。他们是:东晋的僧睿、竺道生、刘宋的昙谛、僧导、南齐的僧印、梁代的法云、僧满、隋代的智𫖮、唐代的吉藏、灌顶、慧如、僧隆、窥基、玄朗、慧明、智因、志实、道昂、志远。其中,僧睿"讲《法华》二十八品,开为九辙"(第55页下)[案:"九辙"指的是:昏圣相扣辙、涉教归真辙、兴类潜彰辙、述穷通昔辙、彰因进悟辙、赞扬行李辙、本迹无生辙、举因征果辙、称扬远济辙];竺道生"著义疏二卷"(第56页上);法云"年登三十,建武四年夏初,于妙音寺开《法华》、《净名》二经序。讲经之妙,独步当时"(第56页中);隆法"以贞观年中,从北道而出北印度,欲劝化,更于中天(天竺)诵得梵本《法华》,到健陀罗自开讲。四方云而驰集,万郡星而朝望"(第57页下);窥基"制《宝塔品疏》"(第58页上);智因"著《义疏》"(第58页下)。

八、讽诵胜利(卷三后部分至卷六终)。记述讽诵《法华经》的僧俗八十九人的略历和感应事迹。

九、转读灭罪(卷七前部分)。记述因咏读《法华经》而得以除灭罪业的僧俗十六人的感应事迹。

十、书写救苦(卷七后部分至卷八终)。记述因书写《法华经》而得以免除大苦的僧俗三十四人的感应事迹。

十一、听闻利益(卷九)。记述因听闻《法华经》而得大利益的僧俗、天人,以至鸽子、毒蛇、猴、犬、蝙蝠等动物的感应事例十七则,附出"轻毁见报"的事例五则。

十二、依正供养(卷十)。记述依《法华经·药王菩萨本事品》烧身供佛的僧俗八人的事迹,附出"法供养"即供奉《法华经》经卷的事例和教说(如《逍遥园记》的"十种供养记"、《法住记》的"灭度受持供养经卷者弥勒出世时得益"、《正法华经》的"法供养胜"等文)九则。

僧祥《法华经传记》和慧祥《弘赞法华传》,是性质相同的两部记叙《法华经》传习源流的著作。就分类而言,《法华经传记》中的《传译年代》、《支派别行》、《论释不同》三篇大体上相当于《弘赞法华传》中的《翻译》篇;《讲解感应》篇相当于《讲解》、《修观》二篇;《讽诵胜利》篇相当于《诵持》篇;《转读灭罪》篇相当于《转读》篇;《书写救苦》篇相当于《书写》篇;《依正供养》篇相当于《遗身》篇。也就是说,两书的主要类目是相同的。差异在于《法华经传记》中的《部类增减》、《隐显时异》、《诸师序集》和《听闻利益》四篇,在《弘赞法华传》中没有对应的类目;《弘赞法华传》中的《图像》篇,在《法华经传记》中也没有对应的类目。

但就内容的总体而言,《法华经传记》要胜于《弘赞法华传》。因为它收集的资料更为广泛,记叙《法华经》的几次翻译以及译本的同异点更为详细。从它在载录的人物和事项之末所注的史料出处(此为《弘赞法华传》所无)来看,它采集的前代和同代的佛教著作主要有:一、佛经目录,如《出三藏记集》、《大唐内典录》等;二、史传,如《高僧传》、《续高僧传》、《西域传》、《外国记》等;三、纂集,如《法苑珠林》、《诸经要集》等;四、感应传和其他,如《冥报记》、《感通录》、《应验录》、《自镜录》、《征验传》和若干《法华经》疏记等。另外,还有一些史料的出处标明为"新录",如卷三《讲解感应》篇中的唐大慈恩寺窥基、左溪玄朗、慧明、慧因、志实等,想必是作者根据听闻所得而笔述的。特别是卷二《诸师序集》载录的几篇《法华经》序记,对于研究《法华经》的译本，意义极大。如僧肇《法华翻经后记》引秦主姚兴的话，评论罗什译《妙法莲华经》与竺法护译《正法华经》的差异，说：

> 乍观护（竺法护）经，以《序品》称为《光瑞品》，《药草喻品》未益其半品，《化城喻品》题《往古品》，《富楼那及》、《法师》初增数纸文，阙《普门》偈，《嘱累》还结其终。（第54页中）

未署作者的《添品法华序》更辨竺法护本、罗什本与崛多、笈多共译本（即《添品法华》）的同异，说：

> 昔敦煌沙门竺法护，于晋武之世译《正法华》。后秦姚兴更请罗什译《妙法莲华》。考验二译，定非一本。护似多罗之叶，什似龟兹之文，余捡（检）经藏，备见二本。多罗则与正法符会，龟兹则共妙法允同。护叶尚有所遗，什文宁无其漏？而护所阙者，《普门品偈》也；什所阙者，《药草喻品》之半，《富楼那及》、《法师》等二品之初，《提婆达多品》、《普门品》偈也。什又移《嘱累》在《药王》之前。二本《陀罗尼》，并署《普门》之后。其间异同，言不能及。……大隋仁寿元年辛酉之岁，因普曜寺沙门上行所请，遂共三藏崛多、笈多二法师，于大兴善寺重勘天竺多罗叶本。《富楼那及》、《法师》等二品之初，勘本犹阙；《药草喻品》更益其半；《提婆达多品》通入《宝塔品》；《陀罗尼》次《神力》之后；《嘱累》还结其终。字句差殊，颇亦改正。（第54页中、下）

作者在卷一《传译年代》篇说，崛多、笈多共译本：

> 略用三例：一者移品，如《神力》、《嘱累》等。二者添文，如《药草》半、《普门》偈等。三者改言，如二品咒等。自余诸文，全依什本，并无所改。（第51页上）

这样,就把《法华经》见存的三个译本的主要差异,说得清清楚楚。而这些正是《弘赞法华传》阙载的。故初学者若无暇通读两书的话,选《法华经传记》来读较为妥帖。

第三品 华严经类之一:唐法藏 《华严经传记》五卷

《华严经传记》,又名《华严传》,别称《纂灵记》(新罗崔致远《法藏传》中所称),五卷。唐京兆崇福寺沙门法藏集。收入《大正藏》第五十一卷。

《华严经传记》撰时阙载。考本书卷一《实叉难陀传》中,有唐景云元年(710)十月十二日实叉难陀卒于大荐福寺,"至十二月十三日,本国门人悲智、敕使哥舒道元送其余骸及斯灵舌,遂归于阗,起塔供养。后人复于焚尸之所起七层塔焉"的记载(《大正藏》第五十一卷,第155页中)。而法藏本人又卒于先天元年(712)十一月,故本书约撰于同年早些时候,是法藏生平撰作的最后一部书[案:崔致远《法藏传》称:"此记未毕而逝,门人慧苑、慧英等续之,别加论赞,文极省约,所益无几。"]。

《华严经传记》是一部专记传习《华严经》的人物和事情的著作。《华严经》,全称《大方广佛华严经》,是公元一世纪左右在印度出现的一部带有丛书性质的大乘经。全经按如来和普贤、文殊师利、功德林、金刚幢、金刚藏等菩萨在七个地方的九次集会("七处九会")上说法的内容组织,"以入法界缘起、普贤行愿为宗"(唐澄观《华严经疏》语),主要论述宇宙间的一切事物和现象圆融无碍("一入一切"、"一切入一","一即一切"、"一切即一")的理论,和按十个阶位("十地")依次修行的成佛方法。由于此经三十九品中成文最早的《十地品》明确肯定宇宙万物都是由"心"造作和派生的("三界所有,唯是一心"),万物属"空",而心识为"有"。故以后便成了印度瑜伽行派(又称"大乘有宗",相对先前的"大乘空宗"而言)和中国华严宗、唯识宗的根本经典之一。特别是华严宗,奉此经于独尊的地位,在经说的基础上建立教判,组织教义,关系尤为密切。法藏是华严宗的实际创始人(传统的说法是"华严宗三祖"),为使更多的人信奉这部经典,故特将《华严经》的来龙去脉、在汉地的传译、注述,以及讽诵它所能带来的灵验利益等编成一书,这便是《华严经传记》。

《华严经传记》无序跋,分为十篇(也称"十科"或"十门")。

一、部类(卷一)。记《华严经》梵本的偈品。说,西域相传,龙树在龙宫见到的《华严经》凡有三本:"上本有十三千大千世界微尘数偈、四天下微尘数品,中本有四十九万八千八百偈一千二百品,下本有十万偈四十八品。"(第153页上、中)上本和中本"并非凡力所持,隐而不传,下本见流天竺"(第153页中)。后世所传的《华严经》均源于下本。

二、隐显(卷一)。记《华严经》的隐显经过。说,《华严经》为文殊师利所集,因佛涅槃后贤圣随隐,异道竞兴,故在"海龙王宫"隐没六百余年,后由龙树带出传授,因兹流布。《华严经》的汉译本有新旧两译。东晋沙门支法领在西域遮拘槃国得到的《华严经》前分(即前部分)三万六千偈,为晋译《华严经》六十卷(称"旧译")所本。大周(武则天朝)于阗进献的《华严经》四万余偈,为唐译《华严经》八十卷(称"新译")所本。"于第一会所说华藏世界(品),旧译阙略,讲解无由,今文(指新译)并具,烂然可领。其十定(品)一会,旧经有问无答,今本昭然备具。是以前(指旧译)有七处八会,今(指新译)七处九会。"(第153页下)

三、传译(卷一)。记《华严经》的三位翻译家东晋京师道场寺佛驮(一作"陀")跋陀罗、唐魏国西寺地婆诃罗、大周东都佛授记寺实叉难陀的事迹。佛驮跋陀罗应吴郡内史孟颛、右卫将军褚叔度之请,于东晋义熙十年(418)在建康(今南京)道场寺译出《华严经》六十卷,即旧译;地婆诃罗应法藏之请,译出《华严经》第八会[案:指旧译的第八会"逝多园林会",亦即"入法界品",新译则移为第九会],以补旧译的阙失;实叉难陀应武则天之请,始证圣元年(695),终圣历二年(699),于佛授记寺译出《华严经》八十卷,即新译。

四、支流(卷一)。依佛经目录(即经录)的注录方式,叙列和介绍相当于《华严经》某一品或某一会(一会包含一品或数品,品从属于会)的单行经,和托名《华严经》的伪妄经(即伪造的经本)。这中间,《华严经》第一会("寂灭道场会")、第四会("夜摩天宫会")、第五会("兜率天宫会")没有别译的单行经,第二会("普光法堂会")、第三会("切利天宫会")、第六会("他化天宫会")、第七会("重会普光法堂")、第八会("三重会普光法堂")和第九会("逝多园林会")均有别译的单行经[案:以上均据《华严经》八十卷本而言,六十卷本无"三重会普光法堂",故只有八会]。其中,后汉支谶译《兜沙经》一卷(相当于《华严经·如来名号品》)是别译的单行经中译出时间最早的一种;隋阇那崛多译《大方广华严入如来不思议境界经》二卷及同本异译三种、唐提云般若译《大方广佛华严经佛境界分》一卷及同本异译一种、实叉难陀译《大方广普贤所说经》一卷及同本异译一种,"现本《华严》内虽无此等品,然勘梵本,并皆具有,固是此经别行品会,为梵品不题品次,不编入大部"(第156页上)。元魏昙摩流支译《信力入印法门经》五卷,"古德相传云是《华严》别品,详其文句,始终总无《华严》流类。近勘梵本,亦无此品,请后人详究"(同上);南齐萧子良《抄华严经》十五卷和失名的《华严十恶经》一卷,是伪妄经。

五、论释(卷一)。记疏释《华严经》的梵汉论著,并附出有关译撰者的事迹。梵本论著中仅属西域传闻、实无传本行世的,是龙树《大不思议论》十万偈,据称它是解释《华严》全经的;有梵本行世而当时未传入汉地的,有金刚军《十地释论》一万二千偈和坚慧《十地略释》;梵本被译成汉文的,有龙树造、姚秦佛陀耶舍与鸠摩罗什共译《十住毗婆沙论》十六卷(今作"十四卷")和天亲造、后魏菩提留支与勒那摩提共译《十地论》十二卷。前论"释《十地品》,内至第二地,余文以耶舍不诵,遂阙解释"(第156页中)。后论也是解释《十地品》的,"叠本经文,依次消解"(同上)[案:《华严经传记》卷一还记有龙树造、鸠摩罗什译"《十住论》一十卷",此论未见传世,据唐智升《开元释教录》卷四所说,当即是《十住毗婆沙论》]。汉地撰作的《华严经》论疏,有北齐宦官刘谦之《华严论》六百卷和后魏沙门灵辨《华严论》一百卷(均佚)。

六、讲解(卷二、卷三)。正传记东晋至唐代以敷弘《华严经》著称的十七位僧人的事迹,末附"博综群艺、兼弘斯典"、"既非专业、又无祥瑞",即兼习《华严经》的二十四位僧人的名单(间有小注)。

正传所记的十七人是:东晋的法业、刘宋的求那跋陀罗、北魏的勒那摩提、智炬、北齐的慧光、僧范、昙衍、隋代的灵裕、慧藏、灵幹、唐代的慧觉、法敏、慧眺、道英、道昂、灵辨、智俨。

其中,东晋南林寺法业,曾任佛驮跋陀罗翻译《华严经》时的"笔受"(笔录者),"敷弘幽旨,郁为宗匠,沙门昙斌等数百人伏膺北面,钦承雅训。大教滥觞,业(法业)之始也。以希声初启,未遑曲尽,但标举大致而已。撰《旨归》两卷"(第158页上、中）；北魏北台智炬，"周流讲说五十余遍，有疏十卷"（第159页上）；北齐邺下大觉寺慧光，"有疏四卷。立顿、渐、圆三教，以判群典。以《华严》为圆教，自其始也"，"所著《玄宗记》、《大乘义律》、《仁王七诫》，及《僧制》十八条，并文旨清肃，见重当世"（第159页中）；北齐邺下大觉寺僧范，"著《华严疏》五卷，《十地》、《地持》、《维摩》、《胜鬘》各有疏记"（第159页下）；北齐兖州昙衍，"造《华严经疏》七卷，讲事相仍，毗赞玄理"（同上）；隋相州演空寺灵裕，"自年三十，即存著述。造《华严疏》及《旨归》合九卷。自余内外章疏传记等总百余卷，现行于代"（第161页上）；隋西京空观寺慧藏，"每研味群典，而以《华严》为本"，"因撰义疏，躬自传扬"（同上）；唐并州武德寺慧觉，"著《华严》、《十地》、《维摩》等疏"（第162页上）；唐越州静林寺法敏，"造《华严疏》七卷"（同上）；唐京师大慈恩寺灵辨，"撰《疏》十二卷、《抄》十卷、《章》三卷，并行于代"（第163页中）；唐终南山至相寺智俨，年二十七"立教分宗，制此经疏"（第163页下），"所撰义疏，解诸经论，凡二十余部，皆简略章句，剖曜新奇"（第164页上）。

在附出的兼习《华严经》的僧人中，北魏北台意法师"有疏，不知几卷"（第164页中，下同）；北齐邺中昙遵有"疏七卷"；隋西京大兴善寺洪遵有"疏七卷"；隋西京禅定道场昙迁"撰《明难》（"难"当是"法"之误）一品疏；隋西京净影寺慧远"有疏七卷，未成未讲"；唐终南山至相寺智正"有疏十一卷"（第164页下，下同）；唐京师普光寺光觉"有疏十卷"。

七、讽诵（卷四）。记以读诵《华严经》为恒业的僧俗十一人的感应事迹。他们是：僧普圆、普济、辨才、慧悟、昙义、苑律师、中天竺日照三藏（即"地婆诃罗"）、居士樊玄智、于阗国沙弥般若弥迦、京师王氏、比丘尼无量。

八、转读(卷四)。记擅长用音律唱诵《华严经》的僧俗九人的感应事迹。他们是:僧法念、普安、法安、解脱、明曜、师子国沙门释迦弥多罗、居士高义成、一大乘法师(卷目阙载而正文有)、僧弘宝。

九、书写(卷五)。记书写《华严经》的僧俗六人的感应事迹。他们是元魏中山王熙、僧德圆、法诚、修德、唐朝散大夫孙思邈、居士康阿禄山。

十、杂述(卷五)。著录有关《华严经》的撰述十五种,并介绍写作缘由、内容及相关事项。这中间属法藏撰的有十一种,数量最多。法藏的撰述中,今已不存的有八种:《华严经中佛名》二卷、《菩萨名》一卷,原书"不知谁所集也。但鸠集阙略,未能备尽,今沙门贤首(即法藏)更广其尘,颇为详悉"(第172页上);《华严三昧观》一卷,分为十门,"各以十义,辨其所要"(第172页中);《华严玄义章》一卷,"随人所问,随义而说,录以成卷"(同上);《华严翻梵语》一卷,释《华严》旧经(即晋译六十卷本)中梵语的音义;《华严梵语及音义》一卷,释《华严》新经(即唐译八十卷本)中梵语的音义;《华严三宝礼》十首;《华严赞礼》十卷十首。见存的有三种:《华严旨归》一卷,分为十门,"一说经处,二说经时,三说经佛,四说经众,五说经义,六说经教,七显经义,八释经意,九辨经益,十示经圆","各以十义解释,通并百门,以显经意"(第172页中);《华严纲目》一卷;《华严教分记》三卷。

属隋天台山智𫖮撰的有一种:《普礼法》一十五拜(收入《国清百录》,今存),"其拜首皆称普礼,末皆称卢舍那佛,其间具引寂灭道场等七处八会之名,今江表盛行"(第172页上)。

属南齐竟陵王萧子良撰的有一种:《华严斋记》一卷(已佚),"自齐梁已来,每多方广斋集,皆依此修行也。今益州宏法师亦以《华严》为志,劝其士俗、清信等,或五十人或六十人,同为福社(指华严社),人各诵《华严》一卷,以同经部。每十五日,一家设斋,严道场高座,供主升座,余徒复位,各诵其经,毕而方散,斯亦斋集之流也"(第172页上、中)。

另有唐智俨撰《供养十门仪式》和隋彦琮撰《善财童子诸知识录》各一种(均佚)。

《华严经传记》对于研究《华严经》的流传史和华严宗的宗史具有十分重要的意义。这不仅是因为作者法藏在华严宗中的地位很高,本书又是他的一部力作,而且是因为书中的一些记载,或在当时流行的著作中尚未见录,或与已有见录的相异,具有他书不能取代的独立的价值。

如自晋宋以来,民间的佛教活动日趋活跃,有在佛(指释迦牟尼佛)诞日、佛成道日、佛涅槃日,弥勒菩萨诞日、普贤菩萨诞日、文殊师利菩萨诞日、大势至菩萨诞日、地藏菩萨诞日、观音菩萨诞日、药师佛诞日、阿弥陀佛诞日举行各种庆祝活动的;有举办八关斋会、盂兰盆会、水陆道场、瑜伽焰口施食的;有营造寺塔石窟、施僧、烧香、打忏、放生的;有请擅长梵呗和转读的法师讲经,说唱变文(佛教故事)的;此外,还出现了以集体修功德求福田为宗旨,根据某项具体的佛教事业或活动,如造像、设斋、写经、诵经、念佛等组织的民间佛教团体——义邑和法社。而《华严经传记》卷五《杂述》中对唐益州宏法师将《华严经》的世俗信仰者组织成"福社",每月十五日开展活动,每人各诵《华严经》中的一卷(从所记的情形分析,当时诵持的是《华严经》晋译六十卷本),一一相加,便是全经的卷数等记载,实是研究唐初华严社活动情况不可多得的珍贵资料。又如《杂述》中对法藏著述的记载,乃是以后崔致远撰《法藏和尚传》、赞宁撰《宋高僧传·法藏传》的依据之一。

此外,《华严经传记》的分类得益于慧祥《弘赞法华传》,由于它既有吸收,又有扬弃,它的分类反过来又影响僧祥《法华经传记》。它是理解上述两书分类异同的中间环节。

第四品　华严经类之二:唐惠英、胡幽贞《大方广佛华严经感应传》一卷

《大方广佛华严经感应传》,简称《华严经感应传》,一卷。唐建中四年(783),四明山大方广无生居士胡幽贞根据法藏弟子惠英的原作"刊纂"。收入《大正藏》第五十一卷。

《华严经感应传》书首和书末均有胡幽贞的题记(无标题)。书首的题记说:

> 此传本华严疏主藏公(法藏)门徒僧惠英集,为上下两卷。今予鄙其事外浮词,芜于祥感,乃笔削以为一卷。俾有见闻于兹秘乘,生难遭想,各勉受持。(《大正藏》第五十一卷,第173页中)

书末的题记说:

> 幽贞窃闻,西萨遮俱槃国(即"遮拘槃国")山中,有具足下本一十万偈《不思议解脱大方广佛华严经》。唯愿此经早得具足,传译此土,普利一切有情。幽贞以有唐建中癸亥纪,敬发此愿,为此归命文。于诸礼佛时次,及十二部经而礼之,不礼佛时,念持此归命文。……此土所译八十卷经,梵偈唯四万五千,于十万中乃略出耳。幽贞悲此土经犹未具,故广发是愿,附出此传。盖欲劝诸道者见之,皆同礼念哀请下本经具足,早传此土也。(第177页下—第178页上)

从上可知,胡幽贞是因为听说西域遮拘槃国山中藏有十万

偈的《华严经》,而传到汉地的《华严经》,即使是唐译八十卷本也只有四万五千偈,不足全本的一半。他祈愿十万偈的《华严经》能早传此土,于是特笔削惠英《华严经感应传》(将原来的二卷删为一卷),以供同道共同"礼念哀请",实现这一愿望。

《华严经感应传》与法藏的《华严经传记》虽然都是围绕《华严经》的传习情况而编写的,但着重点有所不同。《华严经传记》着重反映《华严经》传习的历史过程和各方面情况,因而总的来说是史实多而神异之迹少。而《华严经感应传》则着重渲染奉持《华严经》的功德利益,因而对祥感灵验的描述极多,史实的陈述比较单薄。全书共收录《华严经》传习者的感应故事二十则。不别门类,不设标题。除首尾记叙的西域天亲、北魏灵辨、东晋佛驮跋陀罗、北齐惠炬(有《华严经疏》十余卷)、北齐刘谦之等五则事例是在唐以前之外,其余的十五则事例均发生在唐高宗、武则天朝。所记的人物分别是:居士樊玄智(法藏的同学)、禅定寺两僧(道祥、惠悟)、九陇山一尼师、西域三藏(书中未提名字,据清续法《法界宗五祖略记》则应指"释迦弥多罗")、洛州敬爱寺僧、西域二梵僧、中天竺三藏日照、惠英本人、法藏、实叉难陀(有二则)、西域华严僧、华阴邓元英、绛州二童女、扬州僧弘宝、西京崇福寺僧惠招(法藏同学)、定州僧修德等。

《华严经感应传》在佛教研究中的价值主要在于记述了法藏的一些行历事迹。由于原作者惠英跟随法藏,故他的记述基本上是可靠的[案:如本书说:"垂拱三年,惠英比丘从藏公(法藏)于慈恩寺座下,听讲《华严》已,巡院经行。至翻经院时,与慈恩弘志法师、楚国寺光法师偕行。"(第176页上)]。这些值得注意的事迹是:

> 总章元年,西域有三藏梵僧(指"释迦弥多罗")来至京洛,高宗师事,道俗归敬。华严藏公(即法藏)犹为童子,顶

礼三藏,请受菩萨戒。时众白三藏言:此童子诵得《华严》大经,兼解其义。三藏惊叹曰:《华严》一乘是诸佛秘藏,难可遭遇,况通其义。若有人诵得《华严·净行》一品,其人已得菩萨净戒具足,不复更受菩萨戒。(第175页上)

垂拱初年,有中天竺三藏法师日照,远将梵典,来此传译。高宗诏太原寺安置,召集京城大德僧,共译《大华严》、《密严》等十余部经,僧道成、薄尘、圆测、玄应等证义,复礼、思玄等执笔,惠智等译语。时华严藏公在寺。(第175页下)

垂拱三年四月中,华严藏公于大慈恩寺讲《华严经》,寺僧昙衍为讲主散讲,设无遮会。(同上)

天授元年,华严藏公归觐祖母到曾州,牧宰香花郊迎。至二年,请讲《华严》。说法之次,议及邪正。时有少道士在侧,归报弘道观主:北寺讲师诽谤道尊。观主闻之甚怒,明晨领诸道士三十余人,来至讲所,面兴愠色,口发粗言。(第176页上)

圣历元年,则天太后诏请于阗三藏实叉难陀,与大德十余人,于东都佛授记寺翻译《华严》。僧复礼缀文,藏公笔受,沙门战陀、提婆等译语,僧法宝、弘景、波仑、惠俨、去尘等审覆证义,太史太子中书膺福卫事参军于师逸等同共翻译。则天与三藏大德等,于内遍空寺,亲御法筵,制序刊定。(第176页中)

至圣历二年十月八日,译新经(《华严经》八十卷本)讫,诏请藏公于佛授记寺,讲此新经。(同上)

门人惠谅、惠云、玄观、如琮等。(第177页下)

这些记载均为先前和同时的著作所无,是构成法藏生平事迹的重要组成部分。以后新罗崔致远、北宋赞宁、清续法等人各撰的《法藏传》,无不借用这些资料。由于转抄流传,《华严经感应传》中有一些地方有衍文,如在记姚秦鸠摩罗什与佛驮跋陀罗对论时,说有"谢灵运、费长房等"(见第174页上)。故须留意。

第五品 金刚经类之一：唐孟献忠《金刚般若经集验记》三卷

《金刚般若经集验记》,简称《金刚经集验记》,三卷。唐开元六年(718),梓州司马孟献忠撰。收入《续藏经》第一四九册。

《金刚般若经集验记》书首有孟献忠自序。说：

> 夫般若者,乃诸佛之智母,至道之精微,为法海之泉源,实如来之秘藏。……今者取其灵验尤著,异迹克彰,经典之所传,耳目之所接,集成三卷,分为六篇。(《续藏经》第一四九册,第75页上)

《金刚般若经集验记》是一部专记诵持《金刚经》的感应故事的著作。《金刚经》是印度大乘佛教的早期经典——般若类佛经中的一种。前后有五次翻译：姚秦鸠摩罗什的第一译、北魏菩提留支的第二译、陈代真谛的第三译皆名《金刚般若波罗蜜经》,隋代达摩笈多的第四译名《金刚能断般若波罗蜜经》,唐代义净的第五译名《能断金刚般若波罗蜜多经》。《金刚经》也是般若类佛经的总集《大般若经》中的一部小经,相当于唐代玄奘翻译的《大般若经》六百卷中的第五百七十七卷,即此经十六会中的第九会"能断金刚分"。

般若类佛经作为大乘基本理论的最早表述,历来被认为是后来各种大乘思想的母本和源头。明代高僧智旭在《阅藏知津》卷十六说："般若为诸佛母,三世诸佛皆从般若得生。故曰：

从初得道,乃至泥洹,于其中间,常说般若。当知一切佛法,无非般若所流出,无非般若所统摄也。"(《法宝总目录》第三册,第1112页中)《金刚经》虽然只有三百颂,在《大般若经》二十万颂的总数中所占的比重极小,但它却概括了《大般若经》的核心思想,提出了一切事物由因缘和合产生,"如星翳灯幻,露泡梦电云",皆虚幻不实、无有自性的观点。而且它的表述形式比较接近于原始佛教经典的格式,因而它比《大般若经》收载的其他小经成立更早。

正由于这样,《金刚经》在印度由大乘空宗(又称"中观宗")的创始人龙树、提婆亲自造论弘扬,成了大乘学说的主要读本之一。传入中国以后,它一方面受到佛教各宗(如天台、三论、华严、法相、禅宗等)的普遍推崇,先后有几十种注疏来阐述它的微言大义,在佛教义学中具有重要的权威性;另一方面又被不少僧俗当作祈请延寿、疗疾、生子、登科、免溺、止焚、却鬼、避邪、伏虎、化贼、脱难、还阳、免畜、如愿、度禽、济幽、生天、归西的法宝(参见清代王泽泩《金刚经感应故事分类辑要》),相信只要诵持此经,就会立即发生上述的种种效验。《金刚般若经集验记》所记述的便是这后一方面的情况。

全书按诵持《金刚经》而能获得的直接的应验和利益,分为六篇。每篇之首冠有"序",篇末附以"赞"。共收录以隋唐为社会背景的《金刚经》感应故事七十则。

一、救护篇(卷上),收故事十九则。序云:"若持若诵,护国护身,投烈火而不然(燃),溺层波而讵没,般若之力其大矣哉!故以救护之篇冠以章首。"(第75页下)

二、延寿篇(卷上),收故事十二则。序云:"如能四偈受持,一念清信,积尘积劫,喻寿量而非多;无数无边,等虚空而共永。集其休征可验者,列为延寿之篇。"(第82页上)

三、灭罪篇(卷中),收故事三则。序云:"夫三界虚妄,一心所作。心在分别,一切俱邪;心绝攀缘,则万殊皆正。夫心者,不内不外,亦不中间。心垢则众罪咸生,心净则众罪同灭。……爰申灭罪之篇。"(第89页上、下)

四、神力篇(卷中),收故事十六则。序云:"道契如如,切无等等。将开于塔,移天人于他界;不起于座,示妙喜于阎浮。圣烈巍巍,固无得而称矣。故迹其尤异者,列为神力篇。"(第91页下)

五、功德篇(卷下),收故事十则。序云:"夫至功非功,为而不宰;上德非德,成而不居。故九定四禅,入无所入;三空六度,行无所行。莫而无边,非相非名,不染不住。积恒沙之身,不能方四偈之德,神功圣德其大矣哉!故为功德之篇,以劝来者。"(第98页下)

六、诚应篇(卷下),收故事十则。序云:"无受无心,诚而必应;无为无得,感而遂通。……故以诚应之篇,继之于后。"(第105页上、下)

《金刚般若经集验记》记述的故事,如同下例:

> 博陵崔善冲者,先天初载,时任梓州铜山县丞,常受持《金刚般若经》。当时姚巂州蛮部落有反叛者,监军御史李知古以善冲为判官,既在军营,住巂州界。知古志图功效,遂招慰诸蛮首领降而杀之。蛮落因兹遂皆反叛,报其仇怨,共杀知古。善冲当即奔窜,罔知所之。与二十余人结伴同走,奔驰迷之已经日夜,不知途路。遥见一火,准度近远可十里余将有人家,拟投作食。迄至于晓,犹趍不及。乃至昆明县路,投得县城。盖是神力护持,潜加引导,济以厄急,实冥助焉(献忠任梓州司马,崔善冲亲说——原注)。(卷一《救护篇》,第80页下—第81页上)

这些故事少数是从唐代萧瑀《金刚般若经灵验记》和郎余令《冥报拾遗》等书中摘抄而来的，大多数是作者根据听闻撰录的。见录的故事以唐梓州惠义寺沙门清虚为最多（或许作者与他交往甚密），《神力篇》十六则中，他占了八则；《诚应篇》十则中，他又占了六则。清虚，俗姓唐，自少诵持《金刚经》。书中详细地记述了他从武则天万岁通天元年（696）起，至唐睿宗太极元年（712）之间的主要行履，特别是通过念诵《金刚经》，以灭火、解痛、出泉、伏神、祈雨、请雪等神异事迹，也涉及当时的名僧法藏、义净、复礼和唐中宗等历史人物，以及社会情况（如自然灾害等），可资研究之用。但总的来说，历史的记载过少，灵异的描述过多。

第六品 金刚经类之二：唐段成式《金刚经鸠异》一卷

《金刚经鸠异》，一卷。唐开成元年（836），太常少卿段成式撰。原载于段著《酉阳杂俎续集》卷七，今收入《续藏经》第一四九册。

《金刚经鸠异》书首有段成式《序》。说：

> 先君（指段成式之父）受持此经十余万遍，征应事孔著。成式近观晋宋已来，时人咸著传记，彰明其事。又先命受持讲解有唐已来《金刚经灵验记》三卷（萧瑀撰），成式当奉先命受持讲解。太和二年，于扬州僧栖简处，听《平消御注》一遍。六年，于荆州僧靖奢处，听《大云疏》一遍。开成元年，于上都怀楚法师处，听《青龙疏》一遍。复日念书写，犹希传照罔极，尽形流通，摭拾遗逸，以备阙佛事，号《金刚经鸠异》。（《续藏经》第一四九册，第111页下）

《金刚经鸠异》的性质与孟献忠《金刚般若经集验记》相同，也是从民间信仰方面，而不是从佛教义理方面去记述《金刚经》的流传情况的。全书共记述以唐代中叶为社会背景的《金刚经》感应故事二十一则。有关的人物是：张济丘、虞候王某、孙咸、僧智灯、王从贵妹、左营伍伯、陈昭、僧惟恭、董进朝、王沔、僧会宗、僧法正、沙弥道荫、王忠幹、何轸妻、王殷、赵安、王翰、高涉、丰州烽子、王孝廉。

《金刚经鸠异》记述的故事，如同下例：

> 郭司空离蜀之年，有百姓赵安，常念《金刚经》。因行野外，见衣一襆遗墓侧，安以无主，遂持还。至家言于妻子，邻人即告官赵盗物，捕送县。贼曹怒其不承认，以大关挟胫，折三段。后令杖脊，杖下辄折。吏意其有术，问之，唯念《金刚经》。及申郭（郭司空），郭亦异之，判放。及归，其妻云：某日闻君经函中震裂数声，惧不敢发。安乃驰视之，带断轴折，纸尽破裂。安（赵安）今见在。（第116页下）

这些故事大抵是作者根据传闻得来的资料整理而成的，其中有的是以真人实事为依托敷述的。如上例中的赵安，也许是一个有气功的人，故挟胫杖脊而不能伤其皮肉，至于说这是念诵《金刚经》的神力，大概是他在危急之中的精神依托罢了。

第三门 丛 林 见 闻

第一品　北宋惠洪《林间录》二卷
　　　　附：北宋惠洪《林间录后集》一卷

《林间录》，二卷。北宋大观元年(1107)，惠洪(又作"慧洪"、"德洪"，字"觉范")集。收入《续藏经》第一四八册。

《林间录》书首有临川谢逸于大观元年(1107)十一月作的《序》。说：

　　洪觉范得自在三昧于云庵老人，故能游戏翰墨场中，呻吟謦欬，皆成文章。每与林间胜士抵掌清谈，莫非尊宿之高行，丛林之遗训，诸佛菩萨之微旨，贤士大夫之余论。每得一事，随即录之，垂十年间得三百余事。从其游者本明上人，外若简率，而内甚精敏，燕谈之暇，以其所录，析为上下帙，名之曰《林间录》。因其所录有先后，故不以古今为诠次。得于谈笑，而非出于勉强，故其文优游平易，而无艰难险阻之态，人皆知明之。……觉范名慧洪，筠阳人，今住临川北景德禅寺，盖赴显谟阁待制朱公之请云。(《续藏经》第一四八册，第585页上、下)

《林间录》是一部以丛林(原指一切佛教寺院，禅宗兴起后多指禅寺，故又称"禅林")见闻为记述内容的佛教笔记。此类文体的著作在宋代禅宗著述家中颇为流行的,见存的就有好几种(后详),而《林间录》则是其中撰作早、知名度高的一种。从谢逸《序》中所说来看,《林间录》并非是先有一个总体上的设想,然后根据这个设想去组织资料,编集成文的,而是根据作者在与释子名贤抵掌清谈时所作的札记,经过近十年的积累,最后由本明禅师编成的。

由于《林间录》主要是根据平日交游或触事有感的一些札记编成的,故它的特点是泛而杂。所记不限于一人、一事、一时、一地、一科、一类。凡作者认为有意义的,不论是出自缁门尊宿,还是出自名公士夫;本朝还是前代;是他人的一则故事,还是本人的一段经历;是见于文字的序赞偈颂,还是流于口传的行迹言谈;是对人和事的评议,还是读经读论的感受,莫不加以综录。全书共录三百余事,绝大多数是"尊宿之高行,丛林之遗训,诸佛菩萨之微旨,贤士大夫之余论"(见序),即当时禅门流传的各种逸闻轶事,其次是作者的一些杂感。每事均无标题,也不分类,按先录在先,后录在后的顺序自然编排。

卷上,始自"杭州兴教小寿禅师"(原书并无标题),终于"嵩明教(契嵩)"。叙及的人物(作者本人不计入内)和著作主要有:栖贤湜禅师、李肇《国史补》、大觉禅师琏公(怀琏)、赞宁《大宋高僧传》、长沙岑禅师、积翠南禅师、夹山会禅师、唐僧元晓、云居佛印禅师、玄沙备禅师、草堂禅师《笺要》、唐僧复礼、云庵和尚、达观颖禅师、《涅槃经》、《维摩经》、临济大师(义玄)、东京觉严寺有诚法师、晦堂老人、圆通祖印讷禅师、曹山耽章禅师、圭峰《日用偈》、云峰悦禅师、欧阳文忠公(欧阳修)、雪窦禅师《祖英颂古》、首山和尚《传法纲要偈》、永明和尚(延寿)等。

卷下,始自"大觉禅师(怀琏)",终于"王文公(王安石)"。叙及的人物和著作主要有:杜祁公、《首楞严经》、香山居士(白居易)、庐山玉涧林禅师《云门北斗藏身因缘偈》、灵源禅师、衡岳楚云上人、慈明老人、大愚芝禅师、金华怀志上座、杭州上天竺元净法师、汾阳无德禅师、《正宗记》、洞山圆禅师、无尽居士(张商英)、福严感禅师、杨岐会禅师(方会)、景福顺禅师、大本禅师、报本元禅师等。

《林间录》虽然不像一般禅宗史传那样叙事较为系统集中,但它保存了佛教传记、行状、文集、语录、灯录以及作者言行的许多片段,又可作为编写史传之参考。

如五代僧人文偃,是云门宗的创始人。传今的语录是《云门匡真禅师广录》,分为三卷,由弟子守坚编集。卷上为对机;卷中为室中语要、垂示代语;卷下为勘辨、游方语录、遗表、遗诫、行录、请疏等。文偃的个性如何,语录又是怎样编录的,《林间录》中有这样的记载:

> 云居佛印禅师曰:云门和尚(文偃)说法如云,绝不喜人记录其语,见必骂逐,曰:汝口不用,反记我语,他时定贩卖我去。今对机、室中录,皆香林明教以纸为衣,随所闻,随即书之。(卷上,第591页下)

北宋中叶的白云守端禅师,是临济宗杨岐派开创人方会的上首弟子,也是杨岐派发展史上的一个关键人物。因为杨岐派的法脉,就是通过守端传五祖山(黄梅山)的法演,法演传圆悟克勤,克勤传大慧宗杲,一代一代往下传,延绵以至近代的。《林间录》中有一处记载了守端关于禅寺祖堂应设达磨、怀海尊像的主张:

> 白云端禅师曰:天下丛林之兴,大智禅师(指百丈怀海)力也。祖堂当设达磨初祖之像于其中,大智禅师像西向,开山尊宿(指寺院的第一任方丈)东向,得其宜也。不

当止设开山尊宿,而略其祖宗耳。(卷上,第597页上)

另有一处记载了他的两首禅偈:

> 白云端禅师作《蝇子透窗偈》曰:为爱寻光纸上钻,不能透处几多难。忽然撞著来时路,始觉平生被眼瞒。作《北斗藏身因缘偈》曰:五陵公子游花惯,未第贫儒自古多。冷地看他人富贵,等闲不奈幞头何?(卷下,第626页下)

再如,自唐以来,禅林盛行用某一独特的行为方式,或不落窠臼的答问,来截断学人通常的思维活动,使之解黏去缚,无所用心,从而达到自见清净本性的参禅效果。对此,《林间录》也有所反映:

> 古老衲(即老和尚)住山,多托物寓意,既自游戏,亦欲悟人。如子湖之畜犬,道吾之巫衣端笏,雪峰、归宗、西院皆握木蛇。故雪峰《寄西院偈》云:本色住山人,且无刀斧痕。予元符间至疎山,见仁禅师画像亦握木蛇。尝有僧问曰:和尚手中是什么物?答曰:曹家女。(卷下,第623页上)

> 南禅师居积翠时,以佛手驴脚生缘问学者,答者甚众。南公瞑目如入定,未尝可否之。学者趋出,竟莫知其是非。故天下谓之三关语。晚年自作偈三首,今只记其二,曰:我手佛手,齐举禅流。直下荐取,不动干戈。道处自然,超佛越祖。我脚驴脚,并行步步,皆契无生,直待云开日现,此道方得纵横。(卷上,第588页上)

这些记载生动地描述了禅林风貌。

至于见录于《林间录》的惠洪本人的行事言谈,则比书中收载的任何其他人都多。如惠洪曾读过杨亿《佛祖同源集序》,发过令人回味的感叹:

> 予夜与僧阅杨大年(杨亿)所作《佛祖同源集序》,至曰

"昔如来于然灯佛所,亲蒙记莂,实无少法可得,是号大觉能仁",置卷长叹:大年士大夫,其辩慧足以达佛祖无传之旨。今山林衲子,反仰首从人求禅道佛法,为可笑也。(卷上,第611页下)

因此,倘若是研究惠洪本人的思想,不读《林间录》是不行的。同时,还须看到,由于《林间录》具有随笔性质,因此,书中的有些记载属于道听途说,不能一概视为事实。如唐武宗曾发动过有名的"会昌毁佛"运动,而他一死,继位的唐宣宗立即反其道而行之,复兴佛教,其中的主要原因是出于政治上的考虑。而《林间录》则说:

唐宣宗微时,武宗疾其贤,数欲杀之。宦者仇公武保祐之。事迫,公武为薙发作比丘,使逸游,故天下名山多所登赏。至杭州,盐官禅师安公者,江西马祖之高弟,一见异之,待遇特厚,故宣宗留盐官最久。及即位,思见之,而安公化去久矣。先是武宗尽毁吾教,至是复兴之。虽法之隆替系于时,然庸讵知其力非安公致之耶?(卷上,第587页上)

这里说的唐宣宗曾当过僧人,恐怕是社会上的一则传说,未必是真的。此外,《林间录》在称呼僧人时,往往只称法名中的末一个字,或僧人的字、号以至所住的山名、寺名等。这对于当时的人来说,约定俗成,是容易知道的。但对后人来说,则要费一番周折,才能弄清究竟指谁,白白增添了许多麻烦。

北宋惠洪《林间录后集》一卷

《林间录后集》,又名《新编林间后录》、《林间后录》,一卷。收入《续藏经》第一四八册。

《林间录后集》无序跋。全书共收录惠洪撰作的赞铭偈诗共三十二首。其中《赞》二十一首、《铭》四首、《偈》一首、《诗》六首(统称《渔父六首》)。主要有:《释迦出山画像赞》、《小字金刚经赞》、《六世祖师赞并序》、《枣柏大士画像赞并序》、《百丈大智禅师真赞并序》、《云庵真赞》、《明极斋铭》、《小字华严经偈并序》、《永明和尚书像赞并序》、《永嘉和尚画像赞并序》、《清凉大法眼禅师画像赞并序》、《明白庵铭并序》、《延福钟铭并序》、《甘露灭斋铭并序》、《渔父六首》等。从文中所记的年月来看,最晚的撰于北宋徽宗政和四年(1114)夏五月(见《延福钟铭并序》)。由于这些赞铭偈诗全载于惠洪《石门文字禅》卷十七至卷二十,而且《林间录》是笔记,而《林间录后集》则是文汇,体例相殊,故《后集》很可能是后人抄录《石门文字禅》的这部分内容,另取一个书名,而附于《林间录》之后一并流通产生的,未必是惠洪在世时另撰的一部书。

第二品　南宋道谦《大慧普觉禅师宗门武库》一卷

《大慧普觉禅师宗门武库》,简称《大慧宗门武库》、《大慧武库》、《武库》等,一卷。临济宗杨岐派名僧大慧宗杲(赐谥"普觉")的参学弟子道谦编。南宋绍兴十年(1140)初成,淳熙十三年(1186)重编。收入《续藏经》第一四二册。

道谦,建宁府(治所在今福建建瓯)人。初至京师,依圆悟克勤(宗杲的老师),无所省发,后随大慧宗杲,庵居泉南及径山,为宗杲的主要弟子之一。南宋普济《五灯会元》卷二十载有他的机缘语句。

有关本书的由来,晓莹在致径山宗演的《云卧庵主书》中有十分详细的记叙:

今略叙《武库》之权舆,乃绍兴十年春,信无言数辈在径山,以前后闻老师(指宗杲)语古道今,聚而成编。福清真兄戏以《晋书·杜预传》中"武库"二字为名。……(次年五月宗杲被秦桧定以"讪谤朝政"的罪名,流放衡阳)由是山头识者莫不以"武库"二字为忧,故千僧阁首座江州能兄揭牓子于阁门曰:近见兄弟录得老师寻常说话,编成册子,题名《武库》,恐于老师有所不便,可改为《杂录》则无害焉。其后又伪作李参政汉老《跋》,而以绍兴辛酉上元日书于小溪草堂之上。其实,老师则不知有《武库》。及于绍兴庚午在衡阳见一道者写册,取而读,则曰:其间亦有是我说话,何得名为《武库》?遂曰:今后得暇说百件,与丛林结缘,而易其名。未几移梅阳。至癸酉夏,宏首座以前语伸请,于是闲坐间有说,则宏录之。自"吕大申公执政",至"保宁勇禅师四明人",乃五十五段而罢。时福州礼兄亦与编次。宏遂以老师洋屿众寮牓其门有"兄弟参禅不得,多是杂毒入心"之语,取稟而立为《杂毒海》。宏之亲录,为德侍者收;礼之亲录,在愚(指晓莹)处。(《云卧纪谈》卷下,《续藏经》第一四八册,第46页下—第47页下)

从这段文字中可以得知:

一、《大慧普觉禅师宗门武库》原名《武库》,最初由信无言等人于绍兴十年(1140)春天编成,并根据《晋书·杜预传》中"武库"二字而定名。当时宗杲并不知道。

二、次年五月宗杲遭流放[案:起因是宗杲与主张抗金、反对议和的侍郎张九成友善,又在四月的一次法会上,称张九成为"神臂弓",并作"神臂弓一发,穿过千重甲。子细拈来看,当甚臭皮袜"一偈以见其意(见《云卧庵主书》),从而招致秦桧的忌恨],山僧担心《武库》之名可能会刺激秦桧,对宗杲更不利,于是曾将它改名为《杂录》,并伪造了李汉老(据明心泰《佛法金汤编》卷十四,当是指李邴)的《跋》附行。

三、绍兴庚午(二十年,公元1150年),宗杲在衡阳第一次见到《武库》的传抄本,癸酉(二十三年,公元1153年),他在梅阳新述五十五段事语,由宏首座和礼禅师笔录,作增补《武库》之用。其中宏首座的笔录本名为《杂毒海》,为他的弟子所收藏;礼禅师的笔录本,为晓莹所收藏。

由于今本《武库》中已有晓莹提到的"吕大申公执政"和"保宁勇禅师四明人"等事段,而且总数有一百余段(也可称"则"),故它当是信无言等的《武库》初编和宏首座的《杂毒海》的合编本。

今本《武库》书首有淳熙丙午(1186)四月李泳的题记(无标题)。说:

> 大慧禅师之机辩,譬之武事者,则韩白之俦也。其麾城撕邑,所婴者破,所摧者靡,魔垒百万,望风倒戈。人徒见其堂堂之陈,鼓行无前,而不知此老(指宗杲)宴坐油幢,未始提寸铁也。麾下偏裨,乃按其营垒之迹,拾得其噫乌猝嗟之余,目之曰《武库》。(《续藏经》第一四二册,第920页上)

这篇题记用词遣句的写作风格,与李泳于淳熙己酉(十六年,公元1189年)为《联灯会要》作的序言是完全一致的,因而可以肯定是李泳的真作,它与晓莹提到的那篇伪造的李汉老《跋》当是两回事。

由于《武库》是以宗杲个人的名字取题的著作,它的全称与《大慧普觉禅师语录》一类十分接近,故后人常常望文生义,将它当作是宗杲的又一部语录,或记载临济宗史实的书。如明寂晓《大明释教汇门标目》卷四对本书的解释是:"集大慧禅师宗门机辩,目之曰《武库》。"但语录一般是禅师接引学人时所说的言语(称为"法语"、"机语"等)的汇编,它的本质是表达禅师个人的思想观点。而《武库》则是以记叙宋代临济宗(包括杨岐、黄龙二派)、云门宗僧人的言谈逸事为主,兼及其他禅林人物(禅僧与参禅的宰臣士夫)的行迹和宗杲自己的若干言语的杂录,性质上属于禅宗笔记(或称"禅林笔记")。书名中所说的"宗门",泛指禅门,而不是作者所属的某一宗某一派。全书一百余事段(或称一百余则事例)皆不立标题,随意编次。所叙及的人物大多以字号、地名或僧人法名的后一个字尊称,给出全名的较少。

主要有:洞山广道、云盖智(守智)和尚、慈明(楚圆)、琅琊(慧觉)、大愚(守芝)、湛堂准(文准)和尚、遥道、雪窦(重显)、云居舜老夫(晓舜)、浮山远(法远)、天衣怀(义怀)、湖南小景淳、吕大申、真净(克文)和尚、叶县省(归省)和尚、汾阳无德禅师、云顶山敫禅师、自庆藏主、法云圆通(法秀)禅师、抚州明水逊禅师、佛照杲禅师、延平陈了翁(陈瓘)、慈照聪(蕴聪)禅师、庐山李商老、大觉琏(怀琏)禅师、佛眼(清远)禅师、圆悟(克勤)和尚、佛鉴(慧勤)和尚、洪觉范(慧洪)、佛光无碍禅师、丞相吕蒙正、保宁勇(仁勇)禅师、清素首座、兜率悦(从悦)和尚、张无尽(张商英)丞相、王荆公(王安石)、五祖演(法演)和尚等。

《武库》既出自宗杲的口述,道谦所作的只是将以前的笔录编集整理而已,故书中的语言比较接近于口语,不事雕琢,平易质朴。试举三例:

筠州黄檗泉("泉"当是"全"之误,指道全)禅师,初习《百法论》,讲肆有声。更衣南询,见真净(克文)和尚于洞山。有《悟道颂》,其略曰:一锤打透无尽藏,一切珍宝吾皆有。机锋迅发,莫有当者。真净尝叹曰:惜乎先师不及见。(第933页上、下)

佛鉴(慧勤)初受舒州太平请,礼辞五祖(法演)。祖曰：大凡住院，为己戒者有四：第一势不可使尽，第二福不可受尽，第三规矩不可行尽，第四好语不可说尽。何故？好语说尽人必易之，规矩行尽人必繁之，福若受尽缘必孤，势若使尽祸必至。鉴再拜，服膺而退。（第937页上—第938页上）

师（宗杲）云：圆通秀（法秀）禅师因雪下，云：雪下有三种僧。上等底僧堂中坐禅，中等磨墨点笔作雪诗，下等围炉说食。予丁未年冬在虎丘，亲见此三等僧，不觉失笑。乃知前辈语不虚耳。（第947页上）

《武库》是一部知名度很高的禅林笔记，自南宋至清代，在禅林人物故事或者佛教通史撰作中征引过它的不下数十家（此据笔者所见而言）。它不仅受禅宗僧人的重视，也受禅宗以外的其他佛教学者的重视，南宋天台宗僧人志磐在编纂《佛祖统纪》时将它列入引书目录之中，就是其中的一个例子。

第三品　南宋宗杲《正法眼藏》三卷

《正法眼藏》，三卷，因每卷各分上、下，故又作六卷。南宋临安府径山宗杲集。原书未署撰时，据南宋普济《五灯会元》卷十九记载，本书约撰于绍兴十一年（1141）至绍兴二十一年（1151）之间。收入《续藏经》第一一八册。

宗杲（1089—1163），自号"妙喜"，赐号"大慧"，谥"普觉禅师"，宣城（今安徽宣城）人。俗姓奚。年十二，因与乡校同窗游戏，以砚误中先生，退学而师事东山慧云院慧齐禅师。年十七，正式薙染出家。初云游四方，参诣曹洞宗诸老，后得法于临济宗杨岐派昭觉克勤（又称"圆悟克勤"），为南岳下第十五世僧人。绍兴七年（1137）诏住临安（杭州）径山。绍兴十一年（1141）五月,因张九成"谤讪朝政"(即反对秦桧与金议和)一案的牵连,被褫夺衣牒,流配衡州(今湖南衡阳)。在那里撰作了《正法眼藏》。十年后徙迁梅阳(今广东梅州)。秦桧死后的次年,即绍兴二十六年(1156),赦免放还。绍兴二十七年(1157),恢复僧籍,诏住阿育王山的广利禅寺。绍兴二十八年(1158),应诏再住径山能仁禅院。卒后,弟子蕴闻将他的语录、塔铭、室中机缘、颂古、偈颂、赞佛祖、普说、法语、书等辑成《大慧普觉禅师语录》三十卷,今存。宗杲还与士珪共集《禅林宝训》二卷,后由明代净善重集,传行于世。事见南宋普济《五灯会元》卷十九、明居顶《续传灯录》卷二十七、如惺《大明高僧传》卷四等。

《正法眼藏》书首有明万历丙辰(四十四年,公元1616年)曹洞宗第二十七代、古越显圣寺住持圆澄《重刻正法眼藏序》;同年竹嬾居士李日华《题刻大慧禅师正法眼藏》;宗杲《答张子韶侍郎书》(张子韶即张九成,这是宗杲就张九成主张在《正法眼藏》中删去慧忠国师、大珠慧海法语而写的复信)。

圆澄说:

正法眼藏者,难言也。请以喻明。譬如净眼洞见森罗,取之无穷,用之无尽,故名曰藏。藏者,含藏最广。邪正相襟,泾渭难辩,甚至邪能夺正,正反为邪。故似泉眼不通,泥沙立壅,法眼不正,邪见层出。剔抉泥沙而泉眼通,剪除邪见而法眼正。自非至人,其何择焉?昔竺乾(指印度)有九十六种(指外道)背正趋邪,二十八人(指禅宗西天二十八祖)摧邪持正。逮家东土,白马西来,正教始兴于浊世,名相寻陷于邪宗。由是达磨大师扫除繁芜,直示本心。嗣后五宗分派,各别门风,会其枢要,卓乎纯正。讵意人根浸劣,法久弊生,或承虚接响,以盲枷瞎棒,妄号通宗;或守拙抱愚,以一味不言,目为本分;或仿佛依稀,自称了悟;或摇唇鼓舌，以当平生。如是有百二十家痴禅，自赚赚人，沦溺狂邪。故我大慧老人承悲愿力，运无畏心，决择五家，提挈最正者，凡百余人，裒以成帙，目曰《正法眼藏》。（《续藏经》第一一八册，第1页上）

《正法眼藏》是一部裒集唐宋禅宗耆宿（有名望的禅师）的示众机语，间附作者的拈提（即书题上署称的"径山大慧禅师宗杲集并著语"中的"著语"，简而言之，即按语）而编成的著作。按圆澄在上文中的说法，宗杲编集本书的目的，是为了拯救当时"或承虚接响，以盲枷瞎棒，妄号通宗；或守拙抱愚，以一味不言，目为本分；或仿佛依稀，自称了悟；或摇唇鼓舌，以当平生"的一百二十家"痴禅"的流弊。然而，据作者在卷一之首琅邪（慧觉）和尚一则之末所附的按语，本书的由来则是：

予因罪居衡阳，杜门循省外，无所用心。间有衲子（指僧人）请益，不得已与之酬酢。禅者冲密、慧然随手抄录，日月浸久，成一巨轴。冲密等持来，乞名其题，欲昭示后来，使佛祖正法眼藏不灭。予因目之曰《正法眼藏》，即以琅邪（慧觉）为篇首。故无尊宿前后次序、宗派殊异之分，但取彻证向上，巴鼻堪与人解黏去缚，具正眼而已。（第4页上）

这就说明，《正法眼藏》并不是宗杲根据预先的构思而去有计划地完成的著作，而是他的弟子伊山冲密和雪峰慧然二人（见《续传灯录》卷三十二），根据他在衡阳流放期间，为请益的衲子所作的酬答，抄录整理，最后由宗杲本人审定，并添加了若干按语，裒以成帙的。正因为如此，《正法眼藏》属于随笔性质。全书共收录禅宗耆宿一百多人的六百余则事段（笔者统计），均不分宗派门类，也不以时间为序，随意编次，不立标题。

卷一上(又称"卷一"):收"琅邪(慧觉)和尚"等一百一十余则。

卷一下(又称"卷二"):收"晦堂(祖心)和尚"等九十余则。

卷二上(又称"卷三"):收"达磨大师《安心法门》"等八十余则。

卷二下(又称"卷四"):收"灵泉仁和尚"等一百余则。

卷三上(又称"卷五"):收"六祖(慧能)"等一百三十余则。

卷三下(又称"卷六"):收"风穴(延沼)和尚"等八十余则。

《正法眼藏》所录的这些事段,十之八九都是禅语,即禅师上堂示众(开示众僧)时说的法语,以及参禅时师徒之间的接引对答("机语"),少量的是禅颂,至于人物的身世、行历一般从略。如:

> 晦堂(祖心)和尚示众曰:知幻即离,不作方便。离幻即觉,亦无渐次。释迦老子,千门万户,一时击开灵利汉。才闻举著,撩起便行。更若踟蹰,君往西秦,我之东鲁。(卷一上,第8页上)

> 香林远(澄远)和尚。僧问:北斗里藏身,意旨如何?曰:月似弯弓,少雨多风。问:如何是室内一灯?曰:三人证龟成鳖。问:如何是衲衣下事?曰:腊月火烧山。问:鱼游陆地时如何?曰:发言必有后救。僧云:却下碧潭时如何?曰:头重尾轻。(卷三上,第116页下—第117页上)

> 天衣怀(义怀)和尚《色空颂》二首:色空空色色空空,碍却潼关路不通。劫火洞然毫未尽,青山依旧白云中。东西南北,十万八千,空生罔措,火里生莲。(卷一下,第52页下)

《正法眼藏》的作者虽然没有说明这些事段的出处,但从《正法眼藏》叙及的人物,基本上都见载于后来的《五灯会元》

（言语不尽相同），以及这些事段的内容来判别，它们当中有许多是从北宋道原《传灯录》、李遵勖《广灯录》、惟白《续灯录》（与《续传灯录》为二书）上摘录的。如：

> 破灶堕和尚，不称名氏，言行叵测，隐居嵩岳。山坞有庙，甚灵。屋下唯安一灶，远近祭祀不辍，烹杀物命甚多。师一日领侍僧入庙，以杖敲灶三下，云：咄！此灶只是泥瓦合成，圣从何来？灵从何起？怎么烹杀物命。又打三下，灶乃倾堕。师曰：破也，堕也。（卷二上，第70页上）

破灶堕和尚是禅宗五祖弘忍的旁出法嗣嵩岳慧安国师的弟子，虽然后人不知道他的姓氏、籍地和生卒，但他的事迹在丛林中是很出名的。上文就是从《传灯录》卷四抄录的，除"怎么烹杀物命"中的"杀"字，原作"宰"；"灶乃倾堕"中的"倾堕"，原作"倾破堕落"以外，其余的全同。又如：

> 西堂（智藏）和尚。有俗士问：有天堂、地狱否？曰：有。云：有佛法僧宝否？曰：有。更有多问，尽答言"有"。云：和尚怎么道莫错否？曰：汝曾见尊宿来邪？云：某甲曾参径山和尚来。曰：径山和尚向汝作么生道？云：他道一切总无。曰：汝有妻否？云：有。曰：径山和尚有妻否？云：无。曰：径山和尚道"无"即得。（卷二下，第89页上、下）

西堂智藏是虔化（今江西赣县）人，俗姓廖。八岁出家，二十五岁受具足戒。后往佛迹岩参诣马祖道一，与百丈怀海、南泉普愿、盐官齐安、归宗智常等同为入室弟子。上文摘自《传灯录》卷七。除"西堂和尚"一句，原作"师住西堂"；"有俗士问"一句前，原有"后"字；凡智藏的回答"曰"字，原均作"师曰"；"汝曾见尊宿来邪"的"邪"，原作"耶"以外，其余的全同。

除《传灯录》等北宋灯录以外，《正法眼藏》也从当时流传的诸家语录和其他禅籍上辑录了不少资料，其中包括一些今已失传的著作，如青原下第九世、云门宗僧人洞山晓聪撰的《禅门宗要》（明无愠《山庵杂录》卷上认为，此书为南宋雪山昙禅师所作，未详孰是）。《正法眼藏》卷一下刊载的"马祖示众云：汝等诸人，各信自心是佛，此心即佛。达磨大师从南天竺国来至中华，传上乘一心之法，令汝等开悟。又引《楞伽经》以印众生心地，恐汝颠倒不自信。此一心之法，各各有之。故《楞伽经》以佛语心为宗，无门为法门"（第34页上），就是从《禅门宗要》和《祖堂录》（疑是《祖堂集》）中摘录的。

文中的"《楞伽经》以佛语心为宗，无门为法门"一句中的"以"字，在当时流传的永明延寿《宗镜录》和天衣义怀《通明集》中均误作"云"，这就把马祖道一概括经旨大意而说的话，当作是《楞伽经》中的一句原话。后来的学者因为不知道来由，皆以"以"字为"云"字，甚至发展到"更于经中求'佛语心为宗，无门为法门'一语"（第35页上），即到《楞伽经》中去寻觅这句话，结果一无所获。为此，宗杲特地加了一段按语，对之作了辨正。

《正法眼藏》卷三下的最后一则事段，是宗杲自己的示众法语。全文约五千四百字，为书中所录事段中最长的一则，也是研究宗杲思想的原始资料之一。

第四品　南宋晓莹《罗湖野录》二卷

《罗湖野录》，二卷。南宋绍兴二十五年（1155），江西沙门晓莹集。收入《续藏经》第一四二册。

晓莹，字仲温，未详氏族，江西人。临济宗名僧大慧宗杲的弟子。历参丛席，四众推重。"颇解吟咏。其《南昌道中》一律，载《宋高僧诗选》中。绍定间，释绍嵩作《江浙纪行诗》，广集唐宋名句,晓莹亦与焉。则在当时,亦能以词翰著也。"(《四库全书总目提要》卷一四五,子部释家类)曾撰有《大慧(宗杲)正续传》(见《云卧纪谈·云卧庵主书》),已佚。另有《云卧纪谈》,今存。明如惺《大明高僧传》卷八有传,元念常《佛祖历代通载》卷二十略载其事。

《罗湖野录》书首有晓莹于绍兴乙亥(二十五年)十月在湖隐堂撰的《序》;书末有毗陵无著道人妙总于绍兴庚辰(三十年)撰的《跋》。晓莹在《序》中自述:

> 愚以倦游,归憩罗湖之上,杜门却扫,不与世接。因追绎畴昔出处丛林,其所闻见,前言往行,不为不多,或得于尊宿提唱、朋友谈说,或得于断碑残碣、蠹简陈编。岁月浸久,虑其湮坠,故不复料拣铨次,但以所得先后,会粹成编,命曰《罗湖野录》。(《续藏经》第一四二册,第961页上)

毗陵无著道人妙总是丞相苏颂的孙女,年三十许厌世出家,也是大慧宗杲的弟子。她在《跋》中说:

> 前哲入道机缘,禅书多不备具者,其过在当时英俊失于编次,是无卫宗弘法之心而然,遂致使有见贤思齐者,徒增太(叹)息耳。妙总寄居村落,不闻丛林胜事久矣。比者江西莹仲温(即晓莹)远自双径,来访山舍,娓娓谈前言往行,殊慰此怀。徐探囊中,遂得《罗湖野录》一编,所载皆命世宗师与贤士大夫,言行之粹美,机锋之酬酢。雄文可以辅宗教,明诲可以警后昆。于是详览熟思,不忍释手。亦足见仲温为道为学之要,其操心亦贤于人远矣。(第1003页下)

《罗湖野录》是一部禅宗笔记。全书共汇录宋代禅宗名衲和习禅文士的言语行事九十五则(笔者统计)。不别门类,不立标题,按所得先后自然编次。

卷上，始自"赵清献公"，终于"乌巨雪堂行（道行）禅师"，凡四十六则。记叙的人物主要有：湖州西余净禅师、空室道人、太史黄鲁直、蹒座成禅师、玉泉皓禅师、黄龙道忠、福州资福善禅师、大觉（怀琏）禅师、富郑公、台州护国元（景元）禅师、灵源（惟清）禅师、西蜀表自禅师、成都府世奇首座、饶州荐福本（悟本）禅师、黄龙震（道震）禅师、寂音（惠洪）尊者、湖州报本元（慧元）禅师、淮南祐上座、佛眼（清远）禅师、临川化度淳藏主、妙喜（宗杲）老师、湖州甘露寺圆禅师等。

卷下，始自"蒋山佛慧泉禅师"，终于"鼎州灵岩安禅师"，凡四十九则。记叙的人物主要有：宝峰湛堂准（文准）禅师、惟正禅师、汝阳广慧琏（元琏）禅师、金陵华藏民（安民）禅师、福州空首座、潭州智度觉禅师、翰林学士杨大年（杨亿）、黄龙庵主、保宁玑道、天童觉（正觉）禅师、西蜀显禅师、虎丘隆（绍隆）禅师、兴元府吴恂、死心（悟新）禅师、赣州显首座、佛鉴（慧勤）禅师、明州启霞宏禅师、石霜清素、程待制智道、苏州定慧信（超信）禅师、枢密蒋颖叔、潭州云盖（智本）和尚、泉州教忠光（弥光）禅师、庐山慧日雅（文雅）禅师等。

《罗湖野录》虽然与惠洪《林间录》是同一性质的著作，但在资料的来源及选择方面则既有相同的一面，也有差别的一面。《林间录》的资料主要来源于与林间胜士交往时的言谈以及惠洪本人的随感，而《罗湖野录》"或得于尊宿提唱、朋友谈说，或得于断碑残碣、蠹简陈编"，即不仅有平日出处丛林，从他人谈吐中获悉的各则消息（此与《林间录》同），也有作者本人从几近湮没的断碑残碣、蠹简陈编中寻觅到的种种记载（此为《林间录》所阙）；《林间录》所载，既有宋代的人和事，也有唐代的人和事，既记他人，也记作者自己，而《罗湖野录》所载，"皆命世宗师与贤士大夫之粹美，机锋之酬酢"，基本上都是宋代禅宗宗师和士大夫的言行，有很强的时代性，至于前代禅僧的机锋行事以及晓莹本人的游历观感皆不阑入。而且《罗湖野录》中有关人物基本情况的介绍，如字、号、籍贯、俗姓、经历等，有时要较《林间录》稍详些(但也存在着经常不记僧人全名的缺点)。

正由于晓莹从当时已濒临绝没的断碑遗简中，搜得了一大批有关禅宗人物的资料(主要是思想资料)，并通过《罗湖野录》的辑录，将它们保存下来，故《罗湖野录》在佛教史料学上的价值要较《林间录》为高。

如宋代贤首宗(即华严宗)祖述由法藏建立的"五教"说，将佛陀的全部教法分为：小乘教、大乘始教(包括空始教和相始教两种)、大乘终教、大乘顿教和一乘圆教五个阶次。主张由浅至深，渐次断惑入理，最终证得佛果。因而在思想上倾向于"渐悟成佛"说。而禅宗主张"顿悟成佛"说，认为可以用棒喝、拳指、扬眉、瞬目、拈椎、竖拂一类的机锋问答，使学人转凡成圣。两宗在修行实践上存在着一定的分歧，并发生争执。由于年代久远，当时的情况大多不得而知，而《罗湖野录》的记载，则使后人也能知道当时曾经发生过的辩论：

> 蹒庵成禅师，世姓刘，宜春人。裂儒衣冠，著僧伽梨(指僧衣)于仰山，已而从普融平公得出世法。宣和初，住东京净因。太尉陈良弼建大会，禅讲毕集。有善法师，贤首宗之雄者，致问诸禅曰：吾佛设教，自小乘至于圆顿，扫除空有，独证真常，然后万德庄严方名为佛。而禅宗以一喝转凡成圣，考诸经论，似相违背。今一喝若能入五教，是为正说；若不能入五教，是为邪说。是时，诸禅列坐，法真禅师一公以眴慈受禅师深公，深复肘师，使对之。师乃召善而谓之曰：承法师所问，不足劳诸大禅师之酬，只净因小长老可解法师之惑。其五教者，如愚法小乘教，乃有义也；如大乘始

教,乃空义也;如大乘终教,乃不有不空义也;所谓大乘顿教,乃即有即空义也;所谓一乘圆教,乃空而不有,有而不空义也。我此一喝,非唯能入五教,至于世间诸子百家、一切技艺,悉能相入。……我有喝之时,有非是有,因无故有;无喝之时,无非是无,因有故无。即有即无,能入顿教。我此一喝,不作一喝用,有无不及,情解俱忘。道有之时,纤毫不立;道无之时,横遍虚空。即此一喝,入百千万亿喝,百千万亿喝入此一喝,是能入圆教。善遂稽首谢师。(卷上,第963页下—第964页下)

再如汝阳广慧元琏禅师,是北宋景德年间深受士大夫歆羡的一个人,其事迹不见于北宋惠洪《禅林僧宝传》,而《罗湖野录》则有之。其文略云:

汝阳广慧琏(元琏)禅师,泉州晋江人也。世俗陈,年志于学,占报劬院之僧籍。继依招庆真觉禅师。日事炊爨,有间诵经,真觉见而问曰:汝念甚么经?对曰:《维摩经》。真觉曰:经在这里,维摩在甚么处?琏茫然无以酬,泣涕曰:大丈夫汉被人一问,无词可措,岂不愧哉!于是谒闽中尊宿仅五十余人,不能契旨,即趋河南省念禅师。因致问曰:学人到宝山,空手回时如何?念曰:家家门前火把子。琏豁然大悟,寻擢居堂中第一座,于景德甲辰岁开法广慧。……景祐三年岁在丙子正月二十六日示四圆相,自画虎狗鼠牛字于中揭方丈门。遂至九月二十六日而逝。景德间,宗师为高明士大夫歆艳者,广慧而已。迹其风尚既拔乎类,况享寿八十有六,而预知报谢,因纪次大概,以补《僧宝传》之阙,庶不殒其美也。(卷下,第985页下—第986页下)

又如,宋代禅僧中有许多人具有很高的文学修养,他们撰写的诗赞偈词清新明快,情、景、理融为一体,成为当时争相传颂的名作。《罗湖野录》辑存的天宁则禅师《牧牛词》和苏州定慧信禅师《百丈野狐颂》就是其中的二篇:

> 潼川府天宁则禅师,蚤(早)业儒,词章婉缛。既从释得法,于俨首座而为黄檗胜之孙。有《牧牛词》,寄以《满庭芳》调,曰:"咄这牛儿,身强力健,几人能解牵骑。为贪原上,绿草嫩离离,只管寻芳逐翠,奔驰后,不顾顷危。争(怎)知道,山遥水远,回首到家迟。牧童今有智,长绳牢把,短杖高提,入泥入水,终是不生疲。直待心调步稳,青松下,孤笛横吹。当归去,人牛不见,正是月明时。"世以禅语为词,意句圆满,无出此右。(卷上,第973页下)

> 苏州定慧信禅师,蚤以《百丈野狐颂》得丛林之誉。其颂曰:不落不昧,二俱是错。取舍未忘,识情卜度。执滞言诠,无绳自缚。春至花开,秋来叶落。错错谁知?普化摇铃。(卷下,第999页上)

此外,至如《罗湖野录》卷上叙及的湖州甘露寺圆禅师《渔夫词》,卷下叙及的宝峰湛堂准禅师《十二时颂》、惟正禅师《锦溪集》三十卷、翰林学士杨亿《汝阳禅会集》、明州启霞禅师《法宝传》三卷、枢密蒋颖叔《华严经解》三十篇、庐山慧日雅禅师《禅本草》等,都是佛教的坠简遗文,足资稽考。

第五品　南宋晓莹《云卧纪谈》二卷

《云卧纪谈》,又作《感山云卧纪谈》、《云卧纪谭》,二卷。江西沙门晓莹撰。收入《续藏经》第一四八册。

《云卧纪谈》未署撰时。查书中所记众事中年代最晚的是卷上"御注《圆觉经》"条,说的是南宋第二帝"孝宗皇帝淳熙十年二月乙丑以御注《圆觉经》赐径山"之事(见第23页上)。作者既称赵眘的庙号"孝宗",说明撰书时孝宗已死。故本书约撰于南宋第三帝光宗朝至第四帝宁宗朝之际,即绍熙元年(1190)至嘉定十七年(1224)之间。

《云卧纪谈》书首有作者《自叙》和《云卧纪谭(谈)目录》。《自叙》主要介绍了本书的撰作经过:

> 始予出自南闽,远归江表,分甘于艸木俱腐,诛茅城山,以尚书孙公仲益所书"云卧庵"字而揭焉。公又以诗见寄,有"身世两相违,云间卧不飞"之句,盖其知予者也。山顶高寒,非老所宜,八见青黄(指经过八年),病随日生,繇是徙居(丰城)曲江之感山。年运既往,与世日益疏阔,顺时制宜,以待溘(溘)然。或逃可畏之暑于松坞,或暴可爱之日于茆檐。身闲无事,遇宾朋过访,无可藉口,则以畴昔听见所闻,公卿宿衲遗言逸迹,举而资乎物外谈笑之乐。不谓二三子剽闻,而耳亦熟矣,遂相与记诸,以《云卧纪谈》名之。(《续藏经》第一四八册,第1页上)

书末有作者致径山遁庵无言首座(宗演)的《云卧庵主书》,书信极长,有五千余字,着重指陈了祖咏《大慧年谱》的疏谬,希望宗演在将它们勘正之后再刊行。如其中说:

> 《谱》中于二十年收四句诗,而不叙其由,但云"皆预谶岭海之意"。诗曰:"雁回始觉潇湘远,石鼓滩头莫怨天。一住十年秦楚隔,木弓重续旧因缘。"盖是雪峰闻兄于绍兴十二年从衡阳来临安,见有以西蜀费孝先之术设肆,而为人决休咎,闻因以老师问焉,故有是诗也。衡阳有回雁峰,潇湘有石鼓滩,而辛酉至庚午移梅阳则十年,或云古以梅木为弓,未详所出。(第47页下)

又《谱跋》云：采《正续传》(指晓莹《大慧正续传》)所不载者，集为《年谱》。及观《年谱》之所收，尽出《正续传》，何得为不载邪？(第48页下)

《云卧纪谈》根据作者的所见所闻，共编录了宋代(主要是北宋末年和南宋初年)公卿宿衲在丛林的琐言逸迹七十六则(笔者统计)。每则言迹均设有标题(见《云卧纪谭目录》，正文中无)，编次不别时间的先后和事情的性质。

卷上，始自"富弼颂书"，终于"寂音(惠洪)获谴"，凡三十二则。主要有：秀(蜀僧祖秀)紫芝(祖秀的字)文、东山吉(新淦东山吉禅师)、周茂叔(周敦颐)青松社、查道《僧堂记》、修演(豫章东山僧)入定、鼓山刊录(《古尊宿语录》)、《回石头录叙》、道潜(钱塘僧)参寥子(其号)、自云《厨堂记》、慈云(慧因)陈词、罗汉系南、雪窦持(禅师)、西湖清顺、净逊烧虱法语、喻弥陀(钱塘僧)、李觏泰伯(其字)、修仰(南闽僧)书记、讷叔(太平州芜湖吉祥讷禅师)至东林、果公(庐山栖贤真教果禅师)《示欺客》、圆悟《王梵志颂》、舟峰庆老等。

卷下，始自"尼慧光说法"，终于"政书记诗"，凡四十四则。主要有：孝宗《原道辨》、泉大道(南岳芭蕉庵主)颂、佛印谒王荆公(王安石)、南老《答邹长者》、文殊道(心道)、旦公(潭州慧通旦禅师)颂古、苏轼赞泗州(像)、信(南昌信无言)圆头能诗、简上座、尊宿(海昏逸人)《渔歌》、大慧(宗杲)再访无尽(张商英)、辩粗(苏山辩禅师)、苏辙谒佛印、陈尧佐志墓、报本元(禅师)嗣书、野轩(中际可遵禅师)诗颂、永道抗辩、达观《性辩》、佛慧《北邙行》等。

《云卧纪谈》是晓莹晚年的著作。由于晓莹平生好吟咏，擅诗颂，晚年在这方面的造诣尤为深沉，故受此影响，见录于书中的宋代散逸的丛林诗词偈颂也特别多，形成了《云卧纪谈》的一大特色。如：

熙宁间，西湖有僧清顺，字怡然，居湖山胜处，往来灵隐、天竺，以偈句陶写闲中趣味。曰：浪宕闲吟下翠微，更无一法可思惟。有人问我出山意，藜杖头挑破衲衣。又曰：事事无能一不前，喜归天竺过残年。饥餐困卧无余事，休说壶中别有天。（卷上，第 14 页下）

南昌信无言者，早以诗鸣于丛林。徐公师川、洪公玉父品第其诗，韵致高古，出庾权、癫可一头地。由是收名定价于二公。及参大慧老师于泉南小溪，俱康、南二道者，事蔬供众。因钁地次，南曰：钁头边道将一句来。信擎起钁头，康以土块掷中柄上。信忽有省，故尝有诗曰：新庵小溪上，英俊颇浩浩。从渠作佛祖，任渠会禅道。荷锄向东园，事蔬誓毕老。乘月始抱瓮，破午正杀草。芥蓝被虫食，秋茄亦早槁。斋盂从此去，但愿蔓菁好。士大夫游小溪喜言诗者，大慧必曰：此间有个园头能诗。（卷下，第 31 页下—第 32 页上）

佛印（了元）禅师，平居与东坡昆仲过从，必以诗颂为禅悦之乐。住金山时，苏黄门子由欲谒之，而先寄以颂曰：粗沙施佛佛欣受，怪石供僧僧不嫌。空手远来还要否？更无一物可增添。佛印即酬以偈云：空手持来放下难，三贤十圣聚头看。此般供养能歆享，木马泥牛亦喜欢。（卷下，第 37 页下—第 38 页上）

凡此种种，反映了宋代禅宗名僧的文学素质。

《云卧纪谈》中叙及的人物，虽然有不少已在先前的惠洪《林间录》和晓莹《罗湖野录》中出现过，但由于三书所记的各是人物言行的不同片段，故在内容上大多不重复。有的地方，《云卧纪谈》还对《林间录》记载上的疏误进行了更正。如：

魏府老华严者，讳怀洞。五季（指五代）时初弘华严之教，晚参兴化存奖禅师，得教外别传之旨，遂出世天钵。次徙厌沙禅苑，河朔缁素尊事之，故称老华严。《禅门宗派图》有天钵和尚系出兴化者是也。洞尝有示众语曰：佛法在你日用处，在你行住坐卧处，吃茶吃饭处，语言相问处，所作所为处。若举心动念，又却不是也。还会么？你若会得，即是担枷带锁重罪之人。何故如此？佛法不远，隔尘沙劫一念中见得，在你眉毛鼻孔上。……今《林间录》以此为天钵元公（重元）语。又元（重元）为老华严则误矣〔案：此对《林间录》卷上称"魏府老元华严"而言〕。元嗣天衣怀（义怀），乃云门五世孙。洞以大父事临济，其说法旨趣端可验矣。（第28页上、下）

此外，北宋末年，宋徽宗在道士林灵素等人的影响下，尊道教为国教，全面推行以道教的面貌来改造佛教，将佛教道教化的计划。徽宗下诏，将佛改称为"大觉金仙"，菩萨改称为"仙人"，僧尼改称为"德士"、"女德士"，寺院改称为"宫"和"观"，并要求德士头戴道冠，身着道袍，自取姓名，连佛像也改画为穿戴道冠道服的模样，企图从形式上取消佛教。当时佛教方面有永道法师和律师悟明、华严讲师慧日上疏抗争，结果永道被流放到道州。此事略载于《云卧纪谈》卷下"永道抗辩"条，可资研究佛道关系史者参考。

第六品　南宋道融《丛林盛事》二卷

《丛林盛事》，二卷。南宋庆元三年（1197），丹丘沙门道融撰。收入《续藏经》第一四八册。

道融，临济宗黄龙派第六代法孙，涂毒智策禅师的弟子

文史藏　杂记部

[案:此据古本《丛林盛事》在宗演《跋》之后加的"融见涂毒策（智策），策见游典牛（应为"典牛游"，即天游），是为黄龙六世孙也"一语]。

《丛林盛事》书首有道融于庆元三年（1197）仲秋日作的《丛林盛事序》和《丛林盛事纲目》。前者记叙了作者受晓莹《罗湖野录》的启发而撰本书的经过，后者为全书的目录。道融在《序》中说：

> 余厕身丛林仅三十年，所见当代诸大老多矣。厌世掩肩丹丘中峰之下，日与艸木俱脱，而陈习未忘。瞌睡之余，信手抽骨董箱，得江西莹公所著《罗湖野录》一帙，及开卷首，乃无著师之为序引[案:今本称为《跋》，移至书末]，有曰:"前哲入道机缘，禅书多不备载，其过在当时英俊失于编次，是无卫宗弘法之心而然，遂致有见贤思齐者徒增叹息。"细味其语，诚可箴吾辈懒慢之病。因追忆平日在众，目见耳闻前辈近世可行可录之语，共成一编。书成，将呈鄮峰佛照老人，见而悦之，谓侍僧道权曰:此真吾门盛事也，胡不刊木以传后世？因以《丛林盛事》目之。（《续藏经》第一四八册，第52页上）

书末有庆元己未（五年，公元1199年）华藏遁庵宗演禅师作的《跋》和"甾元禄辛未"（日本元禄四年，公元1691年）兴圣信梅峰禅师作的《跋新锓丛林盛事》。前者文短，主要是说"《丛林盛事》一编，皆命世宗师与贤士大夫酬酢更唱之语，诚可以警后学而补宗教，大率与先师《武库》（指《大慧宗门武库》）相类"（第95页上）；后者文长，着重论述了重刻《丛林盛事》对于纠补禅门颓废之风的意义。略云:

> 自《野录》（指《罗湖野录》）、《纪谭》（指《云卧纪谭》）

至四明《枯崖》（指《枯崖漫录》）之作，哀收古佛祖潜行密机，与贤士夫关于禅佛所泄于五灯者（指未见于"五灯"者），贻之来昆。其为法施，为俾晚进履践，知向上入路，而非为资今日胡讲谈柄矣。又至于宋丹丘融公《丛林盛事》，则一言一句，千古铁案，其禅其道，大方龟鉴也。……今之禅者，与其据禅席劫禅衣，不如削籍为座主奴。……更有一般秃驴，结识公侯，狐媚檀越，名利躁竞，莫有底极。甚之则削落前修，靠倒常住，以招提为铺店，廉耻扫地，规利婪货，算盘为枕，钩索锱铢，但其一腔工夫，金谷是务。这般一队，一非一是，走上走下，奈了不省脚下事。（第95页下—第96页上）

《丛林盛事》共收录丛林逸事一百四十一则（笔者统计）。除个别（如唐代的虞世南、慈恩法师窥基）以外，基本上都是北宋初年至南宋中叶禅宗各系（主要是临济宗）名僧与士大夫的禅语禅行，而以禅语为主。这也就是道融自己说的"前辈近世可行可录之语"和宗演说的"酬酢更唱之语"。所录事条，皆不分类目，其标题仅见于《丛林盛事纲目》（对僧人往往只称法名的后一个字，或字号），而于卷文中则不复标列。

卷上，始"程大卿参黄龙（慧南）"，终"孝宗诏径山潜（道潜）"，凡七十则。主要有：圆通秀（法秀）、雪堂（道行）见父母、典牛（天游）《牧牛颂》、佛灯珣（守珣）号"骂天"、应庵（昙华）依圆悟（克勤）、木庵永（安永）、瞎堂（慧远）为圆悟晚子、密庵（咸杰）破沙盆、且庵仁、懒庵需（鼎需）、一仕官题焦山、宏智（正觉）梦作一联、富郑公参投子、龟山光、开善谦（道谦）、竹庵庵主、水庵（师一）号"一糙"、如无明、尤延之、无著妙总、策涂毒（智策）、本归云《丛林辨佞篇》、竦空谷、水墨观音、自得晖（慧晖）作《竹颂》等。

卷下，始"宝峰祥叉手"，终"荥阳郡王"，凡七十一则。主要有：普慈闻（蕴闻）、晁光禄迥（晁迥）、剑门分庵主、高宗孝宗赞弥勒、石窗恭、雪巢号"村僧"、雷庵正受、士大夫序尊宿语、无垢居士（张九成）、蒋山元、万寿修、空东山、安定郡王作《戒欲文》、思鉴开《传灯录》、痴禅妙、震山堂（禅师）、崇野堂（禅师）、黄龙杨岐、昙橘洲、佛心才（本才）示众、或庵（师体）示众、长芦祖照、婺州灵应讲主、慈恩法师（窥基）、遁庵演（宗演）等。

《丛林盛事》所载人物的言语故事，有的是从以前的禅籍（如灯录）脱胎演化而来的。如北宋中叶，云门宗有一名僧叫法秀。他十九岁试经得度，初励志讲肆，精习《圆觉经》和《华严经》，后参禅于无为军铁佛寺的义怀禅师，成为义怀的上首弟子。曾在龙舒的四面山和长芦、法云诸寺传禅，被神宗赐以"圆通"之号。《丛林盛事》记载道：

> 法云圆通秀（法秀）禅师，初习《华严》。一日叹曰：吾观善财始见文殊，复过百十城，事五十三善知识。又闻达磨西来，老卢（指慧能）南去，教外别传，无上心印。吾岂止方隅，滞性相之宗耶？因弃所业，束装南游。至无为谒怀（义怀）禅师。怀问曰：座主讲甚么经？秀曰：粗习《华严》。怀曰：《华严》以何为宗？秀曰：以法界为宗。怀曰：法界以何为宗？秀曰：以心为宗。怀曰：心以何为宗？秀不能答。怀曰：毫厘有差，天地悬隔，汝当自肯，会有省发。后十七日，闻僧举"白兆问报慈云：情生智隔，想变体殊，情未生时如何？慈云：隔。"师于此大悟，直到方丈陈所得。怀喜曰：前后座主见吾者多，唯汝一人堪承大法。吾宗异日在汝一人行矣。师遂服勤八年，怀推为上首，出世舒之四面。后居东京法云，云门正宗由兹大阐。（卷上，第55页下—第56页上）

此段文字的主要情节，与综合"五灯"而成的南宋普济《五灯会元》卷十六的法云法秀禅师章基本相同，可见它们很可能是同一个来源。然而，也有不少人物的言语故事，是《丛林盛事》第一次予以著录的。如：

涂毒老人（智策）居鉴湖，与放翁（陆游）最厚。绍兴壬午七月二十七日示寂，放翁以诗哭之曰：岌岌龙门万仞倾，翩翩只影又西行。尘侵白拂绳床冷，露滴青松卵塔成。遥想再来非四大，应当相见是三生。放翁大欠修行在，未免人间怆别情。又赞其真云：骨格瑰奇，精神潇潇。貌肃而和，语尽而简。画得者英气逼人，画不得者顶门上一只眼。（卷下，第80页上）

遁庵演（宗演），闽人。初见元枯木（指能仁祖元），后参妙喜（指大慧宗杲）于径山。与最庵印、同庵琏，裒集《大慧广录》三十卷，盛行于世。慧（大慧宗杲）既没，演不复出游。一衲寒暑，居经三十年，数董板首。闽帅赵汝愚待以福之秀峰，坚卧不起。别峰作疏劝请，有"幽兰林下，岂无人而不芳；至宝道中，盖具眼而始识"之句，一时罔不高其清节。暮年竟被涂毒（智策）推出于常之华藏，一坐十九年，法席盛兴于三吴，其乃缘法有地耳。（卷下，第94页下—第95页上）

此外，蜀人冯当可曾为临济宗僧人石头自回禅师的语录作过一序，此序语句形象、幽默、含蓄，在当时各种语录的序言中是很有名气的。自回的语录及冯序今已不见流传，而《丛林盛事》在冯序撰成后不久，就加以转载，使后人得以一饱眼福：

本朝士大夫与当代尊宿撰语录序，语句斩绝者，无出山谷（指黄庭坚）、无为（指杨杰）、无尽（指张商英）三大老。

今代有蜀人冯当可者,于宗门深有造入,与石头回(自回)禅师撰语录序,江湖沸传之。其词曰:五祖晚得南堂,麄暴生狞,凌跨勤、远。天逌地窄投老大,隋回道者以运锤。攻石之手,仰击坚高,出力既粗,一锤便透。归坐钓鱼山上,乖崖峭壁十倍其师狼毒,砒霜不容下口;其徒彦闻,更不瞥地,要收余毒散施诸方。余恐后人不著便宜,自取僵仆,故为标其荼毒,以示来者。缙云野老序。(卷下,第83页下)

这里的"五祖"是指法演,"南堂"是指自回的老师元静,元静是法演晚年的弟子,与"勤"(慧勤)、"远"(清远)为同学。"天逌地窄投老大,隋回道者以运锤",说的是自回世代为石工,他投元静("老大")以后,开始时一边用锤凿岩石,一边背诵《法华经》。元静见后对他说:"今日硁磕,明日硁磕,死生到来,作甚折合?"(见南宋普济《五灯会元》卷二十石头自回禅师章),自回愕然,因而改看赵州勘婆的话头(即公案)。"出力既粗,一锤便透",说的是有一次自回凿石,石头较为坚硬,他尽力一锤,瞥见火光,忽然省彻。"归坐钓鱼山上",说的是自回得法以后,归住合州钓鱼台。"其师狼毒,砒霜不容下口",形容自回机锋迅厉,问答如流。"收余毒散施诸方",意指自回的弟子将其师平日示众的法语集成语录一部。这样,短短的一百余字,将自回的师承、身世、参禅得法的经过、禅学风格等都表达得一清二楚,而且不少地方是用反面的字眼,如"狼毒"、"砒霜"、"余毒"、"荼毒"等来表达正面的意思,可谓独特之至,无怪乎当时"江湖沸传之"了。

正因为《丛林盛事》有这些独特的记载,故自问世以后,在禅林广为传诵。南宋以来的佛教史编撰者都十分重视本书,常常引用其中的资料。编年体佛教通史《释氏通鉴》(南宋本觉撰)将它列入《采摭经传录》,即是一例。

第七品　南宋昙秀《人天宝鉴》一卷

《人天宝鉴》，一卷。南宋绍定三年（1230），四明沙门昙秀撰。收入《续藏经》第一四八册。

《人天宝鉴》书首有绍定庚寅（三年）六月望日兰庭刘棐《序》和同年结制日昙秀《人天宝鉴序》；书末有古岑比丘师赞《跋》和灵隐沙门妙堪《跋》。昙秀在自序中说：

> 窃闻先德有善不能昭昭于世者，后学之过也。如三教古德于佛法中有一言一行，虽载之碑传实录及诸遗编，而散在四方，不能周知遍览，于是潜德，或几无闻。愚尝出处丛林，或得之尊宿提唱，或访求采摭，凡可以激发志气，垂鉴于世者，辄随而录之，总数百段，目曰《人天宝鉴》。不复铨柬人品，条次先后，拟大慧（宗杲）《正法眼藏》之类。且昔之禅者，未始不以教律为务；宗教律者，未始不以禅为务；至于儒老家学者，亦未始不相得而彻证之。非如今日专一门，擅一美，互相诋訾，如水火之不相入。噫！古者之行，非难行也，人自菲薄，以谓古人不可及尔，殊不知古人犹今之人也，能自奋志于其间，则与古人何别？今刊其书，广其说，欲示后世学者知有前辈典刑，咸至于道而已。（《续藏经》第一四八册，第97页上、下）

《人天宝鉴》是一部以记叙禅林尊宿的遗闻轶事为主，兼及其他教派（如儒家、道教和佛教中的教、律二派）有关修心言行的禅宗笔记。全书共收事例一百十八则（笔者统计），始自"唐德宗问昙光法师"（原无标题，以上系笔者取事段的前几个字而列，下同），终于"永明寿（延寿）禅师"。所录各事，皆不分类目，也不立标题，然而于事例之末均注有出典。

所叙及的人物主要有：左溪尊者（玄朗）、五台山无相禅师、天台韶（德韶）国师、智者颛（智颛）禅师、兜率梧律师、法智尊者（知礼）、宝志、真人孙思邈、侍郎杨亿、希颜首座、慈云式（遵式）法师、灵源清（惟清）禅师、曹山章（耽章）禅师、孤山圆（智圆）法师、苏东坡（苏轼）、奘（玄奘）三藏法师、相国裴休、刘遗民、道士吴契、广慧琏（元琏）禅师、明教嵩（契嵩）禅师、终南山宣（道宣）律师、庐山远（慧远）法师、沩山祐（灵祐）禅师、汾阳昭（善昭）禅师、真人张平叔（张伯端）、真人吕洞宾、给事冯楫居士、仰山寂（慧寂）禅师、正言陈了翁（陈瓘）、海月辩都师、高丽僧统义天、晦堂心（祖心）禅师、可久高僧、灵芝照（元照）禅师、大慧（宗杲）禅师、楄庵严（有严）法师、圆照本（宗本）禅师、简堂机（行机）禅师、慈航朴禅师、黄龙心（死心）禅师、宏智觉（正觉）禅师、资寿总（尼妙总）禅师、别峰印（宝印）禅师等。

他们之中，绝大多数是宋代人，也有的是宋以前之人（如东晋的刘遗民、慧远、梁代的宝志、唐代的裴休等）；既有禅宗各派的，也有天台宗的（如智颛、玄朗、知礼、智圆等）、慈恩宗的（如玄奘）、律宗的（如道宣、元照等）。其中尤其值得注意的是还有道教方面的人物（如孙思邈、吴契、张伯端、吕洞宾等），这与先前的《林间录》、《罗湖野录》、《云卧纪谈》、《丛林盛事》很少载录天台、慈恩、律宗等人物，一般不载道教人物有一定的差异。如书中记孙思邈故事说：

真人孙思邈，京兆人。幼聪慧，日诵万言，善庄老，尤笃志释典。年百五十岁，尝隐于终南山，不食饮食，唯服铅汞。与宣（道宣）律师友善，议论终日。尝书《华严经》。唐太宗欲读佛经，问邈曰：何经为大？答曰：《华严经》佛所尊大。帝曰：近玄奘三藏法师译《大般若》六百卷，何不为大？而八十卷（指《华严经》）者犹为大乎？答曰：《华严》法界具一切门于一门中,可演出大千经卷。《般若经》乃华严一门耳。帝悟,从是受持(《释氏类说》——原注)。(第101页下—第102页上)

孙思邈与唐太宗的上述对话,从考据学的观点来看是不能成立的,因为《大般若经》六百卷译于唐高宗显庆五年(660)至龙朔三年(668),《华严经》八十卷译于武则天证圣元年(695)至圣历二年(699),都是唐太宗以后的事。但孙思邈与道宣友善不假,他书写《华严经》(也许是东晋译的六十卷本),并认为《华严经》比《般若经》更为重要也是可能的。

《人天宝鉴》所用的资料基本上都是见于文字的碑传实录,鲜有口传的。这些资料分别来源于《唐僧传》、《国清百录》、《汀江集》、《石门集》、《释氏类说》、《舟峰录》、《芝园集》、《闻道传》、《僧宝传》、《正续传》、《闲居集》、《庐山集》、《隐山集》、《满大聘志》、《梅溪集》(另有《梅溪杂录》、《梅溪笔录》等,或是同一部书的不同名称)、《草庵录》、《少云杂录》、《雪窗杂记》、《通明集》、《丛林公论》、《投机传》、《怡云集》、《仙苑遗书》(道书)、《群仙珠玉》(道书),以及其他塔铭、石刻、文集,语录、灯录、行状、行业记、影堂记等。这与先前的几部禅宗笔记大量采录言谈资料又有很大的不同。这中间有些是于世罕传的著作,如《闻道传》、《投机传》、《怡云集》等。

《人天宝鉴》虽然杂收佛教以外和佛教内部的不同流派的修行法要或行迹,但它的主旨仍是禅法。因此,书中辑存了不少禅宗思想资料。如:

五台山无相禅师礼佛示众曰:汝辈才见泥像,更如春米相似,曾无意谓,殊不知己躬分上,各各有一尊虚空来太小古释迦、古观音,日夜在汝六根门头放光动地,四威仪内同出同入,未尝纤毫相离。何不学礼取个佛,却去泥团上作活?汝若礼得个佛,即是礼汝自心。……恰如善财入毗卢楼阁,证不思议自在境界相似。末后却道我历一百一十城参五十三善知识,见种种境界,闻种种法门,皆无有实。譬如有人于睡梦中见种种事,从睡觉已,乃知是梦。诸禅德善财虽向梦里认得个昭昭灵灵,依前落在阴界。若是顶门具眼,肘后有符。释迦、弥勒是乾屎橛,文殊、普贤是博地凡夫,真如、涅槃是系驴橛,一大藏教是拭疮疣纸,有甚么楼阁可入,境界可证。其或未能如是,且向他梦里礼取一拜半拜(《通行录》——原注)。(第98页下—第99页上)

无相禅师的这席话语言明快,而含意深邃。从表面上看,他对佛、菩萨、真如、涅槃、经教一概骂倒,是对佛法的大不敬。但实际上,他否定的是对偶像、目的、理论的片面执著,提倡不假外力,自证自修的禅宗修行法。

第八品　南宋圆悟《枯崖漫录》三卷

《枯崖漫录》,初名《漫录》,后将作者的字号添入书名,成为今名,又称《枯崖和尚漫录》,三卷。南宋景定四年(1263),径山沙门圆悟撰。收入《续藏经》第一四八册。

圆悟,又称"枯崖和尚",福清(今属福建)人。偃溪佛智禅师的弟子,临济宗僧人(以上据绍隆、陈叔震为《枯崖漫录》作的二序)。

《枯崖漫录》书首有咸淳八年(1272)仲春临济宗杨岐派名僧绍隆《枯崖和尚漫录序》和同年夏天清漳信庵陈叔震《序》。陈叔震说:

昔偃溪佛智禅师住灵临,予客临安,相与往来,神交道契非一日,知枯崖之名久矣,未曾眉毛厮结。偶寓于泉,因过兴福寺,一见元(原)是屋里人,恬淡寡言,真脱偃溪印子。来顷,闻枯崖癸亥岁(指景定四年)归径山蒙堂,裒集平昔所闻见宗宿入道机缘、示众法语及残编短碣名字未上于灯(指灯录)者,随所笔,名曰《漫录》。……予详复数四,虽枯崖得之所闻所见,然编集成传,或赞、或拈、或著语、或纪实,一一自胸襟流出,岂是依本葫芦?则知枯崖和尚所集者,皆发蕴椟之美玉,而非鼠璞。(《续藏经》第一四八册,第143页下)

书末有景定四年(1263)夏四月竹溪林希逸题的后记(无标题)和日僧于宝永四年(1707)作的《跋改锓枯崖漫录》。林希逸说:

此集所记,皆近世善知识也。中间如柔万庵(又称"万庵柔")、元双杉(又称"双杉元",即中元),皆余方外友。篆塘贤(祖贤)、碎(据卷文当是"辟")支坚(立坚),则余志其塔矣。悟(圆悟)兄舍儒入释,其敬慕前辈如此,进进未可量。(第186页下)

《枯崖漫录》是作者根据平昔的闻见,裒集"近世善知识",即南宋中叶以来禅林大德和参禅学道的士宦的入道机缘、示众法语及其他禅迹而成的禅宗笔记。全书共收录事例一百四十七则(笔者统计)。不立标题,也不标出处。

卷上,始"圆通宗照"(原无标题,此系根据事段的前几个字而拟),终"秀岩瑞禅师",凡四十九则。叙及的人物主要有:慈慧祖派禅师、黄庄定祖舜、浙翁佛心禅师、兴化军瑞香烈庵主(号幻住)、铁鞭韶禅师、万庵柔禅师、真源慧日禅师、爱堂妙湛禅师、临安府径山少林佛行崧禅师、临安府净慈肯堂充禅师、安吉州乌回月林观禅师、松源岳禅师、福唐明首座(号寂照)、野云南禅师、退庵奇禅师、南岳方广照禅师、橘洲昙禅师(字少云)、金华元首座、庆元府天童如净禅师、泉州法石隐山璨禅师、丞相蒋芾等。

卷中,始"祖贤首座",终"平江府虎丘坳堂济禅师",凡五十一则。叙及的人物主要有:破庵先(祖先)禅师、江西云卧莹(晓莹)庵主、临安府净慈北涧简(居涧)禅师、参预真文忠公德秀(真德秀)、笑庵悟禅师、笑翁堪(妙堪)禅师、寒斋高士林公遇、双杉元禅师、安吉州道场别浦舟禅师、井山密禅师、中岩寂禅师、临安府净慈混源密(昙密)禅师、国史陈贵谦、大川济(普济)禅师、梦堂升禅师、石田薰禅师、潭州石霜竹嵒印禅师等。

卷下,始"蒙庵聪禅师",终"平江府开元别翁甄禅师",凡四十七则。叙及的人物主要有:无准佛鉴范(师范)禅师、伊岩玉禅师、西蜀保福晦岩晖禅师、潭州大沩泉山初禅师、痴绝冲禅师、月窟清禅师、诺庵元肇禅师、汉阳军凤栖古月祖照禅师、龙溪闻禅师、辟支庵主立坚、东谷光禅师、福州雪峰北山信禅师、介石朋禅师、雪巢岩禅师、南翁明禅师、石溪佛海月禅师、丞相郑清之等。

与《林间录》以来禅家撰作的几部笔记一样,上述人物有的在全书中只出现一次,只有一则事例见录,有的则出现好几次,有数则事例见录。

《枯崖漫录》的资料,有些得之于言谈口传,有些得之于残编短碣。由于它撰于南宋悟明《联灯会要》、正受《嘉泰普灯录》、普济《五灯会元》之后,故其中有许多人物为灯录所未收;有些人物虽然已见录于灯录或其他禅书,但有的在机缘语句方面有脱漏,有的在某项史实方面有差错,而《枯崖漫录》所载则可以用于补正。

属于灯录未载的,主要有慈慧祖派禅师、万庵柔禅师、临安府径山少林佛行崧禅师、安吉州乌回月林观禅师、祖贤首座、双杉元(中元)禅师、石田薰禅师、大川济(普济)禅师、潭州大沩泉山初禅师、辟支岩主立坚、介石朋禅师等。其中有些记载对于禅林人物和事件的研究具有重要的史料价值。

如大川济(普济)禅师是《五灯会元》的编集者,《枯崖漫录》中有一段记载,对于了解他的禅风颇有帮助:

> 大川济禅师,荷法为事,狷介无当意者。在四明宝陀有三句语。曰:宝陀一路,来来去去。撞著聱头,风波无数。曰:宝陀一玄,制臂揎拳。打失鼻孔,苍天苍天。曰:宝陀一妙,无人能到。吃饭著衣,阿屎放尿。住冷泉示寂,遗嘱撒骨不造窣堵(塔)。说偈曰:地水火风先佛记,冷灰堆里无舍利。扫向长江白浪中,千古万古第一义。真一代宗师之模楷,起涧东之道也。(卷中,第169页上)

又如南宋理宗嘉熙(1237—1240)年间,总领岳珂上疏,建议在向僧人出售度牒(证明僧人合法身份的文书)和征收免丁税的同时,增开"买师号"一门,以增加国家财政收入。也就是说,僧人只要出钱,就可以购得由朝廷发给的"金环象简",就可以担任各处寺庙的住持。景德灵隐禅寺前住持、嘉兴府天宁寺僧双杉元(即万庵柔禅师的弟子中元)闻此心忧,特上书丞相,力陈其弊。略云:

> 天下之人,有无用于世,而坐享膏腴之奉者尤众,何特僧道?寺观创立常住(指固定资产)供养,非官与之也,以众乐施而为之。寺观有田,税赋尤倍,又有非待不时之需,正与大家相似。今既买度牒,以钱免丁,又增以钱,官府无丝毫之给,而徒重责其利于无穷,则僧道可谓不幸矣。国家爱惜名器,泛滥何以劝励天下僧道?若以贿得金环象简,得

诸处住持,则嚚顽无赖之徒皆以贿进,何以整齐风俗? 况寺观虽多,其常住阙乏者甚多。纵使此令一行,第能率敛寺观之大者,其小者亦岂能应其求? 如此则所得能几? 况僧道非能自出己财,求为住持,必将取之寺观。师徒相残,常住必坏。所谓膏腴,将见芜秽;所谓大厦,将见为丘墟;所谓温饱,将见为冻馁。部虽有牒,谁将请之? 岁虽有丁,谁将输之? (卷下,第182页上、下)

江西粲无文禅师也于同时上书,经两人劝请,岳珂之议遂寝而不行。

《枯崖漫录》中属于补充或辨正前史记载的,主要有临安府净慈混源密禅师的几段机语,及山阴清首座的《椒颂》等。如:

> 临安府净慈混源密(昙密)禅师,天台卢氏子。游泉南,参教忠光晦庵,乃大慧所谓禅状元者,久而尽得其道。后有示众云:恁么恁么,掘地觅青天。不恁么不恁么,虚空揣出骨。释迦老子以僧伽梨、正法眼藏分付摩诃迦叶,生钱放债,换水养鱼。世尊传金栏外别传何物? 倒却门前刹竿著,不行官路,只贩私商,内外中间觅心了。……去年梅,今岁柳,颜色馨香依旧喝。但愿春风齐著力,一时吹入我门来。阅人语句,须是眼正。究其密说、显说、直说、曲说,如恒山之云,开遮自在。须是同一眼观同一意见,方不辜负前辈。混源出处已备于《嘉泰》、《普灯》,此数语未载。(卷中,第167页上、下)

> 山阴清首座,得心法于无用,有《椒颂》云:含烟带露已经秋,颗颗通红气味周。突出眼睛开口笑,这回不恋旧枝头。诸方犹能诵,不知为清所述,或载为无用作,非也。(卷中,第169页上)

《枯崖漫录》也存在着往往只摘录僧人法名的后一个字,而不称全名的缺点,这对于人物的考究极为不利。这也可以说是南宋禅宗笔记的一个通病。

第九品　明无愠《山庵杂录》二卷
附:明善灿《正宗心印后续联芳》一卷

《山庵杂录》,二卷。明洪武八年(1375),天台山沙门无愠述。收入《续藏经》第一四八册。

无愠(1309—1386),字恕中,别号空室,临海(今浙江境内)人,俗姓陈。"依径山元叟(行端)禅师出家剃度,于昭庆寺受戒,谒灵岩芝公、一元灵公,一一扣问详切。既归径山,居择木寮。后见大白砥公、竺公、道公(指妙道),以看'狗子无佛'话发悟。"(《大正藏》第四十九卷,第934页下)得法于荐福妙道,为"南岳下第二十二世"、临济宗虎丘绍隆派僧人。著有《语录》、《拈雪窦拈古》、《续大慧竹山颂》、净土诗偈颂等。事见明幻轮《释氏稽古略续集》卷二、清通问《续灯存稿》卷七等。

《山庵杂录》书首有洪武己巳(二十二年,公元1389年)夏六月僧录司左善世弘道《山庵杂录序》;洪武八年(1375)腊月望日无愠《序》;洪武二十五年(1392)冬十月无闻居士眉山苏伯衡《叙》。无愠说:

> 余以年几七十,而万死中得一生(指晚年诸病交侵,三次几死),欲杜门谢诸缘,以尽余齿。有法姪庄敬中(指普庄)者,数谒余山庵而请曰:唐宋诸大士立言著书者,恒间作不绝,及元以来寝希,故近古名德提唱及嘉言懿行,可为丛林龟鉴者,大率泯灭无闻。翁当丛林全盛之际,遍参诸大老,闻见博洽。每侍语次,间闻口举一二,皆所未闻,而警发

尤深。愿翁以游戏三昧,自成一书,上发先德之幽光,下脱后学之沈疴,则法门盛事也。……余用是以平生师友所讲授,湖海所见闻,或机缘之扣击,或善恶之报应,与夫一言一行、一出一处,不择其时之先后、人(之)贵贱,凡可以警劝乎后来者,信意信笔,据实而书之,名曰《山庵杂录》。(《续藏经》第一四八册,第 323 页下—第 324 页上)

书末有洪武庚午(二十三年,公元 1390 年)春二月天禧住山守仁《题山庵杂录后》;同年灵谷住山清濬的题记(无标题);日僧文守于宽永二十年(1643)作的题记(无标题)。守仁说:

《山庵录》者,录山庵(指无愠)所闻之事也。其间所纪,或善、不善,直书无隐,殆缁门之良史也。夫事有关乎宗教者,不可以不书,书而能公,合天下之论,尤可嘉也。是书之行,盖将与《林间》、《草庵》诸作,并垂于无穷者矣。(第 365 页上)

《山庵杂录》共收录作者平昔游历丛林,从师友的谈论、江湖的见闻中,所获自南宋末年以来,迄明代开国之初为止(以元代为主),丛林大老(与"尊宿"、"名宿"、"名德"、"大德"、"善知识"等同义)的出处言行、僧俗的善恶报应故事,以及作者的行履实录和对人、事的评判议论,凡一百二十九则(也可称为"段",以上据笔者统计)。每一事段之首不立标题,其末不标出典,编次无定例。

卷上,始"定水宝叶和尚"(此据事段起首的几个字而拟),终"易首座(字无象)",凡六十八则。叙及的人物主要有:平江定惠住持、杨琏、杭下天竺凤山仪法师、雪山昙公、虎丘东州、诚道元、雪窦常藏主、合尊大师、陕西民家小儿、张九六(张士诚之弟)、黄岩濠头(觉真)、方山和尚、护圣启迪元禅师、天童西岩和尚、老素首座、温州寿昌别源禅师、东岩和尚、中峰和尚、径山本源和尚（善达）等。

卷下，始"湖州妙觉期堂僧净"，终"皇朝洪武十一年四月十七日坛主德颙会十师，大开戒法"（此则疑是书成之后补入的），凡六十一则。叙及的人物主要有：燕城庆寿寺海云大士（印简）、径山住持妙高、梦堂和尚（昙噩）、佛光道悟禅师、育王虚庵实首座、竺元先师、元庵会藏主、中天竺一溪和尚（自如）、钱塘广化寺住持觉宗圣禅师、无言和尚、径山惠州提点、断江禅师（觉恩）、思省庵、建宁府僧末山、江西绝学诚公、灵隐竹泉和尚、寂照先师、西天竺国大沙门板的达确、宋无逸等。

《山庵杂录》在学术上的一大特色，是作者对一些禅林作品的记载和评论，使这个为南宋以来禅宗笔记的撰作者所一直忽略的重要方面，重新受到关注。如：

> 灵隐千濑和尚，溯右人也。嗣愚极，读书缀文，眼空当世。尝著《扶宗显正论》，其剖拆（斥）邪正，订定是非，极有可观。（卷上，第327页上）

《山庵杂录》的作者无愠唯一对它不满的是，书中"以宗师拈椎竖拂为'谈柄'"。无愠认为，"宗师拈椎竖拂，乃激扬向上者，岂细事耶？"（同上）对之提出了批评。

> 《禅门宗要》者，乃雪山昙公之所作也。雪山于宋淳祐间，依方山禅师于台之瑞岩，则其成此集也，岂苟哉！余少时尝依凤山灵公，夜参次，公忽言及《宗要》，其中提掇古人不到处，余（指其余人）不能及也，故授一册，命读之。（卷上，第328页下）

但在隔了四十多年以后，天衣清业海（即"子清"）禅师重为刊板，并请章俊为序，"皆言雪山盗他人成集，作己刊行，指恩公断江一言为证。又为分作十卷,每篇取本篇一语为题,牵合破碎,失旨颇多"(同上)。无愠担心后人不知道《禅门宗要》确为雪山昙禅师所作,反而相信清业海禅师的诬词,故特地作证,予以申明。

> 诚道元者,处俗从石塘胡先生游,出尘参虚谷公于径山。尝著《性学指要》十卷,大有补于世教。至正丙申,喜禾高士明编次刊行。其时,张士诚据苏州,擅称王,有郑明德、陈敬初、倪天震辈辅之。诸儒以其书驳晦庵(指朱熹)论性失旨,言之于士诚。士诚命毁其板。(卷上,第331页下)

《性学指要》虽然因版毁而失传,但从无愠的记载来看,它的主要论点乃是"性虚廓寂寥,冲漠绝朕",反对将人性分成善、恶、善恶混同三品,"与气质等而论之"的,是中国哲学史上有关人性善恶之争中的一说。

> 护圣启迪元,临海人。为书生时,拜叔父坚上人(即"和尚")于里之宝藏寺。偶阅其几上《首楞严经》,至"山河大地,皆是妙明真心中所现物"处,置卷细绎,良久自肯。白父母求出家,礼径山寂照为师,服头陀行,久而益勤,出世(传禅)护圣,缘不顺,退居东堂七年。著书曰《大普幻海》、曰《法运通略》、曰《赘谈》、曰《疣说》、曰《儒释精华》、曰《大梅山志》,总若干卷。又作《佛祖大统赋》。由是得心痨疾而卒,寿四十二岁。(卷上,第336页上、下)

启迪元禅师的这些著作今已散佚,内容无法详考,但从《儒释精华》一类的书名来看,他是一个融通儒释的学者。

> 梦堂(指昙噩)和尚重修晋唐宋三代《高僧传》,易十科为六学。禅学中二祖可大师断臂求法事,禅书载之者不一,

独宣律师谓师遭贼断臂。……梦堂曰:律师乃肉身菩萨,其言岂诳?余曰:律师所传之人,非一一亲睹。其行业,必藉他人采集事迹。以此推之,盖采集者有讹谬在,律师必不以禅律异宗,而诬为此说断断矣。盖亦信以传信,疑以传疑之意也。不然,则后之肝胆吴越者妄加更易,而假律师以取信于世焉耳。于是梦堂肯首,遂依《传灯》入传。(卷下,第346页下—第347页上)

元代昙噩作的《新修科分六学僧传》,是一部以梁慧皎《高僧传》、唐道宣《续高僧传》、北宋赞宁《宋高僧传》三书的资料为主,分类取舍,重新编次的僧人通传。其中有关禅宗二祖慧可的手臂究竟是被贼人砍断,还是他为向达磨表示忘形求法的决心而自己砍掉,唐道宣《续高僧传》和北宋道原《景德传灯录》记载不一,一书持前说,一书持后说。昙噩本来是打算取《续高僧传》之说的,但写进书中的却是《景德传灯录》之说,这是什么原因呢?无愠的上述记载揭开了这个谜,原来这是昙噩采纳无愠的意见的结果。

余读者庵所述《丛林公论》,足知者庵识见高明,研究精密,他人未易及也。然其间所论,亦有过当者,或非所当论而论之。如论寂音(慧洪)《智证传》,指摘数节,以为蟊生禾中,害禾者蟊也。斯言甚当。其于《僧宝传》,谓传多浮夸,赞多臆说。审如是,彼八十一人俱无实德可称,诚托寂音以虚文藻饰之矣。斯论之过当也。(卷下,第362页上)

这些书评都具有一定的参考价值。

此外,《山庵杂录》还对当时僧界存在的值得警觉的一些问题予以揭露和批评,使后人能从中对宋元佛教的状况有更细致的了解。如说：

近世有一种剃头外道（指言行为非法的僧人），掇拾佛祖遗言，饾饤成帙，目之曰《语录》，辄化檀信刊行。彼既自无所证，又不知佛祖舌头落处，谬以玄谈，就己昏解，使识者读之不胜惶汗。照千江，四明人。圆直指，天台人。奕休庵，扬州人。三人俱是博地凡夫，绝无正见，妄自刊语录。晖藏主，鄞人，参照千江，将《金刚经》每分析段，妄为之颂，刊板印施。余在桐谷时，晖来谒余。问晖：此经以何为题？以何为宗？竟瞢无所晓。……今据大床座（指寺庙的首座、住持）者，宜黜而正之，反从而誉之，或为之序跋，其得罪于教门深矣。（卷下，第361页下—第362页上）

《山庵杂录》在无愠在世时只完成了手稿的编定工作，尚未刊行。无愠死后，他的弟子、《续传灯录》的作者翠岩居顶（字玄极）赍稿到南京，请弘道、苏伯衡等作序，尔后命工镂板，始见行于世。明代禅林人士对本书评价甚高，将它列为宗门七书之一（见清自融、性磊《南宋元明禅林僧宝传》卷十二）。

明善灿《正宗心印后续联芳》一卷

《正宗心印后续联芳》，一卷。明善灿撰。收入《续藏经》第一四八册。

善灿，生平事迹不详。明万历年间（1573—1619），有高僧名善灿，曾重建福州唐代古刹圣泉寺，不知是否即是其人。

本书无序跋，全部卷文中也没有一处出现过年月的记载，故撰时无考。全书起"僧果增"，终"兹者正镜"，共收录了七十人参禅而得印可的事例。其中绝大多数人物的法名前都冠有"僧"、"兹者"（疑是"慈者"，指在家持戒的佛弟子）的称谓，仅果融、正瀚、果提三人分别被冠以"士"、"居士"、"行者"的称谓。

七十则事例均按大致相似的程式记叙:称谓(僧、兹者,或士、居士、行者)、法名、字号、籍贯、受业师、请益师,参学时师徒之间的机锋对话、徒弟省悟后所说的偈,师父印可后复嘱所说的偈。如:

> 僧圆现,法号慧泉,是侯官县卓氏子也。受业于真空禅师。一日入室,乞求法要。祖喝一声曰:是何法要?(圆现)未达,再求至道。祖扬眉示之曰:会么?答曰:不解。祖曰:非外而得,自己本具。(圆现)忽省,即说偈曰:寂寂木如如,妙用岂能拘?恰恰真慈满,玄玄荣有余。祖征诘印可,宜深养真纯。复嘱一偈:西来大意心印心,灯灯续焰至如今。从兹指彻全彰事,时至须当绍祖庭。(《续藏经》第一四八册,第374页下—第375页上)

尤其是各师付嘱徒弟的那首偈,绝大多数大同小异,回复《正宗心印后续联芳》书名中提到的那几个字。如"联芳绍至贤才处,嘱汝时当耀祖庭"(第366页下)、"嘱汝英才宜尊重,时当耀祖继联芳"(第369页下)、"正宗心印不二门,直指当机达本元"(第370页上)、"西来法旨心印心,续焰联芳至正明"(第378页下)等等。这种众口一词的情况,使人自然地联想到可能是出自善灿一人的构思,而事实上未必如此。另外,从本书收录的人物来看,基本上是在佛教史无影响的无名之辈,也没有思想特色,又无从稽考他们的活动年代(据推测可能都是明代人),故它的史料价值是较低的。

第四门　四众别录

第一品　明袾宏《缁门崇行录》一卷

《缁门崇行录》，一卷。明万历十三年(1585)，古杭(即杭州)云栖寺沙门袾宏辑。收入《续藏经》第一四八册。

《缁门崇行录》书首有万历十三年(1585)仲冬日袾宏作的《缁门崇行录叙》和《缁门崇行录目次》。书末有袾宏的弟子广酚于同年作的《缁门崇行录跋》。袾宏在《叙》中阐释了他的撰作意图，以及将书分成十门的理由：

> 今沙门稍才敏，则攻训诂、业铅椠，如儒生。又上之，则残摭古德之机缘，而逐声响、捕影迹，为明眼者笑。听其言也，超佛祖之先，稽其行也，落凡庸之后。盖末法之弊极矣。予为此惧，集古善行，录其要者，以十门罗之。何者？离俗染之谓僧，故《清素》居其首；清而不严，狂士之清也，摄身口意，是诸佛教，故受之以《严正》；严正由师训而成，师者，人之模范也，故受之以《尊师》；亲生而后师教，遗其亲，是忘本也，戒虽万行，以孝为宗，故受之以《孝亲》；忠孝无二理，知有亲不知有君，私也，一人有庆，而我得优游于林泉，君恩莫大焉，故受之以《忠君》；忠尽于上交，而惠乏于下及，则兼济之道亏，故受之以《慈物》；慈近

于爱,爱生著出世之碍也,故受之以《高尚》;高尚非洁身长往,而舍众生也,欲其积厚而流光,故受之以《迟重》;迟重而端居,无为不可也,故受之以《艰苦》;劳而无功,则苦难而退,因果不虚,故受之以《感应》终焉。十行修而德备,则任法之器也。(《续藏经》第一四八册,第799页上、下)

由上可知,《缁门崇行录》是为匡救明代僧人的一些流弊而撰作的著作。所记皆是可作僧众楷模之用的历代僧人的崇高品行,在内容上,与专门记叙僧人因造恶业而遭致种种报应的《释门自镜录》(唐怀信撰)正好相反。全书共分成十行(即十类品行),收事例一百三十六则(笔者统计)。每则之首均冠有四个字的标题,其末间附作者的"赞曰",每一类品行的最后均有"总论"。

一、清素之行。收:不作斋会、受施随散、遗钱不顾、不畜衣粮、少欲知足、衲衣一食、独守死关等十五则。

二、严正之行。收:禁拒女尼、破坏酒器、不面女人、力卫殿堂、抗章不屈、防心离过、不谈世事等十三则。

三、尊师之行。收:力役田舍、受杖自责、为师礼忏、立雪过膝、兵难不离等十则。

四、孝亲之行。收:兰盆胜会、泣血哀毁、荷担听学、凿井报父、念佛度母等十二则。

五、忠君之行。收:劝善弭灾、规谏杀戮、说法悟主、劝断屠杀、咏花讽谏等十一则。

六、慈物之行。收:忍苦护鹅、赎养生命、悲敬行施、割耳救雉、口吮腹痛、秽疾不嫌、行先执帚、赡济乞人等十七则。

七、高尚之行。收:避宠入山、不结贵游、屡征不就、诏至不起、不受衣号、弃书不拆等十八则。

八、迟重之行。收：十年秘重、不宣灵异、混迹樵牧、重法隐山等十则。

九、艰苦之行。收：备历险难、刺股制心、身先苦役、不作不食、万里决疑、刻苦事众等十五则。

十、感应之行。收：梦中易首、疠疾获瘳、礼忏延寿、扣钟拔苦、感示净土、口出青莲等十五则。

《缁门崇行录》的撰法，如同下例：

口吮腹痛　唐志宽，蒲州河东人。常诵《维摩经》及戒本，感天神绕房。性慈惠，好赡病人，不计道俗及路远近，无人治者，即舆来房中，躬自经理。有患腹痛，脓不能出，口吮之，遂获痊可。后枭感作逆事，逮宽配流西蜀，祖饯财帛悉不受，惟以一驴负经。路逢僧宝暹者，足破卧道傍，舍驴与乘，自担经籍。逢俭煮糜粥以饲饥，又解衣衣之，或割或减，衔哀劝化，导彼念佛。（第817页上）

不作不食　唐百丈海（怀海）禅师住百丈山绝顶。每日力作，以偿其供。或劝止之，则曰："我无德以劳人。"众不忍，藏其作具，因不食。遂有"一日不作，一日不食"之语。赞曰：德如百丈而犹曰"不欲以无德劳人"，况我辈乎？或谓"住持者，宜弘法利生，虽日享千金，役百夫，何病焉？而琐事力作，非所谓知大体。"噫！百丈建丛林，立清规，为万世师法，岂虑不及此？今若是，凡以愧天下之凉于德，而丰于禄者也。（第826页下）

《缁门崇行录》各则事例均不注出典，所叙及的僧人上始西晋（如"规谏杀戮"的事主佛图澄）下至元代（如"重法隐山"的事主法闻），也有的是从佛经故事上摘录的（如"兰盆胜会"的事主目犍连）。大多为真人真事，有一定的史实性。

第二品　明袾宏《皇明高僧辑略》一卷

《皇明高僧辑略》，一卷。明云栖寺沙门袾宏辑。原载于《云栖法汇》卷十七，未署撰时。从作者在《高丽普济禅师答李相国书》的按语中说"此语录，万历丁酉福建许元真都阃东征得之朝鲜者，中国未有也。元真携原本还闽，仅录其一篇云"，以及作者的卒年推断，约撰于万历丁酉二十五年(1597)至万历四十三年(1615)之间。今收入《续藏经》第一四四册。

《皇明高僧辑略》书首有《凡例》四条。说：

一、生于元，示寂于本朝者录；示寂于元者不录。

一、楚石(梵琦)以下十家(指正传收录的十人)，各有语录，不能悉具全书，其上堂、示众、普说、拈颂、题咏、杂著等，皆录少分(指一小部分)。

一、附录者，以《宋景濂学士集》中所载诸善知识序文、志铭，亦以曾与本朝者，录其少分。

一、又附者，以失记普济师朝代故。(《续藏经》第一四四册，第403页上)

《皇明高僧辑略》是一部辑录明代禅僧事迹，尤其是禅僧言语的著作。全书共收禅师十九人。其中正传十人，他们是：楚石琦(梵琦)、毒峰善(季善)、空谷隆(景隆)、天琦瑞(本瑞)、杰峰英、楚山琦(绍琦)、性原明(慧明)、雪庭、古音琴(净琴)、笑岩宝(德宝)[案：以上据正文所述的次序而言，在目录中，"笑岩宝禅师"是排在"古音琴禅师"之前的]；附录八人，他们是：古鼎铭、雪窗光(悟光)、南堂欲(清欲)、径山悦空、佛光普照、璧峰金(宝金)、东溟日(慧日)、孤峰德(明德)；又附一人，即高丽普济(只录书信一封)。

《皇明高僧辑略》正传的写法颇为特殊,它不是一篇篇首尾完整的传记,而是人物行事的若干片段的辑录。每个片段(相当于小节)都设有标题,文末间附作者的按语,有的人物有介绍他一生略历的"行实",有的则没有;有的人物的"行实"在各个片段之首,有的夹在中间,还有的在后,体例上并不统一。如《楚石琦禅师传》下分:行实、上堂、普说、示众、开示、净土诗六节,其"行实"在前;《毒峰善禅师传》下分:上堂、开示五羊深禅人、嘱大川关主、行实撮略、示徒悟玄五节,其"行实"在中间;《天琦瑞禅师传》下分:普说、又(指又一节"普说")、开示、示众、示无畏居士、拈古、行实七节,其"行实"在后;《杰峰英禅师传》下分:送黄龙明知客、送归德演禅师、送天台洪禅人、送伏龙溢南海维那、示道信侍者、颂古、世尊初降王宫、勘辩、跋虚谷和尚法语九节,并无"行实"。

有关人物"行实"的介绍,也有两种区别:一种是以传主自述的口气写的,另一种是以第三者记叙的方式写的。属于第一种情况的有天琦本瑞禅师等。如:

师(本瑞)自云:吾江西南昌府钟陵人也。父江台,母徐氏。幼随父商。年将二十,至荆门,闻无说能和尚乃有道之士,拜为师,剃落。教看"一归何处"(指看话头)。后得昱首座苦口提携,昼夜逼拶,不许说话,不许眨眼。一日听廊下有人说话,昱便打。曰:"又不瞌睡,如何也打?"昱云:"你不瞌睡,听那里?"又:"二僧裁裙,度量不已,我不觉眼看。"昱兄又打,云:"你眼也不曾停住,话头岂能著实。"我因此惊觉。平日只说有念便罢,那晓得如此用心。自此,其目如睹,其耳如听,字字明白,句子历然。……又见宝峰(云云——原注),乃得印证。(第422页下—第423页上)

属于第二种情况的,有性原明(慧明)禅师等。如:

师讳慧明,字性原,别号幻隐,生于元。父项,母陈氏。七岁发疽,忽失所在。求得之,则曰"四童子舁我至此"。识者知师为天神所祐矣。未几出家,后谒竺元道公于仙居紫箨山。又谒径山元叟端公。端问:"东岭来?西岭来?"师指草鞋曰:"此是三文钱买得。"端曰:"未在,更道。"师曰:"某甲只如此,和尚作么生?"端云:"念汝远来,放汝三十棒。"师乃悟其旨。久之,遂罄底蕴。曰:"才涉思惟,皆为賸法。"洪武十九年示寂,寿六十九,夏五十八。(第431页上)

　　《皇明高僧辑略》在《附录》中收载的人物,大多只记他们的略历,据作者自己说,这些资料选自《宋景濂学士集》中有关这些禅师的碑铭。至于高丽普济禅师,则只选录了他答李相国书中有关"参话头"的一段看法。由于书中所录的人物绝大多数为明初禅宗尊宿,故虽然见录的人不多且事迹也有不全的,但仍有一定的史料价值。

第三品　明夏树芳《名公法喜志》四卷

　　《名公法喜志》,略称《法喜志》,四卷。明代居士夏树芳辑。原书未署年月,据明代《顾端文年谱》所载顾宪成《法喜志叙》的撰时推测,本书约撰于万历三十四年(1606)。收入《续藏经》第一五〇册。

　　夏树芳,字茂卿,自号"冰莲道人",江阴(今江苏江阴县)人。万历乙酉(十三年,公元1585年)举人。尚撰有《栖真志》四卷、《茶董》二卷、《奇姓通》十四卷,均见于《四库全书总目提要》。本书也见录于《提要》,但作三卷,并称顾宪成序作于"万历六年","宪成所见必不如是,殆亦树芳嫁名耳"。近人陈垣

《中国佛教史籍概论》对此作了辨正。

《法喜志》书首有紫竹林观衡《法喜志序》；羼提居士邹迪光《名公法喜志叙》（"叙"通"序"）；顾宪成《法喜志叙》（《续藏经》本因此序的末尾佚五行余字，作者姓名一并失落）；庄严居士吴亮《法喜志题辞》；夏树芳《法喜志自叙》。上述五序均未署撰时。

顾宪成在《法喜志叙》中说：

> 澄江夏孝廉辑《法喜志》成，有客过余，语及之，而曰：茂卿津津禅悦，迹所采撷，率从忠孝节谊（义）中荐取，跳不得儒家门户，何也？余曰：茂卿从儒用禅者也，非以儒为禅用者也。以儒为禅用，即儒亦化而禅；以儒用禅，即禅亦化而儒矣。此茂卿陶铸手也。（客）曰：然则儒家摈禅何也？曰：此以正学脉也，而茂卿以广取善也。一主严，一主宽，两者并行而不悖也。（《续藏经》第一五○册，第60页上、下）

夏树芳在《法喜志自叙》中说：

> 玉几山人有《物外英豪录》，昉古参禅学道之士，汇而成编。顾繁者厖杂，简者寂寥，谲者琐诞，佚者挂漏。余读未卒业，而为之四顾，为之踌躇，窃有志焉。暇日山居，横襟晼古，于诸名公，次第采撷，一一校雠，人各具一小传。盖自晋魏齐梁，迄于唐宋，按以历朝本史，或诸名公文集，或散见本传，或错综于大藏传灯、语录诸书，哀多益寡，纂要钩玄，题曰《法喜志》，厘为四卷。大都超绝殊胜于世外，别标一色，而又准乎人情，不违大道。砥名节则依忠孝，律进退则首清严。出则奋迹麒麟，垂光竹帛；处则希踪麋鹿，昭耀松萝。或以理学开基，或以文章命世，总之遗荣履素，归于自然。固非谬悠荒唐，恣意枯槁，作一老头陀行径比也。（第

61页下—第62页上）

《法喜志》是一部裒集历代名儒宰官和忠孝节义之士歆羡佛教、体契佛理的事迹而成的著作。全书所收，上始西汉武帝时的东方曼倩（既东方朔），下至元末明初的杨铁崖（即杨维祯），凡二百八人，其中与禅宗有关联的约占三分之二。每人一传，大多以人物的字号为传名，如"曹子建"（曹植）、"羊叔子"（羊祜）、"王茂弘"（王导）、"陶士行"（陶侃）、"王右军"（王羲之）等。也有少数仍以姓名为传名，如"周续之"（字通祖）、"颜之推"（字子分）、"苏琼"（字珍之）等。各卷收录的情况是：

卷一：始东方曼倩（东方朔），终苏琼，凡五十五人。有郄嘉宾（郄超）、袁彦伯（袁宏）、王坦之、何次道（何充）、孙兴公（孙绰）、许玄度（许询）、宗少文（宗炳）、谢康乐（谢灵运）、江文通（江淹）、萧云英（萧子良）、范蔚宗（范晔）、何彦德（何尚之）等。

卷二：始陶贞白（陶弘景），终裴宽，凡五十七人。有梁敬之（梁肃）、魏伯起（魏收）、沈休文（沈约）、刘彦和（刘勰）、阮士宗（阮孝绪）、杜辅言（杜弼）、徐孝穆（徐陵）、李子约（李士谦）、王仲淹（王通）、孔颖达、王子安（王勃）、骆宾王、王右丞（王维）、张燕公（张说）、李青莲（李白）、韦苏州（韦应物）、李遐叔（李华）、杜子巽（杜鸿渐）、柳柳州（柳宗元）、刘梦得（刘禹锡）、李习之（李翱）、李义山（李商隐）等。

卷三：始白少傅（白居易），终刘元城（刘安世），凡四十八人。有韩昌黎（韩愈）、裴公美（裴休）、杨文公（杨亿）、晁文元（晁迥）、文潞公（文彦博）、范文正（范仲淹）、李觏、欧阳永叔（欧阳修）、司马温公（司马光）、邵康节（邵雍）、王介甫（王安石）、苏端明（苏轼）、米襄阳（米芾）、程明道（程颢）、杨无为（杨杰）、晁以道（晁说之）等。

卷四：始胡康侯（胡安国），终杨铁崖（杨维祯），凡四十八人。有周濂溪(周敦颐)、秦淮海(秦观)、黄鲁直(黄庭坚)、江民表(江公望)、李汉老(李邴)、张无尽(张商英)、胡致堂(胡寅)、张文忠(张九成)、游酢、朱晦庵(朱熹)、冯济川(冯楫)、陆放翁(陆游)、叶水心(叶适)、真西山(真德秀)、饶德操(饶节)、刘中明(刘昉)、刘经臣、赵松雪(赵孟頫)等。

《法喜志》对上述人物的记叙,大致是这样的:先寥寥数语介绍人物的姓名、字、籍地、行历、才学、性情、交游等,然后着重记叙他与佛教的因缘,如与佛教有关的一件事、一篇文章、一首诗颂、一封书信、一次谈论等。每篇小传的篇幅都不太长,最长的数卷三的《刘元城(刘安世)传》也只有三百六十二字,最短的数卷一的《殷中军(殷浩)传》仅三十一字,行文简洁明了,重点突出。据作者在《法喜志自叙》中的陈述,这些人物的资料,是从历朝正史、文集、别传、灯录、语录诸书上采集的,但在撰录时已作了文字上的精简和修饰,也许是出于这一原因,作者并没有将具体的出处附注于小传之末。显然,作者的撰作意图并不是为了向读者提供一个人的生平始末,而是为了说明此人对佛教的态度以及与之相关的言行。试看下例:

  李白,字太白,成纪人。唐宗室。天宝初,至长安往见贺知章。知章见其文,叹曰:子谪仙才也。言于玄宗。召见金銮殿,赐食,上亲为调羹,诏供翰林。白尝著《西方净土赞》,曰:向西日没处,遥瞻大悲颜。目净四海水,身光紫金山。勤念心往生,是故称极乐。珠网珍宝树,天花散香阁。图画了在眼,愿托彼道场。以此功德海,冥祐为津梁。八十一劫皋,如风扫轻霜。庶观无量寿,长愿玉毫光。(卷二,第84页上)

  吕本中,字居仁。宣和中,为枢密院编修官,兼侍讲。卒谥文清。居仁性清约,以耽禅而病,癯癯不胜衣。作《江西传衣诗派图》,推山谷(指黄庭坚)为诗祖,列陈无己(陈师道)等二十五人为法嗣。尝致书问大慧(宗杲)禅要。慧答书曰:千疑万疑,只是一疑。话头上疑破,则千疑万疑一时破。若一向问人:佛语如何?祖语又如何?诸方老宿语又如何?永劫无悟时也。居仁自是有省。(卷四,第106页下—第107页上)

黄溍,义乌人。自幼笃学,博极群书。发为文章,如澄湖之波,一碧万顷。与柳贯、虞集、揭奚(傒)斯游,人号儒林四杰。延祐初进士,累官侍讲学士,谥文献。公于佛典横襟考究,其撰《虎丘寺记》、《兹上人息庵铭》、《蒋山志公塔院记》,俱脍炙人口。(卷四,第117页下)

可见,《法喜志》虽然卷帙不多,而蕴含量却十分丰富,历代名士的佛教因缘于中可以略见一斑。因而,自问世以来深受学佛的士子的喜爱,清代彭绍升撰《居士传》时曾参考过它。但是,《法喜志》在人物的选录方面也存在着宁宽勿严的倾向。例如,唐代的孔颖达是有名的经学家,他所编的《五经正义》是唐代科举取士的教科书。然而,孔颖达并不信佛,相反,在当时沙门慧净与道士蔡晃的辩论中,还站在道教一边,指责慧净"佛家无净,法师何以屡构斯难"?《法喜志》将孔颖达收入其中(见卷二),又由于实在没有有关孔颖达的任何褒扬佛教的言行可记,就以慧净对孔氏的回答充为传文,占一半篇幅,这些显然是不适当的。

第四品　明元贤《建州弘释录》二卷

《建州弘释录》,二卷。明崇祯二年(1629),鼓山沙门(自称"建阳晚学")元贤编集。收入《续藏经》第一四七册。

《建州弘释录》书首有崇祯己巳(二年,公元1629年)博山大舣(元来)《建州弘释录序》;辛未(四年,公元1631年)温陵何乔远《叙弘释录》;庚午(三年,公元1630年)元贤《建州弘释录序》。书末有倪鼎阳、滕之宋、李權作的三篇《跋》。

元来在《建州弘释录序》中说:

> 余作驱乌昔,游闽中,知建州为理学渊薮。后阅《传灯》诸书,又知建州为禅学渊薮。每见建州僧,必询其乡之先正,然往往不能对,因为之悒悒久之。丁巳(指万历四十五年)春,吾弟永觉(元贤)师,初弃儒入释,从寿昌先师(指慧经)学枯禅,因与道其乡之先正,甚悉。皆粹若珙璧,逸若凤鸾,多余所未及知者。余喜甚,指其胸曰:此是一部僧史记。师曰:吾将志而传之。……至己巳冬,以书徕博山,则建州僧志成,寄以相示,且征序焉。(《续藏经》第一四七册,第813页上)

元贤在《建州弘释录叙》中说:

> 《弘释录》者,能弘释氏之道也。斯道自金人见梦,白马西来,代有作者,大弘其教。以故千秋竞照,辉映今古。浩浩乎莫可纪也。其在我建(指建州),则六朝以来概未有闻。唐兴,始建梵刹。自马祖(道一)入关,肇化于建阳之佛迹岭,而禅学始大行焉。厥后,虽禅教殊宗,性相异旨,共能使玄化风飞,法泉箭涌,皆我释之津梁也。逮明兴以来二百余载,宗灯绝焰,教海亦湮。间有二三,亦落落如晨星,则弘道之责将属之何人乎?……用是不揣颛愚,博探群籍,取诸师之产于建者,或开法显化于建者,悉录而传之。(第814页上、下)

《建州弘释录》是一部记叙生于或活动于建州(治所在今福

建建瓯县)的佛教人物(以禅宗人物为主)的著作。作者元贤生于建阳(今福建建阳县),此地在唐代也属建州管辖,出于对家乡佛教名人的崇敬,因而编集了这部地方性的佛教人物志。全书所收,上始唐代,下至明代,凡七十七人。分为达本、显化、崇德、辅教四科(也可称"篇")。列传之末间有评论(但无"论"、"赞"、"按"一类的称谓)。每科之首有释题,之末有"论曰",即总论。

一、达本(卷上)。"识心达本,始号沙门。心非可识,眼不见眼。绝解绝证,强立斯号。入诸佛海,此为第一。"(第817页下)收三十二人。主要有:唐代的道一、慧海、五代的智作、宋代的澄湜、惟珍、道琼、道谦、元代的法枢、正友、正璋、少林崧禅师等。

二、显化(卷下)。"积诚旋湛,灵应自彰。实唯本具,匪藉外来。圣凡叵测,隐显无方。摄化有情,此为最广。"(第833页上)收十七人。主要有:唐代的神暄、五代的藻光、宋代的道镇、从密、元代的元模、明代的金汉道人等。

三、崇德(卷下)。"多闻寡益,践实有功。目足更资,乃造其微。体睿含淳,履仁翔慧。瞻之仰之,千载典型。"(第839页下)收十四人。主要有:唐代的明觉、辨聪、自然、元代的澄鉴、明代的德智、慧通、净琴、道觉、德和等。

四、辅教(卷下)。"佛日亘天,魔云作障。日何所损,人失其照。休哉硕人,为金为汤。启导群迷,永益来学。"(第845页下)收十四人。主要有:宋代的杨亿、胡安国、游酢、刘子羽、朱熹、真德秀、沈士荣、赵观、张世昌等。

《建州弘释录》的资料,据作者在目录中的标注,主要来源于《传灯录》、《宋高僧传》、《五灯会元》、《林间录》、《续传灯录》、《径山志》、《宗门统要》、《铁关语录》、《古梅语录》、《大圭语录》、《邑志》、《府志》、《智证传》、《支提志》、《古拙行状》、《绂麟楼稿》、《朱子大全》、《文献通考》、《寿昌语录》等。其中大半是禅籍,而在禅籍中又以《五灯会元》采录的次数为最多,全书有十六人是从它上面转录的。因此,《建州弘释录》前三科收载的人物,除一二人(如宋代崇安自然法师)以外,全是禅师。撰述风格也与禅宗的语录比较接近,所记大多是人物的言语。如:

> 元瓯宁天宝山铁关法枢禅师,温州平阳人,姓林氏。少不茹荤。十七辞父母出家,诣常州华藏寺,礼竺西坦和尚为师。二十受具。参中峰本(明本)于天目,久之无省发。乃参及庵信于道场山,语不契。遂见元翁信于石门,教看"不是心,不是佛,不是物",凡三载。一日斋后下床,忽大悟。作颂曰:"不是心佛物,捞出虚空骨。金毛狮子儿,岂恋野狐狸?咄咄!"即谓方丈。翁问:"作么?"师曰:"南泉(普愿)被我捉败了也。"翁曰:"不是心,不是佛,不是物,是个什么?"师曰:"牙齿一具骨,耳朵两片皮。"翁曰:"不是!不是!别道将来。"师曰:"莺啼燕语,鹊噪鸦鸣。"翁曰:"错!"师亦曰:"错!"翁曰:"南泉即今在甚么处?"师便喝。翁曰:"离却这一喝,南泉在甚么处?"师拂袖而出。由是参虚谷陵于仰山,参海印如于荐福,参泽山咸于东林,凡四年,复归石门。(卷上《达本》,第828页上、下)

作者对法枢禅师评价甚高。他在法枢章末说:"当元之季,宗风寥寂,然建州说法者,尚有数人,铁关(指法枢)其杰出者乎!今《语录》(指《铁关语录》)尚存,精金粹玉,卓然天贵。识者当自宝之。"(第829页上)元代建州的禅风从法枢身上也可略知一二。

《建州弘释录》末一科(即《辅教》科)因收载的都是建州一

带的名儒居士,情况稍有不同。虽然有些人仍然是从禅宗的角度去选录的,但也有的是从经教或护法的角度去选录的,记人物的行事稍多些。如:

> 宋建安匏庵陈先生竑愿,博通群籍,深探名理,而尤醉于圆顿法门,自号华严弟子。尝愍世俗为口腹计,造诸杀业,邪说相袭,执非为是,乃作《慈心功德录》,以广喻之。录凡三卷,今盛行于世。(卷下《辅教》,第851页下)

> 明建安翰林待诏沈先生士荣,洪武间上书阙下。太祖手诏谕之,授翰林待诏。尝见宋儒卫道之语,毁谤佛经,后学承风,妄生异见,乃作论以辨之,名《续原教》,凡一十四篇。今盛行于世。(同上,第852页上)

由此看来,《建州弘释录》对于研究福建佛教多少保存了一些有用的资料。

第五品　明朱时恩《居士分灯录》二卷

《居士分灯录》,简称《分灯录》,二卷。明崇祯四年(1631),云间心空居士朱时恩辑。收入《续藏经》第一四七册。

《分灯录》书首有广岫居士王元瑞《居士分灯录叙》;如是居士张翼珍《居士分灯录叙》;崇祯辛未(四年,公元1631年)朱时恩《自叙分灯录缘起》、《居士分灯录目录》;卷首文五篇,即宋濂《夹注辅教篇序》、《重刊护法论题辞》、大慧(宗杲)禅师《示真如道人书》、《莲池(袾宏)大师法语》(下分"华严不如艮卦"、"儒佛配合"、"佛性"、"王介甫"、"解禅偈"、"范景仁"、"衣帛食肉"、"护法"、"答孙无高居士广抑"九节)。

书末有壬申(崇祯五年,公元1632年)许经《分灯录后序》;偶谐居士黄廷鹄《分灯录跋》;章台鼎《居士分灯录劝缘引》;捐资雕刻《分灯录》的七十二个居士的名单。

上述序跋题记中,王元瑞《居士分灯录叙》和朱时恩《自叙分灯录缘起》,对于了解朱时恩其人及其著作、《分灯录》的撰作缘起、宗旨,以及内容大概,颇为重要。

王元瑞说:

> 我友朱我沾(指朱时恩)氏,学兼华梵,情泯智凡,心为般若之灯,足厕云栖(指袾宏)之席。翻研释典,弘愿度人。谓居士身与佛,原非差别,见如来性,逢缘不碍无生。如丁繁弃官求道,张挥舍俗为僧,十地相期于冯亮,三空见许于智林,赋白牛于蒲庵,论黄熊于子约,居家学道,屡见高贤。倘能顿破尘樊,力除见网,闺阁物舍得十分,方无渗漏;解脱场展开一步,便是菩提。要使智刃飞芒,心珠迸现,分辉洞烛,熄烬重燃,斯足启来嗣之传薪,扬祖风之衰焰矣。我沾(朱时恩)手录系赞,名曰《分灯》,意在斯乎?意在斯乎?余受而雠校,披对欣然。殆与往所著《了义莲宗》,并作迷津之宝筏。顷复编《佛祖纲目》,更溯法海之渊源。从三十余年来,饱餐道味,果为开觉功臣。(《续藏经》第一四七册,第 855 页上)

朱时恩说:

> 如来正法眼藏,首传大迦叶,乃至二十八传。菩提达磨遥观震旦有大乘根器,遂泛海而来。磨传惠可,可传僧粲(又作"璨"),粲传道信,信传弘忍,忍传惠能,能传怀让、行思。两派儿孙,五灯辉映,若临济,若云门,若沩仰,若曹洞,若法眼。……考当时法道盛行,有主化者,必有分化者。主化者,如上所述,具载《传灯》;分化者,则有如维摩诘、庞道玄(庞蕴)、张无尽(张商英)、宋景濂(宋濂)辈,秘大现小,

带水拖泥，不坏假名，而谈实相。斯亦悲愿弘广，混俗利生之退轨已。余故略采内典（指佛典），既成《佛祖纲目》四十一卷，复辑居士中师承有据，及应化再来者七十二人，为《分灯录》二卷。（第 856 页上、下）

《分灯录》是一部以记叙参禅问道，与禅宗法系上的禅师有一定的咨禀授受关系（即"师承有据"）的居士为主，同时择收少量法嗣不详，或虽无习禅的举止，但他的言语行迹与禅道相契合，有开俗利生作用（即"应化再来"）的居士的著作。《分灯录》虽然以"灯录"命名，并依仿灯录的写法，标注某居士为某禅师的法嗣，又将记叙的重点放在居士的言谈语句上，但由于这些居士之间并没有传承关系，因而缺少灯录特有的谱系性，即自远及近的一代一代的传法世次（或称传承系统），与真正的灯录有一定的差异。《分灯录》是清彭绍升撰《居士传》时的参考书籍之一，但在收录的范围上要较后出的《居士传》狭窄得多，仅收与禅宗有联系的人。全书所收（包括《补遗》在内），正传七十二人，附出三十八人。传末均有作者的"赞曰"。有的列传（或称"章"）在"赞曰"之外，还有按语。

卷上：正传二十八人，附出九人。有维摩诘（佛经上的人物）、傅大士（傅翕）、李通玄、庞居士、陆亘、白居易、裴休、李翱、王敬初、陈操、杨亿、李遵勖、范仲淹、刘经臣等。

卷下：正传四十三人，附出二十八人。有李端愿、赵抃、富弼、张商英、黄庭坚、周敦颐、赵令衿、冯楫、张九成、李邴、吴伟明、朱熹、宋濂等。

补遗：正传一人，即吕岩真人（即吕洞宾），附出一人，即张伯端。均为道教人物。

《分灯录》的撰法大致是这样的：

> 张栻，字敬夫，累官吏部侍郎。尝问道于道颜（禅师），

曰：见即便见，拟思即差，又作么生？颜曰：还问不知有。栻曰：政（正）当知有时如何？颜曰：闻声见色只如常。栻豁然有省。乃留偈曰：闻声见色只如常，熟察精粗理自彰。脱似虚空藏碧落，曾无少剩一毫芒。颜然之。后方病革，定叟求教，栻曰：禅蜕人欲之私，春融天理之妙。语讫而逝。栻平生潜心经史，动以古圣贤自期。所著有《论》、《孟》、《太极》诸书。学者称为南轩先生。

赞曰：碧落虚空，蝉（禅）蜕春融，点颜川眼，挺濂溪松。且道是禅学，是圣学，一任天下人摸索。（卷下，第925页上、下）

《居士分灯录》的不足之处是，将以卫护孔孟道统自居的宋代理学家，如周敦颐、程颢、程颐、朱熹、陆九渊等都说成是居士，并且只凭他们与哪一个禅师有过交谈，就认定某某是某某的法嗣，如周敦颐是"佛印了元禅师法嗣"，朱熹是"道谦禅师法嗣"等等，多少有强拉硬攀入伍之嫌。

第六品　明圆信、郭凝之《先觉宗乘》五卷
附：明圆信、郭凝之《优婆夷志》一卷

《先觉宗乘》，五卷。明代"径山语风老人圆信较（校）定，无地地主人郭凝之汇编"，约撰于明万历乙卯（四十三年，公元1615年）至崇祯戊寅（十一年，公元1638年）之间。收入《续藏经》第一四八册。

圆信（1571—1647），字雪峤，俗姓朱，鄞县（今浙江宁波）人。二十九岁出家，后参秦望山妙祯、云栖袾宏，得法于龙池正传（又称"禹门正传"），为南岳下第三十三世（或称"大鉴下第三十四世"）、临济宗僧人。据清性统《续灯正统》卷三十一记载，

圆信"万历乙卯，住静径山千指庵。崇祯戊寅，开法庐山开先（寺）。癸未，结制嘉兴东塔。晚住（绍兴）龙门（寺）"（《续藏经》第一四四册，第851页下）。他与郭凝之合编的著作尚有《五家语录》五卷，今存。

《先觉宗乘》无序跋。《续藏经》的编集者说："改治《先觉集》者，则《先觉宗乘》也。"认为本书是在明代居士陶明潜《先觉集》二卷的基础上增修而成的，故在《先觉宗乘》正文之前，刊载了康熙十八年（1679）临济宗三十二世道安静和尚、康熙丙寅岁（1686）盘山青沟拙庵智朴、康熙丁卯岁（1687）圆教解三洪作的三篇《先觉集序》。

道安静和尚说：

> 世、出世间，初无二致，自觉、觉他，罔有差殊。或现比丘、比丘尼、优婆塞、优婆夷，或现宰官、长者、婆罗门、居士，随其缘会所至，即导利乎群品，克垂范于后昆，夫是谓"先觉"。一机一境，一话一言，可以开辟人天正眼，显扬儒佛心宗，《先觉集》之所由著也。明潜陶公辑《先觉集》，而只存居士者何？盖缘建立维摩之院，供其位即考其入道之由，所以与云居和尚暨同道诸君，参详订证而成此言。虽未咸备，已露一斑。（《续藏经》第一四八册，第453页上）

圆教解三洪说：

> 兹明潜陶居士，从学多年，执劳甚久，苦参实究，历遍辛酸，涉水登山，悉知冷暖。于壬子冬，忽然有省于海会室中，未几辞往中山寺，薙草耕云（耘），跏趺闭影，不闻尘事。复检残编，遂纂《先觉集》二卷，编叙优婆塞、夷从上诸公。（第454页上）

《先觉宗乘》和上序介绍的《先觉集》一样，是一部辑录优婆塞（男居士）和优婆夷（女居士）参禅得道机缘的著作。全书共收事例一百八十四则（笔者统计）。其中卷一至卷三不立副题，除卷首的维摩、傅翕二人以外，其余事主的名下均标有"嗣法某某"的小注，说明他是哪一位禅师的弟子；卷四立副题"问法"，于事主名下均标有"问"、"访"、"参"、"请"、"礼"、"延"、"谒"某某的小注，说明他与哪一位禅师有过交往；卷五立副题"无名宰官居士"，于事主名下不加注。收录情况是：

卷一：收维摩大士、双林善慧傅翕、庞蕴居士（嗣法马祖，以上称名均据《先觉宗乘目录》，下同）三则。

卷二：收甘贽行者（嗣法南泉）、相国裴休（嗣法黄檗运）、常侍王敬初（嗣法沩山祐）、尚书陈操（嗣法陈睦州）、驸马李遵勖（嗣法谷隐聪）、文公杨亿（嗣法广慧琏）、丞相张商英（嗣法兜率悦）、侍郎张九成（嗣法径山杲）、知府葛郯（嗣法佛海远）等十六则。

卷三：收侍郎白居易（嗣法佛光满）、刺史李翱（嗣法药山俨）、真人吕岩（嗣法黄龙机）、丞相王随（嗣法首山念）、英公夏竦（嗣法谷隐聪）、丞相富弼（嗣法投子颙）、太史黄庭坚（嗣法黄龙心）、内翰苏轼（嗣法东林总）、文定胡安国（嗣法上封秀）、郡王赵令衿（嗣法昭觉勤）等三十九则。

卷四：收太守杨衒之（问达磨）、相国杜鸿渐（问无住禅师）、鱼军容（问忠国师）、相国崔群（问东寺会）、相国于頔（问紫玉通、药山俨）、文公韩愈（问大颠通）、尚书温造（问圭峰密）、闽王王审知（礼雪峰存、玄沙备）、刘禹锡（问云居膺）、欧阳文忠公修（延浮山远）、丞相吕许公（谒志言大士）、相国王安石（礼吴山端）、相国钱象祖（参此庵元）等五十三则。

卷五：收俗士问天堂地狱、儒者问三教、行者问即心即佛、赵州勘行者、俗士问杀牛、闽帅请辨验声明三藏、提刑问琏三生、道流背佛而坐、行者向佛而唾、官人作《无鬼论》等七十三则。

《先觉宗乘》的撰法如下例：

> 宋文定胡安国（嗣法上封秀——原注） 文定公胡安国，字康侯，别号草庵居士。久依上封秀禅师，得言外之旨。崇宁中，过药山，有禅人举南泉斩猫话问公。公以偈答云：手握乾坤杀活机，纵横施设在临时。玉堂兔马非龙象，大用堂堂总不知。又寄上封有曰：祝融峰似杜城天，万古江山在目前。须信死心元不死，夜来秋月又同圆。（卷三，第495页下）

> 道流背佛而坐　昔有道流，在佛殿前背佛而坐。僧曰：道士莫背佛。道流曰：大德本教中道，佛身充满于法界，向甚么处坐得？僧无对。（卷五，第524页上）

另外，《先觉宗乘》在行文中还刊有一些评点，如"保宁勇云"、"断桥颂云"、"圆悟勤云"、"径山杲云"、"高峰妙云"、"语风信颂云"等。这些评点，大多是从编集时所用的语录、灯录、拈古、颂古、评唱一类著作上移录的，有的则是作者自撰的，因此，总的说来，《先觉宗乘》的撰作风格与禅宗的语录及其派生文体相近。

明圆信、郭凝之《优婆夷志》一卷

《优婆夷志》，一卷。清圆信"较（校）定"、郭凝之"汇编"。收入《续藏经》第一四八册。

《优婆夷志》无序跋，撰时不详。它是今存佛教史传中仅有的一部专录唐宋时期在家奉佛的女子（"优婆夷"）的禅言禅事的著作。全书共收庞行婆、灵照女、转藏婆、一掌婆、无语婆、郑十三娘、平田嫂、卖饼婆、范县君、秦国夫人、沈道婆等三十人，合三十则（以人名为标题）。其中有二十五则事例的末尾用比正

文小的字体刊出评唱拈颂,如"憨山评云"、"千岩长颂云"、"语风信拈云"、"玄觉云"等,而以"憨山评云"居多。如:

> 平田嫂　临济(义玄)访平田岸禅师,路逢一嫂在田使牛。临济问嫂:平田路向甚么处去?嫂打牛一棒曰:这畜牲,到处走到(道),此路也不识。临济又曰:我问你平田路向甚么处去?嫂曰:这畜牲,五岁尚使不得。临济心语曰:欲观前人,先观所使。便有抽钉拔楔之意。及见岸,岸问:你还曾见我嫂也未?临济曰:已收下了也(憨山[德清]评曰:这畜牲,非容易,从来狠角顽蹄。今日饥餐饱睡,纵绕鼻索牵头也。费目光满背,挞痴,挞痴。一岁一岁,这畜牲非容易。唱云:朝耕平田去,暮骑平田归。临风和渔唱,带目卧牛衣——原注)。(《续藏经》第一四八册,第531页上)

其余所录皆类此。因此,《优婆夷志》的思想内容大抵与《先觉宗乘》相同,只是拈颂评唱一类的话语较前书为多。它的资料主要来源于宋代禅宗的灯录以及后世禅人的拈提评唱。由于它是今存佛教史传中独一无二的一个品类,故在明清佛教撰述史上尚居半席之地。